中国中车年鉴

ZHONGGUO ZHONGCHE NIANJIAN

2019

《中国中车年鉴》编委会 编

中国铁道出版社有限公司

2019年 北 京

《中国中车年鉴》

2019

编纂委员会

《中国中车年鉴》

2019

特邀编委

编辑工作人员

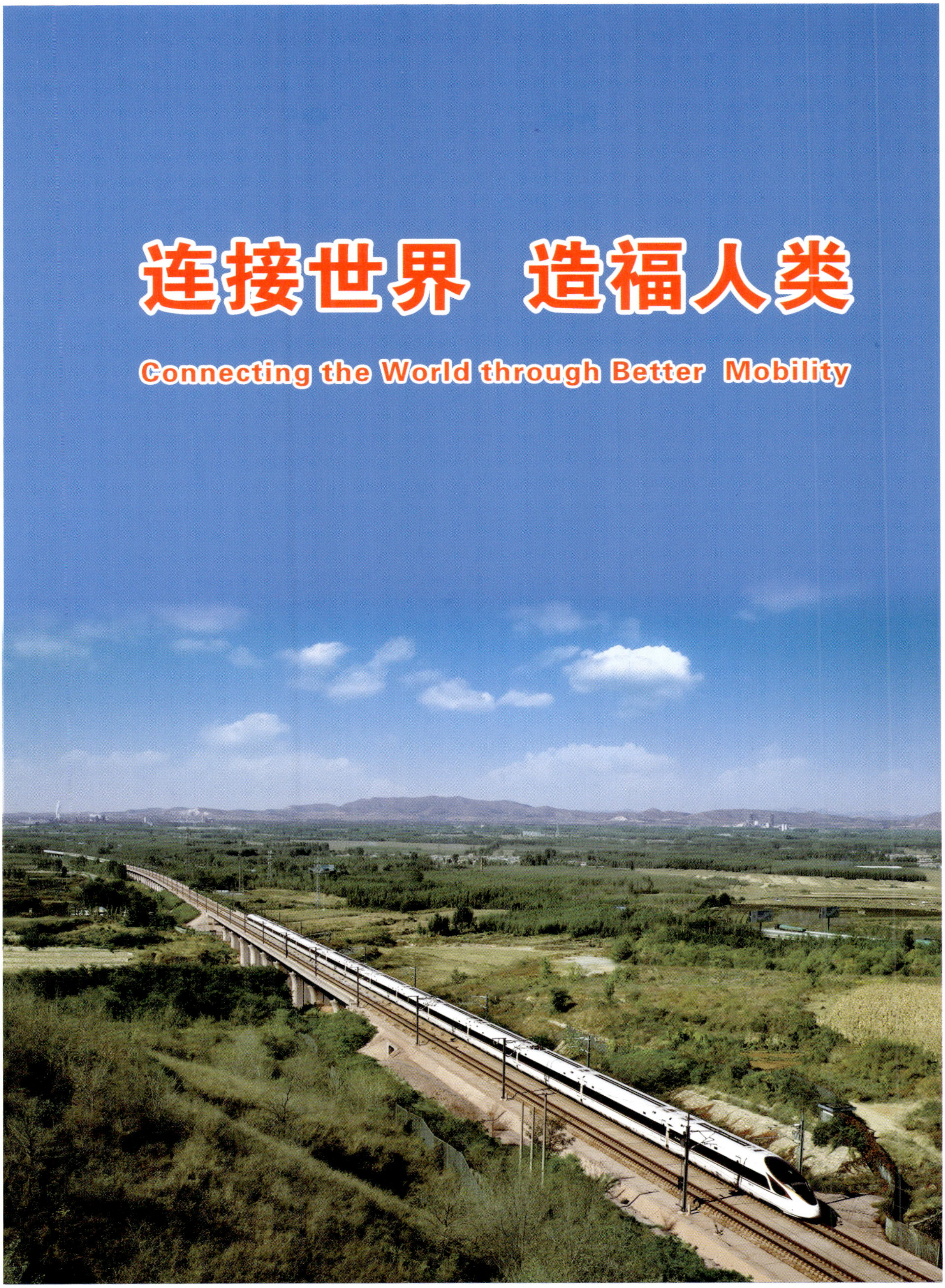
连接世界 造福人类
Connecting the World through Better Mobility

2018年2月12日，中国中车集团有限公司党委书记、董事长，中国中车股份有限公司党委书记、董事长刘化龙到四方股份公司广州南售后服务站慰问员工

2018年2月7日，中国中车集团有限公司党委副书记、董事、总经理，中国中车股份有限公司党委副书记、执行董事、总裁孙永才到戚墅堰所调研

2018年4月10日，中国中车集团有限公司党委副书记、职工董事，中国中车股份有限公司党委副书记、监事会主席万军到大连电牵公司调研

2018年2月7日，中国中车集团有限公司党委常委，中国中车股份有限公司党委常委、副总裁、财务总监詹艳景到西安公司慰问

2018年10月8日，时任中国中车集团有限公司党委常委、纪委书记，中国中车股份有限公司党委常委、纪委书记陈大洋到株机公司调研

2018年12月24日，中国中车集团有限公司党委常委、纪委书记，中国中车股份有限公司党委常委、纪委书记王铵到唐山公司调研

2018年5月8日，中国中车集团有限公司党委常委、副总经理贾世瑞出席株洲市全球首条智轨快运A1线试运行开通启动仪式

2018年3月20日，中国中车股份有限公司党委常委、副总裁王军到长江公司调研

2018年3月28日，中国中车股份有限公司党委常委、副总裁楼齐良到长客股份公司调研

2018年11月3日，中国中车集团有限公司党委常委，中国中车股份有限公司党委常委、执行董事徐宗祥到株洲电机公司调研

2018年11月7日，中国中车集团有限公司党委常委、副总经理魏岩到贵阳公司调研

2018年9月13日，中国中车股份有限公司党委常委、副总裁余卫平到戚墅堰公司调研

2018年6月9日，中国中车集团有限公司党委书记、董事长，中国中车股份有限公司党委书记、董事长刘化龙出席“第九届中国企业创新活动日暨2018（第十八届）中国企业创新论坛”，并作主题演讲。

2018年12月18日，在庆祝改革开放40周年大会上，中共中央、国务院授予100名为推动改革开放作出杰出贡献的人员“改革先锋”称号。中国中车集团有限公司党委副书记、董事、总经理，中国中车股份有限公司党委副书记、执行董事、总裁孙永才作为“复兴号”高速列车研制的主持者获此殊荣。

2018年1月10日，中国中车召开一届三次职工代表大会

2018年1月20日，中国中车2018年党风廉政建设和反腐败工作会议在北京召开

2018年1月19日，中国中车召开2018年度工作会议

2018年1月22日，中国中车召开2018年安全环保工作视频会议

2018年1月25—26日，中国中车在北京召开2018年度人力资源工作会议

2018年3月6—7日，中国中车在北京召开2018年金融资本经营工作会议

2018年4月4日，国务院国资委党委第三巡视组巡视中国中车党委工作动员会在中国中车总部召开

2018年4月9日，中国中车2017年年度业绩发布会在香港举行

2018年4月13日，中国中车召开干部警示教育大会

2018年8月24日，中国中车召开巡视整改推进会暨2018年经营管理工作会

2018年8月29—30日，中国中车2018年战略发展和投资管理工作会在北京召开

2018年11月13日，中国中车举办第四届智能制造业务创新论坛，邀请行业内外精英共谋中车数字化发展之路

2018年10月12日，中国中车与重庆市人民政府签订战略合作框架协议

2018年3月15日，中国中车与广西壮族自治区人民政府签订战略合作框架协议

2018年1月30日，中国中车与云南省人民政府签订战略合作框架协议

2018年12月21日，中国中车与中国一汽签订战略合作协议

2018年5月24日,中国中车与中国石油签订战略合作框架协议

2018年2月9日，中国中车与青岛市人民政府签订战略合作框架协议

2018年10月30日，中国中车在土耳其成立轨道交通技术联合研发中心

2018年11月5日，中国中车在南非成立轨道交通技术联合研发中心

2018年4月11日，中国中车与德国国铁签订货车合同

2018年德国当地时间7月9日，中国中车与德国蒂森克虏伯集团签署谅解备忘录

2018年4月23日，中车四方股份公司签订阿根廷城际动车组增购合同

2018年6月20日，中车株机公司与德国国铁签订调车机车合同

2018年11月10日，中国中车与境外合作伙伴在首届中国国际进口博览会签订采购协议

2018年11月14日，中车四方有限公司与孟加拉国签订客车合同

2018年12月3日，中车四方股份公司与中国中铁、中航国际联合体中标埃及斋月十日城市郊铁路项目

2018年12月6日，中车四方股份公司中标哥斯达黎加铁路局内燃动车组采购项目

2018年1月10日，美国地铁代表团到中车齐车公司访问

2018年2月1日，白俄罗斯工业部部长到中车株洲电机公司访问

2018年5月7日，中国国际新闻交流中心亚太分中心记者齐聚中车眉山公司采访报道

2018年6月19日，德国Senvion公司首席运营官罗斯博士到中车株洲电机公司访问

2018年6月22日，“感知中国”——留学生黑龙江工业考察团走进中车齐车公司参观

2018年7月5日，印度青年代表团到中车总部参观

2018年9月6日，加纳国王潘宁与大酋长一行到中车四方股份公司访问

2018年11月6日，“一带一路”沿线国家核心媒体到中车唐山公司采访

2018年4月10日，中国中车参加2018中国（西安）智慧交通博览会

2018年6月7日，中国中车参加（河北沧州）重载铁路新技术新装备展览会

2018年5月28日，中国中车亮相第十四届中国（北京顺义）国际交通技术与设备展览会

2018年6月20日，中国中车亮相（北京）世界交通运输大会

2018年6月19日，中国中车亮相伊朗德黑兰铁路轨道交通展

2018年9月18日，中国中车亮相德国柏林国际轨道交通技术展览会

2018年5月16—20日，中国中车亮相第二届（天津）世界智能大会

2018年11月16日，中国中车亮相上海轨道交通展

中国中车荣获上海联交所“2017年度产权交易组织金奖”

中车四方股份公司获中国专利金奖

2018年3月9日，中国中车问鼎纽约地铁“天才挑战赛”冠军

2018年9月18日（当地时间），中国中车在德国举行的柏林国际轨道交通技术展上正式发布新一代碳纤维地铁车辆

中国中车研制的新一代碳纤维地铁车辆

2018年3月13日，中车长客股份公司出口马来西亚吉隆坡国际机场线铰接式市域动车组上线运营

2018年5月23日，中国中车西北高端轨道交通装备造修基地开工

2018年12月18日，中车长客股份公司首列美国本土化制造地铁在美国马萨诸塞州的春田工厂下线

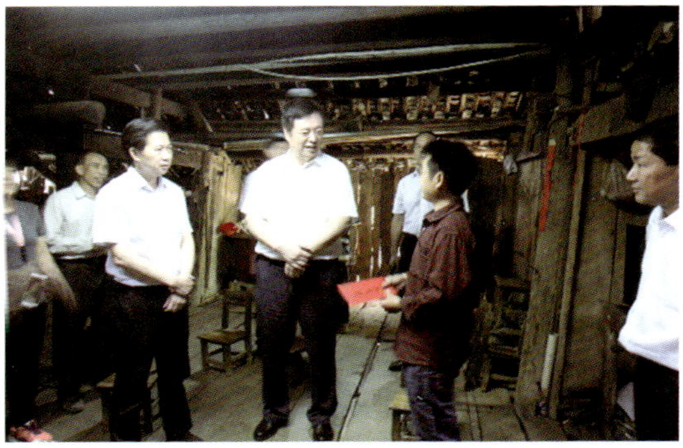

2018年9月7日，中国中车党委书记、董事长刘化龙到广西百色市靖西市、那坡县开展定点扶贫工作调研

2018年8月25日，中国中车集团有限公司总经理、中国中车股份有限公司总裁孙永才到甘肃省天水市开展扶贫调研

2018年6月24日，人文党建基础研究成果发布暨中国中车党建先锋指数项目启动

2018年3月19日，中国中车第一期学习贯彻党的十九大精神专题第一期培训班在延安开班

2018年4月9—10日，中国中车2018年共青团工作会议在大连召开

2018年10月25日，中国中车党委书记、董事长刘化龙与出席中国工会第十七次全国代表大会代表座谈

2018年6月10日，中国中车选手在2018嘉克杯国际焊接大赛中夺冠

2018年3月29—30日，第五届“车迷有约走进中车”活动在中车大连公司举行

高速动车组

“复兴号”CR300AF型时速250公里中国标准动车组

“复兴号”CR300BF型时速250公里中国标准动车组

“复兴号”CR400BF-B型17辆编组时速350公里中国标准动车组

“复兴号”CR400AF-B型17辆编组时速350公里中国标准动车组

“复兴号”京张高铁时速350公里动车组

“复兴号”京张高铁时速350公里动车组

“复兴号”CR400AF型时速350公里中国标准动车组

“复兴号”CR400BF型时速350公里中国标准动车组

“动感号”广深港时速350公里动车组

“复兴号”时速160公里动力集中型动车组

“复兴号”CR400AF型时速350公里中国标准动车组驰骋在绿色田野上

现代机车

FXD1型八轴交流传动快速客运电力机车

FXD3型八轴交流传动快速客运电力机车

FXD1B型30吨轴重交流传动货运电力机车

FXD2B型30吨轴重交流传动货运电力机车

FXN3型交流传动客运内燃机车

永磁直驱客运电力机车

FXN3B型3000马力混合动力调车机车

HXN6型2200千瓦混合动力调车机车

铁路客车

25G型餐车

25G型硬卧客车

25G型空调发电车

25G型硬座客车

25T型硬卧车

25T型软卧车

铁路货车

C80E型通用敞车

C80B型不锈钢运煤专用敞车

C80型铝合金运煤专用敞车

P80型通用棚车

C_{70E}型通用敞车

NX_{70A}型共用平车

NX_{70}型共用平车

X_{70}型集装箱专用平车

SQ_6型双层小汽车运输车

L_{70}型粮食漏斗车

城轨地铁

厦门地铁2号线列车

华为轻轨列车

时速140公里市域地铁列车

新一代中低速磁浮列车

商用磁浮2.0版列车

郑州地铁5号线列车

新一代中小运量跨坐式单轨列车

跨坐式单轨列车

三亚有轨电车

长沙地铁4号线列车

智轨列车

新一代地铁列车

五模块低地板有轨电车

全自动无人驾驶列车

国际市场

出口新西兰机车

出口缅甸机车

出口德国调车机车

出口加蓬内燃机车

出口马其顿货运电力机车

出口阿根廷机车

出口马来西亚混和动力动车组

出口马来西亚（吉隆坡）地铁车辆

出口澳大利亚（墨尔本）地铁车辆

出口澳大利亚地铁工程车

出口马来西亚漏斗车

出口加蓬敞车

出口澳大利亚敞车

多元产品

一体式公铁联运车

40英尺国际双标国际联运LNG罐箱

GCD-450重型轨道车

40英尺隔热保温箱

厢式冷藏驮背运输半挂车

地铁放线车

接触网放线车

T11BK型长钢轨运输车组

纯电动双层巴士

2.5代欧盟纯电动客车

无人遥控潜水器

智能驾驶客车

新一代新能源汽车电驱动控制系统

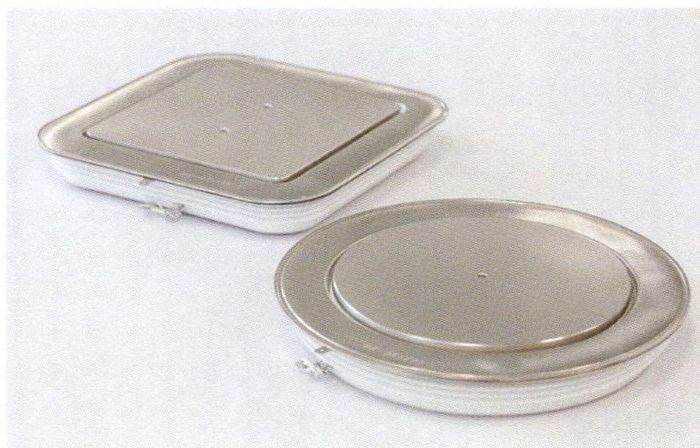

压接式IGBT

TR460F型旋挖钻机

风电整机

中国中车企业文化建设核心理念

中国中车使命 “连接世界，造福人类”

中国中车愿景 “成为以轨道交通装备为核心，全球领先、跨国经营的一流企业集团”

“中车之道”

● 核心价值观

“正心正道，善为善成”是公司的核心价值观，是中车人做人做事的基础

● 组织氛围

“阳光和谐、简单坦诚、开放包容”是公司倡导的组织氛围

● 工作作风

“由我来办、马上就办、办就办好”是公司倡导的工作作风

编　辑　说　明

一、《中国中车年鉴（2019）》是中国中车年鉴编委会编辑出版的第四部年鉴，主要记述中国中车 2018 年 1 月 1 日至 12 月 31 日改革发展、生产经营、科技进步和企业管理等各项工作情况，是承载中国中车发展历程的重要文献，是具有权威性和实用性的资料性工具书。

二、本年鉴设特载、专文、大事记、概况、法人治理、经营与管理、技术管理、人力资源管理、事业部管理与市场营销、党群工作、中车股份所属子公司、中车产业投资有限公司、中车资本控股有限公司、中车置业有限公司、中车北京二七机车有限公司、中车北京二七车辆有限公司、中国共产党中国中车集团有限公司党校、中国中车大学、资产管理中心、人物与荣誉、统计资料、附录共 22 个栏目，栏目下设类目、条目。条目为年鉴基本单元和记述信息资料的主要形式，是全书的主体。本年鉴在正文前设目录，正文后设索引，以便读者检索。

三、本年鉴主要由中国中车总部及下属单位供稿，所有稿件均经各部门和单位领导审核。中国中车总部及各部门领导干部名单以总部人力资源部（党委干部部）提供的名单为准，下属单位仅介绍中国中车任命和聘任的领导。人物与栏目内的先进人物和先进集体根据中国中车党政工团提供的资料汇总，仅记录 2018 年度获得的省部级（含）以上和中国中车综合类荣誉称号。

四、为叙述简便，中国中车集团有限公司、中国中车股份有限公司在文中统一简称“中国中车”，在必须区分时，中国中车集团有限公司简称“中车集团”，中国中车股份有限公司简称“中车股份”。中国中车下属单位的名称除类目标题使用全称外，文中记述时一般使用内部简称。书中“全级次公司”“全级次企业”泛指中国中车各级公司（企业）。

五、按照年鉴条目署名要求，本年鉴中多个条目或类目由一个部门或一个单位撰稿，仅在最后一个条目或类目末尾注明××部门或××公司供稿。

六、本年鉴的编辑出版工作，得到了中国中车各级领导的关心及中国中车总部各部门、各子公司的密切配合，得到了中国铁道出版社有限公司和中车大连机车研究所有限公司的支持，编辑人员也付出了大量的心血。在此一并致谢。

七、由于编辑水平有限，本年鉴难免存在疏漏笔误之处，恳请读者指正。

目　　录

特　载

奋勇担当交通强国铁路先行历史使命　努力开创新时代中国铁路改革发展新局面
——中国铁路总公司党组书记、董事长陆东福在中国铁路总公司工作会议上的报告（摘要）（2019年1月2日）…………（3）

高举改革开放伟大旗帜　推动铁路高质量发展为决胜全面建成小康社会作出新贡献
——国家铁路局党组书记、局长杨宇栋在国家铁路局工作会议上的报告（摘要）（2018年12月27日）………………（19）

专　文

科技创新引领高质量发展——中国轨道交通装备科技创新的实践与思考
——中车集团党委书记、董事长，中车股份党委书记、董事长、执行董事刘化龙在《人民日报》的署名文章（2018年11月29日）………………（37）

拥抱新时代　擘画新蓝图　勠力同心打造受人尊敬的国际化公司
——中车集团党委书记、董事长，中车股份党委书记、董事长、执行董事刘化龙在中国中车2018年工作会议上的讲话（摘要）（2018年1月19日）………………（40）

提高政治站位　勇于担当作为　奋力开创中车党建改革发展新局面
——中车集团党委书记、董事长，中车股份党委书记、董事长、执行董事刘化龙在中国中车巡视整改推进会暨2018年经营管理工作会上的讲话（摘要）（2018年8月24日）……………………（53）

迈入新时代　开启新征程　为打造受人尊敬的国际化公司而努力奋斗
——中车集团党委副书记、董事、总经理，中车股份党委副书记、执行董事、总裁孙永才在中国中车2018年工作会议上的经营工作报告（摘要）（2018年1月19日）……………………（63）

咬紧目标　深化整改　努力开创高质量发展新局面
——中车集团党委副书记、董事、总经理，中车股份党委副书记、执行董事、总裁孙永才在中国中车巡视整改推进会暨2018年经营管理工作会上的讲话（摘要）（2018年8月24日）……………………（79）

大 事 记

2018 年中国中车大事记…………………（91）

概 况

行政工作………………………………（105）
概述………………………………（105）
经营业绩……………………………（105）
产业与市场拓展………………………（106）
改革与发展…………………………（106）
科技创新……………………………（107）
管理提升……………………………（107）
外事工作……………………………（107）
党群工作 ………………………………（108）
概述………………………………（108）
党中央决策部署贯彻落实……………（108）
国资委党委决策部署贯彻落实………（108）
政治巡视和整改………………………（109）
党建重点任务…………………………（109）
"三基建设"工作………………………（109）
重大决策参与…………………………（110）
领导班子和人才队伍建设……………（110）
宣传思想工作…………………………（110）
党风廉政建设…………………………（111）
群团工作……………………………（111）
保密工作……………………………（111）
2018 年末中国中车集团有限公司组织结构图……………………………（113）
2018 年末中国中车集团有限公司高、中层领导………………………（114）
中国中车集团有限公司党委、纪委领导人员 ………………………………（114）
中国中车集团有限公司董事会、经理层人员 ………………………………（114）
中国中车集团有限公司总师层级人员 ………………………………（115）
中国中车集团有限公司副总师层级人员 ………………………………（115）
中国中车党委巡视组组长、副组长……（115）
中国中车所属企业专职外部董事……（115）
中国中车集团有限公司总部部门负责人……………………………（116）
2018 年末中国中车股份有限公司高、中层领导………………………（118）
中国中车股份有限公司党委、纪委领导人员 ………………………………（118）
中国中车股份有限公司第二届董事会、监事会、经理层人员………………（118）
中国中车股份有限公司总师层级人员 ………………………………（119）
中国中车股份有限公司副总师层级人员 ………………………………（119）
中国中车股份有限公司授权代表等人员 ………………………………（120）
中国中车股份有限公司总部部门负责人……………………………（120）

法人治理

董事会工作 ……………………………（125）
　概述……………………………………（125）
　董事会换届……………………………（125）
　会议召开情况…………………………（125）
　董事会会议……………………………（125）
　董事会战略委员会……………………（126）
　董事会审计与风险管理委员会………（126）
　董事会薪酬与考核委员会……………（127）
　董事会提名委员会……………………（127）
　股东大会………………………………（127）
　信息披露………………………………（127）
　投资者关系管理………………………（127）
　非执行董事履职 ………………………（127）
监事会工作 ……………………………（127）
　概述 ……………………………………（127）
　监事会会议……………………………（128）
　监事会成员参加其他会议情况………（128）
　监事会专题调研 ………………………（128）

经营与管理

运营管理 ………………………………（131）
　概述……………………………………（131）
　运营管控………………………………（131）
　国资委经营业绩考核…………………（132）
　效绩评价考核办法修改………………（132）
　子公司效绩评价考核…………………（133）
　精益管理………………………………（133）
　物资与供应链管理……………………（134）
　管理创新 ………………………………（134）
战略发展 ………………………………（135）
　概述……………………………………（135）
　战略规划管理…………………………（135）
　产业布局………………………………（135）
　业务重组………………………………（136）
　对外战略合作…………………………（136）
　改革管理………………………………（137）
　压减工作………………………………（137）
　“处僵治困”工作………………………（138）
　土地资源规划…………………………（138）
　政策研究 ………………………………（138）
投资管理 ………………………………（139）
　概述……………………………………（139）
　投资计划与预算………………………（139）
　固定资产投资项目管理………………（139）
　长期股权投资项目……………………（139）
　PPP 投资项目…………………………（140）
　国家资金支持及免税项目申报
　　及管理………………………………（140）
　股权（产权）管理………………………（140）
　内部业务重组产权调整………………（140）
　外部并购与资产重组管理……………（141）
　资产清查………………………………（141）
　资产处置………………………………（141）
　并购工作 ………………………………（141）
财务管理…………………………………（142）
　概述……………………………………（142）
　巡视整改………………………………（142）
　预算管理………………………………（142）
　成本费用管理…………………………（142）
　财税管理………………………………（142）

资金管理……（142）
提质增效……（143）
业财融合……（143）
财务基础工作……（143）
人才建设……（143）
金融管理……（144）
概述……（144）
规划编制……（144）
金融业务资源整合……（144）
央企 ETF 换购……（144）
金融业务创新……（144）
制度体系建设……（144）
风险防范与化解……（145）
低效金融资产处置……（145）
基金业务管理……（145）
员工能力培养……（145）
党建工作……（145）
审计与风险管理……（146）
概述……（146）
内部审计……（146）
审计整改……（147）
责任追究……（147）
风险管理……（147）
内部控制……（147）
风险管控一体化信息系统建设……（148）
工作交流……（148）
法律事务……（148）
概述……（148）
法治中车建设……（148）
巡视整改工作……（149）
重大项目法律服务……（149）
重大案件管理……（149）
合规管理……（149）
工商变更登记……（150）
普法宣传……（150）
商标管理……（150）
扶贫工作……（150）
概述……（150）
扶贫资金投入……（150）
扶贫会议……（150）
扶贫制度建设……（150）
扶贫调研……（151）
扶贫资金管理……（151）
基础设施建设……（151）
产业扶贫……（151）
干部挂职扶贫……（151）
教育帮扶……（151）
扶贫慰问……（152）
公益扶贫……（152）

技 术 管 理

科技管理……（155）
概述……（155）
产品研发……（155）
技术研究……（155）
技术创新体系……（156）
科技预算及投入……（156）
科研项目管理……（156）
科技成果评审……（156）
表 7-1　2018 年中国中车获国家技术发明奖情况统计……（157）
表 7-2　2018 年中国中车获国家科技进步奖情况统计……（157）
表 7-3　2018 年中国中车获中国铁道学会科学技术奖情况统计……（157）

表 7-4 2018 年中国中车科学技术奖情况统计……（158）
通用技术……（162）
标准化工作……（162）
知识产权及专利技术管理……（162）
质量管理……（162）
概述……（162）
质量规划与管理制度……（162）
产品质量指标……（163）
质量体系认证及运行监督……（163）
质量人才培训……（163）
质量管理信息化建设……（163）
产品质量监督检查……（163）
质量问题攻关与整改……（163）
重大质量活动……（163）
供应商管理……（164）
质量荣誉……（164）
信息化管理……（164）
概述……（164）
信息化规划与顶层设计……（164）
两化融合管理体系贯标……（164）
信息化项目建设与管理……（165）
基础设施建设……（166）
智能制造项目及创新论坛……（166）
信息化安全保障……（167）
安技与环保……（167）
概述……（167）
安全生产……（168）
节能环保……（169）
消防应急管理……（170）

人力资源管理

人力资源规划与体系建设……（173）
概述……（173）
人力资源规划……（173）
全球一体化管理体系建设与实施……（173）
人力资源管理信息化……（173）
年度工作会议……（173）
领导干部管理与监督……（174）
概述……（174）
干部管理制度建设……（174）
子公司领导班子建设……（174）
干部管理变革……（175）
干部日常监督……（175）
人才队伍建设……（175）
概述……（175）
高层次人才队伍建设……（175）
高技能人才队伍建设……（176）
人才培训……（176）
校园招聘与人才引进……（176）
职称评聘……（176）
职业技能鉴定……（176）
职业技能竞赛……（177）
劳动用工与薪酬管理……（177）
概述……（177）
劳动用工管控……（177）
人员分流安置……（177）
劳动定额……（177）
员工结构……（178）
工效挂钩与工资预算管理……（178）
薪酬与福利管理……（178）
总部人事管理……（179）
概述……（179）
总部职能管理……（179）
总部人事制度改革……（179）
总部员工管理……（179）
人事档案管理……（180）
在京子公司人事管理……（180）

事业部管理与市场营销

机车事业部 ……(183)
概述……(183)
新产品开发……(183)
市场开发与营销……(183)
运营管理……(183)
质量管理 ……(184)
客车事业部 ……(184)
概述……(184)
市场开发与营销……(184)
技术引进与产品开发……(184)
经营管理……(185)
质量管理……(185)
货车事业部 ……(185)
概述……(185)
市场开发与营销……(186)
运营管理……(186)
产品研发与推广……(186)
质量管理 ……(186)
通用机电事业部 ……(186)
概述……(186)
经营管理……(186)
巡视整改……(187)
技术管理……(187)
集采与物流……(187)
内涵式发展……(187)
产业拓展……(187)
协作配合 ……(188)
城轨事业部 ……(188)
概述……(188)
运营管理……(188)
产品开发……(189)
市场开发与营销 ……(189)
产业发展事业部 ……(189)
概述……(189)
市场开发与营销……(189)
技术开发与重大科技成果……(190)
运营管理 ……(191)
国际事业部 ……(191)
概述……(191)
经营计划与运营管理……(191)
海外政策研究和市场调研……(192)
国际交流与战略合作……(192)
市场开发与进驻……(192)
运营管理……(192)
海外项目执行情况检查……(192)
海外指导与服务 ……(192)

党群工作

组织工作 ……(195)
概述……(195)
学习贯彻党的十九大精神……(195)
领导班子民主生活会……(195)
基层组织建设……(196)
制度建设……(196)
党建工作责任制考评……(196)
党建工作述职评议……(197)
党支部书记培训……(197)
党员教育管理……(197)
发展党员……(197)
党员管理信息系统……(198)

党内表彰…………………………（198）
党内困难帮扶……………………（198）
党费收缴与管理…………………（198）
宣传工作 ……………………（198）
概述………………………………（198）
思想政治学习……………………（198）
精神文明建设……………………（199）
“改革开放40年”主题宣传………（199）
社会责任形象宣传………………（199）
典型人物宣传……………………（199）
新媒体运营………………………（200）
参与“一带一路”建设成就宣传………（200）
“国际化”企业形象塑造……………（200）
企业文化建设……………………（200）
统战工作…………………………（201）
纪检监察工作 ………………（201）
概述………………………………（201）
“两个责任”落实…………………（201）
纪律监督…………………………（201）
“四种形态”践行…………………（202）
作风监督…………………………（202）
配合国资委党委巡视……………（202）
重点领域监督……………………（202）
建立警示教育常态化机制………（203）
自身建设 …………………………（203）
巡视工作 ……………………（203）
概述………………………………（203）
组织领导…………………………（203）
巡视监督…………………………（203）
巡视整改督查……………………（204）
制度建设…………………………（204）
巡察工作…………………………（204）
巡视队伍建设……………………（204）
工会工作 ……………………（205）
概述………………………………（205）
民主管理与厂务公开……………（205）
职代会……………………………（205）
群众性经济技术创新活动与技能竞赛…………………………（205）
劳动竞赛…………………………（205）
劳模先进选树……………………（205）
劳模创新工作室建设……………（206）
女工工作…………………………（206）
职工之家建设……………………（206）
帮扶救助…………………………（206）
员工关爱…………………………（206）
财务经审…………………………（207）
组织建设…………………………（207）
信息工作…………………………（207）
培训工作…………………………（207）
文体活动…………………………（207）
重要纪事 …………………………（208）
共青团工作 …………………（208）
概述………………………………（208）
青年思想政治教育………………（208）
青年大学习………………………（209）
主题教育活动……………………（209）
青年志愿者行动…………………（209）
舆论宣传工作……………………（209）
青年技能人才培养………………（209）
青年技管人才培养………………（210）
青年人文关怀……………………（210）
青年创新创效活动………………（210）
青年榜样引领……………………（210）
“号、手、岗”争创活动……………（210）
党建带团建工作…………………（210）
基层团组织建设…………………（211）
团干部和团员队伍建设 …………（211）
总部机关党委工作 …………（211）
概述………………………………（211）
新时代党的建设总要求的贯彻落实…（211）
“五型”总部建设活动……………（212）

党建责任与“三基建设”的落实……（212）
总部党建工作新途径新方法……（213）
党建带群建工作……（213）
学会·协会……（213）
政研会工作……（213）
人力资源开发与管理研究会工作……（213）
体协工作……（214）
科协工作……（214）
企协工作……（214）

中车股份所属子公司

中车齐车集团有限公司……（217）
齐车集团成立……（217）
规划发展……（218）
经营管理……（218）
科技创新……（218）
生产运营……（218）
市场营销……（218）
多元业务……（219）
人力资源管理……（219）
质量管理……（219）
企业文化建设……（219）
党群工作……（219）
中车齐齐哈尔车辆有限公司……（221）
中车沈阳机车车辆有限公司……（221）
中车石家庄车辆有限公司……（221）
中车山东机车车辆有限公司……（221）
习近平总书记视察齐车集团……（221）
重要纪事……（221）
公司党政工负责人……（222）
中车齐齐哈尔车辆有限公司……（223）
概况……（223）
规划发展……（223）
改革改制……（223）
经营管理……（224）
生产运营……（224）
科技创新……（224）
市场营销……（224）
人力资源管理……（224）
企业文化建设……（225）
售后服务……（225）
多元经营……（225）
基建与技改……（225）
质量管理……（226）
安全环保……（226）
党群工作……（226）
二级子公司……（227）
重要纪事……（228）
公司党政工负责人……（228）
中车沈阳机车车辆有限公司……（229）
概况……（229）
发展规划……（229）
改革改制……（229）
经营管理……（229）
科技创新……（230）
生产运营……（230）
市场营销……（230）
基建与技改……（230）
人力资源管理……（230）
质量管理……（230）
安全环保……（230）
企业文化建设……（231）
党群工作……（231）
沈阳中车物流发展有限公司……（231）
中铁沈阳铁道装备有限公司……（231）

沈阳中车西屋轨道制动技术有限公司……………………………（231）
重要纪事……………………………………（232）
公司党政工负责人…………………………（232）
中车石家庄车辆有限公司………………（233）
概况…………………………………………（233）
规划发展……………………………………（233）
经营管理……………………………………（233）
生产运营……………………………………（233）
技术创新……………………………………（234）
新产业发展…………………………………（234）
人力资源管理………………………………（234）
质量管理……………………………………（235）
精益管理……………………………………（235）
石家庄国祥运输设备有限公司………（235）
邢台中车环保科技有限公司…………（235）
石家庄中车轨道交通装备有限公司……………………………………（235）
党群工作……………………………………（235）
重要纪事……………………………………（236）
公司党政工负责人…………………………（236）
中车山东机车车辆有限公司……………（237）
概况…………………………………………（237）
改革改制……………………………………（237）
企业管理……………………………………（237）
生产运营……………………………………（238）
科技创新……………………………………（238）
市场营销……………………………………（238）
国际业务……………………………………（238）
售后服务……………………………………（238）
基建与技改…………………………………（239）
能源管理……………………………………（239）
人力资源管理………………………………（239）
企业文化建设………………………………（240）
党群工作……………………………………（240）
山东中车风电有限公司…………………（240）
山东中车华腾环保科技有限公司……（241）
江苏中车环保设备有限公司…………（241）
山东中车同力达智能机械有限公司……………………………………（241）
山东中车同力钢构有限公司…………（241）
机电装备公司………………………………（242）
重要纪事……………………………………（242）
公司党政工负责人…………………………（242）
中车风电（锡林郭勒）有限公司………（243）
概况…………………………………………（243）
产品研发……………………………………（243）
市场开拓……………………………………（243）
中车长春轨道客车股份有限公司………（244）
概况…………………………………………（244）
规划发展……………………………………（244）
科技创新……………………………………（244）
生产运营……………………………………（245）
市场营销……………………………………（245）
人力资源管理………………………………（245）
质量管理……………………………………（246）
企业文化建设………………………………（246）
党群工作……………………………………（246）
公司获得纽约地铁供应商资质………（247）
公司下一代地铁全球首次亮相………（247）
首列墨尔本地铁在墨尔本新港下线…（247）
首列美国本土化制造地铁下线………（247）
智能调试实训设备出口美国…………（247）
重要纪事……………………………………（247）
公司党政工负责人…………………………（249）
中车大连机车车辆有限公司……………（250）
概况…………………………………………（250）
改革改制……………………………………（250）
企业管理……………………………………（250）
生产发展情况………………………………（251）
新产品新技术自主开发…………………（251）

市场营销……（251）
售后服务……（251）
多元经营……（252）
基本建设与技术改造……（252）
珠海中车装备工程有限公司……（252）
旅顺基地项目建设……（252）
大轴重项目建设……（253）
中车西北高端轨道交通装备造修基地开工……（253）
公司首列新一代中低速磁浮车下线……（253）
合资合作……（254）
党群工作……（254）
重要纪事……（255）
公司党政工负责人……（255）
中车兰州机车有限公司……（256）
概况……（256）
规划发展……（256）
改革改制……（256）
经营管理……（257）
科技创新……（257）
市场营销……（257）
基建与技改……（258）
人力资源管理……（258）
质量管理……（258）
企业文化建设……（258）
党群工作……（259）
重要纪事……（259）
公司党政工负责人……（260）
中车唐山机车车辆有限公司……（261）
概况……（261）
改革改制……（261）
研发制造平台建设……（261）
新产品研发……（262）
生产运营……（263）
产品销售……（263）
市场开拓……（263）
售后服务……（263）
基建和资本性项目……（264）
质量管理……（264）
企业管理……（264）
文化建设……（264）
人才队伍……（265）
党群工作……（265）
重要纪事……（265）
公司党政工负责人……（266）
中车北京南口机械有限公司……（267）
概况……（267）
改革改制……（267）
经营管理……（267）
科技创新……（267）
生产运营……（268）
市场营销……（268）
基建与技改……（268）
人力资源管理……（268）
质量管理……（268）
企业文化建设……（269）
党群工作……（269）
合资合作企业……（269）
重要纪事……（270）
公司党政工负责人……（270）
中车大同电力机车有限公司……（271）
概况……（271）
规划发展……（271）
改革改制……（271）
经营管理……（271）
科技创新……（272）
生产运营……（272）
市场营销……（272）
人力资源管理……（273）
质量管理……（273）
企业文化建设……（273）
党群工作……（273）

下属子公司……………………………（274）
重要纪事………………………………（276）
公司党政工负责人……………………（276）
中车永济电机有限公司……………（277）
概况……………………………………（277）
规划发展………………………………（277）
企业管理………………………………（277）
生产运营………………………………（277）
科技创新………………………………（278）
市场营销………………………………（278）
人力资源管理…………………………（278）
质量管理………………………………（279）
企业文化建设…………………………（279）
党群工作………………………………（279）
合资公司………………………………（280）
海外子公司……………………………（280）
重要纪事………………………………（280）
公司党政工负责人……………………（281）
中车青岛四方机车车辆股份有限公司……………………………（282）
概况……………………………………（282）
规划发展………………………………（282）
经营管理………………………………（282）
科技创新………………………………（283）
生产运营………………………………（283）
市场营销………………………………（283）
人力资源管理…………………………（284）
质量管理………………………………（284）
企业文化………………………………（284）
党群工作………………………………（284）
德令哈现代有轨电车下线……………（285）
公司获"威廉•格罗夫爵士"奖…………（285）
公司入选"国家知识产权示范企业"…（285）
公司发布新一代碳纤维地铁车辆……（286）
公司"动感号"动车组广深港高铁香港段开通上线运营……………………（286）
公司中标智利国家铁路公司电动车组项目…………………………（286）
公司中标埃及斋月十日城市郊铁路项目车辆合同………………………（286）
公司中标哥斯达黎加铁路局动车组项目……………………………（286）
公司专利技术获中国专利金奖………（286）
下属子公司……………………………（286）
重要纪事………………………………（287）
公司党政工负责人……………………（288）
中车成都机车车辆有限公司………（289）
概况……………………………………（289）
改革改制………………………………（289）
运营管理………………………………（289）
科技创新………………………………（290）
市场营销………………………………（290）
基建与技改……………………………（290）
人力资源管理…………………………（290）
质量管理………………………………（290）
企业文化………………………………（290）
党群工作………………………………（291）
重要纪事………………………………（291）
公司党政工负责人……………………（291）
中车四方车辆有限公司……………（293）
概况……………………………………（293）
市场营销………………………………（293）
技术创新………………………………（293）
政治巡视………………………………（294）
质量管理………………………………（294）
人力资源………………………………（294）
提质增效………………………………（294）
深化改革………………………………（294）
企业文化………………………………（294）
党建工作………………………………（295）
公司获签孟加拉国项目合同…………（295）
公司领导拜访中国驻孟加拉国大使…（295）

公司第一次党代会…………………………（295）
缅甸本地新造客车交付…………………（295）
重要纪事……………………………………（295）
公司党政工负责人…………………………（296）
中车南京浦镇车辆有限公司……………（297）
概况…………………………………………（297）
企业管理……………………………………（297）
改革改制……………………………………（297）
科技创新……………………………………（297）
生产运营……………………………………（298）
市场营销……………………………………（298）
人力资源管理………………………………（298）
质量管理……………………………………（299）
企业文化……………………………………（299）
党群工作……………………………………（299）
时速250公里标准动车组…………………（299）
树立国际品牌形象…………………………（300）
时速160公里动力集中型动车组……（300）
南京中车浦镇城轨车辆有限责任
公司……………………………………（300）
南京中车浦镇海泰制动设备有限
公司……………………………………（300）
杭州中车车辆有限公司…………………（300）
合肥中车轨道交通有限公司……………（300）
苏州中车轨道交通车辆有限公司……（300）
常州中车轨道交通车辆有限公司……（301）
南京中车浦镇工业物流公司……………（301）
中车浦镇庞巴迪运输系统有限公司…（301）
中车广东轨道交通车辆有限公司……（301）
重要纪事……………………………………（301）
公司党政工负责人…………………………（302）
中车戚墅堰机车有限公司………………（303）
概况…………………………………………（303）
经营管理……………………………………（303）
规划发展……………………………………（303）
市场营销……………………………………（304）
科技创新……………………………………（304）
基建与技改…………………………………（304）
人力资源管理………………………………（304）
质量管理……………………………………（305）
企业文化建设………………………………（305）
党群工作……………………………………（306）
常州中车通用电气柴油机有限
公司……………………………………（306）
4400马力等级交流传动货运内燃
机车……………………………………（306）
常州经开区有轨电车1号线车辆……（306）
广州地铁网轨检测车……………………（306）
柴油机开发情况……………………………（306）
重要纪事……………………………………（306）
公司党政负责人……………………………（307）
**中车长江运输设备集团有限
公司**……………………………………（308）
概况…………………………………………（308）
长江集团整合筹建…………………………（308）
经营管理……………………………………（309）
规划发展……………………………………（309）
人力资源管理………………………………（310）
市场管理……………………………………（310）
党建工作……………………………………（310）
重要纪事……………………………………（311）
公司党政工负责人…………………………（312）
中车长江车辆有限公司…………………（313）
概况…………………………………………（313）
发展规划……………………………………（313）
经营管理……………………………………（313）
科技创新……………………………………（314）
市场营销……………………………………（314）
国际贸易……………………………………（315）
人力资源管理………………………………（315）
生产运营……………………………………（315）
质量管理……………………………………（316）

新产业拓展……………………………（316）
党建工作………………………………（316）
以机代人项目推动落地………………（316）
所属公司………………………………（317）
重要纪事………………………………（317）
公司党政工负责人……………………（318）
中车太原机车车辆有限公司……………（319）
概况……………………………………（319）
规划发展………………………………（319）
改革改制………………………………（319）
经营管理………………………………（320）
科技创新………………………………（320）
生产运营………………………………（320）
市场营销………………………………（321）
基建与技改……………………………（321）
人力资源管理…………………………（321）
质量管理………………………………（322）
企业文化建设…………………………（322）
党群工作………………………………（323）
庆祝建厂120周年……………………（323）
重要纪事………………………………（323）
公司党政工负责人……………………（324）
中车西安车辆有限公司…………………（325）
概况……………………………………（325）
规划发展………………………………（325）
改革改制………………………………（325）
经营管理………………………………（326）
科技创新………………………………（326）
生产运营………………………………（326）
市场营销………………………………（326）
基建与技改……………………………（327）
人力资源管理…………………………（327）
质量管理………………………………（327）
企业文化建设…………………………（328）
党群工作………………………………（328）
重要纪事………………………………（328）
公司党政工负责人……………………（329）
中车眉山车辆有限公司…………………（330）
概况……………………………………（330）
规划发展………………………………（330）
改革改制………………………………（330）
经营管理………………………………（331）
科技创新………………………………（331）
市场营销………………………………（331）
人力资源管理…………………………（331）
质量管理………………………………（331）
企业文化建设…………………………（332）
党群工作………………………………（332）
眉山中车制动科技股份有限公司……（332）
眉山中车紧固件科技有限公司………（332）
眉山中车物流装备有限公司…………（333）
重要纪事………………………………（333）
公司党政工负责人……………………（333）
中车贵阳车辆有限公司…………………（334）
概况……………………………………（334）
主营业务………………………………（334）
提质增效………………………………（334）
技术创新………………………………（334）
精益管理………………………………（335）
信息技术………………………………（335）
质量提升………………………………（335）
风险管控………………………………（335）
安全环保………………………………（335）
基础管理………………………………（336）
人力资源管理…………………………（336）
巡视整改………………………………（336）
党群工作………………………………（336）
企业文化建设…………………………（337）
民生工作………………………………（337）
重要纪事………………………………（337）
公司党政工负责人……………………（338）
中车资阳机车有限公司…………………（339）

概述……………………………………（339）
规划发展…………………………………（339）
改革改制…………………………………（339）
经营管理…………………………………（339）
科技创新…………………………………（340）
市场营销…………………………………（340）
基建与技改………………………………（340）
人力资源管理……………………………（340）
质量管理…………………………………（341）
企业文化建设……………………………（341）
党群工作…………………………………（341）
资阳中车电力机车有限公司……………（341）
四川中车玉柴发动机股份有限
　公司……………………………………（342）
重要纪事…………………………………（342）
公司党政负责人…………………………（342）
中车株洲电力机车有限公司…………（343）
概况………………………………………（343）
规划与投资工作…………………………（343）
经营管理…………………………………（344）
新产品研发………………………………（344）
科技创新…………………………………（345）
生产运营…………………………………（345）
市场营销…………………………………（346）
基建与技改………………………………（346）
质量管理…………………………………（346）
人力资源管理……………………………（346）
企业文化建设……………………………（347）
党群工作…………………………………（347）
国务院国资委第三巡视组到公司
　巡视……………………………………（348）
科技文化节………………………………（348）
公司多个产品工业设计获大奖…………（349）
公司获土耳其伊斯坦布尔轻轨车辆
　订单……………………………………（349）
公司动力集中型动车组纳入“复兴号”
　序列……………………………………（349）
纪念电力机车 40/50/60 周年系列
　活动……………………………………（349）
全球首条转向架智能制造车间投入
　运行……………………………………（349）
下属子公司简况…………………………（349）
重要纪事…………………………………（350）
公司党政工负责人………………………（352）
中车洛阳机车有限公司………………（353）
概况………………………………………（353）
规划发展…………………………………（353）
经营管理…………………………………（353）
市场营销…………………………………（353）
科技创新…………………………………（354）
人力资源管理……………………………（354）
质量管理…………………………………（354）
企业文化建设……………………………（354）
党群工作…………………………………（355）
重要纪事…………………………………（355）
公司党政工负责人………………………（355）
中车株洲电机有限公司………………（356）
概况………………………………………（356）
规划发展…………………………………（356）
经营管理…………………………………（357）
科技创新…………………………………（357）
质量管理…………………………………（357）
市场营销…………………………………（358）
人力资源管理……………………………（358）
企业文化建设……………………………（358）
党群工作…………………………………（359）
下属企业…………………………………（359）
重要纪事…………………………………（360）
公司党政工负责人………………………（360）
中车大连机车研究所有限公司………（361）
概况………………………………………（361）
组织机构改革……………………………（361）

规划发展……………………………………（361）
研发项目……………………………………（361）
科技创新……………………………………（362）
项目获奖……………………………………（362）
科技管理……………………………………（362）
存货管理……………………………………（362）
供应商管理…………………………………（362）
考核体系优化………………………………（362）
精益管理……………………………………（362）
市场营销……………………………………（363）
质量管理……………………………………（363）
人力资源……………………………………（363）
党群工作……………………………………（364）
大连中车泽通机械有限公司………………（364）
大连中车泽隆机械有限公司………………（364）
兰州中车泽隆机械有限公司………………（364）
洛阳中车泽隆机械有限公司………………（364）
大连中车睿通科技开发有限公司…………（365）
中铁检验认证（大连）机车检验站
有限公司……………………………………（365）
重要纪事……………………………………（365）
公司党政工负责人…………………………（366）

中车大连电力牵引研发中心有限公司……………………………………（367）
概况…………………………………………（367）
规划发展……………………………………（367）
改革改制……………………………………（367）
经营管理……………………………………（368）
科技创新……………………………………（368）
生产运营……………………………………（368）
市场营销……………………………………（368）
基建与技改…………………………………（369）
人力资源管理………………………………（369）
质量管理……………………………………（369）
企业文化建设………………………………（370）
党群工作……………………………………（370）
武汉中车电牵科技有限公司………………（371）
重要纪事……………………………………（371）
公司党政工负责人…………………………（371）

中车青岛四方车辆研究所有限公司……………………………………（372）
概况…………………………………………（372）
战略投资……………………………………（372）
改革改制……………………………………（372）
经营管理……………………………………（372）
科技创新……………………………………（373）
生产运营……………………………………（373）
市场营销……………………………………（373）
基建与技改…………………………………（374）
人力资源管理………………………………（374）
质量管理……………………………………（374）
企业文化建设………………………………（375）
党群工作……………………………………（375）
下属子公司…………………………………（375）
重要纪事……………………………………（376）
公司党政工负责人…………………………（376）

中车戚墅堰机车车辆工艺研究所有限公司……………………………………（377）
概况…………………………………………（377）
经营管理……………………………………（377）
技术创新……………………………………（378）
市场拓展……………………………………（378）
人力资源管理………………………………（378）
企业文化……………………………………（379）
党群工作……………………………………（379）
全资子公司…………………………………（379）
控股子公司…………………………………（381）
中外合资公司………………………………（381）
重要纪事……………………………………（382）
公司党政工负责人…………………………（382）

中车株洲电力机车研究所有限公司……………………………………（383）

概况……(383)
科技创新……(383)
市场开拓……(383)
管理创新……(384)
资本运作……(384)
党群工作……(384)
中车株洲所电气技术与材料工程研究院……(384)
株洲中车时代电气股份有限公司……(385)
株洲时代新材料科技股份有限公司……(385)
中车株洲电力机车研究所有限公司风电事业部……(386)
襄阳中车电机技术有限公司……(386)
北京中车重工机械有限公司……(387)
上海中车汉格船舶与海洋工程有限公司……(387)
株洲中车时代高新投资有限公司……(387)
中车株洲电力机车研究所有限公司城市发展事业部……(388)
海外企业……(388)
重要纪事……(388)
公司党政工负责人……(389)

中车物流有限公司……(390)
概况……(390)
规划发展……(390)
集采业务……(390)
市场业务……(390)
智慧物流业务……(390)
经营管理……(390)
人力资源管理……(391)
党群工作……(391)
公司党政负责人……(391)

中车建设工程有限公司……(392)
概况……(392)
经营管理……(392)
生产运营……(392)
安全质量管理……(392)
人力资源管理……(393)
企业文化建设……(393)
党群工作……(393)
重要纪事……(394)
公司党政工负责人……(394)

中车国际有限公司……(395)
概况……(395)
经营管理……(395)
市场营销……(395)
人力资源管理……(396)
党群工作……(396)
公司党政负责人……(396)

中车财务有限公司……(397)
概况……(397)
规划发展……(397)
改革改制……(397)
资金集中管理……(397)
金融服务……(397)
中间业务拓展……(398)
管理提升……(398)
党群工作……(399)
公司党政负责人……(399)

中车投资租赁有限公司……(400)
概况……(400)
业务转型整改……(400)
逾期项目处置……(400)
管理提升……(400)
党群工作……(401)
重要纪事……(401)
公司党政工负责人……(401)

中国中车香港资本管理有限公司……(402)
概况……(402)
经营管理与改革发展……(402)
公司治理与制度建设……(403)

下属公司……………………………………（403）
公司负责人…………………………………（403）
中车资本管理有限公司……………………（404）
概况…………………………………………（404）
规划发展……………………………………（404）
经营管理……………………………………（404）
重要纪事……………………………………（404）
公司负责人…………………………………（404）
中国中车（香港）有限公司………………（405）
概况…………………………………………（405）
经营管理……………………………………（405）
业务拓展……………………………………（405）
财务投资业务………………………………（406）
企业文化建设………………………………（406）
党群工作……………………………………（406）
公司党政负责人……………………………（406）
中车信息技术有限公司……………………（407）
概况…………………………………………（407）
经营管理……………………………………（407）
市场营销……………………………………（407）
科技创新……………………………………（407）
人力资源管理………………………………（408）
企业文化建设………………………………（408）
党群工作……………………………………（408）
重要纪事……………………………………（409）
公司党政工负责人…………………………（409）
中车工业研究院有限公司…………………（410）
概况…………………………………………（410）
经济研究……………………………………（410）
技术研究……………………………………（410）
项目规划管理………………………………（411）
公共平台建设………………………………（411）
海外研发中心………………………………（411）
研究院党政负责人…………………………（411）
北京北车中铁轨道交通装备有限公司……（412）
概况…………………………………………（412）
经营管理……………………………………（412）
市场营销……………………………………（412）
党群工作……………………………………（412）
公司党政负责人……………………………（413）
广州电力机车有限公司……………………（414）
概况…………………………………………（414）
规划发展……………………………………（414）
生产运营……………………………………（414）
经营管理……………………………………（414）
科技创新……………………………………（415）
人力资源管理………………………………（415）
质量管理……………………………………（415）
党群工作……………………………………（415）
公司党政工负责人…………………………（416）
天津电力机车有限公司……………………（417）
概况…………………………………………（417）
经营管理……………………………………（417）
科技创新……………………………………（417）
生产管理……………………………………（418）
市场营销……………………………………（418）
基本建设……………………………………（418）
人力资源管理………………………………（418）
质量管理……………………………………（418）
精益管理……………………………………（419）
企业文化建设………………………………（419）
党群工作……………………………………（419）
重要纪事……………………………………（419）
公司党政工负责人…………………………（419）

中车产业投资有限公司

中车产业投资有限公司……………………（423）
概况……………………………………（423）
治理情况………………………………（423）
经营管理………………………………（423）
社会责任………………………………（424）
改革发展………………………………（424）
党群工作………………………………（425）
重要纪事………………………………（426）
公司党政负责人………………………（426）
南方汇通股份有限公司……………………（427）
概况……………………………………（427）
经营发展………………………………（427）
战略管控………………………………（427）
组织机构………………………………（427）
员工队伍………………………………（427）
风险防范………………………………（427）
技术开发………………………………（427）
基础管理 ……………………………（427）
公司党政负责人………………………（427）
中车环境科技有限公司……………………（428）
概况……………………………………（428）
经营管理………………………………（428）
党群工作………………………………（428）
重要纪事 ……………………………（428）
公司党政负责人………………………（428）
中车株洲投资控股有限公司………………（428）
概况……………………………………（428）
党群工作………………………………（429）
浙江中车新能源科技有限公司………（429）
株洲中车天力锻业有限公司…………（430）
株洲中车特种装备科技有限公司……（430）
上海中车瑞伯德智能系统股份有限公司……………………………………（430）
重要纪事 ……………………………（430）
公司党政负责人………………………（430）
湖南中车时代电动汽车股份有限公司…（431）
概况……………………………………（431）
经营管理………………………………（431）
产业布局………………………………（431）
风险管控………………………………（431）
党群工作 ……………………………（431）
公司党政负责人………………………（432）
青岛中车轻材料有限公司…………………（432）
概况……………………………………（432）
年度经营计划与实施…………………（432）
经营管理………………………………（432）
技术开发与推广………………………（432）
党群工作 ……………………………（432）
资阳中车电气科技有限公司………………（432）
概况……………………………………（432）
产品开发………………………………（433）
市场拓展………………………………（433）
基本建设………………………………（433）
公司党政负责人………………………（433）
中车城市交通有限公司……………………（433）
概况……………………………………（433）
上海中车绿脉股权投资基金管理有限公司……………………………………（433）
上海中振装备交通有限公司…………（433）
上海中车通达智慧物流有限公司……（434）
宁波中车海外城市交通投资有限公司……………………………………（434）
中城捷运城市交通有限公司…………（434）
中车城市交通欧洲公司………………（434）
上海中车城市交通投资建设有限公司……………………………………（434）
产业研究院……………………………（434）
重要纪事 ……………………………（434）

中车资本控股有限公司

中车资本控股有限公司……………………（437）
概况……………………………………（437）
规划发展………………………………（437）
年度经营计划与实施…………………（437）
经营管理………………………………（438）
项目开发与投资………………………（438）
战略价值投资…………………………（438）
股权投资………………………………（438）
金融服务………………………………（438）
保险经纪………………………………（438）
党群工作………………………………（438）
重要纪事………………………………（439）
公司党政工负责人……………………（440）
中车股权投资有限公司…………………（440）
公司负责人……………………………（440）
中车金证投资有限公司…………………（440）
公司负责人……………………………（440）
中车轨道交通投资有限公司……………（441）
中企云链(北京)金融信息服务
股份公司………………………………（441）
中车商业保理有限公司…………………（442）
中车汇融保险经纪有限公司……………（442）

中车置业有限公司

中车置业有限公司………………………（445）
概况……………………………………（445）
规划发展………………………………（445）
年度经营计划与实施…………………（445）
经营管理………………………………（446）
项目开发与实施………………………（446）
党群工作………………………………（447）
重要纪事………………………………（448）
公司党政负责人………………………（448）

中车北京二七机车有限公司

中车北京二七机车有限公司……………（451）
概况……………………………………（451）
改革改制………………………………（451）
经营管理………………………………（451）
人力资源管理…………………………（452）
基本建设与技术改造…………………（452）
企业文化建设…………………………（452）
党群工作………………………………（452）
重要纪事………………………………（453）
公司党政工负责人……………………（453）

中车北京二七车辆有限公司

中车北京二七车辆有限公司……………（457）
概况……………………………………（457）
规划发展………………………………（457）
改革改制………………………………（457）
经营管理………………………………（458）
生产运营………………………………（458）
市场营销………………………………（458）
基建与技改……………………………（458）
人力资源管理…………………………（458）
企业文化建设…………………………（459）
党群工作………………………………（459）
北京隆轩橡塑有限公司………………（459）
北京二七储运有限公司………………（460）
重要纪事………………………………（460）
公司党政工负责人……………………（460）

中国共产党中国中车集团有限公司党校

中国共产党中国中车集团有限公司党校……………………………………（463）
概况……………………………………（463）
中车党校建设…………………………（463）
教学管理………………………………（463）
教育培训………………………………（463）
学校负责人……………………………（463）

中国中车大学

中国中车大学…………………………（467）
概况……………………………………（467）
项目管理………………………………（467）
“天鹅计划”…………………………（467）
能力建设………………………………（467）
学校负责人……………………………（468）
常州铁道高等职业教育学校…………（468）
概况……………………………………（468）
内涵建设………………………………（468）
产教融合………………………………（468）
内部管理………………………………（468）
学校党政工负责人……………………（468）
大连机车技师学院……………………（469）
概况……………………………………（469）
教育教学………………………………（469）
职业培训………………………………（469）
校企合作………………………………（469）
重要纪事………………………………（469）
青岛四方机车车辆技师学院…………（469）
概况……………………………………（469）
教育教学………………………………（470）
校企合作………………………………（470）
招生与就业……………………………（470）

资产管理中心

资产管理中心……………………………（473）
经营与管理……………………………（473）
剥离企业办社会职能…………………（473）
解决历史遗留问题……………………（473）
中心负责人……………………………（473）
中车齐齐哈尔实业管理有限公司………（473）
中车哈尔滨车辆实业有限公司…………（474）
中车沈阳实业管理有限公司……………（474）
中车大连实业管理有限公司……………（474）
中国北车集团北京二七机车厂有限责任公司……………………………（475）
南车二七（北京）车辆厂有限公司………（475）
中车集团北京南口实业有限公司………（475）
中车石家庄实业有限公司………………（476）
中车集团太原实业有限公司……………（476）
中车长春长客实业有限公司……………（476）
中车永济电机实业管理有限公司………（477）
中车唐山实业有限公司…………………（477）
中车兰州实业管理有限公司……………（477）
中车大同实业管理有限公司……………（478）
中车济南实业有限公司…………………（478）
中车集团（青岛）四方车辆资产管理有限公司……………………………（478）
中车西安实业有限公司…………………（479）
中车南京浦镇实业管理有限公司………（479）
中车常州实业管理有限公司……………（479）
中车长江（武汉）实业发展有限公司……（480）
中车铜陵实业有限公司…………………（480）
中车成都实业管理有限公司……………（481）
中车资阳实业有限公司…………………（481）
中车眉山实业管理有限公司……………（481）
中车株洲电力机车实业管理有限公司……………………………（482）
中车株洲电力机车实业管理有限公司洛阳分公司……………………………（482）
中车株洲电力机车实业管理有限公司襄阳分公司……………………………（482）
中车株洲电力机车实业管理有限公司株洲分公司……………………………（483）
中车株洲车辆实业管理有限公司………（483）
中车贵阳实业有限公司…………………（483）
北京时代志业机车车辆有限公司………（484）
南车投资管理有限公司…………………（484）
中车集团天津实业有限公司……………（484）

人物与荣誉

国家改革先锋……………………………（487）
第十三届全国人民代表大会代表………（487）
全国总工会大会执委会委员、代表………（487）
全国妇联大会执行委员会员、代表………（488）
共青团中央委员会候补委员、共青团全国代表大会代表……………………………（488）
先进人物…………………………………（489）
国家级荣誉称号获得者 ………………（489）
省部级荣誉称号获得者 ………………（490）
中国中车荣誉称号获得者………………（491）
集体荣誉…………………………………（497）
国家级集体荣誉 ………………………（497）
省部级集体荣誉 ………………………（497）
中国中车集体荣誉 ……………………（498）

统计资料

2018 年中国中车主要经营指标完成情况综合表（表 19-1）…………………（509）

2018 年中车股份公司利润表及现金流量表相关科目变动分析表（表 19-2）……（509）

2018 年末中车股份主要固定资产、设备综合汇总表（表 19-3）……………………（510）

2018 年中车股份公司固定资产分项情况表（表 19-4）……………………（511）

2018 年末中车股份所属一级子公司主要固定资产排序表（表 19-5）…………………（513）

2018 年中车股份公司主营业务分行业、分业务、分地区情况表（表 19-6）……（515）

2018 年中车股份公司主要产品产量表（表 19-7）……………………………（516）

2018 年末中车股份公司资产及负债状况表（表 19-8）……………………………（517）

2018 年中国中车长期股权投资情况表（表 19-9）……………………………（518）

2018 年中国中车精准扶贫工作情况统计表（表 19-10）…………………………（520）

附 录

推进运输结构调整三年行动计划（2018—2020 年）……………………（523）

2018 年铁道统计公报……………………（528）

中国中车未来发展的讨论与分析………（531）

索引……………………………………（535）

A ……………………………………（535）

B ……………………………………（535）

C ……………………………………（535）

D ……………………………………（535）

E ……………………………………（536）

F ……………………………………（536）

G ……………………………………（536）

H ……………………………………（537）

J ……………………………………（537）

K ……………………………………（537）

L ……………………………………（538）

M ……………………………………（538）

N ……………………………………（538）

P ……………………………………（538）

Q ……………………………………（538）

R ……………………………………（538）

S ……………………………………（538）

T ……………………………………（539）

W ……………………………………（539）

X ……………………………………（539）

Y ……………………………………（539）

Z ……………………………………（540）

特载

本栏编辑　简　勇

奋勇担当交通强国铁路先行历史使命 努力开创新时代中国铁路改革发展新局面

——中国铁路总公司党组书记、总经理陆东福在中国铁路总公司工作会议上的报告（摘要）（2019 年 1 月 2 日）

高举改革开放伟大旗帜 推动铁路高质量发展 为决胜全面建成小康社会作出新贡献

——国家铁路局党组书记、局长杨宇栋在国家铁路局工作会议上的报告（摘要）（2018 年 12 月 27 日）

奋勇担当交通强国铁路先行历史使命 努力开创新时代中国铁路改革发展新局面

——中国铁路总公司党组书记、总经理陆东福在中国铁路总公司工作会议上的报告（摘要）

（2019年1月2日）

一、关于2018年铁路工作

2018年，全路党政工团各级组织认真学习贯彻习近平新时代中国特色社会主义思想和党的十九大精神，坚决贯彻落实党中央、国务院的决策部署，按照高质量发展要求，坚持稳中求进工作总基调，聚焦交通强国、铁路先行，深化强基达标、提质增效，统筹推进铁路安全稳定、改革发展各项工作，圆满完成各项目标任务。

铁路安全保持稳定。全年未发生责任一般A类及以上事故，未发生造成旅客死亡的责任行车事故，铁路交通事故、责任行车事故和路外死亡人数同比下降6.5%、11.1%、4.4%。

铁路建设成果丰硕。全国铁路固定资产投资完成8028亿元，其中国家铁路完成7603亿元，新开工项目26个，新增投资规模3382亿元；投产新线4683公里，其中高铁4100公里。到2018年底，全国铁路营业里程达到13.1万公里以上，其中高铁2.9万公里以上。

客货运双双大幅增长。全国铁路完成旅客发送量33.7亿人次，同比增加2.9亿人次、增长9.4%；国家铁路完成33.17亿人次，同比增加2.78亿人次、增长9.2%，其中动车组20.05亿人次、同比增长16.8%。全国铁路完成货物发送量40.22亿吨，同比增运3.34亿吨、增长9.1%；国家铁路完成31.9亿吨，同比增运2.72亿吨、增长9.3%，其中集装箱、商品汽车、冷链运输同比分别增长33.4%、25.1%、52.3%。运输效率进一步提升，动车、货车、机车的日产量同比分别增长4.3%、2.3%、3.0%。

经营效益迈上新台阶。铁路运输总收入7720亿元，同比增收759亿元、增长10.9%，创历史新高；非运输业务经管收入3522亿元、同比增长19.6%，综合创效405亿元、同比增长41.6%。成本支出得到有效控制，经营结果好于预期。

节能减排成效明显。单位运输工作量综合能耗同比下降5.7%。特别是实施货运增量行动对节能减排贡献巨大，与公路完成同样货运量相比，节省标准煤299万吨，减少二氧化碳排放736万吨。

劳动生产率和职工工资收入稳步增长。运输业劳动生产率达到44.4万元/人，同比增长11.0%。

实现上述目标，全路主要做了以下工作。

（一）坚决确保“两个维护”在铁路系统落实落地。把坚决维护习近平总书记的核心地位、坚决维护党中央权威和集中统一领导，作为国铁企业的最高政治原则和最根本的政治纪律，教育引导全路干部职工不断增强“四个意识”，更加自觉地在思想上政治上行动上同以习近平同志为核心的党中央保持高度一致。深入开展贯彻落实习近平总书记对铁路工作重要指示批示7个重大专题研究和贯彻落实党的十九大精神17项重点课题研究，形成一批理论、实践和制度成果。按照党的十九大建设交通强国的战略部署，鲜明提出交通强国、铁路先行，明确“三个世界领先、三个进一步提升”的目标任务，迈上了率先实现现代化的新征程。党组深化落实《中共中央政治局关于加强和维护党中央集中统一领导的若干规定》实施办法，严格落实重大问题向党中央请示报告制度，确保党中央政令畅通、令行禁止。

（二）确保高铁和旅客列车安全万无一失。认真贯彻落实习近平总书记关于安全生产工作的重要论述，建立健全覆盖各层级各岗位的安全生产责任制，突出源头治理、超前预防，加强人防、物防、技防“三位一体”安全保障体系建设，开展安全生产标准化规范化建设，有序推进高铁综合维修生产一体化管理，完善安全生产巡查、安全管理评估等制度，全面强化高铁应急处置工作，协调推进高铁外部环境联合整治，创建高铁治安反恐标准线，加强铁路治安综合治理和反恐斗争，铁路运输安全、治安秩序持续稳定。

（三）全面提升铁路运输产品供给质量和效率。坚决贯彻落实习近平总书记关于调整运输结构、增加铁路运输量的重要指示精神，制定实施2018—2020年铁路货运增量行动方案，全力组织西煤东运、北煤南运，推进港口集疏运体系建设，发展集装箱多式联运，有序承接公转铁运量，货运增量行动实现良好开局。推进货运价格市场化改革。全力确保重点物资运输。强化运输调度集中统一指挥，路网和装备运用效率明显提升。

扎实推进客运提质计划，实施高铁强基达标、提质增效工程，加大高铁产品供给侧改革开放力度，推进京津城际以及部分客运专线按设计时速运行，推行高铁“一日一图”，探索建立市场化票价机制，大力推进车站畅通工程，深化站车厕所革命，推出刷脸核验、在线选座、扫码进站、站车Wi-Fi、网上订餐等一系列便民利民新举措，铁路客运服务质量进一步提升。

以习近平总书记关于“复兴号奔驰在祖国广袤的大地上”“复兴号高速列车迈出从追赶到领跑的关键一步”的重要指示为引领，深入实施“复兴号”品牌战略。“复兴号”在38条高铁线路上运营，通达23个省会以上城市及香港特别行政区。截至2018年底，“复兴号”累计发送旅客13086.9万人，平均客座率78.8%，较高铁列车平均客座率高出4.2个百分点。

（四）着力安全优质推进铁路建设。认真学习贯彻习近平总书记关于川藏铁路规划建设的重要讲话精神，迅速展开项目前期工作，完成预可研审查，高起点高标准高质量推进川藏铁路规划建设形成良好态势。贯彻落实党中央关于加大基础设施等领域补短板力度的决策部署，及时调整“十三五”后三年铁路固定资产投资计划，充分发挥铁路投资对稳投资、稳就业、稳预期的促进作用。紧密对接国家重大战略，优化完善京津冀和雄安新区、长江经济带、粤港澳大湾区、14个集中连片特困地区等铁路规划。全力抓好京张高铁、京雄城际精品工程建设，广深港高铁香港段顺利开通，杭黄、哈佳、哈牡等高铁新线投入运营。完善铁路建设管理机制，优化铁路建设标准体系，建造水平有了较大提升。严格质量安全红线管理，开展质量安全专项行动，规范建设物资采购管理，严厉打击质量安全违规行为，以质量为核心的绿色、智能、精品建设理念得到强化。

（五）切实抓好“三去一降一补”工作。按照中央和地方事权划分原则，全面推行铁路分类分层建设，进一步形成路地、路企合资合作推进铁路建设模式。2018年，地方、企业出资达到1854亿元，约占项目总投资的33.3%，同比提高近2个百分点。多措并举，着力控制资产负债率。物资去库存成效显著。清理规范货运涉企收费，国家对铁路的降税措施让利给客户，全面取消企业自备车过轨技术检查等收费，全年减少社会物流费用30亿元以上。持续加大中西部地区铁路建设力度，全年中西部地区完成铁路基建投资3714亿元，占全国铁路的66.7%；新开工项目16个，投资规模达到1676亿元。

（六）深化国铁企业改革和经营管理创新。总公司机关部门和岗位职责体系进一步健全，直属机构、所属非运输企业公司制改革基本完成。铁路局集团公司法人治理体系逐步优化，内设组织机构改革顺利完成，机构、定员编制分别精简23.0%、12.2%，所属非运输企业整合重组和公司制改革同步推进。实行以收支利刚性约束为目标导向的全面预算管理制度，编制完成普速铁路劳动定额标准，健全工资总额与安全、效益、运输总收入挂钩的考核机制，完善总公司机关部门和所属企业负责人绩效考核办法，形成了有效激励约束机制。推动铁路运输市场公开公平建设，改革完善市场化客运、货运承运清算办法。规范和加强运输收入管理、大修投资管理，推进设备修程修制改革，创新物资管理模式，加强物资调剂使用，提高资金运用效率，加大应收款项清收力度，严控间管费支出；加强经营事项合法合规审查，开展风险债权维权活动；落实税收优惠政策，增加直购电交易，创新审计监督管理体制机制，提质降本增效取得明显成效。

（七）推进铁路资产资本化股权化证券化。成功实施一批首例、首单项目。转让高铁动车组Wi-Fi公司49%经营权，引入民营企业吉利、腾讯公司推进混改，CR400AF型动车组知识产权转让交易；中铁顺丰国际快运有限公司挂牌经营，所属重点企业上市工作扎实推进，设立铁路混改基金、东南沿海铁路混改、组建全国煤炭交易中心等工作启动实施。合资铁路公司重组整合稳步推进，运营控股合资公司年度营业收入同比增长33.5%。铁路土地综合开发年度实现收入205.8亿元。高铁互联网订餐、高铁+共享汽车、工程总承包、融资租赁、工程咨询、金融保险等业务增收创效水平逐步提升。

（八）持续加大铁路科技创新和产业化应用力度。认真学习贯彻习近平总书记在全国两院院士大会上的重要讲话精神，积极推进系列化“复兴号”研制，初步形成覆盖时速350公里、时速250公里、时速160公里等不同速度等级，涵盖不同编组形式和动力牵引模式，适应各种运行环境需求的“复兴号”系列产品。智能型“复兴号”动车组、智能京张关键技术、重大桥隧建造技术等科研攻关实现新突破，“复兴号”在世界上首次实现时速350公里自动驾驶功能，成为我国高铁自主创新的又一重大标志性成果。新型机车车辆、大型养路机械等技术装备研发取得新进展，自主化列控系统、智能牵引供电系统、高铁地震预警系统等进一步优化完善。新的信息化管理体制运转顺利。以实现关键技术完全自主化的京沈高铁综合试验圆满成功。铁路主数据中心建成投入运用，货票电子化实现常态化应用，电子客票在海南环岛高铁成功试点。

（九）全力抓好铁路精准扶贫工作。坚决落实中央关于打好精准脱贫攻坚战的重大决策部署，加强贫困地区铁路规划建设，2018年14个集中连片特困地区、革命老区、少数民族地区、边疆地区累计完成铁路基建投资4139.6亿元，占全国铁路基建投资的77.6%。精心开好公益性“慢火车”和农民工集中地区普速客车，持续增强贫困地区货运能力。2018年老少边贫地区铁路货物发送量完成

4.2 亿吨、同比增长 18%，高于全路平均增幅 9 个百分点。全年投入 4897 万元用于定点扶贫 4 县（区）脱贫攻坚。

（十）强化铁路对“一带一路”建设的服务保障作用。充分发挥中欧班列国际铁路合作机制和国内运输协调委员会的作用，落实中欧班列在境外宽轨段三列并两列、优惠运价等措施，不断提升班列运行品质。2018 年共开行中欧班列 6300 列、同比增长 72%，其中返程班列 2690 列、同比增长 111%。充分发挥行业、专业优势和企业层面的牵头作用，有序推进境外铁路项目建设。雅万高铁逐步进入全面施工阶段。中老铁路稳步推进，廉洁之路建设初见成效。中泰铁路一期工程、巴基斯坦拉合尔橙线轻轨工程进展顺利。匈塞铁路塞尔维亚境内段开工建设，莫喀高铁前期工作有序推进。积极参与国际组织重要活动，成功当选铁盟亚太区主席，中国铁路在国际上的影响力和话语权进一步提升。

（十一）着力提升职工生产生活水平。制定实施《深入改善职工生产生活条件行动计划（2018—2020 年）》，全年投入 29.6 亿元用于生活线、文化线、卫生保健线建设；建成保障性住房 2.7 万户，完成棚户区改造 6054 户；补助职工补充医疗保险 28.8 亿元，组织职工健康体检 140.6 万人次、健康休养 17.8 万人次，在岗因病死亡人数同比下降 29.8%；投入助困、助学、助医等帮困资金 9.37 亿元，救助职工和家属 43.6 万人次。坚持用心用情做好离退休干部职工工作。不断丰富职工的精神文化生活，妥善解决职工群众合理诉求，全路信访总量同比下降 14.2%。

（十二）全面加强国铁企业党的建设。深入开展习近平新时代中国特色社会主义思想和党的十九大精神学习培训，两级领导班子带头开展专题学习研讨，全面完成领导人员集中轮训。落实企业党委在法人治理结构中的法定地位和把方向、管大局、保落实的领导作用，完善“三重一大”事项决策制度，厘清各法人治理主体权责边界。严格落实党内政治生活若干准则和铁路企业党的领导人员民主生活会细则，进一步严明党的政治纪律和政治规矩。常态化制度化推进“两学一做”学习教育，深入实施“三会一课”质量年，广泛开展党内主题实践活动。加快建设高素质专业化领导班子和领导人员队伍，深入推进领导人员转型提质行动、“百千万人才”工程和“铁路工匠”选树活动。加强党建带团建工作，全国铁路行业共青团和青年工作指导委员会工作顺利推进。加强宣传思想文化工作，广泛开展不忘初心、牢记使命、交通强国、铁路先行宣讲活动，组织新时代铁路榜样选树宣传，深化铁路企业文化建设三年基础工程，讲好中国铁路故事，不断加强铁路精神文明建设，营造了正面向好的舆论氛围。

（十三）深入推进党风廉政建设和反腐败斗争。认真落实“两个责任”，强化压力传导，制定五年巡视工作规划，指导各铁路局集团公司建立巡察机构，强化全路纪检监察组织建设。分两轮对 5 个铁路局集团公司党委、2 个直属单位党委和 3 个铁路公司党委开展巡视，有效发挥了巡视利剑作用。制定贯彻落实中央八项规定实施细则《实施办法》，严肃查处违反中央八项规定精神的典型问题 364 件，给予纪律处分 589 人。综合运用监督执纪“四种形态”，其中运用第一种形态执纪 4502 人次、占 52.1%；全年纪检监察组织立案 3927 件、同比增长 129.5%，纪律处分 4120 人、同比增长 110.2%。

二、自觉用习近平总书记的重要指示批示精神统领铁路工作，坚持在大局下行动，努力在建设交通强国中当好先行

刚刚闭幕的中央经济工作会议，习近平总书记作了重要讲话。让我们倍感振奋、深

受鼓舞的是，习近平总书记在讲话中对川藏铁路规划建设给予充分肯定，明确要求加快推动中国铁路总公司股份制改造。这充分体现了习近平总书记对铁路工作的高度重视和亲切关怀，为中国铁路改革发展指明了前进方向、明确了重点任务，激励鞭策我们更好地担负起交通强国、铁路先行历史使命，推动铁路高质量发展。

分析把握2019年铁路工作面临的形势和任务，要求我们必须坚持目标导向和问题导向，对标“三个世界领先、三个进一步提升”的铁路先行目标，自觉找差距、补短板、强弱项，不断提升改革发展的能力和水平。

从铁路网规模和质量达到世界领先看。尽管我国已经建成世界最现代化的铁路网和最发达的高铁网，但是铁路网发展不平衡、不充分的问题仍然比较突出，中西部地区特别是老少边贫地区铁路网密度不高、覆盖面不广，东部地区路网需要进一步完善补强，与其他交通方式融合发展需要进一步强化。必须聚焦铁路建设短板，以中西部地区特别是老少边贫地区为重点，加强路网规划建设，加快实施川藏铁路等一批重大项目，进一步优化路网布局结构，扩大路网覆盖，增加路网密度，强化路网整体效能，全面提升铁路网现代化水平。

从铁路技术装备和创新能力达到世界领先看。“复兴号”高速列车迈出从追赶到领跑的关键一步。我国高速铁路、高原铁路、高寒铁路、重载铁路等领域技术已达到世界领先水平。但是要清醒地看到，我国铁路信息化、智能化水平仍有待提升，铁路基础理论研究、基本元器件和关键零部件生产，距世界先进水平仍有差距。必须立足于服务铁路运输生产经营需求，加大应用型技术创新力度，巩固发展我国铁路在关键技术领域的领跑优势；要充分发挥铁路建设和运营对铁路技术创新及装备制造的需求牵引作用，带动铁路装备制造全产业链持续创新发展，使高铁产业成为我国战略性新兴产业和建设制造强国的率先领域。

从铁路运输安全和经营管理水平达到世界领先看。近年来我国铁路是世界上安全性最高的铁路之一。但是随着路网规模快速扩大、列车开行速度和密度不断提高，在设备源头质量管控、现场作业管理、应急处置响应、外部环境整治等方面风险不少、考验不断。必须牢固树立确保高铁和旅客列车安全万无一失的理念，深化高铁强基达标，扎实推进安全管理标准化规范化建设，加快实现铁路安全生产治理体系和治理能力现代化。

我国铁路主要运输效率指标一直处于世界领先，但客货运输供给质量特别是服务标准化、精细化、人性化等管理和作业方面，与人民群众期盼仍有差距，企业盈利能力、资产资源运用效率、国际化水平等还有待进一步提升。必须坚持以人民为中心的发展思想，坚持以市场为导向，以质量和效益为中心，大力提升国铁企业经管质量和效益，为交通强国、铁路先行提供坚实的物质基础。

从铁路体制机制改革创新水平进一步提升看。近年来，我们贯彻两个“一以贯之”要求，国铁企业党的领导全面加强，经营机制在建立完善，经营活力在逐步释放。但是随着高铁成网运营、技术装备和管理手段现代化水平持续提升，铁路既有生产力布局、劳动定额标准、设备修程修制和劳动生产组织方式等，已难以适应生产力发展的新要求；随着法治化市场化经营不断深入，在铁路企业微观层面凸显出铁路经营机制不灵活、价格机制不灵敏、资产资源开发利用不足等问题。必须在坚持全路一张网、运输集中统一调度制度优势的基础上，抓住加快推动中国铁路总公司股份制改造的历史机遇，推进制度创新和经营机制转换，理顺政府部门与国铁企业、国铁企业母子公司、国铁企业与市场的关系，统筹运输生产经营领域的布局调整和企业重组整合，以资本的社会效率效益为导向，着力做好资产资本化股权化证券化这篇市场大文章，推动国铁企业由运输生产任务型向市场经营效益型转变。

从铁路在综合交通运输体系中的地位和作用进一步提升看。近年来，铁路客货运量持续大幅度增长，与2016年相比，2018年铁路客货周转量在全社会的占比分别提升了1.5和0.5个百分点，铁路在中长途客货运输的骨干作用有所增强。但是与中央调整运输结构、增加铁路运输量的部署要求和市场需求相比，仍然有很大的提升空间。此外，铁路与其他交通方式的融合发展不畅，集装箱铁水联运的比例偏低，发展多式联运潜力很大。必须着力推动铁路枢纽与其他交通方式无缝衔接，促进现代化综合交通运输体系建设，为推动绿色交通发展、降低社会物流成本、满足广大人民群众美好旅行生活需求发挥更大作用。

从铁路服务国家战略和对经济社会发展的贡献进一步提升看。近年来，我们紧紧围绕打好三大攻坚战、深化供给侧结构性改革以及推进京津冀协同发展、长江经济带发展、“一带一路”建设等，搞建设，抓运输，铁路对国家重大战略的服务保障作用进一步增强。但是随着国家一系列战略的深入实施，铁路服务国家战略和经济社会发展面临许多新的挑战。建设方面，今后一个时期铁路建设主要集中在中西部贫困地区，工程建设条件艰难，项目财务收益率普遍较低，对我们确保质量安全、筹集建设资金、保证平稳运营提出新的挑战；运输方面，主要繁忙干线和部分区域、部分时段运输能力仍然比较紧张，铁路运输供给不平衡、不充分的问题还不同程度存在，对我们优化资源配置、深入挖潜提效、提升供给能力等提出新的考验。必须统筹好服务国家战略和促进铁路持续健康发展的关系，把国家利益和社会效益放在首位，不断强化铁路对经济社会发展的服务保障能力。

三、2019年铁路工作主要目标和重点任务

2019年是新中国成立70周年，是全面建成小康社会关键之年。铁路工作的总体思路是：**以习近平新时代中国特色社会主义思想为指导，全面贯彻落实党的十九大和十九届二中、三中全会以及中央经济工作会议精神，坚持稳中求进工作总基调，牢固树立新发展理念，落实高质量发展要求，紧紧围绕打好三大攻坚战，聚焦交通强国、铁路先行，深化强基达标、提质增效，坚守确保高铁和旅客列车安全的政治红线和职业底线，以全面规划建设川藏铁路、加快推动中国铁路总公司股份制改造为重点，深入实施推进铁路运输供给侧结构性改革三大举措，加大铁路基础设施补短板力度，进一步加强铁路党建和党风廉政建设，推动铁路高质量持续健康发展，为决胜全面建成小康社会打下决定性基础，以优异成绩庆祝中华人民共和国成立70周年。**

2019年主要工作目标和预期值是：

铁路安全：不发生重大及以上责任事故，不发生客车较大及以上责任行车事故，不发生造成旅客死亡的责任行车事故，不发生从业人员较大及以上责任死亡事故，铁路从业人员万人生产安全事故死亡率控制在0.3以内，铁路交通事故10亿吨公里死亡率控制在0.3以内。

铁路运输：国家铁路完成旅客发送量35.35亿人、同比增长7%，货物发送量33.68亿吨、同比增长6.6%。

铁路投资：全国铁路固定资产投资保持强度和规模，优质高效完成国家下达的任务目标，确保投产新线6800公里，其中高铁

3200 公里。

铁路经营：铁路运输总收入 8340 亿元，非运输业务经营收入 3600 亿元。

铁路节能减排：单位运输工作量综合能耗控制在 4.52 吨标准煤/百万换算吨公里，化学需氧量排放量控制在 2012 吨以内。

铁路劳动生产率：铁路用工总数控制在 209.8 万人以内，运输业劳动生产率达到 48 万元/人，职工工资收入同比增长。

重点抓好以下工作。

（一）把党的政治建设放在首位，坚决维护习近平总书记的核心地位，坚决维护党中央权威和集中统一领导。坚决落实习近平总书记重要指示批示精神和党中央重大决策部署。严格执行总公司党组贯彻落实《中共中央政治局关于加强和维护党中央集中统一领导若干规定》实施办法，落实重要情况、重大问题请示报告制度。对习近平总书记等中央领导同志的重要讲话和对铁路工作的重要指示批示精神，及时抓好传达学习，精心制定落实措施，加大实施推进力度，并向党中央报告情况，坚决杜绝不敬畏、不在乎、喊口号、装样子的问题。充分发挥总公司机关示范带动作用，做到“一个带头”，当好“三个表率”，建设模范机关。

把学习贯彻习近平新时代中国特色社会主义思想引向深入。按照党中央统一部署要求，扎实开展“不忘初心、牢记使命”主题教育。发挥好党委中心组学习的示范作用，坚持定期督查和通报，提高党委中心组学习质量。建立所属企业领导人员轮训全覆盖机制，指导所属单位建立领导人员轮训机制。加强和改进面向职工的理论宣传教育，健全班组政治学习制度。充分发挥党校理论教育和党性教育主渠道主阵地作用，推进实施“青年马克思主义者培养工程”。深入推进重大专题和重点课题研究。

严明党的政治纪律和政治规矩。抓好党章、《中国共产党纪律处分条例》学习教育和经常性警示教育，引导党员干部自警自律，做到“五个必须”，严防“七个有之”。系统梳理中央对铁路两轮巡视整改和党组两轮内部巡视工作成果，督促落实巡视整改政治责任。落实铁路局集团公司党委向总公司党组请示报告工作制度，严格执行个人重大问题、重要事项请示报告等制度，加强对违反政治纪律和政治规矩行为的检查监督问责。

严肃党内政治生活。加强对遵守和执行党章、落实新形势下党内政治生活若干准则等制度情况的监督检查，提高执行党员领导干部双重组织生活、“三会一课”、民主生活会等党内基本制度的质量。强化对所属企业落实民主集中制各项制度的检查指导。严格落实违纪违规问题专题民主生活会制度。培育积极健康的党内政治文化，坚决反对搞“两面派”、做“两面人”。坚持和完善新党员入党宣誓、重温入党誓词等政治仪式，引导党员干部继承和发扬党的光荣传统。

（二）集中全力办好规划建设川藏铁路和加快推动中国铁路总公司股份制改造两件大事，确保党中央重大决策部署落实落地。高起点高标准高质量推进川藏铁路规划建设。按照科学规划、技术支撑、环境保护、安全可靠总体要求，举全行业之力，加强勘察设计组织工作，加大环保、土地、地震等专题研究和前期工作要件办理力度，确保全线可研在 2019 年二季度完成，并在三季度报批。重点控制性工程初步设计要同步深入展开，确保工作质量，在 2019 年三季度末具备开工建设条件。要抓紧启动川藏铁路国家重点研发计划专项立项和国家川藏铁路技术创新中心筹建申报工作，系统推进重大课题科技攻关。抓紧编制设计文件和概算编制办法、建设管理办法。严把设计源头，科学安排施组，建立质量安全监测监控体系和高原应急救援体系，协调配合有关部门单位做好永临结合的施工便道、外部电力配套规划建设。加快推进生产生活基地、高原作业环境监测系统、健康安全检测救治体系和卫生健康防治体系建设，为顺利推进川藏铁路规划建设提供可靠保障。

加快推动中国铁路总公司股份制改造。坚持政企分开、政资分开和公平竞争原则，紧密结合铁路行业特点，在深入调研论证的基础上，提出中国铁路总公司股份制改造系统建议方案。积极扩大优质存量资产债转股、股权资本上市融资和吸引增量资本直接投资比重，切实降低资产负债率。通过多层次、多渠道的股份制改造，加快构建现代企业法人治理体系，理顺控股投资公司与资本运营公司的权责与管理关系，着力推进法治化市场化经营管理机制建设。探索多元投资、股权监管与专业化经营管理优势合作互补、优化资本经营效率效益的实现形式，进一步增强国铁资本的影响力和控制力，创新体制机制，促进铁路高质量发展。

（三）坚守高铁和旅客列车安全万无一失的政治红线和职业底线，毫不松懈抓好运输安全。深化安全发展主题教育。将习近平总书记关于安全生产的重要论述和指示批示精神，纳入各级管理者年度培训内容，实施全覆盖培训。持续开展安全主题教育，引导干部职工坚守安全发展理念，扎牢全员保安全的职业根基。

狠抓高铁和旅客列车安全。深化高铁强基达标、提质增效工程，推进高铁安全标准示范线建设，开展高铁安全风险综合评价和重大风险隐患综合整治。开展高铁运营十年专项评估，深化对高铁安全管理体制机制、技术规章、生产布局、劳动组织、人员素质、应急处置等课题的研究，构建具有中国特色的高铁安全管理体系。持续推进铁路治安反恐科技信息化、指挥高效化、安保实战常态化建设，不断净化铁路站车线治安环境，筑牢铁路反恐和高铁安防体系。

持续推进标准化规范化建设。出台铁路安全标准化规范化建设指导意见，制定完善主要行车岗位作业手册，建立科学合理、切合实际的标准体系、指标体系和考核评价体系，引导各系统、各层面积极学标贯标。深入开展标准化规范化站段建设，打造一批有特色、能推广、可复制的品牌标杆。

推动应急处置体系全面升级。研究制定高铁应急处置规章，确保调度集中统一指挥、行车单一指挥，强化故障处置专业负责。健全应急管理机构，完善应急处置预案，组建应急救援专家队伍，优化应急救援资源配置。有计划地组织开展跨地区、跨单位、跨专业岗位高铁应急救援一体化实战演练，提升高铁应急处置水平。

深化“三位一体”安全保障体系建设。完善落实安全风险管控和隐患排查治理双重预防机制。进一步提升专业部门安全管理效能，开展十大安全关键专项攻关。推进主要行车工种三年轮训，加强主要行车工种队伍建设。建立安全生产责任清单，强化安全履职考评和责任追究。

实施外部环境专项治理计划。积极汇报沟通，推动省（区、市）出台一批地方性铁路安保法规，进一步协调依靠行业监管部门、地方政府部门在外部环境治理上充分发挥职能作用。探索铁路外部环境治理协同发力、各负其责的有效途径，持续开展专项排查治理，净化铁路外部环境。

（四）坚决落实中央加强铁路补短板建设和防范金融风险的决策部署，科学有序稳步推进铁路建设。有序推进重点工程项目。围绕“保开通、保在建、保开工”，加大项目组织力度，强化质量、安全、工期、投资和环保等关键环节把控，确保完成年度投资任务。坚持依法规范开通投产，严格验收程序和标准，做好达标评定工作，落实问题整改责任，及时编制竣工决算。以京张、京雄、蒙华等示范性工程为引领，推行开工建设标准化，确保开通项目质量。加强项目前期工作，突出项目经济评价、效益分析和债务风险防范，一季度完成重大新开工项目可研审批。做好重大项目储备和重大风险应对准备，推动铁路建设稳健发展。

精准发力补短板。紧密对接国家发展战略，聚焦干线通道补强、大宗货运公转铁、综合交通枢纽配套等路网短板项目，统筹建设方案、资金筹集、综合开发等要素，高质量推进项目可研和审批工作。加快物流基地、铁路专用线、集疏港铁路项目建设，抓好铁路物流园区、散堆装货场、铁路专用线建设升级改造，做好铁路自备车、集装化设备、装卸机具补强工作，畅通铁路微循环。

着力打造精品工程。以京张高铁和京雄城际精品工程为牵引，加强智能建造关键技术研究与应用，推动设计、建设、运营全生命周期信息共享，实现全方位建设质量管控。推广杭黄铁路绿色建设经验，结合雄安站、丰台站等客站规划建设，打造畅通融合、绿色温馨、经济艺术、智能便捷的现代化铁路客站枢纽。

深化质量安全红线管理。严格执行红线管理规定，强化红线问题库管理，以零容忍的态度，重拳打击各种偷工减料、以次充好、违法分包等行为。探索创新行之有效的检查方式，督促各建设单位严格落实质量安全标准。统筹内部监督和委托行政监督的资源优势，形成高效权威的质量安全监督新格局。

加大铁路分类分层建设推进力度。贯彻落实“三去一降一补”要求，按照中央和地方事权划分原则，科学界定并落实国铁干线、区域性铁路和扶贫开发等铁路项目建设投资责任。加大经营性项目吸引直接投资力度，更多地吸引社会资本投资建设，做好单价承包、EPC工程总承包、专业分包试点等工作。对于区域性铁路补强项目，兼顾国铁企业负债和筹资能力，以多种形式参与建设。对于扶贫补短板项目，积极争取中央预算内财政资金支持，协调地方政府及时足额到位资金。实施雄安高铁投融资改革试点，引导商业银行、开发性金融机构支持铁路建设，鼓励保险机构积极参与债券、股权等方面投资。探索运用融资租赁等方式，降低融资成本。严格概算管理，严控投资计划，规范设计变更，严肃问责追责。统筹建设资金使用，防控财务风险。

加强铁路建设规划研究。围绕制定交通强国、铁路先行中长期发展规划，形成新时代铁路发展战略课题研究成果。高质量完成长三角、粤港澳大湾区、成渝城市群及海南省等铁路规划工作。启动“十四五”规划前期研究。开展高铁快运、装备发展、集装箱运输等专项规划研究。

（五）深入实施货运增量行动、客运提质计划、“复兴号”品牌战略三大举措，持续提升运输服务和经营管理水平。深入推进货运增量行动。以“六线六区域”为重点，继续加大西煤东运、北煤南运力度，全力承接港口疏港物资公转铁运量，大力发展集装箱多式联运业务。全年货运增量必保2.5亿吨，集装箱、商品汽车和冷链物流运量同比增幅分别达到15%、10%、10%以上。完善物流中心经营管理机制，稳步推进货运价格市场化改革，开发全路统一的货运市场和价格监测系统，强化价格调整策略运用效果分析。完善铁路货运电子商务系统功能，实现95306网与全国煤炭交易中心交易平台有效对接。

深入落实客运提质计划。加强站车一体化管理，补强客运站段应急指挥中心，启动客运规章修订工作，打造全路市场研发、客票销售和旅客服务三大中心。推动“一日一图”常态化，开发以“复兴号”为引领的系列化客运新产品。推广应用电子客票，提升智能化服务水平。探索构建灵活可控的高铁票价调整机制，深化一日一价、一车一价可行性研究并择机试点。积极推进市域铁路列车公交化开行。规范站车基本服务标准，深化站车厕所革命和畅通工程，加快双网融合步伐，落实并进一步创新便民利民服务举措。

深入实施"复兴号"品牌战略。持续扩大"复兴号"开行规模和覆盖范围，充分发挥"复兴号"的品牌优势。到2019年底，投入运用的"复兴号"将达到850组，占动车组保有量的22.8%。加大时速350公里、250公里、200公里、160公里"复兴号"系列产品研发和产业化运用力度。进一步深化"复兴号"客运服务品牌创建活动，让更多旅客感受"复兴号"的高品质服务。

强化对三大举措的运输保障。提高运行图编制质量，实施客货运输"一季一图"，探索管内普速客车"一日一图"。提升调度日（班）计划编制水平和兑现率。加大直达列车开行比例，提高主要货运通道牵引定数，扩大机车长交路范围，开展货车达标达速和满轴满吨活动，精简直达列车途中人工技检作业次数。优化施工组织，提高天窗共用率。动态调整运输差异化考核办法，实现路网运输效率效益最大化。

（六）大力强化铁路科技创新，巩固扩大中国高铁领先优势。突出铁路应用型技术创新。以川藏铁路规划建设等需求为引领，重点组织高原艰险山区铁路建造技术攻关，开展适应高坡、高寒、高原特点的装备技术研究。持续推进"复兴号"系列化动车组研制和试验考核，加快智能型"复兴号"动车组研发进度，满足北京冬奥会运输需求。深化高铁网综合效能与服务水平提升技术研究，实现运输计划智能协同编制。深化冷链物流、多式联运、中欧班列、高铁快运等经营技术研究。建设智能化设备检测维护体系和灾害监测预警系统，形成全方位、全过程、全天候的高铁安全风险防控体系。

推进铁路信息化建设。加快总公司主数据中心灾备系统建设，加强网络安全保障体系建设，高质量推进铁路信息系统网络安全一体化示范工程，保证数据资源完整规范、数据治理全面增强、数据安全自主可控。推进人工智能技术与铁路业务深度融合，深化专业领域大数据应用。进一步完善12306网站功能，深入推进95306网站建设。

深化关键技术创新攻关。持续深化高铁智能建造、智能装备、智能运营等关键核心技术攻关，构建覆盖核心技术、关键装备、集成应用与标准规范的系列成果体系和成套解决方案。大力推进引领性关键技术攻关，着力打造新一代高速动车组平台，研发更安全、更环保、更节能的新一代"复兴号"。深化混合动力、高效储能、清洁排放等节能环保新技术的应用研究攻关。

强化铁路基础理论研究。发挥我国铁路建设运营场景丰富、实践积累数据庞大的独特优势，深化铁路交通安全、高速铁路轮轨关系、弓网关系、空气动力学、减振降噪、电磁兼容等铁路应用基础理论研究，系统开展现场测试，推进建立具有中国特色的铁路基础理论体系。

创新科技管理体制机制。实施科研立项分层分类管理，改进科技创新项目组织管理，建立以研究质量和应用效果为导向的评价机制，强化成果转化激励。深化与国内外科研机构和知名企业的战略合作，建立产学研用全面合作的创新联合体。启动升级国家铁道试验中心建设，将其建设成为集铁路科技创新中心、文化展示中心、国际交流中心为一体的铁路科技文化园。适时召开铁路科技创新大会。

（七）以铁路总公司股份制改造为牵引，进一步深化铁路管理体制和运行机制改革。

加强国铁现代企业治理结构建设。指导各铁路局集团公司健全完善公司治理体系，规范决策制度程序和日常运行机制，研究设置董事会专门委员会，实施全资子公司董事会年度工作报告制度，强化派出董事、监事履职评价，规范提升公司治理水平。按照总公司制度建设的顶层设计，分层次构建符合公司治理要求的管理制度体系。完善国铁企业监督机制，强化审计、财务、专业监督的大监督作用。推进合资公司机构重组整合，精简机构编制，提高管理效率，减少管理成本。加大省（区、市）域内合资公司整合力度，深化合资公司重组和股权置换工作。研究制定改善合资铁路公司经营的系统性解决方案，优化委托运输管理机制，提高合资公司治理水平。深化非运输企业重组整合，增强企业市场化经营能力。

加强国铁企业运行机制建设。适应国铁企业两级法人、三级管理架构和公司制改革要求，合理界定总公司、铁路局集团公司和基层站段的职能定位。铁路总公司作为国铁企业总部，代表铁路行业，履行铁路行业的战略管理、目标管理、资源统筹管理、监督考核管理以及加强党的领导等职责，负责决定铁路行业发展方向、关系路网整体效率效益的管理事项，制定国铁企业生产经营目标体系，规划调整运输生产力布局、统筹运输生产组织方式、统筹调配运力资源、统筹配置技术装备、实施运输集中统一调度指挥，加强对铁路局集团公司的资产资本监管、经营行为监督、经营绩效考核，加强国铁企业党的建设和党风廉政建设，确保国铁企业始终沿着正确方向前进。铁路局集团公司作为总公司的全资子公司，要贯彻落实总公司的决策部署，服从全路集中统一指挥，确保全路整体利益最大化；作为国铁区域经营公司，要建好管好用好区域铁路和资源，增加铁路运输产品供给，不断扩大铁路运输市场份额，更好地服务地方经济发展，作为市场经营的主体和效益中心，要追求效率效益最大化，对国有资本保值增值、实现盈亏目标负责。基层站段作为运输生产组织实施的作业中心，也是经营管理的成本、收入、效率、效益的基本核算单位，要在安全优质完成生产经营任务、提高资源运用效率、降低生产经营成本、增加企业经营收益上守土尽责，着力提质降本增效。总公司有关部门和各铁路局集团公司要根据以上职责定位，进一步理顺管理关系，构建各司其职、各负其责、科学规范、高效运转的国铁现代企业运行机制。

推进以经济效益为导向的三项制度改革。对所属企业领导人员实行任期制管理，改进领导人员考核评价办法，落实领导人员退出机制，畅通专业技术人员和技能人才发展通道，采取多种灵活方式柔性引进各类紧缺急需人才。构建先进合理的劳动定额标准体系，推进运输生产劳动组织改革，形成以劳动合同制职工为主体，以劳务派遣、业务外包等为补充的市场化多元化用工机制。建立职工工资与企业效益联动的决定机制，优化运输企业、非运输企业、合资公司的工效联动指标，使职工工资收入与工作业绩、实际贡献紧密挂钩。调整铁路企业负责人薪酬结构，建立年度与任期相结合的考核体系和薪酬体系。推进铁路局集团公司差异化考核，完善总公司机关部门绩效考核，实行非运输企业“一企一策”考核，强化效率效益和安全导向。

（八）加大铁路资产经营开发力度，提高资本经营质量和效益。推动重点项目股改上市。实施铁路领域混改三年工作计划，择优推进混改试点。加强与大型央企的合作，引入战略投资者。加快推进所属有关重点企业的股改上市工作，研究推进科创板块股改上市方案。

推进市场化债转股和上市公司再融资工

作。研究既有上市公司通过定向增发、资产收购等方式整合关联资产方案，利用资本市场扩大融资规模、盘活存量资产。完善铁路债转股基金设立和运营方案，通过股权转让、增资扩股等方式有序推进市场化债转股。发挥总公司资本运作平台作用，推动金融保险业务加快发展。总结发展 Wi-Fi 股权转让的成功经验，推进高铁+共享汽车、保险+养老地产等资产资本化经营。支持合资铁路公司采取融资租赁、发行资产支持证券等方式筹集资金，重组存量债务。

创新土地综合开发。加强项目开发前期工作，创新丰富项目开发模式，探索与社会企业合作开展站点综合开发，推动雄安站核心区等一些土地综合开发项目落地。制定新建铁路土地综合开发项目规划，做好土地授权经营工作，强化土地资产价值管理。

拓展产业链新业态。优化站车商业布局，推广应用站车商业信息管理系统，打造铁路特色旅游品牌，统筹开发站车媒体资源。组建全国煤炭交易中心，探索开展煤电运贸一体化经营新模式。推动所属企业间的合资合作，搭建全路性工业产品交流平台，加强铁路勘察设计、建筑施工、工程监理的联动，拓展工程总承包和涉铁工程市场。

规范国有资产管理。建立总公司及所属企业国有资产处置报告制度和资产内部划转机制。落实公益性铁路建设运营主体责任，推动政府资本金筹集和运营补贴落到实处。建立合资公司还本付息逾期风险预警和报告制度。搭建债权管理信息化平台，推进所属企业债权清理常态化，严控新增风险债权规模。完善资产权属，加快推动合资铁路土地及不动产权证办理。

（九）提高铁路法治化市场化经营水平，着力提质降本增效。强化全面预算管理。坚持盈亏总额和运输总支出“双控”管理，优化预算编制方法，完善盈亏动态调整机制，构建预算定额标准管理体系，加强预算执行过程控制，促进业务预算与财务预算深度融合。改革设备大修、更改管理方式，探索大修资金由铁路企业统筹投入产出的自决机制，实行大修和更改统筹归口管理。

完善客货运等清算办法。以提高列车开行效益为重点，完善客运相关清算项目。建立货运承运清算评价指标体系，升级货运承运清算信息系统，提升评价分析的准确性和实效性。建立清算单价调整机制，促进清算单价与市场价格、线路繁忙程度等紧密衔接。进一步完善委托运输费用管理、事转企单位清算办法。研究服务全路的网络售票、基础设施检测、清算平台等清算方式。建立内部公平公开的模拟市场，规范企业内部经济行为，提高经营管理水平。

推进生产组织和修程修制改革。适应铁路尤其是高铁生产力发展的要求，积极推进铁路运输企业生产力布局优化调整。强力推进工电供综合维修生产一体化改革，探索推进机辆运用维护、安全质量、人员配备管理一体化。全面推进设备分级管理、分级维护修理，以差异化结算和状态修为导向，有效减少过度修。以故障诊断与健康管理为支撑，推动机辆装备由计划预防修向数字化精准预防修转变。加强工电供一体化检测监测体系建设，全面实施精准维修和预防性状态修。

加强物资、能源和资金运用管理。研究建设专业化物资采购管理平台，推动制造供应商建立移动装备售后服务保障体系，加强物资采购预算管理与绩效评价，优化物资库存与配件调剂管理，提升铁路物资管理效率效益。加强合同能源管理、固定资产全程化管理、资金运用管理，降低成本支出。

深化铁路法治建设。研究制定铁路法治建设规划。规范总法律顾问履职管理。制定企业重大决策法律论证办法，加强重大决策法律论证、合同审查、重要文件合法性审查工作。集中开展安全领域主动维权活动，积极参与《铁路法》等法规修订，推动铁路安全地方立法工作。广泛开展法治宣传教育。结合经济责任审计发现问题的整改，堵塞制度漏洞，全面规范经营管理行为。

（十）扩大铁路对外开放和走出去，更好地服务“一带一路”建设。持续打造中欧班列国际物流品牌。发挥中欧班列运输联合工作组作用，推动协调完善国际合作议事规则，进一步健全中欧班列国际合作机制。完善班列运输组织体系和质量评价体系，优化运价形成机制，加强回程货源组织，健全中欧班列突发情况信息通报和协调处理机制，推进中欧班列高质量发展。拓展陆海新通道铁海联运班列，提升中欧班列国际物流品牌的辐射面和影响力。

扎实推进境外重点铁路项目实施。强化组织协调、项目监管和风险防控，加强施工质量安全管理，确保完成2019年雅万高铁投资计划。围绕“精品工程、廉洁之路”建设目标，确保中老铁路2019年土建工程决战决胜。加快匈塞铁路项目塞尔维亚段施工建设。推动中泰铁路合作项目线上总体合同正式签署，适时开展分包商招投标工作。

强化铁路领域国际双边、多边交流合作。履行铁盟亚太区主席职责，推动与国际铁路组织及有关国家铁路部门在规划研究、技术咨询、工程设计、建设管理、人才培训等领域的合作，扩大中国铁路话语权。办好2019年铁路装备展和世界铁路高级别论坛，启动第十一届世界高铁大会筹备工作。积极参与国际铁路组织重要活动，加大对外宣传推介力度，讲好中国铁路故事。

（十一）更加精准地实施铁路建设、运输和定点扶贫，为打赢脱贫攻坚战作出新贡献。大力实施铁路建设扶贫。落实2018—2020年铁路建设支持打好精准脱贫攻坚战工作方案，加大14个集中连片特困地区、革命老区、少数民族地区、边疆地区铁路规划建设力度，实现项目、资金精准安排使用。优化贫困地区铁路项目施工组织方案，通过建设永临结合工程、优先采购当地物资、优先使用当地劳务人员等措施，促进贫困地区群众增收脱贫。

全面实施铁路运输扶贫。进一步扩大中西部省份“复兴号”开行范围，持续提升公益性“慢火车”服务品质，组织开好贫困地区务工人员专列，推行“铁路+旅游+扶贫”等帮扶模式。落实国家支农惠农政策，推出符合贫困地区物资外运特点的货运产品，优化货运办理站布局，提高运输扶贫保障能力。

精准实施铁路定点扶贫。扎实做好4县（区）定点扶贫工作，2019年总公司本级安排定点扶贫资金3200万元以上，所属相关企业安排资金2800万元以上，精准推动产业、就业和消费扶贫实现新突破。承担省级定点扶贫任务的铁路局集团公司要严格执行现行扶贫标准，落实“两不愁、三保障”要求，帮助定点扶贫地区按期完成脱贫任务。

（十二）以高素质专业化为导向，加强领导班子和干部人才队伍建设。加强领导班子建设。制定总公司所属企业领导人员管理办法，建立与所属企业公司制改革相适应的管理机制。研究提出到2023年两级领导班子梯次结构目标，优化结构，提升素质。制定大力发现培养选拔铁路企业优秀年轻干部的实施意见，建立健全优秀年轻干部培养选拔机制，把经过艰苦岗位、基层一线历练考验的优秀年轻干部选拔到各级领导班子中。按照科学规范、运转高效、有机衔接的原则，推进站段领导班子工作机制建设，年内覆盖全部站段。

加强领导人员队伍建设。结合构建素质培养、知事识人、选拔任用、从严管理、正向激励五大体系，制定加强新时代铁路干部教育培训工作实施意见，实施习近平新时代中国特色社会主义思想教育培训计划、领导人员专业化能力提升计划和年轻干部理想信念宗旨教育计划，办好领导人员管理能力提升培训班和中青年干部培训班。健全领导人员考核评价机制，建立优秀领导人员储备库。有序推进同一岗位任职时间较长领导人员岗位交流，选派优秀干部到艰苦岗位、关键吃劲岗位交流任职。严格落实领导人员定期谈心谈话制度，规范领导人员配偶、子女及其配偶经商办企业行为，认真执行因私出国（境）管理等制度，完善人事、审计、纪检监察、巡视等监督部门的协作配合机制。落实《关于进一步激励全路广大干部新时代新担当新作为的实施意见》，大力弘扬企业家精神，激发领导干部的创新活力和创造潜能，健全容错纠错、澄清保护和激励保障机制。

加强人才队伍建设。深入实施“百千万人才”工程，今年再选拔 20 名专业领军人物、160 名专业带头人、1600 名专业拔尖人才。深入开展“弘扬爱国奋斗精神、建功立业新时代”活动。举办“百千万人才”专业领军人物、专业带头人暨优秀知识分子培训班，引导支持优秀人才承担或参与铁路重大科研项目和重点课题。建立人才分类考评和激励保障机制，稳妥推进职称评聘制度改革。

（十三）加强组织体系建设，全面提升国铁企业党组织的政治功能和组织力。完善公司制企业党委会工作。按照两级企业权责，修订完善所属各级企业章程，全面确立党组织在企业法人治理结构中的法定地位。完善双向进入、交叉任职领导体制，提升领导人员履行党建工作和经营管理职责的能力素质。科学界定党委会前置范围和程序，厘清党委会、董事会、经理层决策权责边界，对“五个是否”融入经营管理重大事项决策全过程作出程序性设计。尊重和支持董事会、经理层依法行使职权，形成有效制衡机制。健全落实站段党委会、党政联席会的工作制度和运行机制，使党的领导在运输一线得到加强。

全面提升基层党组织建设质量。认真贯彻落实《中国共产党支部工作条例（试行）》，修订完善《铁路企业党支部建设纲要》。加强混合所有制企业、合资铁路公司、高铁综合维修工区和境外建设项目党组织建设，加强对高铁列车乘务党支部建设的调研，实现党的组织和工作全覆盖。逐级开展“三会一课”质量年达标验收，推动党支部组织生活标准化、规范化。把车间、班组党支部书记、副书记岗位作为培养锻炼优秀年轻党员大学生的重要平台，加强党支部书记队伍建设。严把党员发展政治关，改进党员教育管理方式，提升党员队伍素质。

深化分领域创先争优。围绕铁路改革发展的重要目标、重大举措、重点任务，抓实党员创岗建区等载体平台，持续压减运输一线党员“两违”率，扩大窗口岗位党员“三亮”率，重抓建设系统“三保”活动覆盖率，培育选树一批争做合格党员、岗位创先争优的标杆。总结交流基层一线发挥党组织战斗堡垒作用和党员先锋模范作用的经验。

健全落实党建工作责任制。落实党建责任制年度重点任务清单，建立委员定期向同级委员会报告履行党建责任情况制度。制定铁路局集团公司党委加强对铁路公司党的工作领导的意见，明确领导责任，提升党建工作质量。抓好党建工作责任制、意识形态工作责任制、党建述职评议考核等制度落实情况的检查督导，召开党建工作专题会议，推动党建工作全面加强。加强党建带团建工作。

（十四）落实全面从严治党主体责任，推动铁路党风廉政建设和反腐败斗争深化发展。严格落实“两个责任”。加强对所属单位贯彻落实党风廉政建设责任制实施办法的调研检查，细化落实各级党组织的主体责任和纪检监察组织的监督责任。按照中央和中央纪委的要求，认真做好中央纪委、国家监委向总公司派驻纪检监察组有关工作，建立完善与地方纪委、监委联合审查调查等协作配合机制。制定加强总公司直属单位、铁路公司、基层站段纪检监察工作的制度办法，完善党风廉政建设定期专题分析会制度，夯实“两个责任”，提高监督质量。

坚定不移纠“四风”、树新风。深入落实中央纪委关于贯彻落实习近平总书记重要指示精神集中整治形式主义、官僚主义的工作意见，找准焦距、对准把心，锲而不舍深化作风建设。严格执行党组新修订的贯彻落实中央八项规定实施细则的《实施办法》，对“四风”顽疾和隐性变异新表现露头就打、点名曝光。坚持抓常抓细抓长，加强内控制度建设和“三公”经费管理，加强对中央八项规定精神落实情况的审计监督，防止享乐主义和奢靡之风反弹回潮。

持续深化内部巡视巡察工作。认真落实总公司党组2018—2022年巡视工作规划，高标准、高质量谋划和推进巡视工作，分别在全国“两会”和暑运结束后进行两轮巡视。建立完善纪检监察组织、组织人事部门加强日常监督的工作机制和巡视情况通报制度，督促被巡视单位党组织从严从实整改，未被巡视的党组织举一反三自查，做好巡视整改“后半篇文章”。建立巡视巡察上下联动的工作机制，指导所属单位党委开展政治巡察，发挥巡视巡察的利剑作用。

一体推进不敢腐、不能腐、不想腐。用好监督执纪“四种形态”，让红脸出汗成为常态。紧盯“关键少数”和物资、建设、投资、运输等重点领域，有案必查，违纪必究，严肃查处职务违法犯罪问题、“小金库”问题、违反中央八项规定精神问题、重大风险债权背后的腐败问题，以及职工群众身边的微腐败问题，持续保持惩治腐败的高压态势。加大典型案例通报和警示教育力度，坚持解决突出问题和完善治本举措一起抓，强化廉政风险防控，有力消减存量，有效遏制增量。

（十五）聚焦举旗帜、聚民心、育新人、兴文化、展形象的使命任务，加强铁路宣传思想文化工作。落实意识形态工作责任制。修订总公司党组《关于加强铁路系统意识形态工作的意见》，加强对意识形态工作责任制落实情况的检查考核，从严落实意识形态主体责任。加强意识形态阵地建设和管理，确保党的主张成为铁路舆论场的最强音。贯彻落实总公司党组《关于深化铁路宣传领域改革的指导意见》，优化党委宣传部门职能，凝聚共抓意识形态工作的合力。

围绕中心开展主题教育。组织开展庆祝新中国成立70周年系列活动，深入开展“改革促发展、先行展作为”主题宣传教育活动，培育和践行社会主义核心价值观，凝聚干部职工思想共识，激发改革创新再出发的强大动力。研究出台加强基层思想政治工作的意见，深化互联网+思想政治工作，落实车间班组思想政治工作责任。深化新时代铁路榜样选树宣传，积极培育享誉全路、影响全国的铁路先进典型。

深化铁路文化建设。系统梳理铁路优秀传统文化的精髓，提炼精神标识，加强日常性文化教育熏陶，传承发展铁路优秀传统文化。大力弘扬青藏铁路精神，积极培育新时代川藏铁路精神。开发高铁文化产品，打造京张高铁文化品牌，丰富高铁文化内涵。开展高铁文明服务和文明出行专题宣传。大力开展群众性文化创建活动，推出一批讴歌铁路改革发展、反映职工生产生活、具有社会影响力的铁字号文艺精品。

深入推动媒体融合发展。加强铁路局集团公司融媒体中心和所属单位融媒体工作室建设。以“人民铁道”和“中国铁路”全媒体平台为龙头，统筹铁路三级媒体平台，完善铁路全媒体平台矩阵联盟。加强铁路媒体平台、互联网工作群组运维管理，建立违规问责制度和传播效果评估体系。

加强铁路新闻宣传。制定加强国铁企业新闻舆论工作的意见，研究铁路走出去宣传工作管理办法。宣传铁路服务国家战略、推进改革发展、服务人民群众的新举措新成效，展示国铁企业负责担当、奋发有为、优质服务的良好形象；宣传铁路基层一线人物，展示铁路人奋斗新时代的精神风貌，进一步营造有利于铁路改革发展的良好舆论氛围。

做好舆情引导工作。落实舆情监看、预警、引导等工作机制，完善突发事件应对预案，落实舆情三级响应、主动发声和处置机制，提高突发事件舆情处置能力。创新网络宣传方式，加强网上内容建设，打造“发现最美铁路”网络宣传引导活动品牌，做大做强网上正面宣传。

（十六）尊重维护和发展广大职工的根本利益，凝聚攻坚克难、砥砺前行的奋斗伟力。大力弘扬劳动精神、劳模精神和工匠精神。深入落实新时期产业工人队伍建设改革方案，为职工营造发展有空间、待遇有保障、创新有动力、价值有体现的职场环境。推进劳模工匠工作室建设，树立劳动光荣、崇尚实干的鲜明导向。开展“当好主人翁、建功新时代”劳动和技能竞赛，激励广大职工敬业爱岗、奉献铁路。

全面提升职工岗位适应能力。聚焦铁路高质量发展急需的关键领域高技能人才，整合培训资源，创新培训方式，加强人才储备，满足现场需要。探索集技能培训、心理疏导、健康指导于一体的培训模式。开展技师、高级技师研修，提升掌握关键技术、解决疑难问题的能力。探索将机车乘务员等部分岗前培训内容植入铁路职业院校课程的培养模式，提升新职人员适岗能力。

加强新体制下职工民主管理。开展全路民主管理规范年活动，健全完善以职工代表大会为主要形式的民主管理制度，规范职工董事、职工监事履职述职相关制度，组织制定公司制民主管理办法，搭建厂务公开互联网平台，重视职工合理诉求，尊重职工自主管理、自我教育，充分保障和维护职工合法权益，构建发展和谐劳动关系。

持续改善职工生产生活条件。职工为企业安全稳定、效益提升作贡献，企业要努力实现职工收入与效益同步增长。要全面落实改善职工生产生活条件三年行动计划，提升生产生活设施集中建设、统一管理水平。争取社保优惠政策，维护企业和职工权益。有序推进职工保障性住房建设。完善职工健康保障体系，深化落实定期体检、带薪年休假、职工健康休养与培训融合发展等制度，开展群众性文艺活动和火车头体育运动，提高职工身心健康水平。切实做好困难职工帮扶救助工作，确保到 2020 年建档特重困职工生活得到有效保障。

充分发挥青年生力军作用和离退休老同志独特优势。深入贯彻落实总公司党组关于加强和改进铁路共青团工作的意见，落实全面从严治团要求，抓好引领凝聚青年、组织动员青年、联系服务青年的工作。加强离退休干部的政治建设、思想建设、组织建设，抓好政策落实，做好服务保障工作，充分发挥离退休老同志的政治优势、经验优势、威望优势。

高举改革开放伟大旗帜 推动铁路高质量发展 为决胜全面建成小康社会作出新贡献

——国家铁路局党组书记、局长杨宇栋
在国家铁路局工作会议上的报告（摘要）

（2018 年 12 月 27 日）

一、改革开放 40 年我国铁路发展成就

改革开放 40 年来，党引领人民绘就了一幅波澜壮阔、气势恢宏的历史画卷，铁路紧随改革开放的时代步伐，取得了历史性的成就，成为国家和民族发展进步的缩影。

——**铁路运输服务保障能力大幅提升。**40 年来，全国铁路客货运量持续增长，支撑经济社会发展作用不断增强，运输服务水平不断提高，特别是“复兴号”奔驰在祖国广袤的大地上，成为最亮丽的“国家名片”。1978 年，全国铁路客运量为 8.15 亿人，旅客周转量为 0.11 万亿人公里；全国铁路货运量为 11.01 亿吨，货运周转量为 0.53 万亿吨公里。2018 年，全国铁路客运量预计达到 34 亿人，旅客周转量 1.44 万亿人公里，是 40 年前的 4.2 倍和 13.1 倍；全国铁路货运量预计 40 亿吨，货运周转量 2.86 万亿吨公里，是 40 年前的 3.6 倍和 5.4 倍。改革开放初期，受运输生产力水平制约，我国铁路运输服务保障能力有限。铁路部门坚持国家利益至上，通过大力挖潜扩能，千方百计缓解煤电油运紧张状态，努力保证关系国计民生的国家重点物资运输，满足人民群众出行需要。随着科技发展进步，大量新装备新技术投入运用，一大批铁路新线开通运营，铁路运输能力大幅提升。客运方面，形成了动车组列车、夕发朝至列车、一站直达列车、城际列车、旅游列车等系列产品，高速铁路、城际铁路大量开行高密度公交化动车组列车，实现了从“一票难求”到“说走就走”。从时速 40 公里的普速铁路到时速 350 公里的高铁，中国速度惊艳世界。从旧式“绿皮车”，到安全舒适的“复兴号”动车组，铁路运输装备水平显著提升。推出一系列便民利民服务，旅客出行不仅“走得了”而且“走得好”实现了“安全出行、方便出行、温馨出行”。货运方面，形成了“五定班列”、集装箱专列、行包专列、直达列车等系列产品，主要货运通道开行 6000 吨、1 万吨、2 万吨重载列车，从“一车难求”到“随到随办”。党的十八大以来，以中国铁路总公司为主的运输企业，改革创新，攻坚克难，铁路安全持续稳定，服务质量不断提高，为经济社会发展提供了可靠的运输保障。

——**铁路网建设成就举世瞩目。**改革开放初期，铁路建设投资力度小，铁路投产最少的一年仅 23.3 公里。1978 年，全国铁路运营里程 5.2 万公里，路网规模小、质量低，不能适应经济社会发展需要。我国铁路加快基础设施建设，路网规模和质量显著提升。从 20 世纪 80 年代“南攻衡广、北战大秦、中取华东”建设重点战役，到 90 年代“强攻京九、兰新，速战宝中、侯月，再取华东、

西南”建设大会战，再到世纪之交的建设高潮，我国先后建成大秦铁路、京九铁路、秦沈客专等一大批干线，完成了衡广、兰新等一大批复线以及干线电气化改造。1997 年至 2007 年，我国铁路通过六次大提速，开行时速 200 公里以上动车组列车，部分干线区段开行 5500 吨重载货物列车，实现内涵扩大再生产，缓解了铁路运输能力紧张状况。2004 年，党中央国务院批准了《中长期铁路网规划》，我国高速铁路建设正式拉开序幕。2008 年，我国首条高速铁路京津城际开通运营。随后，京沪、京广、沪昆、哈大等一大批高铁长大干线建成通车。特别是党的十八大以来，铁路建设快速推进，营业里程大幅扩张，完成固定资产投资 4.67 万亿元，投产里程 3.2 万公里，投资总额和投产规模均达历史最高位，2017 年“四纵四横”高铁主骨架提前建成。目前，全国铁路运营里程 13.1 万公里，是 1978 年的 2.52 倍，其中复线里程增加 8.4 倍，电气化里程增加 83.5 倍，为国民经济持续快速发展和满足人民群众对美好生活的向往，提供可靠铁路基础设施保障。高铁从无到有，达到 2.76 万公里，占世界高铁运营总里程 70%，形成了核心技术体系、成套建造体系、产业制造体系、运维服务体系和人才支撑体系五大优势，积累了丰富的建设运营管理经验，成为推动经济社会发展的强力引擎。

——铁路装备制造跻身世界先进行列。改革开放以前，我国铁路装备制造工业技术落后，运输装备保有量低。20 世纪 80 年代以来，我国铁路抓住机遇，利用技贸结合的方式引进国外机车产品，通过消化吸收再创新，提高国产电力、内燃机车的技术水平和工艺水平，形成了具有一定开发制造能力的铁路工业体系。20 世纪 90 年代成功研发 DF4D、DF11、SS8、SS9 等主力机车和 25T、25K 型提速客车，形成了我国铁路工业产业集群，缩小了与国际先进水平的距离。进入 21 世纪，研发制造了“先锋”“蓝剑”“中华之星”等高速列车，“中华之星”最高运营时速 270 公里，2002 年在秦沈客运专线创造了时速 321.5 公里的纪录。2004 年，按照“引进先进技术、联合设计生产、打造中国品牌”的铁路装备现代化总体方针，研发出“和谐号”CRH1、CRH2、CRH5 三类动车组车型，时速 120～160 公里、6～8 轴、总功率 7200～9600 千瓦的和谐型电力机车，时速 100～120 公里、牵引总重 5000～5500 吨的和谐型内燃机车，实现了核心部件和整车制造的升级换代。2008 年之后，研制新一代时速 350 公里及以上的高速列车，形成 CRH380 系列动车组，研制我国第一代 30 吨轴重时速 100 公里、8 轴、总功率 9600 千瓦的重载和谐型电力机车。党的十八大以来，研制完全自主知识产权的中国标准动车组“复兴号”，并于 2017 年正式投入运营，标志着我国铁路装备制造业已经走在了世界前列。

——铁路行业管理体制改革深入推进。从 20 世纪 80 年代开始，铁道部实施放权让利改革，实行利润留成制度，以基层单位经济承包责任制形式，扩大企业经营自主权。1984 年，党中央决定铁道兵整建制“兵改工”，改归铁道部领导，后改制为中国铁道建筑总公司。1986 年，铁路实行经济承包责任制，即“大包干”：包运输任务，包机车车辆生产任务，包铁路建设规模和形成运输能力，包基本建设投资和机车车辆购置费，包缴纳税款。90 年代，开始探索建立现代企业制度试点，1992 年广州铁路局成为第一家改制组建的铁路运输企业集团公司，1996 年广深铁路公司在香港上市。1998 年，呼和浩特、南昌、柳州、昆明 4 个直管站段的铁路局试行资产经营责任制，后推广到全路，全国铁路于 1999 年提前实现三年扭亏目标。2000 年，铁路工程、铁道建筑、机车车辆、通信信号和物资集团五大公司与铁道部脱钩，11所铁路高校及一批中专技校移交教育部或地方政府管理。2003年，中铁集装箱、中铁特货、中铁快运三家专业运输公司挂牌成立，同年铁路中小学校和医院全部移交地方管理。2005年，撤销铁路分局，四级管理改为三级管理，全面调整铁路生产力布局。2011年，铁路运输法院、检察院划归地方属地管理。2013年，实行政企分开，撤销铁道部，组建国家铁路局，承担原铁道部政府职能；成立中国铁路总公司，承担国家铁路运营建设职责。40年来，通过深化改革，铁路行业管理体制从计划经济时期的高度集中、大一统、半军事化形态，逐步向适应社会主义市场经济要求转变，铁路领域治理体系和治理能力不断优化提升，政府作用更好发挥，铁路企业不断壮大发展。中国铁路总公司成为全球规模最大、工作量最大的铁路运营企业；中国中车成为全球规模领先、品种齐全、技术一流的轨道交通装备供应商；中国中铁、中国铁建年营业收入超过1000亿美元，成为全球建筑业第二、第三大企业；中国通号成为以轨道交通控制技术为特色的国际一流产业集团；铁路高校发展成为具有铁路特色的综合性大学。

——**铁路科技创新取得巨大成就。**改革开放以来，我国铁路抢抓历史机遇，全力推进科技创新，广泛应用信息与自动化技术，彻底改变了传统运输产业的面貌，全面提升了铁路现代化水平。1978年铁道部颁布《1979年至1985年铁路科学技术发展规划纲要》，科学技术管理开始走向正常轨道。1983年公布实行《铁路主要技术政策》并不断完善修订，对促进铁路科技进步起到了积极作用。40年来，铁路不断深化科技体制改革，集中优势资源，凝聚行业力量，研发试验推广铁路新技术、新装备、新材料、新工艺，并推动上升为行业标准，创新能力明显增强。高速铁路领域，经过多年科研论证、建设研制和运营管理实践，在工程建造、动车组、列车控制、牵引供电、运营管理、安全保障等方面取得一系列自主创新成果，掌握了适应高原、沙漠、戈壁、冲积平原、岩溶地质、南北地震带、高寒、热带等复杂多样地质条件和气候环境的长距离、高密度、不同速度等级共线跨线运行的高铁建设运营成套技术。重载技术领域，掌握了既有线开行27吨轴重货物列车技术，构建了30吨转重重载铁路建设运营成套技术体系，以大秦铁路、神华铁路为代表的重载铁路技术达到世界先进水平。《青藏铁路工程》《京沪高速铁路工程》等科技成果获国家科技进步特等奖，《中国铁路提速工程成备技术与装备》《大秦铁路重载运输成套技术与应用》《京津城际铁路工程》等成果获国家科技进步一等奖，还有一大批科技成果涌现出来，在铁路领域发挥出重要作用。

——**铁路领域国际合作交流不断深化。**改革开放以来，铁路合作交流的范围广泛，遍及全球。党的十八大以前，我国铁路国际合作交流，主要是“引进来”学习借鉴国外先进技术；党的十八大以来，我国铁路积极“走出去”，主动担当作为，服务国家政治经济外交大局。亚洲地区，印尼雅万铁路进入全面施工阶段；中老铁路有望于2020年建成通车；中泰铁路一期工程达成多项共识；中缅铁路境内段建设有序推进、境外段已经启动可行性研究；中巴铁路合作签署了巴基斯坦1号铁路干线升级改造和哈维连陆港项目建设的框架协议，完成了初步设计：中尼铁路构建了两国政府间合作机制，完成跨境铁路项目预可行性研究。中国企业承建的土耳其东西高铁、沙特麦地那至麦加高铁建成通车。中越、中印、中吉乌、中哈、中蒙、中朝铁路合作持续推进。非洲地区，铁路部门把中非传统友好优势转化为合作发展动力，成就显著，态势良好。2015 年，中国企业承建的安哥拉本格拉铁路建成通车，是该国线路最长、速度最快、规模最大的铁路项目；2016 年，非洲采用中国标准建设的首条跨国电气化铁路亚吉铁路建成通车；2017 年，由中国企业建设运营的肯尼亚蒙内铁路建成通车，打造了中国铁路“走出去”的成功典范。目前，非洲在建铁路合作项目 80 多个。欧洲地区，匈塞铁路进入项目招标阶段；俄罗斯莫喀高铁勘察设计工作正在加快推进。拉美地区，巴拿马铁路、穿越秘鲁和巴西的两洋铁路开始可行性研究，阿根廷圣马丁货运铁路改造一期项目即将实施。铁路机车车辆等装备规模化整装出口海外，中国铁路装备出口覆盖了全球六大洲，遍布 83% 拥有铁路的国家。加强与铁路合作组织、国际铁路联盟、国际铁路运输政府间组织、国际标准化组织、国际电工委员会、国际电信联盟和大湄公河区域铁路联盟等国际组织合作，深入参与国际铁路联运规则、国际标准的制订修订，推动我国铁路技术标准“走出去”，不断提升我国铁路国际话语权。推进亚欧大陆国际铁路联运，中欧班列从零起步，已通达欧洲 15 个国家 49 个城市、亚洲 11 个国家 44 个城市，成为“一带一路”建设的重要成果和构建陆海内外联动、东西双向互济全面开放新格局的重要力量。

——**铁路职工队伍建设成效显著。**改革开放 40 年来，在火热的铁路改革发展实践中，中国铁路彰显的“人民铁路为人民”的宗旨意识、国家利益至上的责任担当、兢兢业业的工作作风、自强不息的拼搏精神、无私奉献的优秀品质，成为传承铁路文化传统的精神纽带，激发出广大干部职工投身铁路现代化建设伟大事业的澎湃热情。中国工人阶级的光辉旗帜“毛泽东号”机车组，坚持铁的纪律安全运行，形成了“报效祖国、忠于职守、艰苦奋斗、永当先锋”的“毛泽东号”精神；襄渝铁路巴山工务车间克服困难，把“担心线”变成“安心线”，确保 40 年安全无事故，形成了“艰苦奋斗、无私奉献、务实创新”的“巴山精神”；南京站“158”雷锋服务站是全国铁路学雷锋志愿服务的一面旗帜，荣获中宣部“时代楷模”称号。涌现出了全国“改革先锋”孙永才、巨晓林，“青藏铁路总设计师”李金城、苦干实干拼命干的“时代先锋”柴宝国、大秦线上“拉得最多”的火车司机程利甫、全国“创先争优”优秀共产党员和全国道德模范孙奇、央视“感动中国年度人物”的工人代表李万君、两次获得“全国技术能手”的工人技师张雪松等一大批先进典型。青藏铁路发扬“挑战极限、勇创一流”精神，攻克高原铁路建设三大世界性工程难题；大秦铁路发扬“负重争先、追求卓越”的精神，创造了世界重载铁路密度最高、能力最大、增幅最快、效率最好等多项纪录，成为当之无愧的世界重载冠军；中国高铁“勇攀科技高峰、争创世界一流”，成为推进新时代铁路发展的精神引领和前进动力。40 年来，还有许许多多的先进单位集体和先进人物，还有千万名铁路行业员工，为中国铁路事业的发展默默无闻地奉献奋斗。

二、2018 年国家铁路局工作简要回顾

（一）在服务国家重大战略方面，立足铁路行业定位，结合履职监管职责，启动实施服务决胜全面建成小康社会三年行动计划，有序推进服务国家发展战略的高速铁路、区际干线、城际铁路建设。召开 8 次党组扩大会议，专题研究服务精准脱贫、污染防治、防范化解重大风险等三大攻坚战，西部大开发、东北全面振兴、中部地区崛起、东部率先发展区域协调发展战略和“一带一路”建设、京津冀协同发展、长江经济带发展、粤港澳大湾区建设、军民融合等 13 项议题，发

挥铁路作为国家关键基础设施的作用，制定和落实91项具体工作措施，确保党中央重大决策部署在铁路落地落实。

（二）在构建三级铁路安全监管体系方面，委托全路18个铁路安监办承担一般铁路交通事故的调查处理，配合开展铁路运输安全监督检查工作，加强执法培训，依法完成委托授权事宜，形成安全监管整体合力，构建了铁路行业三级安全监管体系，立足既有管理体制，基本解决了铁路运输安全监管力量不足的问题。

（三）在加强外部环境安全监管方面，推动铁路安全地方政府立法工作，协调8个省颁布铁路安全地方性法规或政府规章。在铁路沿线分区段召开路外安全联席会议，加大铁路外部原因导致事故的调查处理力度，依法对责任部门和单位进行处罚追责。制定实施《铁路安全生产约谈实施办法》，协调地方政府、企业和全社会共同维护铁路安全，实现了路外安全从“无人管”到“有人管”、从无序可控到有序可控的根本转变。

（四）在加强地方铁路监管服务方面，修订铁路运输企业准入许可准入条件，准入许可9家企业，为地方铁路吸引社会资本、创新经营模式创造了有利条件。制定发布了《铁路运输业信用管理暂行办法》，明确了地方铁路企业在旅客、托运人信用管理方面的义务和责任。加强对地方铁路工程的监督检查，把地方铁路工程纳入年度监督检查计划和“三不问题质量行为”“惩戒失信行为”等专项整治范畴。建立地方铁路监管部门信息报告制度，探索地方铁路监管新模式，促进了地方铁路的安全有序发展。

（五）在铁路工程建设监管方面，完善监管工作机制，按照“谁审批、谁监管”的原则，明确地方铁路工程项目质量安全监管部门，办理项目监督手续，落实地方铁路工程项目监管责任。推动国铁企业项目质量安全监督职责落实，明确由地区监管局委托质量监督站进行监督，实现了铁路工程质量安全监管的全覆盖。

（六）在强化运输服务质量监督方面，组织执法人员进站上车，听取旅客对铁路客运服务质量的意见建议，每月完成调查问卷超过1万份，形成常态化工作机制。依法处理旅客货主投诉，及时反馈结果，督促企业对旅客货主反映强烈的问题进行整改。针对人民群众关注的客运服务问题，督促协调铁路运输企业和有关部门制定处置程序，依法维护旅客利益，解决了一批长期以来想解决而没有解决的难题。

（七）在推进铁路法治建设方面，全面清理原铁道部1165件规范性文件，划定了政府部门和国铁企业在承继原铁道部职能中的界限，纠正了与国家有关规定不符的企业文件，将702件属于铁路企业经营管理的规范性文件交由企业管理，废止和宣布失效207件、保留继续有效256件，建立了335项制度，解决了政企分开后不立、不改、不交、不度、不纠“五不”问题，促进了铁路领域治理体系的规范化。

（八）在推进铁路科技创新方面，召开政企分开后第二次铁路科技创新工作会议，搭建服务平台，交流创新成果。编制《铁路科技创新中长期发展纲要》，从移动装备、基础设施、能源系统、指挥与控制、运输服务、安全保障等六个方面，明确了中长期铁路科技创新发展目标。推进动车组核心技术与装备国产化。持续推进铁路装备创新，时速160公里动力集中型动车组已颁发许可证上线运营。出台《高速铁路基础设备运用状态检测管理办法》，提升科技保安全的水平。开展中尼跨境铁路工程技术专题研究，高地应力、高地温热害、高地震烈度等地质难题取得突破性进展。开展高铁经济学学科建设，编著出版《高铁经济学导论》，组织高校围绕高铁经济学 12 个研究方向开展深入研究，推动开设课程。开展高铁工程学学科建设，确定学科体系框架，动态调整完善学科方向，完善了铁路高等教育学科体系。

（九）在与铁路高校合作方面，组织召集原铁道部所属高校和近年来开设铁路专业的高校，改变过去不管不问的状态，共商加强铁路学科建设和人才培养两件大事，开展铁路主要工种专业教材编写，推进高校科技创新、标准建设、对外交流等工作，与省级地方政府共建高校，助力铁路院校发展。

（十）在广深港高铁开通运营方面，提前介入，主动服务，全力支持香港特区政府培训高铁管理人员和技术人员，编制教材并组织专家赴港开展技术培训，无偿向港方提供全套中英文、繁简体的高铁技术标准和技术资料，颁发广深港高铁列车无线电台执照，经考试合格向“动感号”动车组司机颁发驾驶证，指导协调确定运营方案和设备维修方案，为广深港高铁开通运管提供保障，努力支持香港融入国家发展大局，让香港同胞切实感受到高铁连通带来的获得感、幸福感。

三、当前铁路工作面临的形势与任务

（一）从贯彻落实党中央决策部署看，铁路部门责任重大、使命光荣。党中央对铁路工作高度重视，作出了一系列决策部署。党的十九大要求加强铁路等基础设施网络建设。今年以来，习近平总书记指出要调整运输结构，增加铁路货运量；在中央财经委员会第三次会议上作出了规划建设川藏铁路的决定。最近，中央经济工作会议要求，辩证看待国际环境和国内条件的变化。继续抓住并用好我国发展的重要战略机遇期，坚定信心，把握主动，坚定不移办好自己的事，保持战略定力，聚焦主要矛盾，坚持稳中求进工作总基调，坚持新发展理念，坚持推进高质量发展，坚持以供给侧结构性改革为主线，坚持深化市场化改革、扩大高水平开放，加快建设现代化经济体系，继续打好三大攻坚战，统筹推进稳增长、促改革、调结构、惠民生、防风险工作，保持经济运行在合理区间，进一步稳就业、稳金融、稳外贸、稳外资、稳投资、稳预期，提振市场信心，提高人民群众获得感、幸福感、安全感，保持经济持续健康发展和社会大局稳定，为全面建成小康社会收官打下决定性基础。党中央要求，更多运用市场化、法治化手段，在巩固“三去一降一补”成果、增强微观经济活力、提升产业链水平、畅通经济循环上下功夫；发挥铁路、公路、水运等各自优势，形成综合运输体系，提高综合交通运输网络效率；完善铁路运价灵活调整机制，降低专用线和短驳服务收费，降低物流成本；发挥投资关键作用，提升基础设施支撑能力，推进川藏铁路规划建设，加大城际交通基础设施投资力度；加快推动中国铁路总公司股份制改造。我们必须深刻认识铁路在贯彻落实党中央决策部署中的重要责任，准确把握精神实质，创造性贯彻落实，降成本、补短板，优环境、强服务，抓创新、增动能，促融合、提效率，努力担当作为，确保党中央各项决策部署在铁路落到实处、见到实效。

（二）从我国社会主要矛盾来看，必须发挥铁路行业优势，为经济社会发展多作贡献。党的十九大作出重大判断，我国社会主要矛盾已经转化为人民日益增长的美好生活需要和不平衡不充分的发展之间的矛盾。这一矛盾在铁路工作中充分反映。尽管我国铁路网规模已达到 13 万公里，居世界第二位，但我国是一个人口众多、幅员辽阔、内陆深广的大陆型国家，东西跨度 5400 公里、南北相距 5200 公里，“四大板块”发展差异大、空间距离远，东西部资源分布与工业化布局不对称，港口与内陆腹地物资大交换频繁，铁路总量仍然不足。东部地区铁路虽然比较密集，但与经济社会发展的需求相比仍需进一步完善。革命老区、民族地区、边疆地区、贫困地区的铁路远远不够。根据国家规划，到2020年全国铁路营业里程达到15万公里，其中高速铁路3万公里，复线率和电气化率分别达到60%和70%左右。到2025年，铁路网规模达到17.5万公里，其中高速铁路3.8万公里。铁路发展既要解决自身问题，更要为国家解决发展不平衡不充分的主要矛盾提供基础设施保障，为经济社会发展多作贡献，铁路建设任务将是繁重和长期的。

（三）从坚持以人民为中心的要求来看，必须始终不断提升铁路运输服务质量。人民立场是我们党的根本政治立场，是我们党区别于其他政党的显著标志。中国铁路与其他国家铁路最本质的区别和要求，就是要坚持以人民为中心的发展思想，一切为了人民、一切依靠人民，将“人民铁路为人民”作为一切工作的出发点和落脚点，作为检验铁路工作的首要政治标准，切实提高铁路运输服务质量，建成人民满意的现代化铁路。近年来，随着铁路运输能力和技术装备水平的快速提升，铁路运输服务有了比较好的基础条件。铁路企业适应广大人民群众出行需求，大力整治运输服务环境，不断改进运输服务方式，取得了明显成效。但与人民群众的期盼和要求相比，铁路服务质量仍存在差距。从新闻媒体报道和政府网站收到的投诉举报看，人民群众对高铁霸座、网上加价售票、进站上车不方便、站车餐饮质量和卫生环境差，以及运货时间长、受理不方便等问题，还有诸多不满意之处。铁路是大众化交通工具，是与老百姓关系最密切的服务行业，具有社会公共产品的属性。铁路工作的好坏，直接关系我们党“以人民为中心”执政理念的落实成效，直接关系我们党作为执政党的政治声誉，直接关系我国现代化建设的国家形象。作为行业监管部门，我们要切实肩负起责任，与铁路企业一道，促进铁路运输服务质量不断提高，使人民群众的获得感、幸福感、安全感更加充实、更有保障、更可持续。

（四）从建设交通强国的要求来看，必须充分发挥铁路在综合交通运输体系中的骨干作用。党的十九大提出要建设交通强国。这是以习近平同志为核心的党中央在新时代确立的立足国情、着眼全局、面向未来的一项重大战略决策，事关经济高质量发展，事关国家竞争力提升。建设交通强国，是新时代赋予交通运输行业的历史使命。作为综合交通运输体系的骨干，铁路地位重要、作用关键。在打造立体互联、质量卓越的基础设施体系中，需要铁路运输通道和枢纽发挥纵贯南北、横穿东西、内畅外连的主骨架作用。在构建完备适用、先进可控的交通装备体系中，需要铁路工业部门发挥“火车头”作用，强化核心技术研发，率先进入全球价值链中高端。在构建便捷舒适、经济高效的运验服务体系中，需要铁路发挥国民经济大动脉作用，加快新业态发展模式，不断提高交通运输供给质量。在建立智慧引领、富有活力的创新驱动体系中，需要铁路全面提升创新能力和效率，带头推动科技与经济深度融合，加快建设创新型国家。同时，加强与其他交通运输方式标准规划、基础设施、运输服务的对接，实现有效衔接、深度融合，全面建成布局完善、互联互通、绿色智能、耐久可靠的综合交通运输网络体系。

（五）从当前铁路安全形势来看，必须强化红线意识和底线思维，确保运输安全稳定。党中央国务院高度重视安全生产工作。习近平总书记多次强调，发展决不能以牺牲人的生命为代价，最近明确指出，要下更大气力抓好安全生产和交通安全。铁路安全不仅关系铁路行业自身发展，更是公共安全的重要内容，事关党和国家的形象。确保铁路运输安全，是我们维护党和人民利益的责任担当，是我们必须坚守的底线任务，是我们落实以人民为中心的发展思想的具体体现。当前，我们在铁路安全规律认知、法规标准制度建设、设备设施质量、外部环境治理、灾害预警监测、突发事件应急处置等方面还存在薄弱环节。在铁路行车安全方面，一方面因现场作业、设备故障、管理失控等引发的一般事故较多，铁路外部环境引发的事故时有发生，高铁安全防护措施有待加强。有的事故严重危及铁路运营安全，性质十分恶劣。另一方面，铁路建设持续加快推进，路网规模不断扩张，高铁密集快速投产和达速运营，新技术新设备大量投入使用，运输企业体制机制改革不断深化，运输生产和安全管理机构人员频繁调整，现场作业职工新老交替等，给铁路安全带来了新的挑战。作为行业监督部门，强化安全监管是义不容辞的首要职责，必须牢固树立安全发展理念，弘扬生命至上、安全第一的思想，强化红线意识和底线思维，遵循安全生产规律，积极构建政府监管、企业主体、社会监督的安安全责任体系，确保铁路运输安全。

基于以上的形势任务分析，2019 年国家铁路局工作思路是：**深入贯彻落实党的十九大、十九届二中、三中全会和中央经济工作会议精神，坚持以习近平新时代中国特色社会主义思想为指导，高举新时代改革开放旗帜，紧紧围绕“五位一体”总体布局和“四个全面”战略布局，坚持稳中求进工作总基调，坚持新发展理念，坚持推动高质量发展，坚持以铁路供给侧结构性改革为主线，坚持深化铁路市场化改革、扩大高水平开放，继续抓住并用好我国发展的重要战略机遇期，坚持以人民为中心，充分发挥政府职能作用，深入实施“三年行动计划”，开展“安全质量服务创新年”，立足行业，履职担当，服务交通强国建设，服务建设现代化经济体系，服务经济社会发展大局，为决胜全面建成小康社会作出更大贡献，以优异成绩庆祝中华人民共和国成立 70 周年。**

2019 年，我们要在过去两年实践基础上，坚持主题不变、镜头不换，继续巩固成果，深入开展“安全质量服务创新年”，以此为平台和抓手，牢牢抓住安全、质量、服务三个关键，推进实践创新、理论创新、制度创新、管理创新、方法创新、手段创新，深化行政履职，更好发挥政府作用，加快推进铁路领域治理体系和治理能力现代化，推动铁路行业更好发展。

第一，关于安全。安全是铁路工作永恒的主题，是推进铁路改革发展的前提条件。我们既要抓好国家铁路运输安全，也要补上地方铁路安全监管这一弱项；既要严控路内责任事故，更要管住路外责任事故；既要重视高铁安全，也要抓好普速铁路安全；既要防控客车事故和旅客伤亡事故，更要压减非责任人员伤亡总量；既要抓铁路运输安全，也要抓铁路建设和施工安全；既要落实企业的主体责任，又要落实政府部门监管责任和各级地方政府相关责任；既要强化运输生产部门的直接安全责任，更要落实综合部门的保障职能；既要突出铁路行业安全，更要突出公共安全和国家安全。无论是安全管理范畴、管理领域、管理力度，还是管理思想、管理手段、管理方式都要积极创新，促进铁路安全生产水平进一步提升。

第二，关于质量。不断提高质量是铁路改革发展的根本要求，是铁路更好服务国民经济和社会发展的基础保障。党的十九大提出要建设质量强国。中央经济工作会议指出要重点推动高质量发展。我们必须坚决贯彻党中央的决策部署，把推动高质量发展作为当前和今后一个时期确定铁路发展思路的基本原则，统筹抓好各方面各领域高质量发展的具体举措；既要抓好铁路运输质量、满足广大人民群众的出行和运输服务需求，又要抓好铁路设备质量、保证钢铁大动脉全天候运输安全可靠，还要抓好铁路工程质量、确保大规模铁路建设优质高效推进；既要抓好旅客运输质量，也要抓好货物运输质量；既要抓好旅客乘降和旅途服务质量，也要抓好售票、候车、餐饮等环节服务质量；既要抓好设备研发制造的源头质量，更要抓好设备运用过程中的质量；既要抓好铁路勘察设计、施工建设期间的质量，更要抓好项目竣工、通车运营期间的质量，通过理论创新、实践创新，不断推动质量变革，大力提升铁路发展质量效益。

第三，关于服务。服务是铁路行业的基本属性，是落实以人民为中心的发展思想的具体体现。我们要坚持服务党中央确定的国家战略和重大决策，立足当前、着眼长远，发挥铁路有效投资关键作用，加快铁路重点项目建设，提升铁路运输服务能力，既保持当前经济发展速度，又为未来国民经济发展提供广阔空间和基础设施支撑。要坚持服务广大人民群众，切实发挥国民经济大动脉和大众化交通工具的作用，通过铁路供给侧结构性改革，快速提高铁路运输能力和技术装备水平，坚守底线、突出重点、完善制度、引导预期，完善铁路公共服务体系，不断适应人民日益增长的美好生活需要，使人民群众的获得感、幸福感、安全感更加充实、更有保障、更可持续。要坚持服务行业发展，切实转变政府职能，处理好政府和市场的关系，使市场在资源配置中起决定性作用和更好发挥政府作用，该企业自行决定的事项交给企业，该政府监管的事项认真管好，推行“双随机一公开”监管全覆盖、常态化，打造阳光政府、服务政府。

四、2019年重点工作

（一）落实国家战略部署和重大决策。抓好明年铁路工作，首要的就是贯彻落实国家战略部署和重大决策。一是推进落实今年已经制定的91项措施，充分发挥铁路基础设施优势，组织协调铁路行业各单位抓实抓细抓出成效。同时，要坚持党中央对经济工作集中统一领导的要求，根据形势发展，对于党中央交给我们的新任务，积极主动作为，坚决贯彻落实，做到件件有着落、件件有回音。二是积极参与编制《交通强国建设纲要》和《综合立体交通网规划纲要（2021—2050年）》。要在前期工作基础上，围绕重点领域、关键环节和重大问题，组织开展专题研究，并按要求推进实施。三是协调组织好铁路建设这一长期性的繁重任务。要贯彻落实中央经济工作会议要求，加强联系协调，帮助企业解决负债与铁路建设之间的矛盾。按照党中央关于“加快推动中国铁路总公司股份制改造”的要求，协调推动国铁企业股份制改造和国有企业混合所有制改革试点，盘活国有资本存量，为铁路建设提供可靠的资金支持。帮助解决民营经济发展面临的实际困难，着力消除民营企业在准入许可、经营运行、招投标等方面的不公平待遇，提振投资和发展信心，抓好民间资本投资铁路项目的行业指导。加大铁路工程建设领域农民工欠薪清理力度，保障农民工合法权益。四是推动铁路项目前期工作。完成《铁路“十三五”发展规划》中期评估，启动铁路“十四五”规划前期研究，把补短板和扩内需结合起来，聚焦高速铁路、城际铁路、路网干线和交通枢纽，以中西部地区为重点，完善铁路网基础设施布局，谋划储备一批经济效益与社会效益并重的铁路项目。发挥专业优势和政府协调作用，积极开展技术攻关，高起点高标准高质量推动川藏铁路项目规划建设，提前制定工程监管方案，设立专门监管机构，配齐配强监管力量，从勘察设计开始，抓好全过程监管，确保川藏铁路规划建设优质高效。

开展重点铁路项目行业评审，为尽早开工建设积极创造条件，有效发挥铁路投资对稳增长、调结构、惠民生的重要作用。

（二）深化铁路供给侧结构性改革。一是提高综合交通运输网络效率。立足于改造既有铁路，推进一批衔接沿海及长江、运河、珠江等内河港口、深入码头的铁路专用线和铁路支线建设项目，打通铁路进港“最后一公里”，形成铁水联运便捷通道。推动开展液化天然气（LNG）多式联运试点示范，研究罐箱多式联运发展的相关法规政策和标准规范。协调规划建设铁路集装箱办理站，形成覆盖广泛的公铁联运节点网络，研制尺寸、重量适于内陆运输的专用集装箱，推动应用45 英尺 34 吨通用集装箱、20 英尺 35 吨敞顶集装箱。协调调整铁路集装箱站外待货政策，降低集装箱使用费，促进门到门运输。引导铁路运输企业与装备制造企业、物流领域企业开展技术合作，加快公铁联运驮背运输车运用考核，完成设备定型、许可准入和试验验证等工作。二是推动铁路装备产业升级。贯彻落实党中央关于推动先进制造业和现代服务业深度融合的部署要求，协调推进时速350 公里新型纵向卧铺动车组、可变编组动车组、双层动车组等新装备开展动态型式试验和上线运行考核工作，加快研发新型城际动车组、时速 160～200 公里系列快捷货车、冷藏货物铁路运输装备、快捷棚车等新型产品。同时，注重保存内燃机车生产能力，维护我国铁路工业体系的完整性。三是加快动车组国产化。坚持安全可靠原则，组织动车组主机厂、配套企业以及科研院所加大技术攻关力度，深入推进动车组基础原材料、基础元器件和关键零部件国产化工作，进一步增强铁路制造业技术创新能力，确保铁路领域越来越多的自主核心技术步入世界先进行列。四是协调企业优化铁路货运服务供给。协调完善煤炭、矿石等大宗货物运输策略，巩固扩大大宗货物运输市场，大力发展集装箱、商品汽车冷链物流，加快货运产品结构优化调整，推进铁路物流信息化，推出运力推送、货物定位追踪、一键式交易、一单式服务，提高铁路货运服务水平。协调完善铁路运价灵活调整机制，降低专用线和短驳服务收费，进一步降低社会物流成本。五是推动提高铁路客运供给质量。协调企业进一步改善站车服务设备设施，推动互联网、大数据、人工智能和铁路客运深度融合，为旅客提供安全便捷、优质高效的出行体验。适应市场需求，更大范围探索开行夜间高铁。服务中西部贫困地区人民群众出行需要，开行公益扶贫性质的“慢火车”。

（三）筑牢铁路运输安全基础。督促企业遵循安全生产规律，增强系统思维，全面深化安全生产全流程全要素管理，控制安全风险，不断夯实安全工作基础。一是落实各级管理者的岗位责任制和逐级负责制；二是完善安全风险预测分析制度；三是健全运输安全的专业管理体系；四是适应大规模新线开通，完善运输生产力布局，优化区域管理体系；五是根据铁路技术发展和生产组织调整需要，规范技术管理制度体系；六是推进运输装备升级换代，完善设备管理体系；七是适应新技术新标准新要求，落实常态化适应性培训机制；八是推行科学的安全决策制度，包括技术方案的决策、生产力布局的决策、生产一线人力保障的决策、科学合理的投入决策；九是落实安全检查制度；十是改进安全评估考核激励制度。同时，组织和督促铁路运输企业抓好各专业部门、各单位的结合部管理。选择六条重点高铁干线，组织力量开展安全防护标准建设，力争完成 6000 公里的标准设计。修订《国家处置铁路行车事故应急预案》，合理布局救援资源，加强预案演练，做到应急有备、妥善处置，不断提升铁路运输安全管理水平。

（四）加强铁路运输安全监管。一是开展铁路运输安全监督检查。牢牢把握铁路运输生产规律，围绕运输高峰期、国家重大活动时期、列车调图、提速达速以及恶劣气象条件等关键时期，突出旅客列车和高铁，以车票实名制、进站安检、危险货物运输和营业线施工安全为重点，加大监督检查力度，督促企业落实安全生产主体责任。二是抓好铁路运输安全关键问题和薄弱环节监督检查。完善铁路交通事故“日报告”制度，及时掌握铁路安全情况，组织开展事故调查和责任追查。狠抓典型事故查处，紧盯铁路运输安全关键问题，对动车组走行部故障，以及错办、冒进等现场作业方面的问题抓住不放，制定印发《铁路交通重大事故隐患判定标准》，对倾向性问题及时预警，严查问题原因，切实消除隐患，坚决遏制重特大事故发生。针对连续发生问题的部门和单位，开展专项督促检查。三是加强外部环境综合治理。督促落实新建高铁开通运营前完成安全保护区划定，积极推进普速铁路安全保护区划定，深入推进高铁安全防护工程。落实高铁沿线环境综合整治长效机制，加强与地方政府、运输企业沟通协调，落实各方责任，建立健全“双段长”制，明确对接部门，加强检查考核，及时发现并妥善处置问题隐患。四是严格行政执法。进一步深化“打非治违”，加大对因道路交通肇事、挖断铁路电缆等原因导致铁路交通事故的行政处罚力度。及时公开行政处罚情况，并抄报地方政法委、综治委，督促地方政府有关部门落实责任。开展联合执法，坚决查处铁路两侧及桥下非法施工、放火烧荒、机动车侵限、私搭乱建、违法占地和非法生产储存危险品等影响铁路安全的突出问题。汇编分析建局以来行政处罚案例，建立行政执法规范卷，为行政执法工作提供指导。推行行政执法公示制度、重大执法决定法制审核制度，着力推进行政执法透明、规范、合法、公正，不断健全执法制度、规范执法程序、创新执法方式、加强执法监督，全面提高执法效能，推动形成权责统一、权威高效的铁路行政执法体系。五是加大事故调查处理力度。重点抓好涉及旅客列车、造成旅客伤亡、社会影响较大的铁路交通事故调查处理。严格事故分析定责，既追究事故直接责任人、也追究管理者的责任，既追究业务管理部门的责任、也追究综合管理部门的责任，既追究企业责任、也追究相关管理部门责任，做到依法定责、追责到位。六是强化铁路安全管理制度落实。严格落实《铁路安全生产约谈实施办法》，对因安全生产主体责任不落实、监管工作不力，导致发生铁路交通事故或存在严重险情和隐患的，进行提醒告诫，督促铁路企业严格落实安全生产主体责任，协调地方政府落实铁路安全环境治理的监管职责和属地责任。各地区监管局要切实落实铁路安全监管责任，依法约谈，及时公开；强化对铁路安监办指导力度，充分发挥三级安全监管体制合力；对辖区内高铁线路所有限速点全面摸底、准确掌握、重点分析、加强管理；督促地方铁路企业落实行业规章和规范性文件要求，细化安全管理规章制度，健全运输安全专业管理体系。

（五）加强铁路工程质量安全监管。一是抓好监督检查。推进“三不问题质量行为”专项整治行动第三阶段工作，构建常态化工作机制，重点突出“三个强化”，即强化新开工、地质复杂、技术标准高、社会关注度高的重点项目监督检查，强化高墩、长隧、深基坑、高陡边坡、上跨结构等重点结构监督检查，强化地质勘察监理、安全措施备案、超前地质预报、变形监控量测、竣工验收等重点环节监督检查，督促参建企业落实质量安全主体责任。二是规范建设市场秩序。开展铁路工程建设领域惩戒失信行为专项行动，严格落实《铁路工程建设失信行为认定记录公布管理办法》，强化招投标市场监管，维护良好的市场秩序。三是加强行业监管。加强指导协调，督促尚未明确地方铁路监管职责的省级政府，尽快落实地方铁路监管责任。落实国铁企业自行决定项目的工程质量安全监督委托工作，强化监督考核，更好发挥委托机构作用。完善协同监管机制，探索与地方政府共同召集首次监督会议，实施联合监督检查，实现重大质量安全隐患信息共享。依托局政府网站及安全监管信息化（一期）工程，推进工程监管信息系统运用，建设完成铁路工程建设企业库、项目库和人员库，运用大数据分析手段，分析研判铁路工程监管形势，提高监管质量和效率。四是夯实监管制度基础。制定铁路工程质量安全行政监管工作指导意见，进一步规范铁路工程监管程序。制定竣工验收监管办法，督促建设单位落实竣工验收主体责任。制定铁路工程质量安全风险管理指导意见，建立质量安全风险源备案机制。制定铁路工程企业资质核查办法，重点开展企业资质申请过程中的存疑项目和取得资质后的资质条件持续性核查。

（六）加强铁路设备质量安全监管。一是加强铁路专用设备行政许可审查。适应铁路工业转型升级和建设制造强国、质量强国的需要，加强产品质量源头监管，规范行政许可审查，鼓励技术创新，淘汰落后产能。对安全风险高、重大技术创新以及新申请进入铁路行业的许可申请，严格审查、加强把关，对存在重大安全隐患以及不再符合许可条件的企业，依法实行许可退出，切实从源头保障铁路专用设备产品质量安全。二是加强铁路设备质量安全监管。建立铁路设备故障库，组织持续满足取证条件情况监督检查，加大对故障率较高或产品质量异常的高铁设备产品生产企业监督检查密度，跟踪复查不合格企业，按季度公布监督检查结果。实施《高速铁路基础设施运用状态检测管理办法》，加强产品源头和运用质量监督检查，落实属地化监管职责，对发生铁路交通事故、设备惯性故障以及存在设备产品源头和运用质量安全问题的，采取发函或约谈等方式，责令限期整改。组织专业机构开展产品质量抽检工作，抽查结果按规定上网公布。加强铁路无线电监管，有序推进试点企业铁路机车电台执照核发工作。组织开展 GSM-R 网络频率动态检测和铁路边境口岸无线电监测工作。加强铁路企业无线电频率使用监督检查，专项整治延时办理频率使用许可行为。持续推进世界无线电大会审议议题研究。三是加强铁路机车车辆驾驶资格管理。建立严格的火车司机准入退出机制，对服用国家管制精神药品或麻醉药品、饮酒或醉酒，以及违章驾驶机车车辆发生铁路交通事故的，降低准驾机型、撤销驾驶资格，直至终身禁止申请驾驶资格。严格动车组司机驾驶证取证和管理。研究年满 55 周岁火车司机驾驶证延期制度。加强资格考试管理，不断完善考试知识点库、专家库、考点库、考评人员库，并实施动态管理。组织完善驾驶资格考试组织方式和评价体系，制定理论上机考试和实作模拟考试的评价标准。加强驾驶执业检查，对无证或持无效证件驾驶等违法行为进行专项整治，发现一起、查处一起。

（七）加强铁路运输服务质量监督。一是健全完善铁路运输服务监督制度体系。扎实开展客运、货运和车务安全服务质量监督检查，督促企业加大站车服务设备设施改善和环境整治力度，改进升级铁路客票系统，推广电子客票，推进多种运输方式信息共享，形成“一站式”票务信息服务，推动互联网、大数据、人工智能和铁路旅客运输深度融合，为旅客提供安全便捷、优质高效的智能出行体验。二是建立监管部门、运输企业和旅客沟通合作机制。创新问卷调查机制，实施常旅客调查制度，建立健全调查员认定、调查信息收集、调查结果反馈等工作流程。编制发布春运、暑运、年度三项客运服务质量评价报告。关注人民群众关心的代购网站有偿抢票、盒饭质量、高铁选座等问题，督促企业不断改进服务质量。三是提升投诉处理工作效能。落实《铁路运输服务质量监督信息公开办法》，及时公开情节严重或社会影响较大的铁路运输服务违法违规行为，以公开促整改。修订《铁路运输服务质量投诉处理办法》，优化投诉处理问题解决方案，维护各方合法权益与运输市场秩序。推进投诉举报处理信息化，提升工作效率，对人民群众的投诉反映，要做到件件有回应。四是规范铁路运输市场秩序。完善铁路运输市场准入制度，适应运输市场发展变化，优化调整准入条件，鼓励铁路运输经营方式多元化发展。加强事中事后监管，督促企业保持许可准入条件。研究制定推进驮背运输市场发展政策，推进建立铁路运输信用体系，协调制定公益性运输补贴政策和措施。

（八）深入推进“放管服”改革。一是深化简政放权。企业管理范围内的事项，一律交给企业，凡是企业能干的就让企业干，积极采纳企业关于法规标准等方面的建设性意见。清理违反市场原则、妨碍生产要素流动、影响企业活力的政策文件，营造公平竞争的铁路市场秩序。二是优化政府服务供给。建设政务服务大厅，缩短审批时限，精简许可材料，按照“证照分离”要求分类管理市场准入事项，进一步压减铁路装备产品生产许可证和产品强制性认证种类。持续开展减证便民行动，没有法律法规依据的证明事项一律取消。梳理行政权力事项和公共服务事项清单。建设政务服务一体化平台，实现“网上申请、在线办理、一网通办”。贯彻落实党中央关于促进中小企业健康发展的指导意见，坚决保护企业及其出资人的财产权和其他合法权益，保障中小企业公平参与铁路市场竞争，协调解决大型企业拖欠中小企业账款问题。加大政务公开力度，及时发布履职信息、解读政策法规、回应社会关切，建设人民满意的服务型政府。三是强化事中事后监管。要解决“一放了之”的问题，对下放给企业的事项和取消的行政许可，要监督企业的执行情况，该纠正的要纠正。要鼓励企业创新，积极支持企业根据铁路发展实践创新完善规章标准，组织专家评审，加强事中事后监管，紧盯运用过程中出现的问题，及时纠错，确保安全。要坚持全面覆盖、规范透明、问题导向、协同推进的原则，实现“双随机一公开”监管全覆盖、常态化；抽查事项实行清单管理，涉及安全、质量、公共利益的事项，作为“重点检查事项”，抽查比例不设上限；建立健全检查对象名录库和执法监察人员名录库，统筹安排抽查计划，做到对违法者“利剑高悬”，对守法者“无事不扰”。

（九）加强铁路法规和标准体系建设。一是把握科学的立法思路和原则。坚持立足国情，坚持问题导向、改革导向、实践导向，适应新时代我国社会主要矛盾变化的需要，总结改革开放40年来铁路立法和实践经验，巩固、确认和发展铁路建设成果，增强铁路法律法规的针对性、有效性、适应性、系统性，处理好与刑事法律、行政法律体系的衔接关系。二是扎实推进铁路立法工作。积极推进《铁路法》和《铁路交通事故应急救援和调查处理条例》、《铁路运输条例》制修订工作，着力构建铁路行业法治体系框架。各地区监管局要加大力度协调推动地方铁路安全立法。三是完善规章制度体系。制修订《铁路机车车辆驾驶人员资格许可办法》《铁路旅客运输规程》《铁路货物运输规程》《铁路运输服务质量监督管理办法》《铁路公益性运输监督管理暂行办法》《铁路车站和线路名称管理办法》《地方铁路、铁路专用线和专用铁路安全监督管理办法》《铁路工务安全规则》《铁路电务安全规则》《铁路专用设备生产企业信用管理暂行办法》《铁路无线电频率使用审核办法》等规章制度。落实规范性文件管理长效机制，进一步清理原铁道部文件。四是推进重要标准制修订工作。重点加强基础性标准研究，提高铁路技术标准编制水平。加快制定完善高速铁路、城际铁路、市域（郊）铁路、联程联运、综合性交通枢纽信息化智能化技术标准。系统梳理铁路机车车辆和运输基础设备许可审查工作依据的技术标准，研究提出急需制定和完善的铁路专用设备技术标准需求目录，跟踪新型机车车辆设备的研制、试验、运用考核和运用情况，经实践检验技术成熟稳定后，及时编制发布技术标准。修订发布《高铁安全防护设计规范》《磁悬浮铁路设计标准》《铁路工程工程量清单计价规范》。同时，要抓好法规宣贯工作，深入开展“平安高铁”普法专题行动，增强铁路沿线单位企业和人民群众爱路护路意识。加强法律顾问队伍建设，建立公职律师队伍。

（十）推动铁路行业科技创新。一是完善科技创新协作机制。修改完善《铁路科技创新中长期发展纲要》，指导铁路行业科技创新发展。召开年度科技创新工作会议，搭建行业平台，形成政府、企业、高校、科研机构相互协作的产学研用一体化工作机制。加大市场需求引导、科技成果转化、科技资源开放共享、科研诚信建设工作力度，推动企业成为技术创新的主体。二是不断提升铁路自主创新能力。加强基础理论和前暗技术研究，在铁路科技前沿下好“先手棋”。推进基于北斗的铁路网和列车统一授时与调度指挥系统工程，开展“基于北斗导航的列控系统技术”和“下一代列控系统关键技术”等专项研究，并在京沈客运专线时速 350 公里高速环境下开展北斗系统应用技术验证。完善驮背运输车试验大纲评审程序和运用考核、制造维修技术条件，着力打造可推广的示范工程。推进高速磁悬浮列车研发，加强技术储备。三是加强课题研究和成果推介。修订课题研究管理办法，科学编制年度课题研究计划。研究《铁路对经济社会发展拉动效应》，为国家宏观经济决策提供研究成果支撑。申报国家重点研发计划专项，协调推进重大铁路科技创新项目，抓好国家科学技术奖、中国专利奖、国家万人计划、创新人才推进计划等各类国家级奖励的征集、评审和推荐。四是加强高等院校学科建设，夯实创新发展人才基础。深化产教融合，组织高等院校开展高铁经济学、高铁工程学等课题研究，编写铁路高职教材，完善铁路高等教育学科体系，厚植铁路长远发展的人才基础。进一步培育造就创新型高水平人才队伍，培养造就更多的青年英才，依托科技计划项目和科研基地建设，推动一批科研骨干在实践中锻炼成长。五是发挥好专家委员会作用。专家委员会是我局日常科技工作、专业技术工作的重要支撑和手段。对有新的重大创新成果的技术带头人要及时吸纳进来，对发挥不了作用的专家定期更替。六是组织实施高铁“线、桥、隧、站、车”五大系列科普项目，大力宣传展示铁路科技发展重大成就，扩大铁路科技创新成果在全社会的影响力。

（十一）加强政府间铁路交流合作。一是加强重点项目合作。重点推进巴基斯坦 1 号铁路干线、中尼跨境铁路，以及中蒙俄、中吉乌、中印、中越铁路合作项目。巴基斯坦 1 号铁路干线力争实现年内开工建设。中尼跨境铁路启动可行性研究工作并完成尼泊尔“两线”规划研究。协调推进中老铁路、中泰铁路、雅万高铁、中缅铁路、匈塞铁路、莫喀高铁和非洲铁路项目建设。二是加强多边双边铁路合作。进一步深化与铁路合作组织、国际铁路联盟、国际铁路运输政府间组织、国际铁路安全理事会等多边铁路交流合作，增强我国铁路的影响力。推进大湄公河区域铁路联盟运行机制研究项目，推动联盟向政府间组织转变。加快修订《中越国境铁路协定》《中蒙国境铁路协定》。三是服务“一带一路”国际合作。发挥铁路基础设施作用，在政府间铁路合作机制中为企业“走出去”搭建平台，加快培育国际经济合作和竞争新优势，推进项目建设和产能合作，形成更多可视性成果，推动共建“一带一路”走深走实。深入参与《国际铁路直通联运公约》《国际铁路货物联运协定》《国际旅客联运协定》编制，协调完善电子运单格式和使用规则，推动铁路企业加快实施电子数据交换，简化中欧班列运输过境手续。推动优化国际铁路联运运单内容，研究赋予国际铁路运单物权凭证功能，作为信用证议付票据，提高国际铁路货物联运水平。四是推进中国铁路标准国际化。积极参与国际标准化组织、国际电工委员会等技术委员会的标准化活动，集中行业力量，组织推进由我国主持的国际标准项目编制，争取更多新工作项目提案立项。推进与欧洲国家在铁路领域的标准一致性合作。办好《铁道技术标准》国际学术刊物。积极推进中国铁路标准在“走出去”项目中的应用实施。加快铁路技术标准外文版翻译，发布《铁路旅客车站设计规范》和铁路工程施工质量验收系列标准英文译本，发布《高速快路设计规范》非英语译本。

（十二）抓好行业统计工作。一是推进统计信息系统建设。正式启用统计信息系统，收集并解决使用过程中出现的问题，不断改进完善，建成集数据采集、审核、汇总、处理、分析、展示等功能于一体的信息系统，实现统计业务上报流程顺畅、数据安全可靠、运行稳定，确保行业统计数据真实准确完整及时。二是抓好数据分析。落实《铁路行业统计调查制度》，汇总报表数据，定期编发《铁路行业主要指标统计情况》《全国铁路主要指标完成情况》《铁路行业统计分析报告》，发挥统计信息咨询作用，分析研判行业发展趋势。开发铁路行业统计数据，研究铁路行业发展的内在规律以及与国民经济发展的关系，为宏观决策提供依据。三是加强企业统计业务指导。监测运输企业日常报送数据质量，开展重点企业统计业务指导，提高行业统计调查对象统计业务整体水平，为铁路运输市场监测提供有效支持。调研掌握铁路运输企业、铁路建设企业、铁路设备制造企业等统计调查单位基本属性、业务范围、统计工作现状，进一步完善名录库数据信息，提高统计工作质量。加强行业统计管理，发现企业违法行为，及时提请国家统计局执法。四是开展铁路运输业单位普查工作。按地区、行业、注册类型与机构类型，分解工作任务，形成分劈数据，加强检查审核。摸清铁路装备制造上下游企业情况。

（十三）加强财政预算和审计监督工作。规范预算编制，加强资金统筹，保障重点工作，严控一般性支出，实施绩效考核，发挥财政预算对行政履职监管的支撑保障作用，确保预算编得好、用到位、有实效。一是抓预算编制。要进一步梳理各项业务，提早布局谋划，找准开展工作与预算需求的内在联系，做实做细预算，确保预算论证充分，有理有据有措施，提高预算编制科学化水平。二是抓预算执行。要贯彻落实中央关于全面实施预算绩效管理的要求，落实主体责任，一手抓执行进度，一手抓绩效管理。预算目标与依法履职工作目标是相统一的。预算目标能否顺利实现，关系到依法履职能力和工作作风。要重点推进地区监管局预算执行，全面开展预算绩效管理，对重点项目预算严格跟踪问效，实现预算执行与履职成果相互促进、相得益彰。三是抓经费使用。坚决贯彻落实中央八项规定精神，建设节约型机关，严格控制“三公”经费、会议费、培训费、差旅费等一般性支出，进一步精简压缩出国任务，严格出国人员审批。局党组成员要坚持带头厉行节约，办公室不用公款购置摆放花卉绿植，出差不住套间。同时，要贯彻落实中央审计委员会第一次会议精神，积极配合国家审计署审计监督检查，按时报送财务数据信息，抓好审计问题整改，建立长效工作机制；切实履行好内部审计监督职责，按照“两年全覆盖”安排，开展局属单位内部审计检查，重点监控信息化建设项目，开展扶贫资金绩效考核，确保资金使用依法合规。

（十四）服务打赢脱贫攻坚战。一是发挥铁路基础设施支撑作用。积极推动贫困地区铁路项目前期工作，推进贫困地区铁路工程项目高质量建设，支持贫困地区铁路设备企业创新发展，加大对贫困地区铁路运输企业支持力度，提升贫困地区铁路公益性运输服务水平。二是抓好秦巴山片区扶贫工作。选取业务骨干到秦巴山片区挂职，推动铁路规划建设，着力提升路网规模和质量，抓好南达万高铁、渝西高铁、西十高铁等项目前期研究工作，强化项目质量安全监管，力争早日建成投产，形成通道能力。三是扎实推进贵州省榕江县定点扶贫工作。加强调研检查督促指导，推动脱贫产业项目建设，利用铁路站车资源载体宣传打造榕江旅游品牌。推进兴永郴赣铁路等基础设施项目建设。加强教育就业扶贫，加大教学设施和学生资助力度，协调大专院校与榕江县建立招生合作关系，协调铁路用工单位定向招收榕江贫困毕业生，帮助解决贫困群众就业，提高定点扶贫县就业率。四是加强江西省永丰县对口支援工作。推动吉抚武铁路项目启动前期工作，强化产业发展指导，协调大学院校与当地政府联合办学，深入挖掘地方特色资源和发展潜能，全力推动脱贫攻坚取得实效。

（十五）全面加强党的建设。旗帜鲜明讲政治，坚定执行党的政治路线，严格遵守政治纪律和政治规矩，不断增强“四个意识”，坚定“四个自信”，践行“两个维护”，在政治立场、政治方向、政治原则、政治道路上同以习近平同志为核心的党中央保持高度一致。认真学习贯彻习近平总书记关于中央和国家机关推进党的政治建设重要指示精神，坚定不移加强党的全面领导，以党的政治建设为统领，当好“三个表率”，建设让党中央放心、让人民群众满意的模范机关。深入学习贯彻习近平新时代中国特色社会主义思想和党的十九大精神，以两级理论学习中心组为引领，以全局组织生活日（党日）为平台，坚持读原著、学原文、悟原理，用党的理论武装头脑。围绕庆祝新中国成立 70 周年，认真开展铁路行业发展成就宣传，更好地向全社会展示铁路发展成就。深入贯彻落实新时代党的组织路线，以组织体系建设为重点，着力培养忠诚干净担当的高素质干部，着力集聚爱国奉献的各方面优秀人才，坚持德才兼备、以德为先、任人唯贤，为铁路事业发展提供坚强组织保证。制定实施贯彻落实《中国共产党支部工作条例（试行）》办法，强化党建工作基础，持续推进“两学一做”学习教育常态化制度化。始终坚持以永远在路上的坚韧，锲而不舍狠抓作风建设，坚决克服形式主义、官僚主义，大兴调查研究之风。学习贯彻《中国共产党纪律处分条例》，着力提高党的纪律建设的政治性、时代性、针对性，用严明的纪律管党治党。落实巡视工作规划，强化政治巡视，严肃执纪问责，完成党的十九大后第一轮全覆盖政治巡视，做好巡视“后半篇”文章。运用监督执纪“四种形态”，层层设置防线，本着对党的事业负责、对干部负责的态度，对存在的问题早发现、早教育、早提醒、早查处，使红脸出汗成为常态，持续营造良好党内政治生态，深入推进反腐败斗争，强化“不敢腐”的震慑，扎牢“不能腐”的笼子，增强“不想腐”的自觉，坚决夺取反腐败斗争压倒性胜利。

专文

本栏编辑　简　勇

科技创新引领高质量发展——中国轨道交通装备科技创新的实践与思考

——中车集团党委书记、董事长，中车股份党委书记、董事长、执行董事刘化龙在《人民日报》的署名文章（2018 年 11 月 29 日）

拥抱新时代 擘画新蓝图 勠力同心打造受人尊敬的国际化公司

——中车集团党委书记、董事长，中车股份党委书记、董事长、执行董事刘化龙在中国中车 2018 年工作会议上的讲话（摘要）（2018 年 1 月 19 日）

提高政治站位 勇于担当作为 奋力开创中车党建改革发展新局面

——中车集团党委书记、董事长，中车股份党委书记、董事长、执行董事刘化龙在中国中车巡视整改推进会暨 2018 年经营管理工作会上的讲话（摘要）（2018 年 8 月 24 日）

迈入新时代　开启新征程 为打造受人尊敬的国际化公司而努力奋斗

——中车集团党委副书记、董事、总经理，中车股份党委副书记、执行董事、总裁孙永才在中国中车 2018 年工作会议上的经营工作报告（摘要）（2018 年 1 月 19 日）

咬紧目标 深化整改 努力开创高质量发展新局面

——中车集团党委副书记、董事、总经理，中车股份党委副书记、执行董事、总裁孙永才在中国中车巡视整改推进会暨 2018 年经营管理工作会上的讲话（摘要）（2018 年 8 月 24 日）

科技创新引领高质量发展

——中国轨道交通装备科技创新的实践与思考

——中车集团党委书记、董事长，中车股份党委书记、董事长、执行董事刘化龙在《人民日报》的署名文章

（2018 年 11 月 29 日）

改革开放 40 年，是中国轨道交通装备业发展速度最快、科技创新成果最丰富的 40 年，中国轨道交通实现了从追赶到超越的转变。推动转变的核心动力，来源于改革开放的政策，推动了各行各业解放生产力，轨道交通装备行业在这一宏大背景下取得了突破性的进步；来源于“科学技术是第一生产力”论断，促进了轨道交通装备业迸发出生机与活力。

科技创新的方法论和系统思维

中国轨道交通装备的科技创新战略，核心思想是“追赶、超越”，核心手段是自主创新，方法论可以浓缩为八个字：明志笃行固本培元。

明：认清大势，市场导向——市场是创新的原动力。首先，深研市场规律，找准需求痛点。研制了适应高寒、高温、高原、高湿、强风沙的谱系化高速列车产品，极大地提升了运输效率和社会效益。二是结合产业特点，优选创新目标。加速推进铁路货运技术发展，大秦线年运量达到 4.45 亿吨，组合列车的控制方式实现无线同步操纵，运煤专用货车载重由 60 吨级提升到 80 吨级。三是融合经济性、先进性、可靠性、差异性、前瞻性、颠覆性六大要素，提高创新效率，为社会提供更加安全、便捷、智慧、绿色、舒适、多元、经济的出行服务和体验。

志：志存高远，达成目标——集中力量攻克重大创新目标。历次重大项目的创新实践表明，创新要突破，必须强力组织，集中力量，合力攻坚。和谐号 CRH380A 新一代高速列车就是齐心合力办大事的结果。一是选定技术攻关目标，优化顶层设计。确定了九大关键技术和十大配套技术，明确了具体负责机构。二是组建高效研发团队。打造以中车研发人员为基本力量，62 家单位参与的高效创新团队。三是实现技术成果产品化，形成了完整的产业链，核心部件如车体、转向架、牵引制动系统等中车制造，同时培育了一支国产化供应商队伍。

笃：坚持不懈，创新超越——发力于集成创新，实现后发优势。“追赶、超越”意味着先紧跟不掉队，实力增长到一定阶段，再发力超越，争取领先。复兴号动车组是在 CRH380 系列动车组技术平台基础上，首次以中国标准为主导，制造的时速 350 公里的中国标准动车组。复兴号动车组从启动研发到最终定型，整整五年时间，历经 503 项仿真计算，5278 项地面试验，2362 项线路试验。复兴号动车组的问世，标志着中国铁路技术装备达到了领跑世界的水平。

行：知行合一，开放多元——建立开放多元的创新共赢机制。一是开放，中国中车

积极向全社会提出创新需求，除了国家级重大项目对外开放外，很多具体项目也主动开放。二是多元，包括参与主体多元与参与方式多元。按照市场化的思维，让各创新主体以最经济的研发方式参与。三是协同，包括企业之间的协同、产学研之间的协同和产业链之间的协同。四是共赢，重大创新项目联合政府、企业、高校、科研院所及用户形成创新共赢体，从而快速打通从基础理论研究、关键技术研发，到新产品研制、成果推广应用的技术创新链。

固：巩固根基，能力提升——持续强化创新能力建设。一是理念创新。高铁引进过程中确定了“先僵化，再固化，后优化”的路线，每花 1 元钱引进技术，就再花 3 元钱进行消化、吸收和再创新，从而跳出“引进再引进”怪圈。二是体系创新。建设科技创新决策体系、内部规则体系、组织体系、支撑体系，形成“开放、协同、一体化、国际布局”的科技创新大体系。三是分层创新。依托国家级研发机构突破核心技术，开发战略性新产品，研究基础性、前瞻性技术与共性技术；依托企业技术中心，面向市场进行产品研发和产品实现。四是平台创新。建立整机、系统、部件“三级产品技术平台”，做到“探索一代、预研一代、研制一代、生产一代”，产品高端形成品牌高端，品牌高端产生品牌溢价，引领行业技术发展。

本：标准为本，行业引领——打造中国标准，掌握话语权。世界上，国际巨头长期主导 IEC、ISO、UIC 相关轨道交通领域 9 国际标准。中国中车致力于打造中国标准，让中国标准和其他标准一样，成为行业的世界通用标准。“复兴号”CR400AF/BF 型动车组是完全按照中国标准研制的动车组，目的就是建立动车组的中国标准体系，采用标准或技术文件 134 项，其中有 101 项是中国人自己的标准，占 75.4%。“复兴号”动车组的功能标准和配套轨道的施工标准均高于欧洲标准和日本标准，形成了中国自己的标准体系。

培：培育沃土，加速成长——充分激发科技人员和各类创新主体的创造性。首先，体系是基础。中车重点开发了面向全球的一体化人力资本管理体系。其次，培养做支撑。实施了以高级项目为引领的国际化人才培养工程，推行“721”人才培养模式（70%来自实践的学习，20%从他人身上学习，10%来自常规的培训）。第三，使用是目的。在中车，人们把顶尖科研人才尊称为“科学家”，目前有 7 位是突破核心技术的领军人物。中车拥有约 23000 名科研人员，其中 35 岁以下的占 70%。

元：抱元归一，中车力量——凝聚创新的强大精神力量。伴随中国轨道交通一百年的发展历史，中车人骨子里就凝聚着振兴民族工业的报国情怀，传承着建设美好生活的红色基因。在进入新时代的今天，集中体现为“产业报国、勇于创新、为中国梦提速”的中国高铁工人精神。

科技创新对社会的贡献

科技创新促进了品质提升。中国高铁在运行速度、安全性、舒适度等技术性能指标方面达到世界先进水平，投入运营 11 年来，中国动车组平均故障率低于每百万公里 0.43 件（世界通用标准是不高于 2 件），促进了我国铁路的提速提质。

科技进步促进了行业繁荣。提升了轨道交通运输方式的比较优势。“复兴号”动车组以时速 350 公里运行时，人均百公里能耗 3.64 度电，相当于飞机的 1/4、大型客车的 1/3。提升了轨道交通装备现代化水平。动车组技术、重载技术、城轨地铁技术均进入世界先进行列。提升了市场需求空间。1995 年，全国拥有城市轨道交通的只有北京、天津、上海三个城市，总里程 70 公里。到 2017 年底有 34 个城市开通轨道交通，运营里程达到 5033 公里。

自主创新促进了产业增长。实现了新旧动能转换，形成了完整的产业链。行业龙头中国中车跻身世界 500 强，动车组国产化率从引进之初的 30%提升到 90%以上。打破技术垄断，零部件和整机价格大幅下降，如绝缘栅双极型晶体管（IGBT）国产化后，竞争对手降价幅度达到 70%。

建设交通强国的思考和建议

对全球新一轮科技革命和产业变革机遇要有主动抢抓意识。智慧交通的趋势越来越明显，即将迎来大发展的时刻；技术跨界融合越来越紧密，互联网产业和传统制造业技术相互融合的步伐不断加快；颠覆性的黑科技不断涌现，正在创造新产业、新业态，中国轨道交通装备需紧跟科技发展趋势，进一步新业态，中国轨道交通装备需紧跟科技发展趋势，进一步加强追踪和研究，努力为交通强国提供方案。

国家层面要对自主可控有战略性安排。针对轨道交通一些尚需从国外进口的领域，建议国家进一步加大力度，支持企业推进自主化和产业化；进一步明确政策，鼓励用户积极使用国产化替代产品；大力推进工业强基工程，提升工业基础能力。

要进一步营造激励创新的环境和机制。对于基础性、前瞻性技术及相关实验室建设投资，国家在考核、评价、分配机制上应予以政策考虑；激励制度安排要把企业科技创新投入和产出绩效作为重要内容，建立奖优罚劣的长效机制；建立创新容错机制，为企业经营者和科研人员创造更为宽容的环境。

人才队伍建设要引起高度关注。大力支持国企探索营建能够激发活力、释放潜能、激励到位的科技人才培养、引进、开发、激励、考核等机制；大力支持国企加强领导班子和其他领导人员分类分层管理制度建设，加快建立职业经理人制度，加强国际化人才、法律人才的培养和使用；大力支持国企探索劳动用工制度改革，在工匠培养、产业体系建设、成长平台搭建等方面提供政策保障。

拥抱新时代　擘画新蓝图 勠力同心打造受人尊敬的国际化公司

——中车集团党委书记、董事长，中车股份党委书记、董事长、执行董事刘化龙在中国中车 2018 年工作会议上的讲话（摘要）

（2018 年 1 月 19 日）

这次会议，是中车在中国特色社会主义进入新时代、开启新征程大背景下召开的首次工作会议，也是中车深化改革进入攻坚时期、实施“十三五”发展战略进入关键阶段召开的一次重要会议。

下面，我讲四方面意见。

一、正确认识新时代中车发展的新起点

新中车成立以来，我们认真贯彻落实党中央、国务院和国资委各项决策部署，围绕打造受人尊敬的国际化公司，以提高质量和效益为中心，坚持深融合、促改革、谋发展、强党建一体推进，集团改革发展党建各项工作站在了新的历史起点。

（一）坚持新发展理念，推动企业经营由量的增长走进质的提升新阶段。我们牢固树立新发展理念，努力实现转型发展、创新发展、协同发展和共享发展，集团发展呈现稳中提质、稳中趋优的良好态势。连续多年上榜国资委经营业绩考核 A 类中央企业，被国资委评为“科技创新优秀企业”“品牌建设优秀企业”；品牌价值超过千亿元，入选最具影响力的创新公司和最受赞赏的中国公司；行业带动力、品牌影响力和核心竞争力明显提升，为新时代中车向更高层次、更高水平、更高质量发展奠定了良好基础。

（二）坚持管资本要求，推动产业平台由装备制造走进资本经营新阶段。我们以建设国有资本投资公司为主线，努力搭建与之相适应的业务平台和管控架构，积极开展资本经营的探索和实践。在轨道交通装备基础上初步搭建起产业投资、金融与类金融、地产置业、资产管理、教育培训等发展平台；推进集团与股份之间的资产互动、业务互动，实现了国有资本保值增值。这些年的不懈探索和有益实践，使我们对资本经营的认识更加深刻，为新时代中车资本发挥更大效能积累了宝贵经验。

（三）坚持创新驱动战略，推动产品技术由跟跑并跑走进并跑领跑新阶段。我们坚持自主创新、开放创新和协同创新相结合，统筹实施体系创新、能力创新、研发创新三大工程，实现了从“跟跑并跑”到“并跑领跑”的华丽转身。以“复兴号”标准动车组批量运营为标志，动车组研制达到了全面自主化、标准化的新高度。获批建设国家高速列车技术创新中心，牵头实施国家重点研发计划先进轨道交通重点专项，率先承担起国家科技体制改革先行先试的光荣任务。中车开始成为国家行业技术创新的主导力量，为新时代中车持续创新发展创造了有利条件。

（四）坚持正确改革方向，推动中车深

改由叠梁架柱走进全面施工新阶段。我们牢牢把握市场改革方向，一手抓改革方案出台，一手抓改革举措落地，中车深改展现出重点突破、全面推进的势头。“1+19”改革顶层设计搭建完成，机车修造业务重组、货车业务整合、在京制造业非首都功能疏解、总部职能优化等重要改革措施逐层落地，“处僵治困”“双压减”等供给侧结构性改革任务完成阶段性目标。中车深改由顶层设计转向纵深推进，为新时代中车改革发展释放出新活力。

（五）坚持培育全球竞争力，推动国际化布局由零散布点走进整体谋篇新阶段。我们坚定不移贯彻国家战略，把握“一带一路”建设和“走出去”机遇，不断提升跨国经营能力和国际竞争实力，初步实现了出口产品从中低端到中高端，出口市场从亚非拉到欧美澳，出口形式从单一产品到产品、资本、技术、管理、服务等多种形式组合，出口理念从产品“走出去”到产能“走进去”、品牌“走上去”的转变。中车的全球影响力和国际知名度迅速提升，为国际化经营之船行稳致远注入了新动力。

（六）坚持全面从严治党，推动党建工作由全面加强走进典范塑造新阶段。我们认真学习贯彻习近平新时代中国特色社会主义思想和党的十九大精神，全面落实全国国企党的建设工作会议精神，压实扛稳管党治党责任，企业党的领导和党的建设全面加强。“进章程、一肩挑、全覆盖”等重点任务基本完成，党建责任制和考核评价机制建立健全，落实中央八项规定精神和党风廉政建设持续深化，领导干部培养和竞争选拔机制不断探索，各企业基层党建工作独具特色、亮点纷呈。中车党建工作的建强提升，为中车党建塑造品牌、擦亮名片、树立典范打下坚实根基。

新中车成立以来取得的成就、实现的变革，是新时代中车发展的基础和条件。新时代呼唤新气象、新作为，我们要与时俱进、勇挑重担，团结带领全体中车人，持续推进中车稳定健康发展。

二、深刻把握新时代中车发展的新使命新目标

新时代赋予中车新使命，就是深入贯彻落实党的十九大精神，以习近平新时代中国特色社会主义思想为指导，围绕“六大转变”推进企业高质量发展，加快解决好企业改革发展和党的建设不平衡不充分问题，在推进“四个伟大”中担当大国重器、产业报国的责任，在满足人民日益增长的美好生活需要中体现连接世界、造福人类的追求。

（一）发展定位要从装备供应商向综合价值创造者转变。党的十九大报告提出要加快建设制造强国、科技强国、质量强国、网络强国、交通强国、数字中国、智慧社会。中车作为国家战略的坚决践行者，理应紧扣我国社会主要矛盾变化，把握新的战略机遇，确立新的发展定位。这既是我们承载国家使命的必然要求，也是我们实现高质量发展的内在要求。过去，中车的企业价值很大程度体现在高铁这张“国家名片”上，企业形态也基本属于轨道交通装备供应商。现在，对照国家战略要求和自身发展需要，中车企业价值不应该仅仅局限于高铁，还应该体现在现代先进制造、城市交通系统解决方案、新能源、环保、工业数字化等方面，用“中车方案”和“中车智慧”为满足人民日益增长的美好生活需要作出更大贡献。未来，中车应该是“以高端装备为核心的全价值创造者”，能够为客户、社会及其他利益相关者提供安全、绿色、便捷、高效、智能的装备及服务，不但通过轨道交通装备来“连接世界”，而且通过创造更大价值来“造福人类”。我们要承载强国战略，加快转型升级，努力向创新链、产业链和价值链中高端延伸，不断提

升满足人民美好生活需要的“中车能力”。

（二）发展方式要从规模速度向质量效益转变。党的十九大报告提出，我国经济发展的基本特征就是由高速增长阶段转向高质量发展阶段，建设现代化经济体系的新任务就是推动经济发展质量变革、效率变革、动力变革。这是中车迈进新时代、开启新征程、续写新篇章的行动指南，也为中车持续健康发展指明了前进方向。回顾过去，得益于我国经济发展环境，中车发展创造了世人瞩目的“高铁速度”，经营规模跻身世界 500 强。但不容忽视的是，过去本质上靠的还是要素驱动、投资驱动，“体量增大、体质虚胖”问题相当突出，“强身健体、提质增效”任务异常艰巨。放眼当前及今后一个时期，市场和资源约束进一步趋紧，单纯靠市场需求、要素投入的粗放型发展方式，已经不可持续、难以为继。这两年，我们明显感受到轨道交通装备市场的“天花板”，切身体会到资源投入的边际产出递减效应，企业调结构、转方式、换动力已迫在眉睫。未来，中车发展既要看速度，也要看增量，更要看质量，要着力实现有质量、有效益、没水分、可持续的集约型增长。我们必须落实质量第一、效益优先要求，坚持内涵式发展，坚持创新发展，坚持开放发展，掀开一场从理念、目标、制度、机制到具体领域、工作细节的全方位变革，加快推动中车向高质量发展迈进。

（三）经营模式要从产品经营向资本经营转变。党的十九大报告提出要推动国有资本做强做优做大。从强调做强做优做大“国有企业”到“国有资本”，层级更高、范围更广、内涵更深刻，也与新一轮国企改革由“管企业”为主向“管资本”为主转变一脉相承。这既要求我们在“放活、管好、优化、放大”国有资本方面下更大功夫，也为我们创新经营模式、提升价值创造能力提供了重要途径。反观中车自身发展现状，传统的产品销售仍是收入效益的主要来源，而且已经遇到了增长乏力的现实瓶颈。从目前情况看，不论是打造国有资本投资公司，还是成为综合价值创造者，单靠产品经营显然不适应集团发展需要。“管资本”是深化国资国企改革的重要任务，也是高效配置资源、更大创造价值的有效路径。随着外部环境日趋成熟，内部共识也正在形成，我们开展资本经营的条件已经具备。我们要树立“大资本”观念，加快资本、资产、产品等全资源要素的流动，从而在结构、交易、市场、融资、时间、效益等六个方面实现放大效应。不仅要高效利用人、财、物等有形资本，还要合理利用品牌、专利及知识产权等无形资本，充分释放“中车资源”的新活力新动力，不断放大国有资本功能，提高国有资本配置和运行效率。

（四）经营策略要从本土企业向国际化企业转变。党的十九大报告提出要培育具有全球竞争力的世界一流企业，为建设社会主义现代化强国提供坚强支撑。任何一个强国，必然有一批强而优的企业。中车要做到强而优，具有全球竞争力，成为世界一流企业，必须在国际化上大有作为。新中车成立以来，虽然我们在国际化经营方面取得明显成效，但大多数企业仍处于产品出口贸易阶段；与国际竞争对手比，国际化经营起步晚、经验不足。可以说，“中车国际化”还在“进行时”，“国际化中车”仍是“将来时”，我们本质上还属于本土企业。与此同时，跨国公司和行业巨头正积极研究如何在分化的世界中重构竞合模式、布局全球资源。随着中国越来越接近世界舞台中央，中车“走出去”受到国内外普遍关注，竞争对手针对中车、对抗中车、围堵中车的意图非常明显。如何有效应对国内市场国际化、国际市场国内化的压力和挑战，建立跨国经营管理体制机制来推进“全方位国际化”，从而实现理念、机制、模式等与国际规则和惯例接轨，已成为我们面临的紧迫问题。我们要以打造受人尊敬的国际化公司为统领，加强顶层设计、创新体制机制，加快由本土企业向跨国企业、全球公司跃进，努力在国际资源配置中占据主导地位、在全球行业发展中发挥引领作用、在国际市场竞争中拥有更大话语权。

（五）集团管控要从相对集权向放管结合转变。党的十九大关于深化国有企业改革重要部署，为我们指明了总方向、划出了路线图。通过深化内部改革，为中车市场化、国际化、多元化发展营建新机制、注入新动力、激发新活力，是我们孜孜以求的奋斗目标。其中，优化集团管控体系作为中车深改“一调整三优化一加强”的重要内容，在中车深改整体布局中占据着举足轻重的位置。这两年，虽然我们在深化总部改革、优化集团管控方面做了一些工作，但与新时代要求和集团发展需要仍未形成同频共振。总部在管控方式、职能流程、决策效率、工作作风等方面还存在着诸多不适应，不利于“两个积极性”的充分调动，不利于整合协同效应的充分释放，不利于创新和发展活力的充分迸发。按照“管资本”的基本定位和“小总部、大业务”的原则，总部要进一步简政放权、放管结合，营建机制、释放活力。未来，集团总部主要把融资、投资、资本经营的主体职能履行到位，把为所投资企业制定战略方向和目标、配置核心资源、设置风险控制底线的管理职能履行到位，把产业经营职能尽可能下沉到子集团或专业化公司（平台公司）。

（六）党建工作要从建强提升向提质换挡转变。党的十九大提出了新时代党的建设总要求，新党章重新定位了国有企业党组织的地位作用，明确国有企业党委发挥领导作用。在党的建设新的伟大工程中，中车必须主动扛起党建大旗、走在前列。这些年，虽然中车党建工作有了新加强，但与新时代党建要求仍存在差距。有些企业党建工作“四个化”问题没有根本解决，“宽松软、两张皮、灯下黑”等不平衡不充分的矛盾还比较突出，党务干部的队伍结构、职业素养、专业能力、工作水平还不能完全适应新形势新任务。特别是所属非制造业企业、混合所有制企业党建基础还比较薄弱，境外单位党建工作面临诸多挑战。我们要抓住重点、加强弱项、补齐短板，推动党建工作由建强提升向提质换挡转变，既要提高党建质量，又要加快党建“金名片”建设，做到一个不掉队、个个出精品，形成党建工作亮点频出、特色品牌交相辉映的良好局面。

新时代擘画新蓝图，新使命承载新目标。我们要高举习近平新时代中国特色社会主义思想伟大旗帜，以全面打造新时代受人尊敬的国际化公司为目标，持续围绕“全球行业引领、国企改革先锋、高端装备典范、走向世界名片”，坚决推进中车“十三五”发展战略，努力建成具有全球竞争力的世界一流企业。

新时代赋予受人尊敬的国际化中车更新更深的内涵：内在要求是对党忠诚、品质一流，外在体现是时代先锋、金色名片；上为强国利器、国家脊梁，肩负产业报国的使命；下为行业典范、企业表率，勇担造福人类的责任。

——坚持党的领导不动摇，努力建设党建典范的一流企业，做对党忠诚的排头兵。贯彻落实党的十九大精神，牢固树立“四个意识”，坚持党的领导，加强党的建设，充分发挥党委领导作用，把方向、管大局、保落实。传承中车发展红色基因和优良传统，实施新时代高铁先锋工程，打造中车党建“金名片”，在央企党的建设中作表率、当先锋、树典范。

——坚持发展企业不放松，努力建设国之重器的一流企业，做强国战略的担当者。

积极对接和落实国家战略，发挥中车金名片和主力军作用，实现高效率、高效益、高质量发展。积极投身“一带一路”建设，瞄准全球标准不断提升国际化经营水平和发展实力，逐步迈向全球价值链中高端，在国际资源配置中能够占据主导地位，培育和打造若干世界级高端装备产业集群。

——坚持深化改革不停滞，努力建设充满活力的一流企业，做国企改革的先行者。聚焦产业变革，创新发展模式，积极建设国有资本投资公司。深化供给侧结构性改革，推进“1+19”改革体系文件落地，加快企业重组整合、提质增效、转型升级步伐，促进国有资产保值增值，推动国有资本做强做优做大，加快混合所有制改革试点，进一步增强活力、激发动力、释放红利。

——坚持技术创新不停步，努力建设行业领先的一流企业，做行业发展的引领者。大力实施创新驱动发展战略，建设中车具有国际竞争力的核心技术体系和国际先进的谱系化产品体系，占据全球行业技术进步制高点，担当国家经济技术发展的脊梁，在行业发展中发挥引领作用，增强国际话语权和影响力，真正引领世界轨道交通装备行业发展方向。

——坚持履行责任不懈怠，努力建设敢于负责的一流企业，做造福人类的贡献者。满足人民群众对美好生活的向往，为社会和人民提供绿色环保和更加优质的产品与服务。打造中车命运共同体，凝聚各方力量，实现利益共赢，共享发展成果，使员工获得感、幸福感更加充实、更有保障、更可持续。积极塑造中车全方位高端形象，确保金色名片永不褪色。

三、全面展现新时代中车发展的新作为

2018 年，集团面临的经营形势更加严峻复杂，外部期待高、内在困难多、竞争压力大、工作任务重。我们要紧紧抓住新时代大有可为的历史机遇期。拥抱这个时代，融入新时代发展，我们将大有作为，勇立时代潮头、基业长青；错过这个时代，抓不住时代机遇，我们将被时代抛弃，只能随波逐流、坐等消亡。我们要以高质量发展为引领，坚持问题导向和目标导向，解放思想、转变观念，攻坚克难、砥砺奋进，努力做到“转型升级谋发展、变革创新增活力、经营改观见成效、坚定信念勇担当”，在中车改革发展新征程中展现新作为。

（一）顶层设计再细化，描绘发展新蓝图。“不谋万世者，不足谋一时；不谋全局者，不足谋一域。”面对企业持续发展、新产业拓展和国际化经营出现的问题和挑战，我们必须紧密结合实际，做到自下而上与自上而下相结合，站在全局角度进一步加强顶层设计。

1. 坚定不移建设国有资本投资公司。从产业集团再造为国有资本投资公司，是集团公司由产品经营向资本经营转型、实现“十三五”战略目标的重要途径。目前，集团公司发展面临着明显的资源约束，几乎所有核心资产都集中在股份公司，实现“十三五”战略目标，重中之重是要认真研究资源配置与路径选择。从试点经验看，建设国有资本投资公司，核心工作就是集团公司以“管资本”为主，专注于投融资和项目建设，通过投资实业拥有股权。集团考虑一切问题的逻辑起点，都应该调整到“投资”的本质属性上来。集团是资本层和出资人，要解决的问题是如何通过资源配置和流动进行产业布局和结构调整，构建可持续发展的格局，提升集团永续竞争力。被投资的子集团或专业化公司（平台公司）是执行层和资产层，要解决的问题是如何运用集团行政引导政策和市场规则，高效完成集团产业布局和产业发展的任务，实现集团战略落地与资本回报。

我们要结合自身实际，学习借鉴外部经

验，以国有资本投资公司建设为主线，通过嫁接金融与资本，挖掘并发现集团存量资产的价值潜力，构建资产存量盘活与产业增量投资之间的良性互动，把中车的巨大影响力转化为强劲的现实生产力。要强化价值发现，围绕股份公司的核心业务和核心资产，梳理中车信用、品牌价值等看起来比较“虚”的无形资产，和土地等资源要素、存续企业的低效资产等趴在账上的“僵死”资产，让隐藏在其中的价值浮现出来，并释放转化一部分，为集团提供利润和现金流。要强化价值增值，用金融与资本的“魔杖”，对上述资产进行培育开发、整合再造，或将中车信用与品牌价值嫁接到新兴业务上，使原有价值进一步放大，释放更多利润。要强化价值实现，对培育完成或开发成熟的业务，通过股权转让、合资合作或 IPO 上市等，实现价值的快速提升和灵活变现，获取支撑集团长远发展的现金流和利润，然后进一步布局业务、整合资源，从而真正走出一条资本与经营并重、符合中车特色和文化的发展之路。

2. 科学设计新产业发展路径。新兴支柱产业是中车发展战略的重要组成部分，担负着实现中车“十三五”目标的重要任务。我们必须厘清产业发展形态，明确产业发展方向，研究产业发展路径，充分发挥集团内外合力，尽快在新能源汽车、环境治理、工业数字化等新兴产业领域实现重大突破，打造3～5 个技术水平高、带动作用强、经济效益好的支柱型业务，以化解结构单一风险，消化过剩产能，促进公司持续健康发展。

发展新兴支柱产业必须要有新机制。针对不同行业背景、不同发展阶段的新产业，要推动经营机制与市场接轨，实现考核机制差异化，不断提高政策的针对性、激励的导向性、监管的有效性、考核评价的科学性，有效激发新产业发展活力。发展新兴支柱产业必须要有新模式。要改变当前以自我培育为主的内生式发展模式，解放思想，创新理念，充分发挥资本、品牌和资源的杠杆力量，撬动更多社会资源支持中车新产业发展。今年要在产投公司开展混合所有制试点，吸收产业发展的新资源、新理念、新活力，实现开放式增长。同时，也要积极探索参股、合资等方式进入人工智能、大数据等新的产业“风口”，持续储备、孵化未来发展增量。

一分设计，九分落实。高度重视新产业发展，要有务实的行动，否则再好的顶层设计，没有强有力的贯彻执行都是一纸空谈。多年来，我们在新产业领域的战略执行都比较差，一些好的思路、好的理念、好的战略并没有真正落地。现在，伴随着主业发展的瓶颈和增长乏力的危机，我们必须在新产业领域动真碰硬，出实招、干实事、求实效，将战略规划变为扎实有效的行动，推动新产业实现快速健康发展。

3. 务实构建国际化经营机制。国际化是中车肩负的国家使命，是中车做强做优做大的必由之路。我们必须牢固树立全球化观念，以国际化中车为导向，以跨国公司的视野，做好国际化经营的顶层设计，尽快搭建既符合中车历史发展格局和中国国情，又满足跨国公司经营管理需要的管理模式、组织架构和业务机制。要进一步研判国际发展环境、行业竞争趋势和公司实际，科学制定国际化经营目标和实现路径。要进一步厘定国际事业部、国际公司、子公司、海外区域公司/机构的定位及其内在关系，按照建设一批、完善加强一批、撤并一批的方式，优化中车海外资源配置，实现差异化发展；要建立以市场调节为主、总部行政调节为辅的市场拓展机制，确保既发挥好子公司的市场主体活力，又做到有效协同。要完善海外区域市场管理，改进区域市场拓展策略，建立赛马机制，快速提升国际业务经营业绩。要完善国际市场管理办法，择优扶强，用好价格协调机制。在鼓励优势企业“走出去”的前提下，做到公平、公开、公正，力争上下同心，执行得力。要转变观念，努力实现海外市场由“销售”到“营销”的转变，由“共性”到“个性”的转变，由“走出去”到“走进去”的转变，由“使用产品”到“享受服务”的转变。要补齐短板，增强国际市场能力。一方面要加大资本运作力度，通过国际并购，提高国际化经营和市场拓展能力，加快实现欧美市场的更大突破，构建持续获取订单的能力；另一方面要补齐竞合模式短板，加大同国际竞争对手竞合策略的研究，善于在不同时期联合不同合作伙伴共同应对竞争态势。要强化信息的捕捉与挖掘，加强与国内实力企业的沟通合作，建立日常联络机制，共同拓展国际市场。

（二）改革转型再深化，激发发展新活力。“明者因时而变，智者随事而制。”深化改革是中车发展的巨大红利和最大潜力，必须依靠深化改革来调结构、促升级、谋发展，激发创新活力和发展动力。

1. 凝聚起全面深化改革的强大气场。中车深改“1+19”文件体系已经搭建完成，关键是要狠抓落实、务求实效。要按照既定的时间表、路线图，更加注重发挥改革对经营管理的牵引作用，准确把握各项改革之间的内在联系，强化基础支撑，完善工作机制，严格督查落实，排除改革阻力，提高改革执行力和改革措施落地能力。对深化改革过程中出现的问题，要按照习近平总书记和党中央提出的抓实目标任务、精准落地、探索创新、跟踪问效、机制保障等“五个抓实”要求，以实打实的作风、硬碰硬的气魄，不断聚集改革资源、激发创新活力，在全集团形成良好改革氛围。各子公司要强化责任担当，以彻底的自我革命精神推进改革，坚决端正思想认识，坚持从改革大局出发，坚定抓好改革落实。要发挥主观能动性，根据资源禀赋、发展水平、特色优势的差异，把基层的实践创新和集团的顶层设计结合起来，让改革举措真正接地气、有生命力。改革必然要攻坚克难，集团会建立容错机制，为一批敢改革、善攻坚、勇担当的改革实干家敢闯敢试、探索新路站台撑腰。要着力抓宣传、聚共识，越是在矛盾交织、问题叠加的攻坚期，越需要找到思想的共鸣点、利益的交汇点，找到推进改革的最大公约数。要加强思想政治工作，及时了解员工利益诉求，不断增强员工的获得感，集众智、汇众力，让改革创新的源泉充分涌流。

2. 坚决推进业务重组等改革工作。去年，涉及企业户数、员工人数最多的货车业务重组迈出实质性步伐，拉开了业务重组全面提速的帷幕。两个货车子集团作为新一轮业务重组的先行者，要在体制机制变革方面树立样板、作出示范、积累经验。今年，要系统谋划集团内同质化业务板块的重组整合。在推进重组整合过程中，要把握节奏，讲究策略，切实做到“三个要、三个不能”，即方案宣贯要系统、推进过程要细腻、维稳责任要落实；不能影响市场形象、不能冲击正常经营、不能发生群体性事件。希望大家统一思想、提高认识，齐心协力把业务重组这块硬骨头啃下来，无愧于时代的要求，无愧于历史的检验。要持续深化供给侧结构性改革。“压减”工作要有保有压，平衡好新增法人与减少户数的矛盾；“处僵治困”工作要坚持源头治理，通过强化基础管理、提高盈利能力、妥善分流安置人员等来解决根本问题。要把握好政策红利的窗口期，加快“三供一业”分离移交和厂办大集体改革工作，确保今年彻底解决和完成历史遗留问题。

3. 全力打造中车命运共同体。改革过程就是思想解放过程。形势变了、体制变了、职能变了，如果我们的思想还一成不变，仍然“穿新鞋走老路”“新瓶子装旧酒”，肯定行不通、走不远。我们要发扬将革命进行到底精神，开阔眼界、勤学善思、敢闯敢试，在深化改革中释放新体制的优势和活力，在革故鼎新、守正出新中实现自我跨越，同时要在推进改革的过程中着力打造中车命运共同体。中车是近19万员工共同的家，大家工作生活在同一个中车的屋檐下，早已结成了不可分割的整体。中车总部、每个子公司、每位员工的前途命运都是紧紧联系在一起的，大家风雨同舟，荣辱与共，必须同心协力把中车的改革发展大业落实好，才能让员工对美好生活的向往变成现实。尽管中车在改革转型过程中还有这样那样的分歧矛盾，也免不了产生磕磕碰碰，但我们都是一家人，必须统一思想、提高站位、突出大局、化解矛盾、合力共赢。打造中车命运共同体，大家要有全局为重的理念、协同发展的胸怀，真正坚持"融情、融心、融力"，变"物理融合"为"化学融合"，做到情感与心灵的互联互通、思想和行为的同频共振。

（三）创新驱动再强化，培育发展新动能。创新是中车与生俱来的基因，也是引领中车发展的第一动力。我们依靠创新打造了高铁这张国家名片，也必须依靠创新来培育新的发展动能。

1. 大力推进中车智造。当前，大数据、云计算、物联网、人工智能等新一代信息技术与先进制造技术不断深度融合，新一轮科技革命和产业变革与我国加快转变经济发展方式形成历史性交汇，国际产业分工格局正在重塑。对标国际一流企业，我们在创新能力、质量品牌、跨国经营等方面仍有差距和提升空间。我们要把握机遇、因势而谋、乘势而上，积极抢占全球行业技术制高点。要以强国战略为指引，全面落实《中国制造2025》工作部署，积极推进"中车智造2025"十大工程，以加快新一代信息技术与产业发展深度融合为主线，以"标准化、精益化、数字化、网络化、智能化"为实施路径，不断深化技术创新、管理创新、商业模式创新，推动"中车制造"向"中车创造"转变，支撑先进轨道交通装备率先步入世界领先行列。集团上下要统筹政策、整合资源、协同创新、齐抓共管，加快建设数字中车、智慧中车，成为建设创新型国家的重要力量和骨干担当。

2. 深入推进商业模式创新。在全球科技和产业变革的大背景下，传统商业模式正被逐步颠覆，新理念、新模式层出不穷。面对日益激烈的竞争环境，我们必须深刻研判市场发展趋势，大力开展商业模式创新，充分激发中车技术、品牌和资源价值，重构比较优势，助推产业成长。要着力推进"制造+服务"商业模式。借助大数据、智能运维等先进技术，通过资本纽带和产品生态，加快对国铁、地铁、能源及公交业主的精准布局，为用户提供全生命周期系统解决方案，确保用户黏度，抢占运维市场。要认真研究"产业+金融"模式。立足中车产业，适度选择产业规模适度、相对成熟、协同度高、回报合理、风险可控的金融及类金融业态，实现产融结合规范、有效、有序，绝不能"脱实向虚"，切不可贪多求全。深度发掘中车品牌等无形资产、土地等固定资产的价值潜力，通过资产流动及互动、对外合资合作等途径，力争实现盘活利用、释放价值，不断为集团创造利润和现金流。要大胆探索"工业化+数字化"商业模式。加快培育中车特色的数字经济，聚焦"智能研发、智能产品、智能装备、智能制造、智能物流、智能检测、智能服务"，努力打造世界智能轨道交通生态圈，为先进制造业振兴贡献"中车智慧"，为交通互联互通提供"中车方案"，让数字经济成为新时代驱动中车创新发展的重要引擎。

3. 持续优化创新环境。要认真务实抓好国家高速列车技术创新中心建设和国家重点研发计划先进轨道交通重点专项工作，推进海外研发平台建设，集聚全球创新资源，打造开放协同的创新平台，为中车突破重大关键核心技术、开发重大战略性产品、培育新产业提供有效支撑。要大力弘扬“双创”精神，广泛开展“双创”活动，充分释放中车创新活力。要进一步突破制约技术创新的思想障碍，强化技术同效益对接、成果同产业对接、研发人员劳动同收入对接，建立有利于出创新成果、有利于创新成果产业化的科技创新体制。要进一步完善科技人才评价机制，加大科技人才激励力度，探索股权、期权、分红等中长期激励措施，激发科技人才创新激情和潜能。要大力弘扬中国高铁工人“不畏艰辛、永不止步，在持续超越中不断进取”的创新精神，倡导敢为人先、宽容失败的创新文化，营造创新创业的良好氛围。

（四）管控体系再优化，构筑发展新优势。“基础不牢，地动山摇”，管理能力决定着发展能力。实现集团高质量发展，必须进一步向管理要效率、要质量、要效益，构筑中车发展的新优势。

1. 坚持依法合规经营。要完善公司法人治理结构，健全以公司章程为核心的企业管控制度体系，充分发挥公司章程在企业治理中的基础作用，严格规范履行股东会、董事会、经理层、监事会、党组织和职代会的权责，强化权利责任对等。切实处理好集团和股份的治理关系，确保上市公司符合资本市场发展需要和监管要求。加强集团和股份两级董事会建设工作，高度重视公司在资本市场的价值影响，关注并呼应资本市场和投资者关心的问题，使中车在资本市场和产品市场的品牌和价值相得益彰、相互匹配。要持续推进法治中车建设，深化法律风险防范机制、法律顾问制度和法律工作体系建设，提升合规管理能力和依法治企能力。要认真抓好专项检查整改，眼睛向内、强基固本、查缺补漏，健全完善投资经营决策机制、内部管控制度流程，确保经营管理依法合规、风险防范切实到位。对金融和类金融业务、PPP项目等重大风险业务，要严格规范决策程序，突出风险防控举措，提前做好应急预案；对境外项目，要充分识别合规与执行风险，认识不足，补齐短板，并做好相关舆情的应对措施；对决策不当引发的风险、损失，要加大追责、问责力度，树立合规经营理念。

2. 以出资人视角强化全面预算。目前，全面预算管理的重心是当期的收入和利润，为了满足当期业绩考核目标，不得不反复调整计划、调度项目，总部和高层领导常常处于“火烧眉毛、先顾眼前”的状态。以出资人角度来审视，现在这种被动状态是几年前决策和投资所决定的，短期内能够改变得很少。“凡事预则立，不预则废。”我们必须立足长远，把全面预算管理的重心调整到投入产出上来，利用全面预算这个工具优化资源配置，强化资本预算和回报，让更多资源向经营效益好、资本回报率高、业务成长性好的企业和领域集中，以实现出资人的长期利益。要以补齐技术短板、提升研发质量为导向，严格科研经费管理，杜绝重复开发、低效投入。要落实供给侧结构性改革，推动内部资源整合，控制总资产及固定资产投资规模。要通过预算管控促进执行，合理规划减值准备计提，逐步消化经营风险。要持续开展降本增效工作，着力去杠杆、压负债、控风险，压控“两金”及采购成本，提高资金周转率，降低财务费用。要分类处置不良资产，关停、整合长期扭亏无望的子公司和业务，坚持有破有立，促进企业减亏扭亏。

3. 强化差异化考核。考核机制是激发活力的“风向标”，是引导方向的“指挥棒”。我们要突出“出资人引导”“价值创造”“效绩为主”“对标提升”等考核原则，实现放管结合和差异化管理，建立健全适应深化分配制度改革的子公司效绩评价考核体系。要坚持分类考核。集团多元化产业布局初步形成，管控和考核机制要应势而变、不断完善，以适应管理关系的变化、企业战略重点的变化和企业经营环境的变化。要根据发展战略，对不同类别、不同战略定位、不同发展阶段、不同产业周期的企业，以及不同历史发展时期的遗留问题，进行客观公正地差异化考核，同时引导不同类别企业按照既定战略阶段要求，达成战略目标。要建立考核补偿机制。集团内部深化改革进入深水区，资源整合及业务重组进入攻坚期，需要“因地制宜”建立科学合理的考核补偿机制，平衡业绩评价、利益分配等问题，激发变革活力，推动业务重组资源整合。要实行差异化薪酬。针对制造型、非制造型、境外企业等差异化选人用人模式，建立相匹配的差异化薪酬和考核制度，满足市场化用人需求，针对不同岗位设置差异化考评机制，凸显激励作用。要做实任期考核。着眼培育长期发展潜力和竞争实力，克服短期行为，持续提高价值创造能力，设计任期考核体系，做实长效考核激励机制。

4. 加强总部能力建设。总部职能优化及机构调整还要持续深化。要按照国有资本投资公司的定位和“小总部、大业务”的原则，进一步优化集团管控方式。当前，重点是打造“精干、权威、高效”的实力总部。“精干”就是实行简政放权，建立权责清晰、机构精干的总部。要围绕集团转型升级和建设国有资本投资公司的目标，进一步明确各部门的定位和权责，保证集团总部主体职能不缺位、管理职能不越位，进一步激发经营单位的活力。“权威”就是明确总部履行职责的权力，打造专业水平高、执行能力强的总部。要围绕总部在战略管控、财务管理、资本运作、风险防范和资源配置等方面的职责履行，明确各项决策的流程和权限，保证各项重要决策履行必要的程序，并在各个层面得到不折不扣的落地和执行。“高效”就是加快流程再造，建设具有活力、高效决策的总部。总部各部门要及时更新理念和思想，不断转变工作作风，抓紧梳理优化制度流程，努力提高决策效率，尽快适应子公司的强烈期待。

四、全力打造新时代中车党建“金名片”

集团党委把 2018 年确定为党建工作“提质换挡年”，在“建强提升年”的基础上，推动党建工作再上一个新水平，在中央企业树立典范，为打造受人尊敬的国际化公司提供坚强保证。

（一）提高政治站位，确保党的十九大精神落地生根。打造党建“金名片”，是贯彻落实党的十九大精神、提高企业党的建设质量的重要举措。作为中央企业，我们必须牢记企业的政治属性，提高政治站位，增强政治觉悟，保持政治定力，强化政治担当，始终把坚持党的领导、加强党的建设作为企业的“根”和“魂”，作为首要政治任务和根本性建设。

1. 提高政治站位，增强“四个意识”。党的十八届六中全会确立了习近平总书记在党中央和全党的核心地位。党的十九大把习近平新时代中国特色社会主义思想确立为我们党必须长期坚持的指导思想。学习好、贯彻好、落实好党的十九大精神，从根本上讲，就是要把中车建设成为对党绝对忠诚、对国家绝对忠诚的“典范央企”。要牢固树立“党领导一切”的思想，切实增强政治意识、大局意识、核心意识、看齐意识，坚决维护习近平总书记党的领袖、党的核心地位，坚决贯彻习近平新时代中国特色社会主义思想，坚决听从以习近平同志为核心的党中央指挥和召唤，始终做到政治上绝对可靠、思想上绝对忠诚、情感上绝对拥戴、行动上绝对紧跟。坚定不移贯彻落实党中央、国务院和国资委各项决策部署，把中车做强做优做大；坚定不移贯彻落实新发展理念，把中车建设成为具有全球竞争力的世界一流企业；坚定不移深化供给侧结构性改革，提高发展质量和效益，打造受人尊敬的国际化公司。

2. 解放思想，转变观念。按照党中央和国资委党委统一部署，深入开展“不忘初心、牢记使命”主题教育，用党的创新理论武装头脑。要以主题教育为契机，深入开展“解放思想、转变观念”大讨论，把干部员工的思想和行动统一到“六个转变”上来，集聚到打造受人尊敬的国际化公司上来。思想解放了没有、观念转变了没有，主要用“八个”标准来衡量。一是看视野够不够宽。要开阔眼界、开拓思维，法无禁止即可为，不能仅仅局限于“让我做什么”，而要多考虑“我能做什么”。二是看韧劲够不够强。要敢闯敢试、百折不挠，要有“不到黄河不死心、不撞南墙不回头、不达目的不罢休”的勇气，坚忍执着、奋斗不止。三是看如何对待创新。创新是发展的第一动力，要注重创新机制的建设，始终保持创新活力和创造动力。四是看如何对待利益。要强化“命运共同体”理念，齐心协力把增量做上来。合作共赢已经成为时代主流，只有把蛋糕做大了，才能多分到蛋糕。五是看有没有追求。心有多大舞台就有多大，要打破“小富即安”的思想，勇敢挑战常人认为“不可能”的事情。六是看敏感性强不强。要密切关注宏观政策和竞争态势，把握发展机会和机遇，把政策用足用好用充分。七是看有没有问题意识。转型时期是矛盾的凸显期，也是改革的好时机。要强化问题导向，解决思想问题和实践问题。八是看善不善于用辩证思维抓工作。事物往往具有两面性，既要看到不利的一面，也要看到积极的一面。要正确处理“业务板块多元化”与“核心产品专业化”的关系。

（二）突出忠诚担当，建设高素质专业化的干部队伍。加强干部队伍建设是党的建设重要内容，是企业发展的关键所在，也是打造党建“金名片”的重点工程。关于干部队伍建设，习近平总书记提出好干部标准、“三严三实”“四个铁一般”、忠诚干净担当等一系列要求，针对国有企业领导人员提出“20 字”标准。1 月 5 日在学习贯彻党的十九大精神研讨班开班式上，习近平总书记强调，坚持“三个一以贯之”，做到“五个过硬”。对于我们而言，关键在于把握两点，一是忠诚，二是担当。

“忠诚”，就是强调政治要过硬，忠诚于党、忠诚国家、忠诚企业、忠诚家庭，是一个领导干部必备的基本素质和职业操守。德才兼备，以德为先。衡量干部的标准有很多，但忠诚是最主要的一条。如果没有忠诚，就会信念动摇、意乱神迷，就容易丢掉本来、失去原则，更容易做出突破“底线”、越过“红线”、触碰“高压线”的事情，经受不住考验，抵制不住诱惑。在去年的经营管理工作座谈会上，我讲到不能做“四走四不”干部，就是要告诫大家坚守职业道德，不忘初心、牢记使命。在前进发展的征途中尤其是企业遇到困难时，要做渡过难关的“主心骨”和冲锋陷阵的“排头兵”，不能当逃兵，更不能做对企业背信弃义的事。

“担当”，就是强调能堪当重任，勇于进取、敢于负责、不辱使命。新中车成立以来，改革、经营、转型、发展各方面的压力一直都很大，丝毫没有松一口气、歇歇脚的机会。我坚信“志不求易者成，事不避难者进”。在企业爬坡过坎、攻坚转型的关键时期，更加需要任事担当、充满激情的干部。这就要求我们一方面树立正确选人用人导向，把政治标准放在首位，强化市场意识，突出能力建设，把适应新时代企业发展需要的干部选出来、用起来、培养好，建设一支面对矛盾敢于迎难而上、面对危机敢于挺身而出、面对失误敢于承担责任的“精兵强将”；另一方面加大整治力度，着力解决“不愿担当、不敢担当、不善担当”的问题。从今年开始，我们将全面推行以任期制和聘任制为基础、以任期协议书和聘任协议书为基本形式的契约化管理机制，重用那些勇挑重担、敢于担当、业绩突出的干部，让尸位素餐、碌碌无为、不求进取的干部“下课挪位”，使我们的干部队伍始终保持谋事的心劲、干事的闯劲、成事的拼劲。

（三）强化正风肃纪，持之以恒加强党的作风建设。习近平总书记在十九届中央纪委二次全会上指出，以永远在路上的执着把全面从严治党引向深入，锲而不舍落实中央八项规定精神，密切关注享乐主义、奢靡之风新动向新表现，坚决防止回潮复燃。作风建设是新时代党的“五大建设”任务之一，也是打造党建“金名片”的核心任务之一。关于作风建设，我主要讲两个问题，一个是纪律建设，另一个是执行力建设。

正风必先肃纪。加强纪律建设是全面从严治党的治本之策。深入推进作风建设，必须把纪律和规矩立起来、严起来，执行到位。十八大以来，党的作风建设之所以起到徙木立信的作用，关键就在于言出纪随，一寸不让，持续保持高压态势。十九大把纪律建设与政治建设、思想建设、组织建设、作风建设、制度建设并列，共同纳入党的建设总体布局，凸显纪律建设的重要性。我们要严格落实习近平总书记关于进一步纠正“四风”、加强作风建设作出的重要批示，把违反中央八项规定精神的行为列入巡视和纪律审查重点，作为纪律处分重要内容，先于其他问题查处和通报。对落实中央八项规定精神不力、作风建设流于形式造成严重后果的，要严肃问责。

部署贵在落实。执行力建设，关系着决策部署能不能落地，关系着发展目标能不能如期实现。提高执行力，既是对集团总部的要求，也是对各企业的要求。对于总部而言，要通过执行力建设，提高总部的威信，让企业信服；对于企业而言，要不折不扣抓好落实。去年以来，我对执行力建设强调得比较多，取得了较好效果，各企业“一盘棋”的意识强了，踩“红线”、闯“雷区”“窝里斗”的现象少了，但是有些问题仍然不容忽视，形式主义和官僚主义在个别领导干部身上仍然存在，对于集团公司的决策部署采取机械化、有选择、象征性地执行来应付。我认为有必要再次提醒大家，牢固树立“一切行动听指挥”的意识，坚决维护纪律的权威性和严肃性，集团决定的事情要坚决执行到底、落实到位，决不允许打折扣、做选择、搞变通。纪委要加强执行力的监督检查，加大追责问责力度。对不听指挥、我行我素，喊口号不落实、只表态不行动的行为，坚决整治、严肃处理。

（四）实施品牌工程，着力打造中车党建“金名片”。集团党委印发了党建“金名片”建设《指导意见》，随后还将研究制定具体的实施方案，对“五大建设”和“九个一工程”作出具体安排。对此，我们要正确处理好“四个关系”。

一是顶层设计与基层探索的关系。党建“金名片”建设是一个上下联动的系统性工程，需要顶层设计和基层探索有机结合、良性互动。集团层面重在绘制好“时间表”和“路线图”，在全系统吹响“金名片”建设“集结号”，为“金名片”建设营造良好环境。各企业则是“金名片”建设的主体，是“金名片”生成的土壤。在谋划和实施的过程中，要给各企业留足空间，鼓励探索创新。各企业要主动作为，力争多推出一些既有自身特点、又便于在全系统推广的党建工作品牌。

二是分类指导与统筹协调的关系。打造党建“金名片”，最直接问题就是各企业党建工作的基础和传统不一样，制造业企业与非制造业企业之间、企业内部职能部门与生产单位之间、不同业务板块、不同地域企业之间都会存在差异，这就要求我们区别对待、分类指导，在研究确定工作目标、任务、措施、方法时，要体现差异性，突出针对性。同时，还要注意统筹协调，保持党建品牌的覆盖面和可推广性，让各企业党建品牌创建工作有机联动、协调运转。

三是典型引路与整体提升的关系。抓典型是党建工作的一个重要方法。在长期的工作中，我们注重发现、总结、宣传先进典型，提升党组织的创造力、凝聚力、战斗力。在“金名片”建设中，应该进一步挖掘和总结基层经验，发挥先进典型的示范带动作用，形成党建品牌点上开花结果、面上有效带动的生动局面。同时，也要辩证地认识和处理典型与一般、抓点与促面的关系，坚持点面结合、以点带面，做到每个企业都有自己的品牌，每个支部都有自己的亮点，形成创先争优、全员参与、逐步深入的良好局面。

四是深化改革与建强党建的关系。今年是深化改革的攻坚年和决战年。在抓改革、促发展、保稳定的过程中，各级党组织要发挥政治优势、组织优势和群众工作优势，做深做细统一思想、消除疑虑、化解矛盾等工作，动员一切力量将改革进行到底。要坚决落实中央提出的“四同步、四对接”要求，保证党建工作在深化改革中得到全面加强。涉及党建的所有改革都要以“建强党建”为前提。去年，集团总部进行机构改革，党群部门合署和优化，主要考虑总部机关的特殊性质。各企业作为中车党的建设前沿阵地，不能简单模仿，相反要坚决贯彻落实79号文件不能变，在机构设置、力量配备、队伍建设等方面下大功夫，确保党建工作质量和水平持续提升。今年，集团党委还将对党务干部队伍建设作出系统规划和设计，为提高党建工作质量提供强有力的人才支撑。各企业要结合实际积极探索，多创造一些党建品牌，全力打造中车党建“金名片”。

提高政治站位 勇于担当作为 奋力开创中车党建改革发展新局面

——中车集团党委书记、董事长，中车股份党委书记、董事长、执行董事刘化龙在中国中车巡视整改推进会暨2018年经营管理工作会上的讲话（摘要）

（2018年8月24日）

这次政治巡视，对于全面加强党的建设、推动高质量发展具有重大意义和深远影响。

一、痛定思痛，全面抓好巡视整改

国资委党委向我们反馈了“五个方面”的突出问题：一是学习习近平新时代中国特色社会主义思想不深入不系统，意识形态工作责任制落实不力；二是党的政治建设存在薄弱环节；三是党的组织建设存在薄弱环节，亟待加强；四是违反中央八项规定精神问题屡禁不止，“四风”问题反映较多；五是政治纪律和规矩意识淡薄，监督执纪问责“宽松软”，重点领域腐败问题风险突出。各级党组织要高度重视，举一反三，狠抓整改。

（一）深刻反思，挖深剖透问题产生的根源。

一要在思想上找差距。要从现象看本质，找出问题背后的深层次原因，不能头痛医头、脚痛医脚，既要治标又要治本。就党建工作而言，主要是解决“四个化”问题的紧迫性不够强、决心不够大。党建35条措施的落实差距远超预期，有的企业甚至连党委中心组学习、“三会一课”、民主评议党员等基本制度都没有落实到位，党委书记“第一责任人”意识不强，党委班子成员“一岗双责”意识淡薄。就经营管理而言，主要是政治站位不够高，没有自觉站在党中央重大决策部署的战略高度，思考和谋划企业经营发展。各级党委未能充分发挥“把方向、管大局、保落实”作用，与“五大发展理念”“三大攻坚战”、供给侧结构性改革、“一带一路”建设等要求对标不够，没有用更高标准衡量和检验工作质量与成效。

二要在行动上找差距。这次巡视重点关注两个问题：一个是管党治党“两个责任”落实得怎么样；另一个是企业经营效益“双下降”问题解决得如何。从实际工作情况看，与党中央、国务院和国资委党委要求差距较大。在党建工作方面，普遍存在管党治党韧劲不够、用力不足、被动应对的问题，有的企业表态多调门高，行动少落实差，上面盯得紧了就动一动、管得松了就放一放，存在表里不一、欺上瞒下、报“虚账”、报“假账”现象。在经营管理方面，集团总部管控作用没有充分发挥，经营压力尚未有效传导下去，上紧下松、上热下冷、上急下慢，存在“三重一大”决策制度执行不到位、低效重复研发投入、可控费用管控不力、类金融业务减值损失、低效无效资产、物资采购不规范等问题，“两金”压降、“处僵治困”、转型升级等重点工作进展缓慢，攻坚克难的主动性不够。

三要在方法上找差距。重点从领导方法、思想方法、工作方法上进行反思，差距体现在两个方面：一个是缺乏问题意识和问题导向，找问题时听汇报、要报告的多，查找问题浮在面上、不够深入；另一个是缺乏较真碰硬抓整改的认真劲，有些问题边改边犯，“用身边事教育身边人”不够。通过这次巡视，集团所属全级次企业进行了一次全方位的问题和风险排查。总部层面梳理出 259 项问题，全级次企业梳理出 14721 项问题。对党建要求进章程、规范公车使用、整治驻京办事处等问题进行了限期整改。针对落实习近平总书记重要指示、加强全面从严治党、加快推动创新发展、深化供给侧结构性改革、切实防范风险、疏解非首都核心功能、开展亏损企业治理、处置低效无效资产、制度废改立等重大事项，制定了整改决议。下一步要把这种找问题、抓整改的方法运用好、发挥好。

四要在机制上找差距。重点要健全完善三项机制。一是重大事项报告机制。如在贯彻落实习近平总书记重要指示方面，尽管我们做了不少工作，但对贯彻落实情况跟进了解不够，缺少深入系统的总结和梳理，没有及时向上级组织进行专题汇报。二是日常沟通交流机制。领导班子之间、总部部门之间、总部与企业之间，缺乏必要的沟通和交流，形成了“玻璃墙”。拆掉这堵墙，需要大家增强大局观念，多一些“换位思考”的主动。三是激励约束机制。巡视组的同志多次向集团党委反映，我们有的领导干部精神懈怠、不思进取、不负责、怕担责，守摊子、不作为，原因就出在“能上不能下”“上的多下的少”，激励约束机制没有发挥应有作用。

五要在执行上找差距。巡视发现的问题，基本上都可以归结到执行力上。因为执行不到位，很多问题没有解决。如集团公司“十三五”战略早已制定，但在执行上不能按预期目标推进；深改意见“1+19”顶层设计已经出台，但混合所有制改革、企业办社会职能移交等工作推进缓慢。集团公司三令五申提出增强大局观念，建设“同一个中车”，但有的企业仍然我行我素，恶性竞争时有发生，违规开展融资性贸易和空转走单业务至今仍未杜绝。此外，在创新发展方面有方案但缺乏行之有效的“施工图”，类金融业务“脱实向虚”，处置历史遗留问题、防范重大风险不力。这些问题，都是有目标不落实、有要求不执行的突出表现。如果这种状态不扭转，再好的目标也难以实现。

（二）提高认识，增强抓好巡视整改的政治自觉。

一要讲政治。巡视整改是检验“四个意识”的试金石，巡视整改不落实，就是对党不忠诚、政治上不担当，甚至是违反政治纪律。要增强政治自觉，把抓好巡视整改，作为坚决维护习近平总书记核心地位、坚决维护党中央权威和集中统一领导的具体体现，作为贯彻落实新时代党的建设总要求、解决党建“四个化”问题的重要抓手，作为贯彻落实重大决策部署、推动高质量发展的有力举措。要坚决克服“应付”心理、“过关”心态，瞄准问题、久久为功、精准发力，做到真改、快改、彻底改。

二要真认领。各级党组织要认真对照巡视反馈意见，对标对表、对号入座、举一反三，做到不回避、不推脱、不遮掩，找问题不留死角、抓整改不留退路。9 月，集团公司要召开两级领导班子巡视整改专题民主生活会，逐一对照巡视反馈问题，深刻剖析原因、查找差距，坚定整改的决心和勇气。各级领导干部要端正态度，主动认领问题，主动承接问题，主动扛起责任，主动担负指标。

三要明责任。集团公司党委针对巡视反馈意见制定了整改责任分解表。我作为第一责任人，对整改负总责。领导班子成员要切实履行“一岗双责”，按照业务分工和包保责任，督导分管领域和包保企业抓好整改。总部各部门要按照职能分工，在抓好总部层面问题整改的同时，指导所属企业抓好本业务领域问题的整改。对于企业层面的问题，各企业担负着抓整改的主体责任，要做到问题不见底不放过、解决不彻底不放松、整改不到底不罢休。整改不到位，责任人就应“换位”。

四要增压力。9月下旬，集团公司党委要向国资委党委报告巡视整改情况。10月下旬，集团公司党委要向中央纪委国家监委驻国资委纪检监察组报告巡视移交问题线索的处置情况。巡视整改时间紧、任务重，不容有丝毫懈怠。各级党组织要切实增强责任感和紧迫感，面对问题不等不靠，加快进度、加大力度，做到即知即改、立行立改、真改实改、全面整改，力争到9月底前取得明显成效。

五要添动力。国资委党委把中车纳入十九大之后的首轮政治巡视范围，既是对我们的重视和信任，更是对我们的鞭策和鼓励。同时，我们还有可能成为首轮巡视“回头看”试点单位。在梳理问题清单过程中，大家加了不少班，费了不少劲，付出了很多辛苦。问题清单的形成，体现了中车质量、中车速度和中车创造，得到了巡视组的充分肯定。我们一定不能让辛苦白费，要用好问题清单，把整改压力转化为工作动力，真正让整改为企业发展强定力、添动力、增活力。

（三）精准发力，认真做好巡视“后半篇文章”。

一要建台账。要对照巡视反馈意见，结合巡视问题清单，逐条逐项建立整改台账，细化措施，明确分工，限定时间，倒排工期，把责任落实到人。要有专人负责“管账”，定期督促“查账”，确保按时“交账”。要实行销号管理，做到整改完成一项、审核认定一项、进行销号一项，确保“条条有整改、件件有着落、事事有回音”。

二要出实招。集团公司党委制定了“十项整改决议”，各企业要按照集团下发的整改决议目录及目标制定决议。要增强执行决议的严肃性，按照决议确定的目标和措施，一个环节一个环节抓实、一个节点一个节点推进。整改决议确定的整改指标，关系着党建考核评价和效绩指标考核，要紧盯关键性指标发力，在精准施策上出实招、在精准推进上下实功、在精准落地上见实效。

三要重协调。巡视发现的问题，涉及方方面面，在推进整改过程中，要统筹考虑、协调推进，做到“五个结合”，即把解决党的建设问题与经营管理问题结合起来、把思想问题和实际问题结合起来、把共性问题与个性问题结合起来、把一般问题和突出问题结合起来、把当前问题与长远问题结合起来，以重点突破带动全面整改，使政治巡视成效更好地体现到企业高质量发展上来。

四要强督导。要把握时机节点，加强整改督查，切实发挥好纪检监察、组织人事部门的作用，强化调研督导、发函督办、现场督查、约谈督办。纪检监察部门要把督促巡视整改落实作为日常监督的重要内容，主动监督、靠前监督、经常监督。组织人事部门要对巡视发现的选人用人、党组织建设等方面问题，加强督导检查，集中整治干部不担当不作为、党建工作“四个化”问题。集团公司党委巡视工作办公室要及时掌握巡视整改落实情况，强化巡视再督导再监督，既要检查集团公司党委内部巡视发现问题是否整改到位，又要检查国资委党委巡视发现问题是否整改到位。集团新近任命的外部董事也将对重点子公司进行专项督导。

五要严问责。强调千遍，不如问责一遍。落实巡视整改责任，必须强化问责机制。整改决议中，针对巡视发现的重大问题，明确了整改目标和考核要求，有的纳入年度KPI考核、有的按比例扣减绩效薪酬。这里要强调的是，以问责促整改。各企业要实实在在抓整改，不要做表面文章，要实实在在“报账”，不能掺杂使假，不要挑战集团公司党委问责的决心和魄力。对于整改责任不落实、整改不力、敷衍整改、整改“走过场”、整改“报假账”的，既要严格考核，又要抓住典型，严肃问责，绝不含糊。

二、提质换挡，全力打造“金名片”

集团公司党委把今年确定为中车党建“提质换挡年”，启动实施了党建“金名片”建设工程，要求不等不靠，快速行动，早出成效。各级党组织必须以巡视整改为契机，全力推进工作，抓紧落地见效。

（一）建强党建，着力解决“四个化”问题。

一要抓重点。党的政治建设是党的根本性建设，摆在六大建设首位。要把深入学习贯彻习近平新时代中国特色社会主义思想和党的十九大精神作为落实“两个坚决维护”的重要抓手，全面梳理党的十八大以来习近平总书记系列重要讲话和党中央重大决策部署，特别是习近平总书记视察中车时的重要指示精神，按照“有没有学习研讨、有没有贯彻措施、有没有跟踪督导、有没有落实成效”逐项排查、全面对标，在学懂弄通做实上下功夫，切实做到学到底、入到心、用到位。按照中央的统一部署，深入开展“不忘初心、牢记使命”主题教育。年内，组织召开集团公司第一次党代会。

二要提质量。提高党的建设质量，是党的十九大总结实践经验、顺应新时代党的建设总要求提出的重大课题。作为中央企业，我们有责任、有义务走在前列、干在实处，探索实现路径。为此，我们启动了中车党建“金名片”建设工程。打造党建“金名片”，基础在基层、活力在基层、创造力也在基层。各级党组织要增强主业主责意识，强化政治担当，牢固树立“大抓基层”的鲜明导向。以提升组织力为重点，大力加强基本组织、基本队伍、基本制度“三基”建设，提升基层党建工作质量。要激发基层党支部创新创造活力，持续深化“一支部一特色、一党员一面旗”“党员先锋岗”“党员责任区”“双培养”等活动，营造创先争优的浓厚氛围。要坚决贯彻“两个一以贯之”，自觉把加强党的建设作为实现企业做强做优做大的根本保证，把企业改革发展成果作为检验党建工作成效的重要标准，推动党建工作与生产经营深度融合，做到关键岗位有党员领着、关键环节有党员护着、关键时刻有党员顶着，充分彰显党组织和党员队伍的先进性。

三要补短板。近期，我通过调研发现党建“三基”建设问题很多、差距很大。党建工作质量要提升，前提是要夯实基础、补齐短板、补强弱项。要突出问题导向，围绕巡视组提出的管党治党责任落实不到位、党内政治生活不严肃、基层党组织建设不规范、党员日常教育管理不到位等问题，抓重点破难题。要开展专项督查，牢牢抓住贯彻落实全国国企党建会精神的35项措施，着力解决落实打折扣、搞变通的问题，重点是要指导和督促非制造业企业、混合所有制企业和境外单位夯实党建工作基础，推进党建工作制度化、规范化、标准化。关于“补短板”，我要重点强调党务干部队伍建设问题。党务干部队伍是党建工作质量提升的决定性因素。习近平总书记高度重视党务干部队伍建设，要求把最优秀的党员选拔到书记岗位，把书记岗位作为选拔企业领导人员的重要平台。国资委党委书记郝鹏同志在中央企业党委书记述职会议上指出，要把培养和造就高素质党务力量纳入干部队伍建设整体规划，把党务经历、党建岗位作为干部成长的重要台阶，推动党务和业务干部"双向交流"常态化制度化；要求大规模培训党务干部，做到各级专职党务干部每年至少接受一次比较系统的党务专题培训，兼职党务干部要争取三年轮训一遍。这些要求，为党务干部队伍建设工作指明了方向。集团公司正在抓紧制定加强党务干部队伍建设有关制度。各级党组织要结合巡视整改，配齐配强党务干部，加大党务干部选拔培养、交流使用力度，认真落实党支部书记培训三年规划。

四要加速度。要充分利用党和国家高度关注高铁事业的"窗口期"，推进党建"金名片"建设大提速，为实现"双打造、一培育"发展目标汇聚合力。年初，集团党委印发了党建"金名片"建设指导意见，深入推进"九个一"工程。6月份启动了中车党建先锋指数体系建设，适时对各企业党建工作数据进行采集。各企业要积极主动，正确处理"顶层设计与基层探索、分类指导与统筹协调、典型引路与整体提升、深化改革与建强党建"四个关系，结合实际创新探索。近期，集团公司党委将安排一些党建工作传统好、基础扎实的企业率先承担"九个一"子工程项目研究。有关企业要带好头，勇于实践、善于总结，创出品牌，输出经验。其他企业也要积极行动，推进"九个一"工程逐步落地。

五要树典范。党建"金名片"建设，既需要脚踏实地，把工作做扎实；又需要宣传造势，争作典范标杆。一是抓培育。典型的成长，既要靠典型自我完善，更要靠组织引导，各企业要善于发现典型、培育典型、树立典型。二是抓宣传。要充分利用报纸、电视、网络等内外部媒体，大力宣传典型的先进经验和先进事迹。三是抓示范。要激发典型的示范效应，通过典型引路、示范带动，形成"比学赶帮超"的良好氛围，推动党的建设和经营管理各项工作不断迈上新台阶。在巡视整改中，对于措施实、推进快、效果好的企业，也要选树典型，大力宣传，以点带面，促进巡视整改取得更大成效。

（二）建好队伍，激发干事创业精气神。

一要明导向。习近平总书记在全国组织工作会议上提出新时代党的组织路线，强调要培养忠诚干净担当的高素质干部，最大限度激发报国情怀、奋斗精神和创造活力。党中央也印发了《关于进一步激励广大干部新时代新担当新作为的意见》和《中央企业领导人员管理规定》。集团公司党委正在研究具体的落实措施，从领导班子和领导干部分类分级管理、实施"两制一契"管理、优化班子结构、加大交流力度、推进干部队伍年轻化等方面，进一步完善制度机制。其中，用人导向最重要、最根本、也最管用，选准用好一个干部，能够激励和带动一大批干部，能够营造和构建良好的企业风气。要坚持党管干部原则，树立讲政治、敢担当、干得好的鲜明导向。"讲政治"，关键看干部的政治忠诚、政治定力、政治担当、政治能力、政治自律，是否忠诚于党、忠诚于事业、忠诚于企业；"敢担当"，关键看干部的格局和胸怀，有没有强烈的事业心和责任感，能不能勇于担当，组织是否放心，员工是否满意；"干得好"，关键看干了哪些事、干成多少事，是否站得高、看得远、想得深、干得实。要创新机制，激发活力。大胆提拔使用敢担当、善作为，能扛重活、善打硬仗的干部，营造干事创业氛围，形成正向激励机制。9月底前，集团总部副处长以上干部将进行公开竞聘上岗，实行三年任期制；年满58岁的同志全部退出领导岗位，改任巡视员、调研员；取消总部副总师岗位设置。

二要立标准。习近平总书记对国有企业领导干部提出"对党忠诚、勇于创新、治企有方、兴企有为、清正廉洁"20字标准。集团公司党委按照这个标准，不断健全"政治家+专门家"的干部选拔任用标准体系，把敢不敢扛事、愿不愿谋事、会不会做事、能不能成事作为识别干部、评判优劣、奖惩升降的重要标准。要把政治标准放在首位，把是否对党忠诚、对企业忠诚作为基本标尺，切实把企业发展需要、敢于担当作为的好干部选出来、用起来，着力打造一支政治觉悟高、人格品行好、素质能力强、工作业绩优、激情活力足的企业领导人员队伍。

三要重培养。要站在企业后继有人和永续发展的战略高度，下大力气抓好干部培养工作，建立上下联动、长期关注的干部接续培养锻炼机制。坚持跟踪培养，加强教育培训，强化实践锻炼，提高干部队伍的综合素质和专业能力。集团将加大总部人员到基层挂职锻炼和子公司班子后备到总部挂职的力度。各企业要高度重视年轻干部培养，坚持选、育、管、用相结合，拓宽选人视野渠道，增强培养锻炼实效，完善适时使用机制，全面从严管理监督。力争用2到3年时间，使各企业领导班子中“70后”人员占多数、“80后”人员占到一定比例，同时加快把“90后”优秀年轻干部选拔到中层管理岗位。选拔干部不唯年龄，但总体要在年龄上形成有利于企业发展和年轻干部成长的梯队。在青年干部队伍建设上，共青团组织要积极发挥作用，多为青年员工成长成才搭建舞台、提供条件。年内要组织召开中国中车青年工作会议。

四要调结构。围绕优化领导班子结构，重点抓好四项工作：一是注重干部梯队建设，优化企业领导班子年龄搭配；二是加大领导干部交流力度，推进企业领导班子成员特别是主要领导、总会计师、纪委书记跨企业交流；三是着力解决好非制造企业主要领导“一肩多挑”问题；四是重视党务干部培养，落实同职级同待遇要求，把党务经历、党建岗位作为干部成长的重要台阶，推动党务和业务干部“双向交流”常态化制度化。

五要强激励。为干事成事者搭台，为肯干实干者鼓劲，为担当负责者撑腰。要严格考核。用好考核这根“指挥棒”，注重日常考核、分类考核和近距离考核，考出优劣、考出强弱，与干部能上能下、追责问责紧密挂钩。要强化执行力。各级领导执行党委决定和公司重大部署不能讲条件，更不要强调客观因素，执行没商量。总部部门要主动作为，积极担当，勇于负责，真心实意为子公司解决问题。要注重激励。完善薪酬激励机制，更好落实以增加知识价值为导向的薪酬分配政策，根据贡献大小，合理拉开收入差距，做到能增能减。对经营管理骨干和科研技术人才，积极探索运用股权、期权等激励工具，建立风险共担、利益共享的中长期激励机制。加大精神奖励力度，发挥榜样的激励效应，使见贤思齐、主动作为蔚然成风。加强高素质专业化领导班子和干部队伍建设工作研究，完成好中组部、国资委党委交办的课题。

（三）锤炼作风，彰显担当作为新气象。

一要讲忠诚。要对党忠诚，不忘产业报国初心，牢记央企政治使命，坚定不移听党话、跟党走，党有号召、有部署，我们就坚决行动、坚决落实。要对企业忠诚，信念如磐、意志如铁，心系企业、乐于奉献，认真践行担当国家战略、振兴民族工业、塑造国家名片的历史责任。要对事业负责，相信组织、正视自我，言行一致、爱岗敬业，自觉对标高标准，心无旁骛抓工作。同时，要牢固坚守服务终生的理念，克服浮躁情绪，静得下心、沉得住气、耐得住寂寞，干一行、爱一行、精一行。

二要守规矩。要找准定位，自觉增强党员意识，增强党性修养，牢记堤溃蚁孔、气泄针芒的古训，慎独、慎初、慎微，经受住各种考验。要严于律己，表里如一，知行合一，守住底线、不踩红线、不碰高压线，习惯在受监督和约束下工作和生活。要顾全大局，正确认识大局、自觉服从大局、坚决维护大局，自觉把工作放到大局中去思考、去定位、去摆布，不折不扣抓执行、抓落实。要心存敬畏，言有所戒，行有所止，坚持交往有原则、接触有底线、工作有纪律。各级党组织要持续将监督检查中央八项规定及其实施细则精神执行情况作为重点任务和经常性工作，密切关注新变化新动向，加大查处力度，坚决防止"四风"反弹回潮。

三要勇担当。领导干部履责担当是本分，要想事谋事、干事成事，把心思用在想干事上、把精力用在善谋事上、把本领用在会干事上、把目标定在干成事上，不辜负企业和员工的期待。要敢负责，高标准要求，做到日常工作能尽责、难题面前敢负责、出现过失勇担责。要有作为，面对重大原则问题立场坚定、旗帜鲜明，面对急难险重任务豁得出来、顶得上去，面对各种歪风邪气敢于较真、敢于碰硬。要意识超前，牢固树立"没有最好只有更好""高峰不是顶峰"的理念，以小见大、见微知著。要站位高远，树立"功成不必在我"信念，立足当前、着眼未来，多做打基础、利长远的事情。要襟怀坦荡，甘为人梯、敢为人先，推功揽过、淡泊名利，踏踏实实干工作，无怨无悔作贡献。

四要建机制。要重视机制，激活机制，依靠机制，健全鼓励激励、容错纠错、能上能下等激励约束机制，凝聚合力，保持定力，增强动力。鼓励激励是"风向标"，通过让能干事、会干事、干成事的干部得褒奖、有实惠、受重用，调动干部的积极性、主动性和创造性，进一步激发活力、释放潜力。容错纠错是"助推器"，当前集团改革发展任务异常艰巨，要通过容错纠错机制帮助干部消除顾虑、轻装上阵，进一步增强动力、凝聚合力。能上能下是"筛选机"，我们有些干部危机意识、忧患意识缺失，安于现状、因循守旧、抱残守缺。要通过营建"能者上、庸者下、劣者汰"的制度环境，进一步引导干部保持定力、厚植实力。

五要求实效。这次巡视，指出总部官僚主义突出、"衙门"作风严重。同时又指出，有些企业领导干部不在状态，缺乏改革创新意识和责任担当精神。对于这些问题，要出真招、使实劲，坚定决心、下狠功夫、久久为功抓好整改。要崇尚实干、务求实效，仰望星空、脚踏实地，不图虚名、不务虚功，不搞花架子，把工作抓具体、做扎实。要远近结合、统筹施策，既突出战略导向，全面深化战略引领，又注重战术行动，有序推进提质增效，使改革发展和党的建设各项工作入心入脑接地气、广泛认可可度量。

六要接地气。搞好巡视整改，抓好各项工作，必须坚持从实际出发，实事求是，抓好落实。要注重调查研究。放下架子，扑下身子，深入基层、深入一线；深挖源头，找准病根，不能就事论事、浮在面上；客观中肯，不偏不倚，不搞穿衣戴帽，少些移花接木；真实客观反映问题、报告情况，千万不要自欺欺人、欺上瞒下。要狠抓闭环管理。各项工作既要有计划、有部署，更要有检查、有评估。工作部署后的跟踪问效要到位，必要时应越级检查看实效。摒弃形式主义和官僚作风，深入实际掌握第一手资料，及时发现问题、解决问题。少说多做，真抓实干，拿实绩说话，坚决抵制和"围歼"那些只说不做、虚与委蛇、揽功诿过的干部。要及时追责问责。针对管党治党主体责任缺失、监督责任缺位、"四风"和腐败问题多发频发、选人用人失察、巡视整改不力、连续严重亏损等问题，要敢于红脸出汗，善于眼睛向内，挑战好人主义，强化责任追究并使其成为常态；特别是要勇于自我革命，敢于下狠手，对零执纪、零问责的人予以问责。要严肃财经纪律。要强化财务管理，牢记纪律规矩要求，促进领导干部廉洁自律和党风廉政建设；财务人员要把好"最后一道关"，不符合制度要求的绝不能签字、不能付款，尤其是要加强流程管控，严格大额度资金调度；要坚决制止不良现象和行为，防止违反财经法纪问题发生，让破坏规矩的人付出沉重代价。

三、稳中求进，全方位推进高质量发展

结合巡视整改推进和外部形势变化，稳中求进应该是中车深化改革、高质量发展的主基调。稳的重点要放在稳住经营业绩、防范重大风险上，进的重点是深化中车改革、激发发展活力。

（一）因势而谋，坚持战略引领发展。 巡视整改是关乎中车高质量发展的重大问题，需要放在战略层面予以重视、作出部署。

一要科学修订发展目标。随着内外部发展环境和条件发生深刻变化，特别是有的发展目标已不适应形势发展需要，战略评估和修订亟待进行。比如，“双打造、一培育”是中车党建改革发展的总体目标，应该尽快融入中车“十三五”发展战略。再比如，到 2020 年营业收入超过 4000 亿元，这个发展目标是否符合企业发展实际、是否符合企业发展规律，需要我们审时度势、实事求是、作出回答。针对诸如此类问题，近期集团将组织对“十三五”战略执行情况进行评估，深入分析面临形势任务，修订完善“十三五”发展战略。各子公司、各部门要高度重视，集思广益，群策群力，结合巡视整改推进，共同把战略评估和修订这项工作抓实抓细抓好。

二要重新审视战略任务。从目前情况看，国际化、多元化、高端化、数字化、协同化五大任务仍存在定位不精准、路径不清晰、重点不突出的问题，还需要做到“三个相适应”。战略任务必须与国家战略相适应，认真落实习近平新时代中国特色社会主义思想和党的十九大精神，积极响应交通强国、制造强国、质量强国、网络强国、“走出去”、“三大攻坚战”、京津冀协同发展、雄安新区规划建设等国家战略，体现中车担当、中车作为。战略任务必须与发展阶段相适应，高度契合新时代中车发展的“六个新阶段”，体现中车特色、中车速度。战略任务必须与发展目标适应，集中体现中车正在着力推进的“六大转变”和“五个一流”，体现中车质量、中车创造。各子公司、各部门要认真把握新时代中车发展目标的内涵，进一步细化分解落实战略任务，确保战略实施有计划、战略执行有评估、战略与运营相衔接。

三要全面完善战略措施。结合发展目标与战略任务调整，战略措施也需要相应补充完善，切实做到“三个相匹配”。战略措施必须与发展目标和任务相匹配，能够支撑“双打造、一培育”发展目标，能够适应国际化、多元化、高端化、数字化、协同化五大战略任务，能够解决总体战略与业务战略、职能战略、子公司发展规划相脱节问题。战略措施必须与资源和能力相匹配，能够充分调动人力、财务、信息和知识、技术、相关方等企业内外部资源，能够充分释放企业家能力、管理创新能力、技术创新能力、风险防范能力等企业核心能力。战略措施必须与阶段工作目标相匹配，有管用的方法、有清晰的路径、有可行的步骤，能够分解落实到三年滚动发展规划、年度重点工作中。比如，实现“双打造、一培育”目标，究竟采取什么策略、遵循什么路径，分“两步走”还是“三步走”，这都需要在战略措施中作出解答。各子公司、各部门要坚持战略导向，围绕战略谋划保障措施，以战略统领经营投资活动，做到战略落地有实招、战略执行有依据。

（二）不忘初心，坚定不移深化改革。 深化中车改革不仅是巡视整改的要求，更是高质量发展的要求，需要我们再动员、再部署、再出发。

一要不忘改革初心。习近平总书记指出，国企国资改革要坚持“三个有利于”方针和

"两个一以贯之"原则。对照习近平总书记指示的要求，中车改革必须坚持问题导向、战略导向、目标导向、需求导向，不能为了改革而改革。中车改革的初心，就是破除体制机制障碍，调整优化产业结构，激发发展活力动力，打造受人尊敬的国际化公司，培育具有全球竞争力的世界一流企业。各级领导干部要不忘初心、牢记使命，求真务实、担当作为，团结带领广大员工支持改革、参与改革、投身改革，坚定不移推动中车改革取得新突破。

二要顶层设计回头看。中车深改"1+19"政策文件已经颁布印发，但推进实施效果需要进行回头看。要重点查摆"三个是否适应"，即深改意见和专项推进计划是否适应新时代改革需要、是否适应巡视整改推进需要、是否适应高质量发展需要。深改意见中"一调整、三优化、一加强"相关举措，要结合上级要求和自身实践，不断赋予其以新的内涵、新的内容。适宜性、针对性、可操作性不强的专项配套文件，要结合新任务新要求，抓紧修改、补充、完善；要防止出现"写在纸上、挂在墙上、落不到地上"的问题，不能让中车改革走形式、做表面文章。中车改革推进到今天，比认识更重要的是决心。各子公司、各部门要毫不动摇抓好已出台改革举措落实，齐心协力推进中车全面深化改革，凝聚起中车改革的磅礴合力和强大气场。

三要把握改革重点。不仅要完成国企国资改革的"规定动作"，更要策划完成好中车内部改革的"自选动作"。现阶段，中车改革的重点至少应包括三个方面：首先，要完善市场化经营机制，大力调动"两个积极性"，真正确立子公司市场主体地位，充分释放中车内生活力和发展动力。其次，要以管资本为主，进一步优化总部职能，增强集团管控能力，建设战略管控型总部。第三，要深化供给侧结构性改革，全面完成"三去一降一补"、瘦身健体提质增效各项任务，确保"双压减""处僵治困""三供一业"等社会职能分离移交、厂办大集体改革等工作如期实现既定目标。特别是要补齐创新能力短板，聚焦高铁核心技术与关键技术突破，谋求实现关键核心技术自主可控；要加大业务重组力度，推进牵引系统、高分子材料板块的同质化业务整合，确保年内见成效。列入国企改革"双百行动"的齐车集团、长客股份、株洲所、株洲电机 4 家企业，要聚焦"五突破、一加强"目标任务，积极探索创新，努力成为深化中车改革的尖兵。

（三）守住底线，防范化解重大风险。筑牢不发生重大投资经营风险的底线，既是巡视整改的迫切要求，也是高质量发展的应有之义。面对当前复杂多变的外部环境和经营形势，有效处置历史遗留问题的风险集中释放、违规经营带来的巨大风险冲击、境外政局波动产生的国际化风险、产业转移和资源整合引发的不稳定群体性事件、减值计提对今年经营目标的冲击等，需要我们高度重视、有效应对。

一要排查化解重大风险。要对照国资委第 37 号令，结合巡视、审计和检查发现的问题，进一步梳理总部及各企业在集团管控、风险管理、购销管理、工程承包建设、资金管理、固定资产投资、投资并购、改组改制、境外经营投资和转让产权、上市公司股权、资产等方面存在的重大风险，汇总形成风险清单，做到底数清、情况明、措施实、管得住。需要强调的是，要切实强化重点领域风险防控，真正做到未雨绸缪、防患于未然。要高度重视投资经营决策风险。强化法治意识和法治思维，健全公司法人治理结构，依法合规经营管理，完善法律审核把关程序，确保决策事项、流程和程序没有瑕疵。要高度重视债务风险。严格落实国资委关于降杠杆减负债的要求，加强负债规模和资产负债率双重管控，全力遏制应收账款、存货增长势头，确保资产负债率稳步下降。要高度重视国际化经营风险。落实境外风险防控主体责任，建立健全风险管控机制，不断强化境外项目管理，规范境外经营行为。尤其要清醒认识中美贸易战、贸易保护主义、所在国政局动荡及领导人更迭等带来的冲击和挑战，确保应急处置预案想在前头、做在前面。要高度重视新产业拓展风险。针对金融及类金融业务、PPP 项目等新业务培育发展过程中派生的各种风险，要落实好责任主体，坚决止住“出血点”，制定有效的风险防范举措。要优化整合金融及类金融业务存量，明确发展方向和目标，规范有序推进产融结合，严禁融资性贸易和空转走单贸易业务；要强化 PPP 项目管理，妥善化解存量项目风险。要高度重视安全环保风险。严格落实安全生产责任制，加强日常作业风险排查，坚决整治、及时消除安全风险隐患。按照中车生态保护污染防治工作视频会议部署，持续强化大气、水、土壤、固废危废污染防治，全面排查治理生态保护问题，抓紧处置问题突出的企业和项目，为打好打赢污染防治攻坚战作出应有贡献。

二要严格落实主体责任。要在抓好巡视整改的同时，对照审计署审计、监事会监督检查、境外国有资产检查、融资性贸易审计等所发现问题的整改分工方案，列出整改任务清单，制定整改时间表，加强督促检查，切实把问题逐条逐项整改落实到位。各企业、各部门主要负责人是整改工作的第一责任人，要亲自挂帅、亲自过问、亲自研究、亲自推动、亲自落实，确保各项整改工作掷地有声、全面彻底、不留死角。按照国资委要求，集团将对造成国有资产损失或其他严重不良后果的，依法依规严肃问责。

三要健全完善风控体系。要加强审计和内控管理，持续拓宽内部审计内容和范围，创新工作载体和方式，建立规范完整、科学合理、与时俱进的审计和内控体系。要以国际化、多元化和重组、整合、并购为重点，加强风险专项研究，健全风险防范和应急处理机制，提升风险评估的科学性与专业性。要积极培育风险管理文化，强化全员的法治意识、风险意识和责任意识。

（四）全力以赴，确保完成经营指标。今年经营业绩只能增长，不能下降。这既是政治需要，也是经营需要，更是发展需要。各级领导干部要增强政治意识、狠抓工作落实，团结带领广大干部员工，把巡视整改与效益增长有机结合起来，确保既定各项目标任务全面完成，推动中车实现高质量发展。

一要着力体现整改效果。巡视整改推进的最直接效果就体现在效益增长上。各子公司、各部门要按照整改决议部署，切实在“两金”整治、低效无效资产处置、亏损企业治理等专项工作上下功夫，真正把整改效果体现在效益提升上。

二要着力推进稳增长。满足相关方需求和期望是企业生存和发展的基本条件，受人尊敬更是中车的价值追求。各子公司、各部门要站在“打造受人尊敬的国际化公司”高度，努力实现收入、利润“双增长”，超越相关方对中车的需求和期望。

三要着力推动高质量发展。今年，国资委将进一步修订中央企业负责人经营业绩考核办法，突出对实现高质量发展和成为世界一流企业的考核引导。各子公司、各部门要深入贯彻落实新发展理念，把握高质量发展趋势和要求，努力探索中车高质量发展之路，适应考核导向的优化升级。

迈入新时代 开启新征程 为打造受人尊敬的国际化公司而努力奋斗

——中车集团党委副书记、董事、总经理，中车股份党委副书记、执行董事、总裁孙永才在中国中车2018年工作会议上的经营工作报告（摘要）

（2018年1月19日）

这次会议主要任务：深入学习贯彻习近平新时代中国特色社会主义思想和党的十九大精神，全面落实中央经济工作会议和中央企业负责人会议部署，总结2017年工作，直面问题挑战，研判形势任务，明确发展思路，动员全体员工进一步解放思想，提振信心，主动作为，迈入新时代，开启新征程，为打造受人尊敬的国际化公司而努力奋斗。

一、回望2017，团结奋进合力攻坚取得新成就

过去的一年，在党中央、国务院和国务院国资委的正确领导下，在董事会的决策指导下，集团上下团结一心，埋头苦干，合力攻坚，全力以赴保指标、促改革、谋发展、强党建，各项工作取得新成就。

（一）坚持强化目标引领，经营态势保持稳定。面对严峻复杂的经营形势，公司强化目标引领，采取有力措施，狠抓责任落实，持续自我加压，努力消化造修动车组降价、清理融资性贸易、计提减值准备、“处僵治困”、人员安置等各类减利因素，逐步扭转经营不利局面。据财务快报数据，集团公司实现营业收入2193亿元，同比下降5.93%；实现利润总额130.06亿元，同比下降20.62%；股份公司实现营业收入2133.5亿元，同比下降7.1%；实现归母净利润107.22亿元，同比下降5.05%。

在完成2017年经营任务过程中，所属各企业、总部各部室、各事业部都付出了艰辛的努力。根据各企业2017年经营指标完成情况，按照《中国中车所属企业负责人表彰奖励暂行办法》，授予四方股份公司、长客股份公司、株机公司、株洲所、唐山公司、四方所、永济电机公司、株洲电机公司、眉山公司、西安公司和置业公司等11个单位“突出贡献奖”；授予长客股份公司、株洲所2个单位“特别贡献奖”；授予四方有限公司、大连公司、戚墅堰所、大同公司、二七车辆公司、齐齐哈尔公司、山东公司、长江公司、贵阳公司、广州公司、天津公司、财务公司、工程公司、香港公司、资本公司、金控公司、产投公司和南方汇通等18个单位“突出进步奖”。其他企业也结合实际，做出了各具特色的成绩。

（二）坚持强化转型升级，深化改革砥砺前行。按照党中央、国务院关于国企改革的总体部署，形成深化改革“1+19”文件体系架构，19个专项计划全部制订完成。加快相关业务重组整合。涉及10家子企业4.6万名员工的货车业务重组迈出实质性步伐，齐齐哈尔和长江两大货车子集团启动筹建。大连公司与兰州公司业务重组顺利完成，株机公司与洛阳公司业务重组深入推进。积极参

与雄安新区建设，两个二七公司非首都功能疏解取得阶段性成果。军民融合多方位启动，初见成效。调整优化总部组织机构，由40个整合调整为27个，减少32.5%。集团公司改制如期完成。产投公司混改试点方案获得批复。建立实施子公司高管市场化选聘制度，在环境科技公司、香港资本公司面向境内外公开选聘高管，实现一级子公司高管队伍中有外籍人士的突破。大集体改革改制稳步推进，“三供一业”分离移交进展有序，被国资委树为中央企业“三供一业”分离移交的标杆企业。

（三）坚持强化提质增效，管理水平持续提升。深入开展以“稳定收入、增加利润”为核心的“1+11”提质增效活动。压减工作成效显著，超额完成“5·31”处置目标，获得国资委考核加分。因企施策，完成15家特困企业治理，“处僵治困”取得阶段性成果。通过以上提质增效措施，尽管有很多减利因素，但是企业毛利率增长了1.78个百分点。实施非制造类企业的分类考核差异化管理，有效激发经营活力。深化“6621”运营管理平台建设，建设精益生产示范区（线）384条，精益车间204个，精益制造能力持续提升，精益管理体系不断完善。认真抓好国家审计署审计、国资委境外资产检查、国有企业监事会监督检查、国资委巡视组巡视等四项整改工作，倒逼管理持续规范。加强市值管理，妥善处置负面舆情，主动引导投资者预期，2017年末A股和H股股价分别比2016年同期上涨了23.95%和19.83%，市值增加了29.48%。积极履行央企社会责任，扎实做好扶贫工作，彰显央企良好形象。

（四）坚持强化创新驱动，技术研发亮点纷呈。以“引领全球轨道交通装备行业发展”为目标，推进自主、开放、协同创新，提升创新能力和发展能力。一是实施体系创新。承担国家科技体制改革先行先试任务，与青岛市共建国家高速列车技术创新中心，编制完成总体规划，注册成立新型非营利事业法人，第一批入驻创新中心重点项目开始实施。启动国家重点研发计划先进轨道交通重点专项6个项目，获得国拨经费2.78亿元。获批1个部级重点实验室、新建1个中车专项技术研究中心、新建2个海外研发中心，目前国家级研发机构达到11个，海外研发中心达到13个。二是实施能力创新。新能源乘用车、城轨车辆电传动系统、自动驾驶技术、城镇水处理技术等9个中车重大专项，取得突破进展。在本月召开的国家科学技术奖励大会上，中车2个项目荣获国家科技进步二等奖。在第19届中国专利奖评选中，获得中国发明专利金奖2项，获外观设计专利金奖1项，均居中国企业第一位。三是实施研发创新。时速350公里“复兴号”动车组批量投入运营，标志着我国动车组研制达到了全面自主化、标准化的新阶段。时速250公里标准动车组、长编组时速350公里标准动车组、时速160公里动力集中动车组、3000马力调车机车、时速160～200公里系列快捷货车、驮背运输车、智轨列车等新产品研制取得积极进展。

（五）坚持强化协同发展，业务拓展取得突破。面对国铁市场前松后紧、新产业市场挑战加剧、各板块冷暖不均的现状，加强市场协同、业务协同、区域协同，确保中车整体利益最大化，全年新签市场订单3141.4亿元，同比增长19.63%，累计在手订单达到2433.9亿元，同比增长29.39%。与中国铁路总公司签署战略合作协议，战略采购、高级修合作、配件中心、“智能京张”等项目取得可喜进展。积极与地方政府开展战略合作，磁浮列车、跨座单轨、悬挂单轨、无人驾驶地铁、各种制式现代有轨电车等新型轨道交通装备市场相继打开。先后中标四川丹棱、江苏常熟、云南澄江、湖北当阳、福建泉州等污水治理PPP项目，累积签约额超过50亿元。新能源客车整车销量突破6328台，跃居国内第四位，海外订单实现零的突破。与德国森维安公司签署风电电机供货合同，标志着我国兆瓦级风力发电机首次批量进入欧盟。聚焦智能研发、智能产品、智能装备、智能制造、智能物流、智能检测、智能服务等新兴产业，全力拓展发展空间。

（六）坚持强化国际化经营，全球业务布局初步形成。主动对接“一带一路”建设等国家重大战略部署，积极谋划全球布局，加快开拓国际业务。一是高端市场持续拓展。相继获得北美地区多个地铁车车辆、双层客车、英国货车、瑞士货车等项目，产品出口实现发达国家新突破。签订印尼雅万高铁车辆项目，赢得中国高铁“走出去”第一单。二是业务模式不断创新。获得巴基斯坦机车、沙特麦加朝觐地铁和以色列特拉维夫轻轨及蒙内铁路维保项目，获得马来西亚42列无人驾驶轻轨车辆机电总包项目，“产品+服务”模式稳步推进。三是新产业有望突破。与新西兰和意大利签署“ACE绿色智能交通整体解决方案”海外示范运营协议，有望实现海外市场新突破。2017年新签国际业务订单56.84亿美元，国际业务实现营业收入191亿元。获得标普、穆迪和惠誉三家国际评级机构“中国主权级”评价，刷新了中国制造业国际评级的最高评价。

（七）坚持强化责任落实，质量安全稳定可控。始终把确保高铁安全和旅客安全作为企业的生命线。推进“中车Q”质量管理标准体系，深化源头质量整治，强化全员、全面、全过程质量管控。加强售后保障，落实领导包保、技术培训、服务人员、添乘支持、配件储备、协同管理、用户协作、远程支持、应急预案、信息管理“十位一体”保障措施，以优质的产品和服务确保轨道交通安全稳定运营。动车组、机车、客车、货车一般C类质量责任事故数量同比下降63.6%，一般D类质量责任事故数量同比下降53%。到2017年底，“复兴号”在京沪高铁按时速350公里运营100天，累计运行370万公里，未发生一起质量责任事故，“复兴号奔驰在祖国广袤的大地上”。加强安全监管，落实安全责任，实现安全生产零责任死亡，零新增现岗职业病，安全生产实现历史最好水平。强化环保法律红线，落实能源环保责任，环境保护管理水平不断提升。

（八）坚持强化建强提升，党建工作引领发展。深入学习贯彻党的十九大精神和全国国企党建会精神，牢固树立“抓党建就是抓发展、抓发展必须抓党建”理念。始终坚持加强党的领导，坚持党建工作与生产经营深度融合。深入落实35项重点任务，扎实开展“建强提升年”各项工作。牢固树立“四个意识”，深入推进“两学一做”学习教育常态化制度化。对照国企党建“四个化”问题，加大督导检查力度，补强党建工作薄弱环节。落实“两个责任”，强化监督执纪问责，开展巡视监督和效能监察，推动全面从严治党向经营管理全过程延伸。加强企业文化建设，弘扬中国高铁工人精神，凝聚起推动企业改革发展的强大力量。

二、直面问题，清醒认识当前存在的差距和不足

党的十九大吹响了新时代奋进的号角。贯彻落实党的十九大精神，中国中车承担着“践行国家战略、振兴民族工业”的光荣使命。因此，我们更要清醒地认识到企业改革发展中存在的问题和不足，坚持问题导向，推动中车改革发展迈入新时代。这些问题和不足集中表现为“五个不相称”。

（一）企业经营品质与高端装备引领的地位不相称。从企业经济运行模型分析，公司的经营品质不容乐观。从全球行业对标来

看，总资产周转率优秀值是 0.9 次，平均值是 0.65 次，中车是 0.6 次；净资产收益率优秀值是 16%，平均值是 10.43%，中车是 9.47%；总资产报酬率优秀值是 4.54%，平均值是 3.27%，中车是 3.02%。从中央企业整体对标看，2017 年中央企业累计实现营业收入 26.4 万亿元，同比增长 13.3%，实现利润总额 1.4 万亿元，同比增长 15.2%，收入利润持续增长，创历史最好水平。而中车 2017 年营业收入和利润总额却双双下降。从我们自身对比看，近三年，集团的指标在逐年下降，总资产周转率 2015 年是 0.76 次，2016 年是 0.68 次，2017 年是 0.52 次；净资产收益率 2015 年是 10.43%，2016 年是 9.46%，2017 年是 5.31%；总资产收益率 2015 年是 1.80%，2016 年是 1.66%，2017 年是 0.91%。从资产运营质量和效益看，集团公司"两金"合计 1477 亿元，其中应收账款 825 亿元，存货 652 亿元，应收账款周转率 2.79 次，存货周转率 2.65 次。公司负债率达到 64.59%，接近国资委控制的警戒线。全级次亏损户数 69 户，较去年减少 21 户，亏损面达 18.25%，较去年减少 3.92 个百分点，亏损总额 47.81 亿元。从刚性费用约束看，工资总额、资产折旧、期间费用、计提减值准备等等，这些费用两年来都呈现大幅增长态势，成为制约我们经济效益提升的瓶颈。

（二）企业改革力度与争当国企改革典范的声望不相称。一是协同效应释放不到位。子企业之间的市场协同、技术协同、业务协同、区域协同还没有完全到位，资源效应、市场效应、资产效应、资本效应、产业链效应没有得到有效释放。个别企业过于强调企业利益、局部利益，集团整体观念不强，企业之间不能很好地借力搭台，有时还出现分力拆台现象，没有真正树立起一个中车、一个命运共同体的理念。二是改革创新意识不到位。发展理念跟不上形势变化，创新意识跟不上时代潮流，改革措施跟不上发展要求。有的企业还抱有"等靠要"心态，缺乏积极性、主动性、创新性。三是内部业务整合推进不到位。货车、机车业务整合刚刚起步，通用机电、新产业等同质性业务整合推进缓慢，"三去一降一补"任务效果不明显。"处僵治困"任务艰巨，企业两极分化趋势不断加剧。

（三）企业资源配置与世界一流企业的要求不相称。一是统筹内部资源能力不足。机车、货车、通用机电、城轨等板块产能过剩问题仍然突出，产能利用率较低，存在无效低效资产，资源合力没有充分显现。业务布局和资源配置不匹配，资源投入仍然集中在轨道交通业务，其他业务资源配置呈现局部性和零散性，缺乏高效的协作和联动。二是推动资源互动能力不足。"管资产"意识仍然是主流，尚未形成全要素经营理念，通过撬动资本推动资源互动能力欠缺。子企业之间资源共享存在壁垒，资产、资本、技术、人才、市场等资源之间缺乏有效互动。三是统筹外部资源能力不足。从外部资源借势、借力、借智、借资、借壳，还处于探索阶段，从产到融、从融到产，产融结合的机制尚未有效建立，站在全球视野的维度谋划重组并购和路径实施的战略架构未形成。

（四）企业供给体系与新时代的责任担当不相称。一是轨道交通供给体系质量存在"短板"。系统解决方案能力不足，核心技术仍有瓶颈，轨道交通装备的智能化、高端化、绿色化、现代化、国际化仍然任重道远。二是"走出去"合力没有完全形成。国际业务管理模式、技术体系、价格体系不够完善，市场合力和带动效应不足，各子企业、各业务板块海外协同不够，"产品+技术+资本+管理+服务"全要素"走出去"水平不高。相关多元产业支柱和支撑作用尚未体现，依然处于点多面广、小而散的状态，没有形成规模效应。三是新旧动能转换不畅。制造业与互联网、大数据、人工智能融合不够，“存量变革”和“增量崛起”乏力，难以适应新经济发展潮流以及行业变化趋势，互联网和实体经济融合还需发力。

（五）企业风险管控与持续稳健经营不相称。一是在金融和类金融业务方面，对跨行业发展认识不深，市场研究不够，决策程序不规范，同时相关专业人员缺乏，导致风险问题不断显现持续累积，教训非常深刻。二是在海外业务风险方面，部分子企业对境外风险估计不足，在境外物资采购、销售、境外业务代理等法律风险问题上缺乏法律意识和风险意识，没有从保护集团利益角度设置“防火墙”，被动卷入一些案件。没有充分考虑境外复杂的营商环境，一些境外项目执行困难，合规性风险突出，部分境外资产经营状况较差。三是在依法合规经营方面，个别子企业规范意识不强，依法治企能力不足，为抢市场而未批先建、违规操作、重大项目论证不充分等情况仍然不同程度存在。在产品质量和安全环保方面，还有管控不到位问题，造成的损失和产生的影响较大。

三、审时度势，深刻把握面临的挑战和机遇

当前和今后一段时期，我们面临的形势依然十分严峻复杂，困难利好同在，挑战机遇并存。我们必须审时度势，谋势而动，乘势而上，顺势而为，持续增强应对和处理复杂局面的能力，积极采取措施，应对风险挑战，抢抓利好机遇，实现转型升级和高质量发展。

（一）深刻认识面临的“五大挑战”

一是国际政治经济形势深刻变化诱发“新波动”。当前，世界经济复苏乏力，逆全球化思潮“回涌”，跨国资本大规模无序流动，局部地缘政治冲突频发，这些因素加大了全球经济发展的不确定性和不稳定性。全球一些主要经济体纷纷推出紧缩的货币政策，引起一些国家和地区的经济出现“新波动”。与此同时，一些国家和地区贸易保护主义抬头，市场准入限制增多、技术壁垒叠加、融资成本高企。这些将对我们实施“走出去”战略，参与国际竞争，开展跨国经营带来极大的风险和挑战。

二是国内经济供给侧结构性改革伴有“新阵痛”。当前我国宏观经济下行压力依然很大。随着供给侧结构性改革不断向纵深推进，必然涉及对一些企业、产业和业务的整合重组和清理退出，对原有的产业布局、经营格局、管控模式、生产能力等的重大调整，都将打破原有的利益格局，触及一些深层次的矛盾，引发“新阵痛”。此外，产能过剩和需求结构升级矛盾短期内仍十分突出，资源约束不断趋紧，劳动力和原材料等要素成本上升，企业持续增长遭遇“瓶颈”，稳健经营和转型发展的压力越来越大。

三是行业深刻变革使中车发展面临“新挤压”。当前，我们所处的行业正在深刻调整变化，人民日益增长的美好生活向往对轨道交通产品的安全、舒适、快捷、智能、绿色方面的要求越来越高。国家铁路体制改革迈出实质性步伐，中国铁路总公司及各路局集团公司制改制完成，铁路客货运输改革持续深化，给铁路业务发展带来深刻影响，将进一步对我们的技术、产品、成本和服务提出新的要求，产生新的挤压。新技术、新产业、新业态、新模式“四新经济”不断发展，对我们传统经济产生极大冲击，进一步挤压传统产业的市场空间。产品产业跨界融合加速发展，行业界限不再“泾渭分明”，我们面临着“传统列强”和“跨界黑马”的双重挤压。

四是国际国内两个市场遭遇“新冲击”。目前在国际国内两个市场，我们遭遇“围追堵截、争占抢先”，面临着前所未有的压力和

挑战。全球轨道交通装备行业正在深度整合，行业竞争格局深刻变化，竞争态势不断加剧，对中车国际化经营带来极大冲击。国内轨道交通领域准入政策放开，极大地吸引国资、民资、外资等资本进入，非轨道交通装备领域诸多企业争相涉足城轨等领域，进一步加剧市场竞争。

五是名片效应使社会各界对中车发展充满“新期待”。以高铁为代表的轨道交通装备发展，赢得了社会各界的高度关注和广泛赞誉。党和国家领导人期待中车能够担当制造强国、交通强国战略重任，引领全球行业发展。国务院国资委期待中车能够成为央企改革发展和党建工作的典范，探索出央企改革发展的新路径。广大投资者期待中车能够持续提升企业价值，保持经营业绩的快速增长，期待有更大的投资回报。员工期待中车能够实现质量更高、效益更好、结构更优、后劲更足的发展，成为受人尊敬的国际化公司，让每名员工有更多的获得感和幸福感。这些“新期待”，使我们深感改革发展压力巨大，深感肩负的使命和责任重大。

（二）充分认识发展的“五大机遇”

一是党的十九大为中车发展指明“新方向”。党的十九大提出要加快发展先进制造业，推动互联网、大数据、人工智能和实体经济深度融合，促进我国产业迈向全球价值链中高端；提出要建设科技强国、质量强国、交通强国、数字中国、智慧社会，这些战略为我们今后一段时期的改革发展指明了“新方向”。特别是为落实交通强国战略，今年铁路固定资产投资总规模7026亿元，其中铁路装备采购额800亿元。到2020年，“复兴号”动车保有量将达到900组以上，这些将成为中车发展的重要支撑。同时，西部开发、东北振兴、中部崛起、长江经济带发展、京津冀协同发展、雄安新区建设等战略深入实施，给我们城市业务发展提供了新契机。我们必须主动融入国家战略，从既有产品、技术、业态、模式中跳出来，在网实融合、转型升级、资源配置、创新驱动、深化改革等方面狠下功夫，为建设制造强国、质量强国、交通强国提供有力支撑。

二是中央经济工作会议和中央企业负责人会议对企业改革发展作出“新部署”。中央经济工作会议和中央企业负责人会议对2018年经济工作和国企改革发展做出全面部署，提出要坚持“稳中求进工作总基调”不动摇，深入推进供给侧结构性改革，持续推动经济向高质量发展；要推动国资国企改革，围绕管资本为主加快转变国有资产监管机构职能，改革国有资本授权经营体制；要深化要素市场化配置改革，重点在“破”“立”“降”上下功夫，推动传统产业优化升级。我们必须紧紧抓住国资国企改革的机遇期，持续深化企业改革，实现高质量发展，促进国有资产保值增值，推动国有资本不断做强做优做大。

三是经济全球化的新变化为中车国际化创造“新机遇”。经济全球化正在进入新一轮内在动力迸发阶段，北美、日本、欧盟等发达地区和国家经济增长普遍强于预期，新兴经济体和发展中国家内生增长动力趋于增强，中国经济逐步成为世界经济的主要动力源和稳定器，在全球经济增长中发挥着越来越重要的作用。这些带来全球供应链、价值链、产业链革命，对世界经济形态、经济表征与产业的链接方式产生颠覆性变化，全球经济在同步复苏中趋向优化。这些为我们实施兼并收购、加快国际产能合作、带动相关行业出口，增强产业核心竞争力，提升国际竞争优势，实现质量赶超提供了难得机遇。我们必须主动融入经济全球化新浪潮，加快推动全方位国际化，在搏击中成长，在竞争中发展。

四是“一带一路”建设为中车走出去开

辟“新空间”。“一带一路”建设是构建我国对外开放新格局的重要途径，也是促进全球经济命运共同体的重大举措。习近平总书记提出“一带一路”倡议以来，已有100多个国家和国际组织积极响应支持，40多个国家和国际组织同中国签署合作协议。世界各国普遍重视基础设施投资建设，发展中国家在加速工业化和城市化发展中，需要加大基础设施投资建设；发达国家出于更新和升级老化基础设施和刺激经济复苏的双重目的，也在陆续推出规模庞大的基础设施建设计划。经济发展的地理空间突破国界，全球互联互通成为大趋势，为我们实施“走出去”战略，拓展轨道交通装备、城市业务、节能环保等产业开辟出“新空间”。我们必须深度参与“一带一路”建设，主动对接各国交通战略，致力用“中车技术、中车产品、中车方案、中车智慧”解决世界交通问题，最终实现“产品+技术+资本+管理+服务”全要素的国际化经营模式。

五是践行新发展理念将释放发展“新红利”。中央经济工作会议明确提出，要贯彻“创新、协调、绿色、开放、共享”五大新发展理念，全面构建新经济体系，推动经济发展质量变革、效率变革、动力变革，提高全要素生产率。这将进一步消除过剩产能，消除发展新行业、新业态和新商业模式的体制机制障碍，促进生产要素有效流动，实现新旧动能转换和企业转型升级。国家已陆续出台“处僵治困”“双压减”、集体企业改革改制、“三供一业”分离移交等一系列配套政策和措施。必须紧紧抓住并把控好这些政策的窗口期，倒逼经营品质提升，倒逼多元发展，倒逼产业转型，倒逼动能转换，倒逼商业模式创新，蹄疾步稳推进供给侧结构性改革。

（三）全面认识中车的“五大优势”

在长期的改革发展实践中，我们积累了“五大优势”。一是党建优势。我们建立了以“垂直管理”为主的党组织管理体系，探索形成了一系列基层党组织创先争优品牌工程和活动载体，党建“金名片”建设得到了国资委党委的充分肯定和高度关注，为树立中车党建典范形象奠定了良好基础。二是文化优势。我们传承中国轨道交通装备制造业的百年积淀，传承90多年红色基因，形成了独具特色的“中车之道”。三是技术优势。建成了世界领先水平的轨道交通装备产品研发和制造基地，形成了系列化谱系化的产品体系，能够满足各种复杂的环境条件和多样化的市场需求。四是品牌优势。研制出以高铁为代表的高端装备“国家名片”，形成了享誉全球的产品品牌，中车产品和服务正在赢得全世界的尊重和喝彩。五是队伍优势。培育了以“产业报国，勇于创新，为中国梦提速”为己任的中国高铁工人队伍，成为支撑中国高铁事业发展的重要力量。这五大优势，集聚了推动企业转型升级的“新动力”。

面对新形势新任务新要求，我们必须化挑战为动力，抓机遇为动力，变优势为动力，内生驱动爬坡过坎，抓铁有痕踏石留印，握指成拳合力攻坚，不断释放发展新活力，增添发展新动力，转化发展新动能，培育发展新优势，努力开创改革发展新局面。

四、聚焦2018，全力以赴推动中车迈向新征程

中国中车2018年经营工作的总体思路是：深入贯彻落实党的十九大精神，全面落实中央经济工作会议和中央企业负责人会议部署，以习近平新时代中国特色社会主义思想为指导，以提升发展质量为中心，以“品质、效率、动能”为主题，以“创新、变革、国际化”为动力，以全面预算管理为主线，坚持新发展理念，聚焦“担使命、促转型、提品质、防风险、聚合力、补短板、拓业务、强支撑、优服务、塑名片”十大任务，强化

战略引领，完善顶层设计，全面深化改革，坚定不移推进质量变革、效率变革、动力变革，努力打造受人尊敬的国际化公司。

2018 年经营工作的总体目标是：保持营业收入稳中有增，经营效益稳中向好，经营指标全面优化，资产运营优质高效，力争集团公司实现营业收入 2250 亿元，实现利润总额 135 亿元；股份公司实现营业收入 2130 亿元，实现归母净利润 108 亿元。确保完成国务院国资委下达的经营业绩考核指标。

2018 年要重点抓好以下十个方面工作：

（一）聚焦“担使命”，全力实施创新驱动发展战略

交通强国，装备支撑。党的十九大明确提出要加快发展先进制造业，建设交通强国。践行国家战略，振兴民族工业，既是发展的要求，更是时代的呼唤。我们要大力实施创新驱动发展战略，担起时代赋予的责任使命，重塑全球行业发展新格局。

深入推进科技体制改革。以“技术集中研究，产品联合开发，能力共建共享”为原则，推进“科技管理制度重构、科研开发体系重构、科技创新能力重构”三项工作，发挥科技质量部、研究院、创新中心、子企业技术中心等矩阵式管理优势，更好引领科技改革发展。建立货车等轨道交通业务一体化研发平台，启动 3~5 个海外市场专项研发，新组建 2 个海外研发中心，完善协同化、开放化、一体化、全球化的技术创新体系。

深入推进国家重点专项。聚焦全球行业科技前沿，加快推进国家重点研发计划先进轨道交通重点专项，推进时速 600 公里高速磁浮交通系统关键技术、时速 400 公里可变轨距高速列车、轨道交通全生命周期能力保持技术等七个重大项目。按照“探索一代、预研一代、研制一代、生产一代”的思路，深化关键共性技术、前沿引领技术、颠覆性技术创新，在关键技术领域形成先发优势，引领产业技术变革方向，抢占未来行业技术制高点。

深入推进国家高速列车技术创新中心建设。勇担国家科技体制改革探路者的责任，尽快完成国家层面注册，加快重点项目落地实施，汇聚“大众创新、万众创业”的磅礴力量，探索链接跨行业、跨学科、跨领域的技术创新机制，朝着探索高速列车技术无人区、建设行业关键技术供给源头的目标奋力迈进。

深入推进中车重大产品研发。加快推进混合动力动车组和机车、时速 160 公里动力集中动车组、新型纵向卧铺动车组、快捷货运电力机车、双源制电力调车机车、集装化铁路货运装备、高原内燃机车等新产品的研制及试验。推进智能高铁重大科研攻关和京张高铁智能动车组研制，快速推动产品升级换代。组织实施中车重大专项，瞄准新能源乘用车、海洋工程与深海机器人、二氧化碳空调、智能建造系统、乡镇环境污染整治项目等关键技术开展研究。

深入推进知识产权和专利布局。积极参与国际、国家、行业标准起草工作。统筹做好知识产权和专利国际布局。年内申报专利不低于 3000 个，逐步建立起具有国际竞争力的知识产权体系和专利体系。

（二）聚焦“促转型”，全力激发发展动力和活力

转型升级，变革引领。推动向更高质量发展是新时代赋予的新要求。我们要从供给侧发力，聚焦产业变革，创新发展模式，培育发展动能，优化存量资源配置，扩大优质增量供给，实现新旧动能转换，努力向全球价值链高端攀登。

加快推动经营模式转型。按照国有资本投资公司模式进行资源整合、资源配置，由“管资产”向“管资本”转变，增强国有资本的影响力、带动力、控制力，助推符合条件和要求的战略性新兴产业择机上市。集团主要打造产融生态圈，按照国有资本投资公司模式运营，发挥股份公司核心作用，以资本手段，激活资产金融属性，在资产互动和流动中实现资产价值。股份主要打造产业生态圈，坚守实业，做强主业，当好产业引擎，支撑集团产融生态圈成长。推进集团和股份资产互动，重新梳理中车产业价值链，畅通资产、资源流通渠道，促进产品、技术、服务、资本、管理“五要素合一”，依靠要素的优化组合，突出效率和收益，实现聚合发展，推动产产融合、产融融合、融融融合、网实融合、网网融合，重构中车产业生态。稳步推进产投公司混合所有制试点改革。积极参与国铁资产资本化、股权化、证券化改革。

加快推动业务转型。按照深化供给侧结构性改革总体部署，全面推动“1+19”文件体系落实落地。一要全力推进货车业务重组。注重时序和步骤，注重配套和衔接，4月底前完成工商注册并正式运营，确保货车业务重组取得实效，为集团深化改革探索出新路径。二要深入推进机车业务重组。持续推进株机公司重组洛阳公司、大连公司重组兰州公司、非首都功能产业疏解等项目，确保实现业务重组目标。三要推进通用机电业务重组。尽快解决同质业务在上市公司之间的同业竞争问题，适时启动电牵、新材料、环境水处理、柴油机业务等板块的整合，进一步集中资源，打造中车具有核心竞争力的产业链，形成具有竞争力的优势产业。四要有序推进其他业务重组。提出城轨业务及城轨基地整合调整初步方案，推进其他业务及海外业务整合项目。

加快推动困难企业转型。一要推进瘦身减负。充分抓住当前深化改革的政策“窗口期”，全面实现“处僵治困”目标，着力解决中车发展不平衡不充分问题。将困难企业扭亏脱困和存量业务调整，与优势企业业务拓展统筹考虑，完成剩余9户“僵尸企业”和特困企业的处置治理工作。强化亏损治理主体责任，对扭亏无望的企业必须提前研究治理。二要推进法人户数及层级压减。5月底法人层级减至8级、管理层级减至5级、法人户数净减16%，年底法人层级减至7级、管理层级减至4级、法人户数净减20%，努力完成国资委三年压减任务。三要加快剥离企业办社会职能。2018年是“三供一业”移交的最后一年，确保100%完成分离移交工作。力争完成26户厂办大集体改革工作，为公司轻装上阵解盔卸甲。

加快推动智能制造转型。深化两化融合，深入推进信息化与先进制造技术深度融合，推动产业向数字化、网络化、智能化、高端化转型升级，迈向价值链中高端。深入组织开展国家智能制造新模式试点示范项目，建设智能化生产线、智能化车间和智能化企业，实现智能制造、数字制造、绿色制造。深化轨道交通装备智能产品研究，实现自驾驶、自诊断、自决策、自控制、自恢复，成为智能产品的创造者和引领者。

（三）聚焦“提品质”，全力提升发展质量和效益

质量第一，效益优先。中央经济工作会议提出，推动高质量发展是当前和今后一个时期确定发展思路、制定经济政策、实施宏观调控的根本要求。我们要把“提品质”贯穿到经营管理全过程，从根本上提升发展的质量和效益。

强化全面预算管理。坚持高起点、高定位，以全面预算为统领，做好顶层设计，打通管理“任督二脉”，构建预算和管控一体化管理体系，向管理要质量，向管理要效率，向管理要效益。完善与经营业绩相适应的预算管理制度，切实加强预算执行过程控制和考核，充分发挥预算管理的约束激励作用，促进企业改善经营绩效，形成全员关注预算、执行预算、遵循预算的氛围。

强化提质增效活动。千方百计压降刚性支出，力争总成本费用下降1%。以价值创造为主线，划小核算单元，细化核算工作，让经营中的每个过程都成为增值的过程。一要全力降低采购成本。深入推进内部供应链协同，集采上线率提高到80%以上，内部配套额度同比增长不低于2%；积极开展战略采购，进一步扩大集采范围和品类，确保降低采购成本2%；对重点子公司进行专项督察。巩固清理独家采购、代理采购成果。二要从严控制费用水平。会议、差旅尤其是各类出国费用等管理费用同比降低15%以上。加强资金集中管理。发挥好中车金融企业的平台作用，有效降低融资成本，提高资金使用效率和效益。合理规划折旧费用提取工作，全面制定逾期项目的专项管控计划，资产减值损失下降10%以上。三要合理控制人工成本。各企业工资总额的增长必须与经营效益相匹配，坚持效益增薪酬增，效益降薪酬降。人均营业收入增长率不低于营业收入增长率。四要高效利用科技费用。发挥科技体制改革的作用，集中力量办大事，坚持协同、共享理念，实行技术、产品的联合团队研发模式，杜绝重复开发，经费控制在115.2亿元以内，重点支撑重大技术类研究。五要大幅压降“两金”占用。各企业“两金”增速不得超过营业收入增幅，“两金”占用同比降低不低于10%，存货和应收账款周转率提高10%以上。对“两金”居高不下的企业进行专项监察。采取多种方式开展资产处置，总资产同比下降3%，资产负债率同比有所下降。

强化经济指标考核。以市场化为方向，修订完善考核办法，强化EVA考核力度，设置“六大类”考核指标：运营能力指标、盈利能力指标、投资评价指标、债务风险指标、人工效率指标、质量管控指标，成立专项推进组，实行全面对标管理，加大六大类指标的考核，促进企业提升经营品质。进一步调整优化分类考核办法，扩大分类考核范围，实现不同功能定位、不同行业领域、不同发展阶段的企业差异化考核。坚持高目标引领，逐步建立满足高质量发展要求的评价体系和考核体系。对置业公司、产投公司、金控公司，要依据新的发展定位，调整优化考核指标体系。

强化存量资产盘活。按照集团公司资产清查工作会议安排部署，开展集团公司资产清查，摸清家底，分类管理，挖掘潜力。借助专业力量，破除无效供给，加快低效无效资产处置，实现资产盘活创效最大化。建立资产数字化管理系统，逐步实现资产的规范化、系统化、信息化管理，增加资产创效能力。强化资本经营理念，发挥资本的杠杆作用，促进资产流动，实现资本流动收益最大化。依托中车置业盘活厂房、楼堂馆所、土地等闲置、低效优质不动产，最大化发挥出资产的金融属性。

（四）聚焦“防风险”，全力提高风险防控能力

强化管控，化解风险。防控风险是企业行稳致远的有力保障。我们要切实增强驾驭风险的本领，围绕专项整改，强化内控建设，健全依法治企、规范运营的风控制度。

加强内控体系建设。完善风险防控体系。做好防范风险的顶层管控体系建立，健全和完善管理规范，加强日常监督管控，明确风险防范主体责任，“未病先防，小病早治，大病防变”，从分散监督向体系监督转变，强化专业监督与职能监督结合，发挥各自职能，做好分工协作，构建完善的监督体系。规范公司治理体系。加强对企业经营业绩监管，落实好国有资产保值增值责任，筑牢国有资产保值增值防线。严控重大风险发生。系统梳理既有PPP项目，及时防控风险；优化PPP

项目决策审批及管控模式，确保高效运作。完善新兴业务管控，建立完备的项目进入和退出机制。加强对融资租赁以及金融、类金融等高风险业务的监管，健全体制机制，充实专业人员力量，防范重大风险发生。

加强重大项目风险管控。严控境外项目风险隐患。规范境外项目佣金、代理费、中介费的管理程序，强化境外合同的法律审核与评估，设置境外投资“防火墙”。加强境外资产审计，确保境外国有资产不流失。严控投资项目风险隐患。重点解决产能过剩重复建设、工程项目进展缓慢、未批先建、投资损失、中央财政资金长期闲置等问题。

加强专项整改工作。围绕审计署审计、国资委境外资产检查、国有企业监事会监督检查、国资委巡视组发现的各类问题，抓实整改措施落地，做到“一人有病、全家吃药”。强化整改责任落实和督导，实行销号制度，确保整改到位，形成长效机制。年内限期整改事项100%完成，跨年度长期整改事项阶段目标100%完成。

加强依法治企。健全法律风险防范机制，严格按照国家法律法规和企业规章制度办事，进一步规范各项规章制度建设，坚持依法治企，合规经营。通过法律和制度管人、管物、管钱、管权、管事，为企业发展保驾护航。

（五）聚焦“聚合力”，全力释放融合协同效应

扬帆出海，战舰护航。我们必须下大力气解决合而不融的问题。融合出凝聚力，融合出创造力，融合出竞争力。打造中车命运共同体，是中车发展之基、力量之源。要坚持融合发展，发挥协同效应，实现企业发展的“互赢”和“共赢”，在市场的海洋上打造中车航母舰队，在全球舞台上展现中车靓丽风采。

聚思想合力。习近平总书记指出“最伟大的力量是同心合力”。以打造“受人尊敬的国际化公司”为统领，推进企业文化建设，深入开展理念和行为规范建设，促进全体员工将“同一个中车”理念内化于心、外化于行、知行合一，真正变“物理融合”为“化学融合”。各级领导要带头践行命运共同体理念，要有大视野、大格局、大胸怀，大视野拓宽大时空，大格局开辟大市场，大胸怀成就大事业，时刻以中车整体利益最大化作为工作的出发点和落脚点。优势企业要主动担当，困难企业要主动作为，其他企业要主动出击，总部要主动服务，确保上下一心，同心共轨，抱团发展。

聚人才合力。构建立体式、网络化、全球一体化的人才管理体系，努力发挥全中车智慧资源优势。完善人才激励机制。全面推进人才发展体制机制改革，完善激励约束机制，充分激发人才创新创造能力。强化人才培养力度。实施“61162”人才工程和国际化人才培养“631”工程，加强技术、管理、技能三类核心人才选拔培养，加强以院士后备人才为代表的领军人才和专业学科带头人的培养，加强具有国际水平的创新团队培养。持续优化职业发展通道。进一步推行职业导师制、挂职锻炼、轮岗交流、海外实践等制度落地，加大干部交流力度，让实践成为人才成长的重要途径。全面深化用工和分配制度改革。突出战略导向、业绩导向、创新导向，完善员工总量和薪酬调控机制，探索实践国际化劳动用工和工资管理模式，最大限度激发组织活力。

聚市场合力。深化“全中车营销、营销全中车”理念，发挥产业积聚的辐射效应，利用好中车网络布局，以点拓面，推动区域一体化经营战略。每个子企业，都要树立大市场、大营销理念，推行同一个中车营销战略，成为本区域的中车产品、技术、资本、服务、文化、品牌的营销平台。

聚业务合力。强化城市业务统筹协调，发挥集团整体优势，加强业务联动，快速形成以城轨车辆和牵引电传动、制动、信号等关键系统及部件为重点的机电工程总包能力，以项目管理为重点的建设工程总包能力和具有“中车”特色的运营服务总承包能力。围绕智慧城市建设，积极探索新的商业模式，发挥中车整体资源效应和产业协同优势，出“组合拳”，以智能交通为载体，带动环境业务、智慧城市业务、新能源业务、工程业务等产业，为城市提供智能交通、智慧城市、数字社会、生态环保的系统解决方案，带动中车全产业链拓展。强化国际业务聚合带动，加强机车、动车、城轨、货车制造企业间的联动和主机企业对配套企业的带动，快速形成共拓市场、联合营销的机制，发挥中车整体业务链、产业链的优势，释放国际市场价值效应。

（六）聚焦“补短板”，全力夯实企业发展基础

精准发力，强弱补短。我们在体制机制的灵活性上，核心技术的掌握上，市场、业务链的协同上，新兴业务的资源配置上还有很多不适应不协调不充分的问题。我们必须加快强弱项、补短板，提升供给质量和效益，不断增强企业发展优势。

补齐体制机制短板。深化集团管控模式改革，以建设国有资本投资公司为目标，按照“两层管理架构、一套管理体系”原则，积极构建一体化管理体系、一体化资源配置体系、一体化技术创新体系、一体化市场开拓体系、一体化服务体系、一体化信息管理体系。进一步优化总部管理职能，创新管控模式，提高体制机制运转效率，减少一事一处理、一问题一协调、一矛盾一解决的问题，注重整体发挥、系统运作、上下互动，建立起高效运行、支撑发展的体制机制。

补齐协同短板。全力打造中车各企业间命运共同体，充分发挥好以主机企业为核心、配套企业为骨干、产业基地为支撑，覆盖全球的产业链，强化区域企业横向融合，促进相互依托、相互完善、相互配套，实现资源共享、信息共享、人才共享、技术共享，消除重复建设、重复投资、重复开发。按照集约化、专业化、系统化原则，做优做精关键系统及核心部件业务。

补齐内涵发展短板。深化内涵式发展，加大内部配套力度，加强中车产业链的联合。关键零部件内部配套率原则上达到 100%；重要零部件内部配套率 70%以上；一般零部件按市场竞争原则进行配套，配套比率 50%以上。针对重点市场领域，制定相应主机与配套企业市场行为准则，确保关键重要产品配套率实现 3%的增长。积极开展产业拓展，推进制动业务、换热业务、空调系统、电连接器、紧固件、传感系统、信号系统等业务的内部联动，带动配套企业协同发展，释放产业链的价值效应。

补齐资源短板。强化内部协同，高效释放内部产能，实现内部区域基地、制造资源、工艺装备、加工设备、实验验证装置等优质资产利用率最大化。健全员工余缺调剂平台，有效缓解优势企业用工压力，为困难企业培养和留住高技能人才。推进集团公司非生产性资源的集中利用和开发，盘活存量资产，挖掘资源的金融属性，实现资源创效最大化。

（七）聚焦“拓业务”，全力拓展产业发展空间

四梁八柱，积石成塔。轨道交通装备业务的“天花板”效应即将显现，支撑中车发展战略，必须加快发展相关多元业务，构建多元产业发展支撑。

全面加强业务顶层设计。主动对接国家战略，深入分析内外环境和自身优势，强化战略引领，强化顶层布局，按照核心业务、支柱业务、支撑业务、平台业务、培育业务

“五大”方向，科学优质配置资源，构建五位一体、相互协同、互为支撑、共同发展的产业新格局。

全面打造核心业务。核心业务是轨道交通装备业务，是中车立企之本，发展之基，必须大力拓展。要坚持“面向全球、市场引领、技术领跑、品牌效应”的原则，充分挖掘轨道交通装备市场增值潜力，提升核心技术和系统集成能力，向“制造+服务”一体化转变，向提供系统解决方案转变，拓宽合作模式，拓展发展空间。核心业务要同心同力、同向同行、协同打造，成为轨道交通行业的引领者、先行者、领跑者。

全面打造支柱业务。支柱业务是支撑中车发展的基石，是具有相当规模、具有较好发展空间、具有较强竞争优势的战略性新兴产业，具备成为中车新增长极的潜力和动能，必须集中打造。要坚持“相关多元、高端定位、资源支撑、行业领先”的原则，采取内生增长与外延式并购相结合的方式，坚持有所为有所不为，围绕新能源、新材料、环境、动力装置、工业数字化等高端产业，快速形成 3～5 个核心竞争能力突出、行业地位领先的支柱业务。支柱业务要积聚资源、融合协同、集中业务、规模发展，力争进入全国行业前 3 名。

全力打造支撑业务。支撑业务是中车整体竞争力的体现，是核心产业链的体现，是业务价值链的体现，必须高效发展。要坚持“支撑整机、一体协同、构建平台、技术引领”的原则，有序开展与集团公司整机配套协同的支撑业务，通过资源整合、并购重组等方式，打造各关键系统、重要零部件等机电产品核心技术平台，形成中车核心技术链、产业链、价值链。支撑业务要做到主机、配套企业整体联动、共建共享，实现核心竞争优势突出、技术领先、全球发展。

全力打造平台业务。平台业务是中车资本、资产互为支撑、互为转化的桥梁，是实现中车资源价值属性的纽带，是撬动社会资源的杠杆，必须助力发展。要坚持“产产融合、产融融合、融融融合、网实融合”的原则，最大化地利用内部和外部资源，重点打造产业投资孵化、金融资金池转化、资产开发与价值创造、智慧物流和互联网支持“五大”平台业务。打造平台业务要注重资源的集中性、实体的服务性、产融的转化性，为中车实体经济发展汇聚资源、搭建平台、提供支撑。

全力打造培育业务。培育业务是中车发展新的动能，是中车资源优势新的体现，是中车品牌效应新的彰显，必须努力发展。要坚持“国际视野、产融结合、产业投资、价值创造”的原则，借助专业机构、专业人才力量，构建信息库和数据库支撑，着力打造国际国内并购、资本市场上市、技术链和产业链上下游、智能和数字化等业务。打造培育业务要强化战略导向，强化顶层谋划，实现可培育、可转化、可持续，体现资源引擎、动能转换、价值创造。

（八）聚焦“强支撑”，全面提升企业管理水平

强基固本，支撑发展。资源是企业持续健康发展的重要保障，管理是企业持续健康发展的重要基石。在经营环境急剧变化的复杂环境中，我们要深刻把握“品质、效率、动能”三大主题内涵，夯实基础，练好内功，优配资源，为推动质量变革、效率变革、动力变革提供强大支撑。

构建资源一体化配置体系。以全面深化改革为抓手，以推进协同融合为重点，构建一体化、协同化、高效化的资源配置机制，杜绝重复、低端、低效配置资源，释放中车整体资源优势，发挥人才、技术、产品、资本、资产和产业链等资源集聚配置效应。按照五大业务方向，优化资源配置，充分发挥资源效应、资本效应、资产效应，凝聚共识想大事，集中力量办大事，集聚资源成大事，实现资源效应最大化。发挥固定资产投资配置资源作用。加大对市场前景好、技术附加值高、人才聚集效应强的战略性领域的投资力度，严控向亏损企业、亏损业务投资，不断优化资本结构，全年投资额控制在100亿元。要勇于撬动外部资源，善于借势、借力、借智、借资、借壳，推动跨界融合、军民融合、网实融合，探索新型发展方式，发挥内外资源的互动效应，助推中车高质量发展。

构建精益管理支撑。以推动“6621”平台建设为突破，构建特色精益管理标准体系，实现人流、物流、资金流、信息流、服务流深度融合。推进“精益管理、智能制造、中车智造2025、数字化企业”一体化建设，以“两化融合贯标”为抓手，以建设“数字化精益企业”为标志，建立可复制、可转化、可推广、可共用的试点示范工程，做到以点带面，构建规范化、标准化、集约化的数字化管理体系，为公司高品质、高效率发展提供支撑。

构建质量管理支撑。牢固树立安全发展理念，坚守高铁和旅客安全的政治红线和职业底线，保证产品经得起社会、用户、时间的考验。加快“中车Q”质量管理体系落地，深入开展源头质量整治，抓好惯性质量问题整改，集中力量解决“痛点”问题，全力维护交通安全稳定大局。加大质量指标考核力度，质量损失率控制在0.58%以内。持续提升售后服务保障能力。深入推进标准化售后服务站建设，打造中车“4S”店。助力京沪高铁标准示范线建设，塑造“京沪高铁品牌”。整合相关资源，探索建立信息化、智能化、专业化、一体化、品牌化的售后服务体系。突出抓好动车组质量安全保障，全面落实“十位一体”保障措施，确保高铁和旅客安全万无一失。

构建安全环保管理支撑。严格落实安全生产责任制，切实增强安全生产意识和消防安全意识，不断夯实安全管理和消防管理基础，坚决实现安全“新三零”目标，坚决杜绝重大消防事故发生。切实提高环保法律意识，有效防范环保隐患风险，压实环保主体责任，提升环保管控能力，推动企业绿色发展，努力建设资源节约型、环境友好型企业，为美丽中国建设贡献力量。

（九）聚焦“优服务”，全力提升产业链价值

价值服务，增添动能。作为高端装备制造业，服务能力是企业综合实力的内在潜质，服务水平是企业综合实力的外在表现。我们要不断提高服务能力、服务质量和服务水平，提升用户的信任度和市场的美誉度。

持续拓展价值性服务。实物市场是有时空性的，是有限的，服务市场是无边界的，是无限的。无限的市场，才具有无限的价值创造空间。我们要树立服务是产品、是市场、是创造价值的理念，努力打造服务产业，探索增值服务业态，创建“产品+服务”互为支撑的经营模式，形成中车新的增长极和新的动能。

持续创新“制造+服务”模式。围绕产品全寿命周期，拓展服务模式，提供整体解决方案。一要深化与中国铁路总公司战略合作。重点加强动车、机车等铁路装备高级修合作、铁路配件供应合作，积极推进重要部件属地化、区域化专项修，实现动车组、大功率机车高级修业务稳步增长。主动融入铁路运输物流平台建设，充分利用中车企业的区位优势，积极参与冷链物流、电商物流、多式联运和集装箱运输等物流基地建设。二要挖掘服务价值。推进轨道交通健康诊断及智能维护平台研发，打造设备全生命周期监测和远程运维服务体系。做好出口阿根廷机车、肯尼亚机车等试点项目实施。推进“制造+服务

+租赁+运营”一体化总包模式，加快搭建城轨车辆系统集成技术平台和协同化维保检修平台，进一步延伸核心业务链条，拓展产业的增值服务。

持续实践“金融+服务”模式。增强金融服务意识，提高金融服务水平，加快推进企业现代产业金融模式，改进金融与类金融企业经营管理，积极发展金融牌照业务，更好地推进中车产融结合、以融促产。一要满足内部金融服务。中车金融与类金融企业应该准确把握中车的金融需求，通过链接金融市场，利用金融机构资金、人才、信息、渠道等方面的优势，整合企业内部资源，撬动外部资源，提供符合企业自身发展实际的专业化金融服务支持，2018年力争实现融资规模200亿元。二要拓展外部金融服务。通过开展内部金融业务活动，从为供应链提供金融服务切入，逐步向外部市场延伸，为客户提供包括融资、信贷、保险和金融咨询等多方面的金融服务。做有示范价值的产业金融，走有中车特色的产业金融发展道路。

持续探索“互联网+服务”模式。落实“中国制造2025”和“互联网+”行动计划，推进“中车智造2025”，构建具有中车特色的集成、协同、共享的工业互联网平台，使数字化、网络化、智能化逐步成为中车应对“四新经济”的重要力量。一要加快数字化中车建设。结合精益制造、智能制造、中车制造2025、中车购、机器人、智能物流等技术和业务发展，开展“中车运营管理大数据中心”建设，逐步打通技术链、管理链、企业链、产业链、供应链、价值链，全力打造数字化中车，培育中车工业数字化产业，形成新的支柱业务。二要加快供应链服务平台建设。不断优化提升供应链服务能力，融入采购供应、配件保障、物流运输、远程诊断、运维服务等领域，构建中车基于互联网的内外一体、过程透明、万企创新的“用户网”，拓展产业服务内涵。三要推动中车工业云平台建设。面向产品全生命周期和全产业链，通过资源虚拟化、能力服务化和过程协同化方式，探索建立工业企业共享经济商业模式，实现产业链资源的高效配置和充分利用。四要探索智慧生活服务模式。将互联网产业与传统交通出行服务业进行有效融合，构建未来高铁、城际铁路、地铁、公交组成的绿色立体交通网络，全方位聚合资源，建设旅行、购物、工作、娱乐等一站式智慧服务管家，努力提高用户“获得感”和价值体验。

持续打造价值创造型服务总部。加强总部作风建设，各职能部室、各事业部要强化服务意识，提升服务能力，提高服务效率；要强化相互沟通，沟通是信任、能力和效率的体现；要强化调查研究，走进企业、贴近现场、敢于担当，为各企业高效解决经营发展中的急点、难点和痛点问题，努力打造成受各企业及广大员工信赖和尊重的总部。

（十）聚焦“塑名片”，全力塑造受人尊敬的品牌形象

要素支撑，央企典范。高端装备的国家名片，既寄托着总书记对我们的殷切希望，又担当着新时代的神圣使命。我们要以“朝受命夕饮冰”的事业心和“昼无为夜难寐”的责任感，全要素塑造永不褪色的国家名片。

着力打造践行国家战略典范。大国重器，使命担当。我们要充分发挥技术、产品、品牌等优势，主动对接国家战略，积极践行科技强国、质量强国、航天强国、网络强国、交通强国、数字中国、智慧社会等战略规划。积极融入西部开发、东北振兴、中部崛起、长江经济带发展、京津冀协同发展、雄安新区建设等战略举措。契合时代脉搏，统筹谋篇布局，抢抓发展机遇，实施创新驱动，全面深化改革，放大国有资本，优强项补短板，提升发展质量。努力打造高质量发展的央企典范，努力建成具有全球竞争力的世界一流企业。

着力打造高端装备“走出去”典范。借势“一带一路”建设，主动对接各国交通战略，统筹全球资源，布局全球市场，加快由“跨国企业”向“全球企业”转变。一要优化国际业务管控机制。完善国际业务技术体系、价格体系、市场规范体系、资源配置体系建设，尊重市场规律，激发市场活力。建立企业间协同、互动、共赢机制，杜绝无序、低价竞争，坚持中车整体利益最大化原则，共同促进中车国际市场竞争能力的提升，共同拓展中车国际市场的业务领域，共同塑造中车国际市场的品牌形象。二要积极推进全要素国际化经营模式。周密制订营销策略，下好全球布局的“先手棋”，巩固传统市场，拓展新兴市场，根植高端市场，掌握市场开发的主动权。以轨道交通装备业务为重点，带动相关产业共同出海，实现“产品+技术+资本+管理-服务”全要素的国际化。2018 年实现海外签约额 70 亿美元，海外业务收入 210 亿元，工程总包和租赁业务实现海外市场“零”突破。三要大力开展海外投资并购。组建专门队伍，重点针对北美及欧洲市场，开展专题研究，寻找合适对象，通过合资合作、战略联盟、战略并购等方式，获取技术、渠道和资质等资源，强化产业集聚效应，以更加积极主动的姿态走向世界，不辜负党和国家对我们的期望，不辜负社会和投资者对我们的期待，不辜负广大员工对我们的期盼。

着力打造全球行业品牌典范。积极构建适应跨国经营的文化体系。基于成为世界一流企业的目标，加快育成适应跨国经营的全球视野、价值理念、管理思维和经营文化。要系统推进中车品牌建设。着力培养全员品牌意识，塑造中车新时期的企业核心价值观，展示中车企业文化追求与品牌形象。配合国际市场开拓，整体包装、整合推广中车品牌，统筹策划柏林展会等国际公关活动。充分利用中车品牌“窗口期效应”，释放中车“品牌红利”，推动中车品牌国际化。要充分展现央企责任担当。遵循央企发展的根本宗旨，全面履行企业的政治责任、经济责任、社会责任，精准做好扶贫开发工作，努力建设诚信央企、绿色央企、活力央企和责任央企。

着力打造管党治党典范。党的十九大提出“党政军民学，东西南北中，党是领导一切的”。在推进经营发展的同时，我们要毫不动摇地坚持党对企业的领导，充分发挥企业党组织的领导作用。集团党委把今年确定为党建工作“提质换挡年”。明天，化龙同志将就深入实施新时代高铁先锋工程作全面部署。我们要以深入学习贯彻党的十九大精神为契机，从思想、作风、行为、担当上全面提质换挡，以全新的视野深化全面从严治党，把党的意志贯彻到经营管理全过程，坚持党建和思想政治工作与企业生产经营、改革发展深度融合，强化党风廉政建设，营造风正、气顺、心齐、干净的经营环境，创造性地解决企业发展中出现的新情况新问题，充分把党建优势转化为发展优势和竞争优势，把中车打造成管党治党、从严治党的典范。

咬紧目标 深化整改
努力开创高质量发展新局面

——中车集团党委副书记、董事、总经理，中车股份党委副书记、执行董事、总裁孙永才在中国中车巡视整改推进会暨2018年经营管理工作会上的讲话（摘要）

（2018年8月24日）

刚才，我们部署了落实巡视整改要求、履行监督执纪问责、做好问题线索处置等工作，希望大家抓好贯彻落实。下面，我讲四方面意见。

一、上半年重点工作简要回顾

今年以来，我们各项工作取得积极进展，突出表现为“六个新”。

（一）政治巡视有新触动。根据国资委党委巡视工作统一部署，国资委党委第三巡视组深入贯彻习近平巡视工作思想和党中央对巡视工作的新要求，自4月4日至6月10日对中车进行了一次全面的“政治体检”。政治巡视期间，集团公司全体员工勇于担当、忘我工作、团结协作、真抓实干，不怕揭短亮丑，敢于动真碰硬，真正将巡视工作作为从严治党的稳压器、深化改革的助推器和高质量发展的加速器，共计梳理各类问题14980个。通过政治巡视，我们既摸清了家底，查摆了问题，剖析了原因，又提高了政治站位，增强了“四个意识”，坚定了“两个维护”，锤炼了队伍，体现出“中车质量”“中车速度”“中车创造”，为中车践行国家战略，全面深化改革，完成全年任务，实施“双打造一培育”目标，提供了坚强的政治保证。

（二）经营品质有新改善。加强日常运营监控，深化巡视问题整改，深入推进以“提高品质、降本节支”为核心的提质增效活动。建立六大类十八项提品质指标，实行全面对标管理，引导各企业主动查找自身差距，改善经营品质，弥补因严格控制物流贸易业务的营业收入缺口超过50亿元，生产经营总体保持稳中向好态势。上半年，集团公司实现营业收入892.75亿元，同比下降1.57%；实现利润总额59.77亿元，同比增长3.02%，分别完成年度目标的39.7%和41.2%。股份公司实现营业收入862.91亿元，同比下降2.73%；实现归母净利润41.18亿元，同比增长12.16%，分别完成年度目标的40%和38.1%。其中，制造业务营业毛利率同比增长1个百分点。

（三）科技创新有新突破。科技体制改革扎实推进。中国中车与青岛市共同签署国家高速列车技术创新中心共建实施协议，环境风洞综合试验室等5个项目签约落地，创新中心建设全面加速。国家先进轨道交通重点专项最后一批2个项目完成立项，中车承担的7个专项任务共计11个定向项目全部启动。重大产品研发成果丰硕。京张智能动车组完成初步方案设计。长编组“复兴号”首次投入运行。习近平总书记在5月28日两院院士大会上称赞“复兴号列车迈出了从追赶到引领的关键一步”。全球首条智轨快运系统示范线在株洲开通试运行，具备商业化运营能力。全球首辆全碳纤维复合材料地铁车体研制成功，推动轨道交通装备实现“材质革命”。时速160公里快速磁浮列车、国内最大马力的深海机器人、国内最大功率7.6兆瓦海上半直驱永磁同步风力发电机等新产品先后下线，标志着中车自主创新能力持续提升。

（四）改革步伐有新进展。货车业务重组取得阶段性成果，齐车集团和长江集团正式组建并开始运作。主动对接雄安新区规划建设。积极推进军民融合发展。加快两个二七公司非首都功能疏解，国家体育总局利用二七机车公司厂房改建冰雪运动训练科研基地项目落地实施。深化金融、类金融企业改革，投资租赁公司业务转型平稳推进，金融租赁公司筹建获批，中车国创基金落户北京并完成首期融资。中车产投公司混合所有制试点不断深化。压减工作取得实效，注销企业18家，压减比例20.5%，提前一年完成国资委下达的压减任务。“三供一业”分离移交步伐加快，完成29个项目正式协议签订，“三供”项目协议签订率100%。中车精益管理体系总则、精益制造体系2个标准正式发布。中车质量管理体系标准落地，在18家子企业试点实施。供应链电子商务采购平台有序推进，平台供应商数量超过3万家。集团资产清查工作基本完成，为实施资产动态化、精细化、信息化管理奠定了基础。

（五）市场拓展有新成绩。按照“五大业务”方向，不断优化资源配置，加强各企业之间的市场协同和业务协同。截至6月底，股份公司新签市场订单1329亿元，在手订单2642亿元，同比增长9.6%。深入落实与铁路总公司战略合作协议，战略性采购、高级修合作、区域配件中心等项目加快推进，向“制造+服务”迈出坚实步伐。支柱业务培育加快，新能源商用车业务持续增长，乘用车电驱系统在手订单接近230万台，成功控股一汽客车（无锡）有限公司。培育业务实现突破，成功中标佛山地铁3号线信号系统。特种变压器市场首次进入船舶工业领域。智慧物流产业迅速铺开，4家主机企业开始推广应用。海外业务持续发力，上半年新签订单26.48亿美元，同比增加45.26%，累计在手订单约676亿元。

（六）党建工作有新提升。坚持把推动高质量发展作为党建工作的出发点和落脚点，深入学习贯彻习近平新时代中国特色社会主义思想和党的十九大精神，开展专题轮训8期。各企业也开展了不同层次的培训。落实巡视整改，着力解决党建“四个化”的问题。认真贯彻“中央企业党建质量提升年”部署，全面推进中车党建“提质换挡年”重点工作，启动实施高铁时代先锋工程，研究构建党建先锋指数。落实“两个责任”，强化正风肃纪，大力加强党风廉政建设和反腐败工作。突出重点领域监督执纪，在全系统集中召开两次干部警示教育大会，用身边事教育身边人。启动集团公司所属企业新一轮巡视。加强宣传思想文化工作，弘扬高铁工人精神，发挥群团组织作用，凝聚起推动企业改革发展的强大力量。

二、清醒认识存在的差距和不足

通过这次政治巡视和自我审视，我们也要清醒地看到企业改革发展中还存在着诸多问题。这些问题集中表现为“十个方面不足”。

一是战略管控方面存在不足。战略联动体系尚未建立，集团战略与各企业规划相互独立，缺乏联动性，战略管控体系不健全，一体化的资源配置体系、技术创新体系、市场开拓体系、信息管理体系等没有形成。政治巡视查摆出的问题以及存在的各类风险，很多都是由于战略管控不到位而产生的。部分子企业还存在靠投资换市场和圈地盘的问题，个别企业未经集团批准，擅自与政府、用户签订投资合作协议，往往造成重复投资和产能过剩。战略执行体系不完善，战略制定与战略执行脱节，“十三五”时间过半，实际落实与计划目标存在较大差距。

二是顶层设计方面存在不足。资源配置、改革目标、业务发展、指标确定等顶层设计不够，培育具有全球竞争力的世界一流企业的措施不健全。由于顶层谋划不到位，存在很多一事一议、一问题一解决、一矛盾一协调现象，造成决策效率低。企业间缺乏资源的协同共享、能力的共同提高、项目的可复制推广等协同机制，不能有效聚焦集团的整体技术、市场、资本、资产、业务链等资源的最大化释放效应。

三是技术创新方面存在不足。关键核心技术仍有短板，部分关键核心部件仍需外购。技术创新体系仍不完备，科研资源比较分散，共建共享机制没有形成。产品的平台化、标准化、模块化、谱系化、集成化、智能化程度不高，在统一制式、规范、接口方面仍有差距。技术话语权亟待提升，在国际、国内标准制定方面，主导权和影响力有限。尤其是城轨产品、出口产品，市场引领能力不强，技术标准体系和产品平台体系没有全面搭建。

四是资源配置方面存在不足。资源共享存在壁垒，子企业间重复建设、重复投入问题没有根本杜绝，城轨业务布局分散，机车、通用机电过剩产能没有有效化解。资源配置效率不高，按照“五大业务”方向策划资源配置的体系尚未建立。资源统筹能力不足，没有实现内部资源和外部资源的最大化利用。低效无效资产比重过高，低效无效的资本、股权、土地、厂房和房屋、设备大量存在，有很多投资回报低于银行的贷款利率。

五是业务拓展方面存在不足。“一业独大”格局没有改变，轨道交通装备之外的业务发展速度和规模不足以形成新的发展支撑，产业结构性矛盾突出，转型升级面临严峻挑战。新兴业务不成规模，新产业点多面广，小而不强。服务创造价值能力有限，服务是产品、是市场、是创造价值的理念还没有成为共识，向“制造+服务”转型不够。

六是协同融合方面存在不足。“同一个中车”理念不到位，“营销全中车、全中车营销”还没有成为共同愿望、共同行动，各企业之间各自为战、相互拆台现象仍然存在。市场协同不到位，无序竞争、恶性竞争屡禁不止，有损中车整体形象。业务协同不到位，内涵式发展存在短板，部分主机企业推动不积极，内部配套率、集采率不高。

七是人才建设方面存在不足。高端人才比较匮乏，行业领军人才需求迫切，院士培养计划未达预期。人才机制不够健全，人才引进、培养及脱颖而出的机制不够完善，全球一体化人才管理体系没有形成。

八是风险管控方面存在不足。金融和类金融业务“脱实向虚”，类金融资源相对分散，产融结合不够，市场研究不充分，决策程序不规范。融资性贸易屡禁不止，个别企业仍然违规开展。PPP 项目管理不够规范，风险防范意识不强，管理职责不够清晰，管控能力有待提升。海外风险管控能力欠缺，对海外市场的政治环境和法律合规风险研究不够，境外法律诉讼时有出现。

九是国际化经营方面存在不足。国际化水平偏低，上半年海外业务收入占比不足10%，与国际同行一流企业相比，国际化水平还存在较大差距。2017 年中国 100 大跨国公司平均国际化经营指数为 14.85%，中车仅为 6.66%。“走出去”合力不够，各业务板块海外缺乏协同。国际化进程缓慢，全产业链输出缺乏优势，新兴产业、工程总包突破艰难，为全球高端市场提供系统解决方案的能力仍有短板。

十是经营品质方面存在不足。从中央企业整体情况对比来看，上半年中央企业累计实现营业收入 13.7 万亿元，同比增长 10.1%，实现利润总额 8877.9 亿元，同比增长 23%，相比之下，我们差距很大。从集团自身经营情况对比来看，“两金”占用居高不下，较年初不降反升，增加超过 400 亿元，亏损企业数量大幅上涨，较年初 70 户增加 50 户，增幅为 71.43%，亏损面达到 31.75%，亏损金额同比增加 66.09%。资产周转率下降，财务费用、工资总额、资产总额明显增长，经营品质不容乐观。这“十个方面不足”，希望各级领导班子尤其是主要领导要高度重视，结合深化巡视整改，必须加快研究解决。

三、深入分析当前面临的经营形势

面对复杂多变的形势，我们只有切实增强“五个感”，才能正确研判形势，妥善应对挑战，抢抓利好机遇，在市场洪流中破浪前行，扬帆远航。

（一）聚焦国家战略，切实增强使命感

党的十九大提出要建设科技强国、质量强国、交通强国、数字中国、智慧社会。交通强国，装备支撑，我们应当如何担当交通强国的战略使命？中车成立以来，习近平总书记先后两次视察中车时指出，高铁动车是中国一张亮丽的名片，体现了中国的装备制造业水平，也是“走出去”“一带一路”建设的“抢手货”，希望持续保持领先领跑，带动装备制造业形成比学赶帮超的局面。7 月 9 日，我参加李克强总理出席的第 9 届中德经济技术合作论坛，总理当面嘱咐我“要加大创新力度，要加快走出去步伐，要加强国际合作”。我们如何贯彻落实总书记和总理的重要指示精神，持续塑造“国家名片”？作为强国战略的践行者，央企改革的示范者，高端装备的引领者，我们必须不忘初心，牢记使命，切实增强使命感，牢牢把握大有可为的战略机遇期，主动践行国家战略，主动担当央企使命，主动谋划改革发展，加快培育具有全球竞争力的世界一流企业，在更多层面成为“国家名片”，不辜负党中央、国务院的期望，不辜负总书记和总理的嘱托。

（二）聚焦风险挑战，切实增强危机感

当前，全球经济风云变幻，世界正处在一个大发展、大变革、大调整的时期。从国际看，世界经济回暖的基础还不稳固，贸易保护主义抬头，要素流动和市场准入限制增多。全球制造业分工竞争态势加剧，高端制造业向发达国家“回流”，低端制造业向发展中国家“分流”。特别是中美贸易摩擦变数，加大了全球经济的不确定性和不稳定性，对我们开展国际业务造成冲击。从国内看，我国经济形势虽然继续延续稳中向好态势，但是经济运行稳中有变，面临一些新问题新挑战，外部环境发生明显变化。供给侧结构性改革带来“短期阵痛”，落后产能出清、原材料价格上涨、应收账款高企等问题，在一定程度上制约着企业发展。轨道交通建设市场、运营市场、装备市场的对外放开，将对我们产生巨大的威胁。我们一定要增强忧患意识，从全局和战略高度，深入分析世情、国情变化，以“慢不得”“散不得”的危机感，把握机会，协同融合、抱团取暖、迎接挑战，及时防范化解各种风险，争取变中有为、变中抢先。

（三）聚焦行业变革，切实增强压力感

目前，全球轨道交通行业正在发生深刻变化，对中车发展形成“四大压力”。一是全球行业重组整合的压力。西门子与阿尔斯通、西屋制动与 GE 公司轨道交通业务合并，轨道行业资源不断集聚，国际市场竞争日趋加剧。二是国内市场竞争的压力。比亚迪等民间资本以及中央企业、地方国企等国有资本纷纷进军轨道交通领域，北美超级高铁公司与贵州铜仁签约“真空管道超级高铁研发产业园”项目，国内市场竞争同样愈演愈烈。三是行业“三大放开”的压力。随着改革开放的进一步扩大，轨道交通装备市场、干线

铁路建设、铁路运营权将全面放开，外资准入限制门槛进一步降低，对国内市场格局将产生重大影响。四是大客户经营模式变革的压力。日前，干线铁路、城市轨道等企业成立了融资租赁公司、投资公司、互联网公司，这将给轨道交通装备传统采购方式带来革命性变化。我们正面临全方位、立体式的竞争态势，留给我们应对的时间和空间已经很有限。我们必须切实增强压力感，加快推进自主、开放、协同创新，紧跟行业发展趋势，在标准体系、智能制造、工业互联网、大数据等领域塑造核心竞争优势，打造新的“组合式”产品，引导市场需求，引领行业发展。

（四）聚焦政策调整，切实增强紧迫感

前不久，中央政治局提出“六个稳”：稳就业、稳金融、稳外贸、稳外资、稳投资、稳预期。国家也在调整政策，精准施策，保持经济在稳中有变中实现稳中求进。与我们密切相关的政策调整，表现为“四大变化”。一是行业政策的变化。习近平总书记在中央经济工作会议、中央财经委员会第一次会议上先后对调整运输结构工作作出重要部署，强调要调整运输结构，减少公路运输量，增加铁路运输量。为此，铁路总公司启动《2018—2020年货运增量行动方案》，并将2018年铁路固定资产投资额调整到8000亿元以上，预计铁路装备需求稳中有增。二是国企改革政策的变化。一批重大改革措施陆续出台，国有资本投资、运营公司改革试点继续拓展，混合所有制改革和国企改革“双百”行动加快推进。三是鼓励创新政策的变化。习近平总书记强调：真正的大国重器，一定要掌握在自己手里。核心技术、关键技术，化缘是化不来的，要靠自己拼搏。为实施创新驱动发展战略，国家出台一系列制度性保障和政策性安排，推进实施一批重大工程、重大计划、重大行动、重大专项。四是地方政策的变化。国家相关政策的调整，必然带来地方相关政策的变化，为我们进一步拓展城市业务、新兴业务、服务业务开辟新的空间。同时，贯彻五大发展理念，打好三大攻坚战，打赢三大保卫战，推进雄安新区建设等重大战略，也为我们发展智能交通、智慧城市、数字社会、生态环保等业务创造有利条件。机遇稍纵即逝，机会失不再来。我们必须增强紧迫感，主动加强政策研究，抓住政策红利，用足用好用活相关政策，加快培育企业发展新业态和发展新动能。

（五）聚焦政治巡视，切实增强责任感

国资委党委政治巡视对中车来说，是一次非常重要的“政治体检”，既全面梳理出我们的“病症”，也开出了“药方”，指出中车发展与党中央、国务院和国资委的要求有一定差距，与18万员工的期盼有一定差距，与投资者及相关方的期待有一定差距。去年央企营业收入、利润增长均在10%以上，今年上半年继续保持两位数增长，而中车的营业收入却连续下降。2017年中央企业经营业绩考核，中车在50家A级企业中排名靠后。世界500强排行榜，中车从去年的318位下滑到今年的385位。如果今年我们不能痛下决心彻底扭转这种趋势，中车的形象、中车的品牌、中车的使命、中车的地位，都会受到严重的冲击和影响。聚焦这次政治巡视，我们必须深刻反思，尤其是我们两级经营班子，要把自己摆进去，把职责摆进去，把工作摆进去，深度剖析问题原因，以如履薄冰、如临深渊的责任感，突出政治导向、问题导向、目标导向、考核导向，真认账、真整改、真担当、真落实、真见效，大力推动企业高质量发展，实现国有资产保值增值，为投资者带来更大回报，让员工更有尊严感、获得感、成就感、幸福感，让“国家名片”更加熠熠生辉。

面对新形势新任务新要求，我们要做到“十五个必须”：一是必须坚持战略管控；二是必须强化目标导向；三是必须全面统筹谋划；四是必须加强顶层设计；五是必须加大改革力度；六是必须加快国际化进程；七是必须推动协同创新；八是必须杜绝重复投入；九是必须实现共建共享；十是必须实行雁行出海；十一是必须做到优势互补；十二是必须严格监督考核；十三是必须打造“同一个中车”，十四是必须共同提升能力；十五是必须共塑“国家名片”。这“十五个必须”，集团公司要全面组织落实，强化实施推进。

四、全力推进巡视整改和经营管理各项工作

（一）严整改，破阻力，坚定不移推动责任目标双落实

整改责任要压实。推进巡视整改工作，既是增强“四个意识”、坚决做到“两个维护”的政治要求，也是完成全年经营指标、推动中车长远发展的强力支撑，是集团公司上下当前及今后一段时期的一项重大政治任务，是一场必须打赢的“战役”。各级领导干部要提高政治站位，全力做好巡视整改“后半篇文章”，将整改责任进一步分解落实到具体企业、具体部门、具体人员，层层传递压力，个个承担责任。各级包保领导要落实包保责任，加强督导检查，切实指导企业解决重点难点问题。确保年内限期整改的事项100%完成，跨年度长期整改事项的阶段性目标100%完成。

整改目标要务实。总部和各企业都梳理形成了问题清单、责任清单和整改决议，研究制定了整改“路线图”“时间表”，确定了2018—2020年的整改目标。总部和各企业要进一步分解细化整改决议，提出阶段目标，制定翔实的整改实施方案，建立整改台账，实行销号制度，定期回头检查，巩固整改成果，以月保季，以季保年，确保实现整改目标。今年，各企业要以确保完成去年因管理不到位形成减利压降10%为目标，将整改的效果实实在在体现在经营目标的提升上。

整改考核要落实。这次政治巡视整改决议和整改目标，是两级领导班子向国资委党委的庄严承诺，也是向全体干部职工的庄严承诺。巡视整改要求不落实、整改不力，就是对党不忠诚、对市场不守信、对企业不担当、对职工不负责。要坚持问题导向和考核导向，严字当头，严格考核，对口头整改、敷衍整改、虚假整改的，要坚决按照总部和各企业整改决议中的考核问责条款，严肃考核问责，确保巡视整改取得实效，将巡视整改成果转化为完成全年经营指标、推动改革发展的强大动力。

（二）提品质，聚合力，坚定不移推动经营业绩双增长

全力以赴确保经营指标。完成今年的经营指标，是各级经营班子义不容辞的履职责任，也是重大的政治责任和使命担当。今年，集团公司要确保经营业绩双增长，实现营业收入2250亿元，利润总额145亿元；股份公司要实现营业收入2150亿元，归母净利润108亿元。长客股份、四方股份、唐山公司、株机公司、大连公司、大同公司、株洲所、四方所、永济电机公司、株洲电机公司、两个货车子集团等龙头企业、优势企业要发挥引领带动作用，主动担当，勇挑重担，确保完成调增指标，力争多出效益，多作贡献。有条件的企业要向前看齐，迎头赶上，以更加积极的目标统领各项工作，力争超额完成经营指标。戚墅堰公司、资阳公司、两个二七公司、中铁装备、南口公司、中车租赁公司等困难企业、亏损企业要坚定信心，振奋精神，主动作为，采取强有力的措施扭亏控亏，坚决守住亏损红线。各一级子公司要举全力压减所属企业亏损户数和亏损额度，确保亏损额度同比下降10%以上。集团公司将制定配套激励政策，对符合调增或减亏条件

的企业进行奖励。总部要进一步优化部门职能，按照“勇担当、善作为、能管控、优服务”的目标要求，增强服务意识，做好统筹协调，加强战略管控，强化运营调度，严肃考核激励，发挥考核导向和分配杠杆作用，督促各企业提升经营品质，确保在政治巡视当年实现收入、利润“双增长”。

深入开展提质增效工作。总部与各企业要上下联动，从严控制成本费用水平，压降各项刚性支出，力争总成本费用下降1%；可控期间费用低于利润增幅，且同比降低不低于3%；会议、差旅尤其是各类出国费用等管理费用同比降低15%以上；严控重复开发、重复投入，科技经费控制在115亿元以内；质量损失率控制在0.5%以内；全年固定资产投资额控制在100亿元以内。扩大集中采购业务范围，积极推进非生产性物资的集中采购，加快推广集团内企业集采、统招、分签的模式，严控独家和代理采购，确保上网采购率达到80%以上，降低采购成本2%。确保实现全年提质增效目标。

坚决推进融合协同发展。深度推进内涵式发展。强化内部供应链协同，2018年总体内部配套率要提高到68%，关键重要产品配套率实现3%的增长，并逐步建立主机产品关键部件价格联动机制。持续强化内部资源协同。实施一体化经营战略，推动市场、制造、研发、人才等资源利用最大化，促进企业资源协同共享。加快建设区域配件中心、售后服务中心、标准化售后服务点，拓展服务模式，致力向产品全寿命周期、向提供系统解决方案转变。大力推动外部资源协同。深入推进外部供应链共建共享和产业链上下游互助合作，拓展合作空间，在更多领域实现优势互补、互利共赢、协同发展。深入推进与地方政府、央企等战略协议落地，主动加强与铁路总公司的合作，积极参与铁路货运改革、铁路混改等项目，最大化利用外部资源，努力培育新的经济增长点。

（三）防风险，化压力，坚定不移推动风险隐患双管控

加快低效无效资产处置。各企业要尽快研究制定低效无效资产处置方案。结合各自情况，采取出租、出售、转让、调剂等多种方式，加快低效无效资本、股权、土地、厂房及房屋、设备等处置，全力推动兰州、天津、太原、青岛、北京、大连等土地盘活，深挖资产潜力，发挥资产金融属性，释放资产效应，实现资产创效最大化。建设数字化、智能化资产管理系统，动态监控资产，实现资产流动收益最大化。

深度开展“两金”压降。要确保“两金”占用同比降低10%以上，存货和应收账款周转率提高10%以上，各企业“两金”增幅不得超过营业收入增幅。对一年以上应收账款，要采取包括起诉、发律师函等一切必要的手段依法追索，建立恶意拖欠货款客户黑名单和公示制度，实现一年以上应收账款和其他应收款降低15%目标。对应收账款管理存在严重问题或考核指标完成差距较大的子企业，集团在金融总额度和融资利率核定、投资项目审批、新订单签订等方面将予以考核。加强与铁路总公司的沟通协调，加快铁路产品存货处置。严控库存资金占用，严控提前采购和超计划采购，确保2018年期末存货资金占用同比降低10%。

严控各类经营风险。严禁各企业开展融资性贸易和空转走单贸易业务。建立现代企业产融机制，稳妥发展金融牌照业务，更好地推进产融结合、以融促产。严格执行PPP业务管理制度，系统化解存量项目风险，实现PPP业务管理专业化、规范化。加强重大投资项目风险管控，建立完备的项目进入和退出机制，健全项目背书和后评价机制。进一步规范境外项目管理程序，强化境外合同的法律审核评估，设置境外投资“防火墙”，严控境外项目风险。

持续加强污染防治。坚决贯彻党中央、国务院关于打赢蓝天碧水净土保卫战的总体部署，严格落实集团生态保护污染防治工作视频会议要求，实行党政同责，一岗双责，确保责任不落空。做到隐患排查到位。要系统排查各层级企业存在的生态环境污染源和风险点，要实现378家企业全覆盖，做到心中有数，治理有方，全面管控。做到整改落实到位。对受到举报、约谈、处罚的生态环境问题，必须重实际、出实招、抓实效，限期整改到位。做到机制保障到位。建立中车生态环境监督管理机制、突发环境事件报告和信息公开机制，提升环境事件应急管理能力。做到要素投入到位。要切实加大环保全要素投入，提升环境保护和污染防治的综合能力，确保污染防治工作合规到位。

（四）补短板，添动力，坚定不移推动技术管理双创新

着力深化技术创新。加快推动科技体制改革。加快推进国家高速列车技术创新中心建设，9月底前形成近、中、远期规划方案，年内完成国家层面注册。坚持共建共创共享，依托创新中心推进“双创”基地建设，筹建轨道交通装备技术创新中心、城轨大数据中心，加快制定城市轨道交通产品国家标准和技术条件规范，牢牢掌握城轨技术发展的话语权。强化海外研发资源管理，推进中非、马来西亚研发中心建设。积极参与国际标准修、制订工作，加强海外专利布局。抓住实施“国家重大关键核心技术攻关工程”契机，精心组织“动车组轴承技术”“列车网络控制与牵引变流专用芯片族”两个重大攻关项目，抓紧突破关键核心技术瓶颈。积极推进国家重大专项研发任务，加快推进时速600公里高速磁浮交通系统、时速400公里可变轨距高速列车、混合动力动车组、京张高铁智能动车组、快捷货运电力机车、集装化快捷运输货车、新能源车的系列化、平台化、智能化等重大产品研发，抢占未来行业技术制高点。

加快推进两化融合。加强智能制造顶层设计，强化集团统筹协调，启动实施6个智能制造标准化项目、1个工业互联网创新发展工程，积极推进“高铁白皮车身机器人自动化生产线”项目。加快智慧物流业务在各企业的推广应用。深入开展两化融合管理体系贯标，力争年底前制造类企业全面完成贯标评定工作，构建规范化、标准化、集约化的数字化管理体系。有序推进IT基础设施云、产品大数据应用云以及技术协同仿真应用云建设，力争10月底前完成中车数字化工业产业公司注册并正式运营。

持续筑牢管理根基。强化预算管理。进一步完善预算管理体系，强化预算执行与管控，强化预算刚性约束，倒逼内部管理改善。强化资金管理。发挥财务公司、香港公司资金平台作用，增强内源融资能力，充分释放资金集中管理的规模效应。强化考核管理。探索投资并购、工程建设、经营决策等终身责任追究制，推行项目业绩考核、班子业绩考核延期支付等措施，有效解决决策责任和结果脱钩问题。落实“六大类”指标考核体系，实行不同企业分类差异化管理考核，有效激发各类企业经营活力。强化精益管理。以完善体系标准和深化落地实施为抓手，突出问题导向和目标引领，持续打造中车特色精益管理体系。强化质量管理。全面推广“中车Q”质量管理体系。加强售后服务，强化源头质量整治，全面落实“十位一体”保障模式。强化人力资源管理。持续推动中车全球一体化人力资本管理体系项目落地，实施院士培养计划，全力培育行业领军人才，着力打造高素质员工队伍。

（五）促改革，激活力，坚定不移推动重组改革双突破

加快业务重组整合。系统谋划中车业务重组整合的终极目标和业务格局最优形态，科学做好顶层设计，分步分类统筹推进业务整合。持续推进货车业务深度融合，最大化释放资源整合效应，为其他业务整合提供参考。持续释放株机公司重组洛阳公司、大连公司重组兰州公司整合效应，今年完成机车业务重组整合方案设计。着手推进牵引系统、高分子复合材料等同质化业务重组，9月底前提出牵引系统、新材料业务整合初步方案，今年务必实现新材料业务重组方案落地。年底完成城轨基地整合实施方案。适时启动柴油机业务等板块的整合。

实施混合所有制改革。加快推进中车产投混改试点，尽快与地方政府达成合作意向签署合作协议，确保混改顺利推进。列入国企改革“双百行动”的齐车集团、长客股份公司、株洲所、株洲电机公司四家企业，要大胆探索、大胆实践，发挥示范突破作用，担当深化国企改革尖兵。研究提出2018年及“十三五”期间各层级子企业实施混合所有制改革名单，今年要实现3户一级子企业、3户二级子企业及4户三级子企业混合所有制改革，完成政治巡视整改阶段目标。

推进供给侧结构性改革。分类做好压减工作。分类制定压减目标，确保完成减少法人户数20户以上。年底前压缩类金融企业2家以上。加快推进去杠杆。切实加强负债规模和资产负债率双重管控，确保资产负债率同比下降0.15个百分点。加速处置历史遗留问题。进一步落实“先移交后改造”，确保“三供一业”全部移交地方政府。组织指导牡丹江厂、沈阳实业公司、大连实业公司、大连所公司等加快厂办大集体改革，今年至少减少17户大集体企业。持续推进分离社会化职能，减轻主业负担。强力治理亏损企业。制定专项方案，压实治理责任，今年必须完成剩余10户“僵尸企业”和特困企业处置工作，全级次亏损企业户数不得超过46户，亏损额要减少10%以上。建立亏损企业治理动态管控机制，确保到2020年亏损企业数量和亏损额在2017年基础上下降至少50%。稳妥推进非首都功能疏解。年底前完成两个二七公司业务疏解、资产处置和人员安置工作阶段性目标。加快推进二七机车公司厂房改建冰雪运动训练科研基地项目，确保如期完成，盘活不动产资源。

（六）重战略，扩张力，坚定不移推动战略业务双支撑

坚持战略管控。按照“双打造一培育”目标，主动融入长江经济带发展、京津冀协同发展、雄安新区建设等国家重大战略，根据内外部形势变化，修订完善中车发展战略，优化“十三五”发展目标，确立中长期发展战略。各企业要严格落实中车发展战略，按照“重点突出、专业分工、整体联动”的原则，调整本企业发展规划。要强化总部战略管控能力，打造一体化资源配置、技术创新和战略管控等体系。建立战略巡审机制，定期检查、评估战略执行情况，及时纠正偏离战略的经营行为。

加速业务拓展。全力打造核心业务。充分挖掘轨道交通装备服务市场潜力，持续向“制造+服务”转型。积极推进城市业务，力争在1～2个经济实力强的城市实现突破。全力打造支柱业务。新能源汽车产业要借助时代电动平台，加快并购重组步伐，力争全年整车进入行业前三。环境产业要集中资源开拓市场，力争实现签约额100亿元。风电产业要妥善应对政策变化，增强市场竞争力。新材料产业要抓住重组契机，加快产品结构升级，实现规模发展。全力打造支撑业务。积极推进关键核心系统资源整合、共建共享，实现支撑整机、一体协同、技术引领。全力打造平台业务。类金融业务要借助金控和产投两大平台，撬动社会资本，打造产业金融，实现产融结合，确保融资 50 亿元以上，为实体经济发展提供支撑。置业公司要致力搭建集团不动产经营平台，加快向科创、文创和智创方向转型，力争实现销售签约额 30 亿元。全力打造培育业务。强化顶层谋划，瞄准工业数字化、人工智能等产业，采取国际国内并购、资本市场上市等方式，促进技术链和产业链不断前延后展，培育发展新动能。

加速推进国际化进程。积极响应“一带一路”倡议，针对沿线国家不同需求，大力拓展轨道交通、城市业务等市场，重点推进印尼雅万高铁、俄罗斯莫喀高铁、中老铁路等项目。主动应对中美贸易摩擦可能带来的冲击，提前做好相关预案。坚持“雁行出海”，规范海外市场秩序，构建统一的市场体系和价格体系，发挥主机企业“头雁效应”，引领带动配件、工程、类金融等“群雁”企业协同出海。推进“产品+技术+服务+资本+管理”全要素经营模式，推动全产业链“走出去”。制定海外并购路线图，推进海外投资并购。今年要确保实现海外签约额 60 亿美元，力争实现年初目标 70 亿美元、海外业务收入 210 亿元、国际化指数达到 7%。

（七）塑名片，强能力，坚定不移推动品质品牌双提升

全力推动党建“提质换挡”。深入学习贯彻落实习近平新时代中国特色社会主义思想和党的十九大精神，扎实开展“不忘初心、牢记使命”主题教育，全面加强党的政治、思想、组织、纪律和作风建设，筑牢企业改革发展的“根”和“魂”。充分发挥政治巡视作用，促进党建和企业改革发展质量提升，用党的建设和改革发展成效检验巡视整改成果。深入推进“擦亮金名片、当好中车人”主题活动。坚持全面从严治党不放松，压实“两个责任”，深入推进党风廉政建设，切实转变党员干部作风，营造风清气正经营环境，切实把企业党建优势转化为高质量发展优势。

培育世界一流企业。服务交通强国战略。致力打造绿色交通、安全交通、智能交通、便捷交通、旅游交通、价值交通“六大交通”体系，为交通强国战略提供装备支撑。提高国际化水平。以打造受人尊敬的国际化公司为目标，系统研究“具有全球竞争力的世界一流企业”指标体系和实施路径。对标全球领先企业，不断提高国际化经营水平。提升中车品牌形象。利用柏林展、首届中国国际进口博览会等国际展会，加强品牌文化传播，展现中车实力，讲好中车故事，传播中车声音，增强品牌自信，确保“中国中车”2018 年度品牌价值不低于 1150 亿元。探索市值管理有效机制，增加股东回报，兑现资本市场承诺，树立资本市场良好形象。

履行央企社会责任。坚决打好三大攻坚战，推进产业扶贫、公益扶贫和干部挂职等扶贫方式，助力做好扶贫攻坚。坚持依法治企，合规经营，健全完善规章制度体系。严格落实安全生产责任制，加强相关方安全管理，构建人防、物防、技防“三位一体”管控体系，坚决杜绝重大安全生产事故。严守政治红线和职业底线，严防重大质量事故，确保高铁和旅客安全万无一失。按照上市公司监管要求，建立中车责任指标管理体系，有效提升投资机构评级指数。做好信访维稳工作，及时做好思想疏导和矛盾化解，防范群体性事件发生。树立平安中车、绿色中车、诚信中车、活力中车、责任中车的良好形象。

大事记

本栏编辑　程伯瑶

2018年中国中车大事记

2018年中国中车大事记

1 月

2日 资阳公司自主研制的2列内燃动车组上线运行剪彩仪式在苏丹首都喀土穆举行，苏丹总统奥马尔·哈桑·艾哈迈德·巴希尔出席仪式并致辞。

4日 中国中车出口尼日利亚2台机车和7节车厢举行剪彩仪式，尼日利亚总统布哈里出席仪式为新机车辆剪彩。

8日 国家科学奖励大会在北京举行，中国中车相关子公司完成的“新一代交流传动快速客运电力机车研究与应用”和“高铁列车用高可靠齿轮传动系统”两项成果获国家科学技术进步奖二等奖。

9—10日 全国科技工作会议在北京召开，中车集团党委副书记、董事、总经理，中车股份党委副书记、执行董事、总裁孙永才出席会议并作为唯一企业代表在会上作典型交流发言，介绍中车科技创新及推动国家重大研发任务实施管理情况。

10日 中国中车一届三次职工代表大会以视频会议形式召开，公司在京领导及总部机关和部分在京单位的职工代表在中车总部五棵松办公区主会场参加会议，各子公司职工代表分别在37个分会场参加会议。

10日 国务院批准《山东新旧动能转换综合试验区建设总体方案》，国家高速列车技术创新中心建设被列入山东省实施新旧动能转换重大工程之一。

18日 中国中车党委召开2017年度子公司党委书记述职评议会议。

同日 中车集团党委副书记、董事、总经理，中车股份党委副书记、执行董事、总裁孙永才出席“新能源汽车产业联合创新平台”签约仪式。

19日 中国中车召开2018年度工作会议，中车集团党委书记、董事长，中车股份党委书记、董事长、执行董事刘化龙作《拥抱新时代 擘画新蓝图 勠力同心打造受人尊敬的国际化公司》重要讲话；中车集团党委副书记、董事、总经理，中车股份党委副书记、执行董事、总裁孙永才作《迈入新时代 开启新征程 为打造受人尊敬的国际化公司而努力奋斗》的经营工作报告。国有企业监事会主席潘良到会并讲话。

20日 中国中车召开2018年度党委常委（扩大）会议。

同日 中国中车召开2018年党风廉政建设和反腐败工作会议。

21日 中国企业创新论坛2017年年会暨国家发展改革委《创新驱动发展战略路径与案例研究》课题成果发布会在北京人民大会堂举行，中车集团党委书记、董事长，中车股份党委书记、董事长、执行董事等出席会议并作《拥抱新时代 转换新动能 抢抓新机遇 努力把中国中车打造为受人尊敬的国际化公司》的主旨演讲。

同日 中国铁路总公司党组书记、总经理陆东福到四方股份公司考察并慰问工作在一线的干部员工。

22日 中国中车召开2018年安全环保工作视频会议。

23—26日 第48届世界经济论坛年会在瑞士达沃斯举行，中车集团党委书记、董事长，中车股份党委书记、董事长、执行董事应邀出席本次论坛，参加年会开幕式、中国经济政策、新时代的中国机遇、中外企业家午餐会、国资委与世界经济论坛合作备忘录签字仪式等多场活动，并会见蒂森克虏伯集团CEO赫辛根、西门子管理委员会成员博乐仁、韦莱韬悦，分管国际业务的 CEO 杰拉德等公司高管，就推动与深化双方合作进行沟通和交流。

25 日 四方股份公司承担的国家重点研发计划《先进轨道交通》重点专项《高速磁浮交通系统关键技术》课题技术方案通过 19 名国内知名院士和专家的评审。

25—26 日 中国中车召开 2018 年人力资源工作会议。

26 日 在国资委新闻中心与清华大学国家形象传播研究中心大数据研究室共同发布的《2017 年度中央企业品牌传播力分析报告》中，中国中车入榜“中央企业品牌传播力十强”，在责任承担与形象塑造、知名度、美誉度、正面信息发布等指标上位居中央企业首位，在“正能量活动参与排行榜”“品牌溢价排行榜”“微信传播力排行榜”等榜单上也位居中央企业前列。

30 日 中国中车与云南省政府在昆明签署战略合作框架协议，双方旨在推进云南省轨道交通装备制造产业、风电装备产业、新材料装备、智慧城市及城镇基础设施建设等方面开展深度合作。

本月 中国中车获上海联合产权交易所“2017 年度产权交易组织金奖”。

2 月

1 日 中车集团与安徽省铜陵市政府、铜陵有色金属集团控股有限公司在北京签署战略合作框架协议。

6—7 日 中车集团党委副书记、董事、总经理，中车股份党委副书记、执行董事、总裁孙永才到常州分别出席、指导戚墅堰公司、常铁校、戚墅堰所领导班子民主生活会并慰问劳模先进代表和部分困难员工家庭。

8 日 中车集团党委书记、董事长，中车股份党委书记、董事长、执行董事在中车总部会见比利时驻华大使马文克，双方就关注的话题进行友好交流沟通并达成共识。

同日 中国中车邀请总部离退休老领导、老同志到方庄办公区参加新春茶话会，主要领导参加茶话会。

同日 中车集团党委副书记、董事、总经理，中车股份党委副书记、执行董事、总裁孙永才等走访中国铁路北京局集团有限公司，与该公司党委书记、董事长郭竹学等主要领导就保障春运服务，加强在研发创新、高级修等方面的合作进行交流。

9 日 中车集团与山东省青岛市政府在青岛签署国家高速列车技术创新中心共建实施协议。

同日 中车集团党委书记、董事长，中车股份党委书记、董事长、执行董事刘化龙出席、指导二七机车公司党委领导班子民主生活会并慰问困难职工和家属。

11 日 中国中车召开 2018 年第 6 次党委常委会议，传达国务院国资委安全生产视频会议精神，研究部署节日期间安全生产工作重点。

同日 中车集团党委副书记、董事、总经理，中车股份党委副书记、执行董事、总裁孙永才到北京南动车组服务站，看望为保春运不能回家过节的高铁保障一线员工。

12 日 中车集团党委书记、董事长，中车股份党委书记、董事长、执行董事刘化龙到广州动车段慰问中车售后服务员工。

12—13 日 中车集团党委书记、董事长，中车股份党委书记、董事长、执行董事到广州出席并指导广东公司、广州公司 2017 年度领导班子民主生活会。

17 日 中车集团党委书记、董事长，中车股份党委书记、董事长、执行董事刘化龙到海南慰问原中国中车老领导王泰文、朱守礼。

18 日 中车集团党委书记、董事长，中车股份党委书记、董事长、执行董事刘化龙到 BST 三亚售后服务站慰问春节期间坚守在工作岗位的售后服务员工。

24日 十二届全国人大常委会第三十三次会议表决通过关于十三届全国人大代表的代表资格审查报告，长客股份公司董事长王润、株机公司董事长周清和、齐车公司员工张敬华、四方股份公司钳工首席技师郭锐、浦镇公司车体车间电焊工孙景南五人确认当选为第十三届全国人大代表。

28日 中国中车在北京组织召开国家重点研发计划“先进轨道交通”重点专项定向中车项目咨询专家组工作会议。

同日 全国妇联授予10位杰出女性“全国三八红旗手标兵”称号，大连公司钢结构分公司高级技师于静获此项荣誉。

本月 中国中车“高铁白车身机器人自动化生产线”项目获得国家科技部重点专项批复。

3 月

6—7日 中国中车召开2018年金融与资本经营工作会议，并举行中车国创（北京）基金管理有限公司揭牌仪式。中车集团党委副书记、董事、总经理，中车股份党委副书记、执行董事、总裁孙永才与中国航天科技集团有限公司副总经理张建恒共同揭牌。

9日 中国中车召开2018年内涵式发展推进工作视频会，旨在持续推进中车内涵式发展，打造具有核心竞争优势的产业链，确保中车整体利益最大化。

13日 中国中车召开2018年国际业务工作会议，长客股份、株机、四方股份、株洲所、山东等公司在会上介绍经验，北京大学教授王逸舟受邀作《2018年“一带一路”战略的机遇和挑战》专题报告。

同日 中车集团党委书记、董事长，中车股份党委书记、董事长、执行董事刘化龙在北京总部会见马钢集团总经理丁毅一行，双方回顾总结2017年签署战略合作协议以来在各项工作上所取得的成绩，并就未来进一步加强合作进行深入探讨和交流。

14日 中国中车召开中国专利奖培育工程申报培训会，邀请中国专利保护协会副会长兼秘书长马维野出席并对中车报奖工作开展指导。

同日 中国中车召开2018年度内部审计、风险管理和内部控制工作视频会议。

15日 中车集团与广西壮族自治区签署战略合作框架协议。中车集团党委书记、董事长，中车股份党委书记、董事长、执行董事刘化龙；中车集团党委副书记、董事、总经理，中车股份党委副书记、执行董事、总裁孙永才；广西壮族自治区政府主席陈武、常务副主席秦如培等出席签约仪式。

15日 中国中车党委召开2018年第一批巡视工作启动会。

同日 中车集团与湖南省株洲市政府签署央地企业联合重组合作框架协议。

20日 国家科技部组织召开国家重点研发计划“先进轨道交通”重点专项时速400公里及以上高速客运装备关键技术项目和高速磁浮交通系统关键技术课题实施推进会议，并对科技部重点关注的“十三五”国家重大科技成果项目、课题进行巡查。

同日 国家高速列车技术创新中心首个项目“轨道交通车辆系统集成国家工程实验室”正式开工，根据中国中车和青岛市签订的《国家高速列车技术创新中心共建实施协议》，“轨道交通车辆系统集成国家工程实验室”项目的实验室厂房等建筑物由青岛市动车小镇投资平台公司投资建设，实验设备等由四方股份公司投资。

同日 马来西亚邮政公司发行以株机公司出口马来西亚SCS城际动车组、跑出世界米轨铁路最高速的马来西亚ETS动车组为原型的轨道交通主题邮票。

21日 中国中车2018年科技质量工作会议在武汉召开，会上举行了“中国中车超级电容储能及节能技术研发中心”授牌仪式和中国中车2017年度科学技术奖颁奖表彰仪式。

22 日 中车集团党委副书记、董事、总经理，中车股份党委副书记、执行董事、总裁孙永才到武汉市政府会见武汉市市长万勇，并到长江公司考察。

同日 中国中车召开宣传思想工作视频会，表彰 2017 年度企业文化和品牌建设先进企业。

同日 中国中车工会女职工委员会第三次全委（扩大）会议在海口召开。

29 日 中国铁道学会标准化（系统设计、房屋建筑、机车车辆）专业技术委员会联合成立大会暨第一次工作会议在青岛召开，中国中车成为中国铁道学会标准化机车车辆专业技术委员会挂靠单位。

本月 中国中车在延安和井冈山分别举办学习贯彻中共十九大精神专题培训班。

本月 中国中车电动“T”动力电驱动系统产品获 IF（International Forum Design）国际工业设计奖。

4 月

2 日 中国中车召开 2018 年两化融合工作视频会议。

2—3 日 中车集团召开 2018 年资产管理工作暨剥离企业办社会职能和解决历史遗留问题政策培训会议。

3 日 中国中车召开“高铁白车身机器人自动化生产线”项目启动会，落实国家科技部重点专项项目工作职责，加强项目统筹管理，确保项目顺利实施。

4 日 国资委党委第三巡视组巡视中国中车党委工作动员会召开。

9 日 中国中车 2017 年年度业绩发布会在香港举行，逾百位来自全球各大金融的投资者及分析师出席会议，中车集团党委副书记、董事、总经理，中车股份党委副书记、执行董事、总裁孙永才出席发布会，公司路演团队就公司 2017 年业绩情况、投资亮点及未来发展与参会人员作深入交流和沟通。

同日 博鳌亚洲论坛 2018 年年会“未来的交通”分论坛在海南博鳌举行，中车集团党委书记、董事长，中车股份党委书记、董事长、执行董事刘化龙参与讨论若干热点问题。

9—10 日 中国中车 2018 年共青团工作会议在大连所召开。

11 日 中车集团党委副书记、董事、总经理，中车股份党委副书记、执行董事、总裁孙永才到香港公司召开调研座谈会，听取中车在香港的各子公司、分支机构和办事处的工作情况汇报，并就相关工作提出要求，希望整合并利用好香港这个国际窗口，把中车的国际化和国际经营平台业务做好。会后，孙永才到香港地铁有限公司总部拜访总裁梁国权。

13 日 中国中车党委召开全集团第一次干部警示教育大会。

14 日 中国中车党委理论学习中心组利用周末时间组织集体学习并开展交流研讨，主要内容包括习近平在十九届中央纪委二次全会上的讲话、赵乐际在十九届中央第一轮巡视工作动员部署会上的讲话和郝鹏在 2018 年中央企业巡视工作启动会上的讲话。

17 日 由长江公司、眉山公司、贵阳公司、太原公司和西安公司等 5 家公司整合组建的中车长江运输设备有限公司在武汉注册成立。

23 日 四方股份公司与阿根廷交通部在布宜诺斯艾利斯签署总金额 2.78 亿美元的罗卡线 200 辆城际动车组及配件供货合同。

25 日 中国中车 2018 年进口集采业务工作研讨会在北京召开，会议旨在深入推进中车内部供应链协同，提高进口集采覆盖率，进一步降低采购成本。

28 日 在中华全国总工会举行的“五一表彰大会”上，大连公司获得“全国五一劳动奖状”，齐车公司张敬华、长客股份公司罗昭强、大同公司李彬、戚墅堰所刘云清、株机公司谢光明获得“全国五一劳动奖章”，唐山公司钢结构厂剪刀班、洛阳公司李万坤劳模创新工作室、永济电机公司机加分公司变流器组装班、株机公司转向架事业部总成车间4个集体获得“全国工人先锋号”称号。

本月 中国中车发布签订合同公告，合计金额487.4亿元人民币，占2017年营业收入的23.1%。

5 月

3日 长江公司主持起草制定的《铁道长大货物车》标准通过国家铁路局行业标准审查，填补国家在该领域的空白。

8日 中国中车与株洲市合作的全球首条智轨快运A1线（首期）开始为期3个月的试运行，中国中车自主研制的智轨新型轨道交通制式初步具备商业化运营能力。

9日 由齐车公司、沈阳公司、石家庄公司、二七车辆公司、山东公司等5家公司整合组建的中车齐车集团有限公司在齐齐哈尔注册成立。

同日 “2018中国品牌价值评价信息发布”活动在上海举行，中国中车品牌价值位居中国制造业之首、中国品牌百强榜前列。

10日 中车集团党委书记、董事长，中车股份党委书记、董事长、执行董事刘化龙会见到访的广西百色靖西市委书记钟恒钦，就进一步加强中国中车在靖西市的定点扶贫工作及建立长效扶贫机制等进行交流。

同日 首届中国自主品牌博览会在上海开幕，国务院副总理胡春华为博览会揭幕并参观中车展台，了解“中车制造”。

同日 路透社报道世界影响力组织在英国伦敦发布《境外最受欢迎中国品牌榜》，中国中车名列榜首。

7—12日 由中国火车头体协主办的2018全国铁路羽毛球比赛在陕西汉中举行，中国中车包揽冠军。

16日 泰国政府审计局局长素丽班·西里堪坦雅库夫人率泰国财政部审计总署代表团一行30余人访问中国中车总部，探讨和学习高铁系统管理的中国经验。

同日 全国人大常委会副委员长、中华全国总工会主席王东明到石家庄公司调研。

18日 重庆轨道交通4号线一期工程“三权移交”启动仪式举行，中国中车将工程属地管理权、调度指挥权和设备使用权移交重庆市轨道交通（集团）有限公司。

21日 中车长江运输设备集团有限公司在武汉举行成立大会。

23日 由唐山公司、国防科技大学、北京磁浮交通发展有限公司与中科院电工所等单位联合研制的第五代新型磁浮工程样车，在国防科大长沙试验线运行试验取得成功。新型磁浮列车设计时速160公里，首次提出长定子永磁直线同步牵引+永磁电磁混合悬浮技术方案。

同日 甘肃省省列重大项目之一的中车西北高端轨道交通装备造修基地项目在安宁区沙井驿现场举行开工奠基仪式，甘肃省百亿级高端轨道交通装备造修基地建设正式启动，中国中车“三基地一中心一总部”战略全面推进。

28日 第十四届中国国际交通技术与设备展览会在中国国际展览中心（新馆）举行，中国中车作为中国铁路四十年成就展铁路装备板块承办单位，展出高速动车组、铁路客货运、城市轨道装备3个板块内容。

29—31日 中国中车在北京召开铁路货车成本研讨会和货车源头质量研讨会。

本月 由株机公司牵头组织的“十三五”国家重点研发计划“中速磁浮交通系统关键技术研究”课题方案通过中国工程院院士钱清泉、刘友梅、丁荣军等行业知名专家学者的业内评审，中国中速磁浮列车正式进入试制阶段。

本月 永济电机公司与俄罗斯最大钻机

制造企业签订 129 台油田电机订单。

本月 北美著名卡车制造商帕卡公司（Paccar）授予时代新材博戈公司西梅尔恩工厂“2017 年度质量成就奖”（Quality Achievement Award 2017）。

本月 株洲电机公司与德国 Senvion 公司签订 61 台 3.8 兆瓦鼠笼异步风力发电机批量订单。

6 月

3 日 戚墅堰所 EWF01 型动车组锻钢制动盘取得 CRCC 产品认证证书，填补国内 350 公里速度级动车组锻钢制动盘运用空白。

5 日 交通运输部副部长、国家铁路局党组书记、局长杨宇栋到四方股份公司考察。

5—10 日 由金砖国家工商理事会、国际焊接协会、国际焊接技能大赛组委会、一带一路暨金砖国家技能发展国际联盟、中国焊接协会、中国焊接学会和中国发明协会联合举办的 2018“一带一路”暨金砖国家技能发展与技术创新大赛——2018“嘉克杯”国际焊接大赛在湖南株洲举行，中国中车获得团体第一名及 4 个单项第一。

6 日 中国中车党委召开全集团第二次干部警示教育大会。

9 日 “第九届中国企业创新活动日暨 2018（第十八届）中国企业创新论坛”在钓鱼台国宾馆举行，中车集团党委书记、董事长，中车股份党委书记、董事长、执行董事刘化龙在会上作题为《以新发展理念为指引推动中车高质量发展》的演讲。

12 日 2018 北京国际城市轨道展览会暨高峰论坛在北京亮马河会议中心开幕，中车集团副总经理贾世瑞代表中车作《链合智慧，共谋发展，携手开创城轨新时代》的主旨演讲。

13 日 拥有完全自主知识产权的中国首列商用磁浮 2.0 版列车在株机公司下线。

13—15 日 2018 北京城市轨道交通展览会在中国国际展览中心（三元桥馆）举行，中国中车“复兴号”标准动车组、时速 160 公里磁悬浮列车、复古风格的华为小镇轻轨列车等产品参展，室外展区以智能轨道快运列车实车参展，体验没有轨道的轨道列车。

14 日 中车集团党委书记、董事长，中车股份党委书记、董事长、执行董事刘化龙会见到访的岳阳市市长李爱武一行，双方就城市基础设施建设、新产业投资等共同关心的话题进行交流。

15 日 中车集团党委书记、董事长，中车股份党委书记、董事长、执行董事刘化龙出席第 29 届哈尔滨国际经济贸易洽谈会和由黑龙江省委、省政府举办的新时代“央地携手共谋发展”合作交流会。

17 日 在肯尼亚访问的全国政协主席汪洋参观蒙内铁路，并在肯尼亚交通部长马查里亚陪同下，体验戚墅堰公司出口肯尼亚机车牵引的列车。

17—22 日 第 22 届世界氢能大会（WHEC 2018）在巴西里约热内卢召开，四方股份公司在国际氢能学会（IAHE）颁奖仪式上获“威廉·格罗夫爵士”奖。

20 日 株机公司和德国铁路股份公司在德国首都柏林签订 20 台新型混合动力“火车头”框架协议及首批 4 台机车订单。

24 日 由中车集团党委、清华大学人文学院、中国教育发展战略学会联合实施的新时代党建先锋工程项目在清华大学主楼正式启动。该项目以推动党建工作标准化、规范化、数字化、科学化为目标，着力构建新时代党建先锋指数，打造党建工作标准化体系。

26 日 中车集团党委书记、董事长，中车股份党委书记、董事长、执行董事刘化龙与中车集团党委副书记、董事、总经理，中车股份党委副书记、执行董事、总裁孙永才等会见到访的重庆市市长唐良智一行，双方就进一步加强合作共享交换意见。

同日 国家交通运输部“现代物流技术

及装备交通运输行业研发中心”成立大会及管理委员会首次会议在长江公司举行。

27日 四川中车铁投轨道交通产业项目签约仪式在成都举行，宜宾市政府、中车株洲所、四川铁投、宜宾五粮液集团、四川交职院、时代高新等六方联合成立合资公司，携手在宜宾建设集核心技术研发、整车总装、零部件生产、运营维保、综合服务为一体的智能轨道交通快运系统大西南产业基地。

同日 长客股份公司获北美一交通局地铁资格审查合格证书，成为国内首家可以整车进入北美地铁市场的轨道交通装备企业。

28—29日 中车集团党委副书记、董事、总经理，中车股份党委副书记、执行董事、总裁孙永才到眉山公司、成都公司、资阳公司考察。

29日 农业农村部农业机械试验鉴定总站印发《关于2018年第三批部级农机推广鉴定结果的公示》，石家庄公司自主研发的5HCX-15循环式谷物干燥机上榜。

本月 中国中车2018年国家重点研发计划新能源汽车重点专项“商用车高可靠性电力电子集成系统开发”项目正式获得科技部高技术研究发展中心立项。

本月 株洲电机公司首次与西门子歌美飒可再生能源公司达成合作，签订DD37永磁直驱风力发电机分瓣式定子样机订单。

本月 由济南市商务局主导，山东公司（理事长单位）、力诺集团（执行秘书长单位）、中国重汽集团、鲁电集团等11家企业发起成立的中国（德国）欧洲境外企业联盟揭牌仪式在德国法兰克福举行。

7 月

1日 中国中车与中国诚通、中企万博等企业在莫斯科郊外五一村的中共六大会址，举行中国共产党建党97周年和中共六大召开80周年主题党日活动。

2日 中车集团党委副书记、董事、总经理，中车股份党委副书记、执行董事、总裁孙永才会见到访的洛阳市市长刘宛康一行，双方就打造古都洛阳、美丽洛阳、智慧洛阳进行交流。

4日 中国中车纪委召开视频会议，传达2018年中央企业纪检监察工作中期推进会议精神，部署纪检监察重点工作。

同日 中车集团党委副书记、董事、总经理，中车股份党委副书记、执行董事、总裁孙永才会见西屋制动法维莱公司全球首席运营官、客运集团首席执行官斯蒂芬·兰邦德·米森，制动与安全集团总裁李连·勒霍，西屋法维莱中国集团总裁崔垚一行。

同日 韩国《京畿日报》、TBS、SBS、MBN、《庆南新闻》《京乡新闻》《韩国经济新闻》等13家韩国主流媒体负责人和记者组成的韩国记者研修团访问中国中车总部。

5日 由中国铁路总公司、科学技术部、北京市政府、天津市政府共同主办的“智能高铁发展暨京津城际铁路开通十周年论坛”在北京举行，中车集团党委副书记、董事、总经理，中车股份党委副书记、执行董事、总裁孙永才应邀出席，并在“高铁国际合作”圆桌论坛上发表演说。

6日 国家体育总局局长苟仲文考察二七机车公司，并与中车集团党委副书记、总经理，中车集团党委副书记、董事、总经理，中车股份党委副书记、执行董事、总裁孙永才等就如何利用好公司资源服务北京冬奥会进行交流研讨。

9日 在中国总理李克强和德国总理默克尔的见证下，中车集团党委副书记、董事、总经理，中车股份党委副书记、执行董事、总裁孙永才与德国福伊特集团总裁沙乐·斯蒂芬签署《中国中车股份有限公司与福伊特驱动有限公司合作协议》。

同日 中国中车与德国蒂森克虏伯集团签署谅解备忘录，双方将针对智能交通、电磁技术、环境保护和清洁能源领域的技术应用展开研发合作。

10 日 中车集团党委副书记、董事、总经理，中车股份党委副书记、执行董事、总裁孙永才在德国参加第九届中德经济技术合作论坛期间，赴德累斯顿考察中德轨道交通技术联合研发中心慰问中外籍员工，并到德累斯顿工业大学参观轻量化学院及实验室。

16 日 中车集团党委副书记、董事、总经理，中车股份党委副书记、执行董事、总裁孙永才会见到访的湖南省国资委党委书记张剑飞、株洲市委书记毛腾飞一行，双方就进一步推动中国中车在湖南省产业的发展，尤其是在株洲地区的产业拓展、时速 160 公里中低速磁浮建设、轨道交通创新机制建设以及 IGBT 二期建设等问题交换意见。

17 日 国务院国资委公布 2017 年度中央企业负责人经营业绩考核 A 级企业名单，中国中车连续 7 年获评 A 级。

17—20 日 中国中车在长春召开中车相关方安全管理现场研讨会。

23—24 日 中国中车召开 2018 年城市业务工作会议和城轨技术创新发展研讨会。

31 日 中国中车召开视频会议，部署 2018 年生态保护污染防治工作及安全生产工作。

本月 太原公司与印尼美嘉集团（MGGS）在印度尼西亚首都雅加达签订总价超过 2.1 亿美元的印尼中加里曼丹省运煤专线铁路煤炭货运车辆 2589 辆及维修设备项目销售合同。

本月 由中车电动与新西兰当地整车企业合作生产的纯电动双层巴士车队上线，上线仪式在新西兰议会大厦举行。新西兰代理总理 Winston Peters、环境部部长 Hon David Parker、运输部副部长 Julie Anne Genter、大惠灵顿地区市政府代表等出席活动，并与嘉宾一起体验新型纯电动双层巴士。

本月 四方所在西班牙首都马德里与 PATENTES TALGO S.L.公司签署 F070 动车组信息娱乐系统批量订单和未来 10 年的战略合作协议。

8 月

3 日 中车集团党委书记、董事长，中车股份党委书记、董事长、执行董事刘化龙到贵阳公司和南方汇通公司调研指导党建工作和国资委政治巡视问题整改进展情况。

6 日 中国铁路北京局集团有限公司与长客股份公司、四方股份公司、唐山公司联合体签订配件管理中心合作协议，中车北京区域配件管理中心全面开启。

7—9 日 中车集团党委副书记、董事、总经理，中车股份党委副书记、执行董事、总裁孙永才到齐车集团及所属黑龙江子企业调研并与各企业领导班子座谈。

7 日 中国中车党委 2018 年第二轮巡视工作启动会在中车总部召开。

8 日 中国国际招标网发布中标通知，时代电气获郑州轨道交通 4 号线牵引系统采购项目订单，订单总金额超 1.8 亿元。

9 日 中车货车提质增效对标会在眉山召开，研商货车系统持续协调发展、提质增效事宜。

14 日 中车集团党委书记、董事长，中车股份党委书记、董事长、执行董事刘化龙会见到访的德勤公司全球主席柯睿尚、中国区主席蔡永忠等一行，并就中国中车如何做好国际化、双方如何在更宽广领域开展合作等进行交流。

同日 全国政协副主席、致公党中央主席、中国科学技术协会主席万钢到四方股份公司视察。

16—17 日 中车集团党委书记、董事长，中车股份党委书记、董事长、执行董事刘化龙到齐车集团及齐车公司调研指导货车子集团改革、企业党的建设、巡视整改等工作。

24 日 中国中车巡视整改推进会暨

2018 年经营管理工作会以视频会议的形式召开，主要内容包括巡视问题整改、执纪监督问责、企业经营管理和改革发展等方面。

27—28 日 中车集团党委副书记、董事、总经理，中车股份党委副书记、执行董事、总裁孙永才一行到麦积区和甘谷县，就进一步做好精准扶贫工作开展调研。

28 日 甘肃省天水市甘谷县六峰镇“扶贫车间”加工的 8000 套工装交付中国中车。

29—30 日 中国中车 2018 年战略发展和投资管理工作会在北京召开。

30 日 中车集团党委书记、董事长，中车股份党委书记、董事长、执行董事刘化龙在中车总部会见三菱电机株式会社资深顾问久木田崇彰、三菱电机（中国）公司董事长兼总经理富澤克行一行，双方就中国制造 2025、轨道交通及智能化领域进行交流。

同日 以驻意大利大使李瑞宇为团长的中国外交部驻外使节团一行 32 人到齐车集团核心子企业齐车公司考察。

本月 时代新材研制的一款超低硬度大尺寸隔震支座，在潍坊妇女儿童健康中心投入应用。

本月 长江公司与中铁加仑液化天然气物流股份有限公司签订 40 英尺“铁公水”联运 LNG 罐式集装箱订单，合同总金额约 25 亿元。

本月 国家标准化委员会发布国家标准公告，株洲所研究院主持制定的轨道交通电磁兼容国家标准（GB/T 24338）发布。

本月 马来西亚中资企业协会在吉隆坡洲际酒店召开 2018 年会员表彰大会，吉隆坡中车维保有限公司获 2017 年度热心公益奖。

9 月

2 日 中车集团党委副书记、董事、总经理，中车股份党委副书记、执行董事、总裁孙永才出席在西安举行的 2018 中国 500 强企业高峰论坛——中国 500 强发布全体大会时表示，“中国中车坚持五个‘聚焦’，大力推动高质量发展，加快培育具有全球竞争力的世界一流企业。”

6—7 日 中车集团党委书记、董事长，中车股份党委书记、董事长、执行董事刘化龙到广西壮族自治区百色市靖西市、那坡县调研定点扶贫工作。

7 日 由长客股份公司研制的复合材料轻轨车——武汉东湖“光谷量子号”，在长春轨道交通展上首次面向公众展出。

8 日 由中国中车、中国城市轨道交通协会共同主办的 2018 中国永磁驱动技术研讨会在株洲召开，会议围绕“现代交通的永磁时代”主题，探讨永磁驱动技术发展方向、应用领域，推动行业发展和技术进步。

11 日 中车集团党委副书记、董事、总经理，中车股份党委副书记、执行董事、总裁孙永才到工程公司承建的台州市域铁路 S1 线一期工程施工现场考察。

17 日 中车集团党委副书记、董事、总经理，中车股份党委副书记、执行董事、总裁孙永才到博戈公司总部达默考察。

18 日 在德国举行的柏林国际轨道交通技术展（Inno Trans 2018）上，中车正式发布新一代碳纤维地铁车辆“CETROVO”，唐山公司首次向全球推出最高时速 500 公里的可变编组动车组概念车。

19 日 中英轨道交通联合研发中心 2018 年首批启动项目签约仪式在德国柏林轨道交通技术展览会中国中车展台举行。

同日 两年一度的世界轨道交通座次表公布，中国中车再列首位。

同日 柏林国际轨道交通技术展期间，中国中车举行主题为“创新、节能、绿色”的 MR（虚拟混合现实技术）发布会，推出为德国 DB（德国联邦铁路公司）定制的调车机车。

20 日 在第 67 届德国汉诺威商用车展上，中车电动以“Smarter mobility with CRRC

智行未来”为主题，发布全新一代搭载“超能电机”的智能化新能源客车——“新巴客”。

21 日　中国中车党委以视频会议方式召开中国中车第三次干部警示教育大会。

26 日　中共中央总书记、国家主席习近平到齐车集团视察并指出，装备制造业是国之重器，是实体经济的重要组成部分，要把握优势，乘势而为，做强做优做大。当前，国家正在推进高质量发展，建设“一带一路”，正是装备制造业大有可为之机，要继续练好“内功”，继续改革创新，确保永立不败之地、永远掌握主动权。

27 日　中国中车召开党委常委扩大会议暨党委理论中心组学习，专题传达学习贯彻习近平在齐车集团视察时的讲话精神，班子成员分别从自主创新、改革发展、振兴老工业基地、“一带一路”倡议、国际化进程等方面，谈了学习习近平讲话精神的体会。

本月　中国中车与中国农业发展银行签署战略合作框架协议，双方将在生态环境与保护、农村人居环境改善、美丽乡村建设等方面开展合作。

本月　首届中国国际智能产业博览会在重庆举行，四方所联合长客股份公司代表中国中车参展，展示轨道交通智能运维系统和智能检修系统、基于卫星通信的“智慧车窗”“魔镜”等技术。

10　月

12—17 日　第五个国家扶贫日期间，“天鹅计划”——中国中车定点帮扶地区优秀乡镇干部领导力提升培训在中车大学举行，来自广西百色及甘肃天水下属市县的 40 名乡镇干部参加培训并顺利结业。

12 日　在第二届中国服务型制造大会开幕式上，工业和信息化部发布国家第二批“服务型制造示范企业”名单，大连电牵公司凭借“全生命周期管理”和“总集成总承包服务”的示范模式获国家级“服务型制造示范企业”称号。

13 日　中车集团党委书记、董事长，中车股份党委书记、董事长、执行董事刘化龙陪同国务院国资委主任肖亚庆到中车位于南非比勒陀利亚的合资工厂考察。该合资厂由株机公司与南非 Transnet 集团共同建立，在南非当地化制造机车电机和变流系统。

同日　中车集团党委副书记、董事、总经理，中车股份党委副书记、执行董事、总裁孙永才到工程公司承建的重庆轨道交通 4 号线一期工程施工现场调研并与该公司领导及员工代表座谈。

14—16 日　中国中车党建“金名片”建设项目调研推进会在西安召开。

23—24 日　由中国交通运输协会、中国集装箱行业协会联合主办，长江公司、中国交通运输协会联运分会联合承办的“多式联运技术装备创新论坛”在湖北武汉召开。其间，全体与会代表到长江公司多式联运装智能空轨集疏运系统现场观摩交流。

25 日　中车集团党委书记、董事长，中车股份党委书记、董事长、执行董事刘化龙在总部接见中国中车出席中国工会第十七次全国代表大会的代表并作重要讲话。

同日　中国中车党委巡视整改督导检查启动会在总部召开。

26 日　中车集团党委副书记、董事、总经理，中车股份党委副书记、执行董事、总裁孙永才到中国工程院考察，并与中国工程院副院长钟志华等会谈，双方就智能交通与新能源商用车大轿车、专用车产业进行深入交流。

同日　株机公司与土耳其伊斯坦布尔市政府签订总金额 5 亿美元的铰接式轻轨车辆合同。

31 日—11 月 1 日　中车集团党委书记、董事长，中车股份党委书记、董事长、执行董事刘化龙到株机公司、株洲所、株洲电机公司考察。

本月 在《财富》(中文版)发布的“最受赞赏的中国公司”榜单上，中国中车位居中国中央企业首位、中国制造业行业首位。

本月 株洲所与鲁尔大学在德国波鸿共建的“轨道交通先进电力电子与智能控制技术联合研究实验室”揭牌。

本月 株洲所时代电气国产化 HXD1 机车自动驾驶技术研究技术通过中国铁路西安局集团有限公司组织的评审，首次实现国内“零速起车”到“停车到零”的正线货运机车自动驾驶应用。

11 月

4 日 四方有限公司与孟加拉铁道部签署 200 辆米轨客车合同。

5 日 2018 年度全国企业文化建设峰会在陕西西安召开，株洲电机公司获“全国企业文化建设先进单位”称号。

6 日 印尼国家铁路公司正式签发 276 辆铁路货运平车招标项目中标通知书，长江公司首次中标印尼铁路货车整车订单。

7 日 中国中车交易分团签约仪式在上海国家会展中心举行，中国中车旗下 12 家子公司与 32 家境外合作伙伴签署 41 份采购协议。

7—10 日 中车集团党委副书记、董事、总经理，中车股份党委副书记、执行董事、总裁孙永才到中国中车驻广东有关子企业和城轨地铁基地考察，并走访广铁集团、广州市政府和广州地铁公司。

8 日 中车集团党委书记、董事长，中车股份党委书记、董事长、执行董事刘化龙应邀到中央党校，为省部级干部推动科技强国建设专题研讨班授课。

9—11 日 “2018 世界内燃机大会暨展览会”在无锡举行。大连中车柴油机公司作为内燃机学会常务理事单位受邀参会，并首次发布具有世界领先技术水平的 D180-16V 高速发动机。

15 日 长江公司收到智利客户中标函，获 158 辆平车、80 台转向架的市场订单。

19 日 国家交通运输部副部长刘小明到长江集团、长江公司调研。

20—21 日 中国中车 2018 年度科技创新工作座谈会在青岛召开。

23 日 2018 年中国优秀工业设计奖颁奖典礼在武汉举行，唐山公司工业化平台动车组获“2018 年中国优秀工业设计奖金奖”。

同日 首届中国创新方法大赛总决赛电视擂台赛在长沙举行，株洲所参赛项目“智慧出行之马路上跑火车——中车智轨的跨界创新”获大赛一等奖。

29 日 《人民日报》刊发中车集团党委书记、董事长，中车股份党委书记、董事长、执行董事刘化龙署名文章《科技创新引领高质量发展——中国轨道交通装备科技创新的实践与思考》，全面回顾总结了改革开放 40 年来中国轨道交通装备科技创新的方法论和系统思维，深入阐述了交通轨道科技创新对行业和社会所作的突出贡献，提出了对建设交通强国、科技强国的思考和建议。

本月 中国产学研联合促进会公布 2018 年中国产学研合作创新成果获奖名单。株洲电机公司《大型直驱永磁风力发电机设计与控制关键技术及工程应用》项目获中国产学研合作创新成果一等奖。

本月 株洲电机公司旗下江苏中车电机公司在第三届中国海上风电大会暨风电电气装备高峰论坛上获“2018 中国海上风电智能化创新奖”。

本月 以戚墅堰公司为主要编制单位完成的国际标准 ISO 17599：2015《技术产品文件 机械产品数字样机通用要求》获 2018 年度中国标准创新贡献奖一等奖。

12 月

3 日 四方股份公司与中国中铁·中航国际联合体签署埃及斋月十日城市郊铁路项

目车辆供货合同，包括22列（132辆）市域动车组及12年维保服务。

4日 中国中车召开首次统战工作座谈会，并在会上举行了首个党外高级知识分子工作室——冯江华工作室揭牌仪式。

同日 2018年交通运输行业重点科研平台主任联席会议在南京召开，长江公司"多式联运智能空轨集疏运系统关键技术装备研发及应用"获评"2018年交通运输行业重点科研平台十大技术突破"。

5日 中车集团党委书记、董事长，中车股份党委书记、董事长、执行董事刘化龙到香港慰问四方股份公司、长客股份公司驻港售后服务团队。

6日 中车集团党委书记、董事长，中车股份党委书记、董事长、执行董事刘化龙到香港公司和香港资本公司考察。

7—8日 中国中车在北京召开战略务虚会暨工作研讨会。

10日 由中国铁道学会和中国中车主办、长客股份公司承办的"中国铁道学会轨道交通装备分会成立大会暨轨道交通装备故障预测与健康管理技术论坛"在长春举行。

12日 中车集团召开领导班子见面会，国资委企干二局局长姜维亮宣布王铵任中车集团党委常委、纪委书记。

同日 由中宣部（国务院新闻办）、国务院国资委指导，中国外文局主办的2018·中国企业海外形象高峰论坛在北京举行，首届国企海外形象建设优秀案例评选活动结果在论坛上揭晓，中国中车"波士顿地铁项目传播案例"获评第一名。

同日 "2018中国金融机构金牌榜·金龙奖"颁奖典礼在北京举行，财务公司获"年度最佳财务公司"奖项。

18日 庆祝改革开放40周年大会在北京人民大会堂举行，中车集团党委副书记、总经理，中车集团党委副书记、董事、总经理，中车股份党委副书记、执行董事、总裁孙永才作为"改革先锋"（100名）在大会上受到表彰，并获评"'复兴号'高速列车研制的主持者"称号。

21日 中国中车与中国一汽在北京签署战略合作协议，双方以新能源汽车领域合作为契机，建立长期战略合作伙伴关系。

23日 央视新闻频道《面对面》栏目播出改革开放40周年100人——中车集团党委副书记、董事、总经理，中车股份党委副书记、执行董事、总裁孙永才专访。

25日 中国中车党委以视频会议方式召开中国中车第四次干部警示教育大会。

27日 中车集团党委书记、董事长，中车股份党委书记、董事长、执行董事刘化龙到天津公司考察。

28日 中车集团党委副书记、董事、总经理，中车股份党委副书记、执行董事、总裁孙永才应邀在清华大学作题为《装备强国 产业报国 勇担中华民族伟大复兴中国梦的"火车头"》的演讲。

29日 中车集团党委副书记、董事、总经理，中车股份党委副书记、执行董事、总裁孙永才作为受邀嘉宾参加由中国科协、人民日报共同主办的"礼赞·科学家精神"中国科协甲子华诞特别奉献专题活动。

本月 在第二十届中国专利奖获奖名单中，中国中车获得1项金奖、4项银奖、10项优秀奖，获奖数量创历史之最。至此，中国中车共获专利金奖7项、银奖4项、优秀奖56项，获奖数量排名全国第二。

〔办公厅（股份办公室、外事办、扶贫办）供稿〕

概况

本栏编辑　程伯瑶

行政工作

党群工作

2018 年末中国中车集团有限公司组织机构图

2018 年末中国中车集团有限公司高、中层领导

2018 年末中国中车股份有限公司高、中层领导

行政工作

【概述】　2018年，是全面贯彻中共十九大精神的开局之年，是中国中车贯彻落实习近平总书记视察中车重要指示精神和政治巡视整改要求的重要一年。9月26日，习近平总书记视察齐车集团时指出，装备制造业是国之重器，是实体经济的重要组成部分，国家要提高竞争力，要靠实体经济，齐车要乘势而为、乘势而上，加强自主创新，练好内功，不断推出新技术、新产品、新服务，永远掌握主动权，不断做强做优做大。这是新中车成立以来，习近平总书记第三次视察中车，充分体现党和国家对中国中车发展的关怀和厚望。中国中车认真贯彻落实习近平总书记的重要指示精神，主动服务国家战略，提出交通强国、装备支撑，全面深化改革，推动创新发展，打造国之重器，塑造“国家名片”，开启了高质量发展的新征程。

中国中车坚持新发展理念，以“双打造一培育”为战略目标，围绕“13156”经营工作思路，着力构建“五大业务”，全力推进“十大任务”。以全面预算管理为主线，建立六大类提品质指标，统筹推进提质增效活动，实现经营品质新提升。坚持实施创新驱动发展，不断完善科技创新体系、科技管理体系，时速350公里长编“复兴号”动车组，时速250公里、时速160公里、17辆编组超长版“复兴号”动车组相继投入运行，“复兴号”动车组形成谱系化，时速350公里“复兴号”高速动车组登列中国工业大奖榜首，习近平总书记两次称赞“复兴号奔驰在祖国广袤的大地上”“复兴号高速列车迈出从追赶到领跑的关键一步”。坚持人才强企理念，至年末拥有一支由14名中车科学家、77名首席技术专家、467名资深技术专家、2248名技术专家为核心的技术人才队伍。国企改革“双百行动”快速推进，综合改革方案全面启动，混合所有制改革稳步实施并取得积极进展。坚持提升管理效能，开创经营管理新局面。持续拓展产业空间、开辟经营领域，切实推进相关多元产业发展。积极参与“一带一路”建设，持续耕耘海外市场，高端装备在发达国家实现由产品合作转向“产品+技术+服务+资本+管理”的全方位合作。年内，中国中车位居《财富》世界500强第385位，在《财富》（中文版）发布的“最受赞赏的中国公司”榜单上，中国中车位居中国中央企业首位、中国制造业行业首位；入榜“中央企业品牌传播力十强”，在责任承担与形象塑造、知名度、美誉度、正面信息发布等指标上位居央企首位，在“正能量活动参与排行榜”“品牌溢价排行榜”“微信传播力排行榜”等榜单上也位居央企前列；再次位居两年一度的世界轨道交通座次表首座；在“2018中国品牌价值评价信息发布会”上，中国中车品牌价值位居制造业之首、中国品牌百强榜前列。

【经营业绩】　面对复杂多变的内外部形势，中国中车及所属子企业直面困难，以全面预算管理为主线，建立六大类提品质指标，统筹推进“1+12”提质增效活动，经营业绩保持稳中有进、稳中向好态势。全年，中车集团实现营业收入2293.5亿元，同比增长6.0%；实现利润总额120.1亿元，同比降低约3.6%（剔除两个二七疏解非首都功能相关费用影响因素，利润总额为143.9亿元）。中车股份实现营业收入2190.83亿元（年报数据），增幅为3.82%；实现归属于母公司所有者的净利润113.05亿元，增幅为4.76%。

年末，中车股份合并资产总额为3575.23亿元，降幅为4.71%；所有者权益为1496.85亿元，增幅为5.47%；资产负债率为58.13%，较年初下降4.05个百分点。

根据所属企业2018年经营指标完成情况，按照《中国中车所属企业负责人表彰奖励暂行办法》，授予株机公司、大同公司、长客股份公司、四方股份公司、唐山公司、眉山公司、山东公司、西安公司、株洲所、四方所、永济电机公司、株洲电机公司、财务公司和中车置业14家企业“突出贡献奖”，大连公司、浦镇公司2家企业“特别贡献奖”，戚墅堰公司、广州公司、齐车公司、长江公司、贵阳公司、戚墅堰所和中车金控7家企业“突出进步奖”。为了强化“同一个中车”意识，激发各企业深化改革、协同创新的积极性，特设“改革重组攻坚奖”和“协同创新专项奖”，并进行表彰。

【产业与市场拓展】 按照核心、支柱、支撑、平台、培育五大业务方向，着力开拓市场，全年新签市场订单3485.96亿元，同比增长2.18%；累计在手订单达到2741.61亿元，同比增长12.71%。

积极参与“一带一路”建设，持续拓展海外市场，成功开辟哥斯达黎加市场、签约新加坡地铁翻新项目，年内签约62.63亿美元，同比增长10.19%。公司首批在北美本土化生产的橙色地铁下线，中国高端装备在发达国家实现由产品合作转向“产品+技术+服务+资本+管理”的全方位合作。

核心业务稳步增长，国铁市场实现向“制造+服务”转变，武汉、北京、沈阳等配件中心投入运行，战略性采购、高级修合作等项目加快推进，承建的第一个地铁系统重庆轨道交通四号线一期工程具备开通试运营条件。支柱业务成绩显著，中标江苏靖江等污水治理PPP项目8个，总投资额56.05亿元，首台国产净化槽成功下线；实施新能源汽车并购整合，新能源商用车业务规模与效益持续增长，位居行业第五。支撑业务取得突破。乘用车电驱系统订单批量增长，成功进入一汽、东风等大客户供应商名录；汽车IGBT批量应用；特种变压器市场首次进入船舶工业领域；全球首条智轨快运系统示范线在株洲开通运行。平台业务作用显现，产融平台持续发力，管理基金规模超过209亿元，撬动社会资本149亿元，撬动社会资本比例接近1:2.5，以基金撬动社会资本的杠杆率具有明显优势，支持了主业发展；不动产经营平台建设全面加快，低效无效资产处置积极推进，退城入园土地盘活取得良好收益。培育业务发展迅速，数字化产业开始布局，数字化公司筹建取得实质性进展；智慧物流产业在中车产业链中得到广泛推广应用；获得工信部批复立项7个智能制造项目，两化融合发展指数达到79.5。

【改革与发展】 快速推进国有企业改革“双百行动”，综合改革方案全面启动，齐车集团、长客股份公司、株洲电机公司、株洲所入选国务院国资委“双百行动”企业名单，入选数量排名中央企业第一。实施混合所有制改革，着力推进产投公司混改，新增完成11户各级次混合所有制企业。“压减”“处僵治困”专项工作提前一年完成国资委“压减”任务，累计减少法人户数107户，2家“僵尸企业”和24户特困企业达到国资委治理完成标准，亏损企业户数和亏损金额分别下降22.86%和23.54%。牵引系统和新材料整合工作正式启动，南口公司与福伊特两个合资公司注册运营，探索出特困企业治理新模式。内部业务重组整合取得阶段性成果，齐车集团、长江集团正式组建并开始运作，为后续改革推进提供了参考样板；有序推进金融、类金融企业重组，改革重组的内生动力不断得到释放。

【科技创新】　坚持创新驱动，科技创新能力进一步增强，时速350公里长编“复兴号”动车组，160公里动力集中动车、17辆超长编组动车组等相继投入运行，“复兴号”动车实现谱系化发展；承担的7个“先进轨道交通”重点专项任务共计11个定向项目取得阶段性成果，“高速列车转向架用轴承核心关键技术”“高速列车用IGBT芯片核心关键技术”两个重大攻关项目开始实施；自主研发能力持续提升，京张智能动车组样车研制完成，全球首辆全碳纤维复合材料地铁车体研制成功，时速160公里快速磁浮列车、国内最大马力的深海机器人等新产品先后下线。持续完善“开放、协同、一体化、全球布局”的科技创新体系、科技管理体系，国家高速列车技术创新中心建设积极推进，蒂森克虏伯磁技术研究室入驻国家高速列车技术创新中心，轨道交通国家工程实验室等三个项目开工建设，国家高速列车产业计量测试中心正式获批筹建；土耳其、南非两个海外技术研发中心实现挂牌，海外研发中心数量达到15个，海外研发资源整合利用能力不断增强。推进互联网、大数据、人工智能和实体经济深度融合，智能制造项目取得积极进展，智慧物流在产业链中广泛推广应用。全年，科技投入占比5.3%；中国中车申请专利3006项（发明专利2103项），其中中车股份专利授权总数为2497项（发明专利授权数量为1145项），海外专利授权数量为60项，专利奖获奖数量再创历史新高；获得专利金奖1项，银奖4项，优秀奖10项，累计获奖量全国排名第二，工业化平台动车组获中国优秀工业设计金奖。

【管理提升】　贯彻落实和承接国家战略，完成“十三五”发展战略规划的优化。深化全面战略性合作，拓展中国中车产业发展和资源协同空间，新中车成立以来累计签订战略合作协议超过100份。基本完成两个二七公司业务转移和资产处置，“非首都功能疏解”实现阶段目标。推进“三供一业”分离移交，完成29个项目协议签订。坚决打好三大攻坚战，建立健全风险管控机制，加大各类风险化解力度，着力防范融资性贸易风险，确保企业风险总体可控。实施精准扶贫，全年累计投入定点扶贫资金1400余万元。实施污染专项整治工作，助力打好蓝天、碧水、净土三大保卫战。推进精益生产、精益管理，持续提升管理水平。发布并全面贯彻实施可复制、可移植、可评价的“中车Q”质量管理标准，确保铁路安全有序运营，产品质量保持稳定，动车组等产品故障率显著下降。中车总部实行全员竞聘上岗，职能进一步优化。深化劳动、人事、分配三项制度改革，进一步释放人力资源活力。落实安全生产责任制，进一步加强安全管理。坚持依法治企，进一步健全完善法律制度体系。

【外事工作】　成立党委领导下的外事工作领导小组，全面加强党对外事工作的集中统一领导和统筹协调。以外事计划和预算管理为主线，推进外事管理体系规范建设，构建起与企业经营高度融合的外事管理体系；完善外事管理信息化系统，持续打造业务全方位、员工全覆盖、流程全闭环的外事管理信息化平台。修订《中国中车涉外突发事件应急预案》，增强公司相关人员涉外风险防范能力。印发《关于进一步加强因公出国（境）管理工作的通知》《因公出国（境）团组申报工作要求》《中国中车因公出国（境）人员保密承诺书》，从工作流程上规范和强化对因公出国（境）人员审查和教育工作，重点突出外事、保密、领事安全、反间防谍等方面内容，提高风险防范意识。编制《外事管理工作手册》，指导所属单位外事部门开展工作，为“走出去、走进去、走上去”提供“快捷、顺畅、安全”的服务。全年，完成因公出国（境）3502 个团组 16423 人次的审核、批件和证照的办理工作，完成邀请来华 321 个团组 797 人次的审核和邀请函办理工作；新办理护照 3566 人、港澳通行证 348 人，管理在库有效因公证照 17528 本、因私证照 693 本。

〔办公厅（股份办公室、外事办、扶贫办）供稿〕

党群工作

【概述】 2018 年，中国中车党委深入学习贯彻习近平新时代中国特色社会主义思想和党的十九大精神，深入贯彻落实习近平总书记视察中车重要指示精神，牢牢把握新时代党的建设总要求，全面落实全国国有企业党的建设工作会议精神和中央企业党建质量提升年各项部署，以政治建设为统领，以提质换挡为主线，以党建“金名片”为目标，以党建工作责任制为抓手，以政治巡视为动力，抓重点、补短板、强弱项，巩固深化成果，实施新时代高铁先锋工程，深化党风廉政建设和反腐败斗争，以一流党建工作引领企业高质量发展。

【党中央决策部署贯彻落实】 印发《关于深入学习宣传贯彻党的十九大精神的通知》，组织开展习近平新时代中国特色社会主义思想和党的十九大精神学习贯彻和落实工作。依托中车党校和各类党性教育资源，中国中车党委和所属企业党委分层次、多形式、全覆盖组织开展中共十九大精神专题学习培训。集团层面集中组织八期专题培训，覆盖总部副处长以上人员和所属企业领导班子成员；举办四期党支部书记示范培训及党群干部专题培训。总部机关党委组织党员干部在延安、井冈山举办两期“不忘初心、牢记使命”主题党性教育培训。开展了“学宪法党章、做优秀员工”知识竞赛活动。各级党组织以“不忘初心、牢记使命”为主题，组织党员干部教育培训。及时召开党委常委（扩大）会、党委中心组集中学习会，深入落实习近平总书记视察齐车集团重要指示精神，牢固树立“四个意识”，切实增强“四个自信”，坚决做到“两个维护”，在全集团掀起学习宣传贯彻热潮。研究制定《关于深入贯彻落实习近平总书记重要指示精神推动中国中车实现高质量发展的决定》，从 8 个方面明确 32 条贯彻落实措施，全面落实新发展理念，打好三大攻坚战，推动创新驱动发展，努力把习近平总书记对中车的关心关怀转化为促进企业发展的强大动力。

【国资委党委决策部署贯彻落实】 学习贯彻国资委党委关于中央企业改革发展和党的建设各类会议精神，积极落实国资委党委关于中央企业党建质量提升年的部署要求，围绕国资委提出的年度党建 23 项重点工作，印发《中国中车 2018 年度党委工作要点》，深入实施推进“提质换挡”年 8 个方面 30 项工作。组织召开合资企业、非制造业企业党建工作座谈会，指导合资企业、非制造企业提升党建工作水平，并初步制订《合资企业党建工作指导意见》。坚持和完善《中国中车基层党组织书记述职评议制度》，对石家庄公司等 16 家单位党委书记抓党建工作进行述职评议。修订印发《中国中车党建工作责任制考核评价暂行办法》，考评结果与各企业领导班子成员基本年薪挂钩；首次对所属 44 家企业党建工作进行全面检查，及时发现问题，查找短板，以考促建。

【政治巡视和整改】 4月4日—6月10日，国资委党委对中国中车党委进行巡视，全级次380家企业接受“政治体检”。7月25日，国资委党委第三巡视组反馈巡视意见。中国中车党委从政治的高度和发展的深度认识和深刻把握巡视整改要求，从思想上、政治上、行动上、方法上、机制上、执行上找差距、挖“病根”。坚持把抓好巡视整改作为践行“两个维护”的具体行动，先后8次召开党委常委会专题研究巡视整改工作，召开全系统巡视整改推进会部署巡视整改任务，将巡视组反馈的6个方面意见细化为70项具体问题，制订146条针对性整改措施。建立巡视整改统筹推进机制，印发《整改目标任务书》，层层传导压力、层层压实责任。落实党委主体责任、党委书记第一责任、领导班子成员“一岗双责”、纪委监督责任，印发《领导班子成员联系企业包保制度》，建立“包企到人、包保到底”的巡视整改督导机制；中国中车研究制订10项整改决议，全级次企业制订3100余项整改决议。坚持“日常督导”和“专责督查”结合，成立4个督导检查组，督促检查巡视整改推进情况；分两轮对6家企业开展内部巡视。坚持“挂账销号”与“动态报告”结合，建立巡视整改“四本账”，整改完成一项，审核销号一项，年内应完成整改措施102项，实际完成95项，完成率达93.13%。深入推进制度“废改立”专项整治，全年废止制度1241项，修改制度5543项，新建制度3761项。

【党建重点任务】 着力打造中车党建“金名片”，印发《关于实施新时代高铁先锋工程，打造中国中车党建“金名片”的指导意见》《关于打造中国中车党建“金名片”创建党建品牌的实施方案》，全面启动新时代高铁先锋工程，深入开展“擦亮金名片，做好中车人”主题活动和“我带头、我担当、我争先，为‘金名片’添光彩”专项活动。推行党建基础工作标准化建设，在唐山公司、大同公司、山东公司等企业党委试行党建质量体系认证和四方股份公司等企业制定《标准化党支部建设指导意见》的基础上，启动实施基层党建工作规范化、标准化研究，初步形成中国中车《党支部工作记录本》和《党支部工作实用手册》。

【“三基建设”工作】 加强基本组织建设。落实“四同步、四对接”要求，根据产业结构、产权关系变化，推动党组织应建必建、应建尽建。调整株机公司与洛阳公司等11家子企业党组织隶属关系，撤销北车海工党工委，成立齐车、长江两个子集团党委；有序推进沈阳公司、四方股份公司等企业党委换届选举，年内有10家子企业完成换届选举工作。严肃党内政治生活，召开两级领导班子民主生活会，班子成员严肃认真开展批评与自我批评。落实组织生活会、谈心谈话、“三会一课”等基本制度。开展民主评议党员工作，全系统98%的党员被评为优秀、合格等次，8名不合格党员受到相应组织处置和纪律处分。深入开展创先争优、创岗建区活动，探索“万万千”、可视化党建、协同化党建、“互联网+”党建、精益双目标等党建工作特色品牌。加大先进典型选树培养和宣传推广力度，组织开展“一先两优”评选表彰，年内表彰先进基层党组织71个。

加强基本队伍建设。按照精干高效和有利于加强党建原则设置党委工作机构、配备党务力量，总部党群部门增员7人。开展党员教育和党组织书记培训，举办4期优秀基层党支部书记培训示范班，13期党办主任、组织部长、宣传部长、群团干部等专题培训。做好发展党员工作，按照控制总量、优化结构、提高质量、发挥作用“16字”总要求，全年发展党员1227人，其中女党员230人，占 18.7%；少数民族党员 50 人，占 4%；35 岁及以下党员 929 人，占 75.7%；具有大专及以上学历的党员 1050 人，占 85.6%。

加强基本制度建设。制定《中国中车党委规范性文件合法合规性审查办法》《中国中车领导班子成员联系企业包保制度》《中国中车集团有限公司党费收缴、使用和管理办法》《中国中车党委主体责任清单》《中国中车党委班子成员“一岗双责”责任清单》等基层党建制度，确保基层党建工作有章可循、有规可依。

【重大决策参与】 把加强党的领导和完善公司治理统一起来，健全党委会、董事会、经理层议事规则，建立党委会议事清单，明晰党委与其他治理主体权责边界。落实国资委关于“三重一大”信息化监管系统建设要求，建立监管系统并完成数据录入。坚持民主集中制，围绕企业发展战略、改革措施、安全生产、干部调整、组织建设、宣传思想、党风廉政、企业文化等涉及企业改革发展和党的建设的重大事项，发挥党委把关定向作用，全年召开党委常委会议 34 次，研究审议各类议题 339 项。推进所属企业党建工作总体要求纳入公司章程，境内 289 家企业全部完成章程修订，完成率达 100%。注重加强与股东沟通，完成相对控股企业党建进章程。

【领导班子和人才队伍建设】 按照新时期好干部标准和国有企业领导人员“20 字”要求，深入贯彻《中央企业领导人员管理规定》，围绕“政治家+专门家”目标，以“一个内核、三大维度”领导力模型为基础，实施“四层级、阶梯式”领导力开发体系。持续深化“四好”领导班子创建工作，表彰 11 家子公司、80 家基层单位领导班子为 2017 年度“四好”领导班子。持续优化领导班子结构，制定《中国中车所属企业领导人员交流管理办法》，全年调整领导干部 465 人次。深化总部人事制度改革，深入推进实施“两制一契”管理，开展总部中层干部竞争上岗和一般员工重新聘用工作；进一步扩展选人用人视野，以公开招聘方式为置业公司、金融租赁公司选聘副职领导 2 人。以“高素质、专业化、年轻化”为导向，采取竞争上岗和组织选拔方式，为子公司提拔正职领悟 10 人、副职领悟 35 人。推进实施专职外部董事制度，制定《中国中车所属企业专职外部董事管理办法（试行）》《中国中车集团有限公司派驻所属企业专职外部董事工作细则（试行）》，完善子公司治理结构，10 名专职外部董事派驻 18 家企业。制定《中国中车院士后备人才培养实施方案》，选拔产生 9 名培养人选。加快轨道交通装备领域领军人才的培养，组织 100 余名核心人才参加国家“千人计划”、“万人计划”、“国务院政府特殊津贴专家”和“詹天佑科技奖”、“茅以升铁道工程师奖”等国家级、省部级专业荣誉评选。突出国际化能力培养核心内容，举办重点培训项目 33 期、43 班次，培训 2055 人次。

【宣传思想工作】 修订《中国中车党委理论学习中心组学习制度》，完善学习请假制度，健全学习档案，全年组织党委中心组学习 8 次；建立所属企业党委中心组学习情况定期抽查和通报制度，对学习情况通报 2 次。修订《中国中车集团有限公司意识形态工作责任制实施办法》，落实意识形态工作责任制和网络意识形态工作责任制。创新文化实践载体，策划以“擦亮金名片，做好中车人”为主题的“最美中车人”评选、“品牌文化故事”大赛等，并持续举办“车迷有约 走进中车”活动，加强企业文化建设，深入推进精神文明建设，践行社会主义核心价值观，中车总部参加北京市文明委首都文明单位评选，获“首都精神文明单位标兵”称号，石家庄公司、戚墅堰公司、长客公司等 13 家子企业获“全国精神文明单位”称号。围绕企业改革发展和生产经营中心工作开展形势任务教育，组织“擦亮金名片，做好中车人”主题活动，编印《打造受人尊敬的国际化公司》和《高铁工人精神》“打造中车金名片”系列丛书。围绕改革开放40年、“一带一路”建设、首届中国国际进口博览会、高铁十年、“两会”重点选题、五一劳动节先进人物、国庆重点宣传、精准扶贫、“国企开放日”等，适时开展新闻宣传工作。积极参与国家自主品牌展览会、柏林轨道交通技术展览会、中国进口博览会、改革开放40周年成就展等重要展会，传播中车品牌，提升品牌美誉度。借助国资委舆情系统，并与人民网、狮华等多家公关机构建立合作机制，全面加强舆情应对处理工作，妥善处理了境外舆情事件。

【党风廉政建设】 强化纪律教育，注重用身边事教育身边人，组织召开4次全集团干部警示教育大会，点名道姓通报27起违纪案件、涉及42名党员干部。对照“五大问题”，突出“八个坚决”，在全集团开展深入剖析王晓林严重违纪违法案件典型特征，将办案成果转化为提升企业治理效能的专项行动。抓好信访举报受理，做到“件件有着落”，全年全集团共处理信访举报729件次。抓好问题线索处置，做到“件件有结果”，全年全集团共处置问题线索387件。抓好案件查处，全年立案审查86件，纪律处分120人。严肃追责问责，坚持“一案双查”，全年启动问责6起，问责4个集体、6名个人。制定《纪检监察部门践行“四种形态”实施办法》，全年全集团各级纪委在问题线索核查中，共对156人给予提醒谈话、通报批评、诫勉谈话等组织处理后作了结处置。制定《中国中车深入贯彻落实中央八项规定精神进一步加强作风建设的实施细则》，全年立案查处违反中央八项规定精神问题30件，纪律处分44人，组织处理46人；启动问责5件，问责6个集体，6名个人。集中力量抓好国资委党委巡视移交信访举报和问题线索处置，共梳理出问题线索76件，了结65件，立案审查11件。全面启动中车党委新一届巡视，开展2轮、巡视7家子公司。

【群团工作】 工会组织深入开展群众性经济技术创新活动和全员全过程创效活动，激发员工创新意识和创造能力。加强源头参与，完善民主管理，加大对职工代表培训力度，提高职工代表整体素质和参政议政能力。全面启动“擦亮金名片、建设新小家”专项活动，推进各级工会品牌建设，改善基层班组环境。持续推进帮扶救助工作，各级工会共筹集资金3158万元，走访慰问困难员工家庭15816户，一线员工32636人，一线生产班组4572个。年内，有1个企业获得“全国五一劳动奖状”、5人获得“全国五一劳动奖章”、4个车间（班组）获得“全国工人先锋号”、4个集体获得“火车头奖杯”、25名个人获得“火车头奖章”。共青团组织围绕“六位一体”工作格局，按照《关于进一步加强新时代中车党建带团建工作的指导意见》《关于加强和改进新时代中车共青团和青年工作的指导意见》要求，加强团的自身建设，服务企业改革发展，服务青年成长成才。推进“青年大学习”行动，深化“号、手”活动，开展“擦亮‘金名片’，青春勇担当”劳动竞赛，助推企业重点任务完成。评选“十杰”，激励团员青年踊跃投身企业改革发展实践，不断增强团组织的凝聚力和战斗力。全年表彰“五四红旗团委”14个，“五四红旗团支部”41个，“优秀团干部”61名，“优秀团员”62名。

【保密工作】 印发中车2018年保密工作要点，明确22项重点任务。落实保密工作责任制，组织与各一级子公司党委书记、董事长、总经理签订年度《保密工作责任书》，将保密工作纳入绩效考核和企业“四好”班子综合考核评价。印发《关于做好巡视期间保密管理的通知》，制定《中国中车出国团组保密管理规定》，抓住关键时间、关键节点，降低泄密风险和泄密隐患。组织召开国际经营合规及保密工作视频会，贯彻落实中车涉外保密管理二作要求。强化宣传教育，筑牢思想防线，利用“4·15”国家安全宣传日、中车保密管理平台开展保密宣教工作，发布中车保密工作信息、失泄密案例教育、保密资讯 58 篇。开展对标管理，依据《中国中车 2018 年保密调研检查目录》，就涉密人员、载体、部门部位管理等 52 项内容开展保密调研检查，对被检查企业存在的问题和隐患提出整改意见并督促落实。加强队伍建设，组织开展保密和国家安全工作培训，提高中车保密队伍的业务能力。加强文件资料在拟制印制、发送传递、使用保管等环节的保密管理，及时纠正工作中发现的定密不及时、不准确等问题。开展总部领导人员计算机安全检测，配备手机信号干扰仪，订制文件资料待销专用袋，全年销毁内部文件资料 5600 公斤。按照国资委要求，做好普通密码网建设、保密工作总结评价等工作。

〔党委办公室（党委组织部）　供稿〕

2018年末中国中车集团有限公司组织结构图

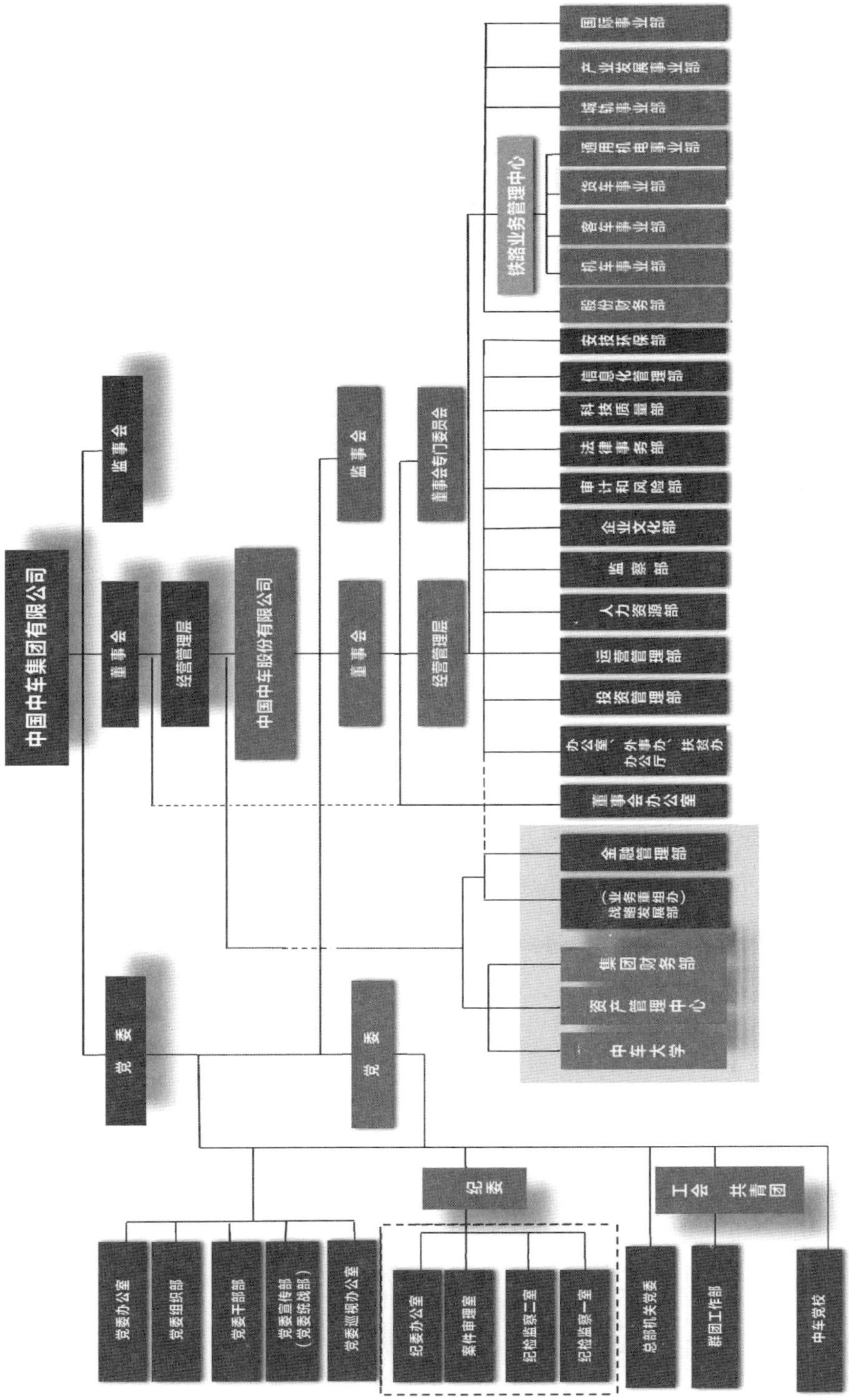

2018 年末中国中车集团有限公司高、中层领导

中国中车集团有限公司党委、纪委领导人员

党 委 书 记　　刘化龙
党委副书记　　孙永才　万　军
纪 委 书 记　　王　铵（12 月任）　陈大洋（12 月免）
党 委 常 委　　刘化龙　孙永才　万　军　詹艳景
　　　　　　　王　铵（12 月任）　陈大洋（12 月免）
　　　　　　　贾世瑞　徐宗祥　魏　岩

中国中车集团有限公司董事会、经理层人员

董事会

董　事　长　　刘化龙
董　　　事　　孙永才
职工董事　　万　军

经理层

总　经　理　　孙永才
副总经理　　贾世瑞　魏　岩

中国中车集团有限公司总师层级人员

总　经　济　师　邵仁强
总法律顾问　陈方平
总经理助理　王宫成
工　会　主　席　邱　伟

中国中车集团有限公司副总师层级人员

纪委副书记　程冬然　姜海洋（8月任）
工会副主席　郭法娥（任至8月）

中国中车党委巡视组组长、副组长

组　　长　王　奇　郝树青
副　组　长　南选义　初　军　郑　平（4月任）
张秀臣（9月任）　高　亢（任至3月）
高永君（任至4月）　陈　雄（任至8月）
那利明（任至8月）

中国中车所属企业专职外部董事

苗永纯（8月任）　林　田（8月任）　郭法娥（8月任）
夏春生（8月任）　闵　兴（8月任）　邹哲贤（8月任）
时景丽（8月任）　朱三华（9月任）　赵　蔚（9月任）
王全乐（9月任）

中国中车集团有限公司总部部门负责人

董事会办公室
（所属企业专职外部董事工作办公室）

主　　任　谭　沐（任至5月）
副 主 任　靳勇刚（主持工作，6月任）
　　　　　梁　军

办公厅（股份办公室 外事办公室 扶贫办公室）

主　　任　何树高
副 主 任　李海林　牛卫东
　　　　　杨英武（11月任）
　　　　　王　勇（任至8月）
　　　　　徐建刚（任至8月）

战略发展部（业务重组工作办公室）

部　　长　梁　兵
副 部 长　曹卫东　巩保欣
　　　　　贾　薇（5月退休）

（业务重组工作办公室）

主　　任　房志坚
副 主 任　阴明月光（5月任）
　　　　　詹余斌　陈建强
　　　　　陈又专（任至3月）
　　　　　马建勋（10月任）

投资管理部（并购工作办公室）

部　　长　赵明德
副 部 长　燕汉民　于彦斌
　　　　　张　纯

（并购工作办公室）

主　　任　徐宗祥（兼，3月任）
常务副主任　陈孝敏（4月任）
副 主 任　沈家骏（3—11月任）
　　　　　陈大勇（3月任）

运营管理部

部　　长　谭　沐（5月任）
　　　　　阴明月光（任至5月）
副 部 长　王志刚（任至10月）
　　　　　向　欣

金融管理部

部　　长　陈　勇

财务部

部　　长　陈　勇（11月任）
　　　　　鄢德佳（任至9月）
副 部 长　冯晋春

人力资源部

部　　长　魏　东
副 部 长　张利明　吴新林
　　　　　郝晓龙
　　　　　刘继斌（任至10月）

监察部

部　　长　姜海洋（兼）

企业文化部

部　　长　高　亢（9月任）
　　　　　曹钢材（任至8月）
副 部 长　高　亢（3～9月任）
　　　　　李　敏

审计和风险部

部　　长　陈震晗（10月任）
　　　　　朱三华（任至9月）
副 部 长　王克勤（任至8月）

法律事务部

部　　长　陈晓毅（9月任）
　　　　　张慈宏（任至9月）
副 部 长　陈晓毅（任至9月）

科技质量部

部　　长　于跃斌（9月任）

谢步明（任至8月）
副　部　长　王全乐（任至9月）
任　健（任至8月）
沈浩淳（任至10月）
富荣彪
侯　波（11月任）

信息化管理部

部　　长　王顺强
副　部　长　李万程

安技环保部

部　　长　张慈宏（9月任）
副　部　长　王志刚（10月任）

资产管理中心

总　经　理　李国勇（9月任）
黄十周（任至8月）
副总经理　赵　蔚（任至9月）
李国勇（任至9月）
刘文华（11月任）

中车大学

校　　长　魏　岩（兼）
副　校　长　魏　东（兼）
曾金传（兼）

党委办公室（党委组织部）

主任（部长）　赵　虎
副主任（副部长）　张之明

党委干部部

部　　长　魏　东
副　部　长　张利明　吴新林
郝晓龙
刘继斌（任至10月）

党委宣传部（党委统战部）

部　　长　高　亢（9月任）
曹钢材（任至8月）
副　部　长　高　亢（3—9月任）
李　敏

党委巡视工作办公室

主　　任　姜海洋（兼）

纪委

纪委办公室主任　李文刚
案件审理室主任　熊纯浩
纪检监察一室主任　何明新
纪检监察二室主任　于文德（11月任）

总部机关党委

书　　记　邱立成
副　书　记　郎　杰

群团工作部（工会办公室）

主任（部长）　刘　智
团委书记　陈　刚（任至9月）
团委副书记　苏　旭

中车党校

校　　长　万　军（兼，3月任）
副　校　长　刘春阳（兼，3月任）
赵　虎（兼，3月任）
魏　东（兼，3月任）

2018 年末中国中车股份有限公司高、中层领导

中国中车股份有限公司党委、纪委领导人员

党委书记　刘化龙

党委副书记　孙永才　万　军

纪委书记　王　铵（12 月任）　陈大洋（任至 12 月）

党委常委　刘化龙　孙永才　万　军　詹艳景
王　铵（12 月任）　陈大洋（任至 12 月）
王　军　楼齐良　徐宗祥　余卫平

中国中车股份有限公司第二届董事会、监事会、经理层人员

董事会

董事长　刘化龙

执行董事　刘化龙　孙永才　徐宗祥

非执行董事　刘智勇

独立非执行董事　李国安　吴　卓　辛定华

董事会秘书　谢纪龙

监事会

监事会主席　万　军

监事　万　军　陈方平　邱　伟（职工监事）

经理层

总　　　　　　　裁　孙永才

副　　　总　　　裁　王　军　楼齐良　余卫平

副总裁、财务总监　詹艳景

中国中车股份有限公司总师层级人员

总　工　程　师　张新宁

总　信　息　师　王勇智

总 法 律 顾 问　陈方平

总　经　济　师　苗永纯（任至 4 月）

安全生产总监　饶　庶（7 月退休）

行　政　总　监　何凤华（9 月退休）

总　裁　助　理　郭炳强（任至 8 月）

工　会　主　席　邱　伟

中国中车股份有限公司副总师层级人员

副总经济师　苗永纯（4—8 月任）

副总工程师　王星明（7 月退休）　林　田（任至 8 月）

副总信息师　符　刚（任至 8 月）

纪委副书记　程冬然　姜海洋（8 月任）

工会副主席　郭法娥（任至 8 月）

中国中车股份有限公司授权代表等人员

授权代表　孙永才　郑传福

联席公司秘书　谢纪龙　郑传福

证券事务代表　靳勇刚（9月任）　谭　沐（任至9月）

中国中车股份有限公司总部部门负责人

董事会办公室

（所属企业专职外部董事工作办公室）

主　　任　谭　沐（任至5月）

副 主 任　靳勇刚（6月任）

　　　　　梁　军

公司办公室（外事办公室　扶贫办公室）

主　　任　何树高

副 主 任　李海林　牛卫东

　　　　　杨英武（11月任）

　　　　　王　勇（任至8月）

　　　　　徐建刚（任至8月）

战略发展部（业务重组工作办公室）

部　　长　梁　兵

副 部 长　曹卫东　巩保欣

　　　　　贾　薇（5月退休）

主　　任　房志坚

副 主 任　阴明月光（5月任）

　　　　　詹余斌　陈建强

　　　　　陈又专（任至3月）

　　　　　马建勋（10月任）

投资管理部（并购工作办公室）

部　　长　赵明德

副 部 长　燕汉民　于彦斌

　　　　　张　纯

主　　任　徐宗祥（兼，3月任）

常务副主任　陈孝敏（4月任）

副 主 任　沈家骏（3～11月任）

　　　　　陈大勇（3月任）

运营管理部

部　　长　谭　沐（5月任）

　　　　　阴明月光（任至5月）

副 部 长　王志刚（任至10月）

　　　　　向　欣

金融管理部

部　　长　陈　勇

财务部

部　　长　王　健

人力资源部

部　　长　魏　东

副 部 长　张利明　吴新林

　　　　　郝晓龙

刘继斌（任至 10 月）

监察部

部　　　长　姜海洋（兼）

企业文化部

部　　　长　高　亢（9 月任）
　　　　　　曹钢材（任至 8 月）
副　部　长　高　亢（3—9 月任）
　　　　　　李　敏

审计和风险部

部　　　长　陈震晗（10 月任）
　　　　　　朱三华（任至 9 月）
副　部　长　王克勤（任至 8 月）

法律事务部

部　　　长　陈晓毅（9 月任）
　　　　　　张慈宏（任至 9 月）
副　部　长　陈晓毅（任至 9 月）

科技质量部

部　　　长　于跃斌（9 月任）
　　　　　　谢步明（任至 8 月）
副　部　长　王全乐（任至 9 月）
　　　　　　任　健（任至 8 月）
　　　　　　沈浩淳（任至 10 月）
　　　　　　富荣彪
　　　　　　侯　波（11 月任）

信息化管理部

部　　　长　王顺强
副　部　长　李万程

安技环保部

部　　　长　张慈宏（9 月任）
副　部　长　王志刚（10 月任）

党委办公室（党委组织部）

主任（部长）　赵　虎
副主任(副部长)　张之明

党委干部部

部　　　长　魏　东
副　部　长　张利明　吴新林
　　　　　　郝晓龙
　　　　　　刘继斌（任至 10 月）

党委宣传部（党委统战部）

部　　　长　高　亢（9 月任）
　　　　　　曹钢材（任至 8 月）
副　部　长　高　亢（3—9 月任）
　　　　　　李　敏

党委巡视工作办公室

主　　　任　姜海洋（兼）

纪委

纪委办公室主任　李文刚
案件审理室主任　熊纯浩
纪检监察一室主任　何明新
纪检监察二室主任　于文德（11 月任）

总部机关党委

书　　　记　邱立成
副　书　记　郎　杰

群团工作部（工会办公室）

主任（部长）　刘　智
团 委 书 记　陈　刚（任至 9 月）
团委副书记　苏　旭

铁路业务管理中心

主　　　任　王松文
常务副主任　张振翔
副　主　任　生春林　张　涛

机车事业部

总　经　理　生春林
副总经理　于行飞（11月任）

客车事业部

总　经　理　王松文（兼）
副总经理　黄俊辉　周广华
　　　　　徐循元

货车事业部

总　经　理　张振翔（兼）
副总经理　周东海

通用机电事业部

总　经　理　张　涛（兼）
副总经理　张秀臣（任至9月）
　　　　　冯　琳（任至8月）
　　　　　何翠微　刘振清

城轨事业部

总　经　理　张洪权（4月任）
　　　　　徐洪春（任至4月）
副总经理　郭　杰　王　浩

产业发展事业部

总　经　理　陈明军

国际事业部

总　经　理　罗崇甫（3月任）
　　　　　陈大勇（任至3月）
副总经理　沈家骏（任至3月）
　　　　　武　岩　时圣林
　　　　　季　强

〔人力资源部（党委干部部）　供稿〕

法人治理

本栏编辑　程伯瑶

董事会工作

监事会工作

董事会工作

【概述】 2018年，中国中车董事会认真履行《中华人民共和国公司法》《中华人民共和国证券法》等法律法规和《中国中车股份有限公司章程》（以下简称《公司章程》）赋予的职责，发挥董事会战略引领、深化改革、科学决策、防范风险作用，推动公司治理水平的提高和公司经营业务的发展。年内，第一届董事会任期届满，经股东大会选举产生新一届董事会，陈嘉强不再担任公司独立非执行董事。全体董事为中国中车发展出谋划策、认真审议各项议案，审慎、客观、公正地发表意见。深入现场了解生产经营情况，积极参与董事会决策，切实维护中国中车和股东利益。中国中车的公司治理水平不断提高，在资本市场屡获殊荣，先后获得2018年中国证券金紫荆奖之改革开放四十周年杰出贡献企业家奖、“一带一路”最佳实践上市公司奖、最佳上市公司董事会秘书奖；新浪财经“金狮奖”之最具品牌价值上市公司奖；第十四届中国上市公司董事会“金圆桌奖”之公司治理卓越企业奖、最具影响力独立董事奖；第十八届中国上市公司百强高峰论坛之中国百强企业奖、中国百强杰出企业家奖、中国百强优秀董事会秘书奖；在北美媒体专业联盟LACP2017年年度报告“远见奖”（2017 Vision Awards Annual Report Competition）评选中，中国中车2017年年报排名亚太区第58名，获设备、机械和仪器工业组金奖，2017年度最佳中国年报第60名，以及美术设计技术成就奖4项大奖；在第三十二届ARC年报大奖(2018 MerComm Annual Report Competition)评选中，中国中车2017年年报获得轨道交通制造行业年报印刷生产金奖，财务数据荣誉奖及文字内容荣誉奖；连续3年在上海证券交易所年度上市公司信息披露工作评价中获得A级。

【董事会换届】 中国中车第一届董事会三年任期届满，按照有关规定，完成董事会换届工作。5月31日，2017年度股东大会召开，选举产生中国中车第二届董事会，董事会由7人组成，其中执行董事3人，分别为刘化龙、孙永才、徐宗祥；非执行董事1人，刘智勇；独立非执行董事3人，分别为李国安、吴卓、辛定华。在随后召开的第二届董事会第1次会议上，选举刘化龙任公司第二届董事会董事长（法定代表人）。

董事会下设战略委员会、审计与风险管理委员会、薪酬与考核委员会和提名委员会4个专门委员会。各委员会成员组成如下。战略委员会：主席刘化龙，副主席刘智勇，委员孙永才、徐宗祥、李国安；审计与风险管理委员会：主席辛定华，委员刘智勇、李国安；提名委员会：主席李国安，委员刘化龙、孙永才、吴卓、辛定华；薪酬与考核委员会：主席吴卓，委员刘智勇、辛定华。

【会议召开情况】 中国中车董事会认真履行职责，根据监管机构要求和公司发展需要，适时对公司重大事项进行科学决策。年内，召开12次董事会会议，共审议通过59项议案；召开17次董事会专门委员会会议，其中战略委员会3次、审计与风险管理委员会8次、提名委员会5次、薪酬与考核委员会1次，共审议45项议案。

【董事会会议】 1月19日，以书面传签方式召开第一届董事会第31次会议，审议通过《关于继续使用募集资金暂时补充流动资金的议案》。

3月7日，在北京召开第一届董事会第32次会议，审议通过《关于中国中车股份有限公司和中国中车集团有限公司、天津信托有限责任公司合资设立中车金融租赁有限公司的议案》等 2 项议案。

3 月 28 日，在北京召开第一届董事会第 33 次会议，审议通过《关于中国中车股份有限公司 2017 年年度报告的议案》等 25 项议案。

4 月 26 日，在北京召开第一届董事会第 34 次会议，审议通过《关于中国中车股份有限公司 2018 年第一季度报告的议案》等 5 项议案。

5 月 11 日，在北京召开第一届董事会第 35 次会议，审议通过《关于提名中国中车股份有限公司第二届董事会董事候选人的议案》等 2 项议案。

5 月 31 日，在北京召开第二届董事会第 1 次会议，审议通过《关于选举中国中车股份有限公司第二届董事会董事长的议案》等 2 项议案。

5 月 31 日，在北京召开第二届董事会第 2 次会议，审议通过《关于聘任中国中车股份有限公司总裁的议案》。

6 月 1 日，在北京召开第二届董事会第 3 次会议，审议通过《关于聘任中国中车股份有限公司副总裁、财务总监的议案》等 6 项议案。

8 月 24 日，在北京召开第二届董事会第 4 次会议，审议通过《关于中国中车股份有限公司 2018 年半年度报告的议案》等 6 项议案。

9 月 28 日，在北京召开第二届董事会第 5 次会议，审议通过《关于中车株洲电力机车有限公司转让所持浙江中车电车有限公司股权的议案》等 5 项议案。

10 月 30 日，在北京召开第二届董事会第 6 次会议，审议通过《关于中国中车股份有限公司 2018 年第三季度报告的议案》等 2 项议案。

12 月 11 日，在北京召开第二届董事会第 7 次会议，审议通过《关于天津中车机辆装备有限公司协议转让天津中车津浦产业园管理有限公司 51%股权的议案》等 2 项议案。

【董事会战略委员会】 遵照《董事会战略委员会工作细则》等制度要求，独立、客观履行职责。3 月 7 日在北京召开第一届第 8 次会议，审议通过《关于〈中国中车股份有限公司 2018 年度经营计划(草案)〉的议案》。3 月 28 日在北京召开第一届第 9 次会议，审议通过《关于中国中车股份有限公司 2018 年度投资预算的议案》等 2 项议案。12 月 11 日在北京召开第二届第 1 次会议，审议通过《关于修订〈中国中车股份有限公司“十三五”发展战略〉的议案》。

【董事会审计与风险管理委员会】 遵照《董事会审计与风险管理委员会工作细则》等制度要求，独立、客观履行职责。1 月 19 日以书面传签的方式召开第一届第 19 次会议，审议通过《关于继续使用募集资金暂时补充流动资金的议案》。3 月 7 日在北京召开第一届第 20 次会议，审议通过《关于中国中车股份有限公司和中国中车集团有限公司、天津信托有限责任公司合资设立中车金融租赁有限公司的议案》等 3 项议案。3 月 27 日在北京召开第一届第 21 次会议，审议通过《关于中国中车股份有限公司 2017 年年度报告的议案》等 11 项议案。4 月 25 日在北京召开第一届第 22 次会议，审议通过《关于中国中车股份有限公司 2018 年第一季度报告的议案》等 5 项议案。8 月 23 日在北京召开第二届第 1 次会议，审议通过《关于中国中车股份有限公司 2018 年半年度报告的议案》等 4 项议案。9 月 28 日在北京召开第一届第 2 次会议，审议通过《关于中车株洲电力机车有限公司转让所持浙江中车电车有限公司股权的议案》等 2 项议案。10 月 29 日在北京召开第二届第 3 次会议，审议通过《关于中国中车股份有限公司 2018 年第三季度报告的议案》。12 月 10 日在北京召开第一届第 4 次会议，审议通过《关于天津中车机辆装备有限公司协议转让天津中车津浦产业园管理有限公司 51%股权的议案》等 2 项议案。

【董事会薪酬与考核委员会】 遵照《董事会薪酬与考核委员会工作细则》等制度要求，独立、客观履行职责。3 月 27 日在北京召开第一届第 4 次会议，审议通过《关于中国中车股份有限公司董事 2017 年度薪酬的议案》等 2 项议案。

【董事会提名委员会】 遵照《董事会提名委员会工作细则》等制度要求，独立、客观履行职责。3 月 27 日在北京召开第一届第 8 次会议，审议通过《关于评核独立非执行董事独立性的议案》等 2 项议案。5 月 11 日在北京召开第一届第 9 次会议，审议通过《关于提名中国中车股份有限公司第二届董事会董事候选人的议案》。5 月 31 日在北京召开第二届第 1 次会议，审议通过《关于提名中国中车股份有限公司总裁的议案》。6 月 1 日在北京召开第二届第 2 次会议，审议通过《关于提名中国中车股份有限公司副总裁、财务总监的议案》等 5 项议案。9 月 28 日在北京召开第二届第 3 次会议，审议通过《关于提名中国中车股份有限公司证券事务代表候选人的议案》。

【股东大会】 5 月 31 日，公司召开 2017 年度股东大会，审议通过《关于中国中车股份有限公司 2017 年度董事会工作报告的议案》等 18 项议案。

【信息披露】 中国中车董事会坚持“真实、准确、完整、及时”的原则，通过邮件、会议等方式认真审核披露的信息，依法合规地履行信息披露义务。全年在上海证券交易所发布临时公告 121 项；在香港联交所发布繁体中文公告 123 项、英文公告 69 项，共计 192 项。重点完成 6 项非日常关联交易的信息披露；发布公司债付息兑付和摘牌公告，跟踪评级公告，分红派息实施公告；发布合同公告 5 份，披露合同金额共计 1979.5 亿元，约占公司 2017 年经审计营业收入的 94%。连续 3 年在上海证券交易所年度上市公司信息披露工作评价中获得 A 级。

【投资者关系管理】 中国中车致力于维护全体股东利益，不断加强投资者关系管理，积极回应股东诉求。通过投资者关系管理工作实践，中国中车与投资者及机构、媒体建立良好关系，促进了公司市值与形象提升。全年，组织路演 3 次，反向路演 1 次，接待来访 38 批次共 265 人、召开电话会议 62 次、安排到所属子公司调研 10 次，参加证券机构策略会 19 次。

【非执行董事履职】 年内，非执行董事分别赴广州公司、物流公司、长江集团、唐山公司和戚墅堰公司等 16 家各级子公司进行调研；赴英国考察公司的深海机器人、半导体芯片项目，了解企业发展情况、重点投资项目进展以及中国中车国际化发展情况。

（董事会办公室（集团董办） 供稿）

监 事 会 工 作

【概述】 2018 年，公司监事会按照《公司法》等法律法规和《公司章程》、《监事会议事规则》的有关规定，从维护全体股东的利益出发，对公司财务、股东大会决议执行、董事会重大决策程序及公司经营管理活动的合法合规性、董事及高级管理人员履行职务情况等进行了监督和检查，促进公司持续、健康发展。年内，中国中车第一届监事会三年任期届满，按照有关规定，完成监事会换届工作。5 月 31 日，公司召开 2017 年度股东大会，选举产生中国中车新一届监事会，万军、陈方平任第二届监事会股东代表监事，与职工代表监事邱伟共同组织中国中车第二届监事会。在随后召开的第二届监事会第一次会议上，选举万军为中国中车第二届监事会主席。

【监事会会议】 2018 年，召开监事会会议 10 次，审议议案 32 项。

1 月 19 日，以书面传签方式召开第一届监事会第 19 次会议，审议通过《关于继续使用募集资金暂时补充流动资金的议案》。

3 月 7 日，以现场会议方式召开第一届监事会第 20 次会议，审议通过《关于中国中车股份有限公司和中国中车集团有限公司、天津信托有限责任公司合资设立中车金融租赁有限公司的议案》。

3 月 28 日，以现场会议方式召开第一届监事会第 21 次会议，审议通过《关于中国中车股份有限公司 2017 年年度报告的议案》等 14 项议案。

4 月 26 日，以现场会议方式召开第一届监事会第 22 次会议，审议通过《关于中国中车股份有限公司 2018 年第一季度报告的议案》等 4 项议案。

5 月 11 日，以现场会议方式召开第一届监事会第 23 次会议，审议通过《关于提名中国中车股份有限公司第二届监事会监事候选人的议案》等 2 项议案。

5 月 31 日，以现场会议方式召开第二届监事会第 1 会议，审议通过《关于选举中国中车股份有限公司第二届监事会主席的议案》。

8 月 24 日，以现场会议方式召开第二届监事会第 2 次会议，审议通过《关于中国中车股份有限公司 2018 年半年度报告的议案》等 3 项议案。

9 月 28 日，以现场会议方式召开第二届监事会第 3 次会议，审议通过《关于中车株洲电力机车有限公司转让所持浙江中车电车有限公司股权的议案》等 2 项议案。

10 月 30 日，以现场会议方式召开第二届监事会第 4 次会议，审议通过《关于中国中车股份有限公司 2018 年第三季度报告的议案》等 2 项议案。

12 月 11 日，以现场会议方式召开第二届监事会第五次会议，审议通过《关于天津中车机辆装备有限公司协议转让天津中车津浦产业园管理有限公司 51%股权的议案》等 2 项议案。

【监事会成员参加其他会议情况】 2018 年，监事会成员出席中国中车 2017 年度股东大会、年度工作会、经营管理工作会等会议，列席公司董事会会议 11 次、总裁办公会 23 次。按照《公司章程》规定，监事会对公司股东大会、董事会会议召开程序、议题、投票表决程序等进行有效监督，在会议表决过程中，派出 1 名监事参与监票。在参加上述会议时，与相关部门进行沟通，对重要议案进行研究质询，对重要事项发表意见和建议，确保各项工作合法合规。

【监事会专题调研】 根据中国中车《监事会议事规则》规定，保障监事会知情权，确保监事对公司财务状况和经营管理情况进行有效监督、检查和评价，监事会到企业调研考察 3 次，分别考察广州公司、长江集团、戚墅堰公司等 12 家各级子公司。10 月 31 日—11 月 4 日，考察了中国深海机器人项目、半导体项目等。通过深入企业现场调研考察，进一步了解企业财务经营状况。

（董事会办公室（集团董办） 供稿）

经营与管理

本栏编辑　俞鸣霞

运营管理

战略发展

投资管理

财务管理

金融管理

审计与风险管理

法律事务

扶贫工作

运营管理

【概述】 2018年，运营管理部聚焦“品质、效率、动能”三大主题，锁定中国中车年度经营目标，优化运营管控系统，深化推进精益管理，理顺物资与供应链，完善考核激励机制，不断提升运营质量，持续增强中国中车经营的内生动力和创新活力，助推中国中车实现“双打造一培育”战略目标。

【运营管控】 贯彻落实国务院国资委“稳中求进”要求和中车年度工作会议精神，组织制定和下发《中国中车2018年度经营计划》，确定了年度主要经营目标。优化运营管控的制度和流程，组织“月度运营分析会”“季度经营调度视频会”“经营工作座谈会”，研究下发季度经营调度指标计划，做好月度、季度、年度指标管控和协调，强化过程管控和调度，确保了年度经营的稳健、均衡和可控。全年，中车集团实现营业收入2293.5亿元，同比增长5.7%；实现利润总额120.1亿元，同比下降7.6%。中车股份实现营业收入2190.8亿元，同比增长3.8%；实现归属于母公司所有者的净利润113.1亿元，同比增长4.8%。

制定《中国中车2018持续深入开展以“提高品质 降本节支”为核心的提质增效工作方案》，安排了“1+12”提质增效活动，以经营效益稳中有增为“1”条主线、以“提品质”对标改善等“12”项专项工作（努力降低采购成本2%、提高内部配套增长2%、加强亏损企业治理降低亏损额度、深入开展压减层级、大力压降“两金”占用、从严控制费用水平、高效利用科研经费、控制质量损失、严控固定资产投资规模、拓展海外市场、减员增效、专项对标工作）为载体，提出了9项44条措施，推动企业提升经营品质、提高发展质量、确保经营效益稳中有增。

及时做好国资委、国家和地方统计部门的日常统计报表和定期统计报表工作，保持信息渠道畅通、对外报表及时准确；规范统计行为，完善统计数据采集体系及中国中车统计数据采集信息平台，逐步使统计数据与信息化手段充分结合，发挥好统计信息、统计咨询和统计服务等职能；强化运营数据分析，提高决策参谋能力。充分利用中国中车年报、半年报、季报，广泛收集国际知名企业和国内同行业对标资料，将中国中车情况与国际可比公司进行对标，分类整理相关数据，编制下发主要经济指标对标资料；印发《中国中车2018年“提品质”专项对标工作方案的通知》《中国中车“提品质”专项对标工作实施办法》，推动中国中车及各子公司改善经营品质、提升发展质量；发布《中国中车“提品质”专项对标指标计划》（近3年）和《季度“提品质”专项对标工作情况的通报》，完成季度数据汇总和对标分析。

加大亏损企业治理力度，制定下发《关于印发中国中车持续开展亏损企业专项治理工作方案的通知》，提出亏损企业治理目标，即力争3年（2018—2020年）将亏损企业数量、亏损额减少30%左右（亏损企业数量在70户基础上减少至50户，亏损额在51.19亿元基础上减少至33亿元），提高企业发展质量和经济效益。根据财务决算，截至12月末，中车集团单体子企业379户，全级次亏损企业58户。企业户数较上年减少1户；亏损企业数量较2017年同期减少12户，降幅17.14%；亏损面15.30%，较2017年同期降低3.12个百分点。累计亏损金额67.94亿元，较2017年同期增亏16.75亿元，增幅

32.72%。剔除两个二七公司疏解非首都功能影响因素（26.27 亿元），亏损金额为 41.67 亿元，较上年同期减少 9.52 亿元，降幅 18.60%。

按照国务院国资委应收账款和存货（简称“两金”）压控工作部署，落实国资委第三巡视组政治巡视问题整改决议，做好“两金”压控专项治理工作。中车集团下发《中国中车开展“两金”压控专项整治工作方案》，要求“两金”增速总体不得超过营业收入增幅，努力实现“两金”占用同比降低不低于 10%或存货和应收账款周转率提高 10%以上。根据财务决算，中国中车全年实现营业收入 2293.5 亿元，同比增长 5.73%；中国中车期末“两金”合计 1460 亿元，较 2017 年同期增加 18 亿元，增幅 1.25%，“两金”增幅低于收入增幅。其中，应收账款 811 亿元，同比增加 7 亿元，增幅 0.87%；存货 649 亿元，同比增加 11 亿元，增幅 1.72%。应收账款周转率 3.09 次，同比提高 0.46 次；存货周转率 2.64 次，同比提高 0.14 次（中车股份“两金”合计 1325 亿元，其中应收账款 642 亿元，合同资产 132 亿元，存货 551 亿元）。

【国资委经营业绩考核】 按照《中央企业负责人经营业绩考核暂行办法》（第 33 号令）的要求，国资委与中车集团签订了《2018 年度经营业绩责任书》。中国中车年度经营业绩考核基本指标两项：利润总额目标值为 141 亿元，经济增加值目标值为 94 亿元；分类指标两项：成本费用总额占主营业务收入比重目标值 93.99%，流动资产周转率指标目标值 0.87 次。

年内，中国中车面对内外部诸多矛盾叠加、各种风险隐患交汇的复杂局面，认真贯彻落实习近平总书记视察中车重要指示精神和政治巡视整改要求，积极应对内外部环境变化，坚持新发展理念，围绕“13156”经营工作思路，强力落实巡视整改，着力构建“五大业务”，全力推进“十大任务”。全面落实经营目标和提质增效方案，层层分解经营指标，大力实施降低采购成本、压降“两金”占用、控制期间费用、降低重复开发费用等各项配套措施，努力提升经营效益，同时加强运营监控，强化月度运营分析和季度指标调度，确保经营稳定。依据 2018 年财务数据，中国中车实现利润总额 1201057 万元，经济增加值完成 912890 万元；流动资产周转率指标完成 0.88 次；成本费用总额占营业总收入比重 95.31%。在国资委 2018 年公布的中央企业 2017 年度考核结果中，中国中车 2017 年年度经营业绩综合得分 133.02 分，考核结果为 A 级。

【效绩评价考核办法修改】 年内，中国中车从改革发展需要出发，针对管理中存在的短板和不足，进一步完善考核、薪酬分配制度体系。制定印发《中国中车 2018 年度及 2018—2020 年任期子公司效绩评价考核实施办法》《中国中车 2018 年度及 2018—2020 年任期子公司效绩评价考核计分细则》《2018 年中车研究院分类考核方案》《2018 年中车投资租赁有限公司分类考核方案》等 16 个专项考核方案。制定《全员绩效管理指导意见》《境外企业用工和薪酬管理指导意见》2 项制度，为规范和加强中车集团全员绩效管理及境外企业用工和薪酬管理奠定了制度基础。

新的考核办法主要变化是：增设任期考核体系的内容；完善以效益为导向的年度考核指标体系，年度考核指标得分最高为 120 分，主要包括归属于母公司净利润、营业收入、运营资本经济增加值（EVA）回报率、党建工作综合评价等 4 项指标，并将归母净利润作为重要考核指标，给予 50 分的权重，对运营资本经济增加值回报率指标保持权重 20 分（得分变化范围为 0～24 分）；加大对标指标考核的权重，在对标指标中增加了资产负债率指标，将资本回报率指标更换为净资产收益率指标，对标指标由5个变为6个，每项权重从4分提高到5分，总分从20分提高到30分，并继续采用“统一标准、对标管理、改善加分”评价办法，各企业同一指标用统一客观的基本标杆、达标标杆和先进标杆，推进企业向同一标杆看齐，不断做优做强；加大对标管理力度，要求主管职能部门会同事业部将其他6类13项专项（包括：总资产收益率、销售净利率、国有资本保值增值率、总资产周转率、应收账款周转率、存货周转率、固定资产周转率、亏损面、减值准备占净资产比率、已获利息倍数、人均营业收入、产品运用故障率、质量损失率）对标指标纳入本部门重点监控指标，进行对标管理，推动“提品质”专项对标改善工作，进一步落实由高速度发展向高质量发展的转变；落实“一岗双责”责任，将党建工作总体要求纳入年度考核评价中，设立党建工作综合评价指标，并作为考核指标，设有10分的变化范围，推动中车党建工作提质换档上水平和塑造“中车党建金名片”目标；增加对阶段目标的考核，开展对季度调度指标完成情况进行评价，对不能完成季度调度指标的子公司，在年度考核时适当扣分（最多扣减5分），推动子公司有序、均衡、稳健地完成经营计划；在总结上年事业部对所属成员单位实施评价考核的基础上，下放部分考核权，将营业收入指标权重中的10分考核权限(浮动系数0.5～1.2）授予事业部进行评价考核，由事业部针对性制定综合评价考核办法进行评价考核；坚持分类考核、差异化管理，对不同考核评价指标、不同类别企业、不同战略定位、不同发展阶段，中车集团、中车股份均采用同一指标体系框架，分别在指标内容、权重体现变化，实现分类考核、差异化管理目标，并对16家企业下发了分类考核方案。

【子公司效绩评价考核】 年内，中国中车对直接管理的51家一级子公司进行了考核评价，较上年实际增加9户，基本实现了考核评价全覆盖。51家一级子公司的考核评价结果是：22家子公司获评A级，21家子公司获评B级，7家子公司获评C级，1家子公司评为D级。中车股份制造类29家子公司考核结果：四方股份公司、长客股份公司、四方所、唐山公司、株洲电机公司、永济电机公司、株机公司、株洲所、眉山公司、西安公司、大同公司、戚墅堰所、山东公司、齐车公司、长江公司、太原公司、大连公司等17家子公司获评A级，戚墅堰公司、贵阳公司、石家庄公司、大连电牵公司、广州公司、大连所、浦镇公司、四方有限公司、沈阳公司等9家子公司获评B级，天津公司、资阳公司、南口公司等3家子公司评为C级；中车股份非制造类14家子公司考核结果：资本公司、中车研究院、财务公司等3家子公司获评A级，工程公司、国际公司、物流公司、香港资本公司等4家子公司获评B级，香港公司、租赁公司、信息公司、中铁装备公司、北美公司、拉美公司等6家子公司评为C级。中车集团非股份8家子公司考核结果是：中车置业、中车金控等2家子公司获评A级；中车大学常铁校、南车投资公司、中车产投、环境公司、二七车辆公司和二七机车公司等6家子公司获评B级。

【精益管理】 组织召开精益工作会议，部署年度精益管理的工作重点和主要任务。制定下发《中国中车2018年精益管理工作要点和计划》，从落实精益管理实施规划、推进精益管理体系建设、强化基础管理工作、深化“6621运营管理平台”建设、推动精益研发取得新的突破、全面推动系统精益改善、强化精益与信息化融合、构建长效常态持续工作机制、加强精益人才队伍建设、加强精益文化氛围营造等十个方面，组织年度重点工作立项，全年推动建设标准工位 8734 个、精益生产示范区（线）479 条、精益车间 226 个、模拟线项目 114 个、重点改善项目 414 个、精益研发项目 25 个、管理线项目 80 个、管理平台项目 62 个。

加强推进精益管理体系建设，推动精益制造体系贯标落实。正式发布《精益管理体系要求第 1 部分：总则》和《精益管理体系要求第 2 部分：精益制造》等标准文件；举办精益体系建设暨课程开发培训班，加强精益管理体系宣贯，并引导企业建立体系内训课程库，进一步加大体系贯标推进力度。按照体系审核和认证模式，修订发布《中国中车精益管理体系评价标准指引（试行）》，建立完善体系审核评价模式。

建立和完善以目标为导向的"策划、实施、评价、总结、持续改善"的闭环管理工作机制。通过简报跟踪、日常交流、工作调研等方式和途径，加强对子公司工作的推动和督导。组织半年工作调研，把握工作进展，督导存在问题；开展中车"精益 10 年"企业现场行活动，全面诊断企业的精益管理现状，识别当前阶段面临的瓶颈与困难。组织精益管理全面对标评价，评定年度中车精益管理二级企业 4 个、精益管理三级企业 11 个；评定精益生产一级企业 10 个、精益生产二级企业 7 个、精益生产三级企业 1 个；评定新建二级精益车间 8 个、三级精益车间 36 个；评定升级一级精益车间 6 个、二级精益车间 12 个；评定中车优秀模拟线建设项目 26 个。

优化中国中车精益管理网络平台，加强培训和交流。定期编发中车集团精益简报，分享各企业信息 300 余条。推动"百千万"精益人才建设工程，围绕精益制造体系贯标和精益车间建设主题，举办两期面向精益办和车间的专题培训。围绕"精益溯源"和"对标一流"两大主题，组织企业高层管理者和精益团队分别赴日本和德国进行精益研修。注重精益知识积累和固化，组织开发中车精益体系 38 门内训课程。党政工团联动，围绕精益 10 年"回头看"，大力开展主题活动，营造浓厚的精益文化氛围。

【物资与供应链管理】 按照管办分离的原则，建立运营管理部、事业部、子公司三位一体的中车物资与供应链管理模式，理顺职能和业务管理，规范物资与供应链管理。修订印发《中国中车股份有限公司物资供应链管理办法》《中国中车股份有限公司物资供应链绩效评价办法》《中国中车股份有限公司物资集中采购管理办法》《中国中车股份有限公司物资采购管理办法》《中国中车股份有限公司仓储物流管理办法》《中国中车股份有限公司供应商日常管理办法》等 6 项管理制度，以集团化、精益化、专业化、智慧化为原则，进一步优化物资及供应链管理体制和管理机制，规范各类业务行为。

印发《中国中车集团有限公司物资贸易管理工作指导意见（试行）》《中国中车股份有限公司物资贸易管理工作指导意见（试行）》，组织全级次子公司开展贸易风险排查，从严识别融资性贸易业务和虚假贸易业务，加强市场贸易管理，严控市场贸易风险。

【管理创新】 围绕经营重点和管理主线，积极推进管理创新，适应中车集团经营发展新形势。组织开展中国中车第三届管理创新成果评审，其中《以"复兴号"动车组为契机的系统管理设计与实施》等 10 项成果被评定为中国中车第三届管理创新成果一等奖，《以核心技术能力提升为目标的科技创新体系优化建设与实施》等 14 项成果被评定为中国中车第三届管理创新成果二等奖，《项目全周期下的成本管控体系平台的构建与实施》等 18 项成果被评定为中国中车第三届管理创新成果三等奖。

（运营管理部　供稿）

战略发展

【概述】 2018年，战略发展部（业务重组办）以提升发展质量为中心，以“品质 效率 动能”为主题，以“创新 变革 国际化”为动力，结合政治巡视整改，有效推进各项工作。加强中车战略规划体系建设，组织开展“十三五”发展战略中期评价，完成中车“十三五”发展战略修订及“一带一路”、军民融合、服务雄安新区建设专项规划编制；组织制订《中国中车集团有限公司2018—2020年滚动发展规划》，推进战略规划落实；召开中车2018年规划工作会议，提高规划系统管控能力。持续推进深化改革，不断完善中车深化改革“1+19”文件体系，推进混合所有制改革试点工作及“双百行动”试点改革工作。积极开展“压减”和“处僵治困”工作，提前一年完成国资委考核目标，全面完成处僵治困工作任务。积极开展战略合作，创新开展政策研究，积极推进土地资源盘活利用工作，促进改革发展。中国中车改革发展各项工作取得积极进展，成为十家中央企业创建世界一流示范企业之一，是唯一一家入选的机械制造类企业。

【战略规划管理】 进一步加强战略规划体系建设。依据中车发展战略和规划管理办法，组织总部相关部门、各一级子公司对照规划目标，从规划实施的过程、条件、效果等方面，开展“十三五”发展战略中期评价和分析工作，形成中车“十三五”发展战略中期评价报告，并结合新形势、新任务、新要求，组织完成中车“十三五”发展战略的修订和调整，形成《中国中车集团有限公司“十三五”发展战略（2018年修订）》，经总部各部门研究和中车集团办公会、党委会、战略委员会及董事会审议通过后印发执行。对接国家战略，组织完成“一带一路”、军民融合、服务雄安新区建设3个专项发展规划编制初稿。依据中车战略规划管理办法及《关于认真做好中央企业2018—2020年发展规划编制工作的通知》（国资厅规划〔2018〕55号）要求，组织完成《中国中车集团有限公司2018—2020年滚动发展规划》编制并报送国资委；指导中车产投、中车金控、中车置业、中车环境等公司完成2018—2020三年滚动规划编制；完成各一级子公司2018—2020三年滚动规划审核，促进各公司战略规划分解落实。

积极推动战略规划执行落地。8月29—30日，在北京组织召开中国中车2018年战略发展和投资管理工作会，中车相关职能部门负责人、各事业部负责人，各一级子公司分管规划投资工作的领导及分管规划、投资、改革工作的部门负责人共160余人参加会议。会议对中国中车一年来的规划、投资、改革工作进行总结，研究部署了此后一段时期的重点工作。中车集团总经理、中车股份公司总裁孙永才出席会议并作题为《强化顶层设计 坚持战略管控 引领中车实现高质量发展》报告，中国中车执行董事徐宗祥作题为《统筹谋划 改革创新 奋力推进中国中车高质量发展》工作报告。战略发展部作“十三五”发展战略中期评估工作情况报告，株机公司、长客股份公司、齐车集团、株洲所等10家企业作经验汇报、交流。

【产业布局】 以实现高质量发展和“双打造 一培育”为战略目标，瞄准核心业务引领、支撑业务做强、支柱业务做优、平台业务做实的发展原则，加强产业发展研究，并形成中车新能源汽车、电驱动系统、功率半导体、集成电路、环保产业发展等专题研究报告；以争取参加央企新能源汽车科技平台公司的组建、发展中车IGBT产业等为重点，积极向国资委等有关领导汇报中车相关产业发展优势，争取成为打造中央企业产业协同发展平台的主导企业。落实京津冀协同发展和非首都功能疏解工作要求，开展中车在京制造类企业转型升级研究，推进二七机车、二七车辆两公司转型升级；围绕服务雄安新区规划建设，加强雄安新区建设政策研究及信息收集，定期组织召开服务雄安新区建设工作推进会，协助中车总部及相关子公司与雄安新区管委会等相关部门沟通和交流，积极推介中车产品与服务，寻求产业发展。

【业务重组】 按照《中国中车“十三五”业务重组规划》及2018年重组工作计划，有序推动业务重组工作。

货车业务重组方面，指导并推动做好齐齐哈尔货车子集团和长江货车子集团的组建工作。4月3日分别批复了齐齐哈尔货车子集团和长江货车子集团的组建方案。5月9日召开齐齐哈尔货车子集团成立大会、5月21日召开长江货车子集团成立大会，两个货车子集团正式挂牌成立。随后，推动两个货车子集团“调结构、去产能、谋发展”具体实施方案的策划工作，组织两个货车子集团研讨并提出《关于货车业务“五聚焦”深化管控机制的意见》，明确了两个货车子集团对所属企业正式实施“战略+运营”管控，并对两个货车子集团运营应关注的事项提出了明确的五项要求。

“非首都功能疏解”方面，按照《关于推动中车北京二七机车（车辆）有限公司业务重组工作的指导意见》，结合中国中车非首都功能疏解工作总体部署和“处僵治困”工作要求，组织推动两个二七公司的产业疏解、业务转型、资产处置与人员分流安置等各项工作。

核心系统零部件业务重组方面，通过走访调研相关企业和对前期数据分析论证，积极推动牵引控制、新材料、柴油机业务的整合。通过“背对背”“面对面”“手拉手”等工作程序，系统制定了牵引控制、新材料两个业务重组项目的建议方案，并于11月30日中国中车第29次党委常委会和第21次总裁办公会上审议通过，启动实施。同时，通过前期调研梳理及总结，提出了柴油机业务总体方案的框架设计。

城轨基地重组整合方面，通过对40多个城轨基地考察调研，开展中车相关领导与业内专家访谈，组织6家城轨主机企业召开城轨基地整合工作研讨会，多角度、多层面分析和论证城轨基地整合路径及思路，提出了城轨基地总体整合方案，并本着“一地一策、先易后难、成熟一个做一个”的整合原则，推动重组方案的实施。

机车业务重组方面，按照“以造带修、造修一体化”的要求，坚持以点带面的业务结构调整做法，深度探讨机车业务整体重组的思路和实施路径，逐步推进机车业务板块的系统重组，完成了机车业务重组总体方案的分析论证。

【对外战略合作】 年内，在不断强化战略管理、深化改革发展的过程中，战略合作对提高中国中车经营效率、降低企业之间交易成本、增强企业竞争能力起到了积极的推动作用，有力推进了中国中车业务拓展和技术管理提升，助力中国中车突破障碍和进入新兴市场。中国中车全年共签署战略合作协议12项，累计签订战略合作协议100份，其中与政府（重庆市人民政府、天津市人民政府、广西壮族自治区人民政府、山东省人民政府、云南省人民政府、铜陵市人民政府和铜陵有色集团、国家体育总局）签署战略合作协议

7 项，与企业（中国第一汽车集团有限公司、中国农业发展银行）签署战略合作协议 2 项，与国际知名企业（福伊特驱动有限公司、蒂森克虏伯集团、莱茵 TUV 集团公司）签署战略合作协议 3 项。促成公司与一汽集团、江铜集团等大型企业合作交流和项目对接，并在新能源汽车、水处理工程、进口矿用自卸车、电气系统改造等方面形成多项合作，推进了中国中车产业发展。进一步推进制度建设，制订或修订并下发《中国中车股份有限公司战略合作管理办法》《中国中车集团有限公司战略合作管理办法》，不断提升战略合作工作的规范化管理水平。

【改革管理】 深入贯彻国资委国企改革“1+N”政策文件和中国中车深化改革“1+19”文件体系，落实全国国有企业改革座谈会精神和国务院国有企业改革领导小组、国资委关于国企改革的总体要求，按照中国中车全面深化改革领导小组工作部署，全面推进中国中车深化改革工作。以国资委党委开展政治巡视为契机，强化问题导向，认真梳理中国中车改革发展面临的重点难点问题，研究制定《中国中车集团关于进一步深化改革的决议》，进一步做好国企改革政策文件宣贯及混合所有制改革、“处僵治困”、业务重组、“压减”、解决历史遗留问题等深化改革重点工作的分解落实。组织中车总部各部室和全级次所属企业落实国企改革重点工作任务，并就落实《中共中央、国务院关于深化国有企业改革的指导意见》和《国务院关于印发加快剥离国有企业办社会职能和解决历史遗留问题工作方案的通知》情况进行了全面自查。

持续推进各项改革重点工作。国家发改委第二批混合所有制改革试点企业中车产投混改取得积极进展，中国中车与株洲市政府于 6 月成立央地企业联合重组联合领导小组，双方研究形成了央地企业联合重组工作计划优化方案，制订并有序推进三阶段工作推进计划。积极参与国企改革“双百行动”，根据国务院国资委《关于印发<国企改革“双百行动”工作方案>的通知》（国资发研究〔2018〕70 号）和《关于加快推动“双百企业”实施综合改革有关事项的通知》（国资研究〔2018〕851 号），遴选推荐的齐车集团、长客股份公司、株洲电机公司和株洲所 4 家所属企业入选“双百企业”名单，并在国务院国有企业改革领导小组办公室完成综合改革实施方案备案，入选企业数量位居中央企业第一。剥离企业办社会职能和解决历史遗留问题取得佳绩，“三供一业”分离移交或签订分离移交协议率达 100%。

组织开展具有全球竞争力的世界一流企业专题研究，积极争取入选中央企业创建世界一流示范企业。多次参加国资委关于培育具有全球竞争力世界一流企业的调研和座谈会，在国资委“扩大开放与培育具有全球竞争力的世界一流企业理论研讨会”上作主题交流发言。12 月 26 日，国资委下发《关于印发中央企业创建世界一流示范企业名单的通知》（国资发改革〔2018〕130 号），确定中车集团等 10 家中央企业为创建世界一流示范企业。

【压减工作】 年内，按照国务院国资委统一部署，中国中车持续开展压减工作。1 月份召开专题会议，签订责任书，推进压减工作，切实加大业务协同力度。通过吸收合并、工商注销等方式，完成管理层级和法人层级处于末端的企业压减工作。截至 5 月 31 日，中国中车累计压减企业 90 户，减少比例为 20.5%，管理层级为 4 级，法人层级为 7 级，提前一年超额完成了国资委压减指标。截至年底，中国中车累计压减企业 107 户，其中 2018 年压减企业 35 户。

【“处僵治困”工作】 按照国务院国资委统一部署，中国中车年初召开专题会议，对“处僵治困”工作进行再动员再部署，落实年度工作任务，签订责任书；多次召开重点企业专项会议，研究解决困难事项。结合巡视整改要求，按照“因企施策，一企一策”要求，采取强化管理、改造提升等方式及大力开拓市场、处置低效无效资产、两金压降、强化管理、改造提升等多种措施，全面恢复生产，实现减亏扭亏。截至年底，按照财务快报数据统计，26 户“僵尸”和特困企业整体比 2015 年减亏约 20 亿元，减亏比例 77.8%，累计分流安置约 2.6 万名员工，全面完成了“处僵治困”工作任务。

【土地资源规划】 认真落实国务院国资委关于规范房地产业务的相关文件精神和政治巡视整改要求，结合中国中车“十三五”发展战略和高质量发展目标，加强对土地资源的顶层设计，加速房地产类子公司退出，明确中车置业有限公司作为中车不动产经营平台的新定位，加快中车低效、无效土地的盘活利用。认真清理所属企业的房地产开发业务，有序推进退出工作。其中，中车置业逐步向中车不动产经营平台转型升级。截至年底，其旗下原有房地产项目的商品房库存基本完成去化，并完成大连车城房地产开发有限责任公司清算退出；大连嘉禾物业管理服务有限公司已进入清算注销程序，对外挂牌转让，其所属的其他 9 家公司按计划完成自有土地开发项目后，均逐步实施清算退出；兰州中庆房地产开发有限公司已完成集团内部股权划转，并更名为中车置业（兰州）有限公司，主要业务为双创园运营建设；武汉领军置业有限公司、南车四方（青岛）置业有限公司（两公司计划退出时限为 2020 年底）均按计划逐步实施退出。

根据国资委政治巡视提出的加快低效无效资产处置，推进自有土地开发的整改要求及中车整体利益最大化原则，系统谋划并加快推进中车不动产经营工作，已完成兰州公司（兰工坪厂区）、天津装备公司、南口公司的不动产盘活工作；按照“非首都功能疏解”工作要求，统筹策划两个二七公司整体盘活工作方案，抓紧二七机车公司“冬奥冰雪运动训练基地项目”建设及二七车辆公司土地开发。不动产经营工作一方面提高了中车股份公司 2018 年收益，其中天津装备公司、兰州公司（兰工坪厂区）、南口公司及太原公司（14 号地）等 4 个项目均为中车股份公司增加收入收益，为参与资产盘活企业注入了新的生机与活力；另一方面有效助力了中车集团完成“处僵治困”和“非首都功能疏解”工作任务，并为今后更好地开展不动产经营工作积累了经验。

【政策研究】 系统研究分析国家出台的推进 PPP 业务相关政策文件，开展中车现有 PPP 业务管理现状调查，按照健全管控体系、完善能力配套、加强风险防范、促进内外协作及强化统一审批、专项监管、分类经营、平台运作模式等要求，制定印发《关于规范发展 PPP 业务相关指导意见》，全面规范 PPP 业务管理。加强改组国有资本投资公司政策研究，制订《中车集团改组国有资本投资公司实施方案》，组织开展培育世界一流企业对标分析研究及国有资本投资公司试点企业申报工作。12 月底，经国务院国资委批准，中车集团成为 10 家创建世界一流示范企业之一，为中国中车实现“双打造一培育”战略目标创造了有利条件。根据国家相关部委要求，围绕中美贸易摩擦影响、高端装备进口依赖、交通强国战略发展调查、现代综合交通运输体系发展调查、重大技术装备攻关工程项目调研和申报、“一带一路”“走出去”、金砖合作、培育世界一流企业、混合所有制改革、国企改革“双百行动”、IGBT等产业规划、新能源汽车科技平台公司等方面内容，开展专题研究，向国家有关部委报告并提出了建议。

〔战略发展部（业务重组办） 供稿〕

投资管理

【概述】 2018年，投资管理部（并购工作办公室）组织编制中国中车年度投资计划和投资预算。围绕高质量发展及中国中车“十三五”发展战略，以“双打造一培育”为目标，统筹安排全年投资项目，优化国际经营布局，提升研发试验验证能力与智能制造水平，促进新兴产业发展，强化固定资产投资项目管理。围绕中国中车打造支柱业务的宗旨，严格长期股权投资项目审查，共审查长期股权投资项目59项。严格控制PPP项目投资，共批复PPP项目4项；认真研究国家政策，主动对接国家有关部委，积极争取资金支持，获得各项资金支持3.38亿元；整合资源、优化出资结构，加快推进内部业务重组与转型升级，审核和批复21个对外股权调整、处置项目，38个内部股权调整、处置项目；继续贯彻国资委工作要求，开展压缩管理层级和减少法人户数工作；加大跟踪处理境外股权投资力度。

【投资计划与预算】 全年安排固定资产投资预算99.19亿元，股权投资预算251.25亿元。为严格控制投资规模，将固定资产投资预算调整为84.12亿元，减幅达15.2%；将股权投资预算调整为166.93亿元，减幅达33.56%。全年完成投资208.76亿元，其中：固定资产投资74.66亿元，占调整后固定资产投资预算的88.76%；股权投资134.1亿元（不含并表企业增资等内部事项137.49亿元），占调整后股权投资预算的80.34%。根据国务院国资委和中国中车2019年度投资预算的整体安排，组织开展2019年投资预算编报工作，完成投资预算“三上”材料的申报、审查。

【固定资产投资项目管理】 围绕中国中车“十三五”发展战略，以“双打造一培育”为目标，加大固定资产投资项目审查力度，严格控制机车、客车、动车组和城轨车辆新造产能。充分发挥内外部专家作用，全年共组织专家评审17项，审查批准了四方股份公司高速磁浮实验中心建设等10个项目建议书、株洲特装公司游乐和智能装备研发生产基地建设等18个项目可行性研究报告、时代新材高性能芳纶材料及制品产业化等27个项目初步设计，下达书面审查意见18项。对涉及新增过剩产能或引发新的同业竞争的项目，采取暂缓或终止的措施，全年暂缓项目12项，投资总额近12亿元；优化部分投资项目的建设内容，核减投资额度12亿元。株机公司和四方股份公司轨道交通装备转向架、唐山公司车体等智能制造项目陆续投用，变革传统人工操作模式，精简人员，提高效率，保证产品质量。完成25项重大固定资产投资项目验收和15项验收备案，涉及投资93.78亿元。

【长期股权投资项目】 按照“符合战略，效益优先”的原则，全年共审查长期股权投资项目59项。其中，中车福伊特传动技术（北京）有限公司、上海中车福伊特传动技术有限公司（参股）、北京中车南口科创园区管理有限责任公司、天津中车津浦产业园管理有限公司、北美中车四方-川崎轨道车辆有限公司、中车永济 SPG 电气有限责任公司、武汉数字化设计与制造创新中心有限公司（参股）、上海海洋工程制造创新中心有限公司（参股）、无锡中车浩夫尔动力总成有限公司（参股）、四川省中车铁投轨道交通产业发展有限责任公司（参股）、青岛地铁检修服务有限公司（参股）、湖南中车弘辉科技有限公司（参股）、安徽中车瑞达电气有限公司（参股）等公司已完成设立；株洲所参股设立武汉数字化设计与制造创新中心项目，通过参股实现创新资源整合，为中国中车智能化提供了支持；时代新材参股设立湖南中车弘辉科技有限公司，成为中国中车积极响应国家军民融合战略要求、以混合所有制方式开展合资合作的试点项目；中车工业互联网公司项目，为践行中国中车“产业数字化、数字产业化”的智能制造产业化发展愿景提供了平台支持；中车复合材料合资公司项目，为中国中车提高资源利用效率、探索“共享共建共用”产业运行新机制提供了最佳范例。

【PPP 投资项目】 全年批复 PPP 项目 4 个，涉及中车资本金投入 8.48 亿元。具体项目为：武夷新区旅游观光轨道交通武夷山东站至武夷山景区线工程 PPP 项目、远安县城乡污水治理工程 PPP 项目、泉州台商投资区农村污水收集处理工程 PPP 项目、靖江市村庄生活污水治理一期工程 PPP 项目。

【国家资金支持及免税项目申报与管理】 主动对接国家有关部委，积极争取资金支持，全年获得各项资金支持 3.38 亿元。其中，有 2 个项目通过国家发展改革委共获得中央预算内资金支持 1.5 亿元；有 15 家企业 22 个项目通过国家工信部、财政部获得国家首台（套）重大技术装备保险保费补贴金额共计 1.88 亿元。

【股权（产权）管理】 全年审批对外股权调整、处置项目 21 个。其中，挂牌转让项目 6 个：中车资阳实业有限公司挂牌转让所持成都中车隧道装备有限公司 12.21%股权、时代新材挂牌转让所持株洲时代电气绝缘有限责任公司 90%股权、邢台中车环保公司挂牌转让所持河北路友公司 51%股权、中车永济电机实业管理有限公司挂牌转让所持永济电机康居物业管理有限公司 44.24%股权、南车二七（北京）车辆厂有限公司挂牌转让所持北京长铁车辆有限公司 47.4%股权等。完成资产评估备案项目 62 个，涉及净资产的账面值 58.5 亿元，净资产评估值 115.16 亿元，评估增值率 96.85%，对防止国有资产流失、确保国有资产保值增值、促进中国中车不断提高自身经营管理水平发挥了重要作用。中国中车成为中国企业国有产权交易机构协会资本投资运营专业分会理事单位。

组织成都公司、长客股份、四方股份、中铁装备、广州公司等子公司三会议案审核，办理股东代表授权委托事项，防范出现重大风险。

【内部业务重组产权调整】 通过整合资源、优化出资结构、处置“僵尸企业”、减少企业法人层级和户数，加快了中国中车的内部业务重组与转型升级。全年共审核和批复内部股权调整、处置项目 38 个。其中，协议转让项目 13 个，主要是：中车股份将所持长江公司、眉山公司、西安公司、贵阳公司、太原公司等 5 家企业 100%股权协议转让给中车长江运输设备有限公司，中车股份和齐车公司所持沈阳公司等 10 家公司全部股权转让给齐车集团，中车股份将所持二七机车公司 100%股权协议转让至中车集团等；无偿划转项目 5 个：中车股份将所持中车环境有限公司部分股权划转至中车产投，中车大连实业管理有限公司将大连机车医院无偿划转至国药（大连）医院管理有限公司，中车集团将所持湖南中车时代电动汽车股份有限公司51%股权无偿划转至中车产投，中车股权投资有限公司将所持浙江中车电车有限公司32%股权无偿划转给中车产业投资有限公司，中车兰州实业管理有限公司将所持兰州中庆房地产开发有限公司100%股权无偿划转至中车置业有限公司；吸收合并项目3个：齐齐哈尔东湖房地产开发有限责任公司吸收合并大连车城房地产开发有限责任公司，青岛中车四方车辆物流有限公司吸收合并青岛中车四方国际物流有限公司，中车投资租赁有限公司吸收合并北车投资租赁有限公司；增资类项目19个，其中主要有：中车集团对时代电动增资15.3亿元、对中车置业债转股增资26.5亿元，中车股份对株洲电机增资1.5亿元、对齐车集团增资3亿元、对资阳公司增资5.9亿元。

【外部并购与资产重组管理】 年内，跟踪并处理多个境内和境外并购项目，其中组织实施并购投资项目4项，累计完成并购投资7.31亿元。四方所通过参股青岛思锐公司收购芬兰倍耐克公司100%股权项目，充分利用各出资方在轨道交通、军工、半导体微电子领域的全球市场资源，实现产业、技术、资金的优势互补，有效降低了四方所前期投资风险，推动四方所既有技术与新产业有机结合，实现业务提升，有利于该公司国际化和多元化发展。中车时代电动收购常德大汉、无锡一汽控股股权项目，通过并购既有车企快速获取新能源汽车产业发展所需的必要资质和产能，通过发挥时代电动公司在新能源汽车领域的技术和产业优势，借道合作方原有市场资源，快速抢滩新能源汽车市场，为中国中车发展新能源汽车战略性新兴产业作了积极布局。戚墅堰所蛟龙项目及中车产投PURE项目是中国中车首次参加公开邀约的竞标并购项目，在现有监管体制下既合规又高效地组织开展海外竞标并购，虽然目前对中国中车是种新的挑战和更高要求，但也为中国中车进一步优化和完善现有的并购投资管理流程提供了有益的借鉴。

【资产清查】 根据中国中车总体工作安排部署，首次全面开展中国中车资产清查工作，其间约有1190人参与，历时半年时间。开发了资产清查信息管理系统，归集基础信息数据109.25万条，为清查工作提供了必要保证。中车集团共编制《专项报告》7篇、《中车资产清查报告》1篇；各一级子公司共编制资产清查自查报告77篇、各专项资产清查报告346篇。资产清查工作为中国中车全面摸清资产家底、筑牢管理基础、提升经营品质提供了有力的基础保障。

【资产处置】 按照国务院国资委党委巡视要求，制订低效无效资产处置工作实施方案，组织相关子公司清理处置低效无效股权、低效无效厂房和设备、驻京办事处房屋等资产。截至12月底，处置低效股权19项，盘活低效无效厂房及房屋94843.52平方米，处置低效无效设备1400台，处置驻京办房屋11935.11平方米。

【并购工作】 3月，中车股份组建成立并购办。4月，并购办人员到位并开始工作。制订年度工作计划，并明确并购业务的指导思想：深入学习贯彻党的十九大精神，以习近平新时代中国特色社会主义思想为指导，以战略引领、价值创造、风险可控为原则，强化并购业务的顶层设计，推动海外并购业务发展。针对中国中车五大业务体系分为主业（包括核心业务和支撑业务）和非主业（包括支柱业务、平台业务和培育业务）的实际情况，分别为主业和非主业海外并购业务提出不同的顶层设计思路。按照“塑名片”的要求，聚焦五大业务系统，以战略为指引，以持续获取订单、高效价值创造为目的，以战略并购、合资合作、战略联盟为方式，以风险可控为底线，积极开展海外并购业务，并参与蛟龙、MID、PURE、艾鼬和磐石项目。选择并购目标，初步提出中国中车层面的并购目标。积极开展并购业务调研，主要调研海外并购业务当事人、可能的并购对象、并购对象的用户、并购对象的供应链、并购对象所在国的监管机构、并购对象所在行业协会、投行律所会计师事务所等中介机构、中车子企业、与海外并购有关的中国政府监管部门。

〔投资管理部（并购工作办公室） 供稿〕

财务管理

【概述】 2018年，中车财务系统全面贯彻落实党和国家的战略部署，努力防范化解重大经营风险：积极配合国资委党委第三巡视组的政治巡视，完成阶段整改目标；担当预算主线管理责任，开展降本增效和资产优化各项活动，推动土地处置和二七机车公司疏解等专项工作，完成经营业绩目标；组织“严肃财经纪律大检查”活动，夯实财务管理基础工作。有效的财务工作为维护中国中车经营稳定、服务企业发展作出了积极贡献。

【巡视整改】 严格落实国资委党委第三巡视组和中国中车党委要求，自查管理短板，梳理减利因素，建立问题清单，提供数据支持，为巡视工作顺利开展提供了坚强的财务保障。配合业务部门制定《关于进一步深化供给侧结构性改革的决议》等一系列决议，牵头制定“降成本”“降一年期以上逾期应收款”“降资产负债率”及清理银行账户等具体整改方案。中国中车全年累计实现降成本超过26.8亿元，年末一年以上逾期应收款降至180亿元以下，资产负债率从65.15%下降至62.17%，年末资产负债率超过70%的子企业从128户降至103户，清理银行账户995个，全面完成阶段财务整改目标。

【预算管理】 咬定年度经营目标不放松，充分发挥全面预算管理功能，严格落实绩效指标。推动专项计划工作，加强滚动预算执行管控。顺利盘活兰州公司、太原公司、天津装备公司、南口公司等公司土地，完成二七机车公司疏解任务及年度经营业绩目标。中车集团全年实现营业收入2293.5亿元，利润总额120.1亿元；中车股份营业收入实现增长，并做到了季度均衡。

【成本费用管理】 全面落实公司降本增效工作要求，结合审计、巡视整改要求，不断完善成本管控机制，开展成本对标，优化成本定额，削减非经营性开支和低效开支，在保障经营必需的同时压减可控费用，实现期间费用增长低于收入增长目标。

【财税管理】 针对增值税改革、新个税税法颁布、国地税合并等新变化，积极研究财税政策，确保中国中车纳税申报、发票管理、汇算清缴工作顺利进行。组织开展纳税筹划，有效落地国家产业支持政策和税收优惠政策，中国中车总部全年获各类财政补贴5.29亿元，重大技术装备进口关键零部件免税1.62亿元。

【资金管理】 年内，通过银行借款日均融资164亿元，发行债券日均融资95亿元，组织4期各30亿元超短期发债。统筹运作总部、财务公司、香港资本公司三大资金平台，提升了资金归集和使用效率。通过应收账款证券化和保理，盘活存量资产约 90 亿元。利用资金统借统还政策，发挥了财务公司和香港资本公司内部调剂功能。根据产品交付周期和合同要求，加强上下联动，协调中国铁路总公司回款 180 亿元。各子企业背靠中车集团强大的融资能力，利用供应链信用级差获得 1.6 亿元现金折扣收益。持续监控企业财务风险，约束企业过度融资、融信行为。持续监控外汇风险，分析新兴市场国家货币外汇风险敞口，研究和评审外汇避险方案。依托财务公司业务系统，实现对境内单笔 2000 万元以上大额资金监控。

【提质增效】 开展“降杠杆、减负债”专项工作，实现了中国中车资产总额、资产负债率同比降低的目标。推进“两金”压降专项工作，制定并下发《关于进一步加强应收账款管理的通知》《关于加强客户信用管理的指导意见》，加强了应收账款源头管控，防范了客户信用风险。配合开展资产清查，完成非实物类资产的清查。配合亏损治理专项工作，全集团年内亏损 54 户，同比减少 16 户；亏损金额 31.24 亿元（不含 2 个二七公司），同比减少 19.95 亿元。配合相关单位完成“处僵治困”、减员分流、“三供一业”移交等专项工作任务。

【业财融合】 深入挖掘 2017 年报、2018 半年报数据，从资产、效益、资金、风险等八个方面梳理出 156 个业务和管理问题。下发《关于财务决算问题的反馈意见》，从业务和管理源头进行整改，使财务数据动起来、活起来、立起来。持续跟踪半年度决算审核，针对发现的 10 家子公司 14 项需处理或潜在风险的事项，督促责任单位研究制定解决方案并及时解决了相关问题。参与重大项目谈判，主动发挥专业职能作用。配合机车 C6 修等产品成本写实工作，为相关单位合理确定结算价格创造条件。推动专业管理，支持货车事业部开展主要产品成本对标，深化业务和成本管理。支持改革改制，从财务、税务、资金等方面支持重组办、战略部及相关子公司完成了 2 个货车子集团的组建与运营、2 个二七公司的疏解等一系列重大专项任务。

【财务基础工作】 组织中车财务系统开展“严肃财经纪律、加强财务管理”专项活动；组织财务关键岗位人员开展财经法规培训。针对内外部审计、检查、巡视工作发现的问题，部署各子企业开展对照检查和落实整改。把握新颁布会计准则要求，统一会计估计政策，修订会计报表模板，更新信用减值模型，规范决算编制基础。制定资产减值准备财务核销工作细则，修订关联交易管理办法，完善财务管理制度。强化财务决算工作组织和关联方管理，高质量编制财务决算报告。中车集团财务决算报告连续 3 年获得财政部、国资委表彰和表扬；中车股份合并以来年报在上交所考核中均获得 A 级。

【人才建设】 结合政策变化和业务需求，在中车总部先后组织决算、预算、资金、财税等专业培训活动；各级子公司也针对性开展财务类业务培训。按规定交流任期满 6 年的财务总监，通过公开竞聘、轮岗交流等方式，选拔、交流一级子公司财务总监 21 人次，其中提拔 5 人，促进高级财务人才交流。发挥财会学会作用，组织开展多项课题研究活动，形成多项管理创新成果，编辑刊发《中车财会》期刊 4 期，刊登论文五十余篇。

（财务部　供稿）

金融管理

【概述】 2017 年 11 月，中车集团整合集团资本管理部、中车股份资本运营部和服务事业部关于金融与资本的管理职能，设立金融管理部，对全集团金融与资本业务实施统筹管控。2018 年是金融管理部贯彻落实中央经济工作会议和国务院国资委关于防范和化解金融风险，推动集团金融业务结构调整并有效落地的一年。金融管理部组织召开了其成立以来的第一次“金融与资本”业务工作会，中车集团所属金融、类金融子企业、产业类相关子公司等参加会议。会上，中车集团总经理、中车股份公司总裁孙永才作题为《凝聚共识 不忘初心——走有中车特色的产融结合道路》报告，明确了中国中车金融业务的定位、发展目标和要求，对当前及未来一段时间中车集团金融业务的发展具有重要的指导意义。

【规划编制】 围绕中国中车“双打造一培育”战略目标，组织修订了中国中车金融业务“十三五”规划，并编制了《中车集团2018—2020 年金融业务滚动规划和中车金融发展纲要》。该规划确立了把资源向支持产业发展领域集中的方向及金融业务的发展任务，使中国中车金融板块条线更加清晰、定位更加明确。

【金融业务资源整合】 年内，按照“立足实体经济，防止脱实向虚”的指示重新定位，迅速转型，对金融板块子企业进行重组整合，以贯彻落实防范和化解系统性金融风险及国资委政治巡视整改为契机，相继下发中国中车《金融业务及金融企业整合实施方案》《关于中车投资租赁有限公司业务转型的决定》《金融支持主业技术创新实施方案》等文件，完成了金融企业的第一阶段整合目标。关停并转 5 家子企业，将中车产融结合资产占金融企业资产比例从 14.5%提升到 38.3%。充分运用投资预算管理工具，围绕提升产融结合主题，将增量资源重点投向产融结合的项目，同时强化对各金融类子企业金融性投资预算的审核，全年压减非主业金融性投资 40 亿元，核减率达 47%，提高了资源配置的有效性。

【央企 ETF 换购】 年内，中车集团以持有的中国中车 315687400 股股票（占总股本的 1.1%）认购央企结构调整 ETF；中车金证投资公司以持有的中国中车 143494300 股股票（占总股本的 0.5%）认购央企结构调整 ETF。认购后，中车集团、中车金证投资公司持有中国中车的股份比例分别变更为 50.28%、1.15%。

【金融业务创新】 在遵守保密规定、互联网规定等规定的前提下，通过微信建立多种特色的金融业务工作体系，推进金融服务实体产业发展，实现信息共享和扁平化管理，提高工作效率。撮合产融双方相互沟通，组织开展军民融合，盘活中车闲置产能，开展时代新材 PI 膜、四方所 Beneq、电机双百计划、IGBT、工业数字公司、青岛高铁技术创新中心等专项资本服务项目，其中 PI 膜、Beneq 项目成为产融结合样板。

【制度体系建设】 进一步加强金融投资业务内部控制，建立并完善金融业务制度体系，落实金融风险管理的长效机制。制定下发《金融与资本管理办法》《金融性投资管理管理办法》《金融性财务投资实施细则》，逐步形成了金融业务操作制度体系。建立项目备案与授权机制，规范操作流程；下发中车集团金融性投资负面清单（2019 年版），指导金融性子企业规范投资，防范风险。

【风险防范与化解】 以巡视发现问题为导向，认真贯彻落实巡视问题整改要求，推进金融及类金融业务风险化解。指导和督促租赁公司妥善化解租赁业务长期逾期应收款风险事件，并通过谈判、法律清收、债务重组、追加抵押、抵押物抵账等各种形式，完成巡视整改决议确定的风险化解阶段性目标任务。截至12月底，租赁公司化解逾期项目4个，压减不良资产余额7.8亿元，逾期项目减至50个，逾期应收账款减至51.15亿元。下发《中车投资租赁有限公司业务转型的决定》，重新调整租赁公司业务定位；金融、类金融企业户数由17个压减到14个；提高产融结合资产占金融企业资产比例。修订完善中国中车金融业务发展规划，调整金融投资预算，压减非主业金融性投资40亿元，截至12月底，中车集团产融结合资产占金融企业资产比例达到38.3%。

【低效金融资产处置】 组织金融资产清查工作，并监督执行，摸清家底、科学分类、系统分析，分类提出不良资产处置方案，形成金融资产清查专项报告。强化资本回报和金融风险防控，逐步建立各类评价标准，不断优化资源配置，改善资产结构，促进金融类金融业务改善经营绩效。结合资产清查情况和国资委政治巡视整改的要求，下发中车集团《处置低效无效金融性投资实施方案》，确定了处置低效资产的三年目标任务。全年，中车集团通过处置11项低效金融资产，实现了现金回收。

【基金业务管理】 年内，成立台州项目基金，首期规模33.13亿元，其中撬动社会资本12.33亿元；成立国创基金，首期规模40亿元，撬动社会资本30亿元。积极参与国家主导的政府引导基金，包括工信部主导的国家制造业转型升级基金、国资委主导的双百基金等，同时到工信部汇报沟通，积极争取将资金反投中车产业，支持中车发展。通过以LP、GP等多种方式参与基金，逐步为中车金控、中车资本等培养了一批基金管理人才，形成中车金融业务的投资研发团队，培养了市场竞争力，并为中车金融业务的发展提供了人才储备。

【员工能力培养】 在部门内部建立金融子企业联系人制度，每人对接一个金融子企业，全面了解该子企业的业务，锻炼员工综合能力，提升了部门团队成员的总体能力。深入子公司，定期参加中车金控的风险分析例会和租赁公司的逾期项目化解例会，共同参与推进风险项目的防控和化解；参加中车金控的董事会和财务公司的董事会，多层次深入了解子公司的投资和运营情况，掌握风险因素，做好监督指导，有效控制风险。

【党建工作】 金融管理部党支部按照总部机关党委的工作部署和要求，积极开展党支部工作。强化政治理论学习，突出“两个责任”，树牢“四个意识”，践行“两个维护”，持续练好内功，不断提高政治素养和政治站位，确保党员领导干部队伍绝对忠诚、绝对纯洁、绝对可靠。严格执行“三会一课”制度，全年召开支委会、党员大会、民主生活会、专题学习会等共计21次；积极开展党员民主评议及“我带头、我担当、我争先，为‘金名片’添光彩”专项活动与争先创优竞赛等活动，支部建设达标工作有声有色；认真学习总书记讲话精神，并做到入脑入心，提高党员的思想认识和行动能力；全面落实“一岗双责”，并持续抓好党风廉政建设，坚决杜绝“四风”，坚决落实“中央八项规定”；积极落实巡视整改要求，完成阶段性整改目标，有效防止金融业务脱实向虚。

（金融管理部 供稿）

审计与风险管理

【概述】 2018年，审计和风险部围绕中国中车年度工作会议要求，以"13156"为统领，突出审计成果的应用，通过找利润、找资金、找节约，堵塞利润流失漏洞，增强中车集团现金流，控制刚性费用支出，完善风险防控体系，强化风险管理前移，大范围实施重要业务内控测试，紧盯内控执行效果，全面推进信息化系统应用。全年完成各类审计项目1909项，提出审计意见和建议2469条，增收节支1.5亿元；完成风险管理项目188项，识别出风险事件2128件，提出风险应对措施3288项；完成内控项目104项，发现并督促整改内控缺陷。超额完成年度工作计划。

【内部审计】 围绕"品质、效益、动能"三大主题，以全面预算管理为主线，采取内审、外审、交叉审的方式，广泛开展专项审计。对效益下滑、持续亏损的企业开展"找利润"专项审计，其中南口公司、石家庄公司、永济公司、株机公司、株洲所、长江公司等子公司消除监督盲区，开展了采购、研发费、费用、薪酬等专项审计，实现审计领域和审计成果的突破；开展"找资金"专项审计，督促各级公司加快低效无效资产处置。二七车辆公司、山东公司、四方所、西安公司等审计部门参与各类"处僵治困"和压减工作，2家"僵尸企业"和24户特困企业均达到国资委治理完成标准；开展提质增效、应收账款清收的专项审计，其中大连公司、大连所、大同公司、兰州公司、戚墅堰公司等围绕"促管理、提效益"目标，开展了提质增效、应收账款清收的专项审计，推进实现清收目标。狠抓"两金"压控问题，全年内部审计发现"两金"压控问题23项，整改销号10项；审计署审计发现"两金"压控问题6项，整改完成2项，处分责任人6人；原监事会发现"两金"压控问题7项，整改完成5项。结合"财经纪律大检查"，在审计项目中进行专项财务基础审计，促进被审计单位完善相关制度规定、严格执行费用支出审批复核流程。

组织对投资建设项目实施全过程跟踪审计、结算审计、竣工决算审计。先后委托7家中介机构对投资额度大的14项固定资产投资项目开展工程审计，已出具结算审核报告的项目共降低工程投资1333万元，审减率11.38%。中车集团各级审计部门共完成项目投资及预决算审计项目8756项，审计预决算金额26亿元，工程投资造价审减1.93亿元，投资综合审减率达到7.35%，其中株洲电机、株洲所、四方股份、唐山公司、戚墅堰所、石家庄公司等加强工程预决算及合同审计，审减费用取得明显成效。

坚持逢离必审原则，各级审计部门完成经济责任审计254项，其中总部完成12项（计划内4项，计划外8项），发现增利因素2亿元。株机公司拓宽审计广度，开展7家境外子公司经济责任审计，首次实现境外子公司轮审机制；齐车公司完成43项经济责任审计，客观评价离任人员任期内经营成果和履职情况。

尝试开展子公司交叉审计，并取得较好效果。由四方股份公司、长客股份公司、资阳公司、唐山公司牵头，交叉审计8家子公司采购、招标、合同、清欠管理等方面工作，促进提质增效措施落地。

开展全集团境外企业、境外资产、境外业务的风险自查，下发《关于加强境外风险管理及开展重点境外企业审计工作的通知》（中车集团审计函〔2018〕202号），对资产总额大于5000万元的30户境外企业及管理费用和销售费用大于500万元的2户境外企业，按两年全覆盖安排就地审计，其余安排送达审计，年内完成15户审计。长客股份公司积极践行中车集团审计全覆盖的工作理念，开展长客（香港）、巴西中车公司2家境外子公司审计，为境外审计监督打开了新局面。

【审计整改】 对审计发现问题整改进行跟踪审计，建立审计发现问题清单，实行“销号”和闭环管理。全力推进落实审计署、国资委、原监事会整改意见，全年上报整改完成情况报告4份，推进问题落实146项。对2017年至2018年审计发现问题进行跟踪复核，销号率达95.4%。株洲所开创性引入“管理工作督导机制”，下达《株洲所1号督导令》，展示审计整改的严肃性；长客股份公司、西安公司、四方有限公司等进一步完善整改工作机制及流程，跟踪落实问题整改，实现闭环管理。

【责任追究】 7月，国资委印发《中央企业违规经营投资责任追究实施办法》（国资委第37号令）。中车集团确定审计和风险部为中车集团“追责”的职能管理部门。12月，根据国办发〔2016〕63号和国资委第37号令，制定印发《中国中车集团有限公司违规经营投资责任追究实施办法（试行）》（中车集团审计〔2018〕455号），并率先在中央企业中制订包括追责流程、损失认定指引、责任认定指引等内容的工作手册。年内，中车集团总部对4家子公司境外无序竞争问题相关的18名责任人进行扣减薪酬处理，启动违规开展融资性贸易业务责任追究工作，移交纪委1项，对被审单位责任部门和责任人进行绩效考核2项。

【风险管理】 年内，下发《关于进一步完善全面风险管理体系的通知》，进一步明确总部和子公司风险管理组织体系，包含63个风险、内控指引（指南）的完整的风险控制指引体系已全部发布。株洲所创新建设境外风险管理体系，完成第一批11个制度的建立；齐车公司、长客股份公司、四方股份公司、石家庄公司、中车金控、株洲所等落实要求，修订完善风险手册，进一步完善风险管理体系。

按季度汇总各子公司数据，对关键风险预警指标（KRI）、财务风险预警指数（FRI）和重要业务风险进行分析并编制专题报告。永济电机公司以ISO/TS 22163体系和绩效管理为抓手，持续改善风险管理绩效指标；戚墅堰公司将关键风险预警指标以月报结合季报的形式常态化；长客股份公司、株机公司、唐山公司、四方有限公司、四方股份公司、长江公司、工程公司等关注新业务和海外业务风险，推进重大项目风险评估机制建设；沈阳公司建立“沈阳公司风险综合指数（FRI）”，并实施综合评估。

【内部控制】 按照证监会要求，开展年度内部控制评价工作。评价范围包括《企业内部控制应用指引》中所列的18个方面，同时重点关注存在重大损失和损失风险的业务、廉政高危和权力较为集中的领域、工作效率较低的业务流程。其中，长江公司将其所属公司、控股公司及海外公司全部纳入内控评价范围，实现内部控制评价全覆盖；四方股份公司对11个建设项目开展投资后评价，有效规避低效无效资产产生，实现投资项目闭环管理；四方有限公司融合评价方式，在专项审计中嵌入内控测试，提升评价效果；长客股份公司、齐车公司、山东公司、大连电牵强化追责问责，明确整改责任和整改进度，落实内控缺陷整改。

建立“流程梳理－内控评估－缺陷认定－缺陷整改”闭环机制，制定并完善“风险清单、风险事件库、风险评估表、内控流程、内控矩阵、权限分工表”等工具模板。各级内控部门建立《内部控制缺陷数据库》和问题整改销号制度，定期更新，逐一确定每个问题的整改状态，经核实无误后予以销号，对整改不到位的问题和单位及时提醒，形成闭环管理。

【风险管控一体化信息系统建设】 年内已完成中国中车风险管控一体化信息系统一期项目建设，开始规划二期内容。信息系统的建设有效促进了审计、风险和内控项目管理规范化。各子公司积极响应，按照中车集团公司系统建设规划安排，完成系统操作培训、信息统计、项目信息录入等工作，扎实推进信息系统应用。

【工作交流】 组织审计人员系统学习习近平总书记在中央第一次审计工作会议上的重要讲话，各级审计人员撰写学习体会50余篇，在《中车财会》专刊发表22篇。以审代训，抽调西安公司、四方有限公司、工程公司等审计人员14人参与总部组织的审计项目。组织开展集团内审计工作经验交流，坚持开展子公司审计部长年度工作述职。年内，中车集团审计和风险部选送的《关于完善集团化审计和风险内控机制的思考》、戚墅堰公司选送的《企业采用佣金或代理方式的管理要点与建议》分别获得中国铁道财会学会2018年优秀论文评选一等奖和优秀奖，资阳公司选送的《孟加拉电站工程决包项目风险管理的研究与实践》获中国铁道财会协会科研课题一等奖，《海外工程总包项目风险管理策略》被《中国审计》采用；西安公司选送的《基于精益理念准确定位审计方向实现企业降本增效》获得中车第三届管理创新成果三等奖。

（审计和风险部　供稿）

法律事务

【概述】 2018年，法律事务部按照中国中车年度经营工作要点部署，重点聚焦“防风险”，全力提高法律风险防控能力，强调加强依法治企；持续推进法治中车建设，深化法律风险防范机制、法律顾问制度和法律工作体系建设，提升合规管理能力和依法治企能力。公司法律事务管理各项工作得到有序推进与加强。

【法治中车建设】 根据国资委政策法规局年初组织召开的法治央企建设专题座谈会及中国中车总部召开的相关专题会议精神和要求，结合中国中车自身实际情况，组织制定《中国中车2018年度法律事务工作要点》并下发至子公司，同时抄送国资委政策法规局。召开全系统法治暨企业主要负责人履行推进法治建设第一责任人职责检查启动工作视频会，传达2018年法治央企建设座谈会上的讲话精神，并做开展第一责任人检查宣传动员。根据国资委下发的《中央企业主要负责人履行推进法治建设第一责任人职责规定》贯彻落实情况自查自评表的38个项点，分项落实，逐项进行自查，边查边改。中国中车成立2个检查组，分别到浦镇公司、戚墅堰公司、戚墅堰所公司、太原公司、永济公司和西安公司等6家子企业进行现场检查。中国中车在10月接受了国资委检查组的检查。

对全系统法律事务人员开展培训，重点就授权管理、诉讼管理、国际业务与反垄断、企业改制与上市公司相关法律问题和海外风险管理进行授课和讲解，提升全体法务人员履职能力。推荐大连公司非法学专业背景、没有法律相关职业资格的部门领导参加国资委第二期中央企业高级法律管理人员履职能力培训班，尽快弥补专业短板。组织全系统法务人员参加国资委举办的法治大讲堂。调用全系统法律资源，共同研究、应对重大案件的处理和重大专项法律问题。在中国中车内部推行公司律师，通过实际操作，提高法务人员实践水平和业务能力，培养了一批既懂法律又懂管理并善于处理复杂疑难事务的法律专家。

【巡视整改工作】 高度重视巡视整改工作，制定专门的整改措施且全部整改到位，完成了 3 个问题的销号。有序推进规章制度废改立整改工作，完成阶段性目标任务。中车集团总部及一级子企业规章制度废改立需完善制度 6351 项，为此制定了总经理办公会及董事会议案，计划 2 年内整改完毕，形成横向到边、竖向到底的制度体系。经排查，中国中车需废止的规章制度 681 项，需修改的 3703 项，需制定的 1967 项。年内，共完成 10545 项规章制度梳理，其中废 1241 项、改 5543 项、立 3761 项，20 家子企业提前完成 2 年整改计划。

【重大项目法律服务】 为确保 PPP 项目依法合规顺利实施，法律顾问积极参与研讨中国中车已中标项目的风险排查，并参与完成了芜湖轻轨、澄江水处理、当阳水处理、山东公司靖江水处理、台州 PPP 等 PPP 项目的风险排查。针对海外项目，如雅万高铁项目，考虑融资方提供的中方发起人支持协议和承诺函版本的苛刻性，就其条款涉及对外担保等事项与其他央企反复沟通，成功实现在文本中加入“不构成担保”的兜底条款，避免了中国中车承担无限连带责任的重大风险。

为中国中车可交换债项目、北车海工股权划转事项、南北货车集团成立、同海南控股纠纷事项、中铁装备公司供热资产处置方式选择研讨、太原实业公司棚改安置房、中车集团所持时代电动股权无偿划转、天津装备公司和南口公司“处僵治困”、中国中车“双创”项目、南口福伊特合资公司设立、中车数字公司设立、二七机车公司冬奥冰雪运动训练基地等项目提供法律服务。基于青岛国家创新中心的开办经验，为子公司参与湖南轨道交通创新中心、武汉数字化创新中心的创办提出建议。选取四方有限公司、资阳公司、长江公司等富有经验的法律顾问指导、协助成都实业公司改制企业合理处置搬迁事项。

【重大案件管理】 根据国资委管理要求，将重大案件统计上报国资委法规局进行年度备案。针对未结涉诉案件数量较多的情况，下发《关于进一步加强法律纠纷案件管理的通知》。针对傅庆斌状告中车集团侵犯知识产权案件，组织力量积极应对，确保了中车两级庭审均胜诉。中国中车同北美太阳公司代理合同纠纷案，已经完成对方诉讼动议答辩。子企业方面，长江实业公司同武威公司的门面房拆迁纠纷，经湖北省高级人民法院审理，长江实业公司取得胜诉；对方已再上诉，长江实业公司已准备应诉。继续指导浦镇公司同喀麦隆国家铁路公司质量纠纷，已做好开庭前准备。

【合规管理】 开展合规管理研究，到中国中铁和中国移动调研。研究和贯彻落实国资委《中央企业合规管理指引》。组织召开反洗钱合规视频培训会，邀请花旗银行专家做专题培训，为公司下一步国际化经营保驾护航。加强反垄断合规管理，出台《中国中车经营者集中管理指引》，下发《关于注意防范价格垄断法律风险的通知》，要求各子企业高度重视价格垄断合规管理。

【工商变更登记】 中车股份股东大会通过党建进章程等议案后，第一时间将材料报到北京市工商局，并完成章程及董监高备案。完成中车集团及中车股份在北京市工商局信息公示系统的备案。向 42 家子企业出具股东决定等 168 份相关材料，指导并督促其完成工商变更登记。

【普法宣传】 利用 12·4 宪法学习日，在中国中车总部办公楼入口大厅电子显示屏滚动宣传宪法一周；在中国中车微信公众号发布宪法普法宣传文章，购买并发放宪法学习读物，大力弘扬宪法精神，维护宪法法律权威。

【商标管理】 国际商标方面，完成国际商标注册申报，等待相关国家反馈注册或异议信息。国内商标注册方面，继续处理 CRRC 标识、中车标识、“车字图形”标识在 45 个产品和服务类别申请注册后的异议答辩及撤销冲突商标的未使用申请等相关工作。

（法律事务部 供稿）

扶贫工作

【概述】 2018 年，中车集团继续坚定不移地贯彻落实党中央、国务院关于脱贫攻坚工作部署，充分发挥企业自身优势，依托产业带动，聚焦精准发力，主动担当作为，全年共投入帮扶资金 1418.6 万元，派出挂职干部 5 人，全力做好广西壮族自治区百色市靖西市、那坡县和甘肃省天水市麦积区、甘谷县 4 个县（市、区）的定点扶贫工作，并取得了较好成绩，其中甘谷县正接受国家摘帽退出的验收核查。

【扶贫资金投入】 年内，中车集团面对公司内部压力、市场压力和经营压力，克服自身困难，投入帮扶资金 1418.6 万元，其中用于公共基础设施建设 580 万元，扶贫产业项目开发 500 万元，甘谷县“扶贫车间”投入 232 万元，“天鹅计划”贫困地区乡镇基层干部培训投入 43 万元，扶贫济困投入 60 多万元，为完成年度扶贫任务打下了基础。

【扶贫会议】 中车集团党委高度重视定点扶贫工作，狠抓党中央决策部署的落实落地，扶贫开发工作领导小组建立有效的工作机制，统筹协调扶贫工作。4 月 20 日，组织召开第三次扶贫开发工作领导小组会议，深入学习领会习近平总书记关于脱贫攻坚的重要论述；传达上级相关会议精神及要求；总结 2017 年中车集团定点扶贫工作开展情况；审议通过 2018 年定点扶贫开发工作计划。会后，向集团所属企业印发该会议纪要和《2018 年中国中车集团公司扶贫资金收缴办法》。

10 月 17 日，在第五个国家扶贫日期间，组织召开“乡村振兴·中车行动”研讨会，中车集团与天水和百色两市、四县区领导共同开展研讨，学习领会中央乡村振兴战略，交流扶贫开发经验，共谋乡村振兴路径。

【扶贫制度建设】 根据中车集团和帮扶县区实际，制订《中国中车集团三年脱贫攻坚规划方案（2018—2020 年）》，提出中车集团脱贫攻坚的指导思想、基本原则、工作目标、主要任务和保障措施。制订《中国中车集团扶贫挂职干部管理规定》，进一步提高挂职干部履职尽责的自觉性；修订完善《中国中车集团扶贫开发资金管理办法》，使集团扶贫资金管理更合规、使用更有效、监督更健全。按照《中国中车集团关于扶贫领域工作作风问题专项治理实施方案》，认真剖析问题原因，做到立行立改。

【扶贫调研】 中车集团党委书记、董事长刘化龙4次组织召开扶贫工作相关会议，经常听取扶贫工作汇报，先后于5月、8月赴甘肃、新疆参加脱贫攻坚推进会，9月上旬赴定点帮扶的广西百色市那坡县、靖西市督查调研，看望并慰问贫困群众，和地方各级主要负责人共同研究推进当地脱贫攻坚工作，并作为中纪委委员听取百色市县两级关于扶贫领域腐败和工作作风问题专项治理情况的汇报。中车集团党委副书记、总经理孙永才8月底赴甘肃天水市麦积区、甘谷县实地调研指导工作。中车集团分管扶贫领导和负责扶贫相关领导干部117人次先后分9批深入4个县区市走访调查，接待贫困地区各级领导4批49人次，相互交流、研究，并就更好地完成扶贫攻坚任务提出建设性意见。

【扶贫资金管理】 抓好帮扶项目前期考察、认证工作，加强同帮扶地区党委、政府及业务部门的沟通协调，将贫困村和贫困户建档立卡作为定点扶贫工作目标，精准确定帮扶项目，健全完善扶贫项目、资金管理制度，引导贫困群众参与扶贫项目决策和管理，接受群众和社会监督。充分利用中车集团扶贫人员到定点扶贫县调研走访及地方党委、政府到集团总部汇报扶贫工作之机，互相监督、检查，督促定点扶贫县党委和政府承担、履行好脱贫攻坚主体责任，形成督促报告4篇。中车集团扶贫办和挂职干部采取定期和不定期检查、抽检和普检、关键环节全跟踪等方式，加大对扶贫项目及资金的监管、检查力度，及时向中车集团扶贫开发工作领导小组汇报。

【基础设施建设】 以改善生活环境、缩小发展差距为重点，提升基础设施建设，助力“两不愁、三保障”达标，全年共投入580万元。其中，在甘谷县投入200万元，实施3个镇100户贫困户C级危房改造；在麦积区投入200万元，实施五龙镇凌温村产业路硬化4.4公里；在那坡县投入资金180万元，实施平孟镇10户贫困户危旧房改造。受益困难群众共计223户465人。

【产业扶贫】 全年投入产业资金500万元，强化当地“造血”功能。其中，在甘谷县投入100万元，建设花椒产业园一期工程；在麦积区投入50万元，建设麦积镇草滩村中蜂养殖产业园；在靖西市投入250万元，建设康和村2500平方米钢架结构养殖大棚和德周村200平方米小蚕共育室；在那坡县投入100万元，建设龙合镇6个贫困村集中大蚕房共111间，全面推动贫困地区贫困户增收脱贫。

【干部挂职扶贫】 中车集团党委将培养锻炼干部与定点扶贫工作有机结合，把选派优秀扶贫挂职干部作为精准扶贫的重要举措，始终坚持“好中选好，优中选优”，在脱贫攻坚主战场培养干部。6月底前，对挂任期满两年的5名挂职干部（包括1名驻村第一书记）进行轮换交接。挂职干部深刻领会中央扶贫精神，遵守当地规定，快速转换角色，积极熟悉情况，融入民俗，体察民情，获得了当地政府和群众的高度认可。挂职草滩村的第一书记李志磊荣获“甘肃省驻村帮扶先进个人”。

强化与挂职干部沟通交流、互通信息，掌握资源需求；利用调研走访和半年、年终干部述职时机，多方位了解挂职干部履职评价，加强检查督促。落实好挂职干部待遇，加强人文关怀，使其全身心投入脱贫攻坚战。

【教育帮扶】 10月12—17日，投入43万元，在中车大学常州校区免费举办第一期“天鹅计划”活动暨中车集团定点帮扶地区优秀基层干部领导力提升培训班，甘肃天水、广西百色两市4县共46名各级干部按照量身定制的“天鹅领导力模型”参加活动，先后赴中车浦镇公司、江阴华西村和常州嘉泽镇参观学习先进精益制造生产线、智能物流和农村产业发展的成功实践等，认识中国高铁先进智造、苏南农村乡镇产业发展状况，开阔视野，增长见识，知晓差距；参观嘉兴南湖“中共一大会址”，重温中国共产党艰苦奋斗的历程，坚定脱贫攻坚的使命感、紧迫感、责任感。

【扶贫慰问】 投入 20 万元，在那坡县开展同舟工程“救急难”行动，补齐政府民政救助短板，扩大救助层面和范围，43 户 149 人得到帮助；投入 12 万元，在春节前夕对 4 个定点扶贫县 240 户贫困群众进行慰问；中国中车总部机关向麦积区草滩村 2 名贫困大学生捐款 1 万元，给予贫困群众真诚帮扶。

【公益扶贫】 挖掘定点扶贫县优势资源，强化帮扶措施，灵活帮扶形式，探索推行“企业+车间+贫困户”的扶贫新模式。6 月中旬签订《中车集团、甘谷县人民政府、腾达实业公司工服采购专项扶贫三方协议》，下属公司共投入 232 万元采购工服 1.49 万套，帮扶贫困户 130 余人；兰州公司投入 9.44 万元购置设备 10 台，为甘谷县石坪村“扶贫车间”提供善工利器；二七机车公司向甘谷县捐赠价值 9.5 万元的二手计算机 50 台和投影仪 1 台；财务公司向草滩村小学捐赠价值 2.5 万元的二手计算机 20 台和笔记本电脑 15 台；在中车集团总部员工中开展“果树认养”活动，投入 12.56 万元，认养果树 314 棵，拓宽麦积区贫困户苹果销售渠道。

〔办公厅（股份办公室、外事办、扶贫办）供稿〕

技术管理

本栏编辑　肖洪乐

科技管理

质量管理

信息化管理

安技与环保

科技管理

【概述】 2018年，中国中车聚焦“交通强国、铁路先行、装备支撑”，紧扣“品质、效率、动能”发展主题，以推进创新发展和“中车Q”实施为主线，以重点科技项目为抓手，坚持创新驱动、质量强企，各项工作有序推进，亮点纷呈。“复兴号”中国标准动车组荣登国家工业领域最高奖项——中国工业大奖榜首。中国中车获得中国专利奖金奖1项、银奖4项、优秀奖10项。工业化平台动车组荣获中国优秀工业设计金奖。制修订的国际标准正式发布15项，其中主持1项、参与14项。获得国家标准化领域最高奖项——中国标准创新贡献奖一、二等奖。长客股份公司、四方股份公司、株机公司获得第三届中国质量奖提名奖。

【产品研发】 时速350公里长编组“复兴号”动车组、17辆编组超长版“复兴号”动车组相继投入批量运用。时速250公里“复兴号”动车组完成样车试制，开始线路试验。京张智能动车组样车完成装配和厂内试验。时速160公里动力集中动车组完成线路试验和运用考核，小批量投入运用。时速350公里“复兴号”动车组第二方案样车完成运用考核。完成高原内燃机车、口岸宽轨调车机车技术方案评审，时速160公里客运内燃机车开始试用。HXD_1/HXD_{3G}型机车完成运行考核。HXN_6型机车正在运用考核。3000马力节能环保内燃机车（轻混）完成型式试验。30吨轴重C96（H）型运煤专用敞车、神华KM100型铝合金煤炭漏斗车、ST系列驮背运输车及SQ8型关节式双层汽车运输车、冷藏运输车相继投入运用考核。完成北京新机场线市域车、厦门地铁2号线车辆、昆明机场线有轨电车、杭州至绍兴城际动车组等项目研发工作。探索开展中国标准A型、B型地铁列车联合设计研发。ZK1-K型转向架获得北美铁路协会批准证书，标志中国具有自主知识产权转向架技术首次突破北美技术壁垒。首台240吨矿车完成厂内试验考核并实现销售。12米智能驾驶客车成为国内首个获得智能网联汽车开放道路测试号牌的自动驾驶公交车。国内首条农村污水处理装备全自动化生产线在山东公司常熟基地投入运营。

完成基于二氧化碳冷却介质的空调样机研制。开展铁路新型牵引供电系统技术、适应UIC标准的自主化机车制动系统应用、军用特种车辆动力系统关键技术、双流制式牵引电传动系统应用等研究。自主化基于CBTC的城轨信号系统投入试运行，填补中国中车城轨信号系统技术短板。完成矿用自卸车无人驾驶系统、海底冲射式挖沟敷缆机器人关键技术研究等项目技术评审。初步搭建矿用自卸车整车100吨机械传动、240吨和290吨电传动技术平台。系统跟踪和分析行业前沿技术趋势，围绕智能制造、新能源、新材料、车内有害气体检测和产品平台等研究方向，实现重点领域突破。

【技术研究】 年内，国家重点专项取得阶段性成果。中国中车启动实施“公共路权运行环境下非轮轨接触导向运输系统关键技术与装备研制”“自适应转向架关键技术”2个重点专项。密切跟进国家科技战略需求，针对中国轨道交通领域前瞻性、基础性、关键性技术存在的“短板”和“卡脖子”问题，完成“高速列车转向架用轴承核心关键技术”和“高速列车用IGBT芯片核心关键技术”项目立项。中国中车承担的“先进轨道交通”7个方向13个项目全部启动，148家单位参加，其中高等院校40家、科研院所8家。项目资金预算总计95亿元，其中国拨资金19.94亿元。“轨道交通系统安全保障技术”“时速400公里及以上高速客运装备关键技术”2个项目通过了科技部高技术研究开发中心组织的中期检查评估工作。所有项目按照计划实施，进展顺利，取得阶段性成果。

深入开展基础前瞻共性技术研究。中国中车搭建智能制造标准体系，推动智能制造标准化专家组建设。完成人工智能司机行为分析系统实验室样机，并装车验证。研制出用于列车碰撞试验的无线检测系统原理样机，通过CNAS认证。稳步推进350千瓦燃料电池系统研发工作，大面积膜电极满足DOE 2020年目标。研制成功全球首辆全碳纤维复合材料地铁车体，轨道交通轻量化技术实现新突破。开展10公斤级别石墨烯改性铜材生产和加工，并研制石墨烯改性铜导条。组织开展轨道交通车辆车内挥发性有机化合物防治技术研究。开展动车组故障预测与健康管理（PHM）技术及应用研究，初步实现车辆运行过程中故障预警和预测。统筹组织和谐型机车、动车组全寿命周期可靠性评估研究。完成轨道交通车辆系统集成国家工程实验室管理控制中心总控平台系统搭建工作。开展转向架动力学仿真试验台建设。

【技术创新体系】 科技体制改革持续推进。理顺职责，完善制度，科技体制改革稳步前进。统筹国家创新中心、国家级研发机构、中国中车专项技术研发中心建设和运营，凸显国家创新中心“代表国家、面向全球、支撑中车、服务行业、带动地方”总体定位。推动中车研究院积极转变职能，发挥对科技创新支撑与服务作用。完善科技创新制度体系，完成《科研项目立项管理办法》等15项制度制修订和发布实施。持续推进研发机构建设与运行管理，加强国内外联合研发机构布局和建设。挂牌成立青岛、长春2个轨道交通装备双创园区。土耳其、南非2个海外研发中心实现挂牌，中国中车海外研发中心数量达到15个。国家高速列车产业计量测试中心正式获批。推进中国中车海外研发中心项目合作，启动“IGBT驱动智能化技术研究”等10个合作研发项目。

国家高速列车技术创新中心建设全面推进。积极协调有关部委共同推动国家层面注册，完善建设规划，研究治理结构，提出“国创中心”理事会和全球战略咨询委员会组建方案。创新体制机制，授予“青创中心”人员聘任、技术创新活动等决策权限。给予“国创中心”运营经费、新增创新资源政策，提出国家重点科研项目承接、创新人才激励试点、高速磁浮示范线建设等国家政策需求。顺利推进创新中心项目建设，高速磁浮试验中心等3个项目开工建设。招商引智工作取得突破，蒂森克虏伯磁技术研究室挂牌入驻，轨道交通车辆系统集成国家工程实验室等入驻项目建设顺利推进。

【科技预算及投入】 2018年，中车股份保持科技投入力度，技术投入比例达到5.3%，其中由中车股份总部投入科研经费16000万元，推动重大科研项目实施。

【科研项目管理】 按照“聚焦技术、需求导向、倾斜新业务、突出重点、能力提升”原则，以及“没有市场合同或协议的整机产品不得进行样机试制”要求，组织开展科研计划立项工作。年内，中车股份新立科研计划课题153项，其中重大项目22项、重点项目131项。全年新承担国家科技项目6项，承担并参与中国铁路总公司科研计划项目16项。

【科技成果评审】 年内，中国中车全级次企业荣获国家技术发明奖二等奖1项、科技进步奖二等奖 2 项；获得中国铁道学会科学技术奖特等奖 2 项、一等奖 3 项、二等奖 11 项、三等奖 9 项。全年共完成科技成果鉴定 133 项；经中国中车科学技术奖励评审委员会评定，共评出中国中车科学技术奖 148 项，其中特等奖 4 项、一等奖 22 项、二等奖 42 项、三等奖 80 项。

表 7-1　2018 年中国中车获国家技术发明奖情况统计

序号	项 目 名 称	获奖等级	主要完成单位
1	轨道交通永磁牵引系统关键技术研究及应用	二等奖	株洲所、株洲所时代电气公司

表 7-2　2018 年中国中车获国家科技进步奖情况统计

序号	项 目 名 称	获奖等级	主要完成单位
1	高速列车整车调试环境模拟技术及应用	二等奖	长客股份公司
2	高速铁路弓网系统运营安全保障成套技术与装备	二等奖	宝鸡中车时代工程机械有限公司

表 7-3　2018 年中国中车获中国铁道学会科学技术奖情况统计

序号	项 目 名 称	获奖等级	主要完成单位
1	时速 350 公里“复兴号”动车组制动系统研制	特等奖	南京中车浦镇海泰制动设备有限公司、长客股份公司、四方股份公司、唐山公司、戚墅堰所
2	CR400 型“复兴号”中国标准动车组转向架研制	特等奖	四方股份公司、长客股份公司、唐山公司、四方所
3	CTCS-2 级列控车载系统集成创新与优化	一等奖	湖南中车时代通信信号有限公司
4	高速动车组 TQ-600 永磁牵引电机关键技术研究	一等奖	株洲电机公司
5	基于差异化机车智能无线重联同步控制系统的研究与应用	一等奖	株机公司
6	长沙磁浮快线中低速磁浮车辆研制	二等奖	株机公司、株洲所时代电气公司、株洲电机公司
7	动车组运用维护技术研究——动车组健康管理及运维决策系统研究	二等奖	唐山公司、长客股份公司
8	时速 350 公里动车组电磁兼容深化研究	二等奖	长客股份公司、四方股份公司
9	高速动车组转向架系统服役问题及对策研究	二等奖	长客股份公司、唐山公司、戚墅堰所
10	动车组防滑控制策略深化研究	二等奖	长客股份公司、四方股份公司
11	出口马其顿铰接式电力/内燃动车组研制	二等奖	株机公司
12	动车组数据监控与分析平台	二等奖	长客股份公司
13	时速 160 公里城际动车组研制	二等奖	四方股份公司、株洲所时代电气公司
14	BHP 公司 40 吨轴重矿石车关键技术研发及应用	二等奖	齐车公司
15	时速 350 公里动车组齿轮传动系统	二等奖	戚墅堰所、长客股份公司、四方股份公司
16	时速 350 公里动车组牵引电机	二等奖	永济电机公司
17	大风环境下高速动车组服役关键技术研究	三等奖	长客股份公司
18	铁路货车轴承故障规律及伤损图谱研究	三等奖	四方所
19	出口泰国 SDA3 型交流传动内燃机车研制	三等奖	戚墅堰公司
20	出口泰国米轨交流传动内燃机车研制	三等奖	资阳公司
21	澳大利亚 Roy Hill 系列货车	三等奖	长江公司
22	铁路货车 DAB-1 型集成制动装置	三等奖	长江公司

续上表

序号	项 目 名 称	获奖等级	主要完成单位
23	出口巴基斯坦圆弧包板煤炭漏斗车	三等奖	山东公司
24	动车组悬挂系统关键技术平台研制及推广应用	三等奖	株洲所时代新材公司
25	CRH5 牵引传动系统异常振动监测理论与监测系统	三等奖	常州路航轨道交通科技有限公司、长客股份公司

表 7-4　2018 年中国中车科学技术奖情况统计

序号	项 目 名 称	获奖等级	主要完成单位
1	广深港动车组研制	特等奖	四方股份公司
2	出口南非窄轨大功率交流传动内燃机车研制	特等奖	大连公司、大连电牵公司、永济电机公司、大连所
3	铁路货车整车疲劳与振动试验技术及系统集成研究	特等奖	齐车公司、大连交通大学、四方所、北京交通大学、天津大学、西南交通大学
4	一种轨道车辆前端吸能装置	特等奖	四方股份公司
5	出口澳大利亚 BHP 公司 40 吨轴重罐车	一等奖	齐车公司
6	中国中车科技管理信息系统研发与应用	一等奖	齐车公司、中车股份科技质量部
7	CRH2A 型时速 250 公里新型动车组关键技术研究及样车研制	一等奖	长客股份公司
8	高速列车结构 NVH 特性和关键部件低噪声设计技术开发	一等奖	长客股份公司
9	FXD3 型八轴交流传动快速客运电力机车	一等奖	大连公司
10	村镇分散污水治理用系列净化槽关键技术研究和示范应用	一等奖	山东公司、江苏中车环保设备有限公司、唐山公司
11	北京 S1 线长编组大运量中低速磁浮列车研制	一等奖	唐山公司、四方所、株洲所时代电气公司
12	高速动车组车轮多边形磨耗机理及控制技术措施研究	一等奖	唐山公司
13	高速铁路动车组全生命周期数据集成管理与综合	一等奖	四方股份公司
14	FXD1 型八轴交流传动快速客运电力机车研制	一等奖	株机公司
15	出口阿根廷贝尔格拉诺机车平台化研究与试制	一等奖	戚墅堰公司、资阳公司、大连公司、二七机车公司
16	吉隆坡机场线铰接动车组牵引系统	一等奖	四方所
17	30 吨轴重 Aurizon 准轨煤炭漏斗车研制	一等奖	长江公司
18	时速 350 公里速度级动车组摩擦副研究	一等奖	戚墅堰所、常州中车铁马科技实业有限公司
19	IGBT 寿命预测平台研究及应用	一等奖	株洲所
20	列车智能交互与显示控制系统关键技术研究与应用	一等奖	株洲所
21	基于族系方法的 2.X 兆瓦低风速轻量化叶片研发及产业化	一等奖	株洲所时代新公司、天津中车风电叶片工程有限公司
22	自主 100%非独立轮低地板转向架研发	一等奖	浦镇公司、同济大学、西南交通大学
23	IEC 62995:2018《轨道交通 机车车辆 布线规则》国际标准	一等奖	株洲所、株机公司、四方股份公司、大同公司
24	基于全要素全生命周期的“三零”质量管理模式	一等奖	长客股份公司
25	基于数据驱动、全生命周期协同创新的质量管理模式	一等奖	四方股份公司
26	“双创新•五安全”质量管理模式	一等奖	株洲电机公司
27	1675 毫米轨距 25 吨轴重控制型转向架	二等奖	齐车公司
28	BA3 型集成制动装置制造工艺研究	二等奖	齐车公司

续上表

序号	项 目 名 称	获奖等级	主要完成单位
29	130 公里/小时交流大运量不锈钢香港市域车研发	二等奖	长客股份公司
30	搅拌摩擦焊技术在轨道车辆中的应用开发	二等奖	长客股份公司
31	马来西亚吉隆坡机场线市域铰接车研发	二等奖	长客股份公司
32	针对中俄高铁项目“走出去”的技术及产品保护体系研究	二等奖	长客股份公司
33	机车黏着控制系统	二等奖	大连公司
34	HXD_3 型大功率交流传动货运电力机车二年检技术研发	二等奖	大连公司
35	长钢轨运输车组收轨引导、拨轨系统	二等奖	沈阳公司
36	出口加纳窄轨可变编组单层低地板内燃动车组	二等奖	唐山公司
37	燃料电池/超级电容混合动力 100%低地板有轨电车研制	二等奖	唐山公司、西南交通大学
38	基于低应力小变形控制的轨道客车转向架焊接技术开发及应用	二等奖	唐山公司
39	深圳地铁用 JZW-Ⅰ、JZW-Ⅱ接触网综合作业车组研制	二等奖	山东公司
40	基于车辆运用环境的激光焊接头基础研究及服役性能评价	二等奖	四方股份公司
41	高速动车组数字化调试试验技术研究	二等奖	四方股份公司
42	高速动车组减振降噪技术研究	二等奖	四方股份公司
43	电力机车 GOST 认证试验技术研究	二等奖	大同公司
44	YJ260 系列地铁牵引电机研制	二等奖	永济电机公司
45	49.98 米远洋拖网渔船电机组	二等奖	永济电机公司
46	出口肯尼亚蒙内标轨铁路内燃机车研制	二等奖	戚墅堰公司
47	新一代弹性架悬中高速机车、动力车 B0 转向架	二等奖	株机公司
48	100%低地板轻轨车辆研制	二等奖	株机公司
49	动力集中动车组电气系统研制	二等奖	株洲所时代电气公司
50	中国标准动车组钩缓装置	二等奖	四方所
51	阿根廷系列铁路货车研制（米轨和准轨）	二等奖	长江公司
52	铁路机械冷藏车关键技术应用研究	二等奖	长江公司
53	LNG 铁路罐式集装箱研制	二等奖	长江公司
54	适用于不同限界的平台化四轴蓄电池电力工程车研制	二等奖	株机公司
55	高寒城轨车辆研制	二等奖	株机公司
56	120 公里/小时卧式液力传动箱研制	二等奖	大连所
57	出口南非窄轨大功率交流传动内燃机车牵引及网络控制系统研制	二等奖	大连电牵公司
58	机车轮轴驱动系统试验技术研究	二等奖	戚墅堰所
59	汽车涡壳用耐热不锈钢铸造工艺研究	二等奖	戚墅堰所、常州中车汽车零部件有限公司
60	马其顿动车组牵引变压器研制	二等奖	株洲电机公司
61	造纸机械双级真空泵用 315 千瓦 12000 转/分钟高速永磁电机研制	二等奖	株洲电机公司
62	2 兆瓦中速永磁风力发电机	二等奖	株洲电机公司
63	HGCZ-2000 型换轨车	二等奖	宝鸡中车时代工程机械有限公司、株洲时代电子技术有限公司
64	风电叶片多机器人协同打磨智能化制造系统	二等奖	北京中车重工机械有限公司
65	一种轨道车辆防倒溜控制系统及其方法	二等奖	株洲所时代电气公司

续上表

序号	项 目 名 称	获奖等级	主要完成单位
66	一种永磁电机	二等奖	株洲电机公司
67	构架以及具有该构架的轨道列车	二等奖	长客股份公司
68	轨道车辆侧梁增强活性激光 MAG 复合焊接方法	二等奖	四方股份公司
69	出口阿根廷 25 吨轴重宽轨粮食漏斗车	三等奖	齐车公司
70	米轨铁路不锈钢客车研制	三等奖	长客股份公司
71	超塑成形工艺在轨道车辆制造中的研究	三等奖	长客股份公司
72	大功率舰船主推进发动机 16RK270 型柴油机	三等奖	大连公司
73	广州市轨道交通 13 号线首期工程车辆	三等奖	大连公司
74	储能式 100%低地板有轨电车 CED20 型受电弓研制	三等奖	北京中车赛德铁道电气科技有限公司
75	铁道客车轮对轴箱装置组装技术条件	三等奖	唐山公司、四方所、四方股份公司、戚墅堰所
76	CRH3 型动车组五级修工艺技术体系构建及应用	三等奖	唐山公司
77	列车性能台架试验技术研究	三等奖	唐山公司
78	TB/T 3452——2016 《动车组用不锈钢焊接技术条件》	三等奖	四方股份公司、唐山公司、戚墅堰所、长客股份公司、四方有限公司
79	青岛市轨道交通 11 号线时速 120 公里车辆研制	三等奖	四方股份公司
80	时速 250 公里 CRH2J 型综合检测列车研制	三等奖	四方股份公司
81	基于先进超声检测的不锈钢车体焊接质量成像评价技术及装备研制	三等奖	四方股份公司
82	轨道车辆典型部件激光清洗技术研究	三等奖	四方股份公司、华中科技大学、武汉翔明激光科技有限公
83	铁路客车车体钢结构检修工艺研究与提升	三等奖	四方有限公司
84	500 吨混合动力公铁牵引车研制	三等奖	四方有限公司
85	25G 型硬卧车改旅游淋浴客车设计与工艺控制	三等奖	四方有限公司
86	特种转向架检修工艺研究	三等奖	四方有限公司
87	出口加蓬 80 吨级锰矿运输专用敞车	三等奖	山东公司
88	农村污水处理用系列化立体循环一体化氧化沟设备研制与示范应用	三等奖	山东公司、江苏中车环保设备有限公司
89	风电机组风场适应性快速评估系统开发	三等奖	山东公司、山东中车风电有限公司
90	22 吨轴重米轨通用敞车	三等奖	太原公司
91	22 吨轴重米轨石砟漏斗车	三等奖	太原公司
92	Roy Hill 公司遥控双向平砟车研制	三等奖	长江公司
93	深冷装备及液体介质罐体焊缝质量分析及检测应用研究	三等奖	长江公司
94	25 吨轴重 PN 矿石漏斗车研制	三等奖	长江公司
95	新型铁路冷藏运输车核心工艺技术研究及实施	三等奖	长江公司
96	神华包神铁路发电车改造研究	三等奖	洛阳公司
97	深圳地铁钢轨探伤车研制	三等奖	洛阳公司
98	上海 10 号线全自动驾驶地铁列车自主化项目	三等奖	浦镇公司
99	EHB 型液压制动系统研制项目	三等奖	南京中车浦镇海泰制动设备有限公司
100	柴油机综合性能试验台研制	三等奖	戚墅堰公司
101	地铁轨道探伤车的研制	三等奖	戚墅堰公司
102	机车数字化设计平台研究及应用	三等奖	戚墅堰公司
103	阿根廷 25 吨轴重宽轨铁路货车研制	三等奖	眉山公司

续上表

序号	项 目 名 称	获奖等级	主要完成单位
104	智能铆接系统的研制	三等奖	眉山中车紧固件科技有限公司
105	13.6 米翼开启厢式半挂车研制	三等奖	眉山中车物流装备有限公司
106	机车车辆通信线路模块化无线自动测试技术研究	三等奖	成都公司
107	内燃机车空-电混合制动应用研究	三等奖	资阳公司
108	地铁液力传动调车机车平台化技术研究及产业化	三等奖	资阳公司
109	重油电站技术平台研究	三等奖	资阳公司
110	与刚性接触网匹配的地铁车辆用受电弓研制	三等奖	株机公司
111	国产化 120 公里/小时铝合金 B 型地铁车辆研制	三等奖	株机公司
112	中国标准动车组辅助供电系统的开发	三等奖	四方所
113	基于卫星通信的动车组信息化及旅客服务系统	三等奖	四方所
114	UIC 网关自主化产品研制	三等奖	四方所
115	城轨车辆架控制动系统	三等奖	四方所
116	和谐型电力机车司机室空调系统自主化研制	三等奖	大连所
117	智能乘客信息系统研制	三等奖	大连所
118	轮对式 100%低地板轻轨齿轮传动装置	三等奖	戚墅堰所
119	MVR 蒸汽压缩机用 200 千瓦 18000 转/分钟高速永磁电机研制	三等奖	株洲电机公司
120	马其顿 EMU 动车组牵引电机	三等奖	株洲电机公司
121	光伏与风电并网控制关键技术及工程应用	三等奖	株洲所时代电气公司
122	整车控制技术及纯电驱动系统应用研究	三等奖	株洲所时代电动公司
123	LKJ 设备运行监测管理系统	三等奖	湖南中车时代通信信号有限公司
124	HXD_{3D} 型电力机车 C5 修工艺研究	三等奖	广州公司
125	IEC 62888-2:2018《轨道交通 列车电能测量系统 第 2 部分：电能测量》国际标准	三等奖	浦镇公司、株洲所、株机公司
126	IEC 62888-3:2018《轨道交通 列车电能测量系统 第 3 部分：数据处理》国际标准	三等奖	株洲所、四方股份公司、株洲电机公司
127	IEC 61375-2-6:2018《轨道交通电气设备 列车通信网络 第 2-6 部分：车地通信》国际标准	三等奖	株洲所
128	IEC 62973-1:2018《轨道交通 辅助供电系统蓄电池 第 1 部分：基本要求》国际标准	三等奖	株洲所、株机公司、四方股份公司
129	IEC 62236-3-1:2018《轨道交通 电磁兼容 第 3-1 部分：机车车辆 列车与整车》国际标准	三等奖	株洲所、株机公司、长客股份公司
130	IEC 62236-3-2:2018《轨道交通 电磁兼容 第 3-2 部分：机车车辆 设备》国际标准	三等奖	株洲所、四方股份公司、四方所
131	IEC 62236-4:2018《轨道交通 电磁兼容 第 4 部分：信号和电信设备的辐射与抗扰度》国际标准	三等奖	株洲所、株机公司、湖南中车时代通信信号有限公司
132	IEC 62236-5:2018《轨道交通 电磁兼容 第 5 部分：地面供电装置和设备的辐射与抗扰度》国际标准	三等奖	株洲所、戚墅堰公司
133	IEC 62888-4:2018《轨道交通 列车电能测量系统 第 4 部分：通信》国际标准	三等奖	株洲所、大连公司、大连所
134	IEC 62888-5:2018《轨道交通 列车电能测量系统 第 5 部分：一致性测试》国际标准	三等奖	株洲所、株机公司、四方股份公司、株洲电机公司
135	IEC 62236-1:2018《轨道交通 电磁兼容 第 1 部分：总则》国际标准	三等奖	株洲所、四方股份公司
136	IEC 62236-2:2018《轨道交通 电磁兼容 第 2 部分：整个铁路系统对外界的辐射》国际标准	三等奖	株洲所、唐山公司

续上表

序号	项 目 名 称	获奖等级	主要完成单位
137	修订 ISO 标准《技术产品文件——花键表示法》	三等奖	戚墅堰公司
138	IEC 62388-1:2018《轨道交通 列车电能测量系统 第 1 部分：总则》国际标准	三等奖	浦镇公司、株洲所、株洲电机公司、四方股份公司
139	铁路货车转向架集成制动装置	三等奖	长江公司
140	基于永磁同步传动系统的转子位置获取方法及装置	三等奖	株洲所
141	一种具有主动润滑功能的活塞总成	三等奖	眉山中车制动科股份有限公司
142	悬挂式空轨列车	三等奖	浦镇公司
143	牵引系统用冷却单元	三等奖	大连所
144	轨道车辆制动控制方法及装置	三等奖	唐山公司
145	一种筒节斜底罐车罐体的制造工艺	三等奖	西安公司
146	用于铁道钢轨的多功能检测探伤车	三等奖	宝鸡中车时代工程机械有限公司
147	一种以动力单元为基础的电力机车组	三等奖	株机公司
148	高速齿轮箱密封装置及应用该装置的高速齿轮箱	三等奖	戚墅堰所

【通用技术】 组织成立中车工艺管理专家组。成功举办第二届“中车通用技术发展论坛”。计量理化考鉴委组织培训取证 608 人次。焊接和无损检测技术委员培训发证 5000 余人次，其中境外 266 人次。承办第 45 届世界职业技能大赛中国区机械行业焊接选拔赛。

【标准化工作】 主持或参与国家标准正式发布33项，行业标准42项。唐山公司、戚墅堰公司新获得2项国家级标准化试点。承担铁道学会机车车辆标准化专委会秘书处工作，团体标准化工作取得突破。组织开展城轨、电线路技术标准体系研究。围绕中国中车技术创新、质量提升等工作制定企业技术标准，累计发布标准53项。

【知识产权及专利技术管理】 全年申请专利 4645 件，其中发明专利 3161 件，海外专利 440 件。培育中车精品专利，开展“中国专利奖培育工程”。服务于中国中车的国际化发展，制定发布中国中车海外专利布局指导手册。知识产权管理系统上线运行，实现管理效率提升。完成中国中车无形资产清查，梳理 26918 项专利资产，提出专利资产分级分类管理等多项举措。

（科技质量部　供稿）

质 量 管 理

【概述】 2018年，持续推进“中车Q”质量管理体系标准落地实施，深化源头质量整治，规范供应商资质管理，强化质量人才培养。3月21日，召开中国中车2018年科技质量工作会议。会议发布2018年质量绩效考核指标。中国中车全级次企业认真落实中车2018年度工作会议精神和科技质量工作会议部署，确保企业产品质量安全形势基本稳定。

【质量规划与管理制度】 组织梳理质量管理工作制度，修订《质量损失管理办法（试行）》，整合“质量损失管理导则”内容，发布《中国中车股份有限公司质量损失管理办法》；总结质量管理体系第三方审核见证工作经验，发布《质量管理体系第三方审核见证管理办法》。

【产品质量指标】 年内，中国中车产品质量安全形势保持稳定，未发生特别重大、重大、较大质量事故，未出现产品批量质量问题，没有出现因产品质量问题导致严重影响情况，未出现外部产品质量监督抽查不合格情况。非铁路单位行车设备质量责任事故总数较上年降幅达29.6%。

【质量体系认证及运行监督】 组织部分子公司专家，深度研究标准落地实施路径，挖掘先进质量管理经验，编制《运用维保服务管理指南》《采购产品和供应商质量管理指南》《设计和开发管理指南》《软件产品开发管理指南》《软件开发过程配置管理指南》《轨道交通车辆RAMS/LCC管理指南》《制造过程门碑点质量管理指南》等。

制定并发布“中车Q”质量管理标准落地指导意见，提出以“清单法”为载体的“H”型标准落地模型（即以标准要求为纽带，自上而下管理诊断、自下而上问题查摆相结合的标准落地模型），建立试点拉动机制、问题导向机制、协同互动机制、持续改进机制、重点工作激励机制等核心工作机制，明确标准落地工作要求，优选18家子公司作为核心试点企业，要求其他企业自行选择适合环节进行核心业务试点，全力推动标准落地实施。

组织“中车Q”标准编制组核心成员，编制“中车Q”标准培训标准化课件，举办子公司高管层质量经营理念培训，中车股份副总裁王军作题为《以习近平新时代中国特色社会主义思想为指导，扎实做好中国中车质量工作》开班辅导讲话，所属各一级子公司总经理、主管副总经理参加培训。举办子公司质量部长标准培训，所属各一级子公司质量部长、质量管理体系分管副部长及部分业务骨干参加培训。

组织对南口公司时速250公里中国标准化动车组齿轮箱产品实现过程、株洲所时代电动公司新能源公交车产品实现过程进行专项审核，组织对永济电机公司ISO/TS 22163换版升级认证进行第三方审核见证工作。

【质量人才培训】 与外部培训机构合作，对标国际先进企业质量人才培养模式，借鉴质量人才培养课程框架，量身定制开发质量管理培训课程体系，开展项目质量管理实战研修培训，培养62名项目质量管理实战型人才，形成项目质量管理研修培训课件中文版。初步建立质量人才培养课程框架体系，形成质量内训师培养机制，验证中国中车质量智库工作机制，部分优秀学员作为讲师，参加“中车Q”标准子公司质量部长班培训和株洲所时代电动公司专项质量审核。

【质量管理信息化建设】 历经2年建设，年末中国中车质量信息管理平台系统正式上线。通过管理平台建设，系统梳理总部质量管理所需数据，构建以总部为主导、以质量信息为牵引的质量管理工作机制，增强质量信息透明度、激发质量信息关联应用意愿。

【产品质量监督检查】 在国家铁路局开展的铁路专用产品质量监督抽查，以及中国铁路总公司开展的铁路专用产品质量抽查中，涉及中国中车各类产品厂项全部合格。

【质量问题攻关与整改】 有序开展中国中车产品源头质量安全隐患挂牌督办、源头质量问题整治攻关、大修机车源头质量提升、电线路专项检查、客室空气质量集中整治等专项工作，对消除整机产品质量安全隐患、降低产品质量安全风险发挥积极促进作用。年内，中国中车产品机破率、临修率、大部件破损率明显降低，均完成年度百万公里故障率目标值指标。

【重大质量活动】 组织开展“春运保障服务”“质量安全月”“质量安全大检查”“质

量月”等质量专项活动，确保质量安全形势稳定。中国中车全级次企业结合企业自身实际，开展各具持色的质量安全专项活动，形成上下联动的良好局面。

【供应商管理】 组织修订《供应商资质管理办法（试行）》，发布《中国中车股份有限公司供应商资质管理办法》，明确供应商资质管理的评估与准入、合格供应商名录、质量业绩评价、质量不良行为、供应商“黑名单”等环节管理要求。

【质量荣誉】 年内，长客股份公司、四方股份公司、株机公司获得第三届中国质量奖提名奖。株洲所天涯QC小组获得“全国优秀质量管理小组”称号，株洲所半导体产品测试班获得“全国信得过班组”称号，戚墅堰所瑞泰公司齿轮箱组装班组获得“全国铁道行业信得过班组”称号，永济电机公司飞跃QC小组等40个小组获得“全国铁道行业优秀质量管理小组”称号。中国中车获评“中央企业全面质量管理知识竞赛优秀组织企业”。

（科技质量部 供稿）

信息化管理

【概述】 2018 年，信息化工作围绕中国中车“13156”总体工作部署，以推动“数字中车”建设和智能制造试点示范为重点，全面推进各项工作并取得丰硕成果。4 月 2 日，组织召开中国中车 2018 年两化融合工作视频会议，按照“产业数字化、数字产业化”新目标，统筹安排部署中国中车两化融合各项重点工作。

【信息化规划与顶层设计】 围绕中国中车“高质量发展、双打造一培育、世界一流示范企业”建设目标，完成《中车数字化顶层设计方案》编制。通过产品网、智造网、用户网“三网融合”，打造一体化产品研发协同平台、数字化管理协同平台、用户创新服务平台。明确加强顶层设计、夯实数字化基础、深化数字技术应用、持续推动业务集成、积极培育新模式新业态、推动数字化产业发展、构建“数字企业”生态环境、增强网络和信息安全保障能力 8 个方面重点任务。

完成中国中车信息化“十三五”规划修订，增加信息化发展需要考量的主要量化指标，从“信息化发展能力、信息化基础能力，信息化对研发、管理、制造、服务、供应链、客户关系的支撑能力，信息技术及产业发展能力”等方面提出具体量化指标和到 2020 年实现目标，进一步强化规划对信息化业务引领、指导作用。

联合国家工信安全中心，先后调研机车、客车、货车、通用机电板块 12 家企业，形成《中国中车“数字企业”评估规范》《中国中车“数字企业”水平评价管理办法》。通过开展数字企业评价活动，引导企业不断深化研发设计、生产制造、经营管理、营销服务的优化、创新和变革，引领企业从数字技术应用、业务初步集成向业务深度集成和协同创新迈进，推动企业数字化转型有序健康发展。

【两化融合管理体系贯标】 全面启动第三批 6 家企业两化融合管理体系贯标工作，第一批贯标企业陆续进入年度监督审核。11 家企业完成两化融合管理体系初次评定，眉山公司、株机公司完成两化融合管理体系再评定工作。截至 2018 年 11 月，启动贯标企业 37 家，其中一级企业 29 家，二级企业 8 家；

取得评定证书企业 20 家。

开展 2018 年度企业两化融合自评估工作，两化融合水平达到 67.9 分，较上年提高 7.3%，两化融合发展整体处于集成提升阶段，4 家企业进入创新突破阶段。株洲所、长客股份公司、唐山公司、戚墅堰所等在跨企业业务协同、创新和融合方面取得初步成效，两化融合迈进卓越阶段。齐车公司《基于精益理念的铁路货车生产综合管理平台》、长客股份公司《大数据技术助力动车组故障预测与健康管理》和株洲所《基于 IMS 目标的一体化投资系统设计与实践》获评国资委信息化优秀成果典型案例。

【信息化项目建设与管理】 组织搭建服务于中国铁路总公司各路局、段所的“动车组配件电子商务平台”，实现动车组配件计划、采购、库存、物流全过程管控。年底在上海、广州、西安 3 个配件中心上线试运行，覆盖路局配属 30 余种车型、90000 余种配件，有效解决路局购买配件时需面对多主机厂、多系统问题，大幅提升动车组运维品质，为中国中车开展服务型制造转型迈出关键步伐。

组织搭建具有中国中车自主知识产权的统一移动应用信息化平台，遵循“统筹规划、集中建设”原则，发布《移动信息安全标准》《移动应用开发规范》《移动终端设备管理规范》等技术规范，开发集成移动办公、移动费控、日程管理、中车人、中车通、邮箱、移动差旅等移动应用。年底，统一移动平台接入中国中车总部和四方股份公司、齐车公司、大连公司 3 家试点单位，共接入移动用户 23443 人、移动设备 12601 台、移动应用 77 个。

推进中国中车全球 ERP 系统建设试点项目，株洲所时代新材公司整合博戈公司项目取得重要进展，完成项目计划制定及工作任务分解，确定业务系统实现方式、S/4 HANA SAP 系统升级优化方法以及系统切换上线数据初始化策略，为博戈 ERP 系统实施和切换奠定管理和技术基础，为推动全球 ERP 系统建设积累大量实践经验。推进海外财务共享平台建设项目，年内完成香港资本公司、南北美区域公司、香港公司试点单位实施工作，建设统一的海外财务管理系统、海外资金管理系统、海外费控管理平台。香港公司实现转口贸易业务管理及与财务管理平台的一体化应用，为海外财务共享服务平台整合建设奠定基础、积累经验。

建立中车集团统一共享的品牌管理系统，包括图片库、品牌授权、展会管理以及品牌建设考核等，实现资源高效共享，提高品牌建设管理水平。开展党员信息管理系统建设，统一管理中国中车全系统党组织撤、建、拆、并，党员关系接转、党员发展、党费管理等，提高党员信息管理准确性、完整性和及时性。开展中国中车投资管理系统建设，建立项目预审核管理、项目文档管理、投资预算管理、投资计划管理、统计分析管理、股权投资项目管理和项目考核管理等核心功能，实现对投资项目全生命周期动态管理和监控，提升对固定资产投资和长期股权投资项目有效监管。完成消防监管及能源环保统计信息系统建设，建立消防安全基础资料标准模板，规范完善中国中车消防安全基础管理体系，保证能源环保信息快速上传下达，提高监管水平。建立知识产权管理平台，实现在线提案申请审批、涉外管理与外部代理机构协同工作，实现专利、商标、版权全生命周期管理。完成国内和涉外专利申请、授权、放弃量可视化工作。

根据国家商务部决策部署，启动境外企业和对外投资监测服务平台建设项目。完成《中车境外企业和对外投资监测服务平台建设方案》编制，实现中车集团视频会议系统、视频监控系统对 6 家纳入首批接入范围境内外分支机构全覆盖，完成与商务部有关系统对接和信号传输；完成中国中车国资国企监管数据监控平台数据采集传输系统建设工作。根据国资委提出具体要求，打造实时在线国资监管平台，建立纵向到底、横向到边的信息化监管体系，完成中车集团管控数据平台建设方案和与国资委国资国企监管数据监控平台对接方案设计，10月底搭建完成大额资金数据采集平台，实现与财务公司资金系统有效集成，通过国资委专线实现数据自动上报，完成国资委年度要求。

【基础设施建设】 按照国资委《关于做好互联网协议第六版（IPv6）部署应用有关工作的通知》有关要求，与各网络设备厂商、电信运营商进行多轮技术交流，并与多家中央企业交换意见，结合中国中车实际，编制完成《中国中车 IPv6 改造方案》，结合 IPv6 技术与应用发展，逐步推进中车集团业务系统改造，有效规避实施风险。12月底完成方庄办公区 IPv6 电信链路改造并上线运行。

全面梳理分析总部信息系统集成现状，系统规划总部数据服务总线系统服务开发管理体系和服务运维管理体系，完成总部数据服务总线系统搭建，实现总部各应用系统和总部与各企业应用系统之间协调运作以及信息资源共享。为中车电子采购平台、中车购电商平台、主数据管理系统、合同管理系统提供数据交换共享服务，全年共注册接口服务 39 个，集成接口 109 个，涉及集成企业 21 家共 21 个业务系统。

编制中国中车全球广域环网建设方案，确定国内专线各节点环网改造方案、实施计划和既有线路割接工作。全年完成中车所属一级子公司共 44 条主链路建设和整体切换工作，12 月底完成备用链路开通。基本建成覆盖中国中车总部、境内一级子公司和境外分支机构全球广域环网，为开展全球业务提供有力支撑。

【智能制造项目及创新论坛】 积极跟踪工信部工业互联网创新发展工程工作，完成“机械制造行业标识解析二级节点建设”项目申报，工业互联网创新发展工程项目获得工信部批复，申请国拨资金 2100 万元。

四方股份公司《动车组远程运维服务标准研究与试验验证》和长客股份公司《高端城市轨道交通车辆全生命周期造修一体化智能制造新模式应用》、洛阳公司《机车智能检修数字化车间》、眉山紧固件公司《高铁装备紧固件产品智能制造新模式应用》、四方所《高铁核心减震产品智能制造新模式应用》、株洲所时代新材公司《大型风力发电叶片数字化工厂建设》项目获得工信部智能制造综合标准化和新模式应用项目批复，共获国拨支持资金 4600 万元。

唐山公司《高速车车体制造试点示范》项目获评工信部智能制造试点示范。四方股份公司《轨道交通装备运维服务大数据应用试点示范》项目获批工信部大数据产业发展试点示范。四方所《基于工业互联网平台的轨道交通车辆智能云伟系统建设》项目成为中国中车工业互联网首个试点示范项目。四方股份公司《高速动车组关键零部件智能运维技术研究及应用》和四方所《自感知式轨道车辆智能检修机器人系统研发及应用》入围工信部人工智能与实体经济深度融合创新项目。长客股份公司《高端轨道车辆运维保障能力建设项目》再获制造业与互联网融合发展试点示范项目。四方股份公司《基于大数据技术的高速动车组健康诊断及专家支持（PHM）系统》获得工信部大数据优秀产品和应用解决方案。

11 月 13—14 日，第四届中国中车智能制造业务创新论坛在成都召开。论坛以“产业数字化、数字产业化”为主题，释放中国中车发展“产业数字化、数字产业化”强力信号，中国中车将利用大数据、人工智能、互联网+等互联网新技术新应用，迎接数字经济时代到来，全面布局智慧中车建设，加快推动智能制造发展。论坛的成功举办助推中国中车“产业数字化、数字产业化”在目标和路线上达成共识，加快促进轨道交通装备制造业智能化转型升级。

【信息化安全保障】 基于云架构构建总部病毒防护体系，通过统一平台实现病毒防御、查杀一体化管理，实现总部虚拟化服务器底层病毒防护，总部物理服务器、计算机终端统一策略防护，有效提升总部计算机病毒防护水平和管理水平，保障数据及系统安全。

组织齐车公司、唐山公司、长客股份公司、四方股份公司、株机公司、株洲所6家企业相关人员参加中央企业网络安全技术大赛培训和比赛，达到预期目标。组织上报《2018中央企业网络安全2.0与工业互联网解决方案》，戚墅堰公司提交的“面向轨道交通先进制造的工业控制信息安全项目建设解决方案”荣获“2018中央企业网络安全十佳解决方案”一类大奖。

组织参加国家信息安全技术研究中心网络安全攻防大赛，从22家企业76名参赛选手中，评选出唐山公司、株洲所、株机公司、长客股份公司和信息公司选派的6名选手参加复赛，在90支参赛队伍中取得第29名成绩。组织上报“中央企业网络安全优秀解决方案”，信息公司提交的“出口机车远程监测与诊断系统信息安全建设方案”在44家单位91篇方案中，获得优秀解决方案大奖。

协同中车党委办公室组织开展年度保密和信息安全培训工作，包括保密和信息安全从业人员、中国中车保密和信息安全专家组成员和总部各党支部保密委员共127人参加培训，邀请公安部和国家信息技术安全研究中心专家针对新形势下网络安全等级保护工作、全球网络安全事件、网站安全、电子邮件安全等方面对学员进行培训。

（信息化管理部　供稿）

安技与环保

【概述】 2018年，中国中车安全生产、节能环保、消防应急工作，在习近平新时代中国特色社会主义思想指引下，坚持安全发展、绿色发展、健康发展，认真贯彻落实党中央、国务院等关于安全环保各项决策部署，提高安全环保政治站位，加强安全环保基础建设，强化监督检查，采取一系列强有力措施，全面完成国资委安全环保指标要求。全年统计规则范围内死亡事故3起，死亡6人，千人死亡率0.033。全年未发生火灾事故，实现零一类火灾爆炸事故，消防安全总体稳定。

以国务院国资委2018年第一轮政治巡视为契机，按照“定性要准、案例要真、数据要实”工作要求，系统梳理安全生产、节能环保领域存在安全生产事故、环保处罚事件、职业病预防、交通安全、废水治理、烟尘治理、隐患治理、危险废物处置、新业务新领域安全、基础管理10个方面问题短板，查摆安全环保问题12项，逐一分析原因，逐一制定措施，全面完成整改销号。

组织召开年度安全环保工作视频会议，明确2018年任务目标和重点工作，下达企业节能减排考核指标，下发年度能源环保监测计划，将节能减排指标纳入年度经营计划和子公司效绩考核。年内，增加值（可比价）综合能耗同比降低 1.27%，工业总产值（可比价）综合能耗同比降低 8.31%，二氧化硫排放量同比降低 68.43%；氮氧化物排放量同比降低 30.7%，全年没有发生重大违规和环境事故，全面完成年度节能减排指标。

【安全生产】 发布《境外企业（机构）安全生产监督管理指引》《异地作业安全生产监督管理指引》《通勤车安全管理指引》《生产安全事故管理规定》《安全生产奖惩办法》《相关方安全管理规定》。组织部分专家集中修订安全操作规程试行过程中的各种问题，提炼安全操作一口清。组织专业人员深入现场、交流确认和修订完善不确定的 100 多个产品类安全技术操作规程，最终形成 20 大类 704 个中国中车安全技术操作规程。

召开中国中车相关方安全管理现场研讨会，交流近 2 年来发生相关方安全事故，对每起事故逐一进行质询和讨论；修订发布《相关方安全管理规定》，细分相关方安全管理要求，全面进行相关方安全管理专项整治。印发职业卫生专项整治活动通知，明确专项整治 5 项内容，制定 5 个阶段实施方案，编制专项检查评价标准，成立 6 个核查小组，6 月份开始全面开展职业卫生专项整治活动。下发《关于开展轨道车辆产品动态调试作业安全专项整治的通知》（中车集团运营函〔2018〕183 号），在各生产、检修动车组、机车、城轨、轨道工程装备、特种车等轨道车辆产品动态调试作业工序，全面开展安全专项整治活动。

诊断检查中铁装备公司下属 4 个城市供热分公司安全、环保、消防、能源情况，检查发现问题 178 项，其中安全问题 73 项、消防问题 43 项、环保问题 28 项、能源问题 34 项，中车集团提供 1900 余万元整改资金限期整改。抽查长客股份公司相关方安全专项整治情况，内部通报抽查结果，要求对 76 家相关方逐一梳理整治，建立动态性管理台账，建立系统性评价标准，建立相关方进出机制。诊断检查长江公司总部及其下属 5 个分子公司安全生产管理情况，检查发现各类安全问题 338 项，召开安全管理诊断现场汇报会，通报、质询诊断情况。在中车集团范围内全覆盖、全层级、全空间、全领域开展安全生产大排查、大反思、大整治活动，重点查找整治安全思想松懈、安全管理缺位、事故教训吸取不足、安全工作不落实、生产现场重点风险工序和场所、员工安全意识不足、管理上的边界盲区、应急能力不足 8 个方面问题。开展安全生产大检查活动，成立 6 个检查组，采取书面测试+人员访谈+资料查询+现场检查等方式，对机车系统、客车系统、货车系统、通用机电系统、新产业系统、部分二/三级（子）分公司共 40 家企业进行安全生产大检查，书面测试 1342 人，人员访谈 137 人，发现问题 2365 项，下达检查整改通报，对各企业安全生产现状进行总体评价及量化打分。

开展职业卫生课题研究，对中国中车 35 家一级子公司进行现场调研和数据核查，按照 18 个类别进行统计和分析，探索出职业健康管理五大规律，找出中国中车面临的相关问题及原因，提出“三个维度 六个方面”职业病防治体系设想，形成《满足员工美好生活需求的职业健康现状研究报告》。对 2015 年 6 月 1 日—2018 年 2 月 25 日期间实现安全生产 1000 天 35 家生产型一级子公司进行奖励。开展工服集中采购扶贫专项实施，中国中车与甘谷县人民政府、甘谷腾达公司签订工服集中采购扶贫三方协议，在三方协议框架下，13 家子公司与其签订 14000 余套夏季工作服，采购金额 200 余万元。

组织召开“7·28”事故警示教育现场会和 2018 年度安全环保典型案例警示教育大会。组织“全国安全生产月”活动，积极营造良好安全生产氛围。株机公司举办“娓娓道来说安全”系列活动。四方股份公司组织做好上合组织青岛峰会各项安全保障工作。

戚墅堰公司以安全月活动为契机创建全国安全文化示范企业。沈阳公司组织举办“安全幸福走进沈车暨做沈阳公司安全第一人（第三季）”启动仪式。

安排8名安全管理人员参加国家应急管理部组织的境外学习。积极参加国资委和中央党校组织安全培训。中国中车全级次企业分层级、分类别有序开展各项安全培训教育工作。株机公司组织175名高中层管理者学习《湖南省生产经营单位安全生产主体责任规定》。长客股份公司组织50余家近200人相关方主要负责人进行安全培训。全年新员工三级安全教育培训17944人，特种作业培训5347人，特种作业复审10137人，安全管理人员培训2412人，企业主要负责人安全培训429人，转岗培训4796人，复工培训5607人，班组长安全培训7435人，四新培训12480人，职业卫生培训41875人。

【节能环保】 组织召开2018年生态保护污染防治工作视频会，会议科学分析新时代中国中车绿色发展新起点，深刻把握新形势中国中车面临新任务，明确提出中国中车生态保护污染防治攻坚行动新要求。印发《中国中车生态保护污染防治攻坚战三年行动方案》，提出“十三五”后3年污染防治工作具体目标、要求、措施和路径。47家一级子公司和部分重点二级子公司印发并上报企业生态保护污染防治3年行动计划，明确企业3年总体目标，提出具体治理措施和方案。

优先在货车产品企业推广使用水性漆，在沈阳召开货车企业水性漆使用现场会，10家货车企业交流水性漆使用情况，签订整机产品和配件产品水性漆应用责任书，明确具体时间进度计划。

结合国家和地方环保新形势，一企一策研究选择最佳方案，明确燃煤替代方案实施期限，专项治理企业燃煤锅炉排放。制定工作方案抓紧落实，燃煤锅炉企业由2015年12家减至3家，煤炭消费总量同比2015年下降38.9%。

出台《突发环境事件责任追究规定》，明确突发环境事件报告程序，细化一般突发环境事件分类，增加党纪追责，加大政纪追责和绩效考核力度。梳理环保约谈和挂牌督办程序管理，对发生的一般突发环境事件进行调查和约谈。修订印发中车集团《节能减排管理规定》等6项制度，修订印发中车股份《环境保护管理规定》《能源管理规定》等3项制度，能源环保管理工作更加规范化和系统化。

全面开展生态保护污染防治攻坚战环保督查，决定在3年内分4个阶段开展14轮次环保督查工作。督查内容体现“三个突出”，即突出重点区域、重点流域的企业，突出修理企业、困难企业，突出二级及以下子公司；督查方式采用“三不四直”，即不听汇报、不打招呼、不分时段，直接检查、直奔现场、直接采样、直接下单。全年完成2轮共47家子公司（其中重点区域子公司32家）督查工作，形成环保督查问题清单和督查报告。

从指标完成情况、节能降耗减污增效、能源环保数据来源、体系运行情况、环保信息公开、环保风险评估等13个方面进行重点核查、专项检查和综合评价，对24家子公司（其中一级子公司12家）进行能源环保评价检查，发现各类整改项问题390项，实现3年对所有一级子公司能源环保检查全覆盖。

按照国资委《关于开展中央企业生态环境保护排查治理情况专项督导检查的通知》要求，作为国资委环保专项督导检查制造行业组组长单位，牵头对一汽集团天津夏利、中船工业九江海天、中国诚通岳阳林纸、中航工业成飞公司、国机集团二重重装5家中央企业生态环境保护排查治理工作开展专项督导检查，完成5份企业督查报告和1份整体督查报告。

按照中国中车能源管控和关键设备效能监控系统标准要求，长客股份公司完成二期5大子系统建设，通过管控系统及时发现烘干室温度偏高、采暖疏水器未及时维修、空压站露点太低、水泵房供水不平衡、研发中心消防水箱漏泄、排烟除尘系统未进行有效控制等20多项浪费能源现象，系统解决相关问题，为设备引进、维修、节能评估、工艺生产、产品质量等提供数据，发挥大数据作用。唐山公司完成能源管理系统二期施工，通过对现有能源管控系统采集数据分析利用，发现用能异常，减少能源漏损；通过设备效能数据汇总，对标先进，激励各单位不断提高设备利用效率。眉山公司通过压缩风供气管网改造及空压机优化配置，实现所有空压机自动联控联调，供应方式由“我供你用”变为“你用我供”。戚墅堰所以电力管控为试点，从重点耗能设备用能控制入手，建立能源管控平台，挖掘节电潜力。

中国中车全级次企业全年共计投入资金3.25亿元，完成节能减排技改项目320项，节能降耗减污增效效果显著。其中通过安全生产和节能减排集中投入配套资金政策引导和支持项目13个，包括燃煤锅炉取消、VOCS治理、铸造烟粉尘治理、废水治理、工业固废治理等内容，总投资金额1.2亿元；节能减排项目11个，总投资金额占比77%。

中车股份获得第二届首都环境保护奖先进集体。株机公司、株洲所等企业获得“湖南省环境诚信企业”称号，沈阳公司、山东公司获得当地绿色企业，戚墅堰公司获得常州市低碳示范单位，1人获“中国铁道学会科学技术铁道环保奖”。

【消防应急管理】 组织开展人员密集场所消防安全专项整治，档案系统安全专项自查，针对危险化学品、易燃易爆气体、密闭空间等因素，实施消防安全专项检查。

完善大安全管理制度建设，将消防安全责任制融入安全生产责任制。元旦、春节、国庆节等重大节日和全国两会等重大活动期间，提早谋划、周密部署、突出重点，组织子公司加强检查、扎实开展值班宿舍、动火作业、垃圾存放场、烟花爆竹燃放等防火管理工作，狠抓火灾预防落实，做到重大活动和节假日期间无火情、火险事故。

年内，完成《中国中车消防法规标准汇编》编印工作，汇总消防法律3项、消防法规11项、消防技术规范101项、中国中车消防管理制度7项、消防应急事故案例光盘1张，下发中国中车全级次企业学习借鉴。

成立中车集团应急管理委员会，完成《中国中车集团有限公司突发事件总体应急预案》《生产安全事故应急预案》《火灾及爆炸事故应急预案》等12项应急预案编制，修订下发中车集团应急管理指引。

参加中央企业大型原油储罐火灾事故应急演练现场学习观摩，学习中化集团消防应急先进工作经验。下发《关于做好冬季防火暨119消防宣传月活动的通知》（中车集团安技函〔2018〕25号），开展冬季消防和年度消防宣传活动，将冬季防火与消防宣传活动融为一体，切实提高宣传活动实际效果。

全年转发国家预警发布中心发布气象预警信息208条，提示相关企业做好防雪、防汛、防风、防冻应急准备工作。迅速了解落实超强台风山竹对中国中车广东地区子公司与人员影响情况，指导子公司开展灾害应急预防、自救工作，及时做好相关信息反馈。组织中国中车全级次企业有针对性地开展火灾爆炸、环境污染事故、洪涝灾害、高处坠落等多项应急演练活动，全年应急演练1404次，参演70528人次。

（安技环保部　供稿）

人力资源管理

本栏编辑　俞鸣霞

人力资源规划与体系建设

领导干部管理与监督

人才队伍建设

劳动用工与薪酬管理

总部人事管理

人力资源规划与体系建设

【概述】 2018年，中国中车人力资源系统围绕“13156”经营工作思路，聚焦“责任 担当”主题，全力落实巡视整改任务，全面强化任职交流等选人用人工作，深入推进干部人事制度改革，扎实开展全球一体化人力资本管理体系和人才队伍建设，进一步规范劳动用工和薪酬管理，持续提升人力资源管理效率效能，为实现“双打造一培育”目标提供了强有力的人力资源保证。

【人力资源规划】 按照《中国中车推进“十三五”人才战略规划实施办法》，围绕“3152”战略目标、“61162”人才工程及“631”国际化人才培养工程等重点项目，持续组织开展“十三五”人才战略规划落地实施工作。从“控制总量、提升能力、规范管理、体系建设、优化结构、打造核心、提升效能”等7个方面，对各子公司落实“十三五”人才战略情况进行全面系统的考核评价，切实加强战略业绩评价。从考评情况看，综合情况处于良好状态，33家制造类子公司年度战略业绩评价结果平均值为83.41分，其中9家子公司得分在90分以上，14家子公司得分在80～90分之间，7家子公司得分在70～80分之间，3家子公司得分在60～70分之间。

【全球一体化管理体系建设与实施】 制定并全力落实《全球一体化人力资本管理体系落地实施与持续建设方案》，按照“一张蓝图 两箭齐发 三阶演进 四步循环”总体思路，开展“筑基”阶段11个项目梯次落地实施，其中境外企业用工和薪酬福利管理、国际兼收并购的人力资源管理、互联网+人力资源信息化项目、全球一体化技能操作类人才标准体系建设等新建4个项目取得新突破并形成理论成果，立体式、网络化、数字化、全球一体化的人力资本管理体系建设实施工作已进入新阶段。

【人力资源管理信息化】 充分应用互联网、大数据技术，不断优化升级系统架构、系统功能、数据结构，坚持业务驱动、技术支撑、价值领先，促进全球一体化人力资本管理体系业务全面落地，着力提升人力资源数字化管理水平。开发部署HCM移动平台，发布20项移动数据查询、17项申请与审批业务流程；完成中车网络学院移动学习平台建设，并启动全面推广应用；移动端前置学习、内外网互动学习实现突破；推进大数据开发应用，完成高管洞察模块开发和集成部署；推进中车集团总数据中心与34家子公司级分数据中心互联共享，为其他信息系统提供数据支撑；开展系统功能优化与性能提升课题攻关，全年解决各类问题708项。人力资源管理信息化项目荣获中国中车管理创新成果一等奖。

【年度工作会议】 中国中车2018年人力资源工作会议于1月在北京召开。会议突出“责任·担当”主题，全面总结中国中车2017年人力资源工作，同时围绕打造受人尊敬的国际化公司和中车党建“金名片”目标，系统布置中车人力资源“谋顶层、搭平台、抓班子、筑高地、重效率、强激励、争五星、塑五型”八大任务，加快形成具有中国中车鲜明特色和实践成效的人力资源管理模式。会议期间，还组织开展了《互联网时代的人力资源新机遇》《领导干部个人有关事项报告工作》专题培训。创新使用微课方式，开展制造类子公司人力资源部门负责人年度工作述职，其中株洲所等6家单位述职微课分别获评一、二、三等奖；从子公司考评、战略业绩评价、年度述职评价、年度重点工作评价等4个维度开展“五星HR”创建评价工作，其中四方股份公司、长客股份公司、株机公司、齐齐哈尔公司、株洲所、株洲电机公司、浦镇公司、唐山公司、戚墅堰所、永济电机公司等10家子公司被评为“五星HR”单位，另有21家子公司被评为“四星HR”单位。

〔人力资源部（党委干部部） 供稿〕

领导干部管理与监督

【概述】 2018年，中国中车党委全面落实全国组织工作会议精神及国资委党委关于加强选人用人工作的系列决策部署，以加快推进巡视整改、持续建设忠诚干净担当的高素质专业化干部队伍为工作主线，切实发挥对选人用人工作的领导和把关作用，为推动落实“双打造一培育”战略目标提供了坚强的组织保证。

【干部管理制度建设】 深入贯彻落实全国组织工作会议关于加强干部队伍建设“五个体系”的总要求。在总结前期实践经验的基础上，结合公司发展需要及当前实际，制定、修订并印发11项干部管理制度。在推进子公司领导班子和领导人员分类分层管理、强化子公司领导人员交流任职、建立实施专职外部董事制度、深化总部人事制度改革、加强党务干部队伍建设等方面取得了新突破。进一步规范干部选拔任用、管理监督方法和流程，形成符合新时代要求、具有中国中车特色的干部管理制度体系，为加强高素质专业化干部队伍建设提供了坚实的制度保障和操作依据。此外，还出色完成了中组部《国有企业加强高素质专业化领导班子和领导人员队伍建设》课题研究，创新性地提出了国有企业领导人员“脊”字模型和“七体系一平台”选育管用系统，该项目成果被中组部评为优秀等级。

【子公司领导班子建设】 二季度开始，全力配合国资委党委第三巡视组做好政治巡视相关工作。专题汇报选人用人工作，编制选人用人专项问题清单及整改责任清单，制定相关的整改决议并全力推进实施，进一步完善干部管理“选拔任用、动态交流、考核退出”三大机制。在选拔任用方面，突出“高素质、专业化、年轻化”的选人用人导向，并将会议推荐环节纳入竞争上岗流程，进一步规范干部选拔任用程序，全面提升选人用人的精准度、公信度和满意度水平。全年有19次党委常委会研究干部任免事宜，共调整干部465人次，其中提拔使用103人。在提拔的10名子公司正职中，“70后”6人（含“75后”1人）；35名子公司副职中，“75后”21人（其中“80后”4人）。同时，严格实施到龄退居二线制度，共有26名子公司领导人员退居二线。在动态交流方面，严格实施子公司领导人员“任职满6年岗位交流或调整分工”制度，切实发挥干部交流在防范风险、激发活力、培养人才等方面的关键功效。全年，子公司正职跨企业交流24人，内部调整岗位21人，合计占正职总数的

42%；子公司副职跨企业交流 27 人，内部调整岗位或分工 66 人，合计占副职总数的 27%。在考核退出方面，严格执行子公司领导班子和领导人员任期制，切实加强以日常考核、年度考核、任期考核为基础的契约化管理工作，进一步解决干部“能上不能下”的难题。扎实有序地组织完成子公司领导班子和领导人员 2017 年度综合考评工作，并对获评“四好”领导班子的 11 家子公司及 80 个基层单位领导班子进行了表彰。

【干部管理变革】 推进实施专职外部董事制度，完善子公司治理结构。精心选拔首批 10 名专职外部董事，向一定规模以上的 18 家子公司首批派驻外部董事，加强和改进有关子公司董事会建设工作。调整 4 家子公司正职配置模式，实现“党委书记、董事长一肩挑”在直管子公司层面的全覆盖。适应中车集团组织变革需要，组建两大货车子集团党委、董事会、经理层、监事会班子，并调整相关成员企业主要负责人，指导其开展总部组织机构设置和人员选聘等工作。进一步扩大选人用人视野，面向全集团公开选拔 9 家子公司财务总监；面向社会为置业公司、金融租赁公司公开招聘 2 名副职。将首批 4 家子公司确立为授权董事会选聘和管理经理层试点企业，将包括总经理在内的经理层成员管理方式均改变为中车集团党委任前备案管理；选择株洲控股公司作为首家试点单位，推动其董事会以市场化形式选聘全体经理层副职。

【干部日常监督】 组织开展个人有关事项报告年度集中填报工作，整个集团公司全年集中报告 571 人，其中总部中层干部 92 人，子公司领导人员 479 人。组织做好个人有关事项报告随机抽查、重点抽查的结果比对处理工作，全年随机抽查 59 人（占比 10.3%），重点查核 245 人；经比对核实，对涉及瞒报以及漏报严重的 19 人进行了严格处理，其中谈话诫勉 8 人、书面诫勉 11 人。进一步加大总师和副总师层级人员清理力度，中车集团和中车股份总部的总师、副总师已减至 9 人。进一步从严控制子公司副总师层级职数，通过专项清理，各子公司副总师总人数比一年前减少 15%。严格加强选人用人工作监督，要求各子公司党委严格落实本轮政治巡视整改工作，修订完善并向中车集团党委报备干部管理制度，严格规范干部选拔任用程序，严格履行任前备案、兼职备案等报批程序，切实加强中层干部岗位交流、任期制管理等工作，并取得明显成效。

〔人力资源部（党委干部部） 供稿〕

人才队伍建设

【概述】 2018 年，紧密围绕推进实施中国中车“十三五”人才战略及“61162”人才工程，坚持培养与引进并举，切实加大高层次专业化人才、高技能人才队伍建设，持续构筑中国中车人才高地，并取得了较好成效。

【高层次人才队伍建设】 加快培养以院士为代表的领军人才和专业学科带头人，组织制定实施 9 名院士后备人才年度培养计划。积极推荐参加重大奖项评选，其中 1 人被中央授予“改革先锋”称号、1 人荣获“第十五届中国青年科技奖”，新增国家“千人计划”

专家 1 名、“万人计划”专家 2 名、“国务院政府特贴”专家 29 名、“詹天佑科技奖”6 名、“茅以升铁道工程师奖”12 名、“茅以升铁道科技奖”3 人。组织开展中国中车第二届核心人才选拔评审，新增集团级核心人才（技术、管理、技能序列）2227 名，其中科学家 8 人、首席专家 56 人、资深专家 396 人、专家 1767 人。按照《中国中车博士后科研工作站管理暂行办法》，规范博士后工作管理；进一步促进产学研结合与科研成果转化，不断增强公司科技创新能力。

【高技能人才队伍建设】 持续加大公司技能领军人才队伍建设工作力度。其中：长客股份高级技师罗昭强的成果项目获国家科技进步奖，开创了中国高铁工人获此奖项的先河；1 人获“中华技能大奖”、4 人获“全国技术能手”称号。按照“总量控制、目标牵引、竞争择优、选育联动”的原则，组织开展第二届核心技能人才选拔评审，聘任首席技能专家 21 人、资深技能专家 168 人、技能专家 428 人。命名表彰 28 个金蓝领创新工作室和劳模创新工作室，进一步推动金蓝领和劳模创新工作室健康发展，营造技能人才创新创效的浓厚氛围，更加有效地发挥优秀技能人才在攻坚克难、优化生产、技艺传承、技术创新、技术交流等方面的示范作用。

【人才培训】 全年共组织实施集团级重点培训项目 82 期，培训 3400 余人次。依据中车领导力模型，聚焦国际化发展战略，以全面提升战略执行能力和运营管控能力为核心，举办领导力系列培训。其中，举办学习贯彻党的十九大精神专题轮训 8 期，培训 615 人；举办优秀领导力韩国培训 2 期，培训 69 人。围绕公司国际化发展战略需求，持续推进实施“631 工程”，开展国际化人才系列培训 8 期，培训 682 人。围绕创新技术和创新工具方法，采取标杆学习、课题攻关和观摩交流等方式，举办三类核心人才培训 9 期，培训 394 人。突出现场难题解决以及技能提升主题，围绕国际化、智能制造、精益管理等内容，共举办技能人才培训 50 期，培训 1361 人。

【校园招聘与人才引进】 进一步加强中车品牌推介和人才工作宣传，不断提升校园招聘效果，储备好符合中车发展需求的各类人才。以“连接世界、与你同行”为主题，组建由 34 家子企业参团的 3 个招聘团组，分别赴 29 所高校举办校园专场招聘宣讲会，共签约 1800 余人。10 月，组织 4 家子企业参加教育部出国留学中心举办的回国留学生专场招聘。通过猎头公司等多种引才渠道，在全球范围有针对性地引进了技术研发、资本运作、产业投资、金融服务等各领域的成熟型高层次人才。

【职称评聘】 完善职称评审管理制度和评价机制，释放和激发专业人才创新创造活力。完善人力资源信息系统职称申报评审模块功能，利用人才评价中心系统全面实现评审业务线上开展。组织开展了公司年度职称外语考试，并组织了工程、会计、经济、政工等系列正高级、高级共 7 个评审会。经评审，新增正高级 275 人、副高级 1503 人。

【职业技能鉴定】 按照自主开发的《职业技能鉴定指导丛书》，进行职业技能鉴定的理论和实作考试；举办职业技能鉴定管理人员、考评人员培训，累计 412 人取得了职业技能鉴定考评证及督导证。开发全球一体化技能人才评价标准体系，深入推广应用《技能操作考核框架》。全集团全年共有 1.3 万人参加技能鉴定考试，新增高级技师 352 人、技师 1246 人。

【职业技能竞赛】 指导开展企业级职业技能竞赛工作，通过竞赛促进职工学技能、提技能、提素质，为技能人才成长搭建平台。组织参加“嘉克杯”国际焊接技能大赛，中国中车以绝对优势获得团体第一名；在全部7个单项比赛中，公司获得成人组4个一等奖第一名、3个一等奖第二名、1个一等奖第三名，获得青年组2个一等奖第一名、1个一等奖第二名、1个一等奖第三名；另有8人获得二等奖，12人获得三等奖。这是中国中车参加该项赛事以来的最好成绩。

〔人力资源部（党委干部部） 供稿〕

劳动用工与薪酬管理

【概述】 2018年，持续加强劳动用工管理和人员分类安置，深入推进用工制度改革，实现人力资源科学合理配置。以岗位价值和工作绩效为核心，突出战略导向、业绩导向、创新导向，发挥薪酬分配作用，科学优化内部分配关系，关注针对拥有核心人力资本、作出突出贡献的员工和团队的薪酬激励，提升了企业人力资源竞争力。

【劳动用工管控】 年内，深入研究和探索制造型、非制造型、境外企业劳动用工“差异化分类管控”的新模式，构建灵活多样的用工方式和机制，适应企业订单化生产，建立健全以合同管理为核心、以岗位管理为基础的市场化用工制度及员工合同期履约评价制度。严格落实年度用工总量计划、新进员工指导计划及人均劳效指标，全集团员工总量减少近5000人；积极构建实施人力资源共享机制，调剂富余人员1000余人；对标国际和国内先进人均创造价值（劳动效率），持续强化人均创造价值的牵引与驱动评判标准效应及用工资源配置的风向标定位，实现从业人员人均营业收入133.67万元、现价工业总产值劳产率144.96万元、增加值劳产率35.27万元，其中中车股份公司实现从业人员人均营业收入134.75万元、现价工业总产值劳产率146.79万元、增加值劳产率36.44万元。

【人员分流安置】 有序推进因企业改革、业务重组、困难企业治理等所致的人员分流安置工作。依据困难企业经营情况，核定下达2018年分流安置员工指导计划数3654人。截至2018年末，26户国资委认定的困难企业三年累计分流安置2.63万人，完成计划总人数的123%。其中，四方所所属天津装备公司通过加强治理，戚墅堰所原属资阳传动公司通过转让80%股份，分别按期完成“僵尸企业”处置目标，集团公司向该两家企业累计转拨国有补助金7831万元。集团公司年内向其他24家企业转拨“困难企业”人员分流安置国有补助金18568万元。另外，按照“人随产业走”的原则，协调两个二七公司产业承接相关单位，主动接收两个二七公司核心骨干200余人；协调中车所属20家企业提供1000余个岗位，接收两个二七公司转岗员工100余人。按照“同域同策”原则，并通过“提低、限高、用北京市职工月平均工资代替企业员工月平均工资”等策略，指导两个二七公司制定实施人员分流安置方案，平稳有序推进人员分流安置工作。

【劳动定额】 组织开展集团承担的轨道交通装备制造业22项劳动定额行业标准经行业评审后的完善工作。根据与会专家建议，将原时间定额标准进一步修订为方法标准。

年内，完善后的这22项行业标准顺利通过全国劳动定额定员标准化技术委员审查。

【员工结构】 2018年末，中车集团共有员工177870人（其中中车股份168659人），比上年同期减少4765人，其中在岗员工167102人、非在岗员工10768人。剔除中车集团与中车股份之间正常的人员流动因素，年内新增员工7253人，外部录用6836人，到外集团工作人员返回49人，其他新增388人；减少员工12078人，其中退休退职3141人，死亡169人，解除劳动合同6776人，终止劳动合同80人，到外集团工作（含调往外企业）1277人，其他减少635人。

员工学历结构：本科及以上学历65331人，占员工总数36.73%，较上年上升3.22%。其中，博士研究生503人，较上年末增加53人；硕士研究生12403人，较上年末增加828人；本科学历52425人，较上年末增加2967人；大专学历40698人，占员工总数22.88%；中专以下学历71841人，占员工总数40.39%。高学历层次员工较上年有较大提高。

员工年龄结构：25岁及以下的员工共有12361人，占全部员工总数6.95%；26~35岁的员工67612人，占38.01%；36~45岁的40463人，占22.75%；46~50岁的26451人，占14.87%；51~55岁的20865人，占11.73%；56岁以上的10118人，占5.69%。员工年龄结构较合理，平均年龄为38.94岁。

员工岗位结构：在岗员工167102人，比上年减少4506人，占员工总数的93.95%，与上年基本持平，其中生产人员95202人、技术人员34408人、管理人员33630人、服务人员2757人、其他人员1105人；非在岗员工10768人，占员工总数的6.05%，其中内部退养8571人、因病因伤长期休假1081人、集体外出劳务61人、其他1055人（含待岗人员）。

【工效挂钩与工资预算管理】 建立健全与劳动力市场基本适应、与企业经济效益和劳动生产率挂钩的工资决定和调整机制，突出战略导向、业绩导向、创新导向，应用好薪酬的“指挥棒”作用，通过科学设计激励机制、有效分配薪酬资源，激励企业做大做强做优，形成良性、可持续、健康发展的态势。对所属企业实行“工效挂钩”和工资总额预算管理，紧贴企业经营和效益，合理调控薪酬总量，坚持工效联动，效益升工资升、效益降工资降。年内实发工资总额203.36亿元，增幅8.82%；实发人工成本总额324.97亿元，增幅8.79%。百元营业收入人工成本14.17元，增长0.4元；人工成本占总成本比例14.65%，增长0.18%；劳动分配率53.70%，增长4.75%。

【薪酬与福利管理】 强化岗位价值和工作绩效导向，指导企业建立健全以岗位绩效工资制为主体，多种分配形式并存的分配体系。丰富激励内容，优化激励形式，使分配更加科学、准确地反映员工的劳动和价值创造。制定实施《全员绩效管理指导意见》，完善全员绩效管理体系，加强全员绩效管理。研究制定《境外企业用工和薪酬福利管理指导意见》，规范境外企业薪酬管控模式，合理调控境外企业员工收入水平和分配关系。完善工资决定机制，根据企业经营和效益情况，合理确定年度工效挂钩指标和工资总额预算，对工资和人工成本使用情况进行动态监控，对年度预算执行情况进行严格考核。强化企业负责人薪酬与经营业绩、个人绩效挂钩力度，发挥好薪酬分配的“指挥棒”作用。以岗位价值为基础，以绩效结果为依据，健全完善薪酬分配与岗位评估和绩效考核的联动机制，提高分配的科学性和准确性。坚持“市场化”导向，推进企业内部不同岗位的收入关系与市场逐步接轨。组织开展职工薪酬调研，了解企业内部典型岗位的收入状况，调研结果在系统内对标，指导企业进一步理顺内部分配关系。指导和督促企业严格按照国家和公司有关规定，健全完善工资支付制度，规范工资支付行为。对工资支付形式、列支渠道、使用范围等关键环节进行严控，确保工资支付形成闭环管理。完善薪酬信息化建设，提升薪酬管理数字化管理水平，做好月度、季度及年度统计分析工作，加强企业工资及人工成本发放情况的动态监控。加强对公司薪酬改革、工资调控等相关制度的讲解和培训，提高企业薪酬管理人员政策水平和业务素质。

〔人力资源部（党委干部部） 供稿〕

总部人事管理

【概述】 2018年，按照“小总部，大业务”的总体思路，以增强价值创造能力为核心，着力推进中国中车总部人事制度改革，持续加强总部职能建设和作风建设，创新总部职能管理，努力建设中车价值创造型的“五型”总部。

【总部职能管理】 根据工作需要，年内组建成立中车党校、专职外部董事工作办公室、安技环保部、并购工作办公室，并明确了相应工作职责。落实国资委相关文件要求，明确违规投资经营责任追究部门。会同董事会办公室明确集团信息公开责任部门及相关部门职责。参与投资、金融、PPP相关制度研讨，结合制定投资、金融管理制度，进一步细化和完善投资、金融等部门职责边界。此外，根据总部机构调整后近一年的运行情况，在分析部门配置基础上，采取减少缺员岗位编制、合并内设机构减编制、减少部门领导配置职数等形式，综合考虑管理幅度、业务复杂、综合协调等因素，分层分类确定配备原则，完成编制调整工作。调整后，总部部门编制在2017年调整基础上再减少8%。

【总部人事制度改革】 大力推进总部人事制度改革，建立总部中层干部任期制（聘期制）以及58岁退居二线制度，并面向全集团组织开展总部处长以上岗位公开选拔，共组织173人次参加副处长以上岗位全体竞聘。在严格履行“组织报名、资格审查、演讲答辩、现场评分并公布、组织考察、凡提四必、党委会研究决定”等规定程序基础上，72人继续任职，61人新任职（其中提拔54人，含“80后”11人）。此外，总部15名副处长以上人员到龄退居二线。通过深化总部人事制度改革，总部干部队伍的年龄结构和素质结构得到改善，实现了“两制一契”管理模式在集团党委管理干部范围内的全覆盖，激发了全体干部员工新时代新担当新作为的动力和活力。

【总部员工管理】 开展党群部门定编补员工作，通过组织考察方式补充4人，通过公开招聘补充3人，为其他部门调入8人，总部人员共增加15人。办理退休9人，调出4人，总部人员共减少13人。及时完成总部员工薪酬发放、社保核定和相关定期报告材料提报，扎实完成2017年度总部部门和员工绩效考评等工作。推进2017年户口申报办理工作；申报落实2018年京外调干户口指标计划34名。

【人事档案管理】 根据国资委要求，启动干部人事档案数字化项目。组织召开人事档案专项培训，推进国资委巡视涉及相关子公司档案审核及基础管理的问题整改工作，共有22家子公司35人参加培训。

【在京子公司人事管理】 组织共享中心管理的在京部分子公司填报2018年度人员配置需求计划。规范在京部分子公司人事管理，审批下达7家子公司71人招聘批复，做好新招聘人员备案。指导做好金租公司人员招聘方案和租赁公司业务转型人员安置方案；指导财务公司、金租公司开展人员招聘工作，提供规范有效的共享服务。

〔人力资源部（党委干部部） 供稿〕

事业部管理与市场营销

本栏编辑　肖洪乐

机车事业部

客车事业部

货车事业部

通用机电事业部

城轨事业部

产业发展事业部

国际事业部

机车事业部

【概述】 2018年，机车业务板块包括干线铁路装备的机车整车造修业务和轨道工程装备整车造修业务。成员企业有：株机公司（含洛阳公司）、大连公司（含兰州公司）、大同公司、戚墅堰公司、资阳公司、二七机车公司、广州公司、天津公司。开展轨道工程装备整车业务的企业有：株洲所、株机公司（含洛阳公司）、大连公司（含兰州公司）、戚墅堰公司、二七机车公司、太原公司、四方有限公司、齐车公司、永济公司、山东公司。全年机车业务（含轨道工程装备）营业收入259亿元；新造机车948台，检修机车1627台。

【新产品开发】 根据市场需求及技术发展趋势，按照中国中车科技发展规划，新产品开发稳步推进，取得阶段性成果。八轴快速客运电力机车（FXD1/FXD3）取得型号合格证，成为“复兴号”品牌系列产品重要一员；时速160公里客运内燃机车完成第一阶段10万公里货运考核，进入第二阶段20万公里客运考核；3000马力节能环保型内燃调车机车完成型式试验，进入运用考核；装用永磁直驱系统的交流传动电力机车完成样机试制，进入试验阶段；4400马力货运干线内燃机车总体技术条件和总体方案通过中国铁路总公司评审；和谐型机车高级修（C6修）工作稳步推进，取得HXD_3、HXD_{3C}、HXD_1、HXN_5四种车型维修资质；发布HXD_{3C}/HXN_5型机车C6常规修规程，标志和谐型机车高级修技术体系完整。新一代接触网检修作业车（DAS11）和轨道车（GCY-220）完成型式试验，进入运用考核。轨道工程装备产品谱系进一步完善。

【市场开发与营销】 持续跟进铁路建设动态，加强与用户沟通协调，针对产品市场需求发生的新变化、新形势，超前谋划组织制定营销策略，积极引导市场需求，推动业务增长。加强营销组织与协调，统筹调配资源，针对不同市场类型制定差异化营销策略，满足用户需求；通过建机制、定策略、强协同等工作，维护良好竞争秩序，提升产品市场竞争力，提高用户满意度。

机车造修市场需求稳步增长，全年签订合同金额258亿元。国铁市场共签订造修机车1832台，合同金额240亿元；其中新造机车841台，合同金额200亿元；直流大修机车735台，合同金额18亿元；和谐机车C6修机车256台，合同金额22亿元。路外市场共签订造修机车318台，合同金额18亿元；其中新造机车签订69台，合同金额13亿元；大修机车签订249台，合同金额 5亿元。

【运营管理】 按照中国中车年度总体工作要求，结合业务板块市场需求形势预测，分解落实年度经营目标，制定年度经营计划。组织企业建立生产经营月报制度，实现产品从合同签订、生产组织到收入实现的闭环管理，动态管控企业生产经营情况，确保合同按时履约。开展月度运营分析工作，监控各项经营指标完成情况，对企业生产经营情况进行横纵向多维度对比分析，发现问题及时管控纠偏，为完成年度经营指标提供支撑。年内，机车业务板块产业布局进一步优化，成都公司机车检修业务退出；株机+洛阳公司、大连+兰州公司实现造修一体化产业融合，二七机车公司非首都功能疏解工作有序推进，业务资质、售后服务转移工作实现平稳过渡。落实巡视整改要求，强化“两金”

管理，督导企业做好应收账款情况及积压存货处置工作。

【质量管理】 贯彻落实中国中车及机辆系统年度工作会质量工作要求，以机车事业部年度质量工作纲要为抓手，以突发质量问题整改、惯性质量问题攻关、质量对标提升、服务用户、保障机车运用为重点工作方向，推进产品源头质量问题整治，加强实物质量管控。完善质量即时信息平台建设，搭建和谐系列机车质量微信群，强化故障信息手机APP报送；固化机车月度运用质量通报、机车大修源头质量提升活动简报、机车挂牌督办质量整治动态月报、季度和谐机车质量会问题整治动态月报、和谐型机车主要质量问题周报的督办机制。坚持对接交流机制，每周与用户对接质量信息，定期召开路、企质量对接会。形成产品故障“三级响应”机制，即一般质量问题在机车月度运用质量通报中发布，典型质量问题组织专家开展专项检查，C类及以上质量事故组织企业交班。

（机车事业部 供稿）

客车事业部

【概述】 2018年，动客车业务板块包括动车组业务和铁路客车业务，动车组业务主要包括动车组新造和动车组检修业务，动车组整车业务企业主要有长客股份公司、四方股份公司、唐山公司、四方有限公司和浦镇公司5家企业；铁路客车业务主要包括客车新造和客车检修业务，客车整车业务企业主要有长客股份公司、四方股份公司（含成都公司）、唐山公司、四方有限公司、浦镇公司以及从事客车检修业务的西安公司6家企业。动车组业务和铁路客车业务形成产品+服务的产业体系。

新造客车市场扭转上年“零采购”局面，全年中国铁路总公司采购263辆25G型客车和46组（368辆）时速160公里集中动力动车组；动车组新造由于“复兴号”动车组批量采购，营业收入同比有所提高；动车组检修和客车检修业务稳中有增。全年动车组业务收入667.26亿元，客车业务收入74.30亿元。动车组新造交付326组，动车组高级修交付1052组，客车新造交付485辆，客车检修交付5337辆。

【市场开发与营销】 强化国铁内、外市场一体化营销协同管理，规范国铁外市场行为，避免恶性竞争。全面完成325组时速350公里“复兴号”标准动车组、46组（368辆）时速160公里“复兴号”动力集中动车组（拖车）和263辆25G型铁路客车投标准备和合同签订组织工作。

【技术引进与产品开发】 加强顶层设计，坚持实施“协同化 一体化 平台化 共享化”理念，强化协同创新，推进完成年度新产品研发项目。推行时速160公里动力集中动车组拖车（短编、长编）一体化研制，唐山公司、浦镇公司按期完成试验及运用考核，11月28日两家企业分别获得行政许可（型号合格证、制造许可证）。四方股份公司、长客股份公司年底完成时速160公里动力集中动车组拖车研制、试验，计划2019年上半年完成取证工作。四方股份公司、长客股份公司按期完成17编组时速350公里“复兴号”动车组研制工作，计划在2019年首次实施新列车运行图时投入运营。四方有限公司（BST公司）按期完成16编组时速350公里“复兴号”动车组平移生产样车研制、试验及运用考核，6月29日获得CR400AF型动车组制造许可证书。四方股份公司、长客股份公司和唐山公司时速350公里“复兴号”动车组第二方案3列样车年内完成运用考核并形成销售。推行时速250公里“复兴号”动车组两个平台联合研制，四方股份公司、长客股份公司、唐山公司、浦镇公司和四方有限公司（BST）5家企业6列样车试制按计划完成年度节点目标，四方股份公司、长客股份公司2列首列样车11月26日完成铁科院环行线试验，为明年取证及形成销售奠定基础。长客股份公司京张智能动车组按照总体执行计划顺利推进，年底完成样车装配。

【经营管理】 按照板块年度经营计划，通过重点监控月度滚动预算、订单项目和重点工作执行，积极组织相关企业完成年度经营工作。组织企业落实巡视整改措施、详细梳理动、客车产成品清单，积极与中国铁路总公司相关部门沟通与协调，动车组产成品处置取得成效，7个品种共计15列动车组产成品实现销售。深化与中国铁路总公司战略合作，动车组配件中心建设取得实质性进展。9月，中国铁路总公司在征询中国中车意见基础上下达《中国铁路总公司关于加快推进动车组售后服务保障体系建设工作的通知》（铁总物资〔2018〕145号）。为加快配件中心顺利建设和有效运作，研究提出搭建管控配件计划、采购、库存、物流全过程，且符合配件电子商务化发展特点信息化服务平台，并成立动车组配件信息化平台建设推进组织机构。

【质量管理】 按照强化效果、补齐短板、交流经验、共同提升思路，以近2年发生典型电气故障为切入点，围绕标准落实、工艺方法、质量检验、供方管理、生产执行、既有问题整改、人员资质管理七个方面，组织企业成立专家组开展客车电气线路质量专项检查工作、对发现问题搭建企业间交流平台借鉴共享等一系列举措，实现共同提升目标。

组织所属动车组主机企业成立专项工作组，开展铁道车辆车内空气质量自查、管控措施研究及测试状态标准探索等。经过国内外标准研究、相关行业调研、多轮次实车检测多方案比较、与标准归口单位技术联络、系统管控措施拟定等，提出系统解决方案，形成《动车组车内空气质量管控专题报告》。

年内，中车股份确定动车组9项、客车2项产品源头质量安全风险挂牌督办项目，结合动车组源头质量整治工作总体部署，全面跟踪企业整治进展情况。截至年底，完成客车2项整治，动车组9项按计划推进整治。

（客车事业部　供稿）

货车事业部

【概述】 2018年，铁路货车业务板块主要包括铁路货车新产品研发，铁路货车新造、修理及配件等。铁路货车业务重组取得实质性进展，2个货车子集团相继正式揭牌、运作。齐车集团成员企业有齐齐哈尔公司、山东公司、沈阳公司和石家庄公司；长江集团成员企业有长江公司、西安公司、眉山公司、太原公司和贵阳公司。全年铁路货车业务收入210.6亿元，超额完成中车集团下达经营计划。

【市场开发与营销】 聚焦“聚合力”，牢固树立“同一个中车”理念，统筹资源配置，推进货车子集团及企业间优势互补、有序竞争，满足市场需求，实现协同发展。全年国内铁路货车新造市场累计签订订单 48346 辆，国内铁路货车检修市场累计签订订单 49255 辆。走访大客户，走近用户，寻找和引导市场需求，挖掘潜在需求。超前谋划，积极组织协调，克服生产交付周期短、用户需求急、原材料配件供应紧张等不利因素，全年生产交付新造铁路货车 40786 辆，完成检修货车 49255 辆，全部合同按期履约。各子公司急用户之所急，12 月生产货车 7806 辆，创货车单月产量历史最高纪录，满足用户需求，有力支撑铁路货运增量行动，为蓝天保卫战作出贡献。

【运营管理】 聚焦“提品质”，强化提质增效活动。成立以降成本、保供应为目的的中国中车货车采购工作小组，动态跟踪供应商供货能力及配件采购成本，严控物料采购价格，降低采购成本，均衡紧缺配件物资供应，确保生产需求。组织推行以降低物资采购成本为目的的货车物资集采结算新模式，持续深入组织开展货车造修产品成本及工艺对标活动。定期开展成本分析及对策研究，与用户建立沟通机制。强化“两金”管理，紧盯关键节点，确保年末货车板块“两金”压降指标按期完成。

【产品研发与推广】 聚焦“担使命”，加快推进中国中车货车新产品研发。30 吨轴重 C96（H）型运煤专用敞车和 30 吨轴重神华 KM100 型铝合金煤炭漏斗车投入运用考核。时速 160 公里快捷货车完成整车模态、振动疲劳等试验研究。QT、ST 系列驮背运输车完成小批量试制并投入试运。SQ8 型关节式双层汽车运输车完成中国铁路总公司评审，年底投入运用考验。冷藏集装箱及冷藏运输车等冷链运输装备完成相关技术程序，部分产品投入运用考验。ZK1-K 型转向架获得北美铁路协会 AAR 颁发的转向架批准证书，获得在北美装车销售权，标志中国具有自主知识产权转向架技术首次突破北美国家技术壁垒。

【质量管理】 聚焦“强支撑”，持续开展源头质量整治。重点强化货车造修产品实物质量管理，组织对部分企业进行质量监督检查，提高整车交付质量，采取有力措施应对订单集中交付带来的质量控制风险。组织各子公司与用户对接，开展铁路货车源头质量问题治理，集中力量解决用户关注难点痛点问题，不断提升质量管理水平。中国中车铁路货车造修产品质量稳定，一般 D 类事故发生数量比上年减少三分之一，未发生一般 C 类及以上行车责任事故。

（货车事业部　供稿）

通用机电事业部

【概述】 2018 年，通用机电事业部主要负责轨道交通装备及相关延伸产业关键系统和核心零部件及集中采购与物流业务。成员企业有：株洲所、四方所、永济电机公司、株洲电机公司、戚墅堰所、大连所、大连电牵公司、南口公司、物流公司。

【经营管理】 围绕“提品质”专项对标工作方案，组织建立月度经营分析制度和主要指标动态管理台账，对“六大类”18 个对标指标中的 13 项进行月度对标分析，有效提升成员企业经营品质。年初经营指标营业收入为 703.5 亿元，归属母公司净利润为 27.63

亿元，9月底分别调增为707亿元和31.38亿元。全年营业收入768.93亿元，归属母公司净利润33.6亿元，完成率分别为108%和107%，超额完成经营指标。

【巡视整改】 组织做好巡视问题清单梳理，涉及通用机电事业部问题共计10项，完成销号8项，完成率80%。全力配合完成5家包保企业巡视整改，主要包括包保企业政治巡视问题清单梳理、调研走访及专题民主生活会，重点检查巡视整改推进、企业经营与党建工作开展情况，配合分管领导落实好“一岗双责”。5家企业共计1109项整改问题，截至12月底，完成897项，完成率81%。

【技术管理】 组织进行2019年度科研立项初审，企业提报470余项课题，经讨论研究初定重大项目5项，重点项目23项。密切跟踪铁路产品实物质量信息，配合相关部门开展电线路防火专项质量检查专项工作。督导完成20缸RK270型柴油机配套巴基斯坦军警船项目质量问题整改和落实。

组织完成中国中车新一代机车制动控制系统装车试用评审，单台样机完成最长10万公里运用考核，实现在时速160公里动力集中动车组装车运用考核的批复。完成时速160公里动力集中动车组关键核心系统装车运用考核，并具备小批量装车资质；组织完成时速250公里标准动车组关键核心系统研制，正在装车考核运用。完成基于二氧化碳为冷却介质空调样机研制等。组织开展铁路新型牵引供电系统技术研究、适应UIC标准自主化机车制动系统应用研究、4.5压比船用轴流增压器技术平台研究、军用特种车辆动力系统关键技术研究、双流制式牵引电传动系统产品应用研究等专业技术研究。

【集采与物流】 不断扩大集中采购规模，进一步提高集采比率，比上年集采品种增加30种，全年一级集采金额182亿元、同比增加35亿元、增幅23.8%，两级集采率合计达到84.24%、同比增长9.24%；累计降低采购成本29.7亿元，降采率1.9%。

积极推进阳光采购，进一步提高上网采购率，年底上网采购率达到88.38%，超过80%年度目标。规范采购管理，实现公平公正，截至2018年12月末，中车股份独家代理采购供应商共计224家，较上年减少270家。全年独家采购占比2.3%，代理采购占比5.66%，分别同比降低1.48%、0.64%。

针对集中采购业务新特点和新变化，积极推进工作理念和模式创新，持续有效地扩大集采平台优势，在中车集团内发布探伤材料统一物料编码、物料名称和计量单位，最大限度消除探伤材料需求描述差异化和个性化，为物资集中批量采购创造更加有利条件。

积极开拓配送、仓储、包装等物流业务，帮助物流公司转型，培育新的经济增长点，年内智慧物流合同签约额达1亿元以上。

【内涵式发展】 3月初，组织召开中车集团内涵式发展暨产业链建设推进视频会议，为全年工作开展打下良好基础。历时3个月组织修订中国中车内部配套产品和配套企业目录。组织对近3年整机产品价格与配套产品价格、内部配套成果进行调研分析，形成专项工作报告供主要领导决策参考。组织协调客车真空集便系统、DC600V电源装置、空调系统等产品配套问题。特别是协调资阳中车电力机车有限公司电连接器产品在城轨板块扩大装车业绩和“复兴号”动车组上装车，进行点对点帮助。全年内部配套采购金额303.85亿元，较上年同期增加51.17亿元，增幅20%；内部配套率68.83%，较上年配套率提升2.83%，超额完成全年增加2%目标和巡视整改决议降成本指标。

【产业拓展】 积极推进首台240吨矿车试

验考核工作，完成厂内试验考核，与鞍钢集团签订 1 台 240 吨矿车采购合同，实现中国中车矿车整车销售历史性突破。积极组织中煤平朔集团 240 吨矿车项目投标工作，基本确认大同公司中标。初步搭建矿用自卸车整车 100 吨机械传动、240 吨和 290 吨电传动技术研发平台体系。

全力组织矿车相关配套企业进行市场拓展。轮边减速器、牵引电机、牵引主发电机实现对等替换进口产品样机研制，获得试验产品订单。矿用防爆电机、中央空调永磁电机、储能产品等工业领域电气产品实现对国外产品替代和批量应用。矿车无人驾驶系统首台样机完成装车，进入动态调试状态。

积极推进非首都功能疏解专项工作，圆满完成二七机车公司矿车业务、柴油机业务、传变箱业务向大同公司、大连中车柴油机有限公司、大连所的转移和承接。

积极推进南口公司与福伊特公司成立合资公司项目，盘活南口公司现有资产，助力南口公司早日脱困，该项目获得可研批复。

【协作配合】 协同战略发展部、科技质量部、投资管理部，组织的核心全自主配套重型交流电传动 240 吨矿用自卸车产业化和 D280-20 型大功率船用及发电用中速柴油机研制项目获得发改委重大技术装备攻关项目申报资质。联合国际事业部，成功组织参加首届中国国际进口博览会，圆满完成签约任务，收到国资委感谢信，受到行业好评。重点加强物流公司风险防控，每月对物流公司风险业务进行检查，及时掌握风险业务处理情况，控制新增风险。

（通用机电事业部　供稿）

城轨事业部

【概述】 2018 年，深入贯彻落实中国中车年度工作会议精神和“13156”重点工作要求，聚焦“品质、效率、动能”3 大主题，齐心协力、积极进取，全面完成各项经营目标，促进中车股份城轨业务健康、有序、可持续发展。全年城轨和基础设施业务销售收入 360 亿元，完成年度目标。工程公司营业收入 20 亿元，归母公司净利润 1.32 亿元。全年新造城轨车辆 6327 辆，修理城轨车辆 274 辆。

【运营管理】 组织召开 2018 年城轨业务工作会议，总结上年城轨业务工作情况，研究部署 2018 年重点工作任务、明确年度经营目标，加强业务联动，发挥中车集团整体优势，推进中国中车一体化营销方案。研究下发《国内城轨交通 PPP 业务专项工作细则》，为规范开展业务提供指引。完成各 PPP 项目前期业务审核及后期推进实施指导工作，为项目顺利实施做好协调和服务保障。加强城轨业务以及成员企业日常经营监控，完成月度运营分析和各项经营工作，做好城轨业务日常经营管理和监控，完成城轨业务板块和成员企业绩效考核，研究完成城轨业务顶层设计构想。贯彻落实中车股份提质增效、“两金”压降等要求，加强对成员企业监督指导，组织 6 家城轨企业召开关于“两金”压降专题会议，对在手订单和应收账款进行摸底，研究具体应对措施，积极推动相关工作取得成效。加强项目风险管控，有效防范经营风险，重点对在手 PPP、BOT、BT 项目执行过程进行业务指导和管理，协助各业务负责单位推进项目实施工作，兑现项目计划。

【产品开发】 采用复合材料车体的轻轨车在武汉东湖投入商业运营；采用碳纤维车体、碳纤维构架的城轨车辆惊艳亮相柏林展；长定子永磁直线同步牵引+永磁电磁混合悬浮的磁浮列车在长沙运行试验取得成功；磁浮列车悬浮控制技术取得新突破，实现实验样机稳定可靠悬浮；城轨 CBTC 信号系统在长沙地铁 4 号线开通试运行，填补中国中车轨道交通产业链空白。年内，各子公司积极参与实施的几大技术发展项目取得进展。城轨车辆技术标准体系建设稳步推进，完成标准编制清单确定；城轨车辆动力包研制取得进展；系列化中国标准地铁列车研制试验项目开始实施；城轨智慧运维工作有序开展。

【市场开发与营销】 抓住市场需求增长机遇，全力构建城轨市场有序竞争格局，为促进中国中车城轨业务持续发展奠定良好基础。年内，组织各企业参与国内 53 个城轨车辆招投标项目，中国中车企业累计获得 52 个投标项目，车辆数总计 6278 辆，中标总金额约 470 亿元，涵盖地铁、轻轨、市域和有轨电车等多种制式产品，中国中车城轨市场占有率达到 98.8%。按照国家有关政策及高质量发展要求，重点跟踪和运作财政部在库及优质城轨 PPP 项目。

（城轨事业部　供稿）

产业发展事业部

【概述】 2018 年，产业发展事业部负责新能源汽车、环境治理、工业数字、风电装备、智能装备、高分子复合材料、工程机械及矿山机械、船舶与海工装备、光伏发电九大业务板块发展的相关事宜。成员单位包括信息公司、中铁装备公司。按照中国中车发展战略、年度经营工作会议精神，以“抓整改 控风险 促发展”为工作重心，攻坚克难，有力推动各项工作落地，全年实现销售收入 296.73 亿元，同比增长 12.5%。

【市场开发与营销】 新能源汽车产业：新能源客车整车成功进入深圳、上海、内蒙古鄂尔多斯、山东烟台、江苏徐州、江苏盐城、浙江义乌、四川宜宾等新市场，为后续市场开拓奠定基础。系统产品重点攻克国内主流潜在客户，相继突破一汽、柳汽、江铃、奇瑞等重点客户。全年销售新能源客车 5959 台，新能源客车市场占比约 7%，行业排名第五；系统产品销售 14000 余套。海外市场实现新突破，交付首台 12 米欧盟整车，实现东欧市场首次出口；完成 10 套新西兰双层巴士电动化底盘批量交付；完成 8 米和 12 米纯电动整车在罗马示范运营工作。在 2018 年德国汉诺威商用车展上推出全新一代搭载“超能电机”智能化新能源客车“新巴客”，获得德国、白俄罗斯、瑞典、罗马尼亚、印度多国客户青睐，该车型发布对布局欧洲市场具有重大意义。

环境治理产业：受益于国家对生态环境质量改善的强大决心，在政策持续加码扶持下得以快速发展。全年中标环保 PPP 项目 8 个，累计中标投资额约 56.05 亿元。中国中车环境治理产业基本形成区域市场格局，项目区域覆盖江苏、四川、广东、安徽、云南、湖北、福建、甘肃、青海、陕西等多个省市（自治区）。其中常熟 PPP 项目顺利进入商业运营，项目运行稳定，为同类业务开展积累项目建设和运营经验，提高市场影响力，在国资委对中央企业开展的 PPP 业务专项检查过程中得到检查组肯定。

工业数字产业：加大智慧物流市场开拓力度，与多家企业建立业务关系，签订合同超 4000 万元。与无锡地铁达成合作意向，计划在 2 年内为无锡地铁打造无锡地铁智能运维平台，该平台包含智能检修、智能架修、健康诊断 3 大模块，结合数字车辆理念，逐步形成地铁车辆全生命周期智能管理体系。

风电装备产业：受行业增速降低、国内市场容量萎缩、竞争更趋激烈大环境影响，产业拓展较为艰难。中国中车风电整机企业及时调整市场策略和营销战术，积极推进政府或客户关系建立或深化，构建“大客户+区域”多层次营销体系，基本上实现国内前十位开发商 30%～40%客户覆盖率。全年风电整机新增装机 29.95 万千瓦，位居中国风电制造企业第十一位。风电电机客户覆盖金风科技、远景能源、明阳智能、上海电气、浙江运达、东方电气以及中国中车风电等 10 余家整机制造企业。全年风电叶片签订海外订单超过 7 亿元。Nordex 项目首支叶片顺利下线；通过远景能源印度 GKS 项目首次出口印度；与上海电气合作完成海陆两用叶型 S72 开发。

高分子复合材料产业：斩获奥迪 A8 动力总成悬置 100%订单，预计在该产品生命周期内，每年形成约 5000 万欧元收入。年产 500 吨聚酰亚胺薄膜生产线量产日趋稳定，导热膜具备向华为、苹果、三星、VIVO 等品牌批量供货能力，全年销售收入 1.2 亿元。

【技术开发与重大科技成果】 新能源汽车产业：2.5 代 12 米车型通过欧盟认证，在汉诺威车展展示。12 米及 18 米高端城市客车品质提升，在上海实现批量运营。国内 8 米、10 米中端城市客车，减重 800 千克，性能与行业标杆产品水平相当。完成 5.9 米、6.6 米纯电动客车研制，填补 7 米以下产品空白。智能驾驶客车取得湖南首张自动驾驶公交测试牌照，率先在全国实现示范运营。T 动力电传动系统荣获国际“红点”奖。全年获得科技部重大专项及省级专项资金 3000 余万元，获得省级科技进步二等奖 1 项，中国中车科技进步二等奖 1 项。参与 26 项国家级行业标准建设工作。完成国内专利受理 77 项，其中发明 59 项；完成国外专利受理 9 项。

风电装备产业：坚持平台化设计理念，全年在 2.5 兆瓦、3.x 兆瓦 2 个平台上新完成 9 款风电机组开发。搭建的国内首个风电机组半实物仿真测试平台填补中国在风电仿真测试领域的空白。成功研制 6.0 兆瓦、7.6 兆瓦等大功率海上风力发电机，开展海上风电关键技术研究，逐步掌握海上技术标准、技术特点及发展趋势。6 月下线的 7.6 兆瓦半直驱机型为完全自主研发、亚洲单机功率最大的风力发电机。自主研制的 71.5 米国内陆上最长的风电叶片，在青海都兰风场顺利完成挂机吊装。完成首套海陆两用叶片研制，为国内首款海陆两用风电叶片。

环境治理产业：定位以村镇生活污水治理领域为主要细分市场，积极开展环保技术、装备的研发，形成包括净化槽、一体化 MBR 污水处理设备、BIO 一体化技术产品等分散式污水处理装备为主的系列化装备制造能力，污水处理能力覆盖 0.6 吨/天到 5000 吨/天。通过技术调研及专题研究，基本形成中国中车针对不同地区农村分散污水处理解决方案。其中，净化槽实现国产化批量生产，常熟全自动净化槽生产线正式投产，在江苏常熟、江苏靖江，以及上海崇明等地得到大规模应用，在全国累计建设试点项目 30 余个，累计装机将达到 6 万余套，市场占有率名列前茅。在现有成熟产品的基础上，不仅逐渐实现净化槽产品的系列化，还创新开发出 HTB 系列产品，并开始装机使用。

高分子复合材料产业：筹备近 2 年的 BOGE 亚太研发中心在株洲成立，通过移植德国同步开发能力，支持 BOGE 亚太地区市场拓展；全球创新中心落户奥斯纳布吕克，开始电动汽车电池 PACK 和底盘保护装置、电机电器主动减振元件以及全塑座椅骨架开发。实现高性能聚酰亚胺薄膜产品国产化和规模化生产，改变了长期以来国内高端绝缘材料依赖国际供应商的局面，在打破国际垄断方面迈出了实质性步伐，实现聚酰亚胺薄膜材料应用于智能手机和平板电脑石墨散热垫片材料规模化生产。实现特种芳纶纸产品国产化和规模化生产，同时并线生产电池隔膜纸、超级电容纸和反渗透膜衬纸。

【运营管理】 为有效防控产业风险、理顺评审流程、规范评审要素，细化环保类 PPP 项目立项及可研评审机制，提高决策效率，就环保 PPP 项目的投标程序和要求，编制并下发《中国中车环保 PPP 项目评审管理办法》（中车集团产业〔2018〕390 号）。为降低环境 PPP 项目长期运营过程中的产品质量风险，拉动内部装备产业与污水处理技术发展，加强中国中车环保业务市场行为管理，提高协同效率与效益，降低内部交易成本，先后组织相关环保子企业召开多次专题会议，就环境产业内部协同、规范市场行为达成一致认识，起草并下发《关于加强中车环保业务市场行为管理的指导意见》（中车集团产业〔2018〕385 号）。加强实施项目风险管控，集中梳理开展环保 PPP 业务情况，针对存在实施风险的 4 个项目进行风险识别，提出化解风险相关建议；针对风险化解中个别企业存在问题和困难，多次召开沟通协调会，协调推动相关问题化解。

（产业发展事业部　供稿）

国际事业部

【概述】 2018 年，国际事业部主要负责研究制定并组织实施海外业务发展规划、产业布局规划，对重点项目订单进行过程管控，统筹、规范海外市场管理，组织海外市场业务开拓、产品推介、售后服务等工作，作为中国中车国际化战略实施职能管理部门，与国际公司经营职能实现分离，加大市场开拓资源配置力度。以中国中车“十三五”战略和国际化经营规划为指导，以全球化视野和国际化思维，主动服务国家战略，开拓创新，积极塑造“国家名片”，谋划全球布局，加大市场开拓，完善职能管理、加快区域布局，完成海外市场开拓及各项重点工作。

【经营计划与运营管理】 制订国际化经营指标计划，加强市场区域管理，规范市场竞争秩序。有序推进境外项目本地化运作。全面完成 2018 年国际化经营计划指标。

加强国际化经营合规风险管控，提高合规经营意识、持续提升海外社会化媒体传播力度，推进品牌建设，提升品牌影响力。加快业务模式创新，加强业务板块国际化经营协同，加大市场拓展力度和密切跟踪项目进展、加强境外安全管理并保障境外人员安全。

建立完善国际市场管理、合作伙伴管理、境外机构管理、出口产品质量管理等制度。12 月，国际事业部下发《中国中车股份有限公司国际市场管理办法》《中国中车境外机构管理办法》《中国中车出口产品质量管理办法》《中国中车海外市场合作伙伴管理实施细则》，规范国际业务管理体系。

以问题为导向，顺利完成国资委巡视整改工作。组织完成国资委巡视组要求的国际化经营问题清单梳理，并制订相应的整改措施。整改工作有序推进并按计划完成。

【海外政策研究和市场调研】 深度开展国际市场研究，周密制定国际市场营销策略。加强与咨询机构合作，强化区域公司地理优势。完成对重点国家重点区域的贸易环境分析，特别是中美贸易摩擦背景下国际业务拓展环境分析。

【国际交流与战略合作】 除区域展会外，年内组织策划全球最大的柏林轨道交通展会商务活动。此次展会共组织协调 64 个商务会议，计划筹备并实施 84 个商务和接待活动，邀请单位或客户超过 150 个，展台接待商务到访客户超过 300 人次。组织安排商务签约、合作备忘录、技术合作、剪彩等多种类型的商务活动。海外社会化媒体传播工作有序推进，截至 12 月底，中国中车海外社交媒体平台 Facebook 粉丝数和被点赞次数均超过 24.6 万，粉丝数和点赞数月增长幅度 2.9%。进一步完善中国中车多语种网站结构及内容建设，及时更新相关信息；做好出国团组任务相关审批工作及外方团组来访邀请和接待工作。坚持共商共建共享原则，加强第三方市场合作和战略伙伴的合作力度，建立定期沟通和信息交流机制。

【市场开发与进驻】 签订 800 辆德国货车和 20 台调车机车合同，继中国中车制造成功登陆英国、法国、瑞士、马其顿、捷克和塞尔维亚后，又进入制造强国德国，既是中国中车实力体现，也是中欧协同创新、共享共赢新起点。签订哥斯达黎加内燃动车组项目，为中国中车产品出口开拓新市场，有利于打造更紧密、更广泛、更深入的中哥战略伙伴关系。中国中车作为国家“一带一路”推动者和践行者，在“一带一路”五周年之际，签订土耳其 252 辆轻轨车合同，代表中国中车与土耳其在交通领域合作走向更深层次，成为推动“一带一路”走深走实走稳的光辉典范之一；签订新加坡无人驾驶地铁车辆翻新项目，是中国中车在海外获得首个海外翻新项目，项目实施将让中国中车国际路径从产品到提供“产品+服务”递进，为更好适应全球维保需求创造条件。

【运营管理】 全年国际业务销售收入 193 亿元；海外业务新签订单金额 62.63 亿美元。其中整车出口签约额 41 亿美元，占比 65%，包括电力机车 20 台、内燃机车 230 台、城轨车辆 2091 辆、客车 224 辆、货车 5551 辆、工程车 12 辆。配件、维保及并购企业新增订单 21 亿美元，占比 35%，其中配件出口主要包括电机及配件、构架、橡胶件、电气元件及机车车辆配件。完成对子公司国际化经营评价考核工作。

【海外项目执行情况检查】 调研高风险国家市场开拓及项目情况。督导重大项目特别是本地化项目合同执行。建立定期信息收集及分析机制，每月编写《海外新签合同及在执行项目进展简报》、跟踪项目进展情况等，对海外项目执行情况进行动态监督检查。

【海外指导与服务】 国际事业部联合总部相关部门，组织专业团队，开展合规和项目风险梳理与检查工作。加大对项目承担企业项目执行情况监督和评价。完成对北美市场投资后评估工作，对中国中车在北美 3 个生产基地：芝加哥生产基地、春田生产基地和长江公司在北美合资公司投资情况进行现场检查督导，形成检查督导报告。指导子公司进行国际合资合作和国际并购工作。

（国际事业部 供稿）

党群工作

本栏编辑　俞鸣霞

组织工作

宣传工作

纪检监察工作

巡视工作

工会工作

共青团工作

总部机关党委工作

学会·协会

组 织 工 作

【概述】 2018年，中车集团党委全面落实国有企业党的建设工作会议、全国组织工作会议、中央企业党的建设座谈会精神，坚持把提高企业发展质量和效益作为工作的出发点和落脚点，夯实基本组织、建强基本队伍、健全基本制度，推进工作提质换挡上水平，一批理论和实践成果得到创新、转化和落实，党委领导作用得到充分发挥，有效铸牢了“根”和“魂”，为“双打造一培育”发展目标提供了坚强保证。截至年底，中国中车设立各级党组织2448个，其中党委（党工委）132个、党总支192个、党支部2124个。党员总数80454人，其中正式党员79097人、预备党员1357人，女党员16740人，35岁以下青年党员20875人；在岗员工党员58895人，离退休党员21543人，学生党员16名。年内新发展党员1227名，其中女党员230名，35岁以下的青年党员929名，大专以上文化程度党员1050名，一线专业技术和工勤技能人员党员892名。

【学习贯彻党的十九大精神】 党的十九大召开后，及时印发《关于深入学习宣传贯彻党的十九大精神的通知》，以“学懂、弄通、做实”为目标，迅速组织各级党组织开展习近平新时代中国特色社会主义思想和党的十九大精神的学习贯彻和落实工作。3月，组织所属企业领导班子成员、总部副处长以上领导干部621人，以学习贯彻习近平新时代中国特色社会主义思想和党的十九大精神为主题，开展8期集中轮训，每期5天。通过系统学习，中车集团各级党员干部深刻领会习近平新时代中国特色社会主义思想的历史地位和丰富内涵，准确把握党的十九大提出的一系列新的重要思想、重要观点、重大论断、重大举措，思想、认识、行动都上升到新的高度。

【领导班子民主生活会】 2月5日，中国中车党委组织召开2017年度领导班子民主生活会。国务院派驻监事会22办主任杨亦工、国务院国资委企干二局五处处长盂晓彤、中央纪委驻国资委纪检组第二纪检室副主任耿海波到会指导工作，中国中车领导班子成员11人全部到会。此次会议主题是：认真学习领会习近平新时代中国特色社会主义思想，坚定维护以习近平同志为核心的党中央权威和集中统一领导，全面贯彻落实党的十九大各项决策部署。公司党委高度重视此次领导班子民主生活会，在会前做了充分的思想准备、组织准备和工作准备。其间，领导班子共梳理出7个方面的问题和5个方面的具体原因，从6个方面（提高政治站位，坚决落实好习近平新时代中国特色社会三义思想和党的十九大精神；忠诚担当，全面加强两级领导班子队伍建设；打造中车党建“金名片”，促进党建工作提质换挡；纠正“四风”，全面强化正风肃纪；打造受人尊敬的国际化公司，全面加强公司经营管理工作；强化宗旨意识，全面提升干部队伍作风建设水平）制定18条整改措施；班子成员结合自身实际，制订了97项个人整改措施。

对照国资委党委第三巡视组反馈意见，结合《中国中车党委开展深入剖析王晓林严重违纪违法案件典型特征将办案成果转化为提升企业治理效能的专项行动方案》要求，公司党委9月25日组织召开专题民主生活会。主题是：围绕打造受人尊敬的国际化公司和中车党建“金名片”，培育具有国际竞争力的世界一流企业，全面推进巡视整改，对标对表、砥砺奋进。公司党委班子成员按照要求逐一对照检查，敞开心扉、推心置腹、坦诚相见，指出具体问题、提出改进建议。党委书记刘化龙代表班子表态：要把国资委党委全面从严治党各项部署要求不折不扣落到实处，推动巡视整改工作向纵深发展，并强调切实做好巡视后半篇文章，切实提高政治站位，切实做到廉洁自律。

【基层组织建设】 落实“四同步、四对接”要求，根据产业结构、产权关系变化，推动党组织应建必建、应建尽建。调整株机公司与洛阳公司等 11 家子企业党组织隶属关系，撤销北车海工党工委，成立齐车、长江两个子集团党委，推进沈阳公司、四方股份公司等 10 家子企业党委完成换届选举。按照精干高效和有利于加强党建的原则，设置党委工作机构、配备党务力量，其中中车集团总部党群部门新增 7 人。制定《中国中车集团公司党建工作经费使用管理办法（试行）》，进一步规范党建工作经费使用和管理，统筹做好党建活动经费、党组织工作经费管理与使用，确保用得其所、用出实效。牢固树立“抓党建就是抓发展，抓发展必须抓党建”的理念，将党建工作与生产经营有效融合，推动企业改革发展。在全集团范围内深入开展“擦亮金名片，做好中车人”主题活动及“我带头、我担当、我争先，为‘金名片’添光彩”专项活动，进一步激发广大党员的责任担当与激情活力。所属企业党委深入开展创先争优、创岗建区活动，探索建立“万万千”、可视化党建、协同化党建、“互联网+”党建、精益双目标等党建工作特色品牌，推动党建工作与生产经营深度融合。加大先进典型选树培养和宣传推广力度，组织开展“一先两优”评选表彰，表彰先进基层党组织 71 个。长客股份公司高速中心装配二车间获评中央企业基层示范党支部，在中央企业基层党建工作座谈会上作典型经验推介，充分发挥了示范党支部的标杆作用。

【制度建设】 严肃党内政治生活，落实组织生活会、谈心谈话、“三会一课”等基本制度，组织党员按期参加党员大会、党小组会和上党课，“三会一课”参与率、出勤率显著提高。各党支部每年召开一次组织生活会进行民主评议党员，全系统 98%的党员被评为优秀、合格，8 名被评为不合格党员已受到相应组织处置和纪律处分。组织召开合资企业、非制造业企业党建工作座谈会，初步制订《合资企业党建工作指导意见》，提升非制造业企业党建工作水平。落实《中国中车领导班子成员联系企业包保制度》，领导班子成员每人包保 4～5 个企业（覆盖全部一级子公司），指导和帮助子公司解决党建工作中存在的重点难点问题，强化“一岗双责”意识，充分发挥领导班子成员在加强和改进企业党建工作中的示范带头作用。下发《中国中车集团有限公司党费收缴、使用和管理办法》，严格党费的管理和使用，做到账目合理、凭证齐全、账实相符、专款专用。全力推行党建基础工作标准化建设。其中，唐山公司、大同公司、山东公司等企业党委试行党建质量体系认证；四方股份公司等企业在制定《标准化党支部建设指导意见》的基础上，启动实施基层党建工作规范化、标准化研究，加大党组织标准化建设力度，初步形成中国中车《党支部工作记录本》和《党支部工作实用手册》，为“金名片”建设奠定了基础。

【党建工作责任制考评】 修订《中国中车党建工作责任制考核评价暂行办法》，组建 6 个考评组，按照先起步、再规范的思路，首次对所属 44 家企业党建工作进行“扫描”，及时发现问题、查找短板、以考促建，并将党建工作责任制考评结果与所属企业领导班子成员基本年薪挂钩，发挥考核“指挥棒”作用，推进党建考评由“定性”向“定量”转变，党建目标由“软指标”向“硬任务”转变，党建工作由“提质换挡”向“成效跃升”转变。经中车集团党委常委会评审、研究，考评结果为A的企业有：齐车公司、唐山公司、株机公司、长客股份公司、四方股份公司、浦镇公司、大连公司、大同公司、长江公司、株洲所；考评结果为B的企业有：株洲电机公司、沈阳公司、戚墅堰所、永济电机公司、石家庄公司、眉山公司、戚墅堰公司、四方有限公司、中车置业、太原公司、西安公司、四方所；考评结果为C的企业有：工程公司、常铁校、南口公司、天津公司、资阳公司、广州公司、广东公司、山东公司、二七车辆公司、大连所、物流公司、财务公司、贵阳公司、中车金控、大连电牵公司、中车研究院、信息公司、中铁装备公司、中车产投、二七机车公司、租赁公司、国际公司。

【党建工作述职评议】 根据《中国中车基层党组织书记述职评议制度》(中车集团党组〔2018〕66号)要求，坚持和完善党委书记抓基层党建述职评议考核工作，实现3年内所属一级党委全覆盖。中国中车党委1月19日召开2018年度一级子公司党委书记述职评议工作会议，听取金控公司等18家单位党委书记抓基层党建工作述职，并采取“述、问、评、测”的方式进行现场评议。18家合资企业和非制造业企业的党委书记按照顺序依次进行述职。述职结束后，公司党委常委结合述职单位的实际情况、党建工作开展情况及存在的问题，有针对性地进行现场提问，并逐一点评。述职、提问、点评结束后，与会代表按照“好、较好、一般、差”4个等次进行现场测评，其中总部机关党委被评为“好”，金控公司、置业公司、天津公司、广州公司、常铁校、产投公司、物流公司、工程公司等8家单位党委被评为“较好”。

【党支部书记培训】 按照国资委党委要求，公司党委专门制订并印发《中国中车基层党支部书记培训工作规划（2018—2020年）》，在深入推进“两学一做”学习教育常态化制度化的基础上，对所属企业基层党总支、党支部书记进行培训。各级党组织认真贯彻落实集团党委决策部署，扎实开展党支部书记培训工作。全年，中国中车共举办优秀基层党支部书记培训示范班4期，培训289人；所属各企业党委开展党支部书记培训3100人次。经培训学习，党支部书记补了理想信念之“钙”，固了中车精神之魂，充了党建理论之“电”，加了治企能力之“油”，搭了理论实践之“桥”，强了贯彻落实之基。

【党员教育管理】 深入推进“两学一做”学习教育常态化制度化。结合党建“金名片”建设和责任制考评，深化落实“三会一课”等基本制度。依托集中培训、“三会一课”等形式，认真开展《2014—2018年全国党员教育培训工作规划》总结评估，全系统开展党员教育培训40余万人次，党员日常教育管理得到进一步加强。推进组织生活会和民主评议党员工作，1990个党支部按时召开年度专题组织生活会，65187名党员参加民主评议，98%党员评定为优秀、合格等次。结合政治巡视整改，督促未落实的单位全部予以纠正。做好失联党员排查处置工作，处理、处置失联党员45人，其中自行脱党除名28人，取消预备党员资格1人，停止党籍16人。

【发展党员】 认真贯彻“控制总量、优化结构、提高质量、发挥作用”总要求，编制落实发展党员计划。举办组织员培训，把握各单位发展进程，扎实推动组织发展工作，把好党员队伍建设的“入口关”，保证整个党员队伍的先进性和纯洁性。全年发展党员1227名。结合国资委政治巡视问题整改进行调整倾斜，无党员班组比例大幅降低。对党的十八大以来发展党员工作展开全面排查，强化纪律意识，5 年共发展党员 6750 名，其间未发现违规违纪问题。

【党员管理信息系统】 指导督促企业加强入库信息校核处理；推进超大支部拆分工作，协调相关地方组织部门明确隶属关系。印发《关于部署全国党员信息系统的通知》，同时加强工作指导，积极推动该系统实现集团部署，坚持一个时期突出一个重点，在保证完整性、准确性、及时性上持续用力。经过各级党组织和组织部门的努力，入库党员和党组织信息得到全面完善，信息完整度保持 100%，系统维护水平走在央企前列。

【党内表彰】 按照年度工作安排，在逐级推荐、广泛征求各方意见的基础上，经中车集团党委研究决定，在七一前夕授予齐车公司党委等 71 个党组织“先进基层党组织”称号，授予齐车公司杨志刚等 110 名同志“优秀共产党员”称号，授予齐车公司管庆凯等 71 名同志“优秀党务工作者”称号。此次表彰先进、树立标杆有效发挥了党委领导作用、党支部战斗堡垒作用和党员先锋模范作用。

【党内困难帮扶】 统筹做好两节期间慰问生活困难党员和老党员安排，共使用党费 276 万元（含国资委党委下拨 60.8 万元），其中发放慰问金 272 万元，购买慰问品 3.7 万元。慰问党员 3687 人，其中慰问生活困难党员 3285 人、新中国成立前入党的老党员 122 人、老干部 125 人、受灾党员 1 人及优秀党员、优秀党务工作者 154 人。慰问基层党组织 411 个，帮助解决生产生活困难 282 个，听取意见建议 238 条，进一步增强了各级党组织凝心聚力、促进和谐、服务职工的作用。

【党费收缴与管理】 做好年度党费核算统计、日常党费使用管理及中车集团党委党费账目整理，及时开展党费收支情况公示。修订并印发《中国中车集团有限公司党费收缴使用和管理办法》，进一步规范党费工作。布置开展党费工作专项检查，将企业全面自查与中车集团部分抽查结合起来，进一步规范了党费收缴、使用和管理工作。落实中组部、国资委调度会精神，将补交党费全部下拨，同时指导企业制订使用方案、上报执行进度、合规加快补交党费使用，并全面开展补交党费使用管理工作自查，使补交党费切实发挥好相应作用。

〔党委办公室（党委组织部） 供稿〕

宣传工作

【概述】 2018 年，公司党委宣传部（企业文化部、统战部）按照中央及国资委的要求，深入贯彻落实《中国中车意识形态工作责任制实施办法》的要求，围绕公司改革发展大局，以打造“双打造一培育”为目标，进一步加强和改进中车意识形态工作，坚决种好“责任田”、守好“主阵地”、汇聚“正能量”，中车系统意识形态、品牌宣传、企业文化、统战等方面工作都取得了良好成效。

【思想政治学习】 根据国资委上年党建检查情况，修订《中国中车党委理论学习中心组学习制度》，加强党委理论学习中心组学习。以学习习近平 3 次视察中车讲话精神为重点，组织学习习近平新时代中国特色社会主义思想和党的十九大精神。组织中心组集体学习习近平新时代中国特色社会主义思想及党的十九大精神；组织宣传部长党的十九大精神培训班。公司学习宣传贯彻党的十九大精神活动得到国资委肯定，并作为经验材料在中央企业学习报告会上推广。利用微信、微博、公司官网、OA 网新闻、中车报等多种媒体与渠道，及时报道习近平总书记视察中车新闻，印发《学习习近平总书记视察齐车集团讲话精神通知》，部署学习习近平总书记视察齐车集团讲话精神的活动；全媒体平台及时报道中车集团党委中心组学习信息、子公司传达学习总书记讲话精神信息；在中车报推出主编评论阐述总书记讲话精神。组织实时学习习近平在中纪委二次全会上的讲话、习近平在全国宣传思想工作会议上的讲话等重要讲话精神。全面开展形势任务教育，在《中国中车》报上开辟“形势任务教育”专栏，引导大家学习习总书记重要讲话精神，认清当前形势，明确工作任务。编辑出版《形势任务教育汇编》，利用员工喜闻乐见、易于接受的形式，开展形势任务教育。利用《中国中车》报主编评论阵地发声，引导员工立足岗位，为中车改革发展贡献力量。

【精神文明建设】 积极部署开展“擦亮金名片，做好中车人”主题教育活动，全力塑造党建金名片，并将学习习近平总书记讲话精神、开展企业文化落地活动、开展群团活动统一到该主题下开展，提高活动效果，收到了良好成效。组织公司总部参加北京市文明委首都文明单位评选，并荣获“首都精神文明单位标兵”称号。石家庄公司、戚墅堰公司、大连公司、长客公司、齐车公司等 13 家单位荣获“全国精神文明单位”称号。围绕送温暖、学雷锋、礼仪服务、关爱行动等方面，开展一系列学雷锋志愿服务活动。

【“改革开放 40 年”主题宣传】 中宣部、国资委 3 月启动改革开放 40 年宣传策划后，公司以多种方式参与“改革开放 40 年”的推广宣传。11 月 26 日，《人民日报》刊发刘化龙董事长署名文章《科技创新引领高质量发展》，全面介绍中国中车改革开放 40 年科技创新经验做法，是中国中车成立以来《人民日报》刊发的中车最长篇幅文章，引发社会广泛反响。组织新华社、《解放军报》《经济日报》《科技日报》《工人日报》、北京时间、澎湃新闻等媒体到中国中车及其下属企业进行改革开放 40 周年集中采访，掀起中国中车改革开放宣传高潮。与新华社合作承接国家“百城百县百企”调研，形成《中国中车：弘扬新时代火车头精神，牢牢掌握大国重器》调研报告，并提报给中宣部和国资委。通过文学作品、摄影、绘画、书法、篆刻、剪纸等形式，在全集团范围内组织开展“40 年看变化”主题征文活动；中车集团所属企业依据自身特点，用不同形式的载体使活动落地。根据中宣部统一部署，参加“改革开放 40 年”年度宣传片启动仪式，支持央视完成《我们的 40 年》拍摄。

【社会责任形象宣传】 以精准扶贫为突破点，不断加强社会责任形象的宣传力度，打造“责任中车”品牌形象。与国资委新闻中心、《中国政协报》联合策划推广中车扶贫事迹宣传，并出版《精准扶贫央企在行动》一书，作为央企扶贫典型进行宣传推广。与《中国报道》杂志社合作，做好“聚力扶贫，时代担当”主题报道，推出中国中车精准扶贫报道专题。改革开放 40 周年纪念日当天（12 月 18 日），在《人民日报》刊发中国中车落实中央决策、精准扶贫形象广告。继续发挥“车迷有约走进中车”公众开放日效应，做好第五届、第六届“车迷有约”活动，推介中车新产业。

【典型人物宣传】 年内，中车典型人物主要分为三类：第一类是以新当选的 5 名全国人大代表，新任团中央委员、中华全国总工会执委、中华全国妇女联合会执委等为代表的政治参与典型人物；第二类是以“复兴号”

研制者梁建英、郭鹞为代表的中车科研人员；第三类是以罗昭强、刘云清为代表的高铁工人典范。三类典型人物年内均得到了较好宣传，极大地提升了中车品牌形象。其中，梁建英登上央视《开讲啦》；郭鹞登上十一晚会；罗昭强入选“大国工匠”；刘云清进入“五一典型”并登上新闻联播；中车集团总经理、中车股份总裁孙永才被中共中央、国务院授予“改革先锋”称号，并登上人民大会堂领奖台。

【新媒体运营】 截至2018年，中车已构建包括微信、今日头条、抖音等国内新媒体及Facebook、Twitter、Youtube在内的新媒体平台。全年，中国中车微信公众号共推送252次，阅读次数308万，点赞量2.88万次。中车国际社交平台单篇最高阅读量达到600多万，平均点赞量超过1.2万，遥居央企海外账号前列。在柏林展期间，通过Facebook实现了中央企业的首次全球直播。在重点产品推广方面，配合SMD首款国内海底机器人下线，做好新闻发布工作；配合做好柏林轨道交通展相关内容报道，包括碳纤维地铁车辆下线、出口德国混合动力机车、时速250公里货运动车组广深港高铁开通、“动感号”上线运营报道等；配合中国铁路总公司做好长编组“复兴号”动车组上线、动力集中型动车组线路试验、上海第5000辆地铁下线、戚墅堰公司出口牙买加机车、出口尼日利亚城轨车辆、出口新加坡无人驾驶地铁等新闻报道；配合国资委新闻中心、中央电视台等媒体平台，聚焦宣传中车智轨、无人驾驶电动汽车等新产品、新技术。

【参与“一带一路”建设成就宣传】 抓住上合青岛峰会、金砖国家约翰内斯堡峰会、“一带一路”五周年等重大节点，强劲传播中车“走出去”和参与“一带一路”建设成就。“一带一路”5周年之际，中国中车再度被遴选参与央企参建“一带一路”新闻发布会，中车股份副总裁楼齐良出席会议并介绍公司“走出去”成就。与央视财经频道联合录制《我与“一带一路”故事》，播出中国中车出口巴基斯坦机车项目有关故事，展示中车社会责任形象。配合俄罗斯RT电视台拍摄中宣部、国务院新闻办公室“纪录中国”传播工程的重点项目——《这里是中国（第二季）》宣传片。接待泰国媒体代表团、韩国媒体代表团访问中国中车，组织媒体见面会。这些宣传活动及专题片都有效扩大了中车品牌的国际影响，为公司进一步拓展海外市场打下了良好基础。

【“国际化”企业形象塑造】 积极配合国资委开展各种国际传播调研：在中央企业外宣工作会和中央企业海外品牌建设研讨会上，公司领导均应邀到会并作外宣工作经验介绍。在国际传播国别项目申报中，公司力拔头筹，获得央企第一和608万元财政资金支持。进一步运营好中车海外社交媒体账号，推进设置外宣工作专门岗位，积极与国际媒体和智库沟通，开展跨文化融合机制建设，同时按照中宣部和国资委要求，积极推进“六个一”工程落地。以“一带一路”建设5周年、进口博览会等重大节点为契机，开展国际传播。利用“高铁奥运会”——柏林轨道交通展之机，面向全球开展国际传播。11月，组织专门人员前往美洲、澳大利亚调研中车驻美、澳子公司，重点开展国际传播和企业文化融合调研及舆论环境分析，并与国际智库、公关公司及当地媒体沟通，初步确定了未来一段时期公司外宣的基本思路。

【企业文化建设】 持续开展“打造受人尊敬的国际化公司”讨论宣传活动。制作打造受人尊敬的国际化公司宣传海报，编辑出版《打造受人尊敬的国际化公司》，使“打造受人尊敬的国际化公司”更加形象和具体，并融入企业文化体系中。编辑出版《中国高铁工人精神》，全面梳理“中国高铁工人精神”提取的过程，大力弘扬中国高铁工人精神。开展丰富多彩的企业文化落地活动：创新文化实践载体，策划开展“最美中车人”评选和“品牌文化故事”大赛等活动；深入推进BI（行为文化）建设转段并融入子公司各项管理，持续规范员工行为，使从“中车心”到“中车行”不断深化和升华；完善文化管理体系，成立覆盖中车各层级的品牌文化管理机构，开通中车文化品牌管理系统，实现文化品牌管理的信息化。

【统战工作】 发挥统战作用，团结党外人士。上半年，首次对中国中车统战对象进行系统调查摸底；党委会专题研究统战工作。下半年，组织召开中国中车第一次统战工作座谈会，成立了央企装备制造企业首个党外高级知识分子工作室“冯江华工作室”，起草了央企首个统战工作《指导意见》。

〔党委宣传部（统战部、企业文化部） 供稿〕

纪检监察工作

【概述】 2018年，中国中车各级纪检监察组织深入贯彻党的十九大精神、十九届中央纪委二次全会精神和中央企业党风廉政建设和反腐败工作会议精神，严明党的政治纪律和规矩，以实际行动做到“两个维护”，以具体措施落实“两个责任”，严格监督执纪问责，持之以恒正风肃纪，深化政治巡视，严管纪检监察和巡视队伍，为全面推进“双打造一培育”战略提供了坚强的纪律保障。

【“两个责任”落实】 协助党委召开2018年党风廉政建设和反腐败工作会议，与48家一级子公司党委签订党建和党风廉政建设责任书。督促各级党委不断提高党内监督的政治站位，自觉学习贯彻习近平总书记从严治党重要论述及中央纪委、国资委党委和驻国资委纪检监察组的部署要求，更加有效地助力企业改革发展；坚持好干部标准，完善选拔好干部体系，强化对权力运行的制约和监督；深入加强作风建设，从严加强纪律建设，重点监督贯彻习近平总书记对中国中车重要指示情况、巡视整改情况、落实中车集团重大决策情况。中国中车党委书记、董事长刘化龙与中车集团总经理、中车股份总裁孙永才带头落实主体责任，亲自对54条重要问题线索做出具体批示，并对中车纪委立案审查的12个案件提出从严处理要求，为纪检干部从严执纪加油鼓劲、撑腰打气；在民主生活会上带头开展“红脸出汗”，带动各级领导班子成员主动履行“一岗双责”、主动开展监督、自觉接受监督。把“两个责任”履行情况纳入绩效考核和党建责任制考核，以考核压实责任，以问责推进落实。全年，中车集团启动问责11起，问责7个集体、10名干部；中车集团和一级子公司两级党委书记共约谈下属单位党政正职1195人，两级纪委书记共约谈党政正职1327人、开展任前廉政谈话893人；组织两级领导班子成员422人完成述责述廉。这些举措有效促进了全集团党风廉政建设“两个责任”的落实。

【纪律监督】 聚焦检举控告类信访举报，坚持归口受理、分类处理、闭环运转，抓好信访举报处理。全集团共处理信访举报729件次，较上年增长7%，其中中车纪委本级共处理信访举报410件次，较上年增长34.9%。抓好问题线索处置，对党的十八大以来问题线索进行大摸底，拓展线索来源渠道，严格实行销号管理，共处置问题线索 387 件，同比增长 10.9%。抓好严格执纪审查，紧盯“三类”重点人，坚持“两个优先”（优先核查上级移交问题线索，优先核查反映“四风”问题线索），共立案审查 86 件（同比增长 34.4%），纪律处分 120 人（同比增长 48.2%），收缴违纪资金 305 万元，其中违纪人员主动上交财务 169 万元。

【“四种形态”践行】 组织制定并印发《中国中车践行“四种形态”实施办法》，将“四种形态”贯穿监督执纪全过程。在问题线索核查中，对 156 人给予诫勉谈话等组织处理后作了结处置；在执纪审查审理中，对 33 人给予免予处分、岗位调整等组织处理；针对执纪审查中发现的廉洁风险和管理漏洞，先后下达纪检监察建议书 305 份，发现问题 856 个，提出建议 877 项。年内，信访举报、问题线索、立案审查、纪律处分等 4 个指标全面增长，体现了集团公司党委从严治党的坚强决心。

【作风监督】 坚持从政治纪律的高度，组织全集团对照“四个坐标”、习近平总书记重要指示、中央纪委工作部署、政治巡视问题清单、落实中央八项规定精神的具体措施，集中整治形式主义、官僚主义。督导各级党委再次修订贯彻落实中央八项规定精神制度办法，进一步明确具体措施。看紧中车集团党委出台的“公务活动禁酒令”，确保坚决执行。盯住重要节庆假日，下发通知重申纪律，推送短信贴身提醒。组织对全集团 1544 辆公务用车使用情况进行突击检查。坚决撤销全部 26 家企业驻京办，并对驻京办违纪违规问题进行监督执纪，立案 9 件，处分 10 人。严查“四风”违纪行为，全集团共立案查处违反中央八项规定精神问题 30 件，纪律处分 44 人，组织处理 46 人；启动问责 5 件，问责 6 个集体、6 名个人。针对查处违反中央八项规定精神问题中暴露出来的问题，开展了违规发放薪酬福利等问题专项整治。

【配合国资委党委巡视】 认真配合国资委党委对中车集团政治巡视，编制纪委专项问题及整改责任清单，共查找存在 7 方面 20 类 88 项问题。协助党委编制形成政治巡视问题及整改责任清单，实行动态监控、看板管理，督促做好“巡视的后半篇文章”。截至年底，国资委党委巡视反馈的 70 个意见问题已整改完成 47 个，其中中车纪委负责整改的 27 项已完成 25 项。抓好巡视移交信访举报和问题线索处置，从国资委党委第三巡视组移交的 94 件信访举报件中梳理出问题线索 76 件，经过核查反映属实或基本属实 11 件，部分属实 29 件。全年，配合国资委党委巡视完成初核 69 件（初核率 90.8%）、谈话函询 7 件，了结 65 件；立案审查 11 件（立案率 14.5%），结案 8 件，纪律处分 11 人；对 31 名违纪行为轻微、整改及时的党员干部予以诫勉谈话、岗位调整等处理后作了结处置；派出 4 个督查组，对 51 家子公司落实国资委党委巡视整改进行了督导。

【重点领域监督】 改进选人用人监督方式，加强选人用人监督，全年共出具廉洁意见回复 44 份，对 160 名领导干部进行了廉政鉴定，否决和暂缓 4 人参与领导干部公开竞聘的资格。深化独家采购和代理采购清理监督，督促各子企业建立健全 44 项管理制度，采购制度健全完善企业占比提高到 94.4%。近 3 年持续开展的采购管理专项监督检查，督促 38 家子公司完成了前期独家采购、代理采购存量项目及新增项目的清理整改。开展扶贫领域专项监督，中车纪委对涉及中央对口帮扶的两省四地帮扶项目总计投入的 3436 万元资金使用情况进行了监督，同时组织所属 14 家子公司纪委对地方扶贫项目总计投入的 822 万元资金使用情况进行了监督，并针对管理中存在的6个问题提出了整改建议。开展“深挖死账背后那些事”监督执纪，对涉及32家子公司共计1159笔金额计提和转核销项目进行监督执纪，启动对194笔项目进行追责，已完成追责120笔项目，纪律处分15人，组织处理35人，经济处罚151人。对开工不足企业工序外包实施监督，督促18家子公司发现问题42个，下达纪检监察建议书或提出整改措施40项。对违规开展融资性贸易的14家企业启动追责程序。

【建立警示教育常态化机制】 召开4次全集团干部警示教育大会，点名道姓通报37起违纪案件、66名党员干部，2.6万人次受到教育，充分发挥了查办案件的警示作用。认真学习新的纪律处分条例，为中车党委理论学习中心组进行专题辅导，督促各级党委书记、纪委书记带头进支部、到小组，学条例、讲纪律，督促党员干部懂条例、用条例、守条例，既掌握正面清单，倡导高标准，做合格党员，又牢记负面清单，划出底线，不触碰红线。各企业持续开展“百名纪检干部讲纪律”活动，积极开展干部警示教育活动。全集团共组织党纪党规教育630场次，超过10万人次受到教育。

【自身建设】 积极协助中车集团党委落实国资委党委巡视意见，纪委书记“一肩多挑”问题得到有效整改，12家规模企业纪委书记实现专职化，8家子公司纪委书记实现外派。制定并印发《中国中车派驻纪检监察组工作办法》。考察批复19名纪委副书记和监察部长。修订纪委工作考核办法，推动“三个为主”落到实处。选派50名纪委书记赴中国纪检监察学院集训。坚持严管厚爱，落实检审分开，坚决把监督执纪的权力关进制度的笼子，没有发生纪检监察干部违纪情况及办案安全问题。

〔纪委（监察部、巡视办） 供稿〕

巡视工作

【概述】 2018年，中车集团党委认真落实中央关于巡视巡察工作部署和国资委党委巡视工作要求，高质量配合完成了国资委对中车集团的巡视工作。严格按照中央和国资委的有关要求，坚定不移深化政治巡视，派出3个巡视组开展“政治+专项+专题”巡视，派出4个督查组开展一级子公司的巡视整改情况督查，共完成2轮对6家企业的政治巡视、1轮对51家企业的督导检查，年底实现一轮巡视整改督查全覆盖。

【组织领导】 中车集团公司党委着力加强对巡视工作的统筹安排，党委书记刘化龙直接领导、亲自部署巡视工作。巡视办组织召开2轮政治巡视和1轮督导检查启动会，指导6家企业召开动员会。巡视工作领导小组2次听取巡视工作情况汇报，2次向集团党委常委会作专题汇报。先后召开6次巡视意见反馈大会，巡视组代表党委向被巡视企业反馈意见。全年，中国中车党委对巡视工作情况进行了3次集中通报。

【巡视监督】 3月、8月，先后启动2轮共6家企业的巡视监督。2轮巡视均以“政治+专项+专题”模式安排巡视内容，被巡视单位为资阳公司、洛阳公司（含襄阳分公司）、太原公司、石家庄公司、眉山公司、西安公司。政治巡视是以习近平巡视工作思想为指导，对被巡视单位党组织践行“两个维护”、突出党的领导、加强党的建设、全面从严治党等方面情况进行监督，重点是“六个围绕、一个加强”。专项巡视主要任务是围绕企业中心任务，监督检查重大决策执行情况，着力发现官僚主义、形式主义方面的问题；重点监督检查被巡视企业贯彻落实国资委和中车的工作会议、党风廉政建设和反腐败工作会议精神情况；监督检查企业“两金”压降、“压减”、内涵式发展、品质提升及经营风险等情况；监督检查企业党委实施品牌工程，打造中车党建“金名片”各项措施落实情况及领导干部“一岗双责”执行情况。专题巡视主要是对照中央八项规定精神和反“四风”要求，聚焦履职待遇和业务支出开展巡视监督。巡视组共听取汇报 49 场次，组织个别谈话 720 人次，召开座谈会 35 次，走访调研基层单位 34 个，开展问卷调查和党的知识答卷 812 份，调阅复制资料 11000 余套（份），移交信访问题线索 69 件 54 条，向领导小组提交综合报告 6 份。

【巡视整改督查】 按照中车集团党委统一部署，11 月启动对 51 家子企业巡视整改情况的督导检查。主要任务是督促检查各企业推进国资委党委政治巡视整改工作的进展落实情况；督促检查各企业推进中车党委上一届巡视整改任务的进展落实情况；督促检查各企业开展违规发放薪酬福利以及落实中央八项规定精等问题的专项整治情况；了解掌握各企业在巡视整改过程中需要中车集团党委组织协调解决的事项和意见与建议。督导检查工作于 12 月底结束，实现了 1 轮督查全覆盖。

【制度建设】 对照修订后的《中国共产党巡视工作条例》，中车集团党委组织修订原有巡视工作办法，印发《中国中车集团有限公司党委巡视工作办法》；认真落实并研究讨论巡视工作方向，制订《中国中车集团有限公司党委巡视工作规划（2018—2022 年）》，明确深化政治巡视的指导思想，确定巡视的目标、原则、方针、方式、方法、内容，并对加强巡视成果运用、建立巡视巡察工作体系、加强巡视队伍建设提出了具体要求，保障了新一届巡视巡察全覆盖目标任务顺利达成。制定《中国中车党委 2018 年巡视工作要点》，并将目标分解落实到年度巡视重点工作中，确保规划稳步推进。印发《中国中车集团有限公司党委巡视工作总结》，回顾总结了 4 年来所属一级子公司党委巡视全覆盖工作。印发《关于明确中车党委巡视组巡视专员差旅等标准的通知》，进一步为巡视工作的开展提供保障。

【巡察工作】 中车集团党委在完成所属一级子公司党委的巡视全覆盖后，制订巡视工作五年规划，提出建立巡察工作体系和探索开展巡察工作的要求。株机公司、大同公司、大连公司、长客股份公司、株洲所、永济电机公司、株洲电机公司、四方股份公司、戚墅堰所、信息公司、常铁校等 11 家一级子企业和齐车公司、成都公司、太原公司等 3 家二级子企业开展了巡察工作，共巡察 179 个党组织，发现问题 1971 个，通过巡察完善制度 657 个。

【巡视队伍建设】 年初，各巡视组成立独立党支部，由中车总部机关党委管理，各支部认真贯彻落实“三会一课”制度，积极开展“两学一做”学习教育、主题党日活动，党支部战斗堡垒作用得到充分发挥。全年组织 3 次培训，采取专题培训、业务研讨、工作交流等方式，提高巡视干部政治站位，加强巡视队伍自身建设。完成 1 名组长、2 名副组长、4 名专员轮换补充。对现有 8 名巡视专员进行年度业绩考核。

〔纪委（监察部、巡视办） 供稿〕

工 会 工 作

【概述】 2018 年，中国中车各级工会组织坚持新发展理念，以党建“提质换挡”和“品质、效率、动能”为根本，以创新汇聚新动能，以变革塑造新品牌，以品牌推进新发展，强化服务，深耕群众性经济技术创新活动和全员全过程创效活动，扎实推进民主管理，切实服务员工需求，为推进中国中车“双打造一培育”目标发挥了主力军作用。年末，中国中车工会下属工会组织 51 个，有工会会员 189675 名。

【民主管理与厂务公开】 公司各级工会组织积极参与企业重组改制、经营管理、投资方案、规章制度等涉及员工切身利益的重大事项民主决策，不断规范集体合同、工资集体协商、福利费使用、教育培训等制度，不断加强厂务公开工作的监督和考核机制，及时回应员工关心、关注的人员安置、资产处置、薪酬分配等热点难点问题，尤其是在劳动保护安全检查、法律援助、劳动争议调解等方面做了大量耐心细致的宣传解释稳定工作，在企业脱困重组中发挥了重要作用，维护了企业和谐稳定。

【职代会】 坚持职代会制度，组织召开中国中车一届三次职工代表大会。所属企业按照《中国中车职工代表大会实施办法》要求，分别召开年度职工代表大会，认真落实职代会职权。严格执行职代会各项规定，不断规范和畅通职代会提案制度、职代会民主评议制度、职工代表联系群众制度等机制，发挥职代会制度、职工董事、职工监事制度在公司治理体系中的重要作用，充分保证员工参与企业民主管理的权利和途径，维护员工政治和经济权益。齐车集团、长江集团、二七车辆、二七机车等子公司工会在业务重组改制过程中，着力做好改革中出现的各种利益关系调整和矛盾纠纷化解工作，发挥“减振器”和“缓冲器”作用，有效保证了各项改革措施平稳实施。

【群众性经济技术创新活动与技能竞赛】 长客股份公司罗昭强的“高速列车整车调试环境模拟技术及应用”项目荣获 2018 年国家科学技术进步二等奖，开创中车技术工人获得国家科技进步奖先河，实现了群众性经济技术创新活动由小众到高端、从无名到品牌的突破。组织召开深化群众性经济技术创新活动研讨会，对经济技术创新活动的选题、立项、攻关、成果鉴定、应用推广和劳动竞赛形式创新等内容进行了研讨。各单位工会积极组织开展合理化建议、“五小”、技能比武、名师带徒等群众性经济技术创新活动，着力为企业增收节支、降本增效。浦镇公司成功承办“第六届全国职工职业技能大赛‘中车杯’钳工决赛”，大赛组织工作得到中华全国总工会和各参赛队伍高度评价。

【劳动竞赛】 各级工会组织将“紧扣三大主题，落实十大任务”作为劳动竞赛活动的发力点，将创新、创效作为建设有为工会的主战场，使劳动竞赛活动成为员工自我提升、展示作为、积聚力量的大舞台。全年共有 39 家单位组织开展公司级劳动竞赛 101 项，其中长客股份公司、唐山公司、四方股份公司等单位组织开展了“当好主人翁、建功新时代”——我为“复兴号”品牌聚合力劳动竞赛活动，其他各单位集中优势资源和力量，营造“比学赶帮超”氛围，为实现产品批量集中交付、保证客户需求发挥了重要作用。

【劳模先进选树】 广泛宣传习近平总书记

给中国劳动关系学院劳模本科班学员回信，在员工群众中引起强烈反响。以李万君、张雪松、易冉、罗昭强、宁允展等为代表的一大批闪光群体和大国工匠走进公众视野，走上国家级舞台，彰显了先模人物群体为时代担当、为中国中车代言的榜样示范作用。宁允展当选为中华全国总工会第十七届执委会委员，梁建英、张素丽、高楠当选中华全国妇女联合会第十二届执委会委员，扩大了中国中车品牌影响力，提升了中国中车员工的职场价值。此外，大连公司荣获“全国五一劳动奖状”，罗昭强等5位同志荣获“全国五一劳动奖章”，洛阳公司李万坤劳模创新工作室等4个集体荣获“全国工人先锋号”。

【劳模创新工作室建设】 公司各级工会组织认真落实《中国中车深入推动金蓝领和劳模创新工作室建设工作指导意见》，累计建立工作室152个，各类工作室在企业高技能人才培养和生产经营工作中发挥了积极的引领和示范作用。工会和人力资源部联合开展“中国中车金蓝领和劳模创新工作室”命名表彰工作，授予“中国中车金蓝领和劳模创新工作室”12个、“中国中车金蓝领创新工作室”5个、“中国中车劳模创新工作室”11个，促进金蓝领和劳模创新工作室健康发展。长江公司创新劳模创新工作室管理模式，成立劳模创新工作室联盟。在铁路总工会命名表彰的50个“火车头劳模和工匠人才创新工作室”中，中国中车获评9个。

【女工工作】 组织党的十九大代表于静（录制光盘）在全公司女员工中宣贯十九大精神。组织开展“书香中车·女员工读书季”活动；围绕“我与中车共成长”主题，开展征文、摄影作品征集和“写家书 传真情”家书征集等活动。全公司共有1.6万名女员工参与读书活动；组建读书会等读书团队561个；举办911场次读书活动；评选奖励征文和家书各60篇，摄影作品30幅。下发《关于进一步推进“妈咪小屋”建设的通知》，推动“妈咪小屋”建设，下拨54万元专项经费，为女员工度过特殊生理阶段提供人性化的温馨服务。开展工会女工工作特色品牌展示评比，其中株机公司“芙蓉花开”、长客股份公司“长客大姐”等11个单位特色工作在公司工会女工干部培训班以PPT或VCR形式进行现场展示和评比打分，并受到表彰。

【职工之家建设】 根据“擦亮金名片，建设新小家”工作部署，公司工会全年投入近1400万元“新小家”建设专项资金。各单位工会也持续投入资金，融入标准化管理，用于国内外各售后服务站点服务保障设施的建设，着力解决一线员工、驻外员工的工作、生活、文化、安全等实际困难。眉山公司、齐车公司等单位“新小家”建设有效改善了一线员工生产生活环境；资阳公司、株机公司等单位不断完善驻外员工物品管理、行为规范、站点标准化建设等基础管理工作，积极探索驻外员工融入当地文化的新模式。

【帮扶救助】 公司各级工会深入组织开展“六送三关注”活动。组织开展困难员工建档调查工作，精准识别困难员工，夯实困难员工解困脱困工作基础。开发建立中车工会帮扶信息系统，提升工会帮扶工作信息化水平。开展“心系员工，情暖中车”为主题的“两节”送温暖工作，加大中车建档困难员工帮扶力度。全年慰问困难员工、一线员工、劳动模范及离退休人员5.3万人，发放慰问款（物）约3000万元。各单位通过困难补助资金筹集，协调有关部门安置特困员工再就业，为特困员工提供就业信息服务。通过扶贫与扶智（志）相结合等手段，精准帮扶成效日益显现。

【员工关爱】 启动EAP员工心理关爱“五

个一”工程，举办首届EAP心理服务专员培训班，聘请国内知名心理学和EAP专家进行授课，培养中车EAP专业人员队伍。四方股份公司、长客股份公司、成都公司等EAP员工幸福帮扶计划及眉山公司“惠”服务品牌等活动对缓解困难员工生活压力发挥了重要作用，提高了帮扶救助的实际效果，充分体现了中车工会大家庭一家亲的温暖。

【财务经审】 修订下发《中国中车工会财务管理办法》。各级工会组织严格落实中央八项规定精神和经费使用管理的各项规定，从严管理工会经费收缴、使用行为，加强工会经费预算、决算的硬约束管理，统一启用规范凭证模版，规范各项业务支出流程，最大限度发挥资金使用效率和效益。中车工会财务在全路工会财务规范化建设考评中荣获一等奖。发挥各级工会经费审查委员的审计监督职能，完成15家工会经费审计工作，对发现的问题提出整改意见，确保了工会资产安全。中车工会经审会在中国铁路总工会2017年度经审工作规范化建设考核评比中荣获特等奖。举办工会财务经审人员培训班，增强他们法律意识、制度意识、规则意识。

【组织建设】 指导齐车公司、唐山公司、兰州公司、洛阳公司等4家企业完成工会换届改选工作。指导齐车集团、长江集团、中铁装备、资本公司、产投公司等5家企业新建（筹建）工会。指导完成10家企业工会主席、5家企业工会副主席、3家企业经审会主任增（替）补工作。完成齐车集团所属4个成员企业工会组织、长江集团所属5个成员企业工会组织隶属关系调整及兰州公司工会、成都公司工会、洛阳公司工会组织隶属关系变更。向上级工会组织推荐“两模三优”，获得“全国模范职工之家”3个、“模范职工小家”3个、“优秀工会积极分子”1名、“优秀工会之友”1名，“全路模范职工之家”7个、“模范职工小家”7个、“优秀工会工作者”8名、“优秀工会积极分子”7名、“优秀工会之友”2名。加强工会目标管理考核，18家工会获评A类，不断增强目标管理考核机制的激励导向作用，促进各级工会组织规范各项基础管理工作。在打造中国中车党建“金名片”过程中，各级工会组织以党建带工建，强“三性”、去“四化”，为建设“五型”工会提供了组织保证。

【信息工作】 各企业开展的互联网+工会、指尖上的工会、微信工作群等信息化创新工作载体发挥的作用越来越重要。依托中车工会网页平台，及时更新8个栏目48项内容。编发《工会信息》97期，对年度工会信息工作进行了表彰。

【培训工作】 各级工会组织和广大工会干部把学习贯彻党的十九大和中国工会十七大精神作为首要政治任务，强化员工思想政治引领。公司工会先后在浙江大学、中国劳动关系学院、中车大学举办5期党的十九大精神工会干部专题培训班和3期中国工会十七大精神分片研讨会。各单位工会以常委会、全委会、专兼职工会干部培训、专题研讨班、学习讲座等形式组织学习培训。通过学习培训，各级工会干部不断增强“四个意识”，坚定“四个自信”，坚决做到“两个维护”，从而始终在思想上、政治上、行动上同以习近平同志为核心的党中央保持高度一致。

【文体活动】 在全国铁路羽毛球比赛中，中国中车代表队包揽混合团体、男子双打、女子双打全部比赛项目冠军，充分展现了中车员工良好的体育道德修养、竞技水平和昂扬的精神风貌。各体育工作区相继举办毽球比赛、羽毛球比赛、健步行等体育赛事，搭建了弘扬中车优秀文化、传递中车正能量的员工文化平台，增强了广大员工的中车人意识、中车自豪感、中车荣誉感。举办一期中车体育干部暨社会体育指导员培训班，加强体育积极分子队伍建设，提升体育干部、体育骨干科学健身的理论、技能和指导水平。

【重要纪事】 1月10日，中国中车一届三次职工代表大会以视频会形式召开。大会由公司工会主席邱伟主持，208名与会代表审议通过了《中国中车经营工作报告》。1月20日，中车工会第三次全委（扩大）会议在北京召开，会议替（增）补2名工会委员、常委、副主席和经审会委员主任、副主任。1月29—30日，公司工会举办年度预决算会议暨财务软件培训班。3月22日，中车工会女职工委员会第三次（扩大）会议在海口召开，举办书香中车女员工阅读季启动仪式。5月7—12日，在中国火车头体协主办的2018全国铁路羽毛球比赛中，公司代表队取得混合团体、男子双打、女子双打全部比赛项目的冠军。5月25日，中国中车第一届职工代表大会代表团（组）长第一次会议召开，以无记名投票方式选举邱伟为中车股份第二届监事会职工监事。7月22—27日，公司在北京举办首届EAP心理服务专员培训班。8月18—19日，第六届全国职工职业技能大赛“中车杯”钳工决赛在浦镇公司举行。8月28日，公司工会与人力资源部联合命名12个中国中车金蓝领和劳模工作室、11个中车劳模工作室、5个金蓝领工作室，并为每个工作室拨付5万元专项经费。9月10—14日，在中车大学大连校区举办女工干部培训班。9月28日，中车工会经审会获2017年度全路经审工作规范化建设考核特等奖。9月28日，公司深化群众性经济技术创新活动研讨会在武汉召开。10月22—26日，公司10名代表参加在北京召开的中国工会第十七次全国代表大会，其中四方股份的宁允展当选为全国总工会第十七届执行委员会委员。10月30—11月2日，四方股份公司梁建英、株机公司高楠、洛阳公司张素丽、大连公司于静等4位代表参加中国妇女第十二次全国代表大会，其中梁建英、张素丽、高楠当选为全国妇联第十二届执行委员会委员。11月23日，中车工会“跨国建家”被确认为“2018年全国铁路工会组织民管工作‘三有’（最佳）创新成果”。12月27—28日，公司工会召开财务工作暨年度预决算会议。

〔群团工作部（工会办公室） 供稿〕

共青团工作

【概述】 2018年，公司团委在公司党委和上级团组织的领导下，深入学习贯彻党的十九大精神，全面贯彻落实团的十八大各项工作部署，扎实开展各项工作，服务企业改革发展和青年成长成才，各项工作取得新进展，团员青年有了新进步。

【青年思想政治教育】 组织所属企业团组织以习近平新时代中国特色社会主义思想和党的十九大精神、习近平总书记“7·2”重要讲话和团的十八大精神、习近平总书记视察中车重要指示精神为主要内容，通过理论培训、“三会一课”、座谈讨论等多种形式，深入开展思想教育工作，引导团员青年增强“四个意识”、坚定“四个自信”，坚决做到“两个维护”，听党话、跟党走。围绕团的十八大，组织团员青年广泛开展向团的十八大报到、寄语团的十八大、观看共青团宣传视频等活动，迅速掀起学习宣传团的十八大会议精神热潮，引导团干部和团员青年将思想和行动统一到全面推动中车共青团和青年工作发展的各项实践中。

【青年大学习】 通过主题团日、宣讲报告、交流研讨、专题团课、集中培训、知识竞赛等方式，面向下属各级团组织和全体团员集中开展“青年大学习”行动。“五四”期间，在唐山公司开展“青年大学习”主题团日活动；以党的十九大精神、习近平总书记视察中车重要指示精神、团的十八大精神、新《团章》等为主要内容，开展“擦亮‘金名片’，中车青年大学习”主题网络知识竞赛活动，利用一周时间举办了3个阶段竞赛，参与青年1万余人。

【主题教育活动】 结合团员青年思想实际，围绕重大节庆日、纪念日、企业党政中心工作，广泛开展主题教育活动：紧扣“青春 信仰”强化青年思想引领，紧扣“青春 奋斗”推进岗位建功实践，紧扣“青春 榜样”助推青年成长。其间，所属企业团组织通过召开纪念大会、主题团日、青春故事分享会、知识竞赛、征文演讲比赛、团队挑战赛等教育活动，加强对团员青年的教育与引领，激发团员青年爱党爱国情怀，集团公司总部机关团委组织青年赴铁道博物馆开展“不忘初心，牢记使命”主题教育活动；长江公司团委策划组织“团旗下的青春宣言”微视频展播；洛阳公司团委举办“一站到底”党团知识竞赛。这些活动充分彰显了青年活力与作为。

【青年志愿者行动】 以“志愿中车 青春有你”为主题，组织青年志愿者开展形式多样的志愿服务活动。“两节”和“3·5学雷锋纪念日”期间，所属企业团组织通过团课教育、青年论坛、组织观看视频、张贴海报、设计展板、新媒体宣传等形式，大力弘扬雷锋精神；立足企业生产经营，结合提质增效、精益管理等重点工作，组织引导青年岗位学雷锋，作贡献；深入居民社区，通过医疗咨询服务、便民利民修理、关爱空巢老人等形式，广泛开展学雷锋青年志愿者服务工作，擦亮中车品牌，展示负责担当的央企形象。其间，共走访患病及困难员工家庭796户，慰问各类员工5539人，发出慰问金296223元。四方股份公司团委“岗位学雷锋 青春志愿行”、齐齐哈尔公司团委“最美雷锋手抄报”评选、浦镇公司团委“青春建功新时代 雷锋精神志愿行”等活动的开展，有效深化了青年志愿者行动。年内，多家企业青年志愿者活动受到上级表彰，其中永济电机公司团委申报项目获全国“最美志愿服务社区”称号。

【舆论宣传工作】 全年编发《中国中车青年工作通讯》35期，及时发布公司共青团工作动态，促进基层团组织工作交流。在此基础上，创新宣传手段和方式，加大视频新闻制作力度，编发综合视频图片新闻10期。所属企业基层团组织借助“互联网+共青团”理念，利用各种新媒体，通过网络、手机等传播载体，共同打造信息宣传工作线上线下全覆盖、基层青年群体全覆盖、工作时间内外全覆盖的大宣传格局，全方位打造青年思想舆论高地。开展专项培训，邀请今日头条政府合作总监为企业团委书记讲解“抖音制作及推广技巧”，邀请团中央宣传部新媒体处人员围绕“新媒体与青年网络引导工作”作专题辅导，大连公司、四方有限公司等企业团委也组织团干部、通讯员开展了专题培训。

【青年技能人才培养】 加快推进青年技能人才队伍建设，坚持将组织青工学习技术、苦练技能、岗位成才作为重要工作内容抓牢抓实。所属企业团组织根据青年的岗位需求，充分利用各种培训资源，分层次、分类别抓培训和开展青年拜师学技活动，通过“教、学、练、比”等形式，不断提升青工技能素质。全年累计开展岗位业务培训828次，参与青年19862人次；举办技术交流309次，参与人数6702人；开展技术比武240次，参与青年11950名。其中，太原公司团委开展的“青工技能月”、沈阳公司团委开展的“青匠杯”青年职业技能大赛为青年技能人才成长搭建了有效平台。

【青年技管人才培养】 以提高技术和管理岗位青年的专业能力和业务素质为目标，注重发挥好专家、业务骨干的“传帮带”作用。引导青年树立正确的职业发展观，加强新理论、新技术、新信息和新知识的学习，并有效融入生产经营实际，不断丰富知识、提高技能、增长才干。围绕打造受人尊敬的国际化公司及国际化人才培养“631”工程，唐山公司、永济公司、株机公司等企业团委以培养青年国际化视野、思维为目标，通过英语训练营、英语沙龙、英语风采大赛等形式，着力推进青年国际化人才孵化、储备工作。

【青年人文关怀】 通过“一条龙”入职服务、定向越野、特色团日、文艺汇演等方式，开展服务新入职员工活动，将中车核心价值观扎根于每一位新员工心里，引导新员工尽快了解企业，思考职业定位，明确使命担当。围绕驻外青年的工作、学习、生活实际，组织开展“擦亮‘金名片’ 青春勇担当”慰问高铁售后服务青年活动，3位团的十八大代表和35名团干部带队走访30个高铁售后服务站，开展学习座谈交流和文体文化活动30余场次，慰问高铁售后服务青年1000余人。

【青年创新创效活动】 及时转发《关于认真学习贯彻郝鹏同志在“航天科工杯”第三届中央企业青年创新奖颁奖活动上的讲话的通知》，对“双创”活动提出具体要求。所属企业团组织将深化青年创新创效作为贯彻落实党的十九大精神的着力点，将深化青年创新创效作为推动中车改革发展的动力源，将深化青年创新创效作为团组织发挥作用的主战场。其中，戚墅堰公司团委围绕提质增效工作，通过新媒体宣传增强青年创新意识、构建“三位一体”工作矩阵、强化执行落实构建长效机制等措施，取得突出成效，其典型做法在集团范围内得到广泛宣传和推广。年内，中国中车团委被中央企业团工委授予“青年创新创效活动优秀组织奖”。

【青年榜样引领】 启动第二届“中国中车十大杰出青年”评选活动，得到所属企业积极响应和广泛参与。经评委会同意，最终确定正式候选人20名，并通过多个渠道对20名正式候选人进行公示，接受广大员工的监督。通过集团公司评委会、所属企业及公众投票三种方式，推荐产生建议人选，进一步扩大青年典型在广大团员青年中的影响和示范作用。

【“号、手、岗”争创活动】 深化开展“号、手、岗”创建活动，发挥优秀青年个人和集体的示范作用。开展“擦亮‘金名片’ 青春勇担当”劳动竞赛活动，以“比学习运用赛实践行动、比质量安全赛责任落实、比降本节支赛效益提升、比技能提高赛岗位建功、比创新创效赛项目成果”（五比五赛）为主要内容，并通过典型带动，为企业实现高质量发展贡献团组织及青年的力量。竞赛结束后，中车团委对活动中的优秀青年集体和个人进行了评选表彰。命名表彰2018年度“中国中车杰出青年岗位能手”10人、“青年岗位能手”48人，“青年文明号”51个、“青年安全生产示范岗”48个。

【党建带团建工作】 依托“党建带团建”，自觉将团的工作纳入到党建工作体系，积极争取党委的支持。团的十八大闭幕后，公司党委书记刘化龙、党委副书记万军、纪委书记陈大洋亲切接见了公司3位团的十八大代表。7月，公司党委书记、董事长刘化龙为团干部专题授课，深入阐述习近平新时代中国特色社会主义思想和党的十九大精神，全面讲解中国中车的发展进程和红色基因、党建“金名片”内涵、新时代中车新蓝图，对中车青年提出殷切希望。公司党委副书记万军召开座谈会，听取所属企业团干部针对当前共青团工作现状、做法、问题和对策的专题汇报，结合习近平总书记“7·2”重要讲话精神，与团干部共同学习研讨中央对党的群团工作的重要指示精神和相关工作要求。

【基层团组织建设】 进一步加强团组织基础建设，开展年度共青团组织报表统计工作，按时完成“智慧团建”各阶段团干部团员信息录入，全面掌握基层团组织状况及其各项重点工作开展情况。指导基层团组织健全机构设置和按期换届选举，保持团组织活力。指导成立中车金控团委、环境公司团委；指导大同公司、山东公司等企业成功召开团代会。所属企业基层团组织通过夯实团建基础、完善制度体系、打造团建品牌、强化监督考评等形式，切实增强基层团组织建设。“五四”期间，开展团内评选表彰活动，共评选表彰“五四红旗团委”14个、“五四红旗团支部”41个、“优秀团干部”61名、“优秀团员”62名。

【团干部和团员队伍建设】 举办“不忘初心，牢记使命——中车共青团深入学习贯彻党的十九大精神主题交流研讨会”，引领团干部在学懂、弄通、做实上下功夫。举办两期中车共青团干部深入学习贯彻党的十九大精神专题研讨班，使党的十九大精神在团干部中入脑入心，在团的实际工作中落地生根。围绕中车改革发展与共青团工作实际，举办企业团委书记能力提升培训班，突出“共青团+互联网”思维，通过专家引领、团队建设、行动学习、现场教学等环节，全方位、多维度开展学习培训。扎实开展“推优”入党、团员教育、民主评议、团籍注册、团费收缴等基础工作，不断提高团员的政治意识、组织意识和模范意识，切实加强团员队伍建设。

〔群团工作部（工会办公室） 供稿〕

总部机关党委工作

【概述】 2018年，公司总部机关党委深入贯彻党的十九大精神和新时代党的建设总要求，认真落实公司党委党建工作“提质换挡年”和打造党建“金名片”专项行动部署及党建责任，持续推进“两学一做”常态化制度化，加强思想作风建设，增强支部活力，完善制度，丰富活动载体，凝心聚力，为建设中国中车“五型”（专业、创新、高效、服务、廉洁）总部提供了有力的政治思想保证。

【新时代党的建设总要求的贯彻落实】 加强政治建设，进一步坚定总部党员干部“两个坚决维护”的意识。提高政治站位，教育和引导总部机关各党支部及全体党员牢固树立“四个意识”，坚定“四个自信”，增强政治敏感性和历史使命感，在政治立场、政治方向、政治原则、政治道路上同党中央保持高度一致，坚决维护习近平总书记核心地位，坚决维护党中央权威和集中统一领导。教育引导各党支部和全体党员讲政治、顾大局，坚持组织原则，自觉落实中国中车党委要求，在坚决贯彻党中央重大决策上作表率，在认真落实习近平总书记视察中车重要指示精神谋求高质量发展上勇担当，在抓好政治巡视整改推动“双打造一培育”中带好头，在严格执行中车集团决策部署实现年度经营发展目标上争先进。

加强思想建设，进一步提高总部党员干部的思想政治素质。开展“学宪法党章、做优秀员工”知识竞赛，宣传党的十九大和“两会”精神、党的基础知识、法律党规和中国中车面临的形势任务，总部员工共有 298 人参加活动。组织 73 名同志分两批到延安、井冈山进行“不忘初心、牢记使命”党性教育，传承红色基因，强化共产党人的理想信念。举办 8 期“员工大讲堂”，宣讲宏观形势、中车经营之道和中车核心价值观。及时组织学习宣传习近平新时代中国特色社会主义思想、上级组织要求和集团公司党委《关于深入贯彻落实习近平总书记重要指示精神推动中国中车实现高质量发展的决定》等重大决策部署。指导各党支部自主开展各种主题党日、“好读书 读好书”等活动。

加强纪律建设，进一步深化总部党风廉政建设和反腐败工作。突出常态化和长效性，利用知识竞赛、专题学习、党课等方式，组织党员进行党章党规党纪教育。盯住元旦、春节、端午中秋等重大节日节点，加强廉洁教育警示提醒。组织总部党员干部参加公司党委 4 次典型案件警示教育大会，达到以案说纪、警钟长鸣的目的。以“不忘初心、牢记使命，加强政治建设和纪律建设，保持共产党人的政治本色”为主题，督促各党支部召开学习贯彻中央企业警示教育大会精神专题组织生活会，以案为鉴，引导党员开展对照检查。按照中车纪委统一部署，建立总部党员干部廉政档案。

【“五型”总部建设活动】 中车集团党委十分重视总部机关建设，多次对总部机关思想作风建设提出明确具体要求。总部机关党委及时传达宣传中车党委和公司领导对总部机关思想作风建设的要求，提高总部员工“转作风、增活力、创佳绩、树形象”的紧迫感和自觉性。

开展“七一”评选表彰先进党支部和优秀共产党员、优秀党务工作者系列活动，表彰、宣传 7 个“先进党支部”及 50 名“优秀共产党员”、7 名“优秀党务工作者”，发挥典型、榜样示范作用，激励大家转作风、创佳绩、树形象。印发《关于开展“我带头、我担当、我争先，为‘金名片’添光彩”专项活动的通知》，制订《“我带头、我担当、我争先，为‘金名片’添光彩”争先创优竞赛活动实施方案》，在总部全面组织开展“我带头、我担当、我争先，为‘金名片’添光彩”“五个一”专项活动。其间，各党支部召开专题动员会，举办专题演讲比赛和党员承诺活动，开展“四带头”“六比六看”、争创“优秀项目”竞赛，推进党支部工作达标活动等，有效推进了“五型”总部建设。

【党建责任与“三基建设”的落实】 根据总部改革和人员变动情况，先后新组建 1 个党支部、补充改选 11 个支部支委会和 9 个党支部书记，较好地落实了“四同步、四对接”要求，确保了党的组织、党的工作在总部机关全覆盖。发展 3 名党员，及时办理党员的接转手续。调整完善党员管理信息库。组织开展慰问困难党员及老党员工作，共慰问在职党员 41 人、退休老党员 16 人。

根据总部机关的实际情况，组建了一支以兼职人员为主体，包括党支部书记、支部委员、部分离退休老党员、工会委员和工会小组长、团委委员及各种兴趣协会负责人在内的党群工作骨干和积极分子队伍。举办 3 期党务和工团业务知识学习培训，增强党支部书记“两手抓”的责任意识及各支部支委工作积极性。6 月 22 日，组织各支部组织和宣传委员进行培训，宣讲当前中央、国资委党委、中车党委对坚持党对国有企业领导、加强国有企业党的建设有关要求，进一步明确总部机关党支部的工作职责和方式方法。

结合总部机关实际，制定印发《总部机关党支部工作标准（试行）》《中国中车总部机关党支部工作考核办法（试行）》《中国中车总部机关党费收缴管理使用办法》《总部机关党支部工作标准化手册》及有关员工利益等方面的规定，进一步加强了总部建章立制工作。进一步规范党费收缴管理。

【总部党建工作新途径新方法】 全面落实各党支部“三会一课”、民主评议党员、学习教育、宣传报道等基本制度，初步实现党建活动经常化。加强党费管理，严格落实国资委党委巡视组整改要求，提高总部机关党费收缴使用管理规范化水平。公司领导率先垂范，参加双重组织生活，并带头上党课。

丰富活动载体，其中“员工大讲堂”已成为宣传党的主张、进行形势任务教育、传播中车经营之道和核心价值观、统一思想认识的重要平台。利用井冈山和延安的红色教育资源，对总部党员开展“不忘初心、牢记使命”党性教育，强化宗旨意识，坚定共产党人的理想信念、“四个意识”“四个自信”，激发大家新时代迎接新挑战担当新使命的历史责任感。各党支部积极组织主题党日活动，并开设总部机关党建网站和支部手机微信学习平台等，有交增强了工作活力。

制定工作标准和考核办法，构建和完善总部党支部工作考核机制，并将党建工作考核与部门年度和季度绩效、评先评优挂钩，较好地推动了党支部各项工作的落实，使总部机关党支部书记的党建责任意识、“三会一课”制度执行、重要活动落实、基础工作记录等有明显进步。

【党建带群建工作】 加强对工会、共青团工作的领导，支持工会、共青团组织独立自主地开展工作。总部机关工会开展“冬送温暖”“夏送清凉”及美丽一生“成长会客厅”人生经验分享交流，关心帮助困难员工，组织健步行、瑜伽练习、书画等各种兴趣活动小组活动，丰富员工文化生活。总部机关团委5月4日组织41位青年赴中国铁道博物馆开展“不忘初心、牢记使命”主题教育活动，加深总部青年员工对轨道交通产品及铁路发展的历史理解，进而增强其拥抱新时代展示新作为谋求新发展的使命意识，公司总工程师张新宁应邀全程参观并与总部青年座谈交流。举办“我带头、我担当、我争先，为‘金名片’添光彩”主题演讲比赛。

（总部机关党委　供稿）

学会·协会

【政研会工作】 中国中车政研会积极发挥中车政研会宣传思想文化品牌建设“智库”作用，开展宣传思想企业文化和品牌建设重大问题研究。承接中央政研会重大课题《国际语境下的跨文化管理》研究，该研究荣获央企政研会2018年度一等奖，并被推荐参评全国政研会优秀课题评选。此外，还承担中央企业政研会其他4个课题的研究，根据实际需要确立了4个攻关课题，召开了课题开题报告会，分别开展研究工作，并评选出了一二三等奖。

〔党委宣传部（统战部、企业文化部）供稿〕

【人力资源开发与管理研究会工作】 2018年，人力资源开发与管理研究会在抓好年度人力资源会议精神落实、推动重点工作实施、深化理论研究创新等方面发挥了理论阵地的作用。全年高质量编辑出版《中车人才》6期；在研究会成立10周年之际，举办纪念活动，并在《中车人才》上刊发了10周年优秀论文专辑。全年刊发各类文字稿件244篇，图片204幅，总计用稿448篇（幅），创建会创刊10年以来之最。研究会连续4年荣获中国职协优秀科研单位奖和科研工作组织奖。人力资源系统全年荣获优秀科研成果一等奖9项、二等奖17项、三等奖15项。

〔人力资源部（党委干部部） 供稿〕

【体协工作】 3月16日，中国中车体协组织召开体协工作暨秘书长会议，全面总结2017年度体协工作，研究部署2018年度体协重点工作。第一体育工作区在唐山举办“金名片”杯羽毛球比赛；第二体育工作区在太原举办毽球比赛；第三体育工作区在青岛举办健步走比赛。5月，在中国火车头体协主办的2018全国铁路羽毛球比赛中，由株洲电机公司、株机公司、株洲所、成都公司等4家单位10名员工组成的中国中车代表队，包揽了混合团体、男子双打、女子双打等全部比赛项目的冠军，展现了中车员工极高的体育道德修养、竞技水平和昂扬的精神风貌。

〔群团工作部（工会办公室） 供稿〕

【科协工作】 年内，中国中车科协在组织建设方面，完成子公司团体会员登记工作，制订中车科协内部管理规章制度及工作细则，创建子公司科协微信群。组织完成28个子公司涵盖动车组、内燃机车、电力机车、货车、城轨地铁、风电设备等多个领域共147项科技成果评价及涉及12个子公司40多个投资项目可行性研究报告、初步设计专家评审会及项目竣工验收会议。完成中国科学技术协会、中华全国妇女联合会、中国联合国教科文组织全国委员会关于开展第十五届中国青年女科学家奖和2018年度未来女科学家计划候选人的推荐工作。根据中国科协活动通知，制定和下发《中车科协关于在广大知识分子中深入开展“弘扬爱国奋斗精神、建功立业新时代”活动的通知》；9月在大连举办“中车科协人工智能技术与应用培训班”，31家子公司50多名高级工程师参加培训；参加由中国科协在长沙组织召开的“中国科协企业科协工作会”等。

〔群团工作部（工会办公室） 供稿〕

【企协工作】 9月26日，中国中车企业协会秘书长会议在长春召开。企协名誉会长赵小刚，中车集团副总经理、企协常务副会长魏岩，企协常务委员及各子公司企协、总部相关部门人员参加会议。会议由运营管理部部长谭沐主持。会上，中车集团副总经理魏岩回顾总结了中车企协一年来的主要工作，并对进一步加强企协工作提出了工作要求。企协名誉会长赵小刚对中车企协下一步工作的开展作了重要指示。会上还通报了企协领导的调整决定，宣布了中国中车第三届管理创新成果奖。根据协会领导职务调整情况，中车企协新的常务委员会组成人员是：名誉会长赵小刚，会长孙永才，常务副会长魏岩，副会长孙锴、张军，常务委员王研、孙克、王雁平、饶庶，秘书长谭沐。

年内，中国中车管理核心期刊《管理与实践》编辑部紧扣集团改革发展热点，展现改革管理新思想、新论点、新方法，努力搭建集团及各子公司先进管理理念和实践做法的分享、交流平台。在期刊出版第100期之际，设置集团高层论道、集团管理专家纵谈、基层管理者之声3个特别栏目，对推进经营改革纵深发展、突破管理瓶颈起到了积极作用。全年共策划、编辑、出版《管理与实践》期刊6期；编辑、出版中车2017年度行政调研课题专刊1期；汇编形成《中国中车第三

届企业管理创新成果》。（运营管理部　供稿）

2018年9月18—21日，公司新产品亮相2018年德国柏林国际轨道交通技术展

双层集装箱车

2018年6月22日，留学生黑龙江工业考察团到公司参观

高铁专用铁路起重机

C80B型不锈钢运煤敞车

30立方米不锈钢罐式集装箱

160公里/小时快运棚车

2018年8月5日，公司为澳大利亚力拓集团生产的124辆矿石车在大连港装船启运

中车沈阳机车车辆有限公司
CRRC SHENYANG CO., LTD.

2018年11月29日，中国共产党中车沈阳机车车辆有限公司第一次代表大会召开

公司办公大楼

公司举办中层领导干部学习党的十九大精神专题培训

2018年9月11日，中国中车货车企业水性漆使用现场会在沈阳召开

C80B型不锈钢运煤专用敞车

GQ70型轻油罐车

地铁轨道平板吊车

地铁接触网作业平台车

2018年1月23日，公司召开二届二次职代会暨工作会议

2018年6月16日，公司党委组织学习贯彻党的十九大精神和习近平总书记视察中车重要指示专题党课

2018年9月8日，石家庄国祥运输设备有限公司向行唐县两所小学捐资助学

2018年9月29日，公司组织纪念建厂113周年系列活动

2018年11月8日，公司设计制造的蓄冷式保温箱公铁联运首秀昆明

煤炭漏斗车

公司成功中标石家庄地铁2号线和3号线增购地铁车辆订单

新型节能粮食干燥机

2018年11月5日，公司召开高技能人才工程启动大会

地铁工程车

上汽集团汽车拧紧机交付使用

GQ70型轻油罐车

净化槽组装生产线

C70E型敞车

国内首条农村污水处理装备全自动化生产线投入运营

哈尔滨市靖宇街立体车库安装完成

2018年9月7日，公司研制的“全自动无人运行+全复合材料车体”新一代地铁亮相第四届中国（长春）轨道交通博览会

2018年1月26日，公司举行新一代中小运量跨坐式单轨列车试乘活动

2018年10月30日，公司研制的首列试验用地铁车辆在澳大利亚（墨尔本）新港生产现场顺利下线

厦门地铁2号线车辆

公司研制的全碳纤维复合材料地铁车体

西安北至机场线电动客车

2018年9月7日，公司举行员工运动会

中车大连机车车辆有限公司
CRRC DALIAN CO., LTD.

2018年6月1日，公司出口尼日利亚拉伊铁路机车发运

2018年6月21日，HXN3型高原机车正式承担青藏铁路格拉线客运列车牵引任务

2018年5月23日，中车西北高端轨道交通装备造修基地在甘肃省兰州市安宁区沙井驿举行开工奠基仪式

2018年12月12日，兰州公司研制的首批5台GCY-400型铁路工程维修车下线

天津轻轨9号线更新车辆

2018年8月27日，由公司设计制造的沈阳地铁9、10号线首批列车正式交付

2018年11月13日，公司举行国际化人才“631工程”培养项目成果展示

2018年11月22日，公司举行印度那格浦尔地铁首列车下线剪彩仪式

中车唐山机车车辆有限公司
CRRC TANGSHAN CO., LTD.

2018年7月1日，公司制造的长编组“复兴号”动车组首次担当京沪线G7次列车运营任务

2018年12月29日，公司与大连公司联合研制的首列时速160公里长编组动力集中型动车组交付北京铁路局

党建活动有声有色

公司党委通过党建质量管理体系审核，获中联认证中心首张党建质量管理体系证书

公司党委在革命圣地延安举办学习贯彻党的十九大精神专题培训班

公司主导首家动车配件中心在上海成立

公司与德国LKT公司签署深化合作协议

第五代新型磁悬浮工程样车运行试验成功

公司设计制造的工业化平台动车组

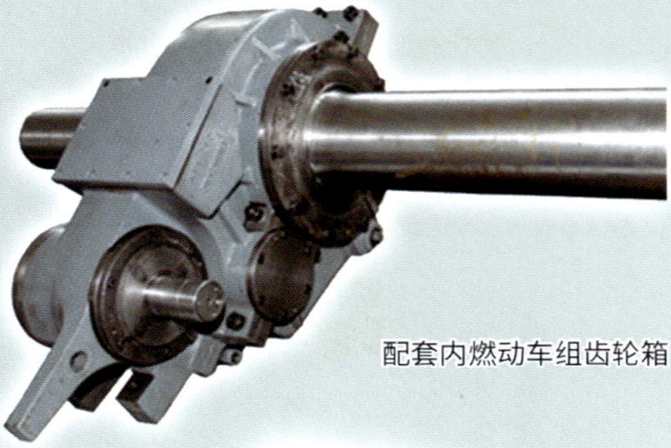

配套内燃动车组齿轮箱

DF4内燃主动齿轮、DF4内燃从动齿轮

油田50DB型齿轮箱

高速动车组齿轮箱

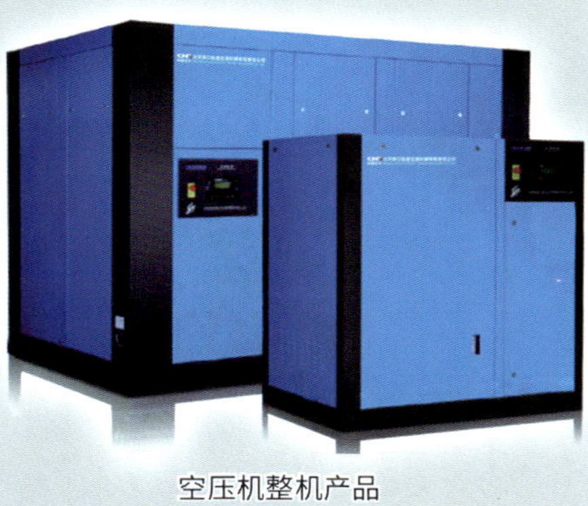

空压机整机产品

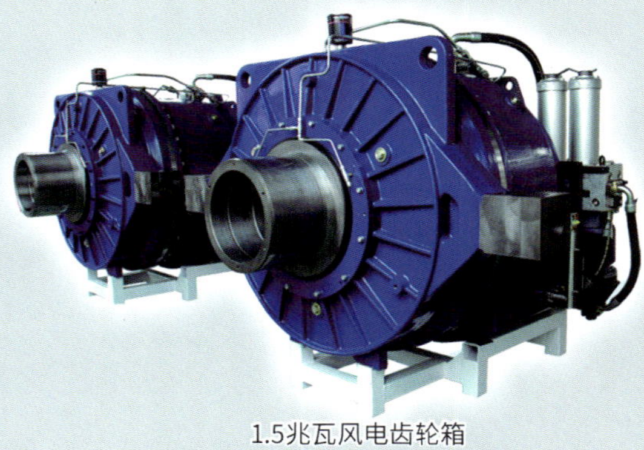

1.5兆瓦风电齿轮箱

铁路道岔集成产品

2018年3月12日，时速160公里动力集中型动车组在哈佳快速铁路进行运行考核

2018年8月22日，公司举行HXD3C型机车精益产线量产放行仪式

永磁直驱客运电力机车

2018年7月5日 公司HXD2型机车C6修调研会，专家组在大修车间调研

运行在“一带一路”的中国火车头

公司厂前区一角

2018年7月30日，公司党员领导干部在西柏坡举行重温入党誓词活动

中车永济电机有限公司
CRRC YONGJI MOTOR CO., LTD.

2018年6月17日，公司举行7.6MW海上半直驱永磁同步风力发电机下线仪式

2018年6月23日，公司山东（河口）风电产业园首批产品下线

2018年7月10日，国内首台5500HP页岩气压裂泵电驱系统成功下线

国内首台地铁铺轨新能源电动轨道车交付使用

2018年12月26日，装配公司牵引系统的西安地铁4号线车辆上线

2018年5月28日，公司智能制造新技术新成果亮相陕西第二届“一带一路”科博会

2018年3月28日，公司与中石化四机石油机械有限公司签署战略合作协议

2018年5月16日，公司电机分公司成立

列车级电传动系统半实物仿真平台全面建成投入使用

中车青岛四方机车车辆股份有限公司
CRRC QINGDAO SIFANG CO., LTD.

公司研制的新一代碳纤维地铁列车

2018年11月26—27日，中国共产党中车青岛四方机车车辆股份有限公司第一次代表大会召开

新型混合储能式有轨电车将亮相青藏高原

2018年1月25日，公司组织召开国家重点研发计划“高速磁浮交通系统关键技术研究”课题技术方案评审会

2018年1月22日，公司研制的有轨电车在成都市上线试运行

2018年4月18日，公司举行“轨道交通西南研发中心”揭牌仪式

“复兴号”CR300AF型时速250公里中国标准动车组

2018年12月25日，中国共产党中车四方车辆有限公司第一次代表大会召开

2018年6月29日，公司召开庆祝建党97周年暨“七一”表彰大会

2018年8月8日，公司举办学习党的十九大精神主题知识竞赛

2018年11月10日，公司举行“继承光荣传统　共创四方辉煌”全员健步行

缅甸本地制造铁路客车交付及线路开通仪式

检修一新的客车整备出厂

2018年9月26日，公司举行时速250公里中国标准动车组首辆车总装完工仪式

公司举办"党的十九大精神暨延安精神"学习培训班

2018年1月29日，公司召开一届三次职工代表大会

公司工会举行2018年"金秋助学"活动

2018年4月13日，时速160公里动力集中型电动车组投入运用

2018年5月11日，公司举行出口牙买加机车出厂发运仪式

2018年11月9日，公司参加2018世界内燃机大会暨展览会

2018年5月25日，肯尼亚高层铁路管理技术人员到公司参观

2018年10月16日，公司“匠心筑梦”专题道德讲堂走进车间

1月22日，青海藏族学生到公司参观，开启机车探秘之旅

2018年3月22日，公司荣获“2017年度中国两化融合暨智能制造最佳实践奖”

2018年10月18日，公司举行创建120周年“厂庆日”纪念活动暨“放歌新时代”员工大合唱展演

2018年4月30日，央视五一特别节目《向祖国汇报——大国工匠职业技能大荟萃》在公司录制

2018年5月21日，中车长江运输设备集团有限公司成立大会召开

2018年12月21日，长江集团公司召开工会第一次代表大会

长江集团公司召开战略研讨会

长江集团公司召开党建暨文化融合调研交流研讨会

长江集团公司召开多元产业发展研讨会

LNG罐式集装箱

一体式公铁联运车

多式联运智能空轨集疏运系统

40英尺冷藏货物运输发电箱

出口澳大利亚铁路货车

40英尺液化天然气（LNG）罐式集装箱

40英尺国际双标（ASME+GB）国际联运LNG罐箱

2018年7月5日，公司举办40英尺铁路运输发电箱试用评审会

2018年1月26日，公司召开2018年工作会议

2018年6月26日，公司召开“现代物流技术及装备交通运输行业研发中心”成立大会

2018年1月18日，公司HXD_{3C}型C6修全面启动

公司首台HXD_{3C}型电力机车C6修落成

X_5型多式联运专用车

出口阿根廷Vyo-501型轨道综合检测车

公司设计制造的轨道工程作业车

公司新东门

2018年4月15日，公司举行创建八十周年庆典

T85型液氢运输加注罐车

J19（1C）型罐式集装箱

西安地铁4号线列车

GQ80型轻油罐车

货造部生产线

LNG集装箱

出口澳大利亚矿石漏斗车

HZ30-GIN 型转向架

翼展式半挂车

工铁两用焊轨车

公司召开二届二次职代会暨2018年度工作会议

出口几内亚平车

公司召开劳动竞赛活动誓师大会

公司召开庆祝建党97周年暨专题劳动竞赛表彰大会

2018年2月2日，公司召开年度工作会议

2018年6月29日，公司召开2018年度党建暨创先争优总结表彰大会

2018年6月13日，公司举办劳模工作室学习交流活动

2018年9月29日，公司举办迎国庆员工班前会比赛

公司开展标杆设备评比活动

公司举办第二届职业技能大赛

公司建成转向架组装落成循环悬挂线

2018年第四届社企元宵文艺晚会

2018年5月3日，公司获得DF8B型机车《铁路机车车辆维修许可证》

公司出口加蓬共和国DF8B型干线内燃机车

公司研制的国内首台自行式隧道立架台车

2018年10月11日，公司中标33台9600千瓦电力机车订单

2018年11月27日，公司承建的孟加拉阿苏岗杰150兆瓦重油电厂并网发电

2018年3月27日，公司组合式成品曲轴完成研制，并顺利通过评审

2018年10月19日，公司举行庆祝建厂52周年暨全面完成生产经营目标誓师大会

公司开展“我为BI代言”主题活动

快速动力集中型动车组（II 型）

双源制机车调车

新HXD1型电力机车

商用磁浮2.0版列车

储能式超长无轨电车

2018年6月12日，大功率交流传动电力机车系统集成国家重点实验室、轨道交通车辆系统集成国家工程实验室、国家级工业设计中心揭牌

2018年6月12日，公司举办2018年科技文化节，发布8款新产品

2018年3月5日，公司召开2018年工作会议

2018年6月17日，公司举行与南京华士电子科技有限公司战略合作暨南京5号线合同签约仪式

2018年10月29日，公司与银亿股份比利时邦奇动力签订合作协议

2018年8月1日，德国森未安公司首席技术官到公司访问

2018年10月29日，公司举行电机工程研究中心升旗仪式

2018年4月17日，马来西亚国铁总经理到公司考察

2018年8月16日，公司举办第四届“心悦联盟”亲子开放日之电机欢乐嘉年华

装有公司设计制造的冷却系统的中国标准动车组运行在祖国的大江南北

公司召开“庆七一”暨“创优争先”表彰大会

公司组织青年干部管理培训

公司参加国际轨道装备展览会

公司组织干部党性专题培训

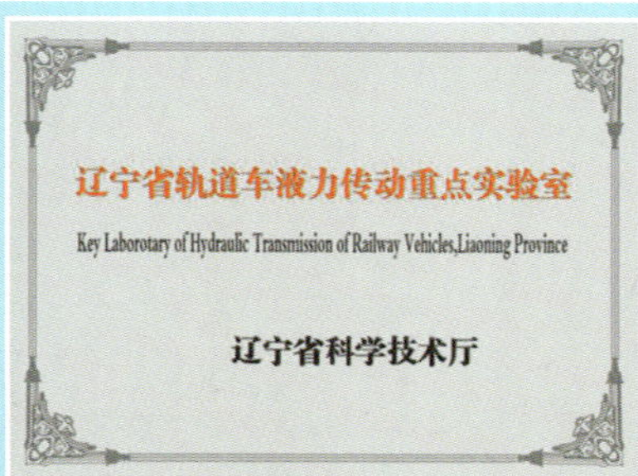

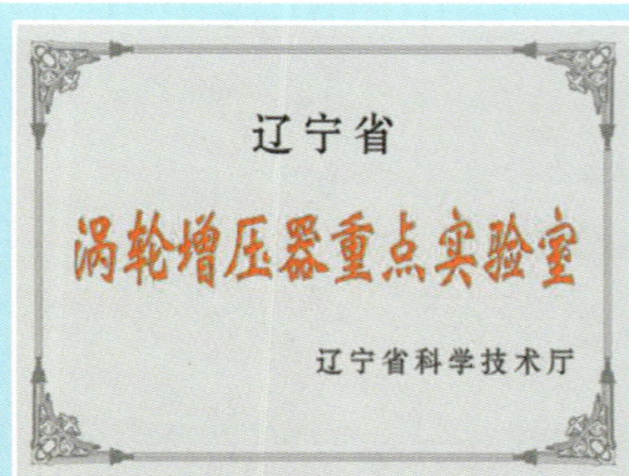

中车大连电力牵引研发中心有限公司
CRRC DALIAN R&D CO., LTD.

2018年10月27日，菲律宾马尼拉轻轨3号线车辆开始上线载客运行

2018年1月，公司研制的白俄罗斯明斯克拖拉机电传动系统通过中车科技成果鉴定

公司牵引和控制产品配套时速160公里动力集中动车组

公司研制的分散式污水处理设施控制系统顺利完成调试

2018年1月30日，白俄罗斯工业部部长到公司考察

2018年1月27日，公司召开一届十四次职代会暨2018年工作会议

2018年12月12日，公司召开第一次党员大会

2018年4月13日,装用公司研制的网络控制系统和钩缓系统的青岛地铁11号线列车

2018年9月28日，公司参股思锐智能公司正式收购芬兰倍耐克公司100%股权

2018年6月26日，公司与西班牙Talgo公司正式签署战略合作协议

2018年3月22—24日，公司参加印尼雅加达国际铁路与轨道交通展

2018年10月29日，公司参与的即墨轨道交通产业园举行奠基仪式

2018年3月28—29日，公司核心制造参加第6届泰国铁路及轨道交通展会

2018年3月15日，公司召开2018年度精益工作会

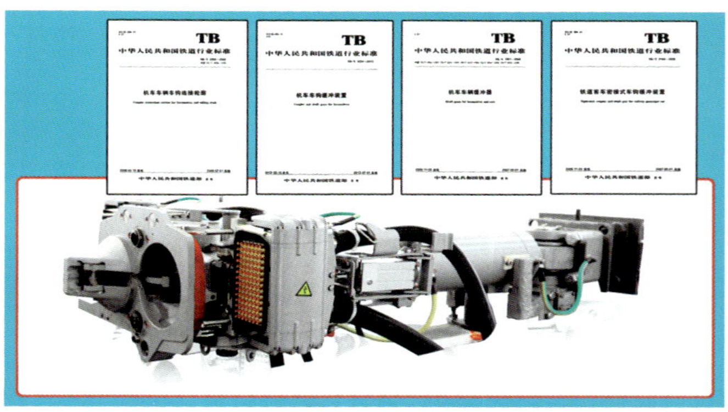

2018年7月17日，公司领衔制定的2项国家标准、2项铁道行业标准入选2018年铁路重大科技创新成果

2018年1月8日，公司“高铁列车用高可靠齿轮传动系统”荣膺国家科学技术进步二等奖

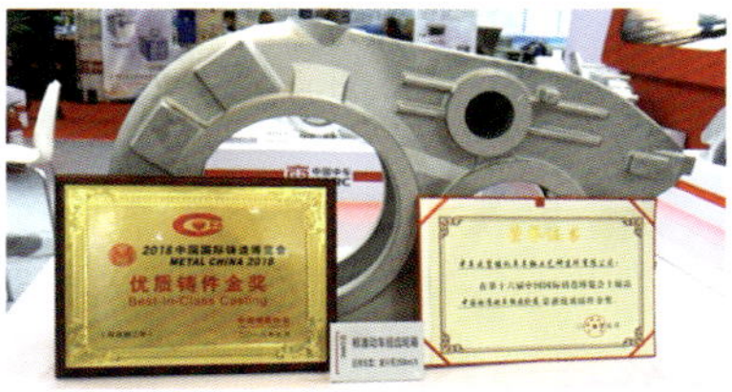

2018年5月16日，公司参加第十六届中国国际铸造博览会

中国中车 CRRC

戚墅堰所动车组齿轮箱组装生产线智能制造项目组

2017年度两化融合创新实践优秀团队

中国中车股份有限公司
二〇一八年四月

2018年4月2日，公司动车组齿轮箱智能制造项目组获中国中车“2017年度两化融合创新实践优秀团队”荣誉称号

国家知识产权局
NATIONAL INTELLECTUAL PROPERTY ADMINISTRATION, PRC

中国专利优秀奖

名 称 高速齿轮箱密封装置及应用该装置的高速齿轮箱

专利号 ZL 201210339053.7

专利权人 中车戚墅堰机车车辆工艺研究所有限公司

国家知识产权局局长

北京 2018年12月

2018年12月，公司高速齿轮箱密封装置及应用该装置的高速齿轮箱获“中国专利优秀奖”

2018年11月8—9日，公司承办“2018国际轨道交通机械传动技术创新论坛”

2018年9月19日，公司与英国伯明翰大学签订项目合作协议

2018年7月13日，公司举行“智能化精益设计平台”上线发布会

2018年11月16日，公司公关传播案例获第14届中国最佳公共关系案例大赛银奖

中车株洲电力机车研究所有限公司
CRRC ZHUZHOU INSTITUTE CO., LTD.

2018年4月26日，中国IGBT技术创新与产业联盟2018年发展战略研讨会在北京召开

2018年9月4日，2018国际能源物联网技术大会在株洲召开

2018年5月8日，公司研制的智轨电车投入试运行

电动汽车

工程机械出口马来西亚

2018年8月23日，由时代新材生产风机叶片首次出口印度

2018年9月8日，时代电气10000辆自主牵引系统（永磁）下线

公司研制的风电整机产品

2018年1月24日，公司举行中车广州新能源汽车生产基地项目签约仪式

2018年9月20日，公司首批新能源客车交付客户

2018年6月29日，公司召开2017年度股东会及第二届一次董事会会议

2018年10月29日，公司召开第一次党员大会

2018年6月30日至7月3日，公司党委组织开展“不忘初心、牢记使命”主题红色教育活动

2018年12月29日，公司举办第二届迎新年欢乐跑活动

2018年5月9日，公司举行企业开放日，200余名师生走进公司参观

2018年6月28日，公司举行员工文体活动中心启动仪式

2018年1月23日，公司召开第一届职工代表大会第四次会议、2018年工作会议暨党委（扩大）会议

2018年1月23日，公司召开年度表彰大会

2018年11月7日，公司召开全体干部大会

2018年11月23日，公司召开"开展形式主义、官僚主义问题集中整治工作"动员会

生产现场

生产现场

电力机车检修总装配生产线

2018年9月21日，中国共产党中国中车集团有限公司党校（常州校区）在学校揭牌

学校召开纪念第三十四个教师节暨先进表彰大会

中车党委组织部长培训

中车法律顾问能力提升培训

“中车Q”质量经营理念高管层培训

中车质量管理人才实战研修班

中车企业团委负责人能力提升培训

肯尼亚铁路局高层管理和技术人员代表到学校考察

成为以轨道交通装备为核心
全球领先　跨国经营的一流企业集团

中车股份所属子公司

本栏编辑　宁　娜　陈宗河　周　娜

中车齐车集团有限公司

　中车齐齐哈尔车辆有限公司

　中车沈阳机车车辆有限公司

　中车石家庄车辆有限公司

　中车山东机车车辆有限公司

　中车风电（锡林郭勒）有限公司

中车长春轨道客车股份有限公司

中车大连机车车辆有限公司

　中车兰州机车有限公司

中车唐山机车车辆有限公司

中车北京南口机械有限公司

中车大同电力机车有限公司

中车永济电机有限公司

中车青岛四方机车车辆股份有限公司

　中车成都机车车辆有限公司

中车四方车辆有限公司

中车南京浦镇车辆有限公司

中车戚墅堰机车有限公司

中车长江运输设备集团有限公司

　中车长江车辆有限公司

　中车太原机车车辆有限公司

　中车西安车辆有限公司

　中车眉山车辆有限公司

　中车贵阳车辆有限公司

中车资阳机车有限公司

中车株洲电力机车有限公司

　中车洛阳机车有限公司

中车株洲电机有限公司

中车大连机车研究所有限公司

中车大连电力牵引研发中心有限公司

中车青岛四方车辆研究所有限公司

中车戚墅堰机车车辆工艺研究所有限公司

中车株洲电力机车研究所有限公司

中车物流有限公司

中车建设工程有限公司

中车国际有限公司

中车财务有限公司

中车投资租赁有限公司

中车香港资本管理有限公司

中车资本管理有限公司

中车（香港）有限公司

中车信息技术有限公司

中车工业研究院有限公司

北京北车中铁轨道交通装备有限公司

广州电力机车有限公司

天津电力机车有限公司

中车齐车集团有限公司

（统一社会信用代码：91230200057435769W）

党委书记、董事长　谷春阳

总经理　刘　溥

【齐车集团成立】　为深入落实中共中央、国务院关于深化国有企业改革的重大决策部署，落实党的十九大提出的建设“交通强国”战略，更好地服务于中国铁路货运事业，中国中车决定率先实施货车业务重组。2017年11月，中国中车确定以中车齐齐哈尔交通装备有限公司为主体，联合沈阳公司、石家庄公司、二七车辆公司、山东公司改组设立专业化货车子集团——中车齐车集团有限公司（简称“齐车集团”）。2018年3月20日，齐车集团组建方案经中车股份公司总裁会、中车集团公司总经理办公会和党委会讨论通过。3月30日，齐车集团完成改组更名和注册资本变更。4月22日，所属成员子企业完成股权划转和工商系统登记变更工作。5月9日，召开中车齐车集团有限公司成立大会，齐车集团正式揭牌成立。

齐车集团总部设在齐齐哈尔市，拥有中车齐齐哈尔车辆有限公司、中车沈阳机车车辆有限公司、中车石家庄车辆有限公司、中车山东机车车辆有限公司、中车风电（锡林郭勒）有限公司5家一级子公司，注册资本67亿元。核心主业是铁路货车，产品服务澳大利亚、新西兰、巴西、哈萨克斯坦等全球50多个国家和地区，40吨轴重矿石车、箱车一体化集装箱平车以及煤炭、水泥、粮食专用漏斗车等各类车型的海外保有量50000多辆，货车产品齐全，技术先进，制造规模和能力居世界前列。此外，齐车集团还拥有以集装化运输、环保、空调、智能机械等高端装备制造业务为代表的多元产业，并形成了一定的市场规模，具有良好的发展趋势和拓展空间。

齐车集团总部创新党政合署办公组织架构设计，采用“大部制”模式设置8部1院。7月16日，首批招聘的工作人员全部就位。8月，经国资委遴选，齐车集团入选国务院国资委“双百行动”企业名单，成为新一轮国企改革的先行者。年末，齐车集团拥有全级次成员企业32家（其中境外企业2家），资产总额202.81亿元，员工共19117人。全年实现营业收入156亿元，实现归属母公司净利润3.26亿元。

【规划发展】 齐车集团组建后，成立战略规划编制工作机构，开展了对上、对下的沟通调研工作。根据《中国中车集团有限公司“十三五”发展战略（2018 年修订）》和战略询审与中期评估要求，编制完成《中车齐车集团有限公司“十三五”发展规划》。制定《中车齐车集团有限公司战略规划管理办法》，明确了公司战略规划制订、审核，分解、调整、实施保障及评价等管理内容与过程。从制度层面上确保了“十三五”规划目标与各成员企业、总部各部门目标衔接，发展战略与三年滚动规划、年度经营计划有效联动。

【经营管理】 齐车集团深入贯彻落实中国中车货车业务重组总体部署，圆满完成重组整合任务。实现投资的“战略+运营”管控。在预算管控方面，完成齐车集团全级次合并范围 2019 年度投资预算编制与上报，齐车集团 2019 年度全级次合并范围投资预算总额为 153012 万元，其中固定资产投资预算额度 124699 万元，长期股权投资预算额度 28313 万元；在投资项目管理方面，完成 2 项对子公司的增资项目，分别是对中车齐齐哈尔车辆有限公司增资 5000 万元，用于支持齐车公司集装箱业务发展；对中车山东机车车辆有限公司增资 59000 万元，用于支撑山东公司环保设备和水务产业发展。

【科技创新】 完成齐车集团货车研究院组建及运营管理方案制定，完成《齐车集团“十三五”核心业务产品技术创新和产品开发战略规划》编制。完成铁路货车整机产品开发 32 项，铁路起重机产品开发 2 项，集装箱新产品开发 15 项，新产业单元产品开发 6 项。研发的系列驮背运输车成功助力国家第二期多式联运示范工程落地，KM81 型、KM100 型煤炭漏斗车、C96 型 30 吨轴重专用运煤敞车投入运用考验，变轨距转向架、快捷 C4 型转向架、冷藏箱、LNG 箱技术有新突破。ZK1-K 型转向架获得美国铁路协会（AAR）颁发的批准证书，获得在美国装车 1500 辆的销售权。快速响应海外客户需求，完成 GWA 公司 30 吨轴重矿石车、力拓公司石砟漏斗车等车型的研制开发。开展模块化快速设计平台建设和跨平台产品数据流程一体化平台研究，铁路货车协同设计平台、协同仿真平台、试验研究平台日趋完善。全年完成专利申请 281 件，其中发明专利 179 件，海外专利 23 件。主持和参与国家、行业技术标准起草 14 项，主持或参与铁路总公司及中车企业技术标准起草 9 项，完成企业技术标准制修订 27 项，完成中车科技成果评价 13 项，获得中车及地市级以上科技奖励 17 项。

【生产运营】 全年新造货车 21706 辆，其中齐车公司 11316 辆、沈阳公司 3795 辆、石家庄公司 1597 辆、山东公司 4998 辆；修理货车 25187 辆，其中齐车公司 6635 辆、沈阳公司 9260 辆、石家庄公司 9292 辆。按中国中车统一规划部署，落实中国中车《精益管理体系》标准要求，在成员企业中开展精益管理深化，全面实施精益车间建设、模拟线建设。齐车公司 C80B 型敞车项目、沈阳公司 C70E 新造落成项目、山东公司 C70E 项目被评为“优秀模拟线建设项目”。

【市场营销】 国内业务全年签订铁路新造货车订单 22931 辆，其中新造 C70E 型通用敞车订单 17000 辆、C80B 型通用敞车 5100 辆，其他新造货车 831 辆；修理货车订单 25321 辆。实现新造及修理市场签约额订单金额 113.31 亿元。实现国铁新造市场占有率 40.45%。国际业务全年实现整机及配件签约额 21.04 亿美元，实现销售收入 15.02 亿美元。继续保持澳新市场优势地位，成功签约德国德铁物流公司“200+600”辆整车合同，实现欧洲市场批量出口的历史突破。强化整机与配件互动，配件出口收入超过2亿元人民币。肯尼亚维保项目、加蓬维保项目顺利推动，尼日利亚维保基地稳步建设。特种集装箱、铁路空调等产品出口区域和规模持续扩大。制定《海外机构管理规定》，明确管理模式，完成第一批海外机构筹建。加快国际化人才培养和国家化人才库建设，组织成员企业27名学员及总部相关人员开展首次专项培训。

【多元业务】 风电业务等新能源板块实现营业收入13.17亿元，轨道装备空调、特种集装箱等轨道装备业务实现营业收入17.50亿元，环保业务板块实现营业收入9.08亿元，智能机械、工程装备等机电装备板块实现营业收入3.04亿元，其他多元业务实现营业收入5.05亿元。成功中标齐齐哈尔分散式风电项目开发权，成功签约同煤织女泉总包项目。特种集装箱产业产品出口区域和规模持续扩大。成功中标靖江市村庄生活污水治理项目，国内首条农村污水处理装备全自动生产线在江苏常熟投入运营，上海崇明岛农村污水处理项目在央视新闻两次黄金时间播出，真空集便器业务成功进入标准动车组市场。在汕头承建的国内首个井筒式地下停车库，为缓解城市停车难贡献了智慧。“军民融合”业务竞争优势逐步凸显。依托哈车电商平台在齐车集团内部推广积压（废旧）物资网上交易。邢台中车环保公司成功入选河北省“专精特新”中小企业名单。

【人力资源管理】 完成齐车集团组建初期职位编制设计、员工招聘、入职培训等工作，配置管理人员64人，为集团“战略+运营”管控实施提供资源保障和人才支撑。完成“十三五”人力资源战略规划和运营管控方案制定，明确企业“十三五”乃至更长一段时间人力资源工作的指导思想、总体目标及管理改革主要举措。系统设计人力资源管理工作流程，搭建制度体系框架，制定实施《职工培训管理办法》《核心人才管理办法》等11个管理办法。完成16名海外派驻人员选拔、培训等工作，稳步推进集团国际化战略实施。实现HCM信息化平台核心业务线上实施。

【质量管理】 结合齐车集团实际情况，经过研究与论证，由货车研究院科技质量部承担集团质量管理职能。按照职能要求实施岗位设置和资源配置。按照策划安排，科技质量部组织编制了《质量管理工作方案》《质量管理工作规定》等有关规章制度。

【企业文化建设】 启动齐车集团总部机关思想文化融合大讲堂，组织机关党委各党支部围绕党委书记、董事长谷春阳及总经理刘溥的讲话和辅导进行深入研讨，在大会进行交流发言，推进总部员工思想文化“深融合”。组织全体员工到齐齐哈尔市博物馆参观学习本地历史文化和风俗，组织异地录用人员参观了齐车公司生产现场和公司展厅。按中国中车要求，加强齐车集团总部机关BI建设。以中国中车VI为依据，设计了齐车集团总部办公楼改造方案和各种VI用品样式。编印以齐车集团和成员企业基本情况、代表产品为主要内容的《大齐车》画册。完成高铁专用起重机、双层集装箱平车模型等4种商务文化赠品设计方案。完成齐车集团企业文化和品牌建设评价标准设计。设计《中车齐车集团成就展》，全方位展示齐车集团和成员企业近年来取得的主要成就。印发中车齐车集团有限公司《品牌建设管理制度》和《商务文化赠品管理办法》。

【党群工作】 齐车集团党委设置党委组织部、党委宣传部、党委办公室、党委干部部。其中：党委组织部、党委干部部与人力资源部合署办公，党委宣传部与企业文化部合署办公，党委办公室与办公室、董事会办公室合署办公。成立纪委，并单独设置了纪检监察部，与合规管理部合署办公。齐车集团党委下设5个直属基层党委，5个非直属基层党委，25个非直属党总支，268个非直属党支部，761个党小组。强化政治站位。在齐车集团筹建过程中认真落实中央《关于在深化国有企业改革中坚持党的领导加强党的建设的若干意见》，贯彻落实中国中车《关于在推进实施货车业务重组中坚持党的领导加强党的建设的指导意见》，坚持“四同步、四对接”原则，研究形成《子集团党建方案》并与《子集团组建方案》同步获得中车批复同意，明确了齐车集团党建工作的目标原则，明确了齐车集团党的组织机构设置及隶属关系，成立了齐车集团党委、纪委。按照“承接+借力”“集中+依托”原则，制定完善党建管控方案。全面宣传贯彻落实总书记重要指示精神。9月26日，习近平总书记亲临齐车集团视察并作出重要指示后，齐车集团党委印发《关于深入学习宣传贯彻习近平总书记视察中车齐车集团重要指示精神的决定》，开展集团全级次“学习重要指示、擦亮齐车品牌”主题宣传教育活动。加强政治理论学习。全年组织集团党委理论学习中心集中学习9次，深入学习党的十九大精神和习近平新时代中国特色社会主义思想等内容。加强思想建设。着眼思想引导、文化融合，同步构建宣传阵地和新闻媒体，加强意识形态引领。成立新闻宣传工作和成立大会筹备组，启动集团成立大会的组织策划和新闻宣传工作。在集团成立大会召开之际同时创刊《齐车集团报》、齐车集团官微平台，全年出版《齐车集团报》16期，齐车集团微信公众号推送消息112条。在国家、省市级媒体发稿86篇，首发及转载1000多篇次。加强组织建设。完成了齐车集团所属企业党组织隶属关系调整，总部党群工作机构全部与行政部门合署办公，组建机关党委、机关工会和5个党支部以及9个工会小组。落实党管干部原则，配合中国中车完成齐车集团领导班子组建和干部交流任职；把好总部人员入口关，严格按照程序完成总部人员招聘工作；扎实组织开展所属企业班子调整选拔工作，优化班子配置，提升整体履职能力，年内公开选拔3名成员企业副总经理。加强纪律和作风建设。优化设置纪委工作机构，认真开展集体廉政谈话，组织总部人员签订《党员干部廉洁承诺书》，并建立廉政档案。认真履行党委主体责任、纪委监督责任，强化“一岗双责”，组织学习新版《中国共产党纪律处分条例》，组织开展专题培训，着力转变工作作风，组织制定并落实领导班子成员联系基层工作制度，深入各层级企业开展调研，围绕产业发展、党的建设实地了解情况、指导工作。加强制度建设。梳理形成62项党群主要制度目录，其中发布制度10项，完成草稿46项。积极开展群团工作，制定管控方案和工会工作管理权责界定清单，建强健全工会组织，全面梳理制度目录清单。关心关爱职工生活，全年送温暖1630余户，发放慰问金累计470余万元。召开集团第一次党代会、工代会和职代会。审议通过了党委报告、纪委报告、工会报告，选举产生了齐车集团第一届党委、纪委、工会班子，健全了党委、纪委和工会的领导机构，建立并完善了齐车集团职工参与民主管理渠道。强化政治担当，督促各成员企业党委推进巡视问题整改。各企业按照国资委巡视组的部署，共梳理出518项问题，制定671项整改措施，形成50项党委会决议、47项董事会决议、46项总经理办公会决议。年内，各企业共计完成国资委党委巡视问题整改402项，完成阶段整改目标。

【中车齐齐哈尔车辆有限公司】 中车齐齐哈尔车辆有限公司员工总数8568人，占地面积304万平方米，资产总额72.91亿元，拥有各类设备8382台（套）。全年实现签约额68.75亿元，营业收入61亿元，经营利润1.4亿元。全年累计新造货车24个品种11316辆，修理货车20107辆（含沧州分公司），供外配件116万余套件。造修铁路起重机8台。

【中车沈阳机车车辆有限公司】 中车沈阳机车车辆有限公司员工总数3657人，厂区占地面积86万平方米，建筑面积29万平方米，固定资产原值17.19亿元，净值9.98亿元。全年实现营业收入23.6亿元，净利润4851万元。全年完成新造货车3795辆，检修货车9260辆。完成沈阳地铁工程车4种车型共10辆车生产。

【中车石家庄车辆有限公司】 中车石家庄车辆有限公司在岗员工总数2697人，占地面积840亩（1亩≈666.67平方米），建筑面积18.3万平方米。全年实现营业收入254798.24万元，归属于母公司净利润2922.09万元，年末资产总额345845.66万元。年内获得货车新造订单1702辆，获得国铁检修订单8850辆，中铁特货公司各类订单320辆，货车造修生产总量10889辆。持续拓展配件市场，制动梁、通用配件等业务收入7406万元。标动空调市场年内完成生产22123当量台，实现收入12.07亿元。

【中车山东机车车辆有限公司】 中车山东机车车辆有限公司员工总数2894人，公司济南市东、西两厂区与常熟生产基地合计占地面积154万平方米，拥有各类设备3926台（套），其中大型、精密设备169台（套）。资产总额76.88亿元，全年实现营业收入46.8亿元，同比增长10%；净利润1.2亿元，同比增长9.1%。

【习近平总书记视察齐车集团】 9月26日，中共中央总书记、国家主席、中央军委主席习近平在中央政治局委员、国务院副总理刘鹤，全国政协副主席、国家发改委主任何立峰和黑龙江省委书记张庆伟、省长王文涛等陪同下到齐车集团视察。公司党委书记、董事长谷春阳汇报了企业改革、科技创新和“走出去”情况。在铁路货车整车疲劳与振动试验台前，谷春阳向习近平总书记汇报了试验台的主要作用和功能。在试验室外，习近平查看了出口40吨轴重矿石车、C96型重载敞车和公铁联运驮背运输车，询问了公司在重载技术、多式联运等方面的自主创新情况。在查看了公司产品后，习近平微笑着走向列队鼓掌的80多名员工代表，与大家亲切握手。最后，习近平发表了重要讲话。他说：“中华民族的伟大复兴还要靠我们经济竞争力，经济竞争力我们还是要抓实体经济。装备制造业是实体经济的重要组成部分，是国之重器。齐车集团在装备制造方面独具优势。我们要把握住自己的优势，积聚力量。齐车要乘势而为、乘势而上，继续把我们的装备制造业做强做优做大，实现高质量发展。‘一带一路’对你们也是机遇，可以大有作为。要继续练好内功、继续改革创新，继续做好自主创新，不断推出新技术、新产品、新服务，这样我们才能永立不败之地，永远掌握主动。”习近平总书记还对齐车集团在装备制造、自主创新等方面取得的成绩给予了肯定，向公司和全体员工表达了祝福。

【重要纪事】 1月13日，齐车集团筹建工作组召开会议，研究选址方案。3月30日，完成公司改组更名和注册资本变更等工作。公司名称变更为“中车齐车集团有限公司”，注册资本由原31亿增加至67亿元。4月20日，黑龙江省委副书记、代省长王文涛到齐车集团调研。4月25日，齐车集团第一次党委（扩大）会、董事会、监事会在齐齐哈尔召开，产生公司第一届经营班子和第一届监事会。会议决定聘任刘溥为集团总经理，聘任祝震、董绪章、常文玉、于跃斌、李宏阁为集团副总经理，其中于跃斌兼任总工程师、董绪章兼任财务总监。会议审议通过齐车集团组织架构，审议通过董事会议事规则、总经理工作规则等基本制度。5 月 9 日，中车齐车集团有限公司在齐齐哈尔举行成立大会。5 月 16 日，全国人大常委会副委员长、中华全国总工会主席王东明，在河北省委书记、省人大常委会主任王东峰等陪同下，到齐车集团所属石家庄公司调研。5 月 18 日，公司研制的四种型号的多功能运输车通过神华铁路运输有限公司组织的样车试用评审会。5 月 30 日，国家铁路局副局长苏全利到齐车集团调研。6 月 14 日，中车集团党委常委、副总经理魏岩到齐车集团调研。8 月 7—9 日，中车集团总经理、中车股份总裁孙永才到齐车集团及所属黑龙江子企业调研。8 月 16 日，中车集团党委书记、董事长刘化龙到齐车集团调研。8 月 29 日，齐车集团研制的 4 种多功能运输车编组的国内首趟铁路驮背运输平推试验班列，在鄂尔多斯东胜区南郊货场至沧港铁路沙胡同站成功开行，标志着《“西北地区—京津冀”多功能车智慧公铁水联运项目》成为第二批国家多式联运示范工程中首个落地项目。9 月 26 日，习近平总书记到齐车集团视察。10 月 24 日，山东公司筹建的国内首条农村污水处理装备全自动化生产线在江苏常熟投入运营。11 月 8 日，石家庄公司自主研发的蓄冷式保温箱公铁联运在昆明首次亮相，标志着齐车集团以先进相变蓄冷技术为核心的冷链装备系统正式进入市场化运作。12 月 18 日，中车齐车集团有限公司工会第一次代表大会暨一届一次职工代表大会在齐齐哈尔召开。同日，齐车集团研制的 X2K（H）型双层集装箱车作为国内首条双层集装箱海铁联运班列的主力车型，在宁波舟山港至浙江绍兴成功首发。

【公司党政工负责人】

党委书记　谷春阳
董 事 长　谷春阳
总 经 理　刘　溥
副总经理　祝　震
　　　　　常文玉
　　　　　李宏阁
　　　　　董绪章（8 月免）
　　　　　唐绍明（8 月任）
　　　　　于跃斌（9 月免）
　　　　　于　维（10 月任）
总工程师　于跃斌（兼，9 月免）
　　　　　于　维（兼，10 月任）
财务总监　董绪章（兼，8 月免）
　　　　　唐绍明（兼，8 月任）

党委副书记　刘　溥　高永君
纪委书记　高永君（兼，11 月免）
　　　　　张全勇（11 月任）
工会主席　高永君

（齐车集团公司　供稿）

地　　址　黑龙江省齐齐哈尔市铁锋区厂前二路 7 号
邮　　编　161002
电　　话　0452-0930811

中车齐齐哈尔车辆有限公司

（社会信用代码：912302006638574352）

党委书记、董事长　谷春阳

总经理　张玉祥

【概况】　公司原为齐齐哈尔交通装备有限公司。2018 年 4 月，中车货车业务重组后，更名为“中车齐齐哈尔车辆有限公司”（简称“齐车公司”），隶属于齐车集团。重组后，原齐齐哈尔交通装备有限公司所属子公司中车哈尔滨车辆有限公司（简称“哈车公司”）、牡丹江中车金缘铸业有限公司（简称“金缘公司”）、大连中车大齐车辆有限公司（简称“大齐公司”）、大连中车集装箱有限公司（简称“集装箱公司”）划归齐车公司，齐车公司拥有哈车公司、金缘公司、大齐公司、集装箱公司 4 家全资子公司和 2 家控股子公司、4 家参股子公司，其中 2 家属于海外合资公司；在海外设有多个办事机构。截至 2018 年末，齐车公司拥有员工 8568 人，占地面积 304 万平方米，资产总额 72.91 亿元，拥有各类设备 8382 台（套）。全年实现签约额 68.75 亿元、营业收入 61 亿元、经营利润 1.4 亿元。

【规划发展】　完成公司“十三五”发展规划中期评估和修订方案，完成子集团战略规划调研材料。参与中车军民融合发展规划编制，组织研究编制公司军民融合发展规划草案。加强战略合作关系管理，组织完成与铁龙公司《持续全面战略框架协议》起草及签署工作。加强战略风险管控，树立战略风险意识，提高战略风险管控水平。

【改革改制】　积极推进组织变革，优化管理流程。制定组织变革专项实施方案，明确变革路线图和时间表，实施员工分流安置、稳步推进“四定”工作，持续深化用工、人事、分配制度改革，制定了 14 项组织变革及机构调整方案。完成两级工艺分工界面调整，通过压减推进组织变革，职能部门减少 7 个，生产单位减少 2 个。实现横向职能集中业务集成、纵向授权赋能重心下移。公司准确把握政策窗口期，优化员工结构，提升企业经营能力，实施减员增效。坚持以“效率、效益”为核心，强化机制营建、人才开发、绩效管理、资源保障等工作，确保业务调整、机构整合、流程再造等重点项目顺利实施。采取内部退养和协商解除劳动合同的方式分流安置人员，2017—2018 年两年累计分流安置 1728 人。组织实施职工家属区物业分离移交，2018 年末将物业管理职能及相关资产移交给齐翔建工集团；8 月末完成市政设施移交各项工作。

【经营管理】 创新基础管理工作，抓住生产节拍、标准作业、质量管控、物流配送 4 个关键环节，精益管理基础不断夯实；在基层单位从“生产主体”向“经营主体”转变的过程中，将精益载体建设、工位制节拍化流水线生产模式，打造成核心经营能力，做实精益制造。实施开展精益车间建设 10 个，建成标准工位 147 个，完成 36 条示范（区）。加强“信息化与工业化”融合体系建设，贯彻新发展理念，引导企业加速战略转型、组织变革、模式转变。以“信息化、网络化、智能化”为实施路径，打造公司信息化“六化七平台”运营管理支撑体系，促进信息化进一步与管理紧密融合，推进 ERP 深化应用，实现差旅系统、移动办公和企业门户等系统集成应用。按照中车下发的管理制度要求，以公司组织变革和巡视整改为契机进行制度流程优化。对接组织变革，修订管理制度流程 200 多项；对接巡视整改，完成规章制度“废、改、立”4 批次发布，其中作废 6 项，修改 42 项，建立 7 项。

【生产运营】 全年累计新造货车 24 个品种 11316 辆，修理货车 20107 辆（含沧州分公司），供外配件 116 万余套件。造修铁路起重机 8 台。C80B、C70E 车生产节拍分别缩短至 36 分钟、32 分钟，货车分厂北区创稳产 30 辆历史纪录。以 C80B、C70E、GWA、BHPB 等车型为重点项目，建立项目团队，实现项目载体建设，拉动生产组织高效运转。

【科技创新】 完成铁路货车整机产品开发 20 项，铁路起重机产品开发 2 项，集装箱新产品开发 15 项，关键配件产品开展 36 项、工艺技术研究 42 项，基础性技术研究 27 项。全年申请专利 104 件，主持和参与 16 项国家、行业和铁路总公司标准起草，完成企业技术标准制修订 19 项，完成产品设计系列化、模块化、工艺标准化 27 项。获批省部级课题立项 1 项，中车重大课题 1 项，中标国家能源集团重点课题 2 项。国家先进轨道交通重点专项“轨道交通货运快速化关键技术”项目按照计划任务书有序进行。持续巩固重载技术，完成多种车型技术方案设计，C96、KM100、KM81 车投入运用考验。加快多式联运、快捷、特种专用装备及关键技术研究，驮背运输技术更趋成熟，快捷双层集装箱、SQ8 等车型研制工作稳步推进，冷藏箱、LNG 箱技术有新突破，进行了智能货车顶层架构设计。快速响应海外客户需求，完成 GWA 公司 30T 轴重矿石车、力拓公司石砟漏斗车等车型的研制开发及批量交付工作，完成力拓新型车钩装车使用，BHP、FMG 公司大轴重转向架运用考验等工作。

【市场营销】 全年签订国内铁路货车订单 11613 辆，签约额 47.15 亿元。国内铁路货车市场综合占有率 20.78%，实现销售收入 35.84 亿元，其中国内新造货车销售 9516 辆，实现销售收入 34.34 亿元。与海外客户签订新造车订单 1144 辆，签约额 7 亿元。持续深耕澳大利亚市场，签订 40 吨轴重矿石车 529 辆、BHPB 矿石车 276 辆、GWA 煤炭漏斗车 104 辆。持续推动蒙内铁路项目，获得 220 辆货车订单。非货车业务市场特种集装箱业务，签订 5749 只集装箱订单。铁路起重机业务，签订 8 台国铁和出口起重机造修订单。

【人力资源管理】 完成《中层管理人员选拔任用管理办法》《中层管理人员日常管理监督办法》等十几项制度的修订工作，进一步明确干部政治标准。大力推动公司核心人才队伍建设，推荐中车核心人才79人，选派32名优秀学员参加中车国际化人才项目，择优选拔10人参加俄语中级班培训，建立起国际化俄语人才库。累计评聘核心技能人才操作师460人。制订公司劳动力资源平衡计划，组织劳动力资源调配工作，共调配620余人次，举办各类培训班136期，培训5706人次。充分发挥“金蓝领”工作室平台作用，全年累计解决生产操作难题47项，取得专利3项，持续贯彻落实“8+1”劳动关系管理制度体系。全年公司本部累计清理各类不在岗人员657人。完善薪酬制度，规范管控流程，建立动态调控机制。

【企业文化建设】 策划宣传文化系统党建金名片方案。开展“擦亮金名片，做好中车人”活动，进行“最美齐车人”评选。充分利用新闻传媒资源宣传各类先进典型事迹，弘扬高铁工人精神。参加德国柏林国际轨道交通技术展览会，通过模拟视频，展现了公司多式联运、绿色快捷、重载高效的货运解决方案。将“重走习近平总书记视察路线”作为品牌形象传播的有力抓手，展示中车品牌形象以及员工行为品牌。BI推广注重纵深性和延展性，从主责部门、制度融合、“BI+”三个纬度进行推进，辅以绩效管理、经济责任制考评，实现了BI的可推动性。组织各单位开展“向不良习惯说不、不规范行为销项”主题整改实践活动，共查摆整改涉及员工行为问题380余项；大力推进BI与管理融合，以精益生产、现场管理为载体，通过编制作业指导书、标准化工位建设等推进员工作业行为规范。继续深化中车VI规范，组织各单位对VI应用问题进行整改；设计了公司实验室整体视觉形象方案，完成国内产品铭牌应用规范；设计并实施北京科技分公司VI整改。成立公司品牌执行委员会，起草公司“十三五”品牌建设规划，修订公司“十三五”规划中关于企业文化建设、品牌建设内容。

【售后服务】 推进营销售后深度融合，建立营销售后融合的服务体系，为用户快速、及时提供售前、售中、售后一体化服务。以保障重点产品运用为核心，强化“大客户”服务组织。根据国家能源集团铁路货车公司需求，开展驮背车、C96车等新产品运用考验技术保障工作，为客户提供了产品使用维护、应急处置等方面培训，强化既有车型运用服务保障和SQ6型车首个段修服务。深化厂段协作机制，建立良好的新型客户关系，及时为用户提供技术支持，对内促进技术及质量管理提升。

【多元经营】 完成大连三期建设，签订集装箱订单5749只，实现签约额4.88亿元，收入4.93亿元。促进铁路起重机业务拓展，开发海外市场，共签订国铁和出口起重机造修订单8台，实现收入2516万元。实现钛合金、舰船舾装等项目收入4405万元。促进钢材物流贸易业务发展，实现营业收入6869万元。

【基建与技改】 完成固定资产投资17237万元。铸钢分厂改造项目完成车钩连续式抛丸机安装、调试及验收；重载快捷铁路货车技术研发平台建设项目完成通用疲劳分析软件开发、测试及纳固工作和焊接试验室除尘项目安装、验收及纳固工作；特种集装箱研发制造基地能力提升建设项目4月完成主体厂房内部施工，11月完成所有设备安装；哈车公司出口货车工艺水平提升技术改造项目于6月28日完成中车项目备案验收；哈车钢材物流基地建设项目于8月1日完成中车项目竣工验收；大连特种集装箱产业基地建设项目、重载快捷及出口铁路货车大型部件制造水平提升技术改造项目完成项目决算审计，分别于7月30日、8月3日完成中车项目竣工验收。完成金缘公司采暖系统改造、哈车公司新能源置换蒸汽锅炉供热项目、齐车公司中央马路路面改造、货车分厂北区干散货箱能力提升项目、第一配电所高压开关柜改造项目、合资楼（齐车集团总部）整修项目等。

【质量管理】 以构建预防为主的工序质量管控标准为着眼点和落脚点，深入推进了标准化工序建设并取得阶段性成效。加强对改制企业供应商质量管控，保证改制企业配套供应的产品质量。根据内、外部反馈的质量信息分析结果，深入诊断制动系统产品在运用和生产制造过程中存在的主要质量问题，全面开展整治工作。制定下发《质量专项奖励管理办法（试行）》，通过公司投入和质量考核，设置专项奖励资金，有效发挥了质量问题及时发现并有效改进的全员参与作用。深入开展质量监察和内部监督抽查，将发现的质量问题纳入考核并下发通报，促进了产品实物及工序质量稳定提高。编制整机产品质量检验计划，强化采购物资入厂检验，有效规避外购配件质量风险。加强质量信息基础管理，完成 C70E、C80B、JSQ6 车 HMIS 录入上报、标签制作，HMIS 信息实传率 100%，完成 GWA、BHPB 等出口车资料扫描及电子信息整理上报工作，满足外方要求并获得了监造认可。做好检测服务工作，深入开展检测技术研究，完成 12 项公司科技研发项目并实现预期目标，实验室认可和测量管理体系通过认证机构监督审核，确保了认证证书持续有效。全年杜绝了整机、配件批量返厂修，未发生运用产品一般 C 类及以上责任事故，铁路货车新造质量评价排名第一。

【安全环保】 组织签订年度三级安全生产目标任务书，修订《安全生产责任制》，推进各层级安全生产责任落实；加强关键部位的治安监管，协助政府机关调解民事纠纷案件 9 起，公司连续安全生产 3910 天，无重伤及以上人身伤亡事故、无新增现岗职业病，千人轻伤率、化学需氧量、二氧化碳、氨氮及氮氧化物排放量均在控制范围内。

【党群工作】 齐车公司党委以深入学习贯彻党的十九大精神和习近平总书记视察中车齐车集团重要指示精神为主线，全面推进国资委政治巡视问题整改，努力打造齐车公司特色党建“金名片”，充分发挥了党组织把方向、管大局、保落实作用。9 月 26 日，习近平总书记视察中车齐车集团，并作重要指示，对公司改革发展和党建工作给予高度评价。总书记视察后，公司党委连续召开党委中心组学习研讨，制定《深入学习宣传贯彻总书记重要指示精神的决定》和《关于学习宣传贯彻习近平总书记视察中车齐车集团重要指示精神工作安排的通知》，开展“学习重要指示，擦亮齐车品牌”“擦亮金名片，做好中车人”“重走总书记视察之路”学习研讨等系列主题活动。公司党委围绕落实总书记重要指示精神，制定了打造齐车特色党建“金名片”实施方案。以“三个继续”为基本遵循，以“做强做优做大，实现高质量发展”为奋斗目标，确立了特色党建工作主题的核心内涵，坚持以政治建设为统领，坚持融入中心服务大局，坚持示范引领提升整体绩效，坚持继承创新，发扬齐车党建优良传统。创建形成“党员先锋行动”“抓创求”“一团一品一特色”等党建群建品牌，向中车党委申报齐车特色党建工作品牌 3 项。围绕政治巡视，公司党委聚焦“六个围绕 一个加强”，共查摆出问题 122 项，制定整改措施 215 项，针对 13 个方面重点问题形成 13 项党委会整改决议；所属 10 家全级次企业发现问题 582 项，制定 999 条整改措施，按照整改计划，公司本部列入整改清单的 77 项问题，所属全级次企业的 391 项问题，已全部整改完成。深入开展党内立项攻关活动，确立党委重点跟踪项目23项，发布推广实用型攻关项目成果9项。紧扣生产经营中心工作，组织9个试点单位推进开展“亮出党员身份，立足岗位建功”主题特色活动。按照“四同步”要求，动态优化、及时调整基层党组织设置，撤销18个基层党支部，同步成立8个基层党支部。以“四强四优”为评选标准，对创先争优活动中涌现出的“两先两优”进行命名表彰。以抓好基层党组织书记队伍建设、补齐党组织书记能力短板为重点，与延安干部培训学院和井冈山红色文化教育学院联合开展了两期培训班。深入开展“双培养”活动，对66名入党积极分子进行培训，新发展党员63名。抓责任、强监督，党风廉政建设工作有效加强。聚焦管党治党主业主责，分3个层面签订“责任书”60份，对35个基层党组织党风廉政建设工作情况开展系统检查评价。严格执纪审查，规范处置信访举报线索，强化“不敢腐”的有力震慑。制定《集中整治形式主义、官僚主义工作方案》《构建“不能腐”体制机制实施办法》等制度9项，制定贯彻落实“中央八项规定精神负面清单”，盯住重要节点，明确“四条禁令”。深化廉洁风险防控立项，开展提质增效、“两金”压降等效能监察5项，参加岗位竞聘等各类监督79项。策划开展《中国共产党纪律处分条例》学习教育系列活动，持续开展“百名纪检干部讲纪律”活动，召开公司警示教育大会，廉政教育共达7084人次，持续筑牢“不想腐”的思想防线。

齐车公司工会深入开展群众性劳动竞赛和职工经济技术创新活动，全年开展群众性劳动竞赛31项，征集职工经济技术创新成果904项，创造直接效益400余万元。公司团委注重青年成长成才培养工作，努力搭建青年职工教育培训和展示才华的平台，扎实开展岗位建功，持续加大青年人文关怀，基层团的建设活力不断提升，团建基础不断夯实。

【二级子公司】 中车哈尔滨车辆有限公司 在册员工1624人，占地面积95万平方米，资产总额11.38亿元，其中固定资产原值7.28亿元，净值4.21亿元。全年实现销售收入5.9亿元。完成通用厂修货车6200辆；完成特种货车检修423辆，新造DA21型车6辆；新造工矿车172辆。钢材电商物流业务，充分利用“循环物资+互联网”模式，积极向齐车公司、大齐公司、石家庄公司、山东公司等废旧物资处置企业和50余家废旧物资回收企业推广工作。

大连中车大齐车辆有限责任公司 在册员工202人，公司占地面积20万平方米，建筑面积7.38万平方米，资产总额52738万元，固定资产原值47951万元，固定资产净值26847万元，各类设备880台（套）。完成新造出口铁路货车力拓矿石车、新西兰平车等7个品种1023辆，品种完成率100%。全年实现主营业务收入4.2亿元，净利润1100万元。

牡丹江中车金缘铸业有限公司 在册员工868人，占地面积40.4万平方米，建筑面积17.8万平方米。资产净值7.19亿元，固定资产净值3.46亿元，各类设备 1544台(套)。全年完成营业收入4.86亿元，净利润-2906万元。全年实现工业总产值47521万元，生产钢水56958吨，交出钢铁件39665吨。生产各型摇枕、侧架58704件，折合9784辆份；各型缓冲器1963套；各型车钩2521套；合同履约率和供应执行率均为100%，国铁市场客户满意度为94%。

大连中车集装箱有限公司 在册员工429人，占地面积29.6万平方米，特种集装箱制造装备430台（套），资产净值25002万元，固定资产原值365万元，固定资产净值253万元。完成6283只罐箱；完成粉末罐式集装箱等13个新品种的试制；完成大齐公司X70平车等5种车型1711辆冲压配套任务。全年实现营业收入4.9亿元，净利润3600万元。通过国家科技局高新技术企业认定。

【重要纪事】 3月16日，中国铁路总公司机辆部主任申瑞源到齐车公司考察调研。3月25—31日，齐车公司研制的国内首台高铁专用起重机在太原铁路局进行运用考核作业。3月30日，中车齐齐哈尔交通装备有限公司领取了新的法人营业执照，名称变更为“中车齐车集团有限公司”。4月20日，黑龙江省委副书记、代省长王文涛到齐车公司调研。5月22日，齐车公司获得中国路桥公司颁发的2017年度“优秀供应”称号，齐车公司也是中国路桥公司所有铁路产品供货商中唯一获此殊荣的企业。7月31日，齐车公司北京科技分公司正式成立并开始运营。8月7日，中车集团总经理、中车股份总裁孙永才到齐车公司调研指导工作。8月16—17日，中车集团公司党委书记、董事长刘化龙到齐车公司调研指导工作。8月29日，由齐车公司研制的4种多功能运输车担当主力，助力国内首趟铁路驮背运输试验班列成功开行。10月10日，中车集团副总经理魏岩到齐车公司调研。12月21日，力拓公司中国区采购团队总负责人Greg Courts等高层向齐车公司在力拓车研发过程中作出贡献的员工和团队颁发奖杯和证书，并在大连基地举行新型重载车钩装车仪式。

【公司党政工负责人】

党委书记　谷春阳
董事长　谷春阳
总经理　张玉祥
副总经理　祝　震　于　维
　　马盈山　孟庆江
　　景　丹　闫玉贵
　　王子长（6月免）
　　王　华（6月免）
　　常文玉（6月免）
　　于跃斌（11月免）
　　董绪章（9月免）
　　李宏阁（6月任）
　　王会武（12月任）
总工程师　于跃斌（11月免）
　　于　维（11月任）
财务总监　董绪章（9月免）
　　唐绍明（9月任）

党委副书记　张玉祥　张全勇
　　李宏阁（4月免）
纪委书记　张全勇
工会主席　李宏阁（4月免）
　　张全勇（5月任）

（齐车公司　供稿）

地　址　黑龙江省齐齐哈尔市中华东路10号
邮　编　161002
电　话　0452-2938334
传　真　0452-2514464

中车沈阳机车车辆有限公司

（统一社会信用代码：91210106117919299A）

党委书记、董事长　张海涛

总经理　张明东

【概况】　原由中车股份公司直属。2018年4月中车货车业务重组后，隶属于齐车集团。截至2018年末，沈阳公司员工总数3657人，其中高级职称190人、中级职称354人，高级技师72人、技师113人。公司下设23个职能部室、8个生产分厂、5个参股公司、1个全资子公司、4个分公司。公司厂区占地面积86万平方米，建筑面积29万平方米，固定资产原值17.19亿元，净值9.98亿元。全年实现营业收入23.6亿元。

【发展规划】　开展“十三五”发展规划前期执行情况评估和后期发展环境分析，调整“十三五”发展规划目标。召开中国共产党中车沈阳机车车辆有限公司第一次代表大会，提出“12356”发展战略，明确2019—2023年五年发展目标和方向，强调坚持“聚焦主业，稳中求进”主基调，主动融入中车齐车集团和地方经济，谋求铁路货车新造、铁路货车检修和相关多元产业实现新突破。

【改革改制】　立足高质量发展，实施工程机械业务收尾工作。深化组织机构改革，撤销工程机械事业部、计量理化检测分公司，神华修车厂并入转向架分厂，设备分公司与大连工程机械分公司合署办公。推动厂办大集体改革改制，所属厂办大集体被纳入省、市厂办大集体改制范围。中车沈阳实业管理有限公司与沈阳房地产置业担保集团有限公司签订“三供一业”移交合同，完成“三供一业”分离移交工作。

【经营管理】　推进基础管理大反思工作，完成全部610项问题整改。开展制度专项对规对标工作，实施制度合规性评审，新增、修订、废止管理制度127项。修订试行《公司组织绩效考核管理办法》，组织绩效考核科学化水平得到提升。推进精益管理，建立精益指标考核奖励管控平台，开展精益培训35项，培训860余人次，建设标准工位100个、精益示范线8条。提升风险管控水平，举办风险管理专题培训2期，培训226人次。深化提质增效专项工作，全年总成本费用下降19.98%，实现降成本5223万元；可控期间费用同比增加5.3%，低于利润同比增加值53.46%；“两金”总额同比降低12484万元。

【科技创新】 全面实施T11BK型长钢轨运输车组23项智能化升级项目，完成自动开闭滚道梁、自动间隔铁等7个项目试验验证以及尾车自动收轨、拨轨装置等5个项目试制，《长钢轨运输车组机械化作业提升技术研究》被中国铁路总公司列为2018年第二批科技研究开发计划急需性重点课题。沈阳地铁工程车项目完成设计开发并通过实验验证和用户验收审核，该项目包含轨道平板车、轨道平板吊车、接触网放线车、接触网作业平台车四种车型，用于沈阳地铁线路施工作业。全年申报专利23项，其中发明专利16项。

【生产运营】 完成新造货车3795辆，包括国铁C70E型敞车2600辆、C80B型敞车900辆、T11BK型长钢轨运输车组5列共240辆，企业自备GQ70型罐车15辆、GN70型罐车40辆。完成检修货车9260辆，其中国铁车9050辆，中铁特货集装箱厂修及专改车210辆。完成沈阳地铁工程车4种车型共10辆车生产。

【市场营销】 国内造修货车市场份额保持稳定，签订新造货车订单4879辆、检修货车订单9239辆。探索"联合出海"模式拓展海外市场，联合中车齐车公司完成澳大利亚力拓公司31辆长轨车采购预投标。地铁工务装备市场取得新拓展，中标10辆沈阳地铁工程车订单。全年实现销售新造货车3795辆、检修货车9260辆，实现销售车轴836根、交叉杆1795辆份。布局相关多元产业，与中车大连公司、沈阳地铁集团公司合资组建的沈阳中车轨道交通装备有限公司注册成立并投入生产。

【基建与技改】 调整T11BK型长钢轨车组检修工艺布局，实施扩能改造，实现生产流程化、区域化、精细化。实施空重车自动调整装置检修组装生产线搬迁转移，实现120型货车空气控制阀和空重车自动调整装置检修分线生产，生产效率和产品质量提升显著。完成8英寸JBC型单元制动缸工艺开发。开展水性预涂底漆工艺研究，在型材预处理和厚板预处理生产线试用水性预涂底漆。开展C70E型敞车和C70EH型敞车厂修试修，获得L70型粮食漏斗车、X70型集装箱平车维修许可。

【人力资源管理】 优化人员结构，开展中层及一般干部定员调整，中层干部定员减少12.9‰，一般干部定员减少10.3%。完善干部选拔培养机制，开展部分中层干部岗位竞争上岗、中青年干部挂职交流工作。加强人才队伍建设，聘任首批内训师138人，举办各类培训班107个，累计培训4113人次，13人被评聘为中国中车第二届核心人才。完善薪酬体制，职工岗位工资整体上调50%，启动实施企业年金。

【质量管理】 推进质量管理体系建设，通过ISO/TS 22163质量管理体系转版认证审核。建立"QMS"质量信息平台，实现过程质量信息化监控。开展"制动管系漏泄和配件错漏装专项质量攻关"等13项专项质量提升工作。加强源头产品质量控制，暂停15个供应商资质。全年未发生一般D类及以上质量责任事故，行车责任设备故障数量同比下降20%，质量损失率控制在0.72‰，在2018年下半年铁路检修货车网络质量抽查中排名第一。

【安全环保】 深化全员安全生产责任落实，制订《安全技术操作规程》393项，签订《安全生产责任状》《安全生产承诺书》3322件。实施安全技术措施项目21项，投入资金115万元。开展以"控风险、除隐患、保生产"为主题的安全隐患大排查大化解工作，整改各类安全隐患133项。持续推进安全生产标准化建设，荣获“辽宁省制造业行业安全生产标准化二级企业”称号。制订《生态保护污染防治攻坚战三年行动计划》，确定污染防治项目27项。开展高污染项目源头治理，拆除焦炭炉，取消酸洗磷化工艺。实施动能中心空压机变频节能改造，年节约电量约12.5万度。

【企业文化建设】 深入开展中国中车核心理念和中国高铁工人精神宣贯，策划开展“我为中车BI代言”活动，选树形象代言人30人。加强与中央、省、市等媒体沟通合作，接待采访报道团队近10批次，在各类媒体首发公司新闻106篇，实现新华网、光明网等央媒上首度亮相。2018年，公司荣获“全国企业文化建设先进单位”荣誉称号。

【党群工作】 深入学习宣传贯彻习近平新时代中国特色社会主义思想和党的十九大精神，突出学习习近平总书记三次视察中车，特别是视察齐车集团重要讲话精神，组织中层助理以上领导干部开展学习党的十九大精神专题培训班，集中开展以“贯彻落实党的十九大精神、消除薄熙来、王珉恶劣影响”为主题的组织生活会。按照国务院国资委党委政治巡视工作要求，查摆突出问题111项，制定整改措施166条，形成党委会决议10项，董事会、总经理办公会决议各9项，完成问题整改80项。成功召开公司第一次党代会，选举产生中国共产党中车沈阳机车车辆有限公司第一届委员会和纪律检查委员会。根据《关于打造中国中车党建“金名片”创建党建品牌的实施方案》部署要求，开展党支部“三亮三展示一公开”建设，推进党建品牌创建工作。深化“党员先锋工程”活动，确立党支部及党小组攻关项目160项。开展困难党员帮扶，慰问党员342人，发放慰问款14.07万元。开展入党积极分子培训1期，培训26人，发展新党员25人。开展2017年度基层党组织书记述职评议考核工作。注重宣传文化建设，开展各类形势任务教育50余次。完善党风廉政建设责任体系，建立“两个责任”清单和“一岗双责”清单。持续开展规范物资采购招标管理、“压减工作”“两金”压降、资产清查和违规发放薪酬福利等专项监察。制定下发《中车沈阳公司党委建立领导干部改革创新容错纠错机制实施办法（试行）》《公司建立领导干部廉政档案实施办法》等纪检监察制度，开展关键岗位管理人员廉洁从业教育并现场签署《廉洁承诺书》。

组织召开群团工作会议。开展“喜迎党代会，攻坚创效益”献礼活动和“五比一创”全员劳动竞赛活动。实施全员健康体检。开展“两节”送温暖、夏季“送清凉”、母亲节慰问等关爱活动，开展领导干部包片联系困难户活动。公司团委组织开展了团的十八大精神专题学习、“青匠杯”青年职业技能大赛等活动。

【沈阳中车物流发展有限公司】 为沈阳公司全资子公司，主要经营各种钢材、建材、金属制品的销售及仓储。截至2018年底，在职员工5人。实现销售收入3.76亿元。

【中铁沈阳铁道装备有限公司】 为沈阳公司控股公司，注册资本5000万元，沈阳公司投资2000万元，占比40%。公司主要产品是高铁桥梁支座、弹性旁承体及铁路车辆配件等产品。截至2018年底，员工总数68人，固定资产原值2389万元，净值423万元。全年实现销售收入6330万元，净利润807万元。

【沈阳中车西屋轨道制动技术有限公司】 为沈阳公司中外合资企业，注册资本1.38亿元，沈阳公司以现金和土地、厂房、设备出资，西屋中国铁道产品及服务控股有限公司现金出资，双方各占比50%。沈阳中车西屋轨道制动技术有限公司主要产品为国内铁路车辆各种制动配件等。截至 2018 年底，在册员工 326 人，其中在岗员工 316 人。全年实现销售收入 16656 万元，净利润 1600 万元。

【重要纪事】 1 月 30 日，公司召开一届三次职工代表大会暨 2017 年度先进集体和先进个人表彰大会。2 月 9 日，蒙古国交通发展部铁路与海运政策执行协调司司长阿图尔在辽宁省人民政府副秘书长史建新陪同下到公司参观考察。3 月 26 日，公司党委召开 2018 年度群团工作会议。4 月 28 日，沈阳市安全生产监督管理局局长么汝兴、副局长许世萍到公司调研指导。5 月 15 日，公司与中车大连机车车辆有限公司、沈阳地铁集团有限公司合资组建的沈阳中车轨道交通装备有限公司注册成立。6 月 5 日，国资委“处僵治困”专项审计组到公司就“处僵治困”工作开展情况进行调研。8 月 23 日，公司 X70 型集装箱平车厂修样车通过中铁检验认证中心评审。9 月 11 日，由公司承办的中国中车货车企业水性漆使用现场会在沈阳召开。10 月 11 日，中国铁路总公司机辆部副部长王德明到公司调研指导。11 月 26 日，公司 C70E、C70EH 型敞车厂修样车通过中铁检验认证中心评审。11 月 28 日，中国共产党中车沈阳机车车辆有限公司第一届代表大会召开。12 月 20 日，广东华铁股份有限公司总裁王承卫到公司洽谈交流。

【公司党政工负责人】

党委书记　张海涛
董事长　张海涛
总经理　张明东
副总经理　王剑秋　张　权
　信恒文　许英奎
　张召玉
　樊金成（8 月任）
总工程师　许英奎
财务总监　张召玉
　樊金成（8 月任）

党委副书记　张明东　张　进
纪委书记　张　进
工会主席　张　进

（沈阳公司　供稿）

地　址　辽宁省沈阳经济技术开发区开发大路 28 号
邮　编　110142
电　话　024-62053875
传　真　024-62053228
网　址　http://www.crrcgc.cc/sy

中车石家庄车辆有限公司

（统一社会信用代码：91130100663692052X）

党委书记、董事长　王合法

总经理　王　华

【概况】　原由中车股份公司直属。2018 年 4 月中车货车业务重组后，隶属于齐车集团。截至 2018 年末，石家庄公司在岗员工总数 2697 人，其中硕士及以上学历 37 人，本科学历 493 人，专科学历 368 人，中专及以下学历 1742 人。公司位于河北省石家庄市栾城区装备制造产业园区，占地面积 840 亩，建筑面积 18.3 万平方米。全年实现营业收入 254798.24 万元，实现归属于母公司净利润 2922.09 万元，年末资产总额 345845.66 万元，负债总额 220991.38 万元，资产负债率为 63.90%，资产运营质量良好。

【规划发展】　编制并实施《中车石家庄车辆有限公司“十三五”发展规划》。编制公司 2018—2020 年三年滚动发展规划，编制子公司及所属企业基本情况、2018—2020 年三年滚动规划发展主要指标、业务收入利润指标、主要业务生产能力和资源配置指标等 10 余个类别项目，经总经理办公会、董事会、党委会审议通过，上报中国中车。

【经营管理】　以“提高品质 降本节支”为核心，以全面预算管理为主线，持续提升企业运营品质，完成“两金”指标，提前完成新源公司压减任务，公司从业人员总产值劳产率同比增长 16.87%，人均营业收入同比增长 15.53%，总资产周转率同比提高 14%，资产负债率同比降低 3%。坚持高目标引领，实施差异化考评机制，修订《组织绩效管理办法》，明确两个分公司经营管理规定，优化产业管控方式，内生动力不断激发；提升运营效率，保障战略落地，启动流程体系建设；开展管理制度“废、改、立”，理顺职责、规范程序，完成制度修订 200 余项。开展效能监察和专项审计，堵塞管理漏洞。不断完善法人治理结构，依法治企贯穿企业经营全过程，保障企业合规经营。存续管理改革取得重大进展。积极落实企业办社会职能改革，平稳移交家属区物业管理，基本完成医院改革。

【生产运营】　全年获得国铁检修订单 8850 辆、中铁特货公司各类订单 320 辆、国铁新造订单 1600 辆。持续开拓东南亚等海外市场，实现泰国米轨石砟漏斗车出口。获得货车新造订单 1702 辆，货车造修生产总量达到 10889 辆，实现收入 12.43 亿元。充分利用造修资源，持续拓展配件市场，制动梁、通用配件等业务保持增长，实现收入 7406 万元。积极拓展标动空调市场，实现长客公司标动空调批量装车突破，推进四方股份公司标动空调多批量装车，标动空调实现两个主流平台全覆盖；深度融入协同配套，铁路机车、客车市场份额达到 80%以上；大力开拓城轨变频空调领域，市场占有率增幅 70%；深耕 AT、BT 市场，获得欧洲轻轨、高铁订单。列车空调业务年内完成生产 22123 当量台，同比增长 12%，实现收入 12.07 亿元。

【技术创新】 获得 D6 型凹底平车产品型号合格证和生产许可证，完成 K18AK 型煤炭漏斗车和 N85G 型专用平车设计；完成泰国米轨石砟漏斗车研制，韩国转向架启动试用；开展专用运输产品和新型运输模式研究，载重 80 吨新型特种凹底平车形成设计方案。不断丰富检修新品种，相继取得 C70C 等 5 种车型厂修资质和 SQ6 段修资质。深化工艺革新，P65 型棚车内衬改造通过中国铁路总公司评审，实现批量装车；水性漆应用稳步推进，工艺技术水平进一步提升。推进空调变频技术研究和成果转化，完成复兴号动车组、京张高铁智能动车组两个变频项目开发运用；海外产品开发持续加快，成功进入阿尔斯通窄体车地铁、庞巴迪欧洲动车和低地板电车 3 个新平台；空调机组设计仿真、国祥云、空调机组噪声仿真等重点项目研究有效开展。技术成果转化有进步。粮机产品不断丰富，15 吨循环式水稻干燥机通过国家级推广鉴定，50 吨循环式玉米干燥机等 3 种产品完成定型鉴定。环保新材料成果加快应用转化，铁路平车纤维增强复合地板和罐车尼龙鞍座垫木通过中国铁路总公司运用考验评审，环保业务发展后劲有效积累。冷链项目创新突破，掌握核心研发技术和系统集成能力。扎实开展技术管理，完成 3 项中车标准申报，参与 2 项中车企业标准编制，23 项发明专利申请获得受理。

【新产业发展】 城轨市场取得新突破，公司成功中标石家庄地铁 2 号线和 3 号线增购订单共 25 列，合同总额 17.68 亿元；启动全工序生产，完成 2 列共 12 辆车辆组装生产。公司全力推进新能源汽车生产能力建设，年产 2000 辆大中型新能源汽车能力基本形成；依托政府“双创双服”平台，促成政企高层互访，参加石家庄数字博览会，实施重点营销策略；紧跟环保新形势、新要求，推动新能源物流车本地化推广应用，积极引导政府制定产业规划，业务发展领域同步延伸。制订粮机业务战略发展规划，开拓区域市场，新签 15 吨循环式水稻干燥机销售订单 81 台；建立健全售后服务体系，发挥保障优势，售后服务能力进一步提升。加大铁路货车废旧橡胶件回收力度，覆盖全路 90%以上的货修企业和全部车辆段，年内实现回收 8700 吨橡胶件；致力无损剥离技术路外市场运用，桥梁支座钢架实现批量生产供货。全年，环保业务实现收入 6594 万元，利润 1316 万元。环保公司入选河北省“专精特新”中小企业名单。加快冷链装备研制，完成 35000 公里高海拔、大温差、长运距等公路考验和 1000 公里公铁联运，各项性能指标得到充分有效验证；成功召开高端研讨会，获得 1200 台意向需求，正式进入市场化探索阶段。推动能源管控项目成果转化输出，中标眉山公司“神经元式”能源管控系统改造项目。

【人力资源管理】 持续开展优员增效，修订完善奖励办法，优化用工方式，用工总量同比减少222人，劳动力余缺调剂345人次；加强专业任职资格管理，强化员工专业培训，公司各类培训超过万人次，入选中车级核心人才15人，培养高级技师19人、双师人才8人，创建金蓝领和创新工作室7个，企业员工职业能力显著提升；系统开展人才队伍建设研讨，总体方案初步制定。

【质量管理】 深化质量管控方式调整，有序推进三检制实施，工位质量自控能力持续提高；加大现场质量异常解决力度，加快售后服务响应速度，厂外反馈同比下降13%；启动质量信息化建设，科学制定管控措施，质量基础管理能力不断增强，未发生一般D类以上质量事故。

【精益管理】 全面推动精益企业创建，统筹推进“6621管理平台”建设；组织多层次、多维度精益培训，精益理念深入人心；深化精益示范区（线）建设，打造标准工位，实现达标工位与星级示范区（线）全覆盖，现场管理水平有效提升；推动实施以货修MES系统、精益物流建设为主要抓手的19项重大精益改善项目，提升公司生产经营信息化、智能化、科学化管控能力；大力营造提案改善氛围，年内共完成提案2278件；持续深化工位制节拍化生产，货车新造日产达到12辆。推动两化融合管理体系贯标，持续提升信息化环境下的铁路货车精益化造修能力。

【石家庄国祥运输设备有限公司】 公司注册资金4552.63万美元，年内实现销售收入12067万元人民币，净利润17617万元人民币。由于标准化动车市场的突起，动车业务已重新占领公司首位。海外业务由于多个平台业务初步形成，相比之前占比增大。截至年末，公司总资产18053万元人民币，负债79406万元人民币，净资产10112万元人民币。

【邢台中车环保科技有限公司】 公司注册资本1500万元，石家庄公司持股35%；公司持有河北路友铁路机车车辆配件有限公司公司51%的股权，正在办理股权转让程序。全年实现营业收入6594万元，净利润1316万元。回收铁路橡胶件8829吨。6月，铁路平车用纤维增强复合地板、铁路罐车鞍座垫木两种产品先后通过中国铁路总公司运用考验评审，并于8月24日获得两种产品的技术条件和图样。年内，公司掌握的无损剥离技术在铁路外应用实现突破；自主研发的浇铸尼龙产品达到批量生产条件。截至年末，公司总资产6637万元，负债755万元，所有者权益5882万元。

【石家庄中车轨道交通装备有限公司】 公司注册资本17400万元，石家庄公司持股51%，四方股份公司持股49%。主要生产地铁、现代有轨电车、空轨及城际列车等产品。截至年末，公司总资产24913万元，负债8744万元，所有者权益归属母公司16169万元。

【党群工作】 公司党委围绕“强基提效、创新突破”工作主题，深入学习宣传贯彻党的十九大精神，落实“全面从严治党”总要求，牢固树立“四个意识”，充分发挥党的政治核心和领导核心作用。落实主体责任，开展党委督查工作，并有效加强受检单位执行力建设。创新搭建“四个课堂”党员教育管理平台，点亮“形象党课”，规范“理论课堂”，发力“实践课堂”，畅通“空中课堂”，抓实党员教育，巩固“两学一做”学习教育成果，进一步彰显党员先锋模范作用。开展“提升、聚力、筑梦，打造受人尊敬的国际化公司”主题系列活动，全员凝聚力、创造力、战斗力不断增强。狠抓“三会一课”制度落实，完成党支部换届改选，多形式组织党员轮训，党建工作基础进一步夯实。扎实推进“四好”领导班子创建活动，开展打造“政治家加专门家”专项建设，干事创业内生动力更加强劲。强化廉洁风险防控，保障企业健康发展。

公司工会深入贯彻落实党的十九大和中

国工会十七大精神，强化服务，提质换挡，提高工会服务能力、创新能力。开展“强基础 抢发展 求变革”年度劳动竞赛主题，为公司完成各阶段任务提供坚实保障。提升创新工作室的创新能力，推动技术创新活动，为培养知识型、技能型、创新型员工队伍搭建平台。扎实推进评先树模，重新修订劳模管理办法，进一步规范劳模评选和管理工作。严格落实职代会制度，全面修订《厂务公开控制程序》，促进民主管理工作提升。进一步落实集体合同 1+X 模式，签订公司第九期《集体合同》和《2018 年工资集体协议》。落实帮扶救助送温暖，分级实施节日慰问、金秋助学等活动。强力打造书香企业，建成职工书屋 11 个，配发书籍万余册。公司团委创新推出“248 青年学堂”栏目，搭建共享理论学习成果的平台。以“青春使命 热血奋进”主题系列活动为主线，依次开展“学雷锋 树新风 志愿服务半小时系列护活动”“青春律动 唱响石车”等活动，从思想、技术、文艺、体育等多个方面为青年搭建展示风采的舞台。修订《团组织工作制度》，重新拟定《团干部选拔与管理办法》《基层团组织工作考评办法》，严格组织规范，强化组织工作保障。

【重要纪事】 1 月 23 日，公司召开二届二次职工代表大会暨工作会议。1 月 30 日，公司家属区“三供一业”正式分离移交当地政府。3 月初，公司中标 C70E 型通用敞车 1000 辆，取得公司新造车历史上最大批量订单，创造销售收入 37410 万元。5 月 16 日，全国人大常委会副委员长、中华全国总工会主席王东明在河北省委书记、省人大常委会主任王东峰等领导陪同下，到公司调研工会工作。5 月 20 日，公司江西分公司粮机产业的首批零部件顺利交货。8 月 29 日，第 20 批 29 辆 C70E 国铁新造车发运。9 月 29 日，公司举行建厂 113 周年纪念大会和员工运动会。10 月，公司获得“省级安全文化建设示范企业”称号。11 月 30 日，公司工业旅游通过石家庄市旅游局、石家庄市工业信息化局组织复核。

【公司党政工负责人】

党委书记	赵维宗（4 月免）
	王合法（4 月任）
董事长	赵维宗（4 月免）
	王合法（4 月任）
总经理	王合法　王　华
副总经理	高崇生（9 月任）
	张建武　孙瑞林
	陈伟京
	耿祥建（7 月免）
	王宏斌（9 月免）
	唐绍明（9 月免）
	尹立涛（11 月任）
	姚　勇（11 月任）
总工程师	陈伟京（9 月免）
	孙瑞林（9 月任）
财务总监	唐绍明（9 月免）
	高崇生（9 月任）
党委副书记	贾海林（7 月免）
	王　华（4 月任）
	王宏斌（8 月任）
纪委书记	贾海林（7 月免）
	王宏斌（8 月任）
工会主席	贾海林（10 月免）
	王宏斌（10 月任）

（石家庄公司　供稿）

地　址　河北省石家庄市栾城区裕翔大街 168 号
邮　编　051430
电　话　0311-87637642
传　真　0311-87637168
电子信箱　szgs@sjzclc.com

中车山东机车车辆有限公司

（统一社会信用代码：91370100664851254J）

党委书记、董事长　王子长

总经理　李广伟

【概况】　原由中车股份公司直属。2018年4月中车货车业务重组后，隶属于齐车集团。2018年末，山东公司员工总数2894人，其中教授级高级专业技术职称23人，高级职称172人，高级技师44人，技师134人，核心人才58人。公司设有研究院、货车制造中心、15个行政部门、4个党委部门及6家全资子公司、1家控股子公司。公司济南市东、西两厂区与常熟生产基地合计占地面积154万平方米，拥有各类设备3926台（套），其中大型、精密设备169台（套），资产总额76.88亿元。全年实现营业收入46.8亿元，净利润1.2亿元。

【改革改制】　深化货车制造中心机构改革，全面实施扁平化管理手段，提高管理效率，凸显人力资源协同整合效应。通过开展定岗定编工作，精简一般技术管理岗位，实现总部机关编制压缩13.27%，减员27人。启动高技能人才工程，聘任两名“大厂工匠”。依靠国家政策扶持，完成包括十三宿舍供暖改造在内的宿舍区供暖及物业移交工作，进以全面完成“三供一业”移交任务。根据产业发展需要，成立江苏中车环保设备有限公司。撤销公司驻京办事处，完成公务车改革，降低管理费用。

【企业管理】　公司将2018年定位为“精益·品质年”。开展“中高层领导讲精益”30余次。坚持总经理约谈制度，对8个职能部室及子公司精益管理工作开展情况进行了质询、评价和指导。开展C70E、C80B、DB项目模拟生产线和模拟配送线建设，全年共建设标准工位233个，覆盖率93.2%。加强精益人才育成，培养精益专家、内训师、多能工等各种精益人才117名。制定2018年“两金”占用控制目标及管理考核办法。制定《合同审批管理办法》，加强对合同经济效益审核。设立招标办公室，统筹招标管理工作，组织招标采购415次，全年招标签订合同总额12.36亿元。新增3个采购主体开展网上采购，全面完成中车下达的物资网上采购指标。开展物资二级集中招标采购，一级授权集采上报率100%，二级集采率同比增长55.31%。建立风险管理组织体系和制度体系，对内控制度进行了修订。开展PPP业务专项审计和海外业务自查工作，加强了重点业务、重点项目的管控力度。建立健全公司和子公司经营全过程法律风险防控体系，修订完善客户信用管理制度，全年办理客户信用授信评价 62 次。成立公司律师部，妥善处理法律纠纷，为公司避免直接经济损失 855 万元，通过诉讼清欠回款 530 余万元。

【生产运营】 全年新造 13 种车型 5012 辆货车，国内货车 8 种，出口货车 5 种。其中驮背车 37 辆、C70E 敞车 1800 辆、邯钢水渣车 20 辆、C80B 敞车 1800 辆、加蓬敞车 550 辆、莱钢水渣车 20 辆、马来西亚漏斗车 15 辆、加蓬平车 130 辆、双汽车 509 辆、机电工程 17 辆、德国漏斗车 46 辆、GQ70 罐车 50 辆、尼日利亚平车 18 辆。

【科技创新】 完成瑞士关节式集装箱平车、德国 DB 公司汽车运输专用车、加蓬敞车及平车、坦桑尼亚平车、尼日利亚低边共用平车等车型及重庆地铁、合肥地铁、佛山地铁、厦门地铁等工程车设计开发。完成车体静强度试验用模块化支撑平台开发。开发 0.5～10 吨/天净化槽系列产品，应用于常熟分散式农村污水处理 PPP 一期、二期项目和上海崇明农村污水处理 EPC 项目，出水水质达到 1 级 A 标准。完成粉碎型真空泵及旅客列车集便装置移动式清洗机研制。完成时速 250 公里中国标准动车组给排水及卫生系统研制及装机试验。搭建科技管理信息化平台。全年申报各级科技项目 54 项，获山东省经信委技术创新立项 12 项，争取各级经费支持 800 余万元。完成科研项目结题 34 项，获中国中车科技奖一等奖 1 项、二等奖 1 项、三等奖 3 项。获计算机软件著作权 5 项。参与制订 2 项风电行业国家技术标准。完成 3 项中车企业技术标准及 8 项公司级企业技术标准制修订。通过国家高新技术企业重新认定。通过 ISO 17025 国家实验室认可复审及船级社认证复审。

【市场营销】 中标各型铁路货车 4450 辆，合同签约额 18.37 亿元，全年实现销售收入约 16.16 亿元。完成中国铁路总公司四次招标项目投标工作，签订 2600 辆 C70E、1800 辆 C80B 供货合同。为客户提供更新车辆技术方案，并全程协助客户在中国铁路总公司、铁路局、招标代理机构办理各项审批手续，签订 50 辆 GQ70 供货合同。创新营销模式，主动适应市场需求，根据客户需求和现有的运输条件提供特制的产品营销方案，签订 20 辆份专用大部件销售合同。通过派遣专人驻点、采取法律手段等方式，加大应收账款催收力度，完成多经产品回款 7000 余万元。

【国际业务】 出口签约额约 13777 万美元。实现出口销售收入 29700 万元人民币。马来西亚漏斗车、加蓬敞车、德国漏斗车大部件、尼日利亚平车等项目完成生产并交付。签订德国双层汽车运输车、加蓬货车及维保、尼日利亚货车、马来西亚漏斗车、莫桑比克钢轨道岔等一系列货车销售及配件销售合同。英国、瑞士以及德国项目按照计划往前推进，欧洲组装基地调研工作持续进展，并与德国、葡萄牙、波兰、土耳其、塞尔维亚等国家货车企业进行了深入探讨。加蓬项目实现批量交付，设立了加蓬办事处，维保工作顺利开展。加强海外办事处建设，提升办事处的人员配置，尤其发挥欧洲办事处区域中心作用。协同各子公司，重点对风电及环保产品进行海外推介，对巴西风电项目等进行密切跟踪洽谈，签订了尼日利亚集便器等出口合同。

【售后服务】 全年共及时处置 3 起一般 D 类事故、8 起行车设备故障、113 起车辆运用故障，更换 164 辆 C80B 型车 120-1 主阀。在衢州江山、上海闵行、武汉吴家山等地进行 JSQ6 型车驻点服务，共计修复 209 辆 JSQ6 型车配重体升降装置故障和 47 辆 JSQ6 型车拉杆组成裂损故障；顺利完成 C80B、神华驮背车等多个驻点的维护任务，保障全年未发生一般D类事故和行车设备故障定责通报，全年典型故障反馈率为每百辆1.137件，同比下降27.8%，达到用户满意。全年9名售后服务人员对18个铁路局集团公司、40个车辆段、260多个运用、检修车间进行了2～3轮次的走访。顾客满意度CSD的数值为97.826分。

【基建与技改】 公司共有设备3926台，大型精密设备169台。主要生产设备完好率为97.5%；故障停机率0.15%；重大设备事故为0。根据生产状况、落实公司固定资产投资计划，完成新增或更新设备采购固定投资项目36项，签订137台（套）设备采购合同。11月初常熟项目建设完成。2月初雨污水分流改造项目开始启动，6月26日竣工，完成主管网的铺设及检查井的建设，实现雨污水分流目标。根据德国DB公司项目要求，完成电气厂房整修、空压站围护工程以及转向架厂房更换天车轨道改造项目。完成基建改造招标评标工作37项。根据中国中车要求，完成资产清查最终数据确认；进行低效无效资产处置报表及报告上报、中车用地变更系统的信息以及驻京办事机构房产信息上报，并对驻京办事机构资产进行评估和房屋测绘等相关工作。松原资产处置方面，12月13日与松原市、宁江区、雅达虹工业集中区相关负责人对接，形成《与松原市政府就松原基地业务对接报告》。配合中车济南实业公司物业移交改造项目，负责监督管理移交改造项目施工以及付款等相关工作。推进供暖移交，完成2250户采暖工作。对十三宿舍262户进行天然气采暖改造。贯彻落实《中车质量管理体系标准落地实施暨2018年重点工作指导意见》,策划、实施了中车质量管理体系标准实施方案。根据ISO 9001：2015、ISO/TS 22163：2017标准换版要求，组织进行了文件、过程乌龟图、KPI以及质量记录的编制工作，新版质量管理体系文件自4月1日起发布实施，8月通过认证机构对认证审核，取得证书。贯彻落实中车《质量损失管理办法》要求，进一步规范质量损失管理，质量损失得到有效控制，公司质量损失率0.05%。10月，公司轴端螺栓、侧架立柱磨耗板、铁路货车轮对、交叉杆组成四项认证产品通过中铁检验认证中心第二次监督审核。坚持开展群众性质量改进活动，推荐车体车间QC小组提升X70型集装箱专用平车底架附属件整体组装精度等三项成果，参加中车优秀质量管理小组评选。

【能源管理】 公司万元增加值综合能耗0.073吨标准煤/万元，万元产值综合能耗0.0127吨标准煤/万元，完成节能量2128吨标准煤。加强电极热水锅炉采暖期的经济运行管理，电锅炉采暖用电同比减少20万度。6月顺利通过能源管理体系再认证（复评）。继续执行动能费考核指标和阶梯式能源定额双重控制管理,健全节能降耗目标责任考核约束机制，完善公司节能减排规章制度，强化监督管理，规范能源管理流程，确保过程可控，提高管理效率和水平，实现节能减排成效最大化。

【人力资源管理】 根据中车货车业务重组部署，中车山东公司参与组建中车齐车集团有限公司，中车党委对公司主要领导做出调整。全年共选拔任用27名中层管理人员。深入开展“四好”领导班子创建，全面推进和落实公司深化改革要求，理顺管理职能，对公司部分机构进行调整。强化组织机构管理，精简整合总部机构，总部机关编制压缩13.27%。修订完善《工资与效益挂钩分配办法》《公司各产业经营管理者年薪制办法》

《国际销售人员考核办法》《国内销售人员考核办法》，构建工资分配“三项制度”。设计与货车中心、各子公司不同行业特点相适应的分配办法，科学编制年度工资总额预算，制定下发管控实施方案。加强公司人才招聘引进，全年招录、招聘各类紧缺人才 141 人。全年共评选为中国中车级核心人才 27 名，另有 3 人提升人才层次，由专家晋升为资深专家。公司制定并下发《山东公司核心人才管理办法》，对公司级核心人才进行评审选拔。全年培养中车国际化人才 18 人，完成培训项目 71 项，选派 6 人参加境外研修。推进中干精益改善立项，形成立项课题成果 24 项；采用结对方式，组织精益班组长集训 2 期。组织召开高技能人才建设工程启动大会，授牌 3 个技师工作室。

【企业文化建设】 强化品牌营销价值，开展常熟净化槽下线仪式，策划在济南电视台“文化泉城”栏目传播铁路大厂红色基因，围绕省、市新旧动能转换，组织公司产品及品牌传播等系列品牌落地活动；组织开展使命故事征集、商务礼仪培训、品牌关键接触点、精益文化培育等系列活动；在政务网站开辟 BI 建设版块，发布 BI 管理制度、品牌知识等信息，强化 BI 建设督导。先后组织参加中东、印度、南非、美国等 4 个海外展会，牵头组织完成了北京国际风能展、参加了上海国际轨道装备展等两个国内展会。全年编发官微 120 余条，官微关注用户近 4000 人，报纸出刊 19 期，电视新闻 11 期。持续更新完善厂史馆内容和展品，全年共接待参观人员 100 余批、1500 多人次。

【党群工作】 围绕打造中车党建“金名片”和山东公司制定的“精益·品质年”目标任务，充分发挥企业党组织“把方向 管大局 保落实”作用，坚持党对国有企业的领导不动摇，坚持服务生产经营不偏离，坚持做到“四同步”“四对接”，大力推动公司及全级次企业完成了党建工作进章程。修订《党委议事规则》《“三重一大”决策制度实施办法》，研究制定党委会议事范围清单，进一步明确党组织研究讨论重大事项前置程序。建立运行党建质量管理体系，顺利通过了中国质量认证中心的体系认证审核，成为中车首家通过党建质量管理体系认证的企业。全年组织党委理论中心组学习及研讨共计 16 次，出勤率 92.5%。组织副总师以上领导谈精益研讨活动 20 次。在国资委政治巡视中，全方位、深层次查找梳理公司党建和经营管理工作中的问题和不足，研究制定和落实改进措施，年内整改目标全部完成。组织开展“一支部一特色”“我是党员，我就不一样”活动，打造党建特色品牌。修订完善《中层管理人员选拔任用管理规定》，不断提高领导干部选人用人精准度和公信力。建立健全干部考评机制，制定《中层管理人员年度综合考核评价管理办法》，强化绩效目标考核。落实全面从严治党要求，修订完善《中车山东公司深入贯彻落实中央八项规定精神进一步加强作风建设的实施细则》，制定《构建“不能腐”体制机制实施方案》。中央电视台新闻联播和财经频道《深度财经》系列报道公司上海崇明三星镇污水处理示范项目。开设“中层管理人员谈精益”“生产大会战，我们在行动”“提质增效”等报纸专栏。深入开展“六送三关注”工作，加大异地会员“三线建设”力度成为工会送关爱活动新常态。组织青年英语风采演讲比赛，开展“青年大学习”行动，持续关注青年职工成长成才。

【山东中车风电有限公司】 全年实现营业收入 6.5 亿元，利润-4500 万元。中标同煤织女泉四期风电场建设 99.5 兆瓦工程 BT 总承包项目，合同额 7.79 亿元；全年累计取得 90 万千瓦风资源开发权益，核准 10 万千瓦风资源开发项目，中标16.5万千瓦风资源项目开发权，首个自营风场项目——锡林郭勒太仆寺旗骆驼山项目正式开工建设。通过TUV-SUD的现场审核，取得新版质量体系证书。先后以总包方式承建同煤、大泽山、泰来广源3个项目，自建运营骆驼山风电场项目。大泽山项目已实现并网发电，泰来广源项目已完成全部吊装，锡盟骆驼山项目、同煤织女泉四期项目建设正在按计划顺利实施。公司9个在运项目平均等效利用小时数2411小时，高出行业平均水平近15%。

【山东中车华腾环保科技有限公司】 全年实现营业收入15296万元，实现考核利润总额258万元。铁路集便器市场：新造车完成各主机厂160公里动力相对集中动车组样车装车；取得长客、唐山时速350公里标动订单。取得唐山厂古巴车订单，确立了一家海外业务代理经销商。签订杭州芹川镇、潍坊滨海新区室外排水项目。集便器产品售后维保市场，全年中标天津、广州、西宁等5个车辆段全年维保业务，实现北京、上海、南昌等13个铁路局集团公司的配件销售业务。获得一个异地维修基地资质。完成“动车组灰水处理回用装置研制”样机试制及试验，“250公里标准动车组给水卫生系统研制”项目产品已完成在长客股份、BST以及浦镇公司动车组平台上的装车，“集便装置清洗机研制”项目产品已在车辆段正式投入使用。完成公司质量管理体系整体换版认证（修订、完善了67个质量文件）；取得青岛基地客车真空集便装置检修资质和北京车辆段客车集便装置段修资质。全年质量损失率0.04%，外协产品不合格率0.51%。全年完成普通客车集便器671辆。

【江苏中车环保设备有限公司】 实现销售收入10亿元，实现利润6018万元。公司围绕崇明区6镇农村生活污水处理项目设备、材料销售工作，实现销售收入近8亿元；中标靖江市村庄生活污水治理一期工程PPP项目，项目总投资9.8亿元。中标常熟水投两个污水处理设备采购项目，总价为5695万元；与湖南中车环境公司达成1000台净化槽销售意向，已签订合同504台。完成常熟净化槽生产一期工艺线建设项目，实现净化槽模压和组装的自动化组装。

【山东中车同力达智能机械有限公司】 公司实现由为客户提供硬件产品转型提供软硬件结合的信息化整体解决方案商的转型。完成益阳分公司前期建设工作，完成重汽卡车公司国内首条重卡智能装配线的建制和验收。完成高铁检修专用数字化扳手的样机开发，搭建了智能装配系统信息化软件平台，并逐步结合信息化升级需求完成软件平台向货车制造检修、火电燃料管控系统的延伸。立项完成杭州海的自动化生产线体和常州市环保模压生产线和装配线的研制工作，自动化生产线综合运用机器人、自动桁架机械手及伺服控制等先进成熟的工业技术，打造可无人值守的自动化生产线。在轨道交通市场，中标大连所、大同、唐山厂动车组数字化生产线等多个项目。在路外市场，完成净化槽自动装配线项目和国内首条CMC复合材料全自动模压线的研制，验收后使用工况良好。中标哈尔滨市城投首个全自动智能库项目、乌鲁木齐公共停车场和西安市第一医院停车塔库等项目。

【山东中车同力钢构有限公司】 全年实现销售收入8.78亿元，利润2141万元，形成4个分公司和7个生产基地的良好布局。成功中标中交三航局盐城滨海海上风电项目，实现了海上风电项目“零”突破。与远景新能源公司签订法国项目塔筒供货合同。全年实现回款13.01亿元，其中1年期以上应收账款回款3.11亿元，严格控制存货数量。深化精益生产，12 个精益标准工位和安全标准工位顺利通过验收评价。完成混钢塔筒、内附件射钉结构等多个新型塔筒工艺技术消化吸收；实施埋弧焊不清根、数控火焰切割坡口成形技术和试验；开展塔架钢板板材利用率改善课题，板材节 100 余吨。完成第一、二批地铁检修平台生产制造及现场安装，首批海上渔业养殖钢构已交付使用。

【机电装备公司】 全年实现销售收入 7030 万元，实现利润 219 万元。首次以总包身份成功中标济南地铁 R3 线工艺设备包；再次成功中标济南地铁 R3 线轨道工程车及承包项目；按期交付济南地铁 R1 线工程车集成包项目；成功交付亚吉铁路、蒙内铁路平板吊车项目；交付重庆地铁 3 组代表国内先进技术水平的隧道吸尘清洗车。完成 4 项科研项目和 4 种工程车市场项目的开发设计、6 种车型的交车技术支持及投标技术支持工作，完成中车立项项目“国铁线路清洁技术研究”方案设计。全年完成 8 种车型共 24 辆轨道工程车辆的整车生产制造和 16 种车型 5012 辆货车配件加工任务。全年新签订工程车合同 6 个，成功中标深圳、合肥、厦门、佛山等地铁工程车项目。积极推进精益车间和标准工位建设，工位达标率 100%。

【重要纪事】 1 月 31 日，中车集团副总经理贾世瑞到公司考察调研。2 月 22 日，中共中央政治局委员、中共上海市委书记李强视察公司承建的崇明污水处理项目。4 月 11 日，中国中车与德国 DB 合同签约仪式在公司举行。5 月 1 日，风电公司牵头编制的国家标准 GBT 34524—2017《风力发电机组 主轴》正式实施，该标准填补了国家风力发电机组主轴的空白。5 月，全国政协副主席、九三学社中央副主席邵鸿一行考察公司常熟农村分散式污水处理项目。6 月 8 日，公司与大连交通大学签署“中车山东机车车辆公司——大连交通大学产学研合作协议”。8 月，公司生产的济南地铁 R1 号线轨道工程车通过出厂验收。9 月 26 日，公司举行与株洲中车天力锻业有限公司战略合作协议签约仪式。9 月，公司参与研制的国内首趟铁路驮背运输试验班列开行。10 月 24 日 公司筹建的国内首条农村污水处理装备全自动化生产线在江苏常熟投入运营，首台国产净化槽成功下线。11 月 21 日，中车巡视整改第二督导检查组对公司政治巡视整改工作落实情况进行督导检查。

【公司党政工负责人】

党委书记	刘　溥（4 月免）
	王子长（4 月任）
董事长	刘　溥（4 月免）
	王子长（4 月任）
副董事长	李广伟（4 月任）
总经理	李广伟
副总经理	于帮会　杨知猛
	刘少印　郑旺春
	耿家声　代西恩
总工程师	杨知猛（9 月免）
	于帮会（9 月任）
财务总监	刘少印
党委副书记	李广伟　范永强
纪委书记	范永强
工会主席	范永强

（山东公司　供稿）

地　址　山东省济南市槐荫区槐村街 73 号
邮　编　250022
电　话　0531-88305114
传　真　0531-88305138
网　址　bsxw.Crrcgc.cc/sd

中车风电（锡林郭勒）有限公司

（统一社会信用代码：91370100664851254J）

【概况】　中车风电（锡林郭勒）有限公司隶属中车齐车集团有限公司，是中国中车集团为拓展新能源板块市场，投资打造的以整机制造为核心、配套核心配件生产为支撑、运维保养为依托的国内一流兆瓦级风电装备产业园。公司位于锡林郭勒盟太仆寺旗宝昌高新技术产业园区，占地300余亩，专业从事风力发电设备及主要零部件的研发、制造、销售及风力发电工程的设计、建设和技术服务，具备年产500套1.5～3兆瓦风力发电机组及风机配套机舱罩、变流器、主控柜、变桨系统等大部件的能力，市场辐射内蒙、河北、山西等地。全年实现营业收入17046.32万元，利润120万元。

【产品研发】　公司产品主要有2兆瓦、2.5兆瓦、3兆瓦3个平台。其中，2兆瓦系列机组采用公司的2.0兆瓦平台方案，在进行此平台设计时采用ⅢA类风场等级；3兆瓦系列机组采用公司的3.0兆瓦平台方案，在进行此平台设计时采用ⅢB类风场等级。为了考虑后续机组升级的需要，2兆瓦及3兆瓦机组部件的极限强度和疲劳强度均保留了较大的安全余量。另外，机组的极限载荷对湍流的敏感性大于对极限风速的敏感性，对锡盟地区风资源情况分析上看，锡盟当地湍流多数处于C类或以下，根据当地风资源情况进行安全性分析时，机组安全均能够满足要求。2.5兆瓦系列机组采用的是最新设计的2.5兆瓦平台化方案，此平台兼顾2.0兆瓦-3.0兆瓦机组的需求，因此机组部件的安全余量较大。

【市场开拓】　锡盟公司获得太仆寺旗5万千瓦风电场的核准，建设首个自营风场项目——锡林郭勒太仆寺旗骆驼山项目。锡盟基地的设立也为后续开拓平价上网的风电市场奠定良好的基础。

（山东公司　供稿）

地　　址　内蒙古自治区锡林郭勒盟太仆寺旗宝昌高新技术产业园振兴街北侧东环南路西侧通尼斯厂区内
邮　　编　250022
电　　话　0531-88305114
传　　真　0531-88305138
网　　址　bsxw.crrcgc.cc/sd

中车长春轨道客车股份有限公司

（统一社会信用代码：9122000735902224D）

党委书记、董事长　王　润

总经理　安忠义

【概况】　2018年末，长客股份公司员工总数13739人。其中，高级专业技术职称1071人、中级专业技术职称1388人；高级工人技师475人、技师1465人；硕士及以上学历1007人。设立一级机构29个，二级机构123个，全资和控股子公司19个。厂区占地面积396万平方米，建筑面积130万平方米；固定资产原值109亿元、净值57亿元；全年实现销售收入342亿元，净利润26亿元。

【规划发展】　公司为满足跨国经营的发展需要，继续大力实施全球区域性战略布局，搭建了全球化的经营框架，实现了全球市场的全覆盖。在研发布局上，北京、上海、重庆3个国内研发分中心实现实质性研发设计，并在相应领域取得突破进展。公司美国分中心开启了长客方案服务全球市场的新里程；澳大利亚分中心实现了拓展检修运维国际业务、补齐技术短板的功能定位；俄罗斯分中心为莫喀高铁等项目储备了技术资源；欧洲研发分中心组建工作正在积极推进。公司初步实现了研发设计异地协同。在业务布局上，检修运维业务体系基本搭建完成，生产工艺布局调整完毕，进一步完善了研发试验、产品新造、检修运维三大业务并举的主业格局。在认证及标准布局上，公司获得国内行业首个高速动车组部件欧盟互联互通技术规范TSI认证，获得纽约地铁资质认证，标志着公司真正实现了全球市场全覆盖，完成了“三步走”战略第一步的节点目标。在运营布局上，完成了美国中车麻省公司增资、长春车辆公司增资、天津公司登记注册等工作，并根据市场形势需求，进一步规划完善国内外布局。在国内建成了辐射东北、华北、华东、中南、西南以及西北等六大区域的营销、生产、服务网络，在海外规划并逐步推进中亚区、美洲区、中东区和大洋洲区四大区域性全球战略布局，各区域经营的效果初步显现。以波士顿地铁在美国春田工厂下线为标志，开启了跨国经营的新时代。

【科技创新】　公司坚持“自主创新 深度掌控 正向设计 根在长客”16字发展路线，深化技术体系实施。在研发能力建设方面，国家轨道客车系统集成工程技术研究中心、国家工程实验室二期正式启用。在新产品研发方面，以市场和客户需求为导向，开展了京张高铁智能动车组、时速400公里动车组、下一代地铁、洛杉矶地铁、北京新机场线、广东清远磁浮等47个新产品的研发工作。在基础、前沿及核心技术研究方面，牵引制动试验测试平台成功在波士顿项目上开展应用；新能源技术、轨道车辆空气品质和车内环境控制、服务设施人性化设计、激光修复等技术研究取得实质进展；动车组项目全部实现网络系统软件自主开发；初步掌握了复合材料车体关键技术；完成碳纤维车体结构强度试验、电机的软硬件研发和半实物仿真试验平台搭建。在产品平台建设方面，完成了A型铝合金、A型不锈钢地铁车辆平台建设，开展了B型铝合金、B型不锈钢、有轨电车等平台建设，实现系统/部位统型、标准技术文件及模块固化。在工艺技术开发方面，“搅拌摩擦焊技术”通过中车科技成果鉴定，“激光焊技术”“超塑成型技术”在公司波士顿地铁、标准动车组等项目上实现了稳定应用。水性地板布胶黏剂及水性涂料的开发试验取得成功，开发了客室挥发性有机物释放治理新工艺，提升了产品的绿色环保水平。

【生产运营】 公司坚持“市场为纲、效益为先”的经营发展思路，积极推进生产经营活动转型，着重提高效率效益，运行质量不断提升。完善运营体系建设。公司以兑现经营指标为导向，不断强化指标执行过程监控，完善组织绩效管理体系，提升生产组织水平。公司初步完成了物资采购全球布局，逐渐形成了以公司为主导的战略合作共同体。全年降低采购成本3.76亿元，进口物资、设备减免关税及增值税3000万元。持续推进精益改善。公司主产品、主工序、主要零部件全部实现流线生产，全年建成中车级精益车间5个、精益示范线4条，公司级精益车间11个、精益示范线21条。标准动车组生产周期缩短5.1%，劳动效率提升5.3%。新投产项目两模线建设覆盖率达到100%。增强成本管控能力。公司坚持以全面预算为统领，打通了全链条成本管控流程，正在努力搭建全寿命周期、全过程的成本管控体系。

【市场营销】 公司充分发挥国内外布点的市场辐射功能，牢固树立“以客户为中心”的营销理念，逐步从“做销售”向“做市场”转变。在国内铁路客车市场上，建成了北京和沈阳两个配件管理中心，打造了高效、快捷的动车组配件供应保障体系。在国内城铁车市场上，中标广东清远磁浮旅游专线项目，该项目是公司第一个市场化磁浮项目，填补了产品和技术空白。浙江金华—义乌—东阳市域轨道交通工程车辆项目，实现了在长三角地区市场的重大突破。在海外市场上，公司实现了新加坡地铁、埃塞亚吉铁路等8个项目的顺利签约。

【人力资源管理】 公司不断加大人才引进和培养力度，强化干部队伍建设，人才对企业发展的支撑力得到提升。在人才引进方面，公司以“人岗匹配”为原则，全年引进的国内外知名院校优秀毕业生有海外留学背景或海外工作经验人员占比近10%，有力推进了公司国际化进程。在人才培养方面，公司坚持“内部培育为主、外部引进为辅”的原则，积极运用“请进来、走出去”的培训方式，开展了技术、管理、国际商务等各项培训1066项，累计培训58000余人次。以中车国际化人才培养平台及高端项目拉动为依托，完成了61名国际化高级项目学员培训工作，国际化人才队伍初具规模。公司连续4年获得中车“五星HR”单位荣誉称号。在干部队伍建设方面，公司以战略推进为目标，完成了全体中层领导干部的竞争上岗工作，建立了干部的“能上能下”机制。深入推进中层领导干部问责机制，转变了广大干部的工作作风，执行力建设有所改观。

【质量管理】 公司继续以“高度关注产品质量安全风险管理、提升整机产品实物质量和运用质量”为核心任务，加快转变质量管控方式，实现了产品质量与工作质量的双提升。公司将“中车 Q”质量标准贯穿到质量管控各个环节，顺利通过了新质量管理体系标准转换认证。深入开展质量提升活动，坚持“三不放过”原则，深入剖析问题根源，并制定系统性解决措施，全员质量意识得到提升，初步形成了以工作质量带动实物质量为导向的质量文化。公司不断优化质量损失管理平台，强化质量损失数据分析与考核问责。供应商质量管控不断加强，扩大放行检验区域，强化对供应商的评价管理和质量问责，提高了产品一次交检合格率。

【企业文化建设】 公司组织策划开展了 2018 年度“展现新作为 塑造新形象”主题教育实践活动。在全公司范围内组织开展关于“明确定位 认清使命 勇于担当”的专题性学习讨论活动。结合习近平总书记视察中车的重要指示精神，策划了“擦亮‘金名片’，做好中车人”系列活动。不断融入企业生产经营为中心，坚守思想文化阵地、高举意识形态大旗，强化文化管理属性，落实文化再造工作。为进一步提升企业品牌的影响力，公司成立了品牌执行委员会，夯实品牌基础管理。贯彻落实《中国中车 BI 建设 2020 实施方案》，制定营销人员、售后服务人员、公司接待人员等专项员工行为规范，深化行为文化建设。以中车安全工作会议、公司集体婚礼、公司运动会等重要活动为契机，推进公司各类 VI 视觉品牌系统的规范实施和整改督导，完善品牌形象系统建设工作。全年共接待媒体 87 次，在各类媒体上刊发新闻作品 220 篇，中央级媒体 140 篇，外文稿件 15 篇，参与中央电视台《对话》《挑战不可能》《平语近人》等重要节目录制 12 次。正式发布新版企业形象宣传片《行者无疆》，进一步提升了公司的知名度与美誉度。获得中宣部及国资委评选的“国企海外形象建设十佳案例奖”和“中国最佳公共关系案例（讲好中国故事类）银奖”。

【党群工作】 公司党委紧密围绕生产经营中心工作，抓好国资委政治巡视问题整改，持续推进“两学一做”学习教育常态化制度化，加强党组织建设、领导干部队伍建设、党风廉政建设和党组织自身建设。在巡视整改方面，国资委党委第三巡视组政治巡视期间，通过政治巡视，将问题清单式的工作方法，融入到各项管理工作中，为落实发展战略、完成全年任务提供了坚强保障。在企业党建方面，公司党委通过规范换届选举、建立领导班子包保制度等措施，进一步完善了党建基础工作。通过制定《子公司党建工作汇报制度》、推进“党建工作写入公司章程”等措施，进一步强化子公司党建。通过开展可视化党建、“万万千”等党建品牌活动，进一步构建可视化党建工作体系。夯实基础工作，强化组织建设，助力中车集团打造中车党建工作金名片。在干部队伍建设方面，通过推进干部竞争上岗和交流调整工作，进一步优化各级中层领导干部队伍结构。通过组织签订公司级党风廉政建设责任书，开展子公司党风廉政建设监督检查，落实中央八项规定精神、规范公务用车管理的纪律要求，持续关注履职待遇业务支出管理、办公用房管理等八项规定配套制度等举措，加强党风廉政建设和纪检监察工作，为公司发展提供坚强纪律保障。在群团建设方面，通过开展职工岗位技能竞赛，青年集体婚礼，员工运动会，长客青年国际文化节，打造劳模文化、完善劳模创新工作室等活动，进一步突出了职工人文关怀，有效增强了凝聚力。

【公司获得纽约地铁供应商资质】 美国东部时间6月27日，公司获得纽约交通局签署的地铁资格审查合格证书。至此，公司正式成为国内首家可以整车进入纽约地铁市场的轨道交通装备企业。经过严格的资格认证程序及对产品超过一年的实际载客运营考察，2017年7月—2018年6月，公司相继通过车体、系统集成、转向架的资格认证，最终获得了纽约地铁的整车供货资格。它标志着公司实现了“十三五”战略确定的“具备全球市场准入资质，国际市场全覆盖”的“第一步”节点目标。

【公司下一代地铁全球首次亮相】 9月7日，公司根据国家科技部《下一代地铁车辆技术研究及示范应用》项目要求所研制的最新列车，在第四届中国（长春）轨道交通博览会上全球首次亮相。该车采用公司自主研发的国际最高自动化等级（GoA4）的无人运行系统，代表了机械、电子、电气及控制技术在轨道交通车辆应用中的最高水平，也是当时世界最高水平的无人运行技术产品。车体采用具有完全自主知识产权的全球首辆全碳纤维复合材料地铁车体。不仅具有车体减重、节能减排降耗、高安全性和舒适性和使用寿命等优点，更重要的是探索了碳纤维复合材料在轨道交通大批量工业化生产应用的方向和实施路径，成功探索了碳纤维在轨道交通行业应用的材料标准、设计准则、工艺指南、质检标准、试验判定和维护策略等，为国内建立完整的轨道行业标准打下了基础。

【首列墨尔本地铁在墨尔本新港下线】 10月30日，公司研制的首列试验用墨尔本地铁车辆在澳大利亚墨尔本新港生产现场顺利下线。面对极高要求的澳洲标准、中澳方文化差异及当地相关方严苛的审核，公司派出的精锐项目团队，历时23个月，顺利完成了项目设计审核、模型车试制与展示及首列车的制造。

【首列美国本土化制造地铁下线】 美国东部时间12月18日，公司首列美国本土化制造地铁在美国马萨诸塞州的春田工厂下线。这意味着公司已经在“走出去”开展跨国经营方面取得重大进展，在高端市场上取得了实质性突破，不仅在企业历史上具有划时代意义，也把中国轨道车辆产品真正带入国际高端市场，正式开启了全球化的区域经营模式。春田生产基地于4月在当地投产，这是中车在美国当地投资建设的首个车辆工厂。基地分别获得美国麻省工程公司协会（ACEC/MA）授予的杰出工程设计奖和美国《工程新闻纪录》（Engineering News-Record，简称ENR）评选的ENR新英格兰地区最佳制造项目奖。

【智能调试实训设备出口美国】 12月，由中车首席技能专家、公司首席操作师罗昭强带队研发试制的首台美国波士顿地铁智能调试实训设备运抵美国春田工厂，并进行培训前设备调试工作。这是继中车长客地铁车辆进入美国市场后，首次进行车辆智能调试实训设备的技术输出。

【重要纪事】 1月，公司成功研发具有完全自主知识产权的全球首辆全碳纤维复合材料地铁车体。公司中标上海15号线和上海7号线增购（四期）等两个项目。其中，上海15号线列车将采用GOA4等级全自动驾驶车辆。2月8日，中车长客品牌执行委员会和品牌执行小组成立。3月10日，公司美国分公司获得由美国州政府组织发起的纽约轨道交通天才挑战赛活动车辆领域创意大奖。3月13日，公司为吉隆坡国际机场线研制的铰接式市域动车组正式上线运营。3月，公司春田生产基地工程获得美国麻省工程公司协会（ACEC/MA）授予的杰出工程设计银奖。4月19日，公司在北京牵头组织召开国家重点研发计划“先进轨道交通”重点专项“时速400公里及以上高速客运装备关键技术”项目技术方案研讨会暨项目推进会。4月26日，公司举办“中车长客股份博硕楼”揭牌和入驻仪式。4月，公司提交的时速250公里“复兴号”中国标准动车组设计方案顺利通过中国铁路总公司组织的评审。4月，公司研制的首列时速350公里长编标准动车组完成铁科院环线静态160公里等级以下和京沈客专沈阳西站至朝阳站间正线时速350公里等级试验。5月7日，国资委党委第三巡视组到公司检查指导工作。5月，公司京张高铁“复兴号”智能型动车组设计方案顺利通过中国铁路总公司组织的专家评审。6月27日（美国东部时间），公司与纽约交通局（MTA New York City Transit）召开纽约地铁资格审查项目合同关闭会议，公司现场获签资格审查合格证书，公司地铁车体、系统集成、转向架三项资格成功通过审查，正式成为纽约地铁整车供应商。6月，公司顺利通过国家两化融合管理体系认证，并获得两化融合管理体系评定证书。6月，公司成功中标中国首条中低速磁浮旅游专线——清远市磁浮旅游专线项目。7月3日，公司举办西安北至机场城际轨道项目首列车下线仪式。8月6日，公司联合体与北京局集团公司签订配件管理中心合作协议。8月15日，时速400公里及以上高速客运装备关键技术项目技术方案通过评审。9月7日，公司研制的最新地铁列车“全自动无人运行+全复合材料车体”新一代地铁亮相长春第四届中国轨道交通博览会。9月18日，公司产品亮相2018柏林国际轨道交通技术展览会，并与德铁系统集成公司签订了实验认证合作意向书。9月26日，公司入选2018年国家制造业与互联网融合发展试点示范企业。9月27日，公司“下一代地铁车辆技术研究及示范应用”项目通过科技部验收。9月，欧盟认证机构SGS向公司颁发时速350公里中国标准动车组转向架TSI认证的ISV证书，标志着公司中国标准动车组转向架通过了欧盟互联互通技术规范TSI认证的设计认证。10月13日，中车集团总经理、中车股份总裁孙永才到重庆中车长客轨道车辆有限公司考察指导工作。10月18日，国务院国资委党委书记郝鹏在吉林省副省长朱天舒、中车股份总裁孙永才等陪同下，到公司视察指导工作。10月25日，在2018年中车“先进轨道交通”重点专项项目启动工作会议上，明确将由公司牵头组织实施“先进轨道交通”重点专项“公共路权运行环境下非轮轨接触导向运输系统关键技术与装备研制”项目。10月30日，由公司设计制造的首列试验用墨尔本地铁车辆在澳大利亚墨尔本新港生产现场顺利下线。11月5日，公司国家轨道客车系统集成工程技术研究中心大楼揭牌暨启用仪式在新厂区举行，标志公司工程技术研究中心新办公大楼正式启用。11月15日，公司无损检测劳模创新工作室揭牌，标志着公司首个女劳模创新工作室成立。11月16日，公司在异地落户的第二家动车配件中心在沈阳成立。12月5日，中国中车党委书记、董事长刘化龙到香港地铁公司广深港高铁石岗车厂，代表集团党政领导班子慰问坚守一线的公司驻港售后服务员工。12月6日，厦门地铁2号线首列车在客车制造中心装配二车间下线。12月8日，公司中标金华—义乌—东阳市域轨道交通工程车辆项目01标段，中标金额逾11.65亿元。12月18日，首列美国本土化制造地铁列车在美国马萨诸塞州的公司春田工厂下线。12月24日，公司举办哈尔滨市轨道交通工程2号线一期、3号线车辆采购项目签约仪式。12 月 29 日，公司为将检修运维业务打造成公司新的经济增长点，成立“检修运维业务体系建设筹备组”。12 月，公司春田生产基地建设项目获得 ENR 新英格兰地区最佳制造项目奖。

【公司党政工负责人】

党委书记　陈孝敏（4 月免）
　　　　　王　润（4 月任）
董 事 长　王　润
总 经 理　安忠义
副总经理　韩凤武　周传河
　　　　　李景义　于洪波
　　　　　娄彦君　王　锋
　　　　　徐汝君　刘长青
　　　　　张　波
　　　　　刘志泰（9 月免）
　　　　　王献红（11 月免）
　　　　　刘长城（11 月任）
　　　　　王贵久（11 月任）
总工程师　刘长青（兼）
财务总监　徐汝君（兼）

党委副书记　安忠义（兼）
　　　　　　马洪光（11 月免）
　　　　　　王献红（11 月任）
纪委书记　邸晋英
工会主席　马洪光（兼，12 月免）
　　　　　王献红（兼，12 月任）

（长客股份公司　供稿）

地　　址　吉林省长春市绿园区长客路 2001 号
邮　　编　130062
电　　话　0431-87902301
传　　真　0431-82938740
网　　址　www.crrcgc.cc/ckgf

中车大连机车车辆有限公司

（统一社会信用代码：91210200241283929E）

党委书记、董事长　林存增

总经理　连家余

【概况】　2018 年末，大连公司员工总数 10147 人，其中在岗员工 9655 人，高级技术职称 630 人，中级职称 966 人。固定资产原值 49.82 亿元，净值 27.82 亿元。设备总数 4936 台。占地面积 114 万平方米，其中厂区占地面积 81 万平方米，厂房建筑面积 50.4 万平方米。公司设 26 个行政管理机构、8 个党群工作机构、9 个分公司。全年完成营业收入 105.07 亿元，全员劳动生产率 107.50 万元/人年，利税总额 9.20 亿元，利润总额 6.61 亿元。

【改革改制】　检修技术部增加规范、监督、指导、协调检修业务相关职能，并更名为检修部。成立南非德班生产基地和售后服务维保基地，主要负责指导当地制造商进行项目、生产、工艺、物料、质量管理；南非售后服务维保基地主要负责出口南非机车产品的售后服务和维保。做好企业股权管理工作。3 月，公司收购台湾肇源股份公司持有的大连中车有轨电车系统有限公司 49%股权，大连中车有轨电车系统有限公司成为公司全资子公司；4 月，收购中车太原机车车辆有限公司持有的太原中车轨道交通装备有限公司 2%股权，太原中车轨道交通装备有限公司成为公司控股子公司（股权比例 51%）；5 月，参股设立铁美（大连）新材料科技有限公司。推动存续企业改革。10 月 29 日，公司“三供一业”分离移交工作已全部完成；8 月 23 日，办理机车医院划转交割，机车医院正式划入国药（大连）医院管理有限公司。

【企业管理】　深入推进工位制节拍化生产，优化地铁车辆总装和机车总装生产线的生产组织模式，沈阳地铁 10 号线车辆总装周期由 19 天降低至 15 天，模拟线建设被评为“中车优秀模拟线项目”。积极导入物流 MES，取消二级库，地铁总装生产线初步实现一级配送。全面梳理管理线和管理平台核心业务流程，输入输出更加明确，表单化管理扎实推进。产品质量方面，推进“中车 Q”质量管理标准贯标，通过 IRIS 换版和 CRCC 铁路产品认证外部审核，IRIS 外审标准符合度再提高 1 分；开展源头质量整治和质量攻关改进；质量损失定责率 85%以上；国铁机车杜绝了 C 类及以上质量事故发生。健全和完善效绩考核体系，新设一个会议、新建一个制度、新创一个模式，累计召开9次考评会，实施《月度效绩目标考核细则（试行）》，效绩考核开始从结果评价向结果、过程并重转变，形成“周督办、月通报、季评价、年落责”的考核督办模式。形成产品成本管控有效路径，实施降本增效措施145项，降低成本费用15133万元。将成本管控覆盖到产品研制的各环节，以设计为源头，推进经济性评审，大力开展技术方案优化、设计环节成本降低8700万元；制造环节上，通过工艺改进、修旧利废、增加自制等过程管控，降低制造成本。

【生产发展情况】 完成新造内燃机车82台，其中HXN_{3B}型机车18台，DF_{4D}货8台，DF_{4D}客1台，DF_{4DD}5台，GKD0A机车6台，HXN_3型机车（自销）2台，$DF_{10}DDA$型机车2台，CDN10型机车2台，CDD3A1（阿根廷）10台，CKDB（缅甸散件）机车1台，CKDC（缅甸散件）机车9台，CKD0A（香港）机车2台，CKD9B（新西兰）15台，DF_{4D}货（尼日利亚）机车1台。新造电力机车216台，其中HXD_{3D}型机车40台，HXD_{3C}型货运机车84台，HXD_2型机车80台，FXD3型机车样车2台，FXD3-J型动力车10台。城市快速轨道车辆375辆，修理机车52台，修理城轨车辆4辆。

【新产品新技术自主开发】 公司加大技术自主创新力度，新技术成熟度显著提高，新产品研制取得积极进展。机车方面，完成时速160公里动力集中动车组动力车研制，开启了中国铁路普速客运新篇章；牵头研制的3000马力节能环保型调车机车，通过运用考核试用评审，取得阶段性进展，筑实了公司混合动力机车国内领先地位；三款新研发国铁机车以“复兴号”身份亮相中国铁路科技创新成就展，彰显了公司在国铁机车领域的技术实力。城轨方面，新一代中低速磁悬浮列车下线，摘得“中国设计红星奖”；适用于干线铁路的时速160公里城际列车完成主要系统施工设计，进一步丰富了公司城轨产品种类。柴油机方面，16缸D180高速柴油机累计完成3600小时性能开发、机械开发和可靠性试验，排放指标达到EUIIIB水平，在2018年世界内燃机大会上正式发布；6240H柴油机完成施工设计，开始样机组装。核心技术和大部件方面，自主研发的以太网列车控制系统首次装车运用；内燃机车黏着指标大幅提高，变流控制技术实现新突破；成功研制DC600V/AC380V兼容供电柜，实现双制式输出。两化融合扎实推进，协同研发能力助推企业发展。

【市场营销】 国内市场，抢抓货运“公转铁”机遇，承揽中国铁路总公司总计3批次7个车型共计324台机车合同；在中国铁路沈阳局集团公司试点建设配件仓储库，为随用随领、定期清算的配件销售新模式建立奠定了基础；签订13台自销机车合同，其中4400马力交流传动内燃调车机车首次进军路外市场。国际市场，签订48辆尼日利亚阿布贾DMU车辆及维保合同，成为公司首个动力分散式内燃动车组项目；公司携出口新西兰机车等产品亮相亚洲国际铁路展览会，受到海内外广泛关注。各分子公司大力开拓多元市场，全年实现外销收入25亿元。

【售后服务】 公司新造HXD_2、HXD_{3CA}、HXD_{3D}、HXN_3、HXN_{3B}、FXD_{3J}型产品共计224台，检修和谐型机车59台。累计新造出厂和谐型机车共计3977台，整车在质保期内为581台；累计检修和谐型机车1002台，整车在质保期内52台。机车配属18个铁路局（公司）53个机务段，共62个机务段值乘，以及神华集团、广西沿海2个地方铁路用户单位。全年共收到中国铁路总公司、各铁路局集团公司段电报、传真以及现场服务人员外部质量信息报告 2185 件；共接待 9 个铁路局集团公司 13 个机务段的机车监造人员 87 人，乘务员 342 人。举办 13 期培训班，为国内外八个用户培训职工 450 人次。

【多元经营】 全年实现销售收入 10.06 亿元。截至年末，公司所属集体企业有配件分厂、配件二分厂、配件四分厂、工贸公司、粉末冶金厂、中开机车液压附件厂。在册员工总数 1780 人。6 月 30 日，大连机车车辆工厂配件分厂与大连机车车辆厂配件四分厂进行整合重组，成立新的大连机车车辆工厂配件分厂。12 月 24 日，大连盛德机车配件综合制造厂被核准注销。配件分厂和四分厂整合后，确立了产品产业重心向旅顺新区转移，人力资源向原四分厂新产品、新产业领域转移，将已有的优势产品产业做实做强，不断提升工艺水平和从业人员素质，进一步扩大、提升产业规模和综合竞争实力。配件二分厂自主成功开发 160 公里动力集中机车牵引通风机、复冷通风机、储油柜、后墙和侧墙暖风机、主/副脚炉等项产品，实现批量装车运用。粉末冶金厂完成新造机车 335 台，新造城轨车辆 377 辆。工贸公司完成委外产品主要有 160 公里动车 23 台，HXD_{3C} 型电力机车 62 台，HXD_{3D} 型电力机车 23 台，4400 马力机车 18 台，大同八轴机车 160 节，HXD_{3D} 型机车 C5 修 240 列等。

【基本建设与技术改造】 全年完成大连机车旅顺基地建设项目 12 项,其中招标项目 4 项，中标金额 771.4016 万元；完成公司下达的工艺调整项目、技改项目、设备基础及配套设施项目、大修项目、厂区环境综合整治项目等共 56 项，合同金额 564.62 万元；完成大连机车旅顺基地厂房各类维修 29 项、老厂区厂房及建筑物各类维修 160 余项、厂房及建筑物屋面防雨维修 46 项，合同金额约 195 万元。为提升公司 HXD_3 系列机车 C6 检修能力，公司与 DTL 公司进行 HXD_3 系列机车变流装置 C6 合作修，公司负责对老厂区原货车车间厂房内其中的一跨面积约 1000 平方米场地进行改造作为检修场地和采购部分检测设备，共计投资 174.5 万元。11 月 1 日，场地改造完成，具备使用条件。公司与克诺尔车辆设备（苏州）有限公司（以下简称为“克诺尔”）进行 HXD_3 系列机车制动控制系统 C6 合作修，公司负责对老厂区修车车间内燃厂房原检修二班面积约 530 平方米工作场地进行改造作为检修场地和采购部分设备工装，共计投资 948.5 万元。3 月完成场地改造，5 月完成设备、工装采购工作。

【珠海中车装备工程有限公司】 完成北京西郊线 11 列车涂装工作；完成珠海国产化有轨电车第一、二列交车及预验收工作；完成珠海一号线有轨电车第九列的组装、调试、整备工作；完成北京西郊有轨电车第七至十一列车的组装及调试、整备及发运；协助处理台风损坏的在制品清点及上报核实工作；进行工位制节拍化生产的工装、工艺及人员准备工作。基地一期项目中，完成“天鸽”台风厂房受损修复及结算工作，台风受损设备维修及保养；完成备料厂房及物资库防火涂料粉刷工程招标及施工等消防新规范要求内容，并满足珠海市消防局的验收条件和标准；完成珠海基地一期项目消防总验收、职业卫生验收、安全验收、环保验收、节能评审及总验收报告编写和初审，并报送集团等待正式验收；完成“山竹”台风受损现场勘察，损失评估，抢修方案设计和造价预算编制，维修恢复工作进行中。

【旅顺基地项目建设】 旅顺基地一期建设项目签订合同 8 项，合同金额 456.6 万元。完成 2 项消防验收、1 项工程质量验收；完成项目初步设计调整报告，并通过公司“三重一大”决策。旅顺基地二期建设项目签订合同71项，合同金额1736.8万元。项目进入收尾和搬迁阶段，完成4项消防验收、9项消防报验、23项工程结算；完成柴油机气缸盖工段搬迁；完成第三批次54台利旧设备搬迁招标；完成项目初步设计调整报告，并通过公司“三重一大”决策。环形试验线项目完成工程质量验收、环评变更及声屏障技术交流及技术要求会签工作，完成全部项目土建项目决算。总降压站增容及管网配套建设项目进入到收尾阶段，项目签订合同3项，工艺设备已全部转固，档案资料整理完成。能源管控与关键设备智能监控建设项目可研已经取得中车集团批复，进行初步设计。大功率交流传动机车工程技术研究中心实验室建设项目建设可研已经取得中车集团批复，正在进行初步设计。

【大轴重项目建设】 主要完成66千伏降压站和综合站房2项房建工程，以及前两批设备基础工程共58个，66千伏降压建筑面积1099平方米，地上两层，土建工程全部完成。综合站房建筑面积1240平方米，土建工程全部完成。设备基础前两批共58个，已签订合同的工程基本施工完成。先期开工的房建工程，施工合同约定的工程承包内容基本完成，按照合同约定进行了预验收（共9项），除需待消防、智能与信息化等工程完工后进行的内容外，项目按总包合同约定的内容全部完成。工程的分部分项工程中，基础、主体等在施工过程按照规定由质监站和安监站分别组织验收。先期开工的房建工程，施工合同约定的工程承包内容基本完成，未进行预验收（共5项），施工合同约定的工程承包内容基本完成，工程的分部分项工程中，基础、主体等在施工过程按照规定由质监站和安监站分别组织了验收。新购设备共采购完成88台（套），占工艺设备总投资72%。

【中车西北高端轨道交通装备造修基地开工】 5月23日，甘肃省省列重大项目之一的中车西北高端轨道交通装备造修基地项目在安宁区沙井驿现场举行开工奠基仪式。项目的开工标志着中国中车“三基地一中心一总部”战略的全面推进，也标志着甘肃省百亿级高端轨道交通装备造修基地建设正式拉开了序幕。2016年8月，中国中车决定由中车大连公司业务重组中车兰州公司，全方位承接中车西北战略，依托中车大连公司的技术优势、产业优势、管理优势，全面支持中车兰州公司实现转型升级跨越发展。根据中车战略定位和产业规划，中车兰州公司新厂区建成后，将开展城轨车辆造修、和谐大功率机车检修、轨道交通装备核心系统及部件检修、动车组（高铁）高级修等业务，将逐步建成高端轨道交通装备造修基地。中车西北高端轨道交通装备造修基地项目位于兰州市安宁区沙井驿，占地总面积953.7亩，项目总投资50亿元。一期计划投资27亿元。项目建设工期10个月，计划2018年底主体厂房完工。一期项目全面建成投产后，预计可实现年收入45亿元，年实现利税总额达5亿元。

【公司首列新一代中低速磁浮车下线】 11月2日，由公司制造的首列新一代中低速磁浮列车在旅顺新厂区落成，准备进入静态调试阶段。由公司研发设计的时速160公里中低速磁浮列车为铝合金材质，三节编组，两端均设有驾驶室，车辆高度与普通地铁车辆基本相同。该车具有高速度、小弯道、大坡道、低噪音、低振动、少维护、低建设成本的特点。可在轻型道岔钢梁上行驶，载客通过最小水平曲线半径由75米降低至50米，列车最大爬坡能力由70‰进一步提升至100‰。2017年6月，新一代中低速磁浮试验车在上海完成全部线路运行试验，试验时速度达到 121 公里，创造了中低速磁悬浮运行速度的世界纪录。2017 年 8 月，该车通过了 3 位院士为代表的国内磁浮领域顶级专家组评审。2018 年，公司时速 160 公里中低速磁浮列车获得“中国设计红星奖”。该奖项被誉为中国创新设计领域的“奥斯卡”。

【合资合作】 东芝公司全年实现营业收入 141248 万元，实现净利润 14050 万元，缴纳各项税收 21641 万元。主要生产铁路机车、城市轨道及地铁用辅助电源装置、牵引电机、TCMS 机车控制系统等，全国各段装载东芝公司产品的铁路机车数量有 3999 辆。为方便客户整车配套检修，新增了大连公司 C6 检修基地，将部分检修业务转移到客户场地，从人员配备、技术保障、设备安置、产量提升等方面进行不断尝试和改善，为后续其他大修现地化建设奠定基础。公司全年营业收入同比略有增长。当年生产并销售铁路机车配件 89101 万元，同比减少 15%，其中主变流装置 605 台，牵引电机 132 台，TCMS 控制系统 139 台。当年实现检修收入 39331 万元，同比增加 76%。出口收入 8883 万元，同比减少 12%。

【党群工作】 以习近平新时代中国特色社会主义思想和党的十九大精神为指引，按照“稳增长 深挖潜 寻突破”的经营思路，坚持把提高企业发展质量和效益作为出发点和落脚点，强化目标引领，突出问题导向，注重典型引路，夯实基层基础，为推进公司“五化”发展提供坚强保证。通过两级中心组学习、“不忘初心 、牢记使命”井冈山党性教育培训班等形式，持续加强党员领导干部思想政治建设。通过党委书记“七一”讲党课、组织党委中心组学习研讨、编发基层中心组学习专刊、在机车分公司现场开辟党建展示区等多种方式，加强习近平总书记视察中车重要指示精神的学习贯彻。公司党委统筹推进国资委党委政治巡视整改工作,公司领导班子成员落实对联系点单位和包保企业的巡视整改督导责任，扎实推进巡视整改工作。同时，公司党委将巡视整改作为推动党建工作“提质换挡”的重要动力，围绕“两个责任”“一岗双责”“三基建设”“四化问题”等方面，全面查找公司党的建设面临的突出问题，建立完善 16 项制度文件，有效提升了各级党组织的责任意识和工作水平。党委中心组组织 2 期专题大课辅导，集中学习 20 次，全年编发 19 期《中心组学习》专刊。

公司党委重点围绕打造“标准化支部建设‘金名片’”，统筹安排全年党建工作。制定《“标准化支部建设”对标考核评价办法》，明确四大方面 189 个工作标准，树立一切工作到支部的党建管理思路。进一步加强反腐倡廉制度建设，印发公司“不能腐”体制机制实施方案，修订“三重一大”决策制度实施细则和监督管理规定,制定下发《资产损失责任追究暂行规定》《深入贯彻落实中央八项规定精神进一步加强作风建设的实施细则》，修订《廉洁风险防控手册》。年内完成处置检举控告类信访件 11 件，给予 2 名党员党纪处分，给予 1 名党员组织处理。加强宣传，策划了“改革开放 40 周年”“双打造一培育”、尼日利亚总统为阿卡铁路机车剪彩、首列新一代中低速磁浮车落成等专题报道。全年，在中央媒体及省部级媒体上宣传达 40 余篇次。组织开展“擦亮‘金名片’、做好中车人”“讲述机车工匠好故事”等主题活动，完成“最美中车人”“双打造一培育代言人”评选。继续推进公司 BI 建设 2020 实施方案，开展市场营销、售后服务、展览展会专项对标和重点提升工作，完成广州地铁等售后服务站标准化建设。积极发动广大员工参加“双创”主题活动和各类职业技能竞赛，充分发挥劳模创新工作室及高技能人才的模范引领作用。扎实开展“双青”创建活动。公司共有23个单位35个工种开展青年岗位能手活动，青年参与人数达2500余人。21个单位开展353次技术理论培训，13个单位举办48次技术大赛。深入开展“青年文明号”创建活动，28个单位83个青年班组参加创建活动。

【重要纪事】 1月4日，尼日利亚总统布哈里在卡杜纳市为阿卡铁路自公司新购的2台机车和7节车厢剪彩。3月4日，公司召开2018年度国际化人才“631”工程高级项目开班动员会。5月23日，中车西北高端轨道交通装备造修基地项目举行开工奠基仪式。6月21日，由公司生产的HXN_3型高原机车正式承担青藏铁路格拉线每日往返12对客运列车的牵引任务。6月24日，中国首台3000马力节能环保型调车机车在公司下线。7月12日，公司首批出口尼日利亚城铁车辆投入运行。8月27日，由公司设计制造的沈阳地铁9、10号线首批列车正式交付。9月29日，公司缅甸本土化项目制造并运用的首台机车第一次完成载客运行。10月13日，国务院国资委主任肖亚庆，中国中车董事长、党委书记刘化龙，到中车位于南非比勒陀利亚的合资工厂考察调研，与中车员工进行座谈。公司董事长林存增到德班基地指导工作。11月2日，由公司制造的首列新一代中低速磁浮车在旅顺新厂区下线，该车获得中国设计“红星奖”。

【公司党政工负责人】

党委书记 闵　兴（8月免）
林存增（8月任）
董事长 闵　兴（8月免）
林存增（8月任）
总经理 连家余
副总经理 马延臣　梁圣童
高武清　王旭东
曲天威　孙荣坤
高中德
程　强（6月免）
林存增（8月免）
代兴军（9月任）
王大伟（9月任）
朱智勇（11月免）
总工程师 曲天威
财务总监 高武清

党委副书记 连家余
毕　毅（6月免）
张　健（9月任）
张　健（11月免）
马延臣（11月任）
纪委书记 毕　毅（6月免）
张　健（9月任）
工会主席 马延臣

（大连公司　供稿）

地　址 辽宁省大连市沙河口区中长街51号
邮　编 116022
电　话 0411-84198254
传　真 0411-84654245
网　址 http://www.dloco.chinacnr.com

中车兰州机车有限公司

（统一社会信用代码：916201036600438 4X5）

党委书记、董事长　王旭东

总经理　周颜忠

【概况】 2018年末，兰州公司在册员工1855名，高、中级技术人员及高级技工700余名；资产总额近33亿元，厂房面积16万平方米；拥有各类高、精、尖和重型设备2330台（套），具有高水平的理化计量和检测能力。年内，公司正加快实施整体搬迁和转型升级，将在兰州建设中车轨道交通装备产业“三基地一中心一总部”。公司全年实现经营业务收入86518万元，较上年增长254万元，增长0.29%，净利润38018万元。

【规划发展】 按照公司“十三五”发展战略规划，结合中国中车实施重组整合和甘肃省加快实施交通强省战略的机遇期，公司明确了打造“三基地一中心一总部”的总体发展定位。编制了公司《2018—2021年滚动发展规划》，借力大连公司优势资源，持续推进大连和兰州公司业务深度融合工作。协同大连公司分解落实责任目标，取得大连公司HXD_3检修技术支持；积极争取中车集团、中国铁路总公司、铁路局集团公司支持，力争和谐机车全系列检修和驱动等大部件检修落地；主动对接大连公司，选派30人赴大连开展城轨业务和售后服务培训，助力新产业落地。制定《推进“三基地一中心一总部”定位实施方案》，按照“围绕一个目标、推进三大战略、构筑四大支撑、布局六大业务的“1346”发展构想，积极推进“三基地一中心一总部”战略定位落地，努力把公司打造成甘肃省装备制造业排头兵，中国中车在西北地区的“金名片”。

【改革改制】 持续优化机构设置，撤销房建部、老厂规划办公室、新厂规划设计办公室、钢结构分公司、物流分公司，对相关人员、业务等资源进行优化调配。落实巡视整改要求，撤销北京办事处，对人员、资产进行妥善安置。研究制定争取政府有关产业资金、税费减免等奖励办法。立项专项绩效项目27项，完成工程车研制、税收减免、土地处置、吐鲁番公司注销等19项。坚决落实政治巡视要求，全面完成压减工作，完成吐鲁番中车新能源装备有限公司注销工作。积极落实国家政策，公司供水、供电、供暖及物业移交全部签订正式移交协议，共涉及4245户，移交总费用为1.25亿元。按照中车集团公司要求，中车兰州实业管理有限公司将持有的中庆房地产公司100%股权无偿转让给中车置业公司，5名员工劳动关系划归中车置业公司。积极对接兰州市七里河区政府、七里河区教育局，协商原工厂中学教学楼转让事宜；联系评估机构完成对存续资产出租价格评估工作。

【经营管理】 兰州公司继续深入开展以“降本控费，扭亏为盈”为核心，“1+11”为主要工作目标的提质增效专项活动，11项具体工作有序推进。持续加强应收账款管理，全年累计回款11.8亿元。加大“两金”管理，通过规范供应商管理，加强检修过程管控，强化从源头控制检修成本等措施，持续推进精益管理。对141家供应商供应的6362项物资配件进行降价招标谈判，全年累计降低采购成本250万元。利用兰工坪厂区土地处置契机，依法处置低效无效存货等资产6600余万元，为公司搬迁后轻装上阵奠定基础。加大财务费用控制，财务费用较上年减少支出1106万元，下降29.5%。加强存货处置，存货余额2.53亿元，降幅18.65%。加大机车检修攻关力度，完成SS7C整体轮自制加工，DF_{4D}喷油泵、单元制动器、受电弓等项目检修攻关，并成功装车运用，累计降低委修成本210万元。围绕年度经营目标和任务，签订效绩目标责任书，将重点工作完成与年度薪酬挂钩。全面推行管理部室综合打分考评，实现部室员工工资与部门绩效挂钩联动；加强绩效考核结果运用，将绩效评价结果与职称评审、任职资格、核心人才评定、中层后备选拔等挂钩，实现全方位有效激励。围绕机车总组装，带动配套检修，拉动服务升级，狠抓精益改善提案，推进精益体系贯标，强化精益工具应用，标准工位、精益示范线（区）、精益车间等载体建设，顺利通过中车年度精益评价。

【科技创新】 在和谐机车检修工艺技术准备方面，完成HXD_3型机车检修工艺文件42本，检修记录9本；HXD_{3C}型机车检修工艺文件46本，检修记录13本。编制《和谐电力机车C6试修工艺流程图》《和谐电力机车C6修轮驱检修工艺平面布置图（兼容驱动）》等；编制HXD_3/HXD_{3C}型电力机车C6修的总体检修方案；完成《和谐型电力机车C6修静态评估申请资料》的编写和HXD_3/HXD_{3C}型电力机车轮对、轮轴驱动装置高级修技术准备；完成HXD_1型机车构架及附属件检修、和谐机车一、二系弹簧检修攻关，机车空调电源制造和SS_{7E}主变压器解体修等。筹建公司电子实验室，加快由检修到新制的步伐。适应工程机械产品绿色低碳需要，研制成功GCY-400型铁路工程维修车，为开拓台湾工程机械市场提供技术支持。研制的首台XK65-9/540型工矿机车获得甘肃省“创新杯”大赛设计银奖。全年公司取得实用新型专利7项，发明专利8项。

【市场营销】 公司不断优化市场营销激励机制，全年累计订单约16.19亿元，其中新签订单约9.89亿元。机车检修板块全年承揽国铁机车177台，市场份额达到22.4%；全年承揽地方铁路机车48台，合同订单额7753万元。工程机械板块通过加强内部管理、强化市场营销、培育优质客户等措施，全年累计新签订单0.8亿元。与台湾某公司签订5台工程维修车合同，成功挺进台湾工程机械市场。风电板块通过轻资产租赁经营和零资产委托加工模式，成功开拓中亚国际风电市场，全年累计新签订单252套，订单合同额达4.92亿元，较上年增长2.28%。取得哈萨克斯坦国际项目订单并顺利交付客户，风电业务首次迈入国际市场。军民融合方面，依托中车大连公司支持，与兰飞公司开展军民融合项目合作，部分机车电控产品试制成功；与兰州局、金川公司等多家企业签订产业链合作协议，打造利益共同体。公司被认定为甘肃省轨道交通应用技术军民融合协同创新中心，为后续产业合作搭建了平台。

【基建与技改】 兰州公司整体搬迁工作取得突破。5月23日，公司成功举行新厂建设开工奠基仪式。红线外市政配套工程推进方面，供电工程，供水工程，排污工程，供水、排污穿越北编组站双通道护管工程基本完工；天燃气工程完成图纸审查，即将招标建设；排水渠及北环路匝道工程，市政府明确由安宁区政府具体负责建设，完成安宁区政府匝道建设工程招标；排水渠工程已完成施工图设计，区政府常务会同意修建。红线内项目工程推进方面，挡土墙工程D标段已完工，C标段正在施工建设，A标段待适当调整设计后即可开工建设。A、B厂房工程，铁路专用线工程，李黄沟改造工程及李黄沟桥梁工程已开工建设。原址土地处置方面，在兰州市政府的支持和中车总部的协调下，公司兰工坪厂区土地完成变性、转让交易，已收到前两批8.7亿元资金，新厂建设前期所需资金得到保障。原改制企业搬迁安置方面，逐步理清改制企业搬迁安置的各项政策，聘请第三方评估机构对改制企业搬迁有关情况进行了评估。

【人力资源管理】 深入推进薪酬体系建设，制定《公司项目工资管理办法》等制度，优化薪酬分配体系。全面实施定额优化，积极推进市场化灵活用工，严格控制用工总量增长。修改《员工招聘管理办法》，进一步规范员工招聘流程，建立人才选聘评价方法与工具体系。年内，招聘大学生34人、大中专技校毕业生30人。深入推进"核心人才培养"工程，选拔中车级、公司级核心技术人才107人。利用甘肃省、中车技能竞赛和岗位练兵等载体，搭建"学技练功"展示平台，培养国际化人才13人，举办各类培训班11期，机车车间职工王继荣在"2018年嘉克杯国际焊接大赛"中取得个人单项一等奖第三名；实施精益管理系列培训，夯实班组管理。健全大学生跟踪培养工作机制，编制了《见习生见习期间管理办法》，加快高素质人才成长步伐。大力推进高技能人才培养计划，高技能人才占技术工人比例达到54.7%以上。

【质量管理】 严格落实质量责任制，签订质量专项效绩目标责任书，将质量指标完成与分管领导、责任部门负责人职务任免及年度薪酬钩挂。深入开展机车大修质量年提升专项活动、"根治十大陋习，打造质量零缺陷"专项活动，持续加强源头质量治理；重新修订《公司产品质量考评及质量责任追究若干规定》和《质量工资考核管理办法》，打击质量管理上"不担当、不作为"和操作环节中"不认真、不负责"的恶劣行为，持续营造质量管控的高压态势。修订完善质量管理体系质量手册、程序文件及三级文件，更改风险管理程序、记录管理控制程序等程序文件，优化管理流程。开展供应商对规对标专项检查活动，促进供应商产品实物质量提升。强化质量管理体系有效运行，顺利通过ISO 9001和IRIS体系监督审核。

【企业文化建设】 加强对习近平总书记三

次视察中国中车指示精神等内容的学习研讨，为公司转型发展增添新动力。全面开展“根治十大陋习”大讨论活动，凝聚打赢质量翻身仗的必胜力量；制定《微信群管理办法》等制度，开展员工思想动态调查。通过“劳模风采”“聚焦现场”“先进人物专题报道”等栏目，弘扬先进典型。评选最美中车人、最美家庭，弘扬社会主义核心价值观。组织拍摄的微视频“歌唱祖国”首次登陆央视网络春晚；策划组织首次“公众开放日”、全民健身徒步行、健排舞大赛、改革开放40周年成就图片展等活动；邀请人大代表、政协委员考察新厂区，参加地方招商推介会等，助力中国中车品牌传播推广。

【党群工作】 持续推进“两学一做”学习教育常态化制度化，采用理论中心组带头学、基层支部集中学、外请专家辅导学、网络媒体随时学的“四位一体”学教方式，加强对党的十九大精神和公司发展战略等内容的学习研讨；组织近600名党员赴省委党校开展集中轮训；公司领导带头到基层一线上党课39次，提高思想认识和政治站位，提振推动公司发展的精气神。坚持把巡视整改作为落实主体责任的核心，以问题促整改，以整改促发展。巡视清单梳理的71项问题中，立行立改、长期坚持和2018年限期整改的52项问题，已全部完成阶段整改目标。围绕生产经营重点、难点和薄弱环节，确定党建项目化管理课题38项，组织开展成果交流研讨和验收评价。涌现出机车车间党支部党团联动“五步点检法”、动电分公司党支部的“党建双+”、附件车间党支部“七保一争”等一批基层党建特色品牌。围绕作用发挥，深入开展“双提双创双保”党员示范岗创建活动，评选表彰党员示范岗52个，授予红旗党员示范岗5个。围绕质量提升，开展“根治十大陋习，打造质量零缺陷”专项活动，生产作业现场文明状态明显改善。按照党群工作一体化思路，对基层支部党群工作进行日常指导、季度检查、年度评价，督促基层支部扛起党建责任，把“软任务”变成“硬指标”。开展“心存敬畏，行有尺度，做一名遵章守纪的好干部”和《央企领导人员违纪违法警示录》廉政教育活动。打造廉洁文化长廊，扎实推进效能监察，营造风清气正氛围。强化作风建设，开展重点工作督查督办40多项。开展“深化十大行动、落实十大任务、争当十大先锋”劳动竞赛和“安康杯”竞赛活动，以先锋示范的辐射和带动作用，引领员工创新开拓。加强共青团建设，开展“不忘初心跟党走，立足岗位建新功”“增收创效保质量，急难险重当先锋”活动，有效调动广大团员青年的积极性。

【重要纪事】 1月26日，公司风电塔筒首次亮相国际市场，获得哈萨克斯坦金风2.5兆瓦2套塔筒项目订单。2月10日，公司党委开展以“提质增效保增长、创新创优保落实”为主题的党员示范岗创建活动，全力打造公司党建工作“金名片”。5月22日，中国中车党委书记、董事长刘化龙到兰州公司调研。5月23日，中车西北高端轨道交通装备造修基地项目在安宁区沙井驿现场举行开工奠基仪式。项目的开工标志着中国中车“三基地一中心一总部”战略的全面推进。7月10日，甘肃省副省长李沛兴到公司沙井驿厂区整体搬迁建设项目现场，实地调研项目推进情况。8月29日，中国中车集团公司副总经理魏岩到公司调研指导工作。11月20日，公司沙井驿厂区A、B厂房建设开工。12月7日，大连公司党委书记、董事长林存增等领导陪同甘肃省副省长李沛兴调研公司整体搬迁项目推进情况。12月12日，公司首批5

台 GCY-400 型铁路工程维修车新造下线。12 月 30 日，公司完成全年机车检修任务，年度共检修机车 200 台。12 月 31 日，公司累计安全生产 5230 天，连续 14 年实现安全生产年。

【公司党政工负责人】

党委书记　王旭东
董事长　王旭东
总经理　周颜忠
副总经理　王常智　李培优
　　张　军　袁立新
　　刘志祺　李长江
总工程师　张　军
财务总监　李长江

党委副书记　周颜忠（兼）　王　波
纪委书记　王　波
工会主席　王　波

（兰州公司　供稿）

地　　址　甘肃省兰州市七里河区武威路 63 号
邮　　编　730050
电　　话　0931-2946321
传　　真　0931-2867279
网　　址　www. Lzoco.chinacnr.com

中车唐山机车车辆有限公司

（统一社会信用代码：911302216636887669）

党委书记、董事长　侯志刚

总经理　周军年

【概况】 2018年末，唐山公司在册员工10241人，其中高级专业技术职称715人，中级职称1223人，博士研究生9人，硕士研究生901人。公司下设26个职能部室，9个生产单位，6个事业部，13个子公司，占地面积230.59平方米，建筑面积98.54万平方米。公司资产总额243亿元，其中流动资产161亿元，固定资产净额50亿元。拥有设备7266台（套），进口设备942台（套）。全年实现销售收入178.7亿元，净利润14.1亿元。

【改革改制】 根据动车组配属及运营情况，从提高售后服务水平出发，在公司服务事业部服务保障部下增设西南区域服务中心，负责国内西南地区的售后服务工作。从加强西安车辆段动车组检修业务能力出发，在公司动车检修事业部下增设西安维保中心。规范公司国铁事业部和城市基础设施事业部区域营销管理，撤销国铁事业部和城市基础设施事业部下设的区域营销中心，降低减利因素。按照中国中车品牌战略及整体建设规划，成立了品牌执行委员会，向上承接中国中车品牌决策委员会和品牌管理委员会，对内确保公司各项品牌工作顺利开展。

【研发制造平台建设】 产品研发平台建设。公司申报的“轨道车辆绿色智能与安全国家地方联合工程研究中心”获批国家地方联合工程研究中心（工程实验室）。公司工程试验中心申请实验能力扩项，通过中国合格评定国家认可委员会（CNAS）审核，实验资质累计达到54项。实现基于Windchill（技术体系）平台的仿真流程和数据管理，研发技术体系平台与仿真流程管理平台在同一Windchill平台开展工作，实现数据共享及任务协同。搭建面向公司全系列产品的健康管理平台；承担中国中车重大项目《轨道交通车辆车内挥发性有机化合物防治技术及标准制定》，明确了轨道交通车辆的检测方法，形成规范性标准文件3项、专利2项。持续开展车辆轮轨异常振动、晃车报警等问题研究，制定有效、可行的控制策略，为逐步解决动车组运用问题、提升转向架源头设计质量，提供理论和数据支撑。基于材料、部件、结构及车辆的声学数据，开发参数化、模块化、智能化的轨道车辆声学设计及评估数据库，实现系统、快速的声学方案设计评估及优化。深入研究应用颗粒阻尼减振降噪技术，开展粒子阻尼技术在复兴号动车组端墙重点部位、安哥拉内燃动力包关键设备以及时速400公里高速列车上的适应性、有效性和针对性试验验证、方案设计、结构优化等工作，从根本上解决车辆线路局部共振、噪声超标等难题。开展多种类列车防碰撞设计技术研究，形成轨道车辆防碰撞设计、仿真及试验验证的规范化流程和一体化技术平台，解决轨道车辆的被动安全性设计技术瓶颈问题。制造技术平台建设。标准化生产线建设，实现以工位为最小管控单元的人机料法环测等生产要素的标准化、数字化、智能化的整体建设目标；明确了时速160公里动车组物理产线、时速250公里及以上动车组物理产线、转向架数字化生产线、动车组四五级修标准化生产线建设等4条物理线和14条管理线的建设范围。车体智能制造，依托于国家工信部“新模式应用项目”，公司《高速车车体制造新模式》项目入选国家2018年智能制造试点示范项目名单，成为国内首个高速动车组车体制造的试点示范项目；以高速动车组车体制造为对象，掌握高速车车体制造的关键技术和工艺,实现高速车车体研发、工艺和仿真验证的数字化，制造过程、信息采集、物料配送和质量管控的智能化。特殊工艺研究，围绕高速动车组制造，完成双轴肩搅拌摩擦焊的底板和平顶焊接工艺研究；围绕城轨车制造，完成地板、圆顶、侧墙、车钩连接板以及枕梁焊接工艺研究；针对普通碳钢车制造，进行新型碳钢激光焊侧墙结构设计，通过静载荷强度与模态计算实现碳钢激光焊侧墙结构优化。

【新产品研发】 高速动车组研制。时速250公里以上货运动车组研制项目为科技部“十三五”“先进轨道交通”重点专项定向研发的时速250公里以上货运动车组。基于成熟的动车组产品技术和快捷货运需求，以提高动车组经济性和实用性为目标，包括带空调端车和中间货车两种车型，标准轨距，运营时速度350公里，初步确定了动车组的主要结构、技术参数和性能指标。国际市场产品的研制。安哥拉内燃动车组，本批共10列，车辆布局和配置充分考虑安哥拉首都罗安达市的运用环境和地域风情，采用4辆编组（Mc+T+T+Mc）、动力分散布局、动力包车下悬挂模式，最高设计时速度100公里，最高运营时速80公里。利亚4辆铁路客车项目为配属阿卡拉伊铁路的车辆，包括VIP车和会议室车两种车型，标准轨距，运营时速160公里。该产品为尼日利亚高层领导乘坐车辆，内部装饰和设备配置较为高端，会议室内配置语音系统和影视系统，同时配备吧区。普通铁路客车产品的研制。时速160公里新型客车研制项目是公司结合市场环境和内部制造能力研制的一款新型中低速客车，车型为二等座车。车辆运行时速160公里，速度具备提升至200公里以上运行的能力。空调机组采用内藏式结构，车体采用鼓型断面，增强型底架结构，使车体一阶垂弯频率达到19.8赫兹。整车采用基于制造的模块化设计技术，有效节约了车辆全寿命周期成本。城轨车辆研制。无接触网供电城轨车辆关键技术及装备研制项目为科技部“十三五”“先进轨道交通”专项定向研发的新型供电制式100%低地板有轨电车，为国内第一列采用非接触供电制式的车辆。车辆搭载SiC（碳化硅）牵引系统、全生命周期运维监测系统等前沿技术，年内完成车辆总体方案设计，并通过科技部中期评审。高温超导磁浮车关键技术研究及原理样机研制，针对实施轨道车辆构型管理技术体系研究的需求，制定并发布轨道车辆构型管理技术体系实施的总体方案。以时速160公里动力集中动车组产品数据的对象，初步搭建产品设计数据的构型选配样例。清远磁浮旅游专线车辆研制项目为公司为清远磁浮旅游专线开发的新型产品，采用1860毫米轨距，具有蓄电池自牵引功能和自动联挂功能。现代无轨电车技术研究，该产品融合城市轨道交通和公共汽运交通的优势，通过组合式高精度车辆位置实时感知技术，实现自导向循迹协同控制。具有低成本、中运量、高适用、高可用的车辆特点。公司全年申报国内专利316项，其中发明专利214项，通过专利合作条约（PCT）途径申请专利31项，进入国家阶段的外国专利6项；获得国内授权专利198项，其中发明专利38项；获得中国专利优秀奖1项，河北省专利一等奖1项。

【生产运营】 公司动车组生产，以短编标准化动车组（8辆编组）和长编标准化动车组（16辆编组）交替生产为主，全年新造动车组61标准列，完成动车组检修114列。完成新造碳钢车336辆，完成检修客车877辆，实现时速160公里动力集中动车组按工位节拍批量生产，标志着碳钢线产品转型成功。新造城轨车33列，唐山、天津、泉州三地生产工序接续顺畅，生产组织模式趋于成熟。

【产品销售】 全年签订50列CR400BF（8编组）动车组销售合同，9列CR400BF（16辆编组）销售合同，1列时速250公里CRH3A（CJ1样车）城际动车组销售合同，累计签约额118.61亿元。签订114组动车组高级修销售合同，签约额40.87亿元。签订328辆新造碳钢客车销售合同（其中普通客车144辆，时速160公里动力集中动车组184辆），签约额14.21亿元。签订895辆检修普通客车销售合同，签约额10.90亿元。国内城轨产品全年签订合同16.88亿元。其中，签订福州市轨道交通6号线工程车辆采购项目合同，签约额11.38亿元；签订石家庄城市轨道交通1号线二期工程车辆采购项目合同，签约额4.39亿元；签订清远市磁浮旅游专线工程银盏站至长隆主题公园段车辆采购项目合同，签约额0.87亿元；签订天津地铁1号线车辆换线项目合同，签约额0.21亿元。海外市场获得新突破，签订蒙古客车检修维保合同，签约额635万美元；签订加拿大蒙特利尔双层客车项目购销合同，签约额4430万美元。

【市场开拓】 公司国铁市场维持稳定。公司制造的时速160公里动力集中动车组取得了资质许可。其中，公司制造的时速160公里动力集中动车组首次配属中国铁路北京局集团有限公司、中国铁路上海局集团有限公司、中国铁路兰州局集团有限公司；时速250公里CRH3A-0302（CJ1样车）城际动车组首次配属中国铁路沈阳局集团有限公司。国内城轨车市场全年参与招投标项目14个，成功中标福州市轨道交通6号线工程车辆采购项目、石家庄城市轨道交通1号线二期工程车辆采购项目、清远市磁浮旅游专线工程银盏站至长隆主题公园段车辆采购项目。海外市场拓展以欧美发达国家为重点，获得欧洲高端市场进入资格，德国科特布斯有轨电车项目、葡萄牙里斯本地铁项目通过资格预审工作。深挖既有海外市场潜力，先后签订蒙古铁路客车检修项目订单、尼日利亚客车项目订单，签订加拿大双层不锈钢客车项目增购订单。

【售后服务】 公司售后服务工作以满足客户需求为导向，在保持现有业务稳定的基础上，通过经营方式的转变，资源和责、权、利的再分配，积极探索集动车组配件仓储、配送、维修等一站式服务新型管控模式。公司深化局企合作，先后建成上海、广州、西安3个动车配件中心，有效减少动车组配件库存及资金占用，提高配件周转效率。加强运维技术标准化、信息化建设，在实现远程数据定制化监控的基础上，着重推进监控标准优化、重点故障数据库、技术通知管理、故障信息录入等平台的搭建，不断提升动车组运营的管理水平和运营效率。加强与客户的技术交流，先后组织开展培训工作，全年共签订用户培训合同7笔，总金额90.82万元。全年动车组百万公里故障率0.63件，城铁车辆故障率0.075件/月列，新造碳钢车运营质量问题数15件/月，完成动车组、城轨车、碳钢车故障指标。

【基建和资本性项目】 2018年末，公司拥有固定资产总数25029项，固定资产帐面原值78亿元，固定资产净值50亿元。2018年新增固定资产2314项，价值3.65亿元，其中新增设备2298台（套）、房产89302.69平方米；新增费用化工装736项，价值0.89亿元。

【质量管理】 结合质量体系升级换版，开展质量体系策划和质量管理体系审核工作，积极预防重大质量风险。开展“中车Q”标准试点工作,并融入公司经营管理体系有效运行；开展专项审核，实现现场各要素受控，顺利通过ISO/TS 22163监督审核。结合标准化生产线建设，持续推进产品质量提升。基于标准化工位，建立统一的质量标准。开展源头质量控制，重视攻关成果“回头看”，客车检修系统开展质量接收，增加质量投入。指导所属子公司质量体系建设，扎实开展诊断审核和专项培训工作，不断提升子公司质量体系管理水平。公司天津基地针对其对美国费城项目、加拿大蒙特利尔项目细化质量控制，获得业主认可；公司泉州基地开展“万根接线无差错”及“万根螺栓无松动”等特色质量活动，获用户好评。年内，公司获河北省特等、二等及优秀成果奖5个，获铁道行业优秀成果奖2个，被评为中车集团优秀质量成果2个。

【企业管理】 围绕经营管理体系优化，结合公司组织机构调整和体系运行发现的问题。成立生产指挥中心，实现计划管控直达，通过SAP（企管资源计划软件）、Windchill、MOM（制造运营管理系统）、BI（商务智能系统）形成数据分析平台，使生产管理标准化、数字化。全年围绕标准化生产线建设，完成4条标准化生产线、星级生产线及精益车间评价工作。公司申报的《保障企业经营目标实现的企业计划系统协同管理实践》获中国中车管理创新成果一等奖；《基于工程总包项目的PPP体系和平台建设》获全国交通行业企业管理创新成果二等奖。先后开展数据治理项目、ESB（数据总线）建设、结构化工艺平台、质量交付平台及手工焊接联网系统等信息化建设项目。积极推进公司MOM、SRM（供应链协同）三期建设及LES（物流调度执行）系统二期项目建设。针对SAP、“唐车之家”办公平台、BI进行优化整合。持续加强能源管控工作并顺利通过第三方能源体系再认证；充分运用能源监控系统和设备管控平台，纠正不合理用能现象，全年共节约标煤1344吨。

【文化建设】 严格按照中车VI标准，对公司徐州售后服务站、上海配件中心进行统一规划设计；对VI系统中的PPT模板进行修订；对公司文化展示中心进行改造；对公司产品宣传画册进行更新。强化BI建设，先后在4家单位开展BI专项培训;在公司内部开展BI“补短板”活动，系统梳理BI建设工作中的典型经验和存在的主要问题，形成诊断分析报告。持续推进品牌推介活动，借助“改革开放40周年”、中国高铁开通运营

10周年、“一带一路”5周年等热点，积极开展对外宣传活动。完中东铁路展、世界高铁大会等近30个国内外知名展会参展的组织工作。在传统展览形式的基础上，引入“挑战大国工匠”等活动，不断提升企业的品牌知名度和市场影响力。

【人才队伍】 公司全年引进技术、管理、操作类人员113人（含子公司），其中硕士69人。发布《员工职业发展管理规定》等员工职业发展体系文件，组织开展员工职业发展层级初次认定及相关待遇兑现工作，推进员工职业发展体系落地实施。组织完成第二届中车核心人才选拔推荐工作，截至2018年末，公司拥有中车核心技术、管理、技能人才393名，其中科学家1名、首席技术专家2名、资深技术专家28名、技术专家243名、资深管理专家3名、管理专家30名、首席技能专家5名、资深技能专家27名、技能专家54名。开展职业技能鉴定工作，年内培养技师163人，高级技师39人。加强国际化人才培养，累计选派180名员工参加中车“631工程”国际化人才培养项目。

【党群工作】 公司党委以习近平新时代中国特色社会主义思想为指南，深入学习贯彻党的十九大、全国国有企业党的建设工作会议精神，以党建“提质换挡”为抓手，扎实推进党建制度化、标准化、信息化建设。认真落实国资委党委第三巡视组进驻中国中车开展巡视工作要求，积极做好巡视问题整改工作。针对查找出的158项问题，制定352项整改措施，其中2018年应完成整改的问题，全部按期完成整改。修订完善《公司党委会会议制度》《“三重一大”决策管理规定》。将党建工作与经营管理体系相融合，建立党建管理体系，发布《党建管理手册》，规范各项党建制度，通过中国共产党基层组织质量管理体系认证。坚持“围绕生产抓党建，抓好党建促发展”理念，充分发挥党组织战斗堡垒作用和党员的先锋模范作用，深入开展党员立项攻关和党建特色活动，全年共评选表彰党建特色活动49项，党员立项攻关123项。以“不忘初心 牢记使命”为主题，推进“两学一做”学习教育常态化、制度化。完善党员教育管理机制，在全体在岗党员中推行党员量化考评工作。全年累计接收预备党员75名，按期转为正式党员76名。公司纪委将廉洁风险防控工作融入企业生产、经营、管理、业务的全过程，指导各基层单位找准短板，及时查缺补漏，扎牢“不能腐”的笼子。加强党风廉政教育，围绕提质增效、“两金”压降、招标工作等重点领域监督执纪工作，牵头对各责任单位、责任领导承担的政治巡视整改问题逐项进行督导检查，确保各整改项点按时完成。

工会坚持以政治建设为统领，牢固树立“四个意识”，坚持党对工会工作的领导，“五型工会”建设取得实效。全年累计在一线班组（工序）开展教学练比活动705场，1.25万人（次）参加。评选操作创新成果876项，经专家评审奖励682项。共青团组织持续开展“先进思想引领、综合素质提升、优秀文化凝聚、基础工作支撑”四大行动。组织开展了“青年大学习”主题团日活动、“青春奋战勇担当 攻坚克难展风采 确保全面完成年度生产经营指标”主题系列活动等活动。

【重要纪事】 1月2日，河北省委常委、唐山市委书记王浩到公司调研。1月3日，中国中车副总裁余卫平到北京S1线售后服务站慰问售后服务员工。2月12日，中国中车党委书记、董事长刘化龙到广州动车段慰问售后服务员工。3月8日，公司成功加入中国锂电池行业协会，成为该协会唯一一家轨道交通装备制造业会员单位。3月29日，中国中车副总裁楼齐良来公司检查指导工作。4月21日，公司制造的时速160公里动力集中动车组在南疆铁路专线完成大风环境下运行安全专项试验，实现在11级大风下安全运行。5月11日，埃及国家铁路局副主席莫哈姆特一行到公司参观考察。5月23日，由公司、国防科技大学、北京磁浮交通发展有限公司等单位联合研制的第五代新型磁浮工程样车，在国防科技大学试验线运行试验成功。6月20日，公司中标广东清远磁浮项目。7月10日，国家铁路局党组成员、副局长苏全利就铁路装备现代化专题到公司进行调研。8月16日，公司控股的子公司福建南平武夷有轨电车有限公司正式成立，公司主导的首个PPP项目成功落地。8月20日，公司获得由国家铁路局颁发的CRH380BL型动车组维修许可证，成为国内首家获得长编组动车组五级修维修许可的企业。9月13日，德国勃兰登堡州州长迪特马·沃伊德克博士率勃兰登堡州代表团到公司开展企业对接洽谈活动，随后同德国LKT公司签署深化合作协议。9月21日，由公司牵头设计的中国首列长编组时速160公里动力集中电动车组在成都上线开始正线试验。10月22—24日，中国铁路总公司客车厂修检查组在公司客车检修事业部开展厂修质量评价，公司客车检修事业部顺利通过检查评价。11月22日，中央纪委常委、国家监委委员、驻国资委纪检监察组组长陈超英到公司就中央企业应对当前国际国内经济形势的情况、落实“两个责任”情况等进行专题调研。11月28日，由公司牵头研制的时速160公里动力集中动车组，获得由国家铁路局颁发的型号合格证和制造许可证。12月10日，由公司主导的泉州台商投资区污水处理PPP项目公司——泉州中车水务有限公司注册成立。12月24日，国有重点大型企业监事会主席李继平到公司调研。

【公司党政工负责人】

党委书记　侯志刚
董事长　侯志刚
总经理　周军年
副总经理　吴胜权　王文平
叶　彬　陈　亮
李　娇　黄烈威
周新远　郭良金
杨　光（9月免）
尹叶红（11月免）
梁　军（7月任，挂职一年）
邱宝光（12月任）
刘春明（12月任）
总工程师　陈　亮
财务总监　郭良金

党委副书记　周军年
王洪奇（11月免）
李　娇（11月任）
纪委书记　王洪奇
工会主席　周新远

（唐山公司　供稿）

地　址　河北省唐山市丰润区厂前路3号
邮　编　064000
电　话　0315-3089023
传　真　0315-3089025
网　址　www.tangche.chinacnr.com

中车北京南口机械有限公司

（统一社会信用代码：91110000664625580F）

党委书记、董事长、总经理　孙　凯

【概况】 2018年末，南口公司在岗员工总数691人，其中硕士及以上学历35人，本科学历299人，专科学历117人，中专及以下学历240人。固定资产原值9.56亿元，净值5.29亿元。占地面积54万平方米。各类设备1162台（套），其中大型精密设备85台，进口设备83台。设行政部室10个、党群部门1个、经营实体单位6个，合资合作企业6个。全年实现销售收入2.3亿元。

【改革改制】 根据中国中车股份公司批复，经北京市工商行政管理局昌平分局登记注册，成立全资子公司北京中车南口科创园区管理有限责任公司，并将其70%股权协议转让至中车置业有限公司。根据中国中车股份公司批复，经北京市工商行政管理局昌平分局、上海市工商行政管理局闵行分局登记注册，分别合资设立中车福伊特传动技术（北京）有限公司、上海中车福伊特传动技术有限公司，南口公司持股比例分别为51%和50%。

【经营管理】 公司认真贯彻中国中车“处僵治困”系列工作部署，全面落实政治巡视问题整改，按照公司“内部管理提升+全面合资合作”专项治理模式，推动子公司股权交易和福伊特合资合作两大项目实施。与中车置业合作，盘活低效无效资产，年内通过股权协议转让方式，获得首笔股权转让收益，实现公司特困企业治理目标。按照中国中车深化改革“1+19”文件要求，结合公司经营特点，推进混合所有制改革，与福伊特公司在北京和上海分别成立合资公司，完成北京合资公司人才储备工作。公司持续强化内部管理提升，通过专项治理、体制机制改革，各项工作取得重大进展，探索出一条特困企业创新经营模式实现转型发展的新路，公司由生产制造型企业转为投资管理型企业。

【科技创新】 完成山东中车风电公司122机型齿轮箱（NP8B型）设计、展览用NP3风电齿轮箱切口模型设计、株所2.2兆瓦风电齿轮箱方案设计。完成时速350公里中国标准动车组齿轮箱设计、时速250公里中国标准动车组齿轮箱设计试制及装车运用；完成长客160公里齿轮箱设计和试制、青岛四方股份公司变轨齿轮箱设计。完成NGS242B62立方主机开发、NP942A60直联主机开发试制、开利TX3新型线转子试制、开利GEN7转子试制、顺气226新型线转子试制工作；完成40立方米直连压缩机和20立方米NPT209直连压缩机主机机体径向排气孔结构改进工作。科技项目立项21项，科技项目结项结项6个，暂停9个，延续6个；科技费用支出750万元。申报4件发明专利和3件实用新型专利。完成高新技术企业复审工作。

【生产运营】 公司严格生产节点计划考核，提高管理水平。完成主要配件55361件（套），其中HXD_2型技术引进机车主动齿轮2293个、从动齿轮1557个；东风4型机车主动齿轮766个、从动齿轮151个；HXD_2上齿轮箱722件、下齿轮箱743件、抱轴箱848件、轴箱体16件；各型喷油泵3856套、喷油器1359套，喷油器偶件5180副。完成不同型号风电齿轮箱4台、轨道齿轮箱21台；完成不同规格螺杆空压机整机1652台、主机209台、各型系列转子3510对。

【市场营销】 公司处于转型过渡期，各业务板块市场拓展很不均衡，其中风电产品销售收入同比减少77.42%，轨道产品同比增长83.92%，压缩机系统产品同比增长37.44%。受风电市场调控和公司合资进度整体规划影响，风电齿轮箱业务基本处于停滞状态。4台份时速250公里中国标准动车组齿轮箱和2台份时速160公里城际动车组齿轮箱在长客装车，进行运行试验。压缩机产品全年订单充足，整机产品销售收入同比增长48 %。

【基建与技改】 公司严格控制设备维修、基建工程整体费用指标。年度更新改造费用32万元，大修256.89万元。完成丙烷站瓶装间改造安装工程、机电厂和机房改造工程、20吨和10吨锅炉房及轴锻变电站设施拆除工作。完成轴锻南侧变电站变配电设备设计安装及高低压电缆敷设、轴锻开闭站及变配电室设备拆除及拆除后部分变配电线缆改造。完成公司外墙300余米保安电源主电缆入地工程。完成锅炉房等供暖设施及丙烷站拆除。年度节省电费近210万元。

【人力资源管理】 公司结合转型发展实际，推动人力资源各项工作。完成南口科创公司10人招聘、北京福伊特合资公司423人储备工作；14名员工被北京中车长客二七轨道交通装备有限公司录用。完成员工分流安置209人，其中协议解除130人，内退29人，荣誉岗50人。推荐核心人才6人上报中车，其中核心技术专家2人、核心管理专家1人通过评审。完成职称评审，完成技师、高级技师评审。开展培训共计124项，其中内部培训38项，委外培训86项；培训人员866人次，培训课时398学时；举办数控技能大赛，完成11名入职大学生转正定职答辩及竞聘上岗工作，招聘27名高校毕业生。

【质量管理】 公司年内未发生一般D类以上质量责任事故和批量质量问题，外部产品质量监督抽查合格率100%。废止供应商管理控制程序7项质量体系文件，相关内容借用对应内控制度；修订《工艺装备控制程序》，增加《工艺文件控制程序》。250公里标准动车组齿轮箱通过中车质量管理体系专项质量审核。通过埃尔维质量认证中心第二次质量管理体系监督审核，未开具不符合项，保持质量体系证书有效性。组织3份优秀QC小组活动成果上报中车。完成199家供应商业绩评价，其中175家保持合格供应商资质，取消24家合格供应商资质；新开辟23家供应商。发布2018年A版生产性物资合格供应商名录，供应商总数相比2017年C版名录252家减少116家，新增7家，总数143家。送检标准器具及车间计量器具2898件（套），其中外送检定各种量具955件套。

【企业文化建设】 公司加强宣传思想工作，为转型发展营造氛围。年内出版内报3期，制作广播节目45期、发布微信12条。开辟“每周一讲”专题节目，制定《南口公司关于落实意识形态工作责任制实施办法》。针对微信群、公众号，组织开展专项排查，进行统计造册，建立台账。开展“擦亮金名片，做好中车人”“最美中车人”评选活动；通过微电影、音乐、演讲、动画等方式表现中车文化品牌内涵。推进BI建设，开展“打造受人尊敬的国际化公司，我为中车代言”主题海报制作活动，为打造受人尊敬的国际化公司提供行为文化保障。

【党群工作】 公司党委深入贯彻落实党的十九大精神，以习近平新时代中国特色社会主义思想为指导，以打造中车党建“金名片”为目标，以落实政治巡视整改为主线，夯实基层组织建设，深化党风廉政建设和反腐败斗争，为公司转型发展提供坚强思想保证、政治保证、组织保证。开展学习《习近平新时代中国特色社会主义思想三十讲》《梁家河》、习近平总书记视察中车重要讲话精神等专题活动；党委中心组及各级组织认真落实学习培训计划，共组织外出理论培训5批，培训120余人；党委中心组全年组织集中学习15次，组织专题学习研讨3次。深入推进“两学一做”学习教育常态化制度化，各基层党支部组织开展学习70余次，党日活动53次。召开领导班子专题民主生活会，查摆问题23项，制定整改措施34个。政治巡视中，公司共查摆出112项问题，形成266项整改措施和12项整改决议。开展“转变观念、凝聚共识，全力推动企业转型发展”主题活动，立项55个。下发《中车北京南口机械有限公司党务公开实施细则（试行）》等8项制度，修订完善《中车南口公司党建工作联系点制度（修订）》等25项制度。公司纪委集中对公务用车使用情况进行2次专项检查和1次复查；对3个单位党政正职6人进行集体廉政谈话；完成《党风廉政建设责任书》等制度修订，签订承诺书；开展2次集体廉政谈话和2次廉洁教育活动；对3起信访举报进行调查核实。

工会开展“两节”送温暖活动，走访慰问生活困难党员、新中国成立前老党员、省部级劳模等共计201人，发放慰问金17万余元；开展经济技术创新活动，立项25个；制定《群体性信访应急预案》，全年接待来访26批，300多人次；开展职工建家和“六送三关注”活动，走访慰问员工1000余人次，发生费用110余万元。组织青年骨干参加拓展训练培训班；开展“不忘跟党初心 牢记青春使命”“团聚引航新征程 青春筑梦新时代”等主题系列活动。

【合资合作企业】 北京南口斯凯孚铁路轴承有限公司2018年末有员工447人，主要业务包括货车353130B、SKF197726轴承产品新造及修理，地铁及AAR系列轴承产品制造，SKF高铁、动车、机车及地铁城轨轴承产品检修。公司坚持推行SKF生产管理系统，严格质量控制，采取各种举措降本增效，实现持续盈利。全年完成各类轴承产品造、修共计35万套，实现销售收入4.7亿元，同比增长6.8%。

克诺尔南口供风设备（北京）有限公司2018年末有员工173人，全年实现销售收入3亿元。年内生产销售各类铁路车辆及城市轨道系统用空压机1800台、干燥器2800台、风源产品650台，检修空压机960台、干燥器684台、风源模块大修624台。公司风源产品在HXD_{1C}、HXD_{1D}、HXD_1（8轴）、

HXD2（8 轴）、HXD3C、HXD3D、HXN3、4400 马力调车机车、CR200J 等中车集采车型上和“复兴号”350 公里标准化动车组平台持续批量装车。供风单元在“复兴号”250 公里标准化动车组样车平台装车，产品覆盖现行“复兴号”高铁动车组所有车型。完成俄罗斯、东南亚 400 公里速度级别高铁动车用风源产品开发、新引入满足零下 50 摄氏度极寒环境应用 SL16 型供风单元设计开发和样机生产制造，引进克诺尔公司轨道事业部最小螺杆空压机 SL6 及 SL6K 型，形成批量生产并交付客户，V10T 型无油活塞空压机辅助供风单元首次由公司销售。获得“复兴号”供风单元 CRCC 认证，完成 HSE 管理体系年度符合性审核；通过 IRIS03 版（ISO/TS 22163）换版年度质量监督审核，由铜牌升级为银牌，成为克诺尔中国区首家获得银牌企业；完成 CRCC 年度监督审核、克诺尔总部 KPS 和 REX 审核。

【重要纪事】 2 月 2 日，公司召开一届二次职工代表大会暨 2018 年工作会议。5 月 6 日，中国中车副总裁、财务总监詹艳景到公司调研考察。9 月 26 日，公司成立全资子公司——北京中车南口科创园区管理有限责任公司。12 月 6 日，控股成立合资企业中车福伊特传动技术（北京）有限公司，持股 51%。12 月 11 日，与中车置业有限公司签订股权转让协议，转让北京中车南口科创园区管理有限责任公司 70%股权。12 月 13 日，参股成立合资企业上海中车福伊特传动技术有限公司，持股 50%。

【公司党政工负责人】

党委书记　孙　凯
董事长　孙　凯
总经理　孙　凯
副总经理　耿　刚　樊学军　武德全　王　珩　王文颖　魏亦南　穆乃利
总工程师　魏亦南（兼）
财务总监　穆乃利（兼）

党委副书记　宋焕其
纪委书记　宋焕其
工会主席　宋焕其

（南口公司　供稿）

地　址　北京市昌平区南口镇道北
邮　编　102202
电　话　010-51013561
传　真　010-51013956
网　址　www.crrcnk.cc

中车大同电力机车有限公司

（统一社会信用代码：91140200602161186E）

党委书记、董事长　郭胜清

总经理　付拥军

【概况】 2018年末，大同公司在岗员工5648人，其中硕士及以上学历181人，本科学历1514人。占地面积233.75万平方米，注册资本65600万元。设21个行政部室（中心），7个党群部门，13个生产车间（分厂），8个控股（包括合资控股）企业。全年实现营业收入60.07亿元，归属母公司净利润实现2.28亿元。

【规划发展】 编制《大同公司“十三五”优化投资结构和产业布局工作规划》《大同公司通用机电类“十三五”规划中期评价报告》《大同公司新兴产业类“十三五”规划中期评价报告》等规划性文件，初步建立并完善战略规划研究、编制、实施、监控、评价在内的全过程管理链条，使战略规划成为引领公司发展的重要依据。召开公司改革发展及管理提升研讨会，充分结合国资委党委政治巡视工作要求和中车公司关于“十三五”发展战略修订的总体部署，进一步明确公司核心业务、配件业务、多元业务三大板块的发展方向和发展定位。

【改革改制】 持续推进员工职业生涯发展通道体系建设，已覆盖8个部门，并试点实行岗位绩效工资制度。下发《大同公司及所属公司规章制度“废改立”实施方案》，全面梳理公司各项规章制度，开展对标整改。建立完善职能部门与子公司的双向对接机制，深入开展子公司管控实施情况的现场督查、指导，严格督促落实各项监管要求。完成对大同中车斯麦肯轨道运输设备有限公司的“压减”工作。新组建成立北京新科前进分公司，以事业部模式进行管理，助力公司矿山装备业务快速发展。快速推进“三供一业”移交工作，公司“三供一业”移交年底已全面完成。老旧房屋棚户区改造一期工程全面开工。

【经营管理】 持续深入开展以“提高品质、降本节支”为核心的“1+12”提质增效活动，结合政治巡视整改决议年度目标，深入推行月度运营分析会议制度，全面开展月度绩效管理，以年度工作计划KPI、GS指标为重点，执行组织绩效工资考核机制，分季度开展阶段对标分析，实现管理过程纠偏强化。全年累计降低采购成本 8079.89 万元，可控期间费用发生 3.21 亿元，百元收入人工成本 11.45 元，固定资产投资 7283.4 万元。全面开展“提品质”专项对标工作，六大类 18 项专项对标指标明显改善。公司净资产收益率同比增长 6.57%，应收账款和存货周转率分别提高 0.66 次、1.81 次。清理低效无效资产 312 万元，固定资产周转率提高到 3.86 次。全力落实国资委党委政治巡视整改任务，将“降资产负债率”等 9 项工作，纳入提质增效方案中同步推进，公司一年期以上应收账款较上年度减少 1.3 亿元，累计降低成本 9417 万元。通过运用项目管理模式，建立过程管控评价机制，公司永磁直驱客运电力机车研制、矿山装备业务、HXD_2 型机车 C6 级检修、活性炭“双十”项目联调联试等 4 个重点项目快速推进。围绕“主业牵引 辅助协同”的精益运营管理平台建设布局，统筹资源、协同发力，全力推动“两模一线一平台”（模拟生产线、模拟配送线、设计开发管理线和人力资源管理平台）建设。

【科技创新】 公司永磁直驱客运电力机车技术设计通过铁总技术评审，于 11 月 1 日成功下线；启动实施新八轴机车技术改进工作，先后组织完成了双机重联牵引万吨列车适应性试验，小曲线动力学性能、结构疲劳强度专项评估试验；加快推动时速 160 公里动力集中动车组动力车的试验验证工作，并顺利取得制造许可；2 台 30 吨大轴重机车在顺利完成 20 万公里运行考核后，经过解体检查和技术评审，整车技术被认定为“国际先进”，部分技术被评定为“国际领先”。公司全年申报发明专利 33 项，国际专利 7 项，科技投入占比达 4.2%。轻量化时速 200 公里客运机车转向架研制、电力机车通风系统流畅仿真技术平台研究及试验测试项目，分别获得中国中车科学技术二等奖和三等奖，搭建的微机网络控制系统逻辑功能测试台达到国内领先水平。获得电力机车首台（套）重大技术装备保险补偿 1251 万元和山西省研发补助 620 万元。“宽轨电力机车关键技术及系统集成”项目，获得山西省科技重大专项支持 725 万元。

【生产运营】 全年，公司累计生产 96 台新八轴机车和 30 台 HXD_{3C} 型机车，试制了 1 台永磁直驱客运电力机车，新造各型机车共计 127 台（223 节）；完成 95 台套新八轴机车大部件和 14 列（168 个）城轨构架的生产任务。通过实施技术改造和厂房平面布局调整，顺利通过 HXD_2 型机车 C6 修静态评估；首台 C6 级检修 HXD_2 型机车成功落车。各型号 HXD_2 系列机车驻段合作修，以及轮对轮驱检修工作稳步推进，完成 16 台直流机车检修任务。公司重点推进炭化工序及活性焦生产线的优化整改及调试工作，加快炭化线安全技术整改工作进度。年底，完成项目环境保护、节能减排等 6 个专项验收。公司首台 CR240E 矿车完成试制组装，并进行了满载试运行和“双燃料”调试试验。先后与澳大利亚必和必拓矿业公司建立合作关系，与智利 PTT 公司签订矿车合作代理商协议，与鞍钢集团签订矿车工业性试验协议。公司高度重视安全环保和能源管理工作，先后组织策划了“反三违”“安全生产月”等活动，公司安全生产突破 3000 天。积极响应国家生态保护政策，出台《生态保护污染防治攻坚战三年行动方案》，淘汰使用多年的燃煤锅炉。

【市场营销】 公司积极参与国铁市场 3 次招标，成功取得 96 台新八轴机车、30 台 HXD_{3C} 型机车和 95 台新八轴机车成套大部件订单。连续承揽 14 列城轨构架。新承揽丰台段新八轴机车 C4 合作修业务，湖东段、西安检修段新八轴机车 C5 合作修业务，公司 C4~C5 合作修业务范围已基本实现 HXD_2 系列机车配属局段全覆盖。年内，公司中标 21 台直流机车检修订单，直流机车检修业务创造了历史最佳销售业绩。公司研制的 30 吨大轴重机车多次实物参展国内国际展会。

【人力资源管理】 公司制定《人才招聘工作管理办法》，在开展校园招聘的同时，积极面向社会招聘人才，全年共招聘各专业人才 93 名。健全完善公司核心人才管理办法，试点推行员工职业生涯通道建设，31 人被评为“中车技术管理专家”，核心人才队伍进一步壮大。公司员工在“嘉克杯”国际焊接大赛和全国焊接机器人操作竞赛中，均取得优异成绩。

【质量管理】 公司以“强化质量意识，完善工作标准，严格过程管控”质量提升活动为主线，以客户需求为导向，多措并举全面提升产品质量。质量管理体系换版升级为 ISO/TS 22163 标准。作为“中车 Q”质量标准体系的试点运用企业，编制下发《“中车 Q”标准落地实施工作方案》，并组织开展标准实施工作。开展以“提升工艺管理水平，铸就同车制造品牌”为主题的百日攻坚活动，“质量是企业生命，质量就是尊严”质量安全讨论活动，“问题导向 聚力改进”新造机车质量提升劳动竞赛活动，以及机车大修质量年提升专项活动，机车新造和检修质量均得到有效控制。全年，公司新造和检修机车的一次交检合格率均为 100%；质量损失率为 0.44%，同比下降 0.23%；机车机破率为 0.22 件/百万公里，同比下降 0.08%。

【企业文化建设】 公司积极参加国内外大型轨道交通装备展览会，多维度在中央及省市媒体开展宣传报道，被中央电视台中文国际频道《走遍中国》栏目以专集的形式进行了宣传。按照办大报思路，在《前进报》增加社论、评论类深度文章，同时围绕生产经营焦点内容，积极引入广大员工声音。设立“文化品牌月”，集中开展品牌公关活动。大力推进 BI 建设，员工行为素质整体提升。持续推进精神文明建设，调研提炼了公司新时期“前进”精神，在广大员工中开展学习弘扬新时期“前进”精神系列活动。

【党群工作】 公司党委始终坚持加强政治建设，全方位、全覆盖开展了习近平新时代中国特色社会主义思想和党的十九大精神，特别是习近平总书记视察中车重要指示精神的学习宣贯。及时修订政治理论学习制度，完善学习计划推送机制，强化交流研讨学习，构建可视化阵地，丰富宣传教育载体渠道。持续推进“两学一做”学习教育常态化制度化，发挥领导干部“关键少数”示范作用，不断推进党建与生产经营深度融合，研究制定《深入贯彻落实习近平总书记重要指示精神 推动公司实现高质量发展的实施方案》，确保党中央、国资委党委以及中车党委重大决策部署在公司的落实落地。制定实施意识形态工作责任制、舆情工作管理、新媒体运营管理等多项新制度，在公司内建立起了舆情应急响应处置机制、基层二级新媒体平台备案管控机制。完成全级次企业党建进章程，并积极推进合资企业章程修订，确保了党组织在公司治理中的法定地位。持续健全党委会会议、“三重一大”决策等制度，严格出资人委派要求，健全完善董事会议事规则、重大信息报告及信息披露管理制度。坚定推进巡视整改，紧扣“六围绕、一加强”，组织公司主业及全级次 9 家控股子公司和 1 家存续企业开展了多轮次政治巡视问题查摆工作，共梳理出企业党建和经营管理方面问题 367 项。坚持构建长效机制，全面开展规章制度“废、改、立”。深入实施扭亏治亏、“两金”压降、防风险强合规，公司经营品质不断提升。完成党建工作质量管理体系升级换版，制定 82 个党建工作规程及流程图，细化制定党委主体责任清单、纪委监督责任清单和领导班子成员“一岗双责”责任清单，与 45 个基层党组织签订《党建及党风廉政建设责任书》。科学构建考核评价办法，将基层党建工作纳入年度目标责任考核体系，增加党建赋分权重。以中车党建“金名片”建设工程为统领，充分结合公司党建工作实际开展相关工作。坚持党管干部、党管人才原则，持续加大干部轮岗交流力度，开展副总师层级人员专项清理，全面推行公开竞聘制与任期制，加大中层干部年轻化、专业化选拔力度，中层管理人员队伍结构持续优化。完善了中层管理人员岗位信息库，健全了中层管理人员职位体系和任职资格标准体系。开展后备人才推荐选拔，共确定中层管理岗位后备人才 102 人。同步开展线上线下培训，干部队伍综合能力素质不断提升。制定《领导干部改革创新容错纠错机制实施办法(试行)》，充分激发领导干部改革创新激情和勇气。坚定夯实党建基础，对新成立机构及时增设党支部并补齐党务人员。加强“三会一课”、民主生活会等基本制度执行，基层“三会一课”平均参会率达到 96%以上，领导班子成员 100%落实双重组织生活制度。持续改进调研工作模式，建立了党建问题定期梳理研究机制。对基层党支部书记和组织委员开展了集中轮训，全面提高了党务人员队伍的专业性。全年共发展党员 40 名。持续优化党员结构，生产一线无党员班组占比较年初下降 12.7 个百分点。策划开展了“不忘初心跟党走，牢记使命铸辉煌”党内特色活动，全年共开展党支部特色活动 58 项，党支部先锋工程 146 项，党员先锋工程 322 项。开展走访慰问生活困难党员和老党员活动，累计发放慰问金 24.2 万元。坚定加强作风建设，专题研究部署党风廉政建设和反腐败年度重点工作及目标任务，制定《公司构建“不能腐”体制机制的实施方案》《公司资产损失责任追究管理办法》等制度，不断扎紧制度笼子。组织 701 名中层以上领导干部、关键岗位人员及纪检监察人员签订了《党风廉政建设责任书》和《廉洁自律承诺书》，建立党员领导干部廉政档案，坚决筑牢廉洁自律责任防线。严格落实纪检监察部门“三转”要求，开展了纪检干部人员和基层单位党风廉政监督员专题培训。自主策划开展了“懂纪律、守规矩”主题系列教育活动，严格开展效能及专项监察，不断畅通信访举报渠道，强化全员监督。

工会组织广大员工开展了“打好四个攻坚战 保生产经营任务兑现”劳动竞赛活动。开展“拜师学技”，推进标准化劳模创新工作室创建等工作，促进员工业务技能水平大步提升。开展“送温暖”工程，发放送温暖资金共计 106 万元，为患大病职工 91 人发放职工互助合作基金共计 38 万元。团委开展了“擦亮‘金名片’，青春勇担当”主题劳动竞赛活动。组织公司青年志愿者服务队与大同市特殊教育学校发起“关爱聋哑儿童 温暖无声世界”志愿服务活动。

【下属子公司】 大同中车爱碧玺铸造有限公司（简称 DCACC）是大同公司与美国 ABC 铁路产品中国投资公司共同投资组建的中国第一家以生产铸钢车轮为主的中外合资企业。至 2018 年末，公司有各类设备 1500 余台（套），生产的铸钢车轮覆盖巴西、印度、澳大利亚、南非、坦桑尼亚等国家。年内，公司通过 ISO 9001 质量认证复审和中国铁路总公司 CRCC 产品认证年度审查；通过 AAR-M-1003 年度复评审核和 AAR-M-207/208 年度技术审查；通过 ISO 14000 环境管理体系复审和 ISO 18000 职业健康安全管理体系复审。全年公司实现销售铸钢车轮 27.5 万片，完成年度预算 115%，实现营业收入 6.1 亿元。

大同中车煤化有限公司注册资本 2770 万元，主要从事活性炭生产、销售，机车相关产品，环保设备等业务，是以活性炭为主业、喷涂和气体多元发展的综合企业。年内，顺利完成 NSF 年审，申请并通过 Halal 认证、Kosher 认证和质量管理体系认证。与欧洲、韩国、日本等国外直接采购商建立联系，直接出口原煤破碎炭和压块炭，以及粉状活性炭 2200 吨，公司国际市场的影响力进一步提高。全年公司营业收入实现 12517 万元，其中活性炭实现销售收入 8028 万元。

北京中车赛德铁道电气科技有限公司注册资本 7116 万元，是由中车大同电力机车有限公司投资组建的国家级高新技术企业，是行业知名的车顶高压电器产品系统集成供应商。拥有北京、大同两个生产基地，占地面积约 20000 平方米，有各类设备 138 台（套）。公司拥有授权专利 113 余项，发明专利 26 项。3 月 14 日，公司《动车组 CED1 型高压电气箱研制》项目荣获中车公司颁发的科学技术奖二等奖。7 月，公司通过了中国合格评定国家认可委的现场评审，取得 CNAS 资质认证，标志着公司实验室具备了高压电器方面的规范化检测能力。全年公司实现营业收入 38000 万元。

大同中车重工有限公司是中车大同公司立足多元化产品发展组建的全资子公司，注册资金 1 亿元，厂房面积 3 万多平方米，拥有各式桥式天车 23 台，各类生产设备 210 多台。主要从事农牧机械、煤矿机械、冶金机械、起重机械及大型钢构、铁路工程机械、变压器维修板块、矿车等产品的制造和修理业务。年内，完成 GCD300C 轨道车车体制造及走行部研制；完成首台 CR240E 型矿用自卸车组装试验工作。全年公司实现营业收入 7020 万元。

中车中电轨道装备有限公司是中车大同电力机车有限公司联合中国电气进出口有限公司在白俄罗斯成立的海外合资公司，同时是也中车大同公司在境外成立的首家控股子公司，注册资金 100 万美元。公司涵盖轨道交通产品维修、保养、销售、技术咨询等多方领域。全年实现营业收入 1596 万元，利润 444 万元。

世纪华扬环境工程有限公司注册资本金 5110.2 万元，是一家专注于污水、废气、固废环保处理的综合服务商。公司拥有水、气、固废环保处理先进成熟的技术，在工程设计、方案咨询、可行性分析、工程施工、设备制造、调试、运维等方面具有丰富的实践经验，能够在工业和市政污水、废气、固废处理领域提供集技术咨询、工程设计、总承包、运营维护、安全应急等一体化环保管家式服务。公司拥有专利 40 项，软件著作权 1 项。全年公司共新签合同 21 份，实现营业收入 16230 万元。

和县中车环保科技有限公司是中车大同电力机车有限公司的控股子公司，注册资金 2520 万元，是为服务和县乡镇污水处理 PPP 项目而组建的 SPV（特殊目的实体）公司。公司主营乌江镇、石杨镇（含绰庙社区）、功桥镇、善厚镇等乡镇污水处理厂（站）及配套管网设计、建设、运营、移交。项目合作期为 29 年。年内，公司完成了乌江镇、石杨镇（含绰庙社区）、功桥镇、善厚镇总计 5 座污水处理厂（站）及部分配套管网建设。

惠州中车环保科技有限公司是中车大同电力机车有限公司的控股子公司，注册资本金为 5989 万元，是针对“惠城区 PPP 模式整区推进农村生活污水处理设施建设项目”组建的 SPV（特殊目的实体）公司，主营生态环境治理及污水处理工程建设、运营和维护。公司各项工作推进流程逐渐步入程序化、常态化，污水处理设施全年完成设计 68 座，动工 37 座，全面完成建设 19 座，污水处理设备入场 23 座，完成电源安装 20 座，通水运行 18 座。

【重要纪事】 1 月，公司第一台时速 160 公里动力集中动车组动力车试制工作圆满完成。2 月 9 日、10 日，中车集团党委常委、副总经理贾世瑞到公司先后座谈、慰问职工。3 月 9 日，中车集团党委常委、副总经理魏岩到公司指导工作。3 月 21 日，乌克兰铁路公司技术工程部部长科洛特 V.S. 到公司考察。5 月 6 日，公司试验中心顺利通过 CNAS 复评审。5 月 10 日，交通运输部副部长刘小明到公司调研。6 月 1 日，铜陵有色金属集团股份有限公司副总经理丁士启到公司洽谈矿车业务。7 月 5—6 日，铁路总公司专家组到公司调研 HXD_2 型机车 C6 修工作准备情况。8 月 6—7 日，中车股份公司副总裁、党委常委余卫平到公司检查指导工作。8 月 22 日，公司 30 吨大轴重机车通过铁总技术评审。9 月 27 日，公司 HXD_2 型机车 C6 修通过静态评估。10 月 25 日，公司时速 160 公里动力集中动车组动力车型式试验圆满完成。11 月 1 日，公司第一台自主研制的永磁直驱客运电力机车成功落车。11 月 27 日，公司首个立体车库正式运营。12 月 6 日，公司永磁直驱客运电力机车例行试验顺利完成。

【公司党政工负责人】

党委书记　郭胜清
董事长　郭胜清
总经理　付拥军
副总经理　李贤有（6 月免）
　陶　逯
　王冬梅（8 月免）
　赵明元　沈立德
　杨东平　王宇飞
总工程师　赵明元
财务总监　贾海林

党委副书记　付拥军　郭同生
纪委书记　边东宏
工会主席　郭同生

（大同公司　供稿）

地　址　山西省大同市城区前进街 1 号
邮　编　037038
电　话　0352-7162133
传　真　0352-7162022
网　址　www.crrcgc.cc/dt

中车永济电机有限公司

（统一社会信用代码：91140881664458751J）

党委书记、董事长　南秦龙

总经理　肖安华

【概况】　2018年末，永济电机公司在册员工5163人，技术及管理人员2215人，大学本科及以上学历1774人（硕士411人、博士8人）。占地面积164万平方米，拥有各种机械动力设备4344台（套），固定资产原值23.76亿元。设45个一级机构部门、16个二级机构部门，其中中外合资公司2个（西安中车永电捷通电气有限公司、西安阿尔斯通永济电气设备有限公司）、海外子公司2个（印度中车先锋电气有限公司、南非中车永济电机有限公司）。全年实现营业收入73.6亿元，归属母公司净利润5.8亿元。

【规划发展】　开展“十三五”规划对标/年度询审工作，综合评价“十三五”规划执行情况，组织研讨并修订完善“十三五”规划。按照“围绕战略，保证重点，促进发展，量入为出，总量控制，突出效益”原则，对公司产业结构调整进行全面规划，积极推进优化直驱产业布局；拓宽全球化产业领域，建设印度、南非、俄罗斯、巴西等四大区域业务平台。开展股权投资，组建永济SPG合资公司，实现南非本地化生产；探索新型经济模式，发展混合所有制经济。推进企业供给侧结构性改革和高质量发展，完成针对中车机电业务板块重组的建议草案，确定了永济电机公司、大连电牵公司先行整合方案及计划。根据《中国中车集团有限公司战略合作管理办法》，起草《中车永济电机有限公司战略合作管理实施细则》。

【企业管理】　推进市场化改革，通过划小核算单元，赋予各业务单元更大的自主经营权，优化西安永电公司、西安捷力公司、机加分公司、电机分公司等组织机构，建立模拟市场结算机制，确定内部结算规则。全面推进可视化管理,已建立企业级、部门级、车间级、产线级、工位级5个层级的可视化管理标准，将企业管理制度、流程及重点工作计划、企业BI等纳入目视化管理范畴。推进管理体系变革，以经营过程为主线，融入13个认证体系要素，构建完成公司多体系融合模型。推进“两化融合”管理体系贯标并获证书。

【生产运营】　实施预算管理，规范经营行为。健全、完善全面预算管理制度，预算目标与考核指标相结合，按月进行过程监控，全年预算执行偏差控制在指标范围以内。强化绩效管理，促进绩效提升。建立正向激励指标库、绩效指标跟踪分析与调整优化机制。加强过程监督和结果评价，确保各项指标改善提升。完善项目管理，提升产品交付能力。搭建项目管理信息平台，完善问题清单机制，提升运作效率；制定《分子公司项目管理办法》，明确分子公司管理流程；提升物料齐套性，全年共运行项目 164 个，项目交付正点率增至 96.59%。深化精益管理，助推运营指标改善。实施精益研发，设计成本降低 10.67%，开发周期缩短 21.3%，标准化率提高 16.8%。借助中车购初步实现与供应商业务协同。实施精益采购，上网采购率 94.22%，缩短采购流程周期 50%，降低成本约 982.8 万元。优化工艺布局，细化标准工位建设，开展面向工位的成本管理，产线节拍兑现率提高 6%～24%，电机产品单台降成本 530 元～22120 元。

【科技创新】 推进精益研发关键要素提升，列车级半实物仿真平台投入应用。知识工程平台实现研发知识的结构化聚集与信息化检索。完成捷通与修配公司高新技术企业认定。完成山西省轨道交通国际合作基地建设，参与省级产业技术创新联盟 3 个。与伊利诺伊大学、清华大学等国内外知名高校深化合作。稳步推进国家先进轨道交通重点专项，完成 3300 伏电压等级全 SiC 功率器件研制交付；完成时速 250 公里“复兴号”标动样车电传动系统研制；亚洲单机容量最大的 7.6 兆瓦海上风力发电机成功下线并通过认证。年内，共获得科技成果奖 7 项，国际专利 1 项，国内专利 80 项，其中发明专利 38 项。首次参与国际标准制定 2 项，完成上级标准制修订 16 项，其中主持 3 项。

【市场营销】 国铁业务，新获 HXD_2 型新八轴、HXD_{3C} 等电力机车及 4400 马力内燃机车批量订单；时速 350 公里“复兴号”标动牵引电机实现长客公司批量供货，变流器取得 CRCC 认证资质；获得时速 160 公里动力集中型动车组电传动系统及城际动车组订单。风电业务，双馈市场占有率同比增长 43%；机舱叶轮销售收入同比增长 7.5 倍；半直驱市场在手订单破百台。城市轨道和基础设施业务，轨旁供电设备市场占有率由 40% 提升到 60%，中标杭州 6 号线一期、二期、富阳线。对晋城旅游专线及永济市污水处理等项目完成方案论证。国际业务，俄罗斯内燃机车电机获得样机供货合同；打开智利矿用装备市场新局面；与埃及铁路局达成合作意向。检修业务，积极开拓非公司产品检修，挖掘新增长点。稳妥应对用户自主修要求，与上海动车段签署“牵引电机合作修框架协议”。筹建太原机车、西安动车检修基地。工程机械及新产业，加快布局抢点，市场取得新突破。电传动轨道车中标价格取得历史新高；新能源纯电动轨道车获得批量订单；完成国家“十三五”重点项目压裂泵电驱动系统交付。

【人力资源管理】 深化人事制度改革，贯彻全面人才管理理念，制订核心人才育成方案及人才梯队建设方案。推进薪酬优化方案落地，薪酬预算管理科学化水平增强。下发职业经理人、技术研发、工艺技术、支持技术、专业管理、市场营销、技能操作 7 类人员职业生涯通道管理办法，完成从 L1 到 L10 职级的职业发展通道归级，实现全部岗位覆盖、4092 人职业发展等级评审，畅通员工职业通道。推进“两制一契”管理，完成员工绩效考核及合约签订。围绕“政治家加专门家”主题加强领导班子建设，印制下发学习手册。严格执行干部交流的规定，对公司领导班子成员分管业务进行调整。紧贴专业人才使用需求，完成公司级培训 50 项 2325 人次，完成外出培训 117 期 240 人次，推荐 19 人参加中车“631”国际化项目班学习，完成 11 名印度合资公司属地化员工中国本土培训。全年培养中车核心人才 114 人，1 人获“茅以升铁道工程师奖”，培养项目管理工程师 40 人，精益先锋 120 余人。推进减员增效，办理离岗退养 148 人，降成本 227 万余元，公司被中车评为 2018 年度“五星 HR”单位。

【质量管理】 加强过程质量控制,提升质量管理效能。以“中车 Q”为载体，优化设计开发流程，提高过程管控水平，质量问题同比下降 23%。中车质量考核指标 5 项，均达到目标值。加强源头质量攻关，编制《铁总源头质量销号管控办法》，实施挂牌督办及销号管理，10 项铁总源头质量问题、4 项用户关注问题及 1 项厂内源头问题均完成机理分析及技术方案制定，按计划进行整改、运行及考核。持续开展免检免验活动、全员质量管理工作，荣获“全国质量诚信标杆典型企业”等称号。申报 QC 小组及质量信得过班组成果 30 项，荣获“全国铁道行业优秀奖”4 项、“中车优秀奖”4 项、“山西省优秀奖”13 项。

【企业文化建设】 深化以“创新 品质 价值”为内涵的“三新”理念，打造永电特色文化体系，制（修）订《企业文化建设管理办法》《班前喊话管理办法》《精神文明建设活动管理办法》《员工行为规范》等制度。完善品牌管理，夯实建设基础，多维度传播品牌。深入推进公司 VI、BI 建设，进一步规范对各分子公司的管理，使品牌建设融入分子公司质量、技术、服务、营销、文化、管理等生产经营各关键环节。规范展览展会参展流程标准，重点策划了德国柏林铁路展、汉堡风能展、北京风电展等国内外 17 项展会。获第二届陕西省“一带一路”科技创新创业博览会组委会颁发的最佳展示奖；德国柏林轨道交通展上首次向世界轨道交通领域发布智慧型“动车组故障预测与健康管理系统（PHM 系统）”引起行业关注。公司获得中车“2018 年企业文化和品牌建设卓越奖”。

【党群工作】 深入学习贯彻习近平新时代中国特色社会主义思想和党的十九大精神，全面贯彻落实总书记视察中车的重要指示精神。修订完善《公司两级理论学习中心组学习制度》，全年两级中心组集中和自学总计 23 次，其中集体学习研讨 14 次。召开 4 次党委扩大会议，集中学习十九大精神，专题研究制定了《进一步落实习近平总书记视察中车集团所作重要指示的决议》，就增强创新能力，做强实体经济，参与“一带一路”建设等指示制定专项落实计划。紧扣“六围绕一加强”，对永济公司及全级次子公司进行 6 轮问题清单梳理，形成《永济公司政治巡视问题及整改责任清单》及八项巡视整改决议，截至 2018 年底完成问题整改 73 项，年度工作按要求全部完成。制定永济公司《党建“金名片”建设实施意见》和《党建“金名片”建设实施方案》，提出了“协同化”党建的品牌建设总体思路，形成了“金名片”建设的有效实践。公司党建“金名片”建设初步明确了品牌名称、品牌内涵、工作机制、实施路径和实施载体。组织召开党员代表大会，补选了 5 名公司党委委员，首次将西安捷力公司、西安永电公司两个子公司党总支部调整设立为党委，新成立 2 个联合党支部，首次成立境外党组织南非子公司党支部。持续开展“创先争优”和“品质零缺陷”主题实践活动，完成“双培”选题立项 80 项；14 名党员获“免检免验岗”，累计占操作岗党员总数 87%。修订公司《“三重一大”决策制度实施办法》《党委会会议制度》，健全优化公司决策机制和流程。修订《党支部工作制度》《党支部建设标准化方案》《基层党支部考评办法》等，健全基层党建工作制度。严肃党内政治生活，年内基层支部“三会一课”的平均召开率达到 100%；各基层党组织按期召开年度组织生活会，征求意见建议 472 条，制定整改措施共 610 条。完善公司手机党校课程体系，党员人均学习必修课程 71.4 学时，选修课程 86.4 学时。开展以新版《条例》、宣讲党风家风为主要内容的党风廉政宣传教育月系列活动。制定《公司党委构建“不能腐”体制机制具体实施办法》，并将五项机制的建立分解为 34 项任务 46 条落实措施。印发了《2018 年度党风廉政建设重点工作及分工》，47 项重点工作分解到主管领导和责任单位。修订实施贯彻落实中央八项规定精神加强作风建设实施细则，制定《公司改进工作作风六项要求》，明确了 18 条具体规定。

工会举办职工职业技能竞赛，选出 37 项“先进操作法”编辑成册，推广应用。选拔 12 名优秀员工组成 4 个代表队参加山西省技能大赛，获钳工团体第二名和钳工竞赛个人第一名。持续开展送温暖、金秋助学等活动。全年组织开展了 31 项文化体育活动，近 2 万人次参加。启动“青年工程”项目，共为 7 个青年工程项目选拔 22 名青年员工；开展三维设计创新大赛、精益道场、科技论文、服务培训新入职大学生等活动。组织开展主题活动 50 余场次。

【合资公司】 西安中车永电捷通电气有限公司由中车永济电机有限公司和株式会社日立制作所、日立（中国）有限公司 3 家企业共同出资设立的中外合资企业，注册资本 3546 万美元。中车永济电机有限公司持股比例为 51%，株式会社日立制作所持股比例为 39%，日立（中国）有限公司持股比例为 10%。2018 年公司营业收入 71460.1 万元。

西安阿尔斯通永济电气设备有限公司由中车永济电机有限公司和阿尔斯通（中国）投资有限公司 2 家企业共同出资设立，注册资本 366 万欧元。中车永济电机有限公司持股比例为 49%；阿尔斯通（中国）投资有限公司持股比例为 51%。公司全年营业收入 26378 万元。

【海外子公司】 印度中车先锋电气有限公司由中车永济电机有限公司和印度先锋公司出资，注册资本为 1068 万美元，中车永济电机有限公司持股比例为 51%；印度先锋公司持股比例为 49%。公司全年营业收入 3763.52 万元。

南非中车永济电机有限公司由中车永济电机有限公司出资，注册资本为 50 万美元，出资比例为 100%。公司全年营业收入 449.9 万元。

【重要纪事】 1 月 8 日，先锋贸易公司董事长 Sushil 到公司交流访问。1 月 10 日，国务院安全生产委员会检查组国家应急救援指挥中心副主任王海军到公司检查指导安全生产管理工作。1 月 11 日，中国中车副总裁楼齐良到限公司检查指导工作。3 月 6 日，公司下发《关于推进公司党建“金名片”建设的实施意见》，提出公司“协同化”党建的工作思路。5 月 16 日，公司举行电机分公司成立暨授牌仪式。5 月 21 日，山西省轨道交通产业技术联盟成立大会在太原举行，公司作为联盟创始发起单位出席了本次会议。6 月 17 日，由公司自主研制的亚洲功率最大的 7.6 兆瓦海上半直驱永磁同步风力发电机成功下线，并获北京鉴衡认证中心认证证书。6 月 23 日，山东（河口）风电产业园首批机组下线暨二期项目建设开工仪式在公司绿色能源产业园区兆瓦级直驱电机总装生产线举行。8 月 17 日，公司中车购平台正式上线，实现采购电子化管理。9 月 2 日，中车集团有限公司总经理、中车股份有限公司总裁孙永才到公司调研。9 月 18 日，山西省委常委、常务副省长林武到公司调研。11 月，公司完成列车级电传动系统半实物仿真平台项目结项评审。12 月 21 日，公司申报的山西省轨道交通装备科技合作基地获山西省科学技术厅批准成立。

【公司党政工负责人】

党委书记　南秦龙
董事长　南秦龙
总经理　宁文泽（8 月免）
　　肖安华（8 月任）
副总经理　姬惠刚（6 月免）
　　史治国　张红卫
　　李咏梅　郭永安
　　王　彬
　　王巧林（3 月免）
　　张　帆（3 月任）
总工程师　王　彬（兼）
财务总监　王巧林（兼，3 月免）

党委副书记　宁文泽（兼，8 月免）
　　肖安华（兼，8 月任）
　　孙永奎（11 月免）
　　张红卫（11 月任）
纪委书记　孙永奎
工会主席　孙永奎（兼）

（永济电机公司　供稿）

地　址　山西省永济市电机大街18号
邮　编　044502
电　话　0359-8075162
传　真　0359-8075290
网　址　www.yonge.com.cn

中车青岛四方机车车辆股份有限公司

（统一社会信用代码：91370200740365750X）

党委书记、董事长　张在中

总经理　马云双

【概况】 2018年末，公司在册总人数11836人。其中高级技术职称960人，中级技术职称1407人；高级技师293人，技师1320人；博士研究生学历77人，硕士研究生学历1221人，本科学历3982人，大专学历3129人。固定资产总原值73.91亿元，总净值39.80亿元；占地面积176.17万平方米；建筑面积88.27万平方米。公司设置总部、事业部、技术本部及制造本部4大系统，下设37个单位。共设立7个全资子公司，6个控股子公司。全年实现销售收入417.3亿元，净利润26.6亿元。

【规划发展】 公司加强规划引领，推进规划落地，聚焦公司业务、职能系统和统筹型子公司，实行发展规划中期评估，全面实施三年滚动发展规划机制。坚持对标一流，结合国资委党委政治巡视要求，修订创新、品牌、国际化经营“十三五”专项规划。深度开展多制式城轨交通等战略研究专题，建立外部重大事件影响分析机制。以项目合作方式，推进与海外并购标的企业的战略合作。持续优化资源资本布局，设立青岛地铁检修公司，完成雅万公司增资；按照中国中车部署，推进广东公司的业务过渡和股权调整。

【经营管理】 公司建立三年滚动预算管理模式，加强月度预算和重大专项预算分析。财务共享服务中心（FSSC）上线运行。深入开展以管理精细化为核心的提质增效工作，着力推进10项重点管理工作，固化提炼185项管理模式。完善项目管理体系，建立项目毛利率和差异项管控机制，优化项目绩效考核评价机制，完成33个项目预算评审、13个项目结尾评价、53个项目过程评价。组织建立与经营管理相融合的风险管理模式，完善公司级风险信息库，开展PPP（政府与社会资本合作）项目及境外经营专项风险评估，不断加强内部控制监督。提升审计监督覆盖面，完成对子公司和境外资产的审计和风险评估。持续推进廉洁风险防控工作体系化建设，扎实推进“五项监察”工作，加强法律监督和审核，严格授权管理，做好法律保障和支持。健全保密体系与信息安全联动机制，着重实施网络保密、境外保密、重点项目保密。公司强抓安全生产“全员、全过程、一体化”管理，安全生产形势保持稳定。

【科技创新】 公司技术体系顶层设计更加完善，确定精益研发体系建设方案，完成集成化产品开发主流程搭建；确定产品检修体系建设方案，基于RCM（以可靠性为中心的维修）理念的检修能力建设取得成效。技术创新不断深化，完成基于系统集成的车辆总组工艺设计的试点验证；完成基于最小作业单元的工艺设计和检验策划，并实现试点实施；制定检验检测技术学科规划，搭建无损检测体系；深化碳纤维复合材料、大数据、高速磁浮技术等专项研发能力。持续增强创新平台能力建设，国家高速列车产业计量测试中心正式获得批复筹建，中国轨道交通“双创”园区（青岛）完成方案策划并挂牌成立，磁浮试验中心4个试验台完成建设。产品技术创新取得显著进展，新一代全碳纤维地铁车辆下线并在柏林展引起巨大反响；“复兴号”动车组荣获国内工业领域最高奖项——中国工业大奖榜首，“复兴号”转向架研制获得铁道学会科学技术奖特等奖。主持/参与制定国际、国家、行业技术标准90项，新增主持制定《铁路乘客座椅》国际标准。完成国内专利申请512件，海外专利申请93件，并实现中国专利金奖、银奖双突破。公司聚焦业务需求,提升信息化在业务协同、流程优化、集团管控等方面的支撑能力。深化PDM（产品数据管理）和图文档应用，实现工艺和质量数据向生产现场数据打通，以及技术通知现场发布和通知闭环管理。QMS（质量管理系统）在分厂全面推广，实现产品全生命周期质量追溯；MES（制造执行系统）实现与转向架轮轴、自动化组装线集成，并在车体上线运行；持续推进智能制造新模式项目，车轮加工生产线、转向架组装线实现阶段性产能目标。完成5个动车组配件中心建设及SGO（四方配件一体化平台）应用；创建61个PHM（故障预测与健康管理）模型，向12个路局开放PHM系统，有效发挥大数据故障预测预警作用。完成首个海外子公司ERP（企业资源计划）蓝图设计及系统搭建；搭建寄售管理系统；启动项目管理信息化工作并试点应用。

【生产运营】 公司坚持大制造理念，完善制造平台建设，推动不同订单规模下的制造资源整体统筹和一体化管理。利用青岛本部资源，实施动车组检修能力提升项目；优化布局，系统提升车体、转向架专项能力；持续推进子公司能力建设，统筹利用社会化资源。构建生产现场“铁三角”协同机制；持续完善工位制节拍化拉动式生产模式。年内，完成89个项目6320辆车生产，同比增产近1000辆。公司制定供应链管理体系建设方案，初步完成顶层设计；加强供应商分类与资质管理，实施差异化管控，并实现供应商准入流程简化及跨平台资质平移。推进独家、代理供应商清理；实施供应商提前选择、议标采购、跨项目跨板块集采；改善标准、通用物资采购模式，实施非产品类通用物资电商采购。模拟配送线对采购和项目的拉动作用有效发挥；探索20余种重要零部件预警，实施本地物料JIT（准时化）配送，拓展物料储运一体化运用，不断提升物流管理的精细化、准时化水平。

【市场营销】 国铁业务，公司新造高速动车组1168辆。签订164组动车组订单，市场占有率43%，实现CRH380AM动车组、4编组城际动车组等样车销售。实现时速250公里中国标准动车组、时速350公里17辆编组中国标准动车组和时速160公里动力集中动车组突破，完成CRH6A新型城际动车组等新产品研制。以“复兴号”动车组项目为载体，初步建立业务主导型运作模式，项目统筹能力不断增强，产品毛利率不断提升。检修业务，公司检修 4720 辆动车组。持续完善国铁产品检修维保体系，不断创新业务模式，提升板块毛利率。建立城际动车组联合检修模式并取得一、二级检修维保业务新突破。深化检修技术创新，开展近百项零部件检修标准优化、修复技术应用及延后换新工作。深化精益售后，完成各项服务保障任务，动车组百万千米故障率 0.33，继续保持行业最低。城轨业务，公司交付城轨地铁 1393 辆，新造签单 1710 辆，中标首条时速 120 公里无人驾驶 A 型车项目。不断创新产品平台，北京燕房线全自动驾驶地铁车辆投入运营，国内首个时速 160 公里全自动驾驶车辆下线；有序推进平台化建设，完成 A、B 型地铁标准化配置清单并开始试点实施。海外业务，公司海外市场展现新作为，赢得智利、埃及、哥斯达黎加等 3 个新市场，“一带一路”市场开拓累计覆盖 8 个国家，实现北非和中美洲市场的突破。阿根廷既有市场再获 200 辆增购订单；获得中国香港无人驾驶地铁车辆改造、广深港高铁高级修合同，实现新技术、新业务的突破。订单项目有序执行，完成新加坡无人驾驶地铁、中国香港地铁样车型式试验并开始批量交付，完成巴西地铁、美国芝加哥地铁、斯里兰卡 DMU 项目设计。完成广深港高铁开通服务保障任务，“动感号”动车组投入运营。

【人力资源管理】 公司建立定岗定编标准管理体系，加强母子公司人员换岗交流机制，培育使用“一专多能”员工 2835 人，实施售后服务队伍固化、减员、增效。建立境外企业用工和薪酬福利管理体系、项目执行效果评价与薪酬激励联动管理机制，推进工时定额分项目、分类别管控机制落地。加强企业大学型培训中心建设，健全三级内训课程体系、内训师队伍，全面应用移动学习平台，实施培训学分管理。完善国际化人才选拔、培养、使用一体化管理机制，持续提升国际化人才培育精准度和使用效率。实施人力资源共享服务转型，建成标准化、一体化服务平台。

【质量管理】 公司持续优化质量管理体系和管理要求，ISO/TS 22163 认证得分提升到 70 分。全面推行质量安全特性分级模式，持续推进检验项点优化，加强探伤策划及管理，提升产品实物质量水平；深化供应商质量管控，规范 FAI 的策划和实施，建立供方产品质量红黄牌管理机制，加强飞行检查力度，将问题与订单、资质处置挂钩；调整优化供应商管理方法和管理幅度，推进周边 38 家供应商帮扶由“犯、管、堵”逐步向“扶、管、服”转变，系统提升供方产品质量持续保持能力。

【企业文化】 公司扎实推进企业文化与品牌建设，深化“凝心、铸魂、塑形”工作。聚焦“擦亮金名片，做好中车人”“向宁允展同志学习”等主题，开展全员主题教育实践活动。深推典型选树，完善文化制度体系，加强“理念、行为、制度”三位一体模式建设，开展班组文化、行为文化建设专项提升，持续推动企业文化落地见效。深化与国内外权威媒体合作，组织高端化、多平台的新闻与品牌传播，提升企业形象。

【党群工作】 公司党委学习贯彻习近平新时代中国特色社会主义思想和党的十九大精神，贯彻落实党中央各项决策部署和集团公司党委要求，聚焦经营发展中心，持续加强党的建设，加快推进“提质换挡”和“金名片”建设工作。扎实落实习近平总书记视察中车重要指示精神，制定专项落实方案并大力实施。根据国资委政治巡视工作要求，聚焦“六围绕 一加强”，全面梳理公司党建和经营发展的重点、难点、痛点问题，明确整改方向，压实整改责任。完善“三重一大”决策制度，健全决策监督和后评估机制，加强集体领导，保障科学民主决策，不断加强党委在公司重大事项决策、执行、监督各环节的作用。持续推进组织建设，出台《公司标准化党支部建设指导意见》，大力推进党支部标准化、规范化建设。不断加强队伍建设，制定《公司党务干部队伍建设工作实施方案》,选优配强专职党支部书记和专职政工人员队伍；有序落实党员和党务干部教育培训计划，年内轮训专兼职党务干部200余人次、党员3000余人次。加强制度建设，制订完善50余项党群制度，制度体系不断健全。深入推进党建“金名片”建设，结合党委专项调研，挖掘基层党建工作先进经验，提炼形成“轮轴先锋”“企局共建”“美丽总装”等一批基层党建创新亮点。落实意识形态工作责任制，坚持正确舆论导向，加强舆论阵地建设，营造良好舆论氛围。开展“擦亮金名片、做好中车人”等主题教育和形势任务教育活动，加强正向引导和氛围营造。推动“务实创新 走向卓越”企业文化落地，完善干部人才管理机制，推进“企业大学型”培训中心建设。开展深入剖析王晓林严重违纪违法案件专项行动，推进“不能腐”体制机制建设。

推进“六送三关注”“两节”送温暖等活动，发放各种帮扶费用共计337.84万元。加强先模培育，9名员工分别获得中央企业、省、市劳动模范称号。做好“中车小镇”宿舍管理和服务，为单身员工住宿提供保障。引入“美食广场”项目，满足员工多样化用餐需求。年内，通过中车党建工作责任制考评，召开公司第一次党的代表大会，完成两委换届选举。

【德令哈现代有轨电车下线】 6月9日，德令哈现代有轨电车在公司下线。德令哈现代有轨电车是一种新型混合储能式现代有轨电车，装载超级电容和钛酸锂电池混合储能系统。这种混合储能技术，具有充电速度快、运行可靠、绿色环保的显著优势。有轨电车每列2模块编组，最高运行时速70公里。德令哈市位于青海省的中部，是海西蒙古族藏族自治州州府所在地，德令哈系蒙古语意为“金色的世界”。项目总长约14.36千米。

【公司获“威廉·格罗夫爵士”奖】 6月17—22日（巴西当地时间），第22届世界氢能大会（WHEC 2018）在巴西里约热内卢召开。在19日晚举行的国际氢能学会（IAHE）颁奖仪式上，公司获“威廉·格罗夫爵士”奖。国际氢能学会是在全球范围内不断推动氢能源领域学术研究及技术进步的国际性组织，该奖项专门授予在电化学领域（包括燃料电池、电解装置及其他与氢利用相关的电化学方法等）对氢能研究和利用作出突出贡献的组织和个人。公司因氢能源有轨电车的研发荣获该奖，也是当时全球唯一获国际氢能学会大奖的轨道交通装备企业。

【公司入选“国家知识产权示范企业”】 8月，国家知识产权局公布2018年度国家知识产权示范企业名单，公司凭借优异、扎实的知识产权工作，经青岛市知识产权局择优推荐，国家知识产权局严格审核和现场答辩，成功入选“国家知识产权示范企业”。截至2018年8月，公司累计获得授权专利1936项。其中，发明专利508项，海外授权专利33项。公司2015年成为国家知识产权优势企业，2016年成为国家知识产权局审查员实践基地，2017年通过GB/T 29490知识产权管理体系认证，同年成为山东省关键技术知识产权品牌建设单位。

【公司发布新一代碳纤维地铁车辆】 9月18日，德国柏林国际轨道交通技术展览会2018开展，公司在中国中车展台举行新一代碳纤维地铁车辆“CETROVO”技术发布会和实车发布会。中国驻德国大使史明德、中国中车总裁孙永才、德国技术专家胡芬巴赫、中国中车副总裁王军、四方股份公司总经理马云双等出席发布会，并共同为新车揭幕。这是新一代碳纤维地铁车辆的首次亮相，也是中国中车此次在柏林展推出的“拳头”展品。新一代碳纤维地铁车辆研制采用大量的新材料、新技术，在节能环保、舒适、智能等方面相比传统地铁实现全面升级，是引领未来地铁技术潮流的全新一代地铁。

【公司“动感号”动车组广深港高铁香港段开通上线运营】 9月23日，广深港高铁香港段正式开通运营。公司研制的“动感号”G5736次动车组从香港西九龙站首发上线运行，驶向深圳。同一时刻，公司“复兴号”G6501次动车组由广州南始发向香港西九龙站。广深港高铁香港段开通初期，公司共提供9列“动感号”动车组、13列长编“复兴号”动车组及6列“和谐号”动车组担当运输任务。

【公司中标智利国家铁路公司电动车组项目】 10月26日（智利当地时间），智利国家铁路公司（EFE）召开发布会，宣布公司与智利Temoinsa公司组成的联合体中标比奥比奥和阿劳卡尼亚大区共13列（36辆）轨道车辆采购以及为期5年的车辆维保和部分备品备件、维保设备等项目。新造车辆用于比奥城铁、科尔托拉哈、维多利亚—特木科线路。公司与智利Temoinsa公司组成联合体投标，最终在国际竞标中胜出。这是公司首次进入智利市场，也是国内轨道交通装备企业在智利首次赢得轨道车辆订单。

【公司中标埃及斋月十日城市郊铁路项目车辆合同】 12月3日，公司与中国中铁-中航国际联合体中标埃及斋月十日城市郊铁路项目车辆供货项目，包括22列（132辆）市域动车组及12年维保服务。埃及斋月十日城市郊铁路项目是连接开罗市区、斋月十日城和新行政首都的一条新建市域快线。项目采用中国技术和装备。公司以定制化的解决方案，赢得用户和项目联合体青睐，最终获得该项目的车辆订单。这是公司在埃及乃至北非市场的首个订单。

【公司中标哥斯达黎加铁路局动车组项目】 12月6日（哥斯达黎加当地时间），哥斯达黎加铁路局（Incofer）召开发布会，宣布授予公司8列内燃动车组（DMU）采购订单，用于装备圣何塞大都会区域通勤铁路。项目包括8列新造内燃动车组以及3年期的车辆配件、维保设备供应。这是公司首次进入哥斯达黎加市场，也是国内轨道交通装备企业在哥斯达黎加赢得的第一单。

【公司专利技术获中国专利金奖】 12月25日，公司专利技术“一种轨道车辆前端吸能装置”在由国家知识产权局和世界知识产权组织共同主办的第二十届中国专利奖颁奖大会上获中国专利金奖，这是我国专利领域的最高奖项。“轨道车辆侧梁增强活性激光MAG复合焊接方法”获得中国专利银奖。此次公司摘得中国专利金奖的“一种轨道车辆前端吸能装置”，是保障高速列车碰撞安全的核心技术，填补国内高速列车碰撞吸能技术空白。该专利技术已在时速350公里“复兴号”动车组上批量运用，后续还将在其它高速列车上推广。

【下属子公司】 青岛中车四方销售服务有限公司，实现销售收入10.56亿元、净利润1.18亿元，货款回笼13.93亿元，全面实现经营目标。

天津中车四方轨道车辆有限公司，实现销售收入 1.01 亿元，净利润 31 万元，全年交付天津地铁 3 号线定修车辆 12 列、架修车辆 13 列、天津地铁 2 号线探伤项目 9 列、北京地铁昌平线轮对检修 48 条，产品交付及时率 100%，全面实现经营目标。

武汉中车四方维保中心有限公司，实现销售收入 56105 万元，净利润 1762 万元，完成 159 组三级修、38 组四级检修，全面实现经营目标。

郑州中车轨道交通装备有限公司，实现销售收入 5.05 亿元，完成郑州地铁 1 号线二期项目 13 列 78 辆地铁车辆交付，完成郑州城郊线项目 7 列车交付，全面实现经营目标。

佛山中车四方轨道车辆有限公司，实现销售收入 2.86 亿元，完成南海有轨电车 11 列、高明氢能源有轨电车 5 列（含 1 列商品化改造）的生产任务，并形成年产现代有轨电车 300 辆或地铁 150 辆的产能。

成都中车四方轨道车辆有限公司，实现销售收入 10.46 亿元，利润约 2900 万元。完成成都地铁 6 号线新造 25 列车，成都地铁 1 号、2 号线架修项目 6 列车，1 号线专项修 36 列车的生产任务。

青岛四方川崎车辆技术有限公司，实现销售收入 4010 万元，利润总额 598 万元。

温州中车四方轨道车辆有限公司，实现销售收入 17642 万元；年内交付 6 列（24 辆）市域动车组，承揽温州市域 S1 线市域动车组维保业务。

【重要纪事】 1 月 18 日，中国铁路总公司副总经理王同军到公司调研指导工作。1 月 21 日，中国铁路总公司党组书记、总经理陆东福到公司考察调研指导工作。1 月 25 日，公司在城阳区组织召开国家重点研发计划“先进轨道交通”重点专项“高速磁浮交通系统关键技术研究”课题技术方案评审会。3 月 9 日，河南省副省长刘伟到公司调研考察。4 月 1 日，广深港动车组正式开始试运营。4 月 18 日，公司与中车成都公司联合组建的“轨道交通西南研发中心”在成都市新都区正式揭牌成立。4 月 23 日（阿根廷当地时间），公司与阿根廷交通部在布宜诺斯艾利斯签署罗卡线 200 辆城际动车组及配件供货合同。5 月 9 日，德令哈现代有轨电车在公司下线。5 月 19 日，上海合作组织秘书长阿利莫夫 • 拉希德到公司访问。6 月 5 日，交通运输部副部长、国家铁路局局长杨宇栋到公司考察指导工作。7 月 26 日，美国驻华大使泰里 • 布兰斯塔德到参观访问。7 月 28 日，公司中标珠江三角洲城际快速轨道交通广州至佛山段增购列车项目。8 月 6 日，北京局集团有限公司与公司、长客股份、唐车公司等在北京签订合作协议，成立北京区域配件管理中心，开启北京区域的动车配件供应管理模式及厂局合作。8 月 14 日，全国政协副主席万钢到公司考察调研。8 月 23 日，公司与泰国科技部、泰国科学技术研究院联合主办的高铁先进技术与产业发展机遇研讨会在泰国曼谷举行。8 月 23 日，中车集团执行董事、党委常委徐宗祥到公司调研考察。9 月 3 日，中国航天员科研训练中心副主任杨利伟带队到公司参观交流。9 月 13 日，“佛山中车现代有轨电车车辆制造基地项目”通过中车固定资产投资项目竣工验收专家组验收。9 月 18 日，公司总经理马云双与罗马尼亚 ASTRA 公司总裁 Valer Blidar，在德国柏林签署《中车青岛四方机车车辆股份有限公司与罗马尼亚 ASTRA 公司战略合作框架协议》。10 月 22—24 日，公司通过 ISO/TS 22163 质量体系监督审核。10 月 27 日，中国工程院院士孙永福到公司考察调研。11 月 22—23 日，公司承办的第三届轨道车辆工业设计国际研讨会在青岛举行。12 月 5 日，中国铁道学会车辆委员会主任委员陈伯施到公司参观调研。12 月 18 日，公司与青岛地铁集团和四方所共同出资组建青岛轨道交通智能维保有限公司。

【公司党政工负责人】

党委书记　张在中
董事长　张在中
总经理　马云双
副总经理　姚林强　倪胜义
　　田学华　王成龙
　　罗　斌　梁建英
　　吕任远　马利军
　　刘　彩（8 月任）
　　李永乐　邓小军
　　徐　磊（1 月任）
　　余　江（9 月任）
　　张安营（9 月任）
　　张　敏（8 月免）
总工程师　梁建英（兼）
财务总监　张　敏（8 月免）
　　刘　彩（8 月任）
党委副书记　马云双（兼）
　　张忠敏（11 月免）
　　姚林强（11 月任）
纪委书记　张忠敏
工会主席　林　豹

（四方股份公司　供稿）

地　址　山东省青岛市城阳区锦宏东路 88 号
邮　编　266111
电　话　0532-87801188
传　真　0532-87801688
网　址　http//www.crrcgc.cc/sfgf

中车成都机车车辆有限公司

（统一社会信用代码：91510100663026922P）

党委书记、董事长　王成龙

总经理　姚卫东

【概况】　截至2018年末，成都公司共有员工2231人，其中管理人员361人，工程技术人员241人，技能人员1629人。固定资产原值119984万元，主要生产设备1094台，公司占地面积715581.75平方米，建筑面积228280.10平方米。全年完成地铁新造318辆，完成客车修理959辆，参与动车组检修88组。全年实现营业收入26.73亿元，实现净利润1.06亿元。

【改革改制】　根据中车集团总体部署，按照地方移交接收原则，积极寻求政府支持，正式启动并联合推进“三供一业”改造工程，截至12月末，供水、供电改造项目全部完成，物业改造项目完成85%。上半年，公司全面完成各项目分离移交正式协议签订，下半年全面实现管理职能的分离移交。

【运营管理】　公司以“担当、提效、突破”为年度工作主题，以政治巡视整改为契机，全面系统梳理管理制度体系，完成160项管理制度的废改立工作，其中新增制度10项，修订制度149项，废止制度1项。以完成年度经营目标为主线，常态化开展以“提高品质、降本节支”为主题的提质增效工作，通过严控采购成本、狠抓“两金”管控、严格费用控制等措施，全年降低采购成本7.43%，一年以上应收账款降低62.43%，消除一年以上存货，成本费用占营业收入比率下降8.52%。以着力推进精益生产为载体，全年完成265个标准工位建设，搭建双模拟网络平台，改善制造资源配置，城轨板块形成2辆/天产能，局部达到3～4辆/天，客车板块5辆/天产能有效固化，获评中车精益生产一级企业称号。以排查整治安全隐患为出发点，建立安全环保问题“随手拍”曝光机制，形成全员监督氛围；顺利通过国家安全生产标准化一级企业复评；全年未新增现岗职业病，未发生Ⅳ-B级及以上环境突发事件，全面实现了安全“三零”目标。依法合规推进老厂区搬迁腾地，6家企业完成搬迁，剩余1家推进。坚持开展管理制度、经济合同和重大决策三项法律审核，创新开展中层干部离任审计，实现管理审计全覆盖。完成税务注册地变更，消除税务风险。妥善处理劳动争议、股权争议等纠纷，有效规避法律风险。

【科技创新】 充分运用西南研发中心平台，开展成都地铁项目产品设计联络。建立健全由技术标准体系、管理标准体系和工作标准体系构成的公司“三大”标准体系。完成“成都地铁10号线二期A型铝合金地铁车辆试制”等6个科技项目，其中，“机车车辆通信线路模块化无线自动测试技术研究”项目通过中车科技成果评价。参与5项中国铁路总公司技术条件和1项中国铁路总公司企业标准编制工作，实现参与编制行业标准“零”突破。已经完全具备铝合金地铁车辆8A调试能力。取得RW 25B等4种铁路客车维修许可证。完成DIN 6701黏接体系认证，获得A1证书3年。通过EN 15085焊接质量管理体系年审，取得年审报告。获得国家实验室认可证书，顺利通过测量管理体系年度监督审核工作。申报专利16件，获得专利授权12件。

【市场营销】 全面兑现城轨新造、客车检修、动车组三级修年度合同订单。建成成都地铁7、10号线标准化售后服务站，全面承接并有序开展售后服务工作。与中唐空铁集团组建项目联合体，成功中标大邑空轨项目。与四川荣创公司合作开展氢燃料有轨电车研制项目，推进新能源示范应用。参与成都磁浮交通项目，积极推进磁浮公司组建。

【基建与技改】 全年完成固定资产投资15292万元，其中城轨业务板块投入7118万元，客车业务板块投入5353万元，其他公用设施投入2821万元，主要用于公司产业园建设项目的尾款支付、城轨及客车业务工艺布局优化、生产设备更新改造及个别工艺变更引起的设备新增。新开工项目65项，续建项目46项，实际完成105项；在建项目6项，主要完成“城轨及客车业务工艺布局优化项目”“牵引变电所扩容改造”“110千伏降压站扩容改造”“轮辋轮辐探伤机”等项目。

【人力资源管理】 不断完善领导体制，董事长、党委书记实现“一肩挑”。健全中层管理人员“能上能下”机制，调整聘任中层管理人员137人次，新提拔中层管理人员9人，退出中层职位9人，退出中层助理职位7人。强化核心人才选育机制，核心人才数量增加至65人，有6人实现层级提升，中车级核心人才增加2人。加大员工培训力度，全年有超过1.18万人次接受培训，86人次参加领导力培训，有力提升了团队专业素质和管理水平。职称评审通过63人，技能鉴定通过148人，学历提升18人。组织开展“微工匠”“工匠杯”技能竞赛，营造“比、学、赶、帮、超”氛围。加强大师工作室建设，“张广川首席技师工作室”获市政府补贴。

【质量管理】 公司坚持“质量优先”经营理念，积极推动质量管理各项工作纵深化。系统策划并顺利通过IRIS质量管理体系转版，获得ISO/TS 22163：2017质量管理体系证书。通过质量问题“双归零”，现场产品“随手拍”、典型“小而广”问题专项整治、整改措施“回头看”等举措，客车、城轨产品一次交检合格率同比分别提升0.51%和6.37%，客车源头质量问题同比下降25.33%，城轨PSI辆均问题同比成都地铁7号线项目下降6.85%。在强化供方日常监督审核、质量专项审核的基础上，加大供方质量违约处罚力度，对发生典型质量问题和整改不力的供应商实施质量交班、暂停装用，促进供方产品质量同步改善。2018年，无一般C类及以上质量责任事故发生，无城轨车辆清客、救援事故，质量损失率下降0.2%。

【企业文化】 公司充分发挥企业文化对企业发展的促进作用，组织开展“提升全员质量意识”宣传教育活动，通过全员质量警示教育、质量意识大反思、质量意识大讨论、总结固化提升四个阶段，营造全员“质量优先”的良好氛围，将“质量优先”经营理念深植企业文化之中。深化BI建设，制作“公司整体宣传片”“城轨业务宣传片”“客车业务宣传片”“公司党建宣传片”4部宣传片，对内激发员工使命感和荣誉感，对外提高企业品牌形象。聚焦生产攻坚战，挖掘奋战代表员工，专题报道“何运的十七小时”“左康乐的战场”等，塑造生产一线典型先进人物，充分展示企业文化的内涵。

【党群工作】 公司党委以党的十九大精神和习近平新时代中国特色社会主义思想为指导，不断深化精益党建“一体五化”工作体系，促进公司党建工作“提质换挡”。在上级党委年度党建工作责任制考评中，公司获评A档。扎实开展“不忘初心 牢记使命”主题教育，持续深化“两学一做”学习教育活动，积极开展主题活动。制定实施党委主体责任清单、领导班子成员“一岗双责”责任清单，推动党建工作责任制落地。压紧压实党风廉政“两个责任”，持续营造风清气正的良好环境。提高政治站位，做好政治巡视工作，梳理问题103个，制定决议11个；完成问题整改62项，提前整改完成5项。以提升“双基管理”为核心，实现内部巡察全覆盖，为各单位管理提升奠定了基础。建强提升支部工作，实施“达标评星”工程，强化“三会一课”制度，细化《党支部、分厂（部室）重要事项管理权限表》，促进支部发挥战斗堡垒作用。持续推进厂务公开、民主管理，有效落实集体合同、职工代表提案，维护员工合法权益。开展主题劳动竞赛，实施生产攻坚“关怀天天送”，开展EAP员工幸福帮助计划，开放“爱心妈妈小屋”，组织“5·20”爱心捐款，筹集资金41516元，发放助困助医助学资金83.74万元。举办爱国主义教育、母亲节献礼、主题团课、主题团日等活动，团员青年助力高质量发展。群团活动凝心聚魂，公司荣获成都市模范劳动关系和谐AA级企业称号。

【重要纪事】 1月22日，公司首列有轨电车在展示线上试运行。2月28日，公司职工家属区“三供一业”改造项目组组织召开施工启动动员会，正式全面启动“三供一业”改造施工。4月10日，公司完成成都地铁10号线二期转向架组装，标志着公司城轨地铁转向架组装实现本地化制造。4月10日，四川省委书记彭清华、省长尹力视察公司。4月18日，由四方股份与公司联合组建的“轨道交通西南研发中心”举行揭牌仪式。5月16日，国务院国资委党委第三巡视组李向群、付爱民到公司开展政治巡视。6月28日，中车集团公司总经理、股份公司总裁孙永才到公司调研。7月29日，公司获评国家机械安全生产标准化一级企业。9月7日，公司通过了ISO/TS 22163：2017版质量管理体系认证。9月21日，公司通过EN 15085焊接质量管理体系审核。10月17日，公司通过环境和职业健康安全管理体系审核。11月28日，公司计量理化检测中心通过国家实验室评审。12月30日，成都地铁18号线编组下线，标志着公司系统掌握了140公里速度等级电动车组整车组装和调试等多项核心技术，企业转型行业高端迈出了实质性步伐。

【公司党政工负责人】

党委书记	姚卫东（4月免）
	王成龙（4月任）
董事长	马云双（4月免）
	王成龙（4月任）
副董事长	姚卫东（4月免）
总经理	王成龙（4月免）
	姚卫东（4月任）
副总经理	危　勇　杨　明
	胡　彬　杨　松

高　恒
吴岱滨（9 月免）
张　敏（8 月任）
周建乐（11 月免）

总 工 程 师　周建乐（11 月免）

财 务 总 监　吴岱滨（8 月免）
张　敏（8 月任）

党委副书记　王　成（兼，4 月免）
姚　卫（兼，4 月任）
曾得江

纪 委 书 记　曾得江（兼）

工 会 主 席　曾得江（兼）

（成都公司　供稿）

地　　址　成都市新都区石板滩镇石木路 527 号

邮　　编　610511

电　　话　028-86333133

传　　真　028-86333133

网　　址　www.crrcgc.cc

中车四方车辆有限公司

（统一社会信用代码：913702001635762 4X1）

党委书记、董事长　赵家舵

总经理　兰玉贞

【概况】　2018年底，四方有限公司在册员工共3052人。注册资本34310万元，占地面积145万平方米。公司行政组织架构由公司总部、事业部、制造本部、技术中心四大系统组成。其中总部设12个单位，事业部设5个单位，制造本部设9个单位，技术中心设3个单位，参控股公司共3个（物流公司、BST公司、铸锻公司）。与BST公司合并报表，实现销售收入105亿元。全年检修客车913辆；获得授权专利233项，其中授权发明专利44项。

【市场营销】　全年新签客车检修订单848辆，市场份额达到12.13%；完成青藏公司旅游车、乌鲁木齐淋浴车等项目，累计签单1.1亿元，形成客车检修与加装改造一体化、专业化、定制化能力；全年完成设备舱模块订单109组，综合市场份额由48%提升至近70%；与缅铁共建的客车生产基地正式投产，打造了“产品+服务+技术+管理”的业务新模式；首批香港公铁车完成交付；孟加拉国米轨客车项目顺利签约；成功研制公铁两用消防车，在城轨市场消防领域逐步形成市场影响力；做实仓储、包装、运输配套服务，首创“循环取货”模式，打造物流服务新方案；启动区域物流中心建设项目，初步完成了前期论证和项目建议书编制工作。

【技术创新】　围绕重点业务开展科技项目研发，结题科技项目54项，完成专利申报26项，“缅甸客车设计开发”等3项成集荣获中车科学技术奖三等奖，“ICON系列公铁两用高空作业车工业设计”获得山东省第二届省长杯工业设计大赛银奖。优化设计平台，完成时速250公里标准动车组司机室操纵台设计，优化提升铜梁导轨电车设计结构和产品性能，开展公铁两用工程车平台系列化、模块化通用技术研究。行业引领力，牵头组织完成直流600伏电源装置检修、交流380伏供电客车直供电改造、BST平原25吨客车集便加装改造设计等课题研究；完成“三阀一缸”检修工艺研发和厂修资质获取，实现“三阀”批量化自主检修；实现制动中心调迁和技术升级，完成设备舱模块组装工装柔性化、自动化改造，提升了生产效率、保证了产品质量。

【政治巡视】 公司全面接受了一次“政治体检”和管理审视，根据政治巡视要求，全面查找和梳理出企业在党的建设与经营发展方面存在的94项问题、制定整改措施126项；形成党委会决议11项、董事会决议与总经理办公会决议各10项。建立了工作推进机制、责任分解机制、整改一体化机制。年内，整改决议完成率92%，问题整改完成率97.29%，措施完成率97.98%。整改成效明显，在“两金”压降、应收账款清收、制度完善、历史遗留问题解决等多个方面，取得了阶段性成绩。

【质量管理】 强化源头质量管理，产品质量监督抽查合格率为100%，客车检修产品未发生D类及以上责任事故，无重大质量投诉，在铁总客车厂修质量评价中排名第四。公司荣获“第五届青岛市市长质量奖”，顺利通过ISO/TS 22163审核。完成客车检修影像系统应用的优化与扩展，充分发挥了影像留存系统的质量追溯功能。完善售后服务网络，增设郑州服务站、北京站包头分站、济南分站，提高贴近用户快速服务能力。周密部署2018年“春运”“两会”“青藏车暑运”“两节”期间售后服务保障工作，有效保证车辆运用安全。

【人力资源】 开展中层领导干部公开竞聘选拔，完成32个中层岗位的竞聘选拔；完成中车核心人才选拔工作，81人通过评审。组织开展职业生涯发展通道岗位评聘，晋升124人。大力开展员工培训与技能水平提升，按计划完成培训114项。组织开展公司十三届技能竞赛,推荐3名选手代表中车参加“嘉克杯”国际焊接大赛，并荣获成人组个人单项二等奖。

【提质增效】 深化委外成本控制，实现可比产品委外成本降低587万元。通过采取归类招标、集中采购、供应链优化等措施，降低采购成本4000余万元。不断加强工艺成本控制，提升工艺技术创新，降低工艺成本665万元。强化股权管理，完成欧特美公司股权处理历史遗留问题的清理。加速开展四方厂区土地资产盘活，与中车置业签订合作框架协议，积极开展政策研究、控规调整、开发方案研讨等工作。坚持“两金”压控，确保存货压降指标。存货降低2900余万元，应收账款降低9500余万元。

【深化改革】 加快企业办社会职能移交。完成“三供一业”分离移交工作，棘洪滩职工家属区社区和物业管理职能顺利完成移交。依托中车与青岛市高层沟通机制，扎实推进“职教幼教”移交工作。通过吸收合并方式，完成青岛中车四方国际物流有限公司的压减。

【企业文化】 开展“打造受人尊敬的国际化公司，我为中车代言”为主题的BI活动。组织开展“擦亮金名片，做好中车人”主题活动。中央电视台新闻频道以“上合新时代”为题对公司出口产品进行报道，品牌影响力日益增强。针对行为规范关键接触岗位策划开展《21天好习惯养成记》落地活动，培育员工的自觉意识和行为规范。开展“向不文明行为说不”典型质量问题图片展。组织编发《身边故事》系列丛书，打造“党建文化墙”，开展年度首届“最美四方人”评选活动。3月，组织参加中东铁路展，公司展出伊拉克内燃动车组；9月，组织参加美国铁路展，公司高空作业公铁车亮相展会；11月，组织参加上海铁路展，公司导轨车辆模型参展，参展前组织展会服务人员进行了行为规范培训。全年投放平面广告6期，分别在《人民铁道》《青岛画报》杂志、《世界轨道交通杂志》投放公铁车、导轨车辆产品广告。

【党建工作】 坚持把深入学习贯彻习近平新时代中国特色社会主义思想和党的十九大精神作为首要政治任务，持续推进“两学一做”学习教育常态化制度化，基本实现学习党的十九大精神“五个全覆盖”；公司第一次党代会胜利召开，“两委”换届顺利完成；突出常态化、阵地化与标准化建设，探索打造党建“金名片”；突出党政融合，强化日常落实，持续做实了“党委书记带头抓、班子成员分责抓、党群部门具体抓、基层支部联动抓”的党建工作责任体系；落实“两个责任”，履行“一岗双责”，落细落实中央八项规定，坚决纠正“四风”，开展警示教育，强化监督执纪问责，持续深化了党风廉政建设反腐败斗争；推进“入心”“舒心”“暖心”“聚心”工程，开展创新创效、志愿服务，持续发挥了群团工作作用。

【公司获签孟加拉国项目合同】 11月4日13时30分，公司与孟加拉国铁道部签署了200辆米轨客车合同。按照合同约定，在为期两年的周期内，公司将为孟加拉国铁道部提供200辆米轨客车。

【公司领导拜访中国驻孟加拉国大使】 11月5日，公司董事长、党委书记赵家舵在达卡拜访了中国驻孟加拉国大使馆张佐大使和经商处李光军参赞。张佐对公司在孟加拉国执行的项目给予了充分肯定。李光军对在孟市场开发提出了指导建议。

【公司第一次党代会】 12月24—25日，中国共产党中车四方车辆有限公司第一次代表大会在青岛市城阳区棘洪滩街道办事处会议中心召开。选举产生中国共产党中车四方车辆有限公司第一届委员会和纪律检查委员会。

【缅甸本地新造客车交付】 12月29日，缅铁在密支那举行新造客车交付及线路开通仪式，中国驻缅甸大使洪亮先生以及四方有限公司副总经理陈剑鹏出席仪式，为线路开通剪彩，并登上列车，慰问首批乘客，为他们送行。目前新建客车厂的21辆CKD，包括5辆转向架构架的生产已全部完成，标志着我公司客车制造技术在缅铁成功落地。

【重要纪事】 3月29日，公司产品高度阀（GDF-A(LV)系列）、差压阀（CYF-A(DP)系列）、空重车阀、单元制动缸（PDZ(SYS)系列）、闸调器（ST系列）顺利通过铁科院集团的维修资质审查，获得厂修资质。3月，公司生产制造的客车转向架构架被认定为“2017年度山东名牌”产品。公司荣获能源管理体系认证证书。5月，公司“操纵台QC小组”荣获全国铁道行业优秀质量管理小组。6月29日，甘肃省委书记、省人大常委会主任林铎，山东省委常委、青岛市委书记张江汀等领导到公司参观考察。6月，公司为兰州局改造的“贺兰山东麓葡萄酒移动酒庄”商务旅游包车顺利开行。7月，公司成功试制首列时速250公里标准动车组E43操纵台。7月，2018年铁路客车厂修第二次投标及合同签订工作顺利完成。8月6—7日，公司顺利通过CWF（焊接制造质量体系）认证。8月16日，公司召开领导干部大会。宣布公司主要领导职务调整。8月24日，公司联合青岛公交集团等单位共同承办的“2018（青岛）现代有轨电车运营管理高峰论坛”在青岛市城阳区举办。8月，公司生产的中国中车牌摇枕、中国中车牌操纵台柜被列为2018年青岛名牌培育计划。9月8—9日、11—14日，公司通过IRIS Rev03 (ISO/TS 22163:2017)质量管理体系换版换机构审核，获得新版IRIS有效证书。9月20日，公司技师学院（中车大学四方基地）举办“3M杯中车四方焊接职业技能挑战赛”，来自中车集团20家子公司的33名学员参加比赛。9月29日，公司承揽的香港地铁公铁车项目首批2台车发往香港。9月，公司召开专职外部董事见面会。11月4—8日，公司出口英国SRS公司的ICON-10公铁两用高空作业车通过CE（CONFORMITE EUROPEENNE）认证。11月15—16日，公司组织召开“十三五”规划中期评估和中长期发展规划研讨会。11月，公司生产制造的8台缅甸机车顺利拿到FAC（Federal Communications Agency），标志着该项目的顺利结束。12月14日，公司主持编制的团体标准在全国团体标准信息平台正式发布。12月19日，2019年铁路客车厂修一标招标在北京大方饭店进行。公司共中标539辆客车，中标率达到13.45%，中标数量和中标率位列第四名。

【公司党政工负责人】

党委书记　夏春生（8月免）
　　　　　赵家舵（8月任）
董事长　夏春生（8月免）
　　　　　赵家舵（8月任）
总经理　赵家舵（8月免）
　　　　　兰玉贞（8月任）
副总经理　高玉功　尹建忠
　　　　　李效伟　陈剑鹏
　　　　　殷红姝（9月任）
　　　　　周建乐（11月任）
　　　　　王晓峰（11月任）
　　　　　张　军（11月免）
总工程师　王晓峰（兼，11月任）
　　　　　高玉功（11月免）
财务总监　殷红姝（兼，9月任）
　　　　　颜　强（8月免）
党委副书记　兰玉贞（8月任）
　　　　　周建乐（11月任）
　　　　　盛同浩（11月免）
纪委书记　董　斌（10月任）
　　　　　盛同浩（9月免）
工会主席　盛同浩

（四方有限公司　供稿）

地　址　山东省青岛市城阳区宏平路9号
邮　编　266111
电　话　0532-68017018
传　真　0532-68017212
网　址　www.crrcsfc.cc

中车南京浦镇车辆有限公司

（统一社会信用代码：91320191663764650N）

党委书记、董事长　赵大斌

总经理　李定南

【概况】　2018年末，公司从业人员总数6849人，具有高级专业技术职称370人（其中40个正高级），高级技师100人，中级技师304人，高级工1694人。公司组织架构主要由管理本部、技术中心、营销中心、制造中心、控参股公司组成，其中管理本部下设27个职能管理部门，控参股公司共16个。公司占地面积1109308.9平方米；建筑面积232733.83平方米；拥有各类机械动力设备2767台。拥有固定资产原值238265.93万元、固定资产净值146944.63万元。全年实现销售收入82.7亿元，归属母公司净利润5100万元。

【企业管理】　深化“6621”运营管理平台建设，持续推进模拟线建设，工艺管理线和采购管理线信息系统不断优化。采购管理方面，严格评审年度预算费用，完成压降三项费用5500万元；存货处置方面，全年累计完成低效无效存货处置1.78亿元；方面财务管理，释放保函授信额度1.39亿元，清理预付款金额7621万元。整合新老厂区资源，合并成立采购管理部（招标中心），规范采购招标管理。完善投资管理制度，做好资产清查和投资项目竣工验收，提高资产利用率；推进新老厂区整体搬迁。推广使用绿色能源，在新厂区利用屋顶太阳能发电50万度，能源节约效果显著。以“两化”深度融合为契机，持续开展设备管理创新活动。严格落实安全生产责任制，强化消防安全隐患排查治理。组织开展环境安全对标专项检查，提升本部及子公司管理水平。依法合规处置危险废弃物，采用环保材料减少挥发性污染物排放。

【改革改制】　加快推进退休人员社会化管理移交，积极做好前期调研，稳步开展相关工作。加速职工房补发放。全年共完成发放退休及在职职工房补3300余人次，职工房补发放工作基本完成。落实完善大学生公寓改造项目，顺利完成竣工验收。浦镇实业实现营业收入626万元，净利润23万元，确保了国有资产保值增值。

【科技创新】　动车组研制：推进时速160公里“复兴号”动力集中型动车组研制，取得型号合格证和制造许可证；推进时速250

公里“复兴号”标准动车组研制，完成试制并进行试验准备相关工作；稳步推进时速250公里CRH2G型高速动车组和时速160公里CRH6F型城际动车组型式试验。城轨新产品开发：完成采用自主知识产权全自动驾驶系统的苏州5号线车辆初步设计；完成杭州6号线AH车项目整车型式试验；完成铁科院4A项目整车设计；积极推进“空轨2.0”等重点创新项目。转向架平台建设：完成虚拟轨道胶轮低地板转向架技术方案；完成永磁直驱转向架研制；完成独立轮低地板动车转向架三维设计。智能化列车研究，依托苏州5号线项目，打造全自动驾驶列车TCMS系统平台，持续完善健康诊断及智能维护平台。工艺水平提升：以时速250公里“复兴号”标准动车组为样板，提升铝合金车体焊接打磨质量；围绕时速160公里“复兴号”动力集中动车组项目，提升电气布线质量。科技管理：年度申请专利123件、软件著作权20项，年度授权专利84件、软件著作权43项。公司累计拥有有效专利944件，其中发明专利367件；拥有国外专利2件；拥有软件著作权139项。

【生产运营】 优化绩效指标，以效益为导向划分层级，增大相关指标权重，推动运营效率提升；子公司资产经营责任制管理突显子公司差异化考评；加强亏损企业治理，亏损减至2户；强化存货压控，累计处置低效无效存货17836万元；完成新老厂区采购部门整合、压铆车间与钢结构车间整合，调整优化了相关职能；组织政治巡视问题（经营方面）梳理与整改督导；强化考核，累计考核103170元。全年完成生产国内新造客车333辆，国内动车组新造8辆，修理客车686辆，国内城轨车辆865辆，海外车辆58辆（其中：海外客动车0辆，海外地铁58辆），动车组制动系统新造673和修理4344辆。全年实现销售收入82.7亿元，归属母公司净利润5100万元。经济增加值（EVA）回报率8.19%，净资产收益率1.89%，成本费用占营业收入比率98.00%，流动资产周转率0.9次，人事费用率11.67%，出口签约率280%；此外，人事、质量、安全、环保和节能减排等指标均完成较好。

【市场营销】 铁路市场取得突破。中标时速160公里“复兴号”动力集中动车组184辆，新造客车153辆，修理客车728辆，合计金额23.7亿元。城轨市场保持稳定。全年中标合肥、杭州、苏州、南京、徐州共15个项目总计1684辆，中标金额115.7亿元；中标深圳机场APM总包、成都天府国际机场APM总包、柳州示范线机电总包和芜湖1号、2号线机电总包项目，中标金额35亿元；城轨市场全年累计中标150.7亿元。海外市场稳步发展。中标泰国曼谷黄线和粉线单轨、肯尼亚维保配件及服务和新加坡地铁东北线翻新等项目，中标金额11.2亿美元（约72亿元人民币）。创新售后业务模式。积极创新城轨售后服务模式，实行城轨售后服务本地化，提高了售后服务的管理效能。

【人力资源管理】 两级领导班子建设方面，加强“四好”中层领导班子建设，修订完善《浦镇公司中层干部选拔任用管理办法》，强化中层干部任期交流，组织开展中层后备干部选拔。推进全员职业生涯发展建设，构建全员职工发展通道和评价标准，完成全员职业生涯发展等级评聘工作。通过建立用工总量管控模型，不断加强用工管理和员工余缺调剂，全年实施余缺调剂416人次，劳动负荷率有效提高。实施产品质量和劳动负荷率与工资分配挂钩管理，持续强化薪酬管理，提升薪酬分配的竞争力。不断加强培训开发，组织开展培训 4584 人次，确保员工胜任岗位工作。打造技术攻关、岗位练兵、技能比赛等技能人才成长平台，高技能人才培养成效显著。

【质量管理】 深入开展“质量转型提升年”活动。铁路客车未发生 C 类及以上事故和批量质量事故，质量损失率、产品运用故障率同比降低，公司质量管理水平不断强化。铁路总公司源头质量信息数同比下降，产品实物质量稳步提升，公司在铁路总公司厂修车质量评价中排名第三。开展新版体系标准培训宣贯，修订完善公司体系手册和体系文件，强化体系运行力度，不断提升体系管理水平。推进质量信息化平台（QIMS）建设，不断提升质量管理效率和可靠性。加强供方质量管控，联合南京车辆监造项目部对重点供应商开展“互查互评”活动，有效促进供方管理水平提升。

【企业文化】 拓展文化建设途径，促进五大文化落地。公司制作了“五大特色文化”看板和“五大特色文化”专题片。并将“五大特色文化”列入党支部考评项点，定期进行检查考评，加强员工对公司文化的深入了解，促进生产经管理各项有效工作。制订了年度文化品牌主题活动计划，组织实施了“员工行为规范”送书活动、“企业文化工程”、制作了七类文化宣讲课件。重点开展 BI 行为规范工作，补短板见成效。通过开展“讲规范塑形象我为中车代言”“大家一起来找茬”等活动，对员工执行行为规范进行全面调查，梳理、诊断 BI 建设开展情况；并组织专项项检查，对各部门 BI 建设责任落实情况进行了调研；专项开展《中国中车员工日常行为规范》对标活动寻找差距、发现不足；以国际国内市场部、城市市场部对营销人员、售后服务人员为“三个规范”试点，形成《BI 建设诊断、对标、整合报告》，进行第二阶段补短板活动。公司员工对 BI 建设的认知度全面提升、执行中车员工日常行为规范的自觉性普遍增强、员工执行岗位行为规范意识进一步巩固、员工精神面貌持续得到改善、企业市场形象显著提升。

【党群工作】 推进创先争优“六项工程”，驱动党建升级。围绕中车“双打造一培育”要求，深化党员“三亮三比”活动，推进党建载体建设。胜利召开公司第一次党代会，明确“高优亮强”新浦镇目标。狠抓思想宣传建设，强化形势任务教育。围绕“党建质量提升年”要求，开展“聚焦新时代、聚力新使命、聚合新发展”主题教育实践活动，打造好浦镇“1+15”党建名片。文化品牌建设，提升公司软实力。拓展文化建设途径，提炼完善公司“五大文化”，推进公司 BI 和 VI 建设，开展“讲规范、塑形象、我为中车代言”等系列活动，企业形象得到提升。强化监督执纪问责，持之以恒正风肃纪。全年执行党纪处分 8 人，“咬耳扯袖、红脸出汗”成为纪检工作新常态。重点围绕提质增效、采购招标等工作开展监察监督，助推经营管理提升。通过警示教育大会和领导干部集体谈话等形式，持续加强纪律教育。持续加强群团建设，服务生产经营。承办第六届全国职工职业（钳工）技能大赛。开展“圆梦浦镇”劳动竞赛活动，促进员工技能水平提升。落实六送三关注，全年共计走访慰问、补助困难员工 3610 人次，发放补助金和慰问品共计 299.79 万元。组织员工集体疗休养 2453 名。推进团建“金名片”建设，充分发挥团组织活力，服务公司生产经营。

【时速 250 公里标准动车组】 时速 250 公里中国标准动车组，是具有完全自主知识产权的世界先进水平动车组列车，是铁路行业世界标准中国引领的完美诠释。11 月底，时速 250 公里标准动车组顺利完成样车试制，至此公司已成功搭建起中国标准动车组系列化产品平台。

【树立国际品牌形象】 在“一带一路”开辟的这条全新贸易走廊上，中国与世界市场的通路愈加宽阔，浦镇公司在国际市场这片广阔的舞台上崭露头角。2018 年公司共斩获超 10 亿美元国际订单，签约额创历史新高。国家级媒体、新媒体多次运用大量篇幅对公司进行多角度宣传报道。

【时速 160 公里动力集中型动车组】 11 月 28 日，公司正式获得了中国铁路总公司颁发的时速 160 公里动力集中型动车组型号合格证和制造许可证。160 公里动力集中动车组的批量交付也意味着浦镇公司迎来了新一轮的产品升级，产品序列得到了进一步丰富。

【南京中车浦镇城轨车辆有限责任公司】公司注册资本为 5 亿元，年末在册员工 1175 人。全年累计交付国内外车辆 165 列/895 辆，其中城轨总装列车完工 121 列/639 辆、配套基地车体 44 列/256 辆。积极利用国家优惠政策，取得企业所得税退税 361 万元，享受研究开发费用加计扣除 1905 万元，取得政府各类补贴 141 万元，全年实现销售收入 42.39 亿元（含内部关联交易），净利润 9105 万元，同比增长分别为 2.3%和 16.5%。

【南京中车浦镇海泰制动设备有限公司】全年累计交付高速动车组制动系统新造 255 辆、高速动车组制动系统修理 4337 辆、地铁制动系统新造 214 辆、有轨电车及新领域制动系统新造 205 辆。动车组制动系统领域。累计获得新造高速动车订单 6 个，共计 8 列。城际动车订单 6 个，共计 32 列。城轨车辆制动系统领域。累计获得合肥地铁 3 号线、徐州地铁 3 号线一期、杭州地铁 9 号线、南京地铁 1 号线北延线、南京地铁 2 号线西延线、金义东市域轨道交通线等项目共计 124 列制动系统订单。液压制动系统领域。累计获得浦镇庞巴迪深圳机场 APM，浦镇庞巴迪香港机场 APM，贵州悬挂单轨列车，广州地铁 APM100 等项目。

【杭州中车车辆有限公司】 全年累计实现营业收入 66209 万元，较 2017 年增长 2439 万元，累计净利润 4015 万元，较去年实现增长率 78.4%。围绕“整车、机电、维保”三大主线市场和旅游轨道交通、城市防洪工程小产业板块不断深化产业布局，积极获取市场订单，累计中标金额达 29.4 亿元。其中，协助浦镇城轨公司成功中标整车项目 4 个，共计车辆 386 辆、中标金额共 25.3 亿元；中标机电业务项目 13 个，实现新增市场订单 3.92 亿元；杭州都市圈共投标 7 次，中标 6 次，中标率 85.7%，中标金额累计 1.54 亿元；积极开发“小合同”“小订单”模式，中标杭州地铁车门解锁、杭州 2 号线委外维修等项目，新增订单金额 1942.68 万元。积极与杭州地铁交流，推广防洪产品，并于杭州地铁 4 号线城星路 B3 出口完成防洪门安装。

【合肥中车轨道交通有限公司】 全年实现营业收入 23219 万元，净利润 851 万元。全年客户投诉率为零。协助中车浦镇城轨公司中标合肥 3 号线和合肥 1 号线三期项目。拓展新业务，实现弓网监测装置市场突破，中标杭州 5 号线，新产业中标总金额约 6000 万元。组织或推动完成了弓网监测装置的研发、试制及装车验证，空气净化器的技术改进和升级，电气柜组装流水线建设及低压柜的试制工作，轨道交通空气处理装置研制。通过了国家高新企业认定。通过 ISO/TS 22163（IRIS）国际铁路行业标准、ISO 14001（环境）、GB/T 28001 职业健康安全体系监督审核认证，推进 DIN6701 粘接体系建设。

【苏州中车轨道交通车辆有限公司】 2018

年，公司深入研究分析企业生存发展面临形势，抓牢轨道交通建设发展带来的机遇，综合地区城轨市场前景、公司未来业务规划，认真制定了拓展组装地铁业务工作规划、工作步骤和时间安排。顺利完成滇南中心城市群现代有轨电车示范线3模块车辆13列、麒麟有轨电车增购项目4列生产交付，完成车辆配件销售1756万元，车辆维保服务销售816万元。全年实现销售收入26476万元，净利润874万元。

【常州中车轨道交通车辆有限公司】 2018年，公司还处于建设期，全力做好基地再启动筹备工作，筹划固定资产投资预算，全面提质增效，加强管理基础，努力拓展市场。全年固定资产投资主要是常州轨道交通车辆修造基地建设项目（一期工程）的贷款利息。项目一期工程已完成1号地块146.6亩的购置，完成厂房主体工程、水电安装，室外工程道路、1号地块内轨道工程，设备基础、强弱电管线预埋等施工。

【南京中车浦镇工业物流公司】 全年完成销售收入8599.17万元，实现净利润728.82万元。全年内部物流服务部门配合老区完成新造车334辆，修理车731辆的任务。配合新区完成地铁车辆947辆的任务。仓储账卡物相符率大于99%。配送准时率老区全年平均99%，新区全年平均98.25%，异常处置率100%，配送计划完成率100%。保供管理部项目来料配套率99.58%。内部服务良好的完成了各项指标，保障了生产的有序进行。6月公司被中国物流采购联合会授予“年度优秀产学研基地”称号。2018年3月公司获得关于《一种工具管理方法》的专利证书。

【中车浦镇庞巴迪运输系统有限公司】 全年完成销售收入3.26亿，净利润1600万元。全年签订市场合同30亿元，并成功中标成都机场和泰国金线项目。全年新招聘员工200余人。建设完成了APM和单轨车整车工艺布局，形成了标准化精益生产线。公司研发完成了芜湖二号线、一号线的设计，香港项目的初步设计。全年获得发明专利1项，新增申报26项。

【中车广东轨道交通车辆有限公司】 年度获得16列珠三角城际动车组订单，完成了第一列2型车在公司异地高级修工作，全年实现营业收入1.66亿元。全年新签市场订单22.21亿元，累计在手订单达到52.41亿元。年度顾客满意度综合得分96.5分。全年共完成12辆CRH6A统型城际动车组新造、56辆CRH6A型城际动车组三级修，8辆高速动车组高级修，共计完成76辆动车组生产任务。全年申报科研项目数量33项，已结题3项；申请专利13项，已获授权7项。年内科技投入1592万元，技术投入占比为9.56%。

【重要纪事】 1月8日，公司举行2017年度总结表彰大会。1月18日，公司荣获“中国设备管理创新示范单位”和“中国设备管理创新成果二等奖”。1月29日，公司一届三次职工代表大会召开。2月6日，公司轨道交通制动系统智能制造项目荣获第24届全国铁道企业管理创新成果一等奖。2月9日，中车股份副总裁楼齐良到公司送温暖。3月6日，南京地铁建设公司总工程师裴顺鑫到公司调研无人驾驶试验线。3月26日，江苏省委常委、南京市委书记张敬华到公司调研。4月12日，全国总工会书记处书记、党组成员、组织部长张茂华到公司调研。6月10日，公司转向架车间孟飞荣获“嘉克杯”国际焊接大赛机器人焊接项目成人组第一名。6月15日，公司“421”党建动态考核法荣获“江苏省国有企业党建创新案例一等奖”。6月15日，公司获南京地铁5号线车辆项目订单。6月21日，中车股份副总裁余卫平到公司调研。6月28日，公司召开庆祝建党九十七周年暨“七一”表彰大会。7月3日，公司工会举办“党的十九大暨延安精神”学习培训班。7月6日，公司在新造、修理客车市场上获得订单。7月26日，时速250公里标准动车组动、拖车转向架成功下线。7月29日，公司时速160公里动力集中电动车组顺利完成20万公里运用考核。9月26日，250公里标准动车组首辆车在总装完工。10月8日，中车股份副总裁楼齐良到公司督导巡视整改工作。11月8日，中车集团党委常委、纪委书记陈大洋到公司指导工作。11月14日，中车浦镇车辆有限公司荣获“全国设备管理优秀单位”称号，邓伟俊荣获“全国设备管理优秀工作者”称号。11月25日，公司荣获“2018中国最具创新力企业”荣誉称号。12月5日，中车浦镇庞巴迪运输系统有限公司中标成都天府国际机场APM项目。12月5日，中国工程院院士、原铁道部部长傅志寰到公司考察。12月17日，公司成功中标中国铁路总公司时速160公里动力集中电动车组项目。12月17日，中车浦镇公司在新加坡成功签约中车首个海外地铁翻新项目——新加坡地铁东北线C751A翻新项目。12月18日，中车浦镇公司第一次党代会胜利召开。12月30日，公司举行建厂110周年庆祝大会暨年度表彰会。

【公司党政工负责人】

党委书记　赵大斌
董事长　赵大斌
总经理　李定南
副总经理　王晓阳
忻　群（10月任）
施青松　陶兆山
郭　新　李　立
杨　威　唐永明
杨　奇
李春广（10月任）
曾要争（10月任）
财务总监　杨　威（兼）
总工程师　施青松（兼，8月免）
杨　奇（兼，8月任）

党委副书记　李定南（兼）
忻　群（10月免）
李　立（10月任）
纪委书记　忻　群（10月免）
宋雪松（10月任）
工会主席　忻　群（兼）

（浦镇公司　供稿）

地　址　南京市高新开发区泰山园区浦珠北路68号
邮　编　210031
电　话　025-85847402、85847934
传　真　025-58604655
网　址　www.csrpz.com

中车戚墅堰机车有限公司

（统一社会信用代码：913204006638182170）

党委书记、董事长　姚国胜

总经理　徐世保

【概况】　2018年末，公司在册员工4188人，其中技能人员2946人（高级技师109人、技师285人），公司占地面积97.83万平方米，房屋建筑面积34.24万平方米；拥有各类设备3945台。全年完成机车新造59台，工程机械新造4台，各型内燃机车修理381台（内燃机车大修245台、中修34台，HXN5机车C5修15台、C6修87台）。实现营业收入32.2亿元。公司对组织机构和部门职责进行了调整，新增肯尼亚维保事业部、招标办公室、分解检查部、机车部件公司，合并运营管理部和产业发展部。共下设职能部门17个、生产单位10个、党群部门5个。公司分2级，除母公司外共有各级子企业1家。

【经营管理】　全年实现营业收入32.2亿元，完成集团公司下达T2指标（31.5亿元）的102.2%；实现归属母公司净利润715万元。产品产量方面，全年完成机车新造59台，工程机械新造4台，各型内燃机车修理381台。根据中车巡视整改要求，积极开展“规章制度废、改、立”工作，12月，共完成规章制度修订109个，新增5个。开展管理创新活动，全年立项50个管理创新课题，完成课题结项47个。年度资产负债率为64.82%，较2017年降低8.8个百分点；全面压降采购成本，全年同比降低采购成本5515万，降低率2.63%，完成集团公司下达的2%指标。两金压降方面，年末“两金”合计19.53亿元，较2017年23.7亿元，降低4.17亿元，“两金”占用同比降低17.6%。严控质量损失，年度质量损失率为0.496%。精益管理工作遵循中车精益管理“三个阶段三步走”的工作方向，按照“巩固精益生产一级企业水平，创建精益管理三级企业”的总体要求，编制HXN5机车C6修工位地图，提升标准工位建设水平；结合C6修生产线的建设及运行，深化修理机车模拟线建设。实施指令性精益改善项目3项，指导性项目34项。

【规划发展】　抢抓“一带一路”和《中国制造2025》战略机遇，坚持创新求变，通过实施“三三四”战略，即实现“三个突破”；做实“三大业务”；做优“四个基地”：机车造修基地、高铁（城际）动车高级修维保基地、城轨车辆维保基地及以肯尼亚和阿根廷为代表的海外内燃机车维保基地。年度中车批准戚墅堰公司固定资产项目总投资为5870万元，其中建设项目3723万元，更新改造项目2147万元。公司实际完成投资6301.62万元（其中，建设项目2652.62万元，更新改造项目3649万元），完成了计划的107.35%。中车要求固定资产周转率目标达到3.4次，实际固定资产周转率为3.61次。

【市场营销】 国内市场签约总计316977万元（不含税，余同），全年实现销售收入285200万元。国铁市场签约157808万元，新签订国铁市场新造 HXD_{1C} 机车17台和 HXN_{5B} 机车32台；中标铁总178台大修机车合同。路局市场，HXN_5 机车C6修签约并批量销售89台，签订 HXN_5 机车C5合作修、C5打包修及 HXN_{5B} 机车C4合作修订单，全年路局市场签约83354万元，实现销售收入77951万元。路外市场，年内签约36681万元，全年共开发9家新客户。服务及配件市场全年签约39133万元，实现销售收入35035万元。国际市场签约总计2.336亿美元，全年实现销售收入8904.43万人民币。签约方面，实现整车签约141台，签约总金额2.213亿美元。配件项目，签约金额1160.26万美元。销售方面，全年实现销售收入8904.43万元，海外售后服务工作推进驻地客户服务模式，抵达客户运营现场开展驻地服务，保证24小时在线服务，年内共设立6个服务点，包括泰国、沙特等地满足了客户诉求，满足了公司产品质保期内客户的需求。

【科技创新】 完成2017年结题项目63项；发布2018年公司科技工作计划，其中新立项目课题50项，结转项目课题47项。完成铁路总公司年度科研计划课题上报工作，公司申报的《N2018J010——4400马力交流传动货运内燃机车技术研究》项目获铁总科研立项并已签订科研计划合同。《4400马力货运干线内燃机车研究》《和谐型机车全寿命周期评估研究》两个课题获得中车立项以及140万元科技经费支持。出口阿根廷贝尔格拉诺机车平台化研究与试制、出口肯尼亚蒙内标轨铁路项目内燃机车研制、机车数字化设计平台研究及应用、地铁轨道探伤车的研制、柴油机综合性能试验台研制等5项成果全部通过了中车科技成果鉴定，其中2项达到国际领先水平，1项国际先进水平，2项国内行业领先水平。出口泰国车、出口坦赞车两项成果申报了中国铁道学会科技奖。“基于平台设计的货运机车新型转向架技术及应用”“内燃机车噪声场分析与降噪技术研究”2个成果项目获中车科技奖三等奖，“模块化弹性司机室技术研究”获铁道学会三等奖。

【基建与技改】 全年共完成设备、工装购置529项7064台（件），购置总金额3804.8万元，总预算费用为4282.6万元，购置费用比预算费用减少477.8万元，减少比率11.16%，其中应招标项目为81项285台(件)，全部组织了招标，招标项目采购总金额为2730.7万元。年内完成基建更新改造项目共有8项，总投资约5230万元，其中中车重点项目中车股份公司在常企业（戚墅堰公司）排水防涝综合治理建设项目已完成建设，可以在汛期发挥作用。

【人力资源管理】 明确责任目标，落实整改提升。根据中国中车关于政治巡视整改落实工作要求和公司党委巡视问题整改要求，成立部门整改落实工作组，建立包保责任制、定期巡检制和考核责任三项制度，定期通过各类形式检查整改落实情况。完成人力资源部（党委干部部）26项规章制度修订。根据国资委党委巡视组要求和《关于严格执行干部交流规定的通知》《关于组织开展所属企业副总师层级人员第二次专项清理工作的通知》精神，组织压缩副总师人员至规定人数，形成专题报告上报中车党委。控制用工总量。根据中车下达的用工指标和公司业务开展情况，在册员工人数从去年年末的4416人减少到4188人。优化员工结构，落实“处僵治困”。2016—2018年累计分流安置人员1354人，全面完成特困企业专项治理三年计划1298人的总体目标。开展专业资格评审，工程、综合、政工系列共申报122人。加强领导干部监督管理，修订公布《公司企业负责人履职待遇、业务支出管理办法》《公司中层管理人员履职待遇、业务支出管理办法》。加大中干职位交流清理。修订公布《公司中层干部选拔任用管理办法》。年内中干职位调整65人次，中干职数从2017年末的134人精简至111人。高端项目引领国际化人才培养。参加中车“631”工程项目培训。以赛代练展示工匠风采。组织参加2018年“嘉克杯”国际焊接大赛，3名员工在活动中获得奖项；组织参加第六届全国职工职业技能大赛。组织17名员工参加常州市第十四届职工职业技能比赛。

【质量管理】 保持ISO/TS 22163体系有效运行。8月22—23日，公司举办了ISO/TS 22163国际铁路行业标准培训，邀请法国贝尔认证公司资深专家授课，公司内审员、相关单位质量分管领导、质量员、业务骨干87人参加了培训。公司邀请法国贝尔公司一位审核员参加本次内审。内审提出17项一般不符合项和31项观察项，已全部完成整改。保持EN 15085焊接质量体系有效运行，并组织铝合金焊接扩项认证。组织做好CRCC（中铁检验认证中心）产品认证工作。组织宽轨车轴的CRCC（中铁检验认证中心）认证和抽样检验工作，抽样结果合格，公司顺利取得的宽轨车轴的CRCC（中铁检验认证中心）认证证书。推进船级社认证工作。11月16日配合完成CCS中国船级换证审核工作，顺利通过。全年质量损失1596.82万元，质量损失率0.496%。组织公司优秀QC小组成果参加常州市、江苏省、中国中车的成果交流。4月28日公布了《关于继续开展机车大修质量年提升专项活动的通知》（戚机质通〔2018〕50号），在全公司范围内继续开展机车大修质量年提升专项活动，进一步提高公司大修机车质量。开展产品源头质量安全挂牌督办及和谐型机车源头质量问题整治。公司产品源头质量问题共6项，制定措施11项，均按计划实施。

【企业文化建设】 开展公司创建120周年系列活动。利用媒体平台，开展厂史主题宣传；结合改革开放40年，开展“我与企业共成长”“我家这40年”征文活动；举办“筑梦新时代”员工咏诵会、举行纪念公司创建120周年升旗仪式、举办“放歌新时代”员工大合唱展演。开展“擦亮金名片，做好中车人”主题活动。推进首届“最美中车人”评选、中车品牌文化故事大赛。弘扬高铁工匠精神和新时期“280创业精神”，评选“280之星”。深化道德讲堂建设。弘扬和践行社会主义核心价值观。开展“书香车城·智慧阅读”活动，开展“致敬280”员工故事征集活动，举办员工故事会，公司持续保持“全国文明单位”荣誉。深化推进BI建设。修订公司《品牌管理办法》《视觉识别（VI）系统管理办法》，制定下发《公司质量品牌建设实施方案》，推进公司质量品牌建设。完成泰国、沙特标准化售后服务站和上海地铁维保服务站的建设。强化展览展会管理。完成中东展参展工作；牵头东非铁路展参展工作；配合中车集团完成中国交通展、柏林展筹备参展工作。自主完成上海国际轨道交通展参展工作，代表中车参展2018世界内燃机大会暨展览会。

【党群工作】 深入贯彻落实习近平总书记重要指示精神。制定下发《关于深入学习宣传贯彻习近平总书记视察中车重要讲话精神的通知》，在全公司范围内深入开展学习宣传活动。公司党委中心组围绕“深刻领会抓落实，提质增效促发展”和“苦练内功，推动公司高质量发展”两个主题进行深入交流研讨。开展理论研究，《以高铁品质打造党建“金名片”》在中车报刊登。报纸、杂志开设“党建园地”“学习党的十九大精神体会”等专栏。对党员干部学习党的十九大精神、习近平总书记重要讲话精神、延安精神、井冈山精神，以及《梁家河》读书活动心得体会进行学习交流。制定《公司“两学一做”学习教育常态化制度化推进计划》，在“先锋动力源”开展党员“不忘初心 ，牢记使命”学习十九大精神专题党课集中轮训，轮训 31 场，参训党员 1421 人次。按照“四同步四对接”要求规范调整党组织。落实打造党建金名片“九个一”子工程，深化基层党组织“四化促三型”建设。修订《基层党组织设置及党建责任制实施办法》《基层党组织工作管理办法》等管理办法五篇。深化基层党建阵地建设，建成 5 个“党员之家”。完成公司党建信息平台管理端、网页端建设。开展“向公司创建 120 周年献礼”党组织竞赛活动，组织职能部门党组织开展“强化目标协同、发挥两个作用”专项竞赛，提升党建价值创造能力。

【常州中车通用电气柴油机有限公司】 常州中车通用电气柴油机有限公司是由中车戚墅堰机车有限公司和通用电气（中国）有限公司合资建立的内燃机车柴油机生产制造、服务型企业，主要从事主干线 EVO 16 型机车发动机的涡轮增压器及动力组新造、修理，青藏线 7FDL 型机车发动机大修及其部件维修。截至 2018 年底，资产总额达 23351 万元，销售收入 27746 万元。完成了增压器修理 492 个，动力组修理 123 个，缸头组件维修 5 个，缸套加强套维修 74 个，QTR 动力组维修 95 个，QTR 机油泵维修 32 个及 QTR 增压器维修 6 个。

【4400 马力等级交流传动货运内燃机车】 在对国内现有货运机车使用情况开展调研的基础上，提炼总结出整车“四化”“四提升”设计原则。大力推进机车方案及技术设计，10 月通过公司级方案设计评审，12 月通过公司级技术设计评审。年底通过了中国铁路总公司技术方案评审。作为该项目牵头单位，积极联合大连公司开展简统化工作，最终确定了《4400 马力交流传动货运内燃机车简统化技术方案》和《4400 马力交流传动货运内燃机车技术条件》。

【常州经开区有轨电车 1 号线车辆】 作为公司进入城市轨道交通新领域的契机项目，已完成所有设计文件的编制及归档工作；配合试验单位完成型式试验大纲的编制工作。已完成首台车体的生产。

【广州地铁网轨检测车】 完成广州地铁网轨检测车首台车出厂试验及 65 米小曲线试验；完成用户培训；完成第四组网轨检测车的技术设计评审，并对评审问题点进行及时跟踪落实；完成第四组网轨检测车的施工设计，并开展了试制工作。

【柴油机开发情况】 E01 柴油机完成样机性能开发试验以及机械开发试验的准备工作，完成了新机体的设计改进和样品试制、配套机体支承的设计和试制、机体应力测试的技术合作合同的签署工作。

【重要纪事】 1 月 3 日，装载 7 台 CDD5A1 机车的海轮抵达阿根廷布宜诺斯艾利斯港，完成订单交付。1 月 4 日，在江苏省政府南京召开的表彰会上，公司员工张忠获“江苏大工匠”称号；袁志刚、潘德昌获得“江苏工匠”称号。2月2日，公司召开第二届职工代表大会第一次全体会议。3月1日，公司获常州市“2017年度五星企业”称号。3月7—8日，公司通过中国铁道科学研究院专家组对HXN5型机车C6修样车资料审查和现场评审。当地时间3月12日，第十二届中东铁路展在迪拜举行，公司HXN5B型大功率交流传动内燃机车参展。3月22日和23日，在中国信息化与工业化融合发展高峰论坛上，公司获“中国两化融合暨智能制造最佳实践”奖。4月3日，公司口岸宽轨交流传动调车机车通过铁总技术评审。4月19日，公司HXN5型机车C6验证修0111、0047、0179机车顺利完成交验。5月20日，公司首台网轨检测车发运。5月24日，公司首次通过职业健康安全环境能源管理“三体系合一”的体系外审。5月28日，公司“雪域神舟”号机车和肯尼亚DF11客运机车亮相第十四届国际交通技术与设备展。6月10日，国际焊接大赛，在氧-乙炔气焊项目成人组个人单项上公司戚飞获得一等奖第一名。6月17日，全国政协主席汪洋参观蒙内铁路，登乘戚墅堰公司出口肯尼亚客运机车进行体验。6月13日，公司接到中国铁道科学研究院颁发的HXN5机车轮轴驱动装置高级修资质审查合格通知书。7月5日，在中央企业网络安全与工业互联网交流研讨大会上，由戚墅堰公司代表中国中车申报的《面向轨道交通先进制造的工业控制信息安全项目建设解决方案》，荣获“2018年中央企业网络安全与工业互联网十佳解决方案”。9月6日，公司召开领导干部大会。10月18日，中车戚墅堰公司迎来创建120周年纪念日。11月22—23日，公司两化融合管理体系通过中国船级社质量认证组专家审核。12月4日，公司“甲醇-柴油双燃料系统在280柴油机上的研发”项目点火运行。

【公司党政负责人】

党委书记	姚国胜
董事长	姚国胜
总经理	邹哲贤（9月免） 徐世保（9月任）
副总经理	许人华　沈永平 陈永平　钟　平 仲怀清　管艳华
总工程师	仲怀清
财务总监	管艳华
党委副书记	邹哲贤（8月免） 徐世保（8月任） 秦　辉
纪委书记	秦　辉

（戚墅堰公司　供稿）

地　址　江苏省常州市戚墅堰延陵东路358号
邮　编　213011
电　话　0519-85053800
传　真　0519-85053600
电子信箱　qishuyangsb@crrcgc.cc

中车长江运输设备集团有限公司

（统一社会信用代码：91420115MA4KYAEH3B）

党委书记、董事长　胡海平

总经理　赵维宗

【概况】　2018年4月17日，公司注册成立，定名为“中车长江运输设备有限公司”，注册资金50亿元人民币，股东为中国中车股份有限公司（非自然人投资或控股的法人投资）。5月17日，公司更名为“中车长江运输设备集团有限公司”（简称“长江集团”）。公司经营范围为铁路运输设备设计、制造、修理、租赁与技术服务；结构性金属制品、集装箱及金属包装容器、物料搬运设备等物流装备设计、制造、销售、租赁与技术服务；汽车和机械设备租赁与销售；改装汽车和挂车设计、制造、销售；软件开发；信息系统集成服务；信息技术咨询服务；工程和技术研究和实验发展；企业管理咨询服务。增资成员企业太原公司4亿元后，12月24日变更工商注册登记，注册资金由50亿元变更为54亿元。长江集团管理模式为“战略+运营”管控，总部设置集团办公室（党委办公室）、规划发展部、人力资源部（党委干部部）、财务管理部、运营管理部、科技和信息化部、市场管理部、合规管理部（纪检监察部）、产业发展部、党建工作部（党委组织部、党委宣传部、工会、团委）10个职能部门（括号内为对应合署办公部门），下辖长江公司、眉山公司、贵阳公司、太原公司和西安公司5个一级子公司。

年末，长江集团员工总数19316人，其中在岗员工17247人、非在岗员工1669人、其他从业人员400人。长江集团总占地面积607.29万平方米，固定资产原值868.49万元（合并）、净值464.69万元（合并）。全年，销售新造货车24355辆，修理货车26623辆；实现营业收入1496642万元，利润总额62711万元，归属母公司利润57579万元，净利润56660万元。

【长江集团整合组建】　为深入贯彻落实国家对铁路行业改革性要求，中国中车2017年11月23日提出货车业务重组方案，确定以长江公司为主体，结合眉山公司、贵阳公司、太原公司、西安公司改组成立专业的货车子集团。该组建方案经过中车股份总裁办公会、党委常委会和董事会讨论通过后，4月3日正式批复；4月13日，中国中车党委会宣布长江货车子集团领导班子任命；4月17日，长江货车子集团正式注册成立，定名为“中车长江运输设备有限公司”，完成整合筹建工作；5月17日，公司变更工商注册登记，由“中车长江运输设备有限公司”变更为“中车长江运输设备集团有限公司”。5月21日，长江集团成立大会在其总部武汉召开，太原公司、西安公司、眉山公司、贵阳公司及长江公司分别设置视频分会场。至此，长江集团按照中国中车重组指导意见和批复要求，完成全部整合组建工作，并正式进入运营。

【经营管理】 组织各部门开展制度建设，夯实管理基础，保证各项工作正常、合规进行，制定《长江集团全面预算管理办法》，建立和规范全面预算管理体制和机制，加强内部管控，优化资源配置，提升整体管理水平和经济效益；制定《长江集团财务报告管理办法》，全面了解和掌握资产质量、经营效益状况，加强财务监督，规范财务报告编制工作；制定《长江集团总部发票管理办法》，规范公司经营行为，保护公司财产安全，减少公司涉税风险。完成人民银行开户许可证申办手续，并在交通银行江夏支行开立基本银行账户、在中车财务公司开立一般账户，保证经营业务正常开展；建立长江集团财务独立账套，开始进行独立会计核算，完成长江集团50亿元注册资本金及五家成员企业46.74亿元股权转让款的收付工作。组织长江集团成员企业开展会计政策及财务管理基础情况调查，涉及全面预算、业务板块、资金管理、两金管理、成本费用、会计人员信息等方面。探索长江集团资金管理模式，围绕“统一协调 适度集中”的资金管理原则，确定子集团的资金管理模式并拟订《长江集团资金管理办法（试行）》。组织所属成员企业开展资产清查，重点关注不良资产状况，形成《长江子集团成员企业资产摸底报告》。汇总5家成员企业3年财务数据，按照货车企业去产能调结构的要求，完成《长江子集团组建项目可行性研究报告》财务经济效益综合分析部分内容。针对长江集团股权转让协议涉及到的印花税重复征收问题，研究相关税收政策，并与江夏区地税局沟通减免税事项，解决股权转让协议涉及的产权转移书据印花税234万元减免税问题。根据《中国中车股份有限公司财务报告管理办法》有关规定，组织开展所属企业财务会计报表合并工作，确保长江集团财务管理工作的顺利衔接和会计报表的如期上报。深化中国中车“提品质”专项对标工作，以上半年交付的C70E（H）型和C80B（H）型铁路货车为对标数据，开展新造货车工艺、成本双对标，促进所属公司进一步降本增效，优化工艺，提高效率，改善管理。

【规划发展】 根据中国中车《关于同意中车长江货车子集团党建方案的批复》（中车股份党组〔2018〕4号）、《关于同意组建中车长江货车子集团的批复》（中车股份重组〔2018〕62号）精神，确定长江集团总部组织机构设置及职责，成立集团办公室、规划发展部、人力资源部、财务管理部、运营管理部、科技和信息化部、市场管理部、合规管理部、产业发展部等9个行政职能部门。组织开展“十三五”规划中期评价和多元产业调研，掌握所属公司“十三五”规划执行情况及发展中面临的问题，制订长江集团发展规划，研究多元产业发展策略。组织开展长江集团货车造修产能调研，摸清所属公司既有的货车造修实际产能，掌握基础资料，制订发展规划，明确改革路径，为“调结构 去产能”提供决策依据。组织召开以“创新 协调 共享”为主线发展战略研讨会，明确未来发展目标，把握战略机遇，提升自身核心竞争力，推动长江集团实现高质量发展。组织召开以“创新 变革 突破”为主题的多元产业发展研讨会，明确“战略目标引领 核心技术支撑 优化资源配置 体制机制变革”指导思想，形成多元产业发展的工作指南，推动长江集团多元产业持续、健康、协同发展。

【人力资源管理】 制定《长江集团领导干部交流管理办法》，推进领导干部交流工作，优化干部队伍结构，提升领导干部素质和能力，加强干部队伍建设和党风廉政建设。制定《长江集团总部员工管理办法》，有效规范员工行为，增强总部活力，激发员工的积极性和创造性，促进长江集团发展。结合企业实际情况，制定《长江集团负责人履职待遇、业务支出管理办法》，有效规范领导干部职务消费行为。组织开展长江集团人力资源情况摸底调查及现场调研，加强沟通并了解所属成员企业.组织机构及人力资源现状、“十三五”人力资源规划主要内容及完成情况、干部管理、人才发展、薪酬激励、劳动用工等方面情况，为长江集团人力资源有效整合提供依据。组织召开以“沟通、共享、融合”为主题的长江集团人力资源工作研讨会，明确未来人力资源管理工作方向，促进长江集团人力资源管理的整体提升。根据“五湖四海”和“上下贯通”的原则，按照规范程序，在长江集团范围内采取组织推荐与面试相结合、组织考察与竞争上岗相结合等方式，招聘总部中层管理人员 25 人，其中中层正职 10 人、副职 15 人。根据长江集团总体工作计划，按照上下贯通原则，完成长江集团总部处长级中层领导管理人员和一般管理人员招聘方案（草案）起草。

【市场管理】 厘清市场管理的权责界限，编制《长江子集团市场管理部职责与核心业务》《长江子集团市场管理暂行办法》，明确管理职能。发挥市场组织协调功能，组织召开 LNG 市场业务协调会，以长江集团利益最大化、市场有序竞争、融合协同发展为原则，完成所属成员企业 LNG 业务对同一用户订单签订的协调工作；贯彻落实国铁新造货车生产进度督导协调会的会议精神，成立以国铁新造货车生产进度专项工作组，并下发《关于上报国铁 C70E 第二标（9000 辆）生产进度情况的通知》，加强生产组织协调，确保长江集团国铁 C70E 第二标顺利交付。梳理推演铁路货车目前价值和价格对应关系，深入所属成员企业调研，从铁路货车发展现状、企业近几年来的经营情况、提质增效举措、铁总招标情况、新技术改进和应用情况、环境治理的影响、人工成本变化等方面进行整理分析，形成《价值理性体现》课题研究报告。组织开展长江集团所属成员企业国内铁路市场专题调研，摸清家底，调研范围包括铁路市场的整机及配件相关业务（包括西安的客车、太原的机车和工程机械车）、已形成市场化的其他产品的相关业务、国内市场售后服务的相关业务，形成两万余字的调研报告。以市场调研为依据，综合分析目前国内市场和售后服务市场，完成长江集团市场规划编写。组织开展长江集团海外业务摸底调研，摸清所属公司海外业务的开展情况和具备的家底，着力优化资源配置，推进长江集团海外业务的有效整合。初步建立信息化平台，促进长江集团市场资源融合和共享。

【党建工作】 根据中国中车《关于在推进实施货车业务重组中坚持党的领导加强党的建设的指导意见》（中车股份党办〔2017〕48 号），对子集团组建中的党建和群团工作进行同步谋划，形成初步工作方案并上报中国中车批复。构建长江集团总部党建组织机构，设置成立 4 个党群职能部门。组织长江集团党建工作摸底调研，了解掌握所属公司三年来党建工作开展情况、共青团工作开展情况，确保长江集团党组织体系健全、设置合理、制度完善、载体有效以及领导核心和政治核心作用发挥。坚持以制度抓党建，以制度促党建，着力建立和完善党建工作制度体系，制定完成《先锋党委创建方案暨党建工作责任制考核评价暂行办法》《党建工作责任清单》《党委理论学习中心组学习制度（暂行）》《党委意识形态工作责任制实施办法》等制度。启动品牌基础管理工作，形成《长江集团品牌管理制度清单》，并制定《长江集团品牌建设基础管理推进计划》；制定并实施《长江集团对外新闻发布管理办法》《长江集团舆情工作管理办法》，明确职责要求和工作内容，推动品牌管理的制度化、流程化、规范化。组织所属成员企业召开宣传工作沟通交流会，研究长江集团宣传工作的整合和工作思路。加强思想宣传工作，以“迈向高质量发展”为宣传主线，陆续推出《中车长江集团宣告成立 迈向高质量发展之路》等新闻通稿，组织所属成员企业同步推出、同步发声、同步宣传，共同营造“同一个中国中车、同一个长江集团”的氛围，人民网、《长江日报》、长江网、今日头条等 20 余家各级各类媒体进行了报道和转载。组织召开长江集团党建暨文化融合工作调研交流研讨会，明确工作方向，启动、推进长江集团文化融合，着力构建“同一个中国中车，同一个长江集团”意识。完善组织领导，推进群团工作建设，组织召开长江集团工会第一次代表大会，明确今后五年集团公司工会工作的主要任务和思想，选出第一届工会委员会委员和工会经费审查委员会委员。推进共青团组织建设，成立长江集团团委，搭建共青团两级沟通渠道，并启动团组织制度梳理制定工作。

【重要纪事】 1 月 5 日，中国中车提出货车业务重组后两个货车集团企业名称的变更方案，长江货车集团新设公司名称为“中车长江运输设备有限公司”，进行预核准和注册登记，整合完成后再由“中车长江运输设备有限公司”变更为“中车长江运输设备集团有限公司”，中文简称为“长江集团”；英文全称为“CRRC Yangtze Group Co.,Ltd”，英文简称为“CRRC Yangtze Group”。3 月 22 日，中车集团总经理、中车股份总裁孙永才到武汉市政府会见武汉市市长万勇，并到长江集团公司考察。4 月 5 日，中车长江货车子集团筹备工作机构《关于组建长江货车子集团的请示》获中国中车批复。4 月 12 日，长江运输设备有限公司在北京召开第一届董事会第一次会议，审议通过《关于聘任高级管理人员的议案》《关于受让长江公司等 5 家成员企业 100%股权的议案》。4 月 13 日，中国中车党委召开会议（视频），宣布长江货车集团领导班子成员任免决定。4 月 16 日，中车长江货车子集团筹备工作机构《关于长江货车子集团党建方案》获中国中车党委批复，原则上同意中车长江货车子集团党组织及群团组织机构设置方案。4 月 17 日，中车长江运输设备有限公司正式注册成立。4 月 25 日，长江集团召开第一届董事会第二次会议，表决通过《关于长江集团总部机构设置及职责的议案》《关于长江集团公司章程修改的议案》。5 月 12 日，长江集团召开宣传工作沟通交流会。5 月 14 日，长江集团下文，成立长江集团国际公司、技术分公司筹备组。5 月 17 日，长江集团公司名由“中车长江运输设备有限公司”变更为“中车长江运输设备集团有限公司”。5 月 21 日，中车长江运输设备集团有限公司召开成立大会。同日，长江集团党委召开第 1 次党委（扩大）会议，审议《长江集团总部组织机构设置及职责》；召开第一届董事会第三次会议，审议长江集团总体管控方案、基本管理制度。7 月 25 日，长江集团召开国际公司、技术分公司组建及运营方案研讨会暨经营情况通报会，研讨长江集团国际公司、技术分公司组建及运营方案，同时通报集团上半年经营管理情况，研究和部署近期重点工作。9月6日，长江集团在总部召开以创新·变革·突破为主题的多元产业发展研讨会。9月19日，长江集团召开第一届董事会第四次会议，专题审议副总经理、财务总监任免议案。10月8日，长江集团领导班子召开专题民主生活会，中国中车执行董事徐宗祥出席并讲话。11月6日，长江集团第一届董事会第六次会议以非现场形式（书面签字）召开，审议通过“申请中国中车对长江集团增加4亿元资本金”“长江集团将4亿元资本金直接投资注入太原公司”的增资方案议案。11月29日，长江集团召开第一届董事会第七次会议。12月12日，中国中车同意向长江集团增资4亿元人民币，并由长江集团再向太原公司增资4亿元人民币，全部增资完成后，长江集团注册资本金变更为54亿元人民币。12月14日，中车股份副总裁余卫平到长江集团调研。12月21日，长江集团公司工会第一次代表大会召开。

【公司党政工负责人】

党 委 书 记　胡海平（4月任）
董　事　长　胡海平（4月任）
总　经　理　赵维宗
副 总 经 理　赵　勇（4月任）
　　　　　　蒋庆平（4—12月任）
　　　　　　蔡德权（4月任）
　　　　　　王红卫（4月任）
　　　　　　胡海滨（4月任）
　　　　　　朱洪晖（12月任）
总 工 程 师　胡海滨（兼）
财 务 总 监　蒋庆平（兼，12月免）
　　　　　　朱洪晖（兼，12月任）

党委副书记　赵维宗（4月任）
　　　　　　何朝阳（4月任）
纪 委 书 记　何朝阳（兼，4月任）
工 会 主 席　何朝阳（4月任）

（长江集团公司　供稿）

地　　址　湖北省武汉市江夏经济开发区大桥新区
邮　　编　430212
电　　话　027-51170122
传　　真　027-81942011
网　　址　http：//www.crrcgc.cc/cj
电子邮箱　marketing@crrcy.cc（营销）
　　　　　　office@crrcy.cc（办公）
　　　　　　hr@crrcy.cc（人力资源）

中车长江车辆有限公司

（统一社会信用代码：91420115792416628C）

党委书记、董事长　胡海平

总经理　张　磊

【概况】　长江公司原直属中车股份公司，2018年4月中车货车业务重组后，隶属于长江集团。2018年末，公司员工总数8879人，其中股份在册员工7710人、存续企业1169人；具有高级专业技术职称296人、中级职称592人、初级职称785人，高级技师273人、技师541人。公司总占地面积214.94万平方米，总建筑面积68.96万平方米，拥有各类设备15095台（套），固定资产原值369035万元（合并）、净值208524万元（合并）。公司运营架构为总、分模式，总部设置34个职能部门（年内将产品研究所调整为车辆研究所、冷运装备研究所、联运装备研究所、试验研究中心）。公司下辖1个子公司、4个分公司（分部），另有1个控股企业（株洲斯威公司）、3个海外公司（澳洲公司、阿布扎比分公司、塞拉利昂公司）、3个参股公司（鼎点铁路车辆有限公司、株洲中车物流公司、武汉中车轨道装备公司）。全年销售新造货车10181辆，修理货车9091辆；实现营业收入59.4亿元，归属母公司利润1.42亿元，同比分别增长11.4%、62.5%。

【发展规划】　编制《三年滚动规划2018年发展重点及主要保障措施月度进展情况表》；组织所属公司开展“十三五”发展规划中期评价工作。调研中车内部配套车轴的整体情况，提出铜陵公司车轴产业发展建议，推动车轴产业升级。围绕公司多式联运装备、冷链运输装备、站场设备及轨道工程机械等方面加强战略合作，成立法国LOHR项目专项工作组，开展武汉武铁物流公司、广西沿海铁路股份有限公司等10家相关企业调研。优化组织机构及职责，调整国内配件销售职责，完善冷智装备分公司组织机构及主要职责，理顺工艺研究所管理职能并修订多项工艺管理制度，完成行业研发中心机构设置并搭建起“总部技术中心——专业研究所和所属公司分中心”的技术组织架构。实施塞拉利昂公司和武汉两家存续企业的“压减”工作完成武昌实业公司、江岸实业公司的吸收合并，并完成塞拉利昂公司的注销。

【经营管理】　实施公司经营及成本对标精

益改善项目，推动专业部门开展对标改善，年内公司厂修货车综合边际贡献率达到49.19%，株洲分公司、武汉分部C70E(H)敞车边际贡献额提升567万元。从制度体系完善、过程管控、项目审批和投资项目竣工验收等方面加强投资管理，年内组织实施铜陵防洪安全整治、公司环保专项整治、常州分公司钢结构车间厂房整治等投资项目，全年完成固定资产投资11575万元，为投资预算的97.2%，项目预算偏差为2.8%；固定资产周转率要求完成2.5次，实际完成值2.8次。落实国资委党委巡视和中国中车《关于处置低效无效资产的决议》，结合中国中车资产清查工作，年内完成37项低效无效资产处置。全面预算管理，落实“两金”压降，加速资金回笼，盘活存量资产，两金总额同比降低12.52%；严控费用发生，全年费用总额较年初预算减少3000万元。加大税收筹划和政府补贴项目申报力度，争取到武汉地区房产税和土地使用税减免443万元，利用研发费用及安置残疾人员薪酬费用加计扣除政策争取上年企业所得税税前加计扣除3560万元，办理军品免（退）税29.5万元，全年争取政府补且项目1.18亿元。

【科技创新】 适应公司新形势搭建形成“总部技术中心—专业研究所—所属公司技术分中心”的技术组织架构。完成KM82型新技术集成漏斗车、公铁车、驮背车、货车防尘环保顶盖样机的试制试用。取得铁路发电箱及隔热保温车两项铁总科技立项，填补国内铁路无源运输产品的空白。完成汉欧国际冷藏箱、隔热保温箱、多式联运LNG罐箱的试制，进一步完善冷运装备产品谱系。智能空轨集疏运系统实现联调联试，中试线二期建设提速，并全面开展系统功能性、安全性、可靠性验证。“以机代人”株洲整车制造方案、武汉典型零部件方案通过评审并开始实施。响应国家环保政策要求，启动铜陵环保整治，推广国铁货车整车水性涂料使用。全年有4项科技成果处于国际领先水平，主持、参与制定各类标准34项。申请专利200项，独立自主研发的“铁路货车转向架集成制动装置”荣获中国专利优秀奖。

【市场营销】 以战略客户为重点，持续推进相关项目落实，完成神华状态修科研子项目投标并中标，完成KM82型漏斗车集成创新项目立项资料提报及通过神华集团审核并与齐车集团以联合体方式参加投标，推动神华货车公司环保（低碳材料）顶盖立项并完成首批6辆车（2辆叠板式，4辆硬顶）改造，组织神华集成制动装置改造方案评审并开始部分车辆改造，推进蒙华铁路公司车辆选型和维保方案实施，并完成30辆C96H敞车在瓦日线运行的协调工作，加强与中铁特货公司的深度合作并签订《40英尺冷藏集装箱试运用协议》。开展市场调研，助推新产品研发和产业布局，完成LOHR（劳尔）项目的国内调研以及冷链市场、钢厂矿场自翻车、铁路罐车等项目市场调研，撰写《铁路硫酸罐车和铁路硫酸集装箱运输方式经济性分析》《德兴铜矿铁路货车项目调研报告》《冷藏车改移动冷库的建议报告》等调研报告，为公司业务拓展和产品研发提供数据支撑。发挥公司技术优势，寻求市场商机，与中石油西北销售公司、陕西宝麟铁路公司、江苏中车城市交通装备公司等单位签订3份《技术咨询服务协议》，与湖南华菱涟源钢铁公司签订《KF75型自翻车合作协议》，与江铜集团德兴铜矿签订《自翻车运用试验合作协议》。全年，国内主营业务销售合同总额45.75亿元，其中货车新造40.63亿元、货车修理4.26亿元，非过轨自备车0.65亿元；实现国内销售收入38.92亿元，其中货车新造33.47亿元、货车修理4.59亿元、非过轨自备车0.65亿元。

【国际贸易】　坚持国际化战略，加快“走出去”步伐。拓展海外市场，组织参加3次海外展会，即中东铁路展、南非国际铁路展、柏林铁路展；组织20余批次、20余家客户的出国走访，并接待邀请接待澳大利亚、肯尼亚、加蓬、塞内加尔、智利、印度尼西亚、马来西亚等等10多个国家40多批次200余人次的客户来访。年内，与智利FCAB公司先后签订138个硫酸罐箱、47辆平车、158辆平车和80套转向架等一系列合同，并与智利其它两家潜在客户建立联系，展开实质性的项目洽谈；成功中标印尼国家铁路公司276辆平车项目，首次获得印尼市场整车订单。发展澳洲市场，新签整车订单372辆，金额2.92亿元。加强海外产业与合资公司管理，斯威公司、澳洲公司、阿布扎比公司运转良好，共实现销售收入1.7亿元，盈利2608万元。年内，正式商务立项的海外投标和报价项目30余次，其中包括马来西亚AFR公司660辆平车项目，印度尼西亚KAI公司160辆煤炭漏斗车项目、印度尼西亚Servo Railway公司2100辆煤炭漏斗车、印度尼西亚KAI公司276辆平车、孟加拉28辆冷藏车项目、澳大利亚Aurizon公司264辆窄轨煤炭漏斗车项目等，共计新签订单折合人民币13.05亿元。全年公司海外销售收入8.99亿元，其中整车销售1360辆，配件销售收入3.6亿元。

【人力资源管理】　健全管理制度，重新制定《长江公司领导干部选拔任用管理办法》、修订《长江公司中层管理人员行为规范（2.0版）》、制定《长江公司领导干部交流管理办法》《领导干部日常监督管理办法》，强化干部监督管理。围绕创新创业项目，探索柔性引才，成功引进新产业成熟人才16名（其中博士1名）、校园招聘56人。围绕公司“转型升级、二次创业”的总体要求和持续盈利的目标，建立工资总额与“营业收入、企业增加值、归属母公司净利润”挂钩的分配模式；制定《新产业项目奖励暂行办法》，将新产业项目奖励分为项目孵化奖励、项目推进奖励及项目提成奖励，激励新产业项目培育和推进公司新产业发展；修订《新产品试制及小批量生产工资核算管理办法》，根据批量数量设定工资核算的宽放系数和难度系数；修订《科技项目奖励暂行办法》，增强适宜性、激励性，调动科技人员参与科研项目的积极性。强化用工资源配置，制订激励政策，促进减员分流，全年办理协商解除人员256人，办理在岗退休182人，合计分流438人。转型培训服务，贴近公司发展需要，重点围绕领导力培育、精益管理、新产业和智能制造、质量管理、各体系管理、英语、公文写作与应用等开展培训，并选派300多人参加中车及省市组织的各类新技术、新知识等培训，促进员工素质能力提升，全年开展各类培训班540余期，培训4万余人次。

【生产运营】　统筹公司各类制造资源，确保各项生产任务如期完成。生产调度指挥，通过优化工艺、调整利用货修场地等措施，提高生产能力，株洲分公司C80BH型敞车达日产28辆、武汉分部C70E型敞车日产达到29辆。探索、优化项目管理机制，促进公司综合制造能力发挥，运用项目进度考核机制，全年15个出口项目均实现合同交付。改进工作思路，借鉴出口项目管理的组织方式，在新产品试制中尝试采用项目管理模式对试制项目进行管理，提升新产品试制工作效率。针对材料价格震荡上升的市场行情，采取行业对标等措施，有效控制物资采购价格，节约采购金额1518万元（不含税价）。全年，新造整车10154辆，其中国铁车9100辆、出口整车886辆，市场车163辆，试制车5辆；货车修理8661辆，其中包括特种车厂、段修及改造52辆。

【质量管理】 结合管理模式调整和 IRIS、GJB 标准换版，修订完善公司质量管理体系文件，提高质量管理体系运行的有效性，年内通过 AAR M1003 以及 ISO /TS 22163、ISO 3834、GJB 9001C 质量管理体系外部审核。健全质量安全风险防控体系，制定《质量安全风险管理办法》，开展产品质量安全风险的识别、分析和评价、预警，明确风险应对措施，全年质量损失为 1515.4 万元，质量损失率 0.26%。供方质量管控，完善各项制度，在常规评价的同时，对 9 家协作件供应商专项审核，发现问题，要求责任供应商限时整改，确保源头质量安全。质量改进，制定《质量问题双归零管理办法》，针对质量问题，从技术和管理两方面查找原因、制定措施，促进质量改进工作“标本兼治”；针对铁总铁路货车造修质量评价检查发现的 169 项问题，制定整改措施计划，实行了消号管理；针对重要零部件、L70 厂修、DK36 检修 CRCC 审核发现的问题，组织所属公司开展原因分析与整改，及时向 CRCC 提交整改验证报告；加强与监造项目部质量信息交流与沟通，落实提案纠正措施，提高产品实物质量。全年，无一般 D 类及以上行车责任事故新造车故障反馈率由上年 1.65%下降至 1.13%，厂修车故障反馈率由上年 8.23%下降至 7.05%。

【新产业拓展】 整合资源，推进冷运装备、多式联运装备、智能化站场三大新产业项目落地。积极配合各能源公司和国家相关部委的公铁水联运试验，开展与中铁特货、中欧班列等铁路物流企业战略合作，参与行业标准制定，提高公司冷运装备市场的影响力和话语权，全年落实产品订单超过 25 亿元。提升管理能力，加快产能建设，强化市场履约，首次实现罐箱产品出口。开展智能空轨集疏运系统宣传推介，承办、参加大型展会 14 次，接待国内外重要嘉宾参观 60 余人次；得到交通部领导肯定，获 2018 年交通运输行业重点科研平台十大技术突破，获评“中国多式联运创新实践企业”“中国多式联运竞争力服务品牌”。加快智能化站场设备产品孵化，常州分公司集装箱自动导引运输车完成设计、铜陵公司智能装卸设备立项研发、铁路单侧装卸系统和全向式集装箱智能运输车样机试制成功。所属公司自揽业务持续发力，共计实现销售收入 4.5 亿元。

【党建工作】 深入学习习近平视察中国中车的讲话精神，下发《关于深入贯彻落实习近平总书记重要指示精神推动长江公司实现高质量发展的决定》，坚定公司实现高质量发展的信心和决心。从政治高度和发展深度认识和理解巡视整改工作，深入查摆梳理问题，明确整改方向，形成整改决议，着力做好巡视“后半篇文章”，全级次巡视 493 项问题整改完成率为 82%，全面完成年度阶段性整改目标。以打造中车党建“金名片”为指引，以打造新时代长江特色党建“金名片”为目标，以“九化融合、一体推进、项目化运作”为“施工图”和“路线图”，发挥两级组织优势，成立党建体系化、标准化、信息化、可视化阵地化的基础上全面提质换挡党的建设。常州分公司推进党员先锋、劳模创新工作室一体化建设，注重将党员先锋性和劳模先进性有机结合起来，发挥党员劳模的引领示范作用，带动身边一批人爱岗敬业、争当先锋，让“先锋中的先锋”作用得到发挥，更好服务于企业发展。

【以机代人项目推动落地】 立足公司核心能力和优势，鼓励轻资产运营，开展融资模式研究，对经营性租赁特点、融资租赁判定、经营性租赁与融资租赁差异进行深入分析；以“以机代人”项目为载体，组织与中车投资租赁有限公司等 7 家单位洽谈，选定与株洲华迈智能装备有限公司开展合作，完成设备租赁合同的确定。分别成立株洲分公司、武汉分部“以机代人”项目联合工作组，及时跟进并协调合同签订过程中的问题，确保株洲分公司、武汉分部“以机代人”项目顺利落地。

【所属公司】 株洲分公司 年末，在册员工 2289 人，其他从业人员（返聘、劳务）596 人，其中在岗人员 1970 人、女员工 539 人。拥有高级专业技术职称 60 人、中级技术职称 132 人，高级技师 103 人、技师 183 人。占地面积 60 万平方米，固定资产原值 6.35 亿元，净值 2.49 亿元。生产能力为新造铁路货车 6500 辆/年，大批量主导产品为敞车、平车、矿石漏斗车、罐车、棚车，同时具备多品种、小批量生产能力，且是唯一拥有铺架设备三种车型修理过轨资格的企业。全年，完成新造整车 4425 辆；实现主营业务收入 23.8 亿元，同比增长 18.41%；实现目标利润 9127 万元；未发生批量返厂修和一般 D 类及以上责任事故，新造车整车一次交验拒收率累计为 0.4%，质量损失额为 0.036%。新产业全年签订合同金额 3.3 亿元，实现销售收入 2.94 亿元。

常州分公司 年末，员工总数 910 人，其中女员工 192 人。拥有高级专业技术职称 22 人，中级专业技术职务人员 50 人，具有高级技师资格 24 人（在聘高级技师 21 人）、技师资格 80 人（在聘技师 51 人）、高级工 264 人，中级工 184 人，初级工 82 人。占地面积 197156.07 平方米，新增设备 71 台，新增固定资产投资总额 580.65 万元，固定资产原值 3.39 亿元、净值 1.89 亿元。全年，修理货车订单 4400 辆，实现销售收入 4.43 亿元，完成目标利润总额 2900 万元；未发生 D 类以上行车事故，无批量返厂修，无顾客重大质量投诉，厂修车一次交验拒收率累计为 0.21%，中国铁路总公司货车厂修质量评价结果为优。

铜陵公司 年末，在册员工 1437 人，实际在岗员工 1159 人。拥有高级专业技术职称 28 人，中级专业技术职称 102 人。整体占地面积 34.8 万平方米，其中生产厂房建筑面积 12.44 万平方米。固定资产原值 7.95 亿元、净值 4.47 亿元。全年，生产各型大件（K6、MKⅦ、DZ2、越南、加蓬等）63106 件、各型车轴 105344 根、17 型车钩组成 3067 件、各类中小铸件 256253 件、各型轮对 6701 对、交叉杆组成 5204 辆份；实现营业收入 9.2 亿元，资产负债率下降至 62.43%；未发生一般 D 类及以上行车责任事故、无批量返厂修和批量质量问题、无顾客重大质量投诉。获得国家 “高新技术企业”称号。

武汉分部 年末，在册员工 3233 人（在岗员工 2711 人），占员工总数 21.56%。占地面积 99.8 余万平方米（含总部），建筑物面积 31 万平方米，总固定资产(含房屋及构筑物)共计 4880 项，原值 148682 万元、净值 90891 万元；装备资产共计 4793 项，原值 61757 万元，净值 22689 万元。全年，完成新造 C70E 型敞车 5200 辆，Aurizon 煤炭漏斗车 284 辆；货车修理完成国铁招标车 4050 辆、特种车厂、段修 73 辆；企业自备车完成新造 82 辆，修理 180 辆；实现销售收入 23.04 亿元，目标利润 1.81 亿元，超年初利润指标 148.76%；货修典型故障率反馈分别同比下降 49.8%和 21.54%，造修源头质量评价、质量网络抽查、典型故障排名得到提升，无 D 类及以上行车责任事故。

【重要纪事】 1 月 9 日，长江公司与中铁特货等单位共同承担的中国铁路总公司重点课题 40 英尺铁路运输发电箱项目通过中铁总组织的设计方案评审。1 月 19 日，长江公司首获“中国中车突出进步奖”。3 月 19 日，在中国物流与采购联合会主办的“全球物流大会”上，公司获评 2018 年度“物流技术装备推荐品牌”。4月，受托主持制定国家铁路局《铁路特种货车 保温车》和《机车车辆铸钢件 技术要求及检验》铁道行业整车技术标准。5月14日，与印尼 Servo Railway 公司签署合作备忘录。5月，与智利客户签署28辆铜矿平车供应合同。6月26日，国家交通运输部“现代物流技术及装备交通运输行业研发中心”在长江公司成立。7月，获湖北省首批隐形冠军企业证书——湖北省支柱产业细分领域隐形冠军科技小巨人证书。8月，公司与国内某大型物流公司签订5000台价值24亿元的40英尺“公铁水”LNG罐箱采购销售合同。8月30日，公司以第66位入榜2018年武汉企业100强、第14位入榜2018年武汉制造企业100强。9月4日，获得75台智利 FCAB 硫酸罐箱订单。9月10—11日，在 第六届中国多式联运合作与发展大会暨多式联运示范成果展在上，获评“中国多式联运创新实践企业”“中国多式联运竞争力服务品牌”。10月23—24日，由中国交通运输协会、中国集装箱行业协会联合主办，长江公司、中国交通运输协会联运分会联合承办的“多式联运技术装备创新论坛”在湖北武汉召开。11月6日，公司获印尼国家铁路公司正式签发的276辆铁路货运平车招标项目中标通知书。11月19日，国家交通运输部副部长刘小明到公司专题调研多式联运新技术新装备。11月26日，公司“铁路货车转向架集成制动装置”专利获中国专利奖优秀奖。12月19日，公司中标2018年国铁厂修项目，获得4500辆厂修订单。12月21日，公司作为独家议标供应商与澳大利亚 Aurizon 公司签订264辆窄轨煤炭漏斗车供销合同。

【公司党政工负责人】

党委书记　何朝阳（4月免）
　　　　　胡海平（4月任）
董 事 长　何朝阳（4月免）
　　　　　胡海平（4月任）
副董事长　何朝阳
总 经 理　张　磊
副总经理　蒋庆平（12月免）
　　　　　蔡德权（4月免）
　　　　　刘　涛　王红卫
　　　　　胡海滨
　　　　　朱洪晖（12月任）
总工程师　胡海滨
财务总监　蒋庆平（兼，12月免）
　　　　　朱洪晖（兼，12月任）
党委副书记　胡海平（兼，4月免）
　　　　　何朝阳（4月任）
　　　　　张　磊（兼）
　　　　　吴晓东（4月免）
　　　　　成　光（4月任）
纪委书记　吴晓东（兼，4月免）
　　　　　成　光（兼，4月任）
工会主席　姚正凡

（长江公司　供稿）

地　　址　湖北省武汉市江夏经济开发区大桥新区
邮　　编　430212
电　　话　027-51170122
传　　真　027-81942011
网　　址　http：//www.crrcgc.cc/cj
电子邮箱　marketing@crrcy.cc（营销）
　　　　　office@crrcy.cc（办公）
　　　　　hr@crrcy.cc（人力资源）

中车太原机车车辆有限公司

（统一社会信用代码：911401006644610372）

党委书记、董事长　秦忠义

总经理　史洪斌

【概况】　太原公司原直属中车股份公司，2018 年 4 月中车货车业务重组后，隶属于长汇集团。2018 年末，太原公司全部职工人数 3123 人，其中在岗职工 2693 人；专业技术人员 931 人（含非在岗人员 53 人），具有高级技术职称者 194 人（含非在岗人员 19 人）、中级职称 407 人（含非在岗人员 28 人）。固定资产原值 165839 万元、净值 126820 万元。新厂区一期规划用地约 1680 亩。拥有设备 3897 台，其中机械动力设备 2258 台。公司设有行政职能部门 27 个、分厂 3 个、分公司 4 个。全年完成电力机车检修 128 台，实现营业收入 4.3 亿元；货车新造完成 2058 辆，实现营业收入 7.03 亿元；货车检修完成 3574 辆，实现营业收入 2.17 亿元；工程车造修完成 71 台（辆），实现营业收入 1.8 亿元；相关配件、物流、出口市场及其他业务实现营业收入 3.7 亿元。全年累计实现营业收入 19 亿元，实现归母净利润 1.85 亿元，较上年同期增加利润 3.27 亿元。总资产收益率实现 9.12%的增长，EVA 回报率达到 16.03%，“两金”占用合计减少 3.36 亿元，资产负债率较年初 94.66%降低至 80.97%，剔除递延收益影响后为 64.86%。

【规划发展】　2018 年是中车集团业务整合，成立长江子集团，并将太原公司业务整合归属其中的变革之年，同时也是建厂 120 周年，开启全新征程的蜕变之年。为全面推进提质增效工作，先后召开了提质增效专题会和干部大会，并举行了绩效目标责任书签字仪式，对绩效指标进行了细化和量化，公司各单位签订了《效绩目标责任书》，确保效绩目标落地实施，公司特困企业治理工作从管理思路转变为实施方案。拓展产业发展空间，配合国家疏解非首都职能，与株洲所宝鸡时代机械公司合作，成立太原中车时代轨道工程机械有限公司。积极与中车内部企业强强合作，促进太原地铁太原中车城轨造修基地建设完成。

【改革改制】　职工医院经营改革，与中航集团太航医院协商以股权变更形式将资产及人员无偿划转到太航医院，2 月 24 日太行医院北院区正式挂牌营业；“三供一业”，供水项目交由太原供水集团草坪营销分公司实施管理；4583户小区业主供电管理正式易主，成为太原市首个“三供一业”供电分离移交项目；年内，中车太原实业公司完成了供热分离移交协议的签署，10月完成了职能移交工作；物业项目与山西建投建安物业管理有限公司于6月27日签署了正式协议。年初将国家、省、集团、本公司有关厂办大集体改革的12个文件汇编成册下发至各集体企业进行系统的学习，对3户厂办大集体企业进行了认真摸底调研，年内厂办大集体改革方案的初稿已完成。

【经营管理】 开展“提高品质、降本节支”为核心的提质增效活动，按照年中签订的《绩效目标责任书》，细化分解落实，确保责任目标的全面实现。预算管理不断强化，从严控制费用支出，可控期间费用同比降低3.4%；采购成本不断降低，全年自采项目降低采购成本53万元；低效无效资产处置，全年累计盘活资产4248万元；检修成本压减，全年累计降低检修成本857.50万元；治安管理增强，公司废有色金属销售量较2017年同期增加40余吨；内部审计工作完善，全年共审减金额260.77万元；依法治企不断深入，强化重大风险预判，有效规避经营风险，禁止融资性贸易开展，合规经营水平持续提升。

【科技创新】 着力产业发展，做优核心业务，完成HXD_3、HXD_{3C}型电力机车检修技术消化，夯实批量检修准备基础，成功实现交直流并举重大跨越；完成机车检修数据管理系统研发工作，实现了18类大部件信息数据与铁路机务管理信息系统的对接，增强了机车检修信息化水平。发挥货车技术主导厂优势，参与完成了铁路总公司重点课题“货车图谱表方案研究”；完成70吨级有盖漏斗车设计和KH70型粉煤灰漏斗车的研制工作；开展铁路漏斗车轻量化技术和全寿命周期健康管理研究工作，提升了漏斗车服役的可靠性。完成对台湾KTMC-2型吊杆车设计工作，解决列尾连挂的难题，实现整车性能的重大突破；深化地铁市场技术储备，完成对重庆地铁环线接触网维修作业车、地铁平板车、地铁放线车适应性改进设计工作。保持国家高新技术企业称号，顺利通过省级企业技术中心、山西省铁路漏斗车工程技术研究中心年度评价。全年累计取得HXD_3、HXD_{3C}型电力机车（C6修）维修许可、C70C型敞车维修许可等项行政许可资质；获得微机主控单元等8大类36项机车部件高级修资质；全年共申报国内专利57件，其中发明专利27件，申请海外专利3件；主持编制了1项铁道行业标准，参与编制了2项国家标准与4项中车企业标准；全年合计获得省市区各级政府补贴7316万元。

【生产运营】 结合中车精益管理现场评价手册，编制下发《公司精益管理实施细则》。深化载体建设，编制下发《公司精益载体建设实施方案》，明确公司精益车间、示范线、标准工位建设指南。整理下发标准工位管理表单，统一模板，对日常生产管理实施动态管控。通过强化指标管控、规范交接、调整工序内容、多能工培训等多种措施，实现了电力机车精益解体，解决了解车作业周期长、配件拆损率高、现场作业环境差等突出问题，和谐车拆解周期由4天提升至1.5天，机车配件周转由6天降低至4天，拆解配件损耗率明显下降，生产平衡率由70%提升至83%。和谐型电力机车C6修也创造了三天落车10台、单日落车4台的新纪录。通过节拍生产设计、多能工人才育成、优化物流配送等措施，C70C型车辆批量检修克服了改造项目作业量大、人力资源短缺、交期时间紧的不利因素，生产节拍由240分钟缩减至60分钟，产能由1～2辆提升至8辆并稳定保持，生产平衡率由51.2%提升至79.5%。持续开展安全生产。全年无工亡事件、无一类火灾、爆炸事故、无新增现岗职业病；开展隐患排查治理，累计完成1273项隐患整改；深入落实环境保护责任制，全面推广水性漆涂装工艺，从源头消除涂装作业对环境质量造成的影响，全年无限产停产，保证了生产经营活动正常开展。

【市场营销】 机车检修方面。扩大直流机车市场份额的同时，抢占和谐型交流机车C6修先机。在和谐机车投入使用，直流机车保有量下降幅度较大的情况下，积极采取行动，选择有利车型，中标72台，占全年检修招标总数790台近10%份额，中标合同金额为29086万元，比上年同期中标数量93台，合同金额28508万元，合同金额增长2.0%。为台湾地区制作吊杆车2台。全年地方铁路签订机车大中修合同25台，合计金额共计6723万元。年内，经与数家产生和谐机车C6修的重点路局进行了有效沟通，签订和谐机车C6修合同27台，合同金额为15846万元。新造货车方面，年内公司签订C70E型敞车1600辆，占铁总全年采购27000辆的6%；签订C80B型敞车300辆，占铁总全年采购12600辆的2.4%。加上与地方铁路签订的KZ70型石砟漏斗车、加盖粉煤灰漏斗车等车型，全年合同签订数完成公司下达1700辆新造货车指标的119%。货车检修方面，全年共签订各型货车检修3574辆，其中国铁货车厂修2850辆、承揽企业自备车检修724辆。公司加大路外市场营销力度。在神华集团取得5台高空作业车订单。重庆地铁环线项目也再次中标。4月，公司响应集团号召，前往北京二七机车公司开展承接二七机车轨道工程装备业务前期准备工作。通过与株所合作，对二七机车公司原有业务进行摸底，并对合同进行了重新梳理。国际业务运作能力增强，年内出口阿根廷米轨转向架4台，出口澳大利亚货车配件296套，出口德国双层小汽车运输车钢结构42组，签约印尼煤炭漏斗车项目2589辆，出口阿根廷TS02型钢轨探伤和线路测量车1组，成功填补了南美市场空白。

【基建与技改】 年内，对新厂区硬件基础配套进行了改造和完善。针对国资委党委巡视整改提出的“新厂区未完成已摘牌1195.82亩土地的国有土地使用证办理”及“项目建设手续不全”问题，进行了处理。针对国资委党委巡视整改提出的“项目建设未及时办理工程结算”问题，公司造价组已完成工程结算一审工作，对新厂建设以来涉及的各项合同费用与股份公司概算批复进行了梳理和对比分析，并就土地出让金资金缺口问题向股份公司申请2.75亿元资本金注入。旧厂区土地处置工作，9月与太原市国土资源局土地储备中心签订了《国有土地使用权收（回）购合同》（并土储国有〔2018〕第012号），41.15亩土地成为政府待出让用地，落实了“权属土地按照实际交易出让金的80%返还”政策。并与杏花岭区政府签订了《房屋征收补偿协议》额外申请到了500万元拆迁补偿款。旧厂区最后一宗约40.4亩权属土地已向规划局申请规划延期，并向太原市国土资源局土地储备中心申请了储备。积极配合中车置业于4月2日在太原市土地市场顺利摘牌老厂区14地块，并获取65%土地出让金返还公司。随后与中车置业签订了《机车厂宿舍区（危旧房）改造项目一期（老厂区14地块）委托开发合同》，使困扰公司和拆迁职工家属多年的“老大难”民生问题得以解冻。

【人力资源管理】 加快构建适应公司实际的人力资源管理体系。根据国资委党委巡视组、集团第三巡视组提出的整改要求和集团公司中层干部规定，按时完成了副总师层级人员专项清理工作，使公司副总师层级人员由原来的12名减少到7名；结合公司中层干部管理工作，开展了专门的中层干部交流工作，共对22人进行了岗位交流。至年末，公司共有中层干部162人，其中，副总师级领导7人，中层正职82人，中层副职73人，全体中层干部平均年龄47.06岁、具有本科以上学历人员占比85.19%。全年职工培训工作围绕公司生产实际和培训计划，举办精益研发体系，C80B不锈钢焊接、RAMS、中车文化理念品牌建设、能源管理体系等培训班，共举办技术、管理人员培训班39个，培训员工2495人次。举办C70E敞车、标准工位建设、关键工序特殊过程、TY5作业车大修、精益生产、和谐机车C6、和谐机车C80检修、MAG焊接操作法等技术工人培训班83个，举办转岗培训11个，培训员工6581人次。鉴于下半年工程机械分厂生产任务不足，为提升职工实际工资收入，与株洲时代公司沟通，采用集团公司内部借调的方式，根据株洲时代公司的岗位需求，选派工程机械分厂26名职工临时到时代公司工作，首次实现集团公司内部冗余生产力共享机制。根据中车对轨工产业重组整合的统一部署，经过与株洲时代公司轨道事业部多次磋商，就接收312人达成一致意见。并于年底完成了92人集团内成建制调出及劳动合同主体变更所有手续。

【质量管理】 推进中车质量管理体系标准落地实施工作，根据实际情况制定了《落地实施方案》，主要内容为标准学习、数据积累、专项诊断、核心业务过程试点等。先后组织开展了质量问题的初步诊断、数据积累诊断和专项诊断，围绕标准确定的8个核心业务过程，分析查找了公司存在的“急、难、顽、痛”主要问题，编制、撰写了公司管理诊断报告。为持续提高机车检修质量，按照上级部门要求，围绕“对标活动”“数据化检修”“提升布管布线检修水平”“加强出厂车质量控制”，“抓‘零公里整备问题’”等主题，质量保证部组织开展了大修机车质量年提升专项活动。通过完善检修标准和局段技术协议，优化电线路布接线工艺，检修数据采集和记录，消灭“小而广”问题，建立零公里信息反馈渠道。对供应商现场审核和惯性质量问题攻关等，实现了大修机车杜绝C类及以上质量事故，无大部件破损，零公里整备得分超950分，无客户投诉等的活动目标。开展质量安全“大反思、大检查、大整改”活动。为提高公司的产品质量，提高员工工作质量和积极性，9月组织开展了以“落实主体责任，建设质量强企”为主题的“质量月”活动。年内组织了“降低电力机车上部拆解拆损率”和“提高新造车制动管焊接一次交检合格率”两个项目的挂牌督办工作。

【企业文化建设】 按照集团公司《BI建设2020实施方案》，结合公司实际，稳步推进BI建设工作。开展了品牌建设问卷调查工作，答卷率达到了90%。对标品牌建设优秀企业，依照《中国中车员工日常行为规范》要求进行专项对标，完成了《太原公司BI建设诊断对标融合报告》。完善细化“三个规范”试点，基本完成《员工行为规范》《售后服务行为规范》《现场参观接待行为规范》的落实。配合中国中车集团开展“擦亮‘金名片’，做好中车人”主题活动。开展“2018年企业文化品牌故事大赛”，深入发掘适合题材的文字、音视频作品，讲好“太原公司故事”。开展“打造受人尊敬的国际化公司，我为中车代言”BI海报制作活动。继续开展讲述“最美太车人”“弘扬工匠精神”故事活动。积极参加柏林、迪拜等轨道交通海外展览会，宣传公司产品，提升公司国际知名度。为迎接山西省委省政府和太原市委市政府领导来公司视察转型升级项目，设计制作了全方位展示太原公司转型新产品的宣传展板，其中新增了太原地铁造修业务和大型养路机械制造业务板块，吸引省市多家媒体记者前来拍摄采访，提升了公司在太原本地的品牌影响力。

【党群工作】 公司党委坚持以习近平新时代中国特色社会主义思想为指导，毫不动摇地坚持党委对企业的领导，严格落实党建工作责任制，全面夯实从严治党的主体责任。按照国资委和中车党委巡视要求，对自查和反馈的174个问题全面实施整改工作，已完成98个整改项目，完成率59%。开展了“巡视整改下基层”专项活动，为全面完成整改任务奠定了扎实基础。党委大力实施党建“金名片”建设，开展了“四型五化”党支部建设活动，推进了一支部一品牌和党建目视化建设工作。制定并修订完善了《党委会议制度》《党委主体责任制实施办法》《党（总）支部工作细则》等20个制度。对公司22名中层干部进行了岗位交流。举办了期“传承红色基因，牢记使命担当”主题培训班，实现了中层以上干部教育培训全覆盖。组织实施了“国际化人才选培”“职称评审”“高技能人才培养”计划，举办了精益研发体系，中车文化理念品牌建设等培训班。党委认真履行“一岗双责，建立健全“两个责任”《实施意见》和《责任清单》，与64个支部和单位，1570人次签订廉洁责任书；组织4次干部警示教育，增强了“坚守底线、不越红线”的意识。开展了“王晓林案件专项行动”“深挖死账背后那些事”专项检查，加大各类违纪案件的查处力度，严肃了党风党纪。工会组织加强民主管理，推进厂务公开，开展经济技术创新活动；组织开展贯穿全年的“围绕一个中心、立足一条主线、实施三大项目，落实八项任务”劳动竞赛；结合公司建厂120周年华诞献礼工作，以“展风采、庆华诞、聚力量、谱新篇”为主题，举办了职工广播操赛、健步走、羽毛球赛等文体活动；大力弘扬工匠精神，公司职工郭世江获得“高铁工匠”称号，郭世江、曾建明获得“晋阳工匠”称号；继续做好“六送三关注”，为广大职工办实事、解难事、做好事，帮扶职工344人次。公司团委深入开展“一团一品一特色”创建活动、青工技能月、导师带徒等活动，进一步增强基层团支部的工作活力。

【庆祝建厂120周年】 年内，公司为纪念建厂120周年，举办了一系列庆典活动。8月8日，全国第十个“全民健身日”上午，在机车分厂隆重举行了“展风采 庆华诞 聚力量 谱新篇”为主题的庆祝建厂120周年职工广播操比赛。8月31日，公司在新厂区办公楼前花池，将由新中国成立后第一任铁道部长吕正操亲自题写的碑文“建厂百年纪念碑”掩埋入土。9月3日晚上，公司庆祝建厂120周年文艺汇演在机车宿舍体育场举行。公司邀请原铁道部长傅志寰为120厂庆书写了“横穿越双甲子，再辟新征程”提词。9月28日上午，以《奋斗新时代 迈向新征程》为主题的公司建厂120周年庆祝大会在机车分厂和谐厂房隆重举行。公司老领导、老劳模、退休职工，以及公司职工家属近千人应邀参加了本次大会。

【重要纪事】 1月26日，公司出口阿根廷的GCY600型宽轨作业车和GCY6000型窄轨作业车，从上海港乘船起航，驶往南美洲。2月7日，公司试制的X5型多式联运专用车通过了中铁联运物流股份有限公司专家组进行的技术评价。2月11日，中车集团党委常委、副总经理贾世瑞到公司开展慰问活动，并出席公司2017年度领导班子民主生活会。

3 月 15 日，公司工程机械分厂重庆轨道交通施工用地铁项目车辆通过验收。3 月 16 日，公司检修的首台 HXD_{3C} 326 号机车（C6 修）落成。4 月 19 日，中车集团副总经理、党委常委魏岩到到公司宣布公司主要领导职务调整的决定。5 月 7 日上午，山西省委书记、省人大常委会主任骆惠宁到公司调研。5 月 7—8 日，经中国铁科院专家组审查，公司成为全国首家获 HXD_3、HXD_{3C} 型电力机车轮对轮轴驱动装置 C6 修维修资质单位。6 月 13 日，中车集团党委常委、中车股份执行董事徐宗祥到公司调研并座谈。7 月，公司与印尼美嘉集团签订铁路煤炭货运车辆 2589 辆及维修设备的销售合同，合同总价超过 2.1 亿美元。8 月 30—31 日，受中国铁路总公司委托，中国铁道科学研究院集团有限公司牵头组织对公司 HXD_3 型电力机车 C6 修验证修样车进行技术评审，顺利通过评审。9 月 28 日上午，公司建厂 120 周年庆祝大会在机车分厂和谐厂房举行。10 月 30 日，山西省委副书记、省长楼阳生，省政协副主席李晓波到公司调研。12 月 18 日，中车股份正式审议通过株洲所宝鸡时代公司与太原公司合资设立太原中车时代轨道工程机械有限公司。

【公司党政工负责人】

党 委 书 记　秦忠义（4 月任）
　　　　　　赵　勇（4 月免）
董　事　长　秦忠义（4 月任）
　　　　　　赵　勇（4 月免）
总　经　理　史洪斌（4 月任）
　　　　　　秦忠义（4 月免）
副 总 经 理　梁建平　段云龙
　　　　　　杨景林
副 总 经 理　李兴钊
总 工 程 师　李兴钊
副 总 经 理　张海玲
财 务 总 监　张海玲

党委副书记　史洪斌（4 月任）
　　　　　　赵向东
　　　　　　秦忠义（4 月免）
纪 委 书 记　赵向东
工 会 主 席　赵向东

（太原公司　供稿）

地　址　山西省太原市万柏林区兴华西街 129 号
邮　编　030027
电　话　0351-2649450
传　真　0351-3049563
网　址　www.tyloro.com

中车西安车辆有限公司

（统一社会信用代码：916101006631640309）

党委书记、董事长　张向东

总经理　韩志坚

【概况】 西安公司原直属中车股份公司，2018年4月中车货车业务重组后，隶属于长江集团。2018年末，西安公司员工总数3650人，其中在岗员工2991人，高级专业技术职称114人，中级职称316人。设有19个行政职能部室、8个党群部室、4个生产制造单元、2个子分公司、3个车间。公司占地面积66.47万平方米，生产房屋建筑面积28.4万平方米，经管铁路26.03公里，固定资产原值10.04亿元，净值3.79亿元，拥有各类设备5024台。全年实现营业收入31.5亿元，净利润1.28亿元。

【规划发展】 坚持“做强传统产业保生存、做大新兴产业促发展”的发展思路，按照公司“十三五”战略规划部署，完成敞车生产线改造、平车生产线扩能改造和交车线改造工作；实施客车修理、货车修理技术升级改造工程；提升水性漆涂装工艺研究，批量应用于C70E型通用敞车、GQ70型轻油罐车等产品；拆除锅炉和锻造厂房，盘活公司场地和物力资源，加快城轨项目建设进度；开拓甲醇自营贸易渠道，推行代理运输、车辆预检、运贸一体等物流服务，罐车物流服务的规模和业务得到迅速扩张；化工装备也初步形成完整生产单元，黄磷罐集装箱进行批量交付；城轨组装检修业务顺利推进，完成了西安地铁4号线8列（48辆）车的新造任务。

【改革改制】 推进“三供一业”分离移交工作，在前期签订分离移交正式协议的基础上，与上级单位、省市和沣东地方政府、接收单位加强联系沟通，陆续完成项目造价审计、可研方案修订、国补资金申请、中车专家评审、补充协议签订、资产协议签订等分离移交工作，实现了12月31日前完成“三供一业”分离移交的工作目标。厂办大集体改制工作于9月正式启动，相继完成了厂办大集体改制方案制订、资产清查、资产审计评估等工作，整体改制工作正按照专项工作安排顺利推进。开展公司内部结构调整，撤销货修事业部、成立货车检修部、转向架车间，撤销制配分公司、成立制配车间，撤销能源管理公司和资产管理部、成立资产能源管理部，提高了管理效能和生产效率。

【经营管理】 将公司战略规划中设定的目标分解到年度工作中，以方针目标管理模式按项目化、指标化进行管理，确保战略规划的落实与执行。在生产经营中，以深化提质增效为全年工作核心与重点，制定年度提质增效工作方案，以经营效益稳中有增为主线，以中车“提品质”对标改善等为重点的12项专项工作为载体，从落实战略、精准营销、创新技术、强化内控等四大方面，深入开展推动提质增效工作。在经营过程中，通过加强全面预算管理、成本费用管控、技术开发创新、质量安全控制、强化基础考核、提品质对标、人力资源效能管理、内控体系管控、开展全方位改善、实施精益生产达标等措施，全面促进成本、质量、现场安全等各项基础管理及公司经营效益的提升。

【科技创新】 铁路货车方面，完成GQ80型轻油罐车技术评审、新型浓硫酸罐车和军用水罐车研发、GL70型沥青罐车改进设计、70吨级浓硝酸和煤焦油罐车的研发、铁路工程用抑尘装置动力系统集成和大流量宽幅度洒水及洒水流量遥控控制等关键技术研究、沥青罐式集装箱方案设计、公铁两用车的车体承载技术和快速转接技术与气动升降技术及专用转向架等关键技术研究，进行GN80型粘油罐车技术改进，继续开展铁路罐车承载技术、传热技术、保温技术、装卸技术等关键技术研究，为装运其他介质的载重80吨级铁路罐车研发提供技术支撑。铁路配件方面，完成整体保温人孔和罐箱用安全阀的试制、新型人孔的方案设计和施工图设计、GQ70型轻油罐车和GS70型浓硫酸罐车等20余种罐车制动系统的改进、10余种罐车走台装置的改进设计，铁路罐车尼龙鞍坐垫通过铁路总公司组织的评审，已装车进行运用考验。新产业方面，完成XZB9403GDY型LNG（液化天然气）半挂车改进设计和型式试验、JY4（(1AA）型和JY46B（1AA）型两种冷冻液化气体罐箱设计和试制、J19(1C)型黄磷罐式集装箱加热系统可靠性现场试验验证和设计优化、J17（1C）型浓硫酸罐式集装箱的样箱试制和型式试验、J30（1CC）型大容积不锈钢通用罐式集装箱的设计、ASME压力容器制造资质取证示范产品的设计和试制。

【生产运营】 年内，完成新造货车4256辆，修理货车4459辆，修理客车459辆。其中，新造货车完成C70E型通用敞车3800辆、GQ70型轻油罐车350辆、GQ70A型轻油罐车5辆、J19（1C）型罐式集装箱100个、集装箱式洒水罐装置1辆等5个品种的批量生产，同比上年增加497辆，增幅13.2%；修理货车完成厂修路内各型罐车1088辆、敞车2283辆、平车633辆、箱车9辆、棚车337辆，厂段修路外各类罐车108辆，与上年相比减少446辆，降幅9%；修理客车完成各品种459辆，同比上年减少59辆，降幅11.3%。

【市场营销】 新造货车全年订货4975辆，其中包括国铁车4600辆C70E型通用敞车，自备车300辆GQ70型轻油罐车和75辆GL70型沥青罐车。厂修货车订货4526辆，其中包括国铁货车检修合同4350辆、自备车检修合同176辆。黄磷罐式集装箱订货300个，生产及交付JJC型接触网检修车3列、城轨地铁72列、工装台车40台。新造、厂修货款回收率均达到100%。全年组织走访中国铁路总公司和18个铁路局的自备车、危货管理部门，收集自备车重点信息2729辆，并实时跟踪落实。成立LNG（液化天然气）运储装备专项工作组，与中铁特货、中海油、中铁加仑、中国国储、新疆广汇及呼和浩特、郑州局集团有限公司等国内LNG产业有较大影响力的单位进行交流沟通，促进双方在推进 LNG 铁路运输方面的合作；走访、接待 LNG 上下游企业 30 余家，参加 LNG 储运装备投标 5 次。拓展外部多元产品市场，开展了旅游轨道小火车、旅居房车、有轨电车、地铁救援车等相关市场的探索工作。旅游轨道小火车标准通过省发改委申报到国家标准委员会待批准；积极调研铜川市原有煤矿打造遗址公园项目、安康瀛湖旅游轨道项目有关车辆方案、贵州遵义 90 公里旅游轨道小火车项目；与西安光谷签订了 5 万元地铁救援车加工承揽合同。

【基建与技改】 按照“统筹规划、技术升级、快速成型、服务本地”的发展思路，通过“既有厂房及配套设施技术改造项目”的建设与实施，建成以西安为核心覆盖西北地区的地铁车辆检修和组装基地，逐步进入高铁检修领域，打造公司新的经济增长点。“既有厂房及配套设施技术改造项目”2018 年实际投入 407.4 万元，项目累计已投入 1421.5 万元，已用资金来源于公司自有资金；完成了项目建设前期的场地拆除、清理，前期既有厂房改造、静调厂房建设，部分厂房、轨道道路建设施工图设计及工程监理，项目可研、初步设计上报等内容。淘汰落后产能，公司退出铸钢业务后，充分利用原有相关作业场地，将原铸钢厂房炉料跨、露天跨，改建为客车配件检修厂房及垃圾分拣站。践行绿色发展理念，从货车制造、检修车体涂装线改造入手，逐步推动涂装线等工艺改造。年度新开工立项 59 项，完成 38 项，其余 21 项在建，新开工投入 840 万元，往年在建项目投入 1790.6 万元，实际投入共计 2630.6 万元。

【人力资源管理】 各项效能指标稳步提升，严格管控用工总量，合理开展劳动力的平衡和调配，职工总数控制在 3650 人，超额完成 3737 人的中车年度控制指标；落实工资支付“两低于”原则，科学测算和分析支出情况，工资总额支出低于年度控制指标 23 万元；结合重大加改项目和工艺定额变化，调整产品工日指标，百元销售收入人工成本降至 14.77 元，低于中车年度任务指标 33.6%；人力资源管理创新，匹配劳动力生产需求，工业总产值和企业增加值劳产率分别为 91.58 万元/人和 26.38 万元/人，同比增长 18%、17.6%。职能梳理，按照“精干高效”指导原则，逐步精简管理层级、优化管理架构，跨系统调配人员超过 500 余人次，实现了人力资源的合理配置。人才队伍建设，培养国际化初、中级人才 7 名，累计达 19 名；引入大学生 48 名，研究生占比约 25%；强化人才评价工作，评选出中车核心人才 9 名、公司拔尖人才 58 名，组织 600 余人参与西安市 D、E 类人才认定；新增中级及以上职称 33 人、技师及以上技能等级 14 人。薪酬管理机制，上调员工公积金缴费比例、退休人员养老保险待遇、二线休养生活费，促进员工收入随劳动生产率和经济效益的提高稳步增长。员工队伍培训培养，开展企业一级培训 40 余期、二级培训和技术比武 210 余期，累计参培人数 2800 余人次；修订完善公司内部培训师管理办法，选拔推荐企业内训师 340 人；分批次、分工种组织各类委外培训 180 余人次，其中境外培训 7 人；新成立技能大师工作室 1 个、签订目标责任书 6 份。

【质量管理】 以提高产品实物质量为重点，以 ISO/TS 22163 体系有效运行为主线，加强售后质量信息的分析与处理，改进计量理化服务质量，在新造货车产量陡增的同时，使产品实物质量保持总体稳定。通过了 TÜV 南德认证集团换证审核，获得 ISO/TS 22163：2017 管理体系认证证书和 ISO 9001:2015 质量管理体系认证证书。宣贯“中车 Q”质量标准，策划实施方案，组织修订体系文件。开展 ASME 认证，建立 ASME 规范产品质量控制体系。巡回走访 18 个铁路局集团公司及其下属车辆段和自备车用户，共发放、收回《顾客满意度调查表》44 份，顾客满意度均达到 100%。

【企业文化建设】 弘扬社会主义核心价值观、中车之道及公司核心理念、价值观等，营造出干事创业的良好氛围。举办庆祝改革开放 40 周年、公司 80 华诞系列活动。加强品牌推广力度，制发《关于公司品牌执行委员会职责等事项的通知》，组建企业文化与品牌建设督导员队伍，举行授牌仪式；组织召开公司“品牌关键接触点”岗位行为规范推进工作会，审议品牌关键接触点岗位行为规范讨论稿；开展“品牌员工”和“品牌督导员”评选；组织开展“打造受人尊敬的国际化公司，我为中车代言”活动。持续开展 VI 视觉识别系统整改，定期对基层单位进行 VI 检查指导，新建城轨调试区、制动梁生产区、配件修装区、客车车体组装线 4 条 VI 示范区（线）。广泛开展“记在心·践于行·擦亮中车金名片”“不良习惯销号”等主题活动，制作公司《员工行为规范手册》，汇编文化理念、员工日常行为规范等五部分内容，进一步夯实公司文化基础，行为文化建设取得新进展。

【党群工作】 强化政治引领，推进“两学一做”常态化制度化，利用党委会、中心组等学习平台，采取学习研讨、主题征文等多种形式，深入学习贯彻落实习近平新时代中国特色社会主义思想和习近平总书记视察中车重要指示精神，制订《深入贯彻落实习近平总书记重要指示精神推动公司实现高质量发展的决定》；结合集团党委部署的年度重点工作任务，形成 33 项量化指标、52 项工作要点和 171 条工作措施的指标体系。巡视整改，国资委党委政治巡视中形成了包含 82 项问题的整改责任清单，制定了 10 项党委会决议、9 项董事会决议、9 项总经理办公会决议，截至年底，已销号关闭 58 项问题，完成率 71%；配合中车党委巡视二组做好现场巡视工作，制定并落实包含 69 项问题的整改方案。优化人力资源，加强“四好”班子创建，严格按程序对中层领导班子、领导人员进行考核奖惩，调整交流中层领导干部 51 人次、提拔 20 名；推进交叉任职模式，加大党务工作人员和经营管理人员双向交流；开展“树立精益理念，做卓有成效管理者”学习教育活动，安排 90 名领导干部参加了红色教育及管理培训。组织建设，打造党建“金名片”；适应机构变化调整基层党组织，完成 32 个基层党组织换届改选；严格落实“三会一课”、民主生活会等制度；开展创岗建区、创先争优等活动。意识形态工作，制订公司党委《意识形态工作责任制实施办法》，把意识形态责任制列入党委年度重点工作的“核心指标”项目；紧扣党的方针政策、中车决策部署、公司生产经营，开展宣传思想工作和形势任务教育。落实从严治党，组织中层以上领导干部和重点岗位人员 600 余人次参加中车警示教育，纪检干部 22 次“下基层讲纪律”，56 名中层领导干部赴“关中（黄陵）监狱”接受了现场警示教育；党风廉政建设管理制度，逐层逐级签订责任书和承诺书，确定了 247 个廉洁风险岗位；从严监督执纪问责，信访举报办结率达到 100%；实施物资采购招标管理、清理独家采购等专项监察。工会组织加强源头参与，坚持职代会等民主管理，广泛征集职工代表提案；完善帮扶救助保障体系，做好员工健康管理，举办多种文体活动。共青团深入开展“不忘初心、牢记使命”主题教育、“双岗”创建等活动。

【重要纪事】 1 月，公司研制的 GQ80 型轻油罐车通过中国铁路总公司技术评审。2月6日，中国铁路总工会常务副主席索河和中国中车工会主席邱伟到公司慰问困难职工家庭。2月7日，中国中车党委常委、副总裁、财务总监詹艳景到公司慰问一线职工。2月9日，公司召开2018年经营工作会。3月15—18日，公司参加第26届中国西部国际装备制造业博览会暨中国欧亚国际工业博览会。3月15日，公司召开2018年党建暨党风廉政建设反腐败工作会。4月15日，公司举办“80华诞庆祝大会”，庆祝公司成立80周年。4月28日，公司员工汤华冰荣获陕西省“五一劳动奖章”。5月14日，公司党委中心组集中学习习近平总书记视察中车所属企业讲话精神。6月26日，中国企业家联合会、中国企业家协会副会长尹援平和陕西省企业家协会常务副会长段克明莅临公司调研企业文化工作。6月30日，公司董事长、党委书记张向东当选西商总会第一届理事会副会长。7月，公司被评为陕西省劳动竞赛先进集体。8月3日，中国中车党委常委、副总裁余卫平到公司开展专题党课教育。8月15日，中国中车党委巡视二组巡视西安公司工作动员会召开。11月，公司研发的XZB9403GDY型低温液体运输半挂车顺利通过国家工业和信息化部装备工业发展中心公告审查，并在工信部公告《道路机动车辆生产企业及产品（第312批）》中发布。11月27日，公司隆重举行升国旗仪式。12月，公司荣获陕西省“优秀企业文化成果”单位。

【公司党政工负责人】

党委书记　张向东
董事长　张向东
总经理　韩志坚
副总经理　郑国忠　武　强
　李胜林　苏宇东
　郭小锋　郭志挺
总工程师　郭小锋
财务总监　郭志挺

党委副书记　韩志坚　吴青林
纪委书记　吴青林
工会主席　张革斌

（西安公司　供稿）

地　址　中国西安三桥建章路
邮　编　710086
电　话　029-82369253、82369225
传　真　029-82367111
网　址　www.crrcgc.cc/xa

中车眉山车辆有限公司

（统一社会信用代码：91511400662787535Q）

党委书记、董事长　吴晓东

总经理　潘树平

【概况】　眉山公司原直属中车股份公司，2018年4月中车货车业务重组后，隶属于长江集团。2018年末，公司在册员工2854人，其中经营管理124人，工程技术278人，市场营销60人，专业管理345人，技能操作人员1727人，其他320人。公司下设22个部室，5个直属车间，2个分公司，2个全资子公司，2个控股子公司。有固定资产原值11.54亿元（净值4.98亿元），占地面积79.12万平方米，建筑总面积32.03万平方米。全年实现销售收入28.96亿元，归属母公司净利润1.45亿元（较上年增长42%）。

【规划发展】　完成3个子公司、2个分公司、16个职能部门的实地规划询审，并就规划完成情况、业务板块情况、保障措施情况、2019—2020年经营预测以及规划调整方案等方面进行了充分研讨，形成相关评估报告。紧跟公转铁政策及铁路货运增量行动等新形势，认真总结“十三五”中期询审情况，充分研究和分析外部环境和竞争对手，以长江集团发展规划为指引，组织公司内部研讨，修订完成“十三五”发展规划，编制完成2019—2021年的三年滚动规划。

【改革改制】　根据中车“1+19”文件体系要求，以企业发展战略为引领，坚持问题导向和目标导向相结合，围绕质量和效益，持续深入开展完善法人治理结构、“僵尸企业”治理、压减管理层级、三供一业分离、提质增效降成本等工作。全年结合政治巡视整改工作要求，开展了以“提高品质、降本节支”为核心的“1+12”提质增效活动。实施“三供一业”分离移交，6月28日与东坡区政府签定《中车眉山实业管理有限公司职工家属区物业管理分离移交协议》和《中车眉山实业管理有限公司职工家属区市政、文体、社区分离移交协议》，年末已完成资产及职能的正式交接手续，供电、供气、供水、物业管理、教育机构、医疗机构、消防机构、社区管理职能、市政设施、厂办大集体、党员地方管理等11个项目已全面完成。“压减管理层级”工作，按照集团公司压减管理层级要求和眉山公司压减计划，通过控股权让渡的方式，对四川中车复合材料结构有限公司进行处置，12月末完成后续处置工作。实现眉山公司年度“管理层级压缩1级，法人户数减少1户”的压减目标。

【经营管理】 全年完成5557辆新造货车生产任务。其中，SQ6型双层车576辆，C70E型敞车2050辆，C80B型不锈钢运煤敞车2598辆，出口几内亚敞车252辆，平车3辆，罐车3辆，出口澳大利亚关节平车75辆。主要产品产能大幅度提高，C80B敞车单班能力从11辆提升到15辆；C70E单班产能从11辆提高到14辆；出口澳大利亚关节平车单班产能由2辆提高到3辆。最高月产量达到882辆。完成了1998辆C80B紧急订单、新增1000辆C70E、576辆临时追加SQ6订单生产任务。出口澳大利亚关节平车实现按成组方式组织钢结构生产，缩短生产制造时间9天。

【科技创新】 实施产品创新，国内首台公铁两用焊轨车和轨道交通应急综合保障车实现销售，新型公铁两用运输车亮相首届多式联运技术装备创新论坛，新型智能环保渣土车获得市场订单，托盘运输专用棚车进入试制阶段。推进“重载”“快捷”研究，神华KM100AF型铝合金漏斗车完成交付，160公里/小时快捷货车项目稳步推动，轻量化DZ3型转向架方案设计进展顺利。海外产品研发，澳大利亚30吨轴重不锈钢煤炭漏斗车样机通过用户验收，大轴重径向转向架TTCI认证预试验结果良好，澳大利亚20t轴重窄轨煤炭漏斗车等多个项目完成技术储备。成果转化，主动润滑120阀实现批量装车，LBC-1型主动润滑制动缸累计装车超过5万辆，主动润滑104阀通过铁总运用评审；紧固件国家标准制定工作有序推进。科技管理，获得眉山市院士（专家）工作站授牌，博士后科研课题顺利验收；首次取得国内著作权证书，知识产权成果分获中国专利优秀奖、四川省专利二等奖。

【市场营销】 全年获得5598辆国铁车订单，新签订单合同金额23.19亿元。铸钢业务延续增长势头，实现总收入3.68亿元，利润2075万元；制动机业务技术创效明显，实现总收入3.53亿元，归属母公司净利润2103万元。海外市场，顺利交付258辆几内亚货车、75辆澳大利亚五关节车，成功新签120辆几内亚货车。紧固件业务在城轨市场实现批量供货，铆接工具成为新的增长点，销售额突破1000万元；海外市场快速增长，实现收入2300万元。物流装备业务强化管理提升，实现总收入1.42亿元，利润121万元。信息科技业务在服务公司信息化的同时，逐渐走向市场，实现总收入1405万元，利润63万元。

【人力资源管理】 多途径引入优秀青年人才，员工年龄、知识结构得到有效改善；开展员工分流安置工作，年末在册员工2854人，在岗员工2573人，营业收入人工成本含量为16.83%，同比降低1.79个百分点。推进“定岗定编”，精简管辅服编制453个，其中技术、管理职位优化122个，减编比例达到27%，员工竞争上岗实施完成；畅通员工晋升渠道，技术人员职业发展通道得到优化。人才培育，全年举办内部培训651班次，受训人员14013人次；选派256人次参加124项外部（委外）培训，中层领导、业务骨干、技能员工，能力水平得到有效提升，45人获评中车第二届核心人才，包括1名首席技术专家、1名首席技能专家。全年共引进新员工113名。人员类别：技管47人、技能66人（其中人事代理转合同制员工56人）；学历结构：硕士研究生8人、本科41人、大专21人、中专及以下43人；专业结构：工程技术35人、经营管理12人、技能操作66人；引进人员中党员和预备党员7人。

【质量管理】 顺利通过ISO/TS 22163轨道

交通业质量管理体系转版认证。4 月对公司体系运行情况进行了集中式内部审核。计量标准器具周期受检率、计量器具周期受检率均达到了目标要求。全面完成中车下达的 5 项质量考核指标。

【企业文化建设】 制订实施《意识形态工作责任制实施办法》，组织全员开展意识形态专项培训；开展形势任务教育和员工思想调研，对定岗定编、货车重组等问题，开展宣传疏导。组织开展“决胜 90 天，共惠同发展”劳动竞赛主题征文和精益主题文化宣教活动。开展 BI 建设形象推广活动，利用《四川日报》等媒体大力开展对外宣传。推进员工关系建设，为员工办理全员免费就餐、全员观影等 10 件好事实事。

【党群工作】 深入贯彻落实全国国有企业党的建设工作会议精神，坚持以党的政治建设为统领，坚定贯彻新发展理念，加快改革发展，深化党建“精益双目标”管理，确保了公司党的建设全面“提质换挡”。理论武装，深入贯彻落实党的十九大精神。党委中心组带头开展集中学习研讨，专题组织学习研讨习总书记三次视察中车重要讲话精神，参加学习贯彻党的十九大精神专题培训班。巡视工作，成立巡视工作办公室和专项整改工作组，召开领导班子巡视整改专题民主生活会，公司及下属全级次公司在国资委政治巡视中发现的 452 项问题已全面完成整改 326 项，形成的 33 项决议全面完成 116 个整改目标，中车党委巡视发现的 81 项问题中 44 项问题已经整改完成。召开党委会 42 次，前置研究讨论“三重一大”议题 128 项；建立党委主体责任清单、班子成员“一岗双责”清单，专题部署党建工作、党风廉政建设和反腐败、工团、全面依法治企工作。党建“可视化”建设，搭建党建“先锋 e+6”信息化平台。党员教育管理，规范党费收缴、使用、管理，举办党务干部党性培训班，党员队伍不断建强。坚持党管干部、党管人才原则，强化政治标准，把好选人、用人、育人关口，深化体制改革，修订完善《中层干部管理规定》《后备人才管理暂行办法》等 7 项制度；开展相关培训 25 次，干部队伍素质不断提升。落实党风廉政建设“两个责任”要求，严格执行中央八项规定，与所属党组织签订《党建和党风廉政建设责任书》，组织领导干部和关键岗位人员参加中车廉洁警示教育大会；履行巡视整改监督责任，开展驻京办事机构财务账目专项核查和清理对外扶贫项目专项工作，以及“提质增效采购管理”“驻京办”关闭撤销督办等 19 项效能监察。积极向省市总工会沟通，6 名大病员工得到了市总工会“关癌行动”帮扶资金，先后从省市总工会争取帮扶资金 15.2 万元，帮扶困难员工、大病员工和劳动模范总计 77 人次。

【眉山中车制动科技股份有限公司】 制动科技公司全年强化“两金”压降管理，推进研发成果转化与应用工作，在促进行业产品升级换代和开拓国际市场等方面取得良好成绩。全年公司实现销售收入 3.53 亿元，归母净利润 2103 万元（比上年同比增长 40%）。年末，制动科技公司在册员工 452 人，其中技管人员 142 人、技能人员 310 人。年内，共新签海外订单 900 万元。

【眉山中车紧固件科技有限公司】 眉山中车紧固件科技有限公司(简称“紧固件公司”)实现销售收入 1.6 亿元，净利润 1745 万元。年末，紧固件公司在册员工总数为 158 人，其中技管人员 89 人、技能人员 69 人。完成了中车重点项目——不锈钢、铝合金拉铆紧固连接系统及铆接机器人的研制，不锈钢防漏雨拉铆钉、铝合金单槽短尾拉铆钉成功外销北美。

【眉山中车物流装备有限公司】 物流装备公司完成销售收入1.42亿元、利润124.4万元。截至12月底，物流装备公司在册员工总数70人，其中技管人员42人、技能人员28人。年内，以成都渣土车大规模更新改造为契机，重返自卸车改装市场，年销售量达到583台。

【重要纪事】 1月，公司通过国家高新技术企业认定。公司完成了增加注册资本2亿元人民币及“营业执照”工商变更登记工作。2月8日，公司召开二届二次职代会暨2018年工作会议。2月27日，公司中标1000辆C70E型通用敞车。3月22日，铁路客车控制阀关键技术研发与产业化应用通过省级验收。5月7日，中国国际新闻交流中心亚太分中心代表团到公司参观。5月25日，国务院国资委企业改革局副局长林庆苗到公司调研。5月，公司获2018年火车头奖杯。6月27日，公司取得ISO/TS 22163轨道交通业质量管理体系认证。6月28日，中车集团公司总经理、中车股份总裁孙永才到公司调研考察。6月，公司员工甘俊林在 “嘉克杯”国际焊接大赛获得钨极氩弧焊项目成人组一等奖。7月20日，公司入围2017年度“四川机械工业50强”。7月25日，公司与攀钢集团有限公司签署战略合作协议。8月9日，中车货车提质增效对标会在公司召开。8月15日，公司召开巡视工作动员会，全面启动中车党委巡视三组巡视眉山公司工作。9月4日，公司荣获“中国信保2018年度AA级优质客户”称号。10月16—18日，公司顺利通过知识产权管理体系外部审核。10月26日，公司与中国铁路总公司签订600辆C80B型不锈钢运煤专用敞车供货合同。10月24—26日，公司承办的2018年中国轨道交通铸造年会在眉山召开。11月14日，意大利贝古拉公司到公司商洽合作事宜。11月18日，公司首届运动会、文化艺术节圆满闭幕。11月20日，公司与中国铁路总公司在北京签订了2000辆C70E型铁路货车采购项目《供货合同》。11月20日，公司13.6米翼开启厢式半挂车研制项目通过中车科技成果鉴定。12月19日，轨道交通消防及应急综合保障车通过成都局科技成果评审。12月20日，紧固件公司产品开发组获评“四川省工人先锋号”。12月21日，公司第一批258辆几内亚货车如期完成交付。

【公司党政工负责人】

党委书记	郑　平（4月免）
	吴晓东（4月任）
董事长	郑　平（4月免）
	吴晓东（4月任）
总经理	潘树平
副总经理	雷自原　肖　颖
	黄核仁　杨　鸣
	王洽军　曹　平
总工程师	杨　鸣
财务总监	王洽军
党委副书记	潘树平　王云东
纪委书记	王云东
工会主席	王云东

（眉山公司　供稿）

地　址　四川省眉山市东坡区崇仁镇
邮　编　620032
电　话　028-38502013
传　真　028-38502046

中车贵阳车辆有限公司

（统一社会信用代码：915200003142129700）

党委书记、董事长、总经理　严世栋

【概况】　贵阳公司原直属中车股份公司，2018 年 4 月中车货车业务重组后，隶属于长江集团。2018 年，贵阳公司完成货车检修 9671 辆、货车新造 1488 辆，弹簧业务销售收入 1.3 亿元；钢结构业务签订桥梁钢结构订单 2.5 万吨，实现销售收入 1.3 亿元。全年营业收入 11.5 亿元、利润 3300 万元。年末，公司总占地面积 105 万平方米，总建筑面积 51 万平方米，拥有各类设备 2152 台（套），资产总额 17.4 亿元，固定资产原值 9.8 亿元，净值 3.8 亿元。年底员工总数 2606 人，其中在册员工 1579 人，劳务人员 1027 人，具有高级专业技术职称 69 人，中级职称 141 人，高级技师 40 人，技师 93 人。在册员工中，实际在岗 1398 人，占在册员工 88.53%；女员工 277 人，占在册员工 17.54%。公司运营架构分 3 级设置 24 个职能部门，下辖 1 个子公司。公司主要从事铁路货车修理、制造及其配件生产，钢结构等产品的生产等业务。

【主营业务】　全年完成检修车 9671 辆；获得新造车订单 1800 辆。弹簧事业部机车、地铁弹簧市场份额提升，工程机械弹簧实现增长，实现销售收入 1.3 亿元。钢结构公司与大型桥梁公司建立了战略合作关系，签订桥梁钢结构订单 2.5 万吨，建筑工程项目业务占比达到 66%，全年实现营业收入 1.3 亿元。

【提质增效】　以“三抓三促”主题活动为载体，落实“1+12”提质增效方案，提升公司效益。实施了 40 多个降本项目，节约成本 4200 余万元，巩固了成本领先优势。“两金”压降。制定措施，控制采购计划管理，着力加强账龄监控分析，推进呆滞存货处理，及时跟进应收账款催收，顺利完成了中国中车下达的“两金”较年初下降 10%的目标，应收账款周转率、存货周转率分别较上年提升 0.87 次、2.65 次。低效无效资产处置。加强设备资产清查，共计处理闲置、低效设备 180 多台，实现残值回收 300 多万元。

【技术创新】　新产品开发方面，取得了 X70 型集装箱专用平车、C70E 型通用敞车、C70EH 型通用敞车厂修和 SQ6 型双层凹底运输汽车专用车段修维修许可证；开展了 BX1K 型冷藏集装箱专用平车电气改造等技术攻关，首次完成了带电气装置、集成制动技术铁路货车检修。开发配件新产品，弹簧共计完成了28个项目73个规格型号的新产品开发。钢结构公司智能车库研发取得突破，完成了两个项目验收交付。工艺改造方面，完成了转向架组装落成循环悬挂线工艺改造，摇枕、侧架三大件实现了自动化组装，消除了安全隐患，降低了质量风险，减轻了劳动强度，提高了生产效率。完成了车体检修工艺改造，解决了骨架检修工位生产瓶颈，实现了车体检修批次交车，白班垫车数量持续攀升，减少了夜班作业时间。这两项工艺改造，改变了转向架组装及落车作业方式，改变了车体分解及组装作业方式。改善工作和专利申报方面，全年改善提案2041项，23项获得等级奖；全年申请专利18项，获授权专利16项，其中发明专利2项。

【精益管理】 开展精益车间、精益示范线、标准工位、“两模”线建设，围绕六要素提升现场基础管理，全部生产车间均获得了中车精益车间称号。创新公司精益管理评价体系，将评价延伸到职能部室，现场服务能力明显增强。新增防错技术、快速切换、价值流3种精益工具培训及应用，精益管理体系进一步完善。持续推进工位制节拍化流水线建设，大流水作业更加顺畅，生产效率大幅提高。全年在未增加用工总量的情况下，检修车平均日产量达到50.5辆，新造车日产量稳定在8.5辆，造修生产效率较2017年提高15%，创历史最好水平。

【信息技术】 “两化”融合管理体系贯标取得阶段性成果，“铁路货修精细化制造管控能力”项目通过国家工信部认证，顺利获得了“两化”融合管理体系证书。“智慧货修”系统建设有序推进，完成了生产指挥中心决策报表、车体检修进度实时监控系统开发，有效解决了需求与计划不匹配的问题，提升了信息化运营分析与生产决策能力。深化信息化技术应用，完成了修程结算对比系统开发应用，为公司增加效益130余万元。

【质量提升】 推进全员、全过程质量管控，发挥厂监联席会作用，规范质量体系运行有效性，积极推进岗位达标，开展质量安全风险源和风险点识别，强化源头质量整治，狠抓惯性质量问题攻关，产品质量显著提升。全年未发生D类及以上质量事故、车辆责任故障及批量返厂事故，质量外反馈及缺陷发生率同比下降，质量典故排名前列，铁路货车造修质量评价厂修车被评为优秀、新造车被评为良好，厂修车招标质量分上半年排名第一、下半年第二，在下半年铁路货车网络质量抽查中，厂修车、新造车均排名第一。

【风险管控】 实施全面风险管理，强化依法合规经营。完善风险管理制度，健全风险防控体系，坚持融入日常、注重实效原则，开展风险识别，防范重大风险发生。落实中国中车法治建设要求，推动法治建设与企业经营管理深度融合，依法治企能力、风险防控能力大幅提升。推进钢结构公司亏损治理，通过强化风险识别提升订单质量，管控资金风险。开展钢结构公司应收账款法律尽职调查，强化流程管控，运用法律手段开展应收账款清收，取得了明显成效。年度钢结构公司在收入比上年增长2000多万元的情况下，应收账款较年初下降了近2000万元，经营状况得到初步改善。

【安全环保】 强化精益安全工位建设，深入开展专项安全检查和隐患排查，广泛开展安全知识宣传教育，安全生产形势总体稳定。安全隐患整改，完成了弹簧新增调漆间、转向架制动梁油漆线等6个整改项目，有效降低了职业病危害风险。环保设施使用管理，落实减排措施，主要污染物排放总量控制在中国中车和地方政府规定的范围之内。全年杜绝了重伤及以上安全事故，轻伤率为1.6‰，实现了“零死亡事故”“零新增职业病”“零火灾爆炸”及其他重大影响事故的新“三零”目标和连续第19个安全生产年。公司被列入安全管理创新优秀企业名录。

【基础管理】 精细化资金管理，开展资金运营和税务筹划，节约了财务费用，提高了资金使用效率。探索电商采购模式，安排采购批次和进度，降低了采购成本、保证了物资供应。推动久长基地验收工作，取得不动产证，通过了中车档案验收。扎实开展节能降耗工作，动能指标得到有效控制，动能消耗持续下降。创新设备管理模式，重点开展装备异常管理，加强点检巡检、强调预防维修，设备故障率持续降低。开展信访维稳工作，排解不稳定因素，为公司提供了良好的发展环境。

【人力资源管理】 干部制度建设。围绕干部的选、育、用、留，结合中车下发的相关制度办法，修改完善了公司干部人才管理制度。做好岗位交流。加大党务和业务干部交流力度，全年对同层级岗位的中层干部进行了22人的交流，其中党务与行政干部之间的交流达到了15人。任期管理制度。完善中层干部任期考核评价办法，完成48名中层干部的任期考核。人才选拔与管理。建立中层后备人才退出机制，动态管理中层后备人才，全年提拔中层干部16人。组织开展了中车2018年度国际化人才选拔工作，派出6人参加了中车国际化人才集中培训。组织开展了中车和公司级核心人才选拔工作，选拔出中车级核心人才3名和公司级核心人才13名。技能人才梯队建设。规范劳模创新工作室的日常管理。

【巡视整改】 按照国务院国资委党委第三巡视组和中国中车党委要求，召开8次党委会对巡视工作进行专题讨论，研究部署问题梳理及问题整改，党群及行政月度重点工作计划都对巡视整改工作作出部署安排。党委书记及其他班子成员把巡视整改工作与生产经营统筹结合。制定了巡视整改责任分解表，建立了巡视问题销号审批制度、整改月报制度和销号台账。公司共计梳理问题105项，制定整改措施150项，形成8项党委会决议、7项董事会决议和7项总经理办公会决议。截至年底，已完成问题销号71项，整改完成率68%。整改决议中明确了整改目标和考核要求，纳入KPI及薪酬考核，明确以问责促整改，各责任单位领导都在整改决议上签字背书。制定《公司党委全面深入推进巡视整改工作实施办法》，进一步明确考核内容、考核标准、考核部门，确保整个整改工作有监督、有标准、可考核。

【党群工作】 制定领导班子党建责任清单，完善决策机制和流程。修订完善了公司“三重一大”决策制度实施细则，调整党群工作机构薪资待遇。组织学习习近平新时代中国特色社会主义思想、党的十九大报告、全国两会、习近平总书记视察中车讲话、中国中车党委常委（扩大）会等会议精神。以中心组专题学习、党务干部专题培训、党委领导上专题党课和全体党员集体党课、公司领导分别到基层联系点讲党课、举办党的十九大精神应知应会测试等形式进行组织学习研讨。编制印发《十九大热词学习读本》《十九大应知应会一二三》，订购下发了多种理论学习书籍，利用各个党务微信群等转发学习资料。党建“金名片”工作。制定打造党建“金名片”推进实施清单。推进“两学一做”学习教育常态化制度化。建立了“两学一做”学习园地。开展“不忘初心、牢记使命”主题教育活动。完善中心组学习制度。修订了《党委（党支部）理论学习中心组学习制度》，全年中心组共学习17次。组织开展“两金”压降、“深挖死账背后那些事”等8项效能监察工作。组织中层及以上领导干部和重要岗位人员参加4次中车警示教育大会，纪检监察干部深入基层开展党规党纪学习讲座。落实中央八项规定精神，持续纠正“四风”，在重要节假日和关键时间节点持续开展监督检查。制定了《工作作风监督执纪问责办法》，全年先后对3名同志进行了作风问责。做好信访举报案件的办理工作。完成2件由上级纪委转办的信访举报线索的处理工作；完成1件公司内部信访件的处理工作。监督管控。建立中层干部廉政档案，进行动态管理。对18个基层党支部落实党风廉政建设责任制和“一岗双责”情况进行了全面检查。制度约束。制定及修改完善了《干部员工容错纠错实施细则》《“三重一大”监督管理规定（试行）》等9个制度。开展群团工作。完善职代会制度，召开职工代表大会2次、职代组长联席会6次。维护员工身心健康及合法权益，调处劳动争议3起。组织团员学习习近平总书记“7·2”重要讲话、团的十八大精神等。开展“五四红旗团支部”“青年文明号”“青年岗位能手”等“青”字号品牌创建工作。履行社会责任，助力脱贫攻坚。派出2名中层干部分别到贵州省兴仁市巴铃镇林家田村和广西壮族自治区那坡县任职，在公司派驻干部的工作下，林家田村摘掉了贫困村帽子，那坡县的脱贫工作也在稳步向前推进。

【企业文化建设】 丰富宣传手段和内容。新媒体运用，开设了党建微课堂，推出了《梁家河》广播纪实文学及党建知识。意识形态工作。党委专题研究意识形态工作，针对长江集团组建、贵阳公司与南方汇通公司彻底分离、公司“三供一业”移交等热点事件进行舆论引导，有效把握舆论导向。贴近时代做好宣传。以纪念改革开放40周年为主题，讴歌新时代的发展成就，制作报道了50余期、300余条公司各类视频新闻，并开辟了《精益生产》《传递正能量》《“三抓三促”主题活动》《党建“金名片”》等10余个专题栏目。开展了以“新时代、我奋斗”为主题的文化活动。以精益管理助推企业文化及品牌建设。普及精益理念及精益知识，制作精益海报10余期，微信公众号增设精益微课堂；在报纸、电视、广播、户外电子显示屏积极开展精益管理宣传报道。做好VI建设工作。加大中国中车VI标准的推广力度，做好现场目视化的更新制作工作。按计划推进《公司BI建设2020方案》。

【民生工作】 市政设施及管理移交顺利完成。“三供一业”移交走完“最后一公里”。落实中车“不再发生物业等费用”的要求，取消了家属区住宅物业补贴。员工收入稳步增长，进一步提高了员工生活保障水平。对办公楼、厂房等工作场所进行了维修、绿化改造，增加了浴室采暖设备，进一步改善了员工工作环境。积极开展节日慰问和送温暖活动，全年发放慰问金额200余万元。

【重要纪事】 1月1日，公司举行员工迎新春长跑比赛。2月2日，公司召开年度工作会议和党建暨党风廉政和反腐败工作会。3月26日，公司召开“立功竞赛”暨“双文明”表彰大会。4月9日起至6月下旬，公司党委分别组织5期138人次赴井冈山开展学习十九大精神暨井冈山精神培训。4月18日，由国务院国资委党委委员、总会计师沈莹率领的国务院国资委“处僵治困”督导组一行5人到公司，调研督导公司“处僵治困”工作。5月14日，在全公司范围内开展深入学习习近平总书记视察中国中车重要指示精神主题活动。5月17日，公司党委书记、董事长黄纪湘为全体党员做学习习总书记重要指示及十九大精神专题党课。6月12—13日，公司多种弹簧产品亮相在南非约翰内斯堡桑顿会议中心举行的南非国际铁路展。6月29日，公司召开党建暨创先争优总结表彰大会。7月4日，贵州省科技厅（省知识产权局）厅长廖飞到贵阳公司实地调研。8月3日，中国中车党委书记、董事长刘化龙到贵阳，公司党建和国资委政治巡视问题整改进度情况进行调研指导，并为公司全体中层及以上干部、后备人才、技术管理专家、骨干、团支部书记讲了一堂生动的党课。8月17日，中国铁路总公司运输局原副局长陈伯施到公司做专题报告。8月，工信部专家组对公司两化融合工作进行现场审核。8月31日，公司召开干部大会。9月15日，公司第二届职业技能竞赛开幕式举行。9月17—19日，中国检验认证集团贵州有限公司审核组12位专家对公司质量、安全、环境和能源管理四体系开展监督审核。经过认证，公司顺利通过2018年“四体系”监督审核。9月25—26日，中车安全检查组对公司开展安全生产大检查。10月13日，公司团委举办第二届“前进吧，青年”趣味健跑活动。10月30日，全公司开展“擦亮金名片、做好中车人”主题活动。10月，公司通过审核，获得两化融合管理体系认证证书。11月6日，中国中车党委常委、副总裁魏岩到公司指导公司领导班子专题民主生活会。11月12—13日，中国中车党委巡视组第三督导检查组对公司政治巡视整改落实情况进行督导检查。12月12日，公司C70E、C70EH型敞车厂修样车顺利通过中铁检验认证中心专家组技术评价，获得维修资质。12月17日，公司党委召开巡视整改工作推进会。12月18日，公司党委组织收看“庆祝改革开放40周年大会”现场直播。

【公司党政工负责人】

党委书记　黄纪湘（7月免）
　　　　　严世栋（7月任）
董 事 长　黄纪湘（7月免）
　　　　　严世栋（7月任）
总 经 理　黄纪湘（7月免）
　　　　　严世栋（7月任）
副总经理　刘火长　胡鹏飞
　　　　　高　健　董合军
财务总监　刘火长

党委副书记　张万军（7月免）
　　　　　简　勇（8月任）
纪委书记　张万军（7月免）
　　　　　简　勇（8月任）
工会主席　张万军（9月免）
　　　　　简　勇（9月任）

（贵阳公司　供稿）

地　址　贵阳市高新技术产业开发区沙文园区大自然科技园内
邮　编　550016
电　话　0851-84473204
传　真　0851-4470141
网　址　www.southhuiton.com

中车资阳机车有限公司

（统一社会信用代码：915122000786693055N）

党委书记、董事长　向　军

总经理　任利军

【概述】 2018年末，资阳公司在岗员工3034人，其他从业人员219人，非在岗员工622人，经营管理、工程技术、技能人员结构比约为556:545:1933。公司占地约1720000平方米，资产总额48.38亿元，拥有先进的精密设备和检测仪器2000余台（套）。公司共设置16个职能部门，下辖6个事业部，3个控股子公司，4个参股子公司。全年，公司生产各型机车125台，其中，电力机车83台，内燃机车42台；中速发动机34台，各型曲轴1164支；实现营业收入33.39亿元。

【规划发展】 完成公司"十三五"发展规划（2018修订版）和公司滚动发展规划（2019—2021）的编制，明确了公司"十三五"后期的主要发展思路：依托"一体两翼"，加快扭亏脱困，实施"瘦身健体"，实现转型升级。"一体"指轨交装备业务，"两翼"指动力装备业务和能源环保业务，努力形成"制造+服务""传统业务+新兴业务""资产经营+资本运营"的良性互动发展格局。研究资本、技术合作模式，完成资电公司增资扩股。按照集团公司统一部署，推进资阳中车电气股权转让，推动中车核心关键零部件产业发展。与四川中车玉柴签署了《四川中车玉柴中速机业务承包经营框架协议》，完成了"分块搞活"方案阶段目标，促进中速机产业持续发展。

【改革改制】 撤销了原能源分公司，与检测中心、仓储物流中心合并成立了保障事业部。调整设备资产管理，以及治安、应急、消防等安全保障职能。关闭北京办事处，以租赁方式盘活资产。全年减少管理部门2个、临时组织机构2个，未增加新的法人户数。推进提质增效、"处僵治困"等专项工作，获得中车"2017—2018年度'压减'工作突出贡献单位"称号。完成公务用车改革，处置公车18辆，保留15辆。获得集团增资5.9亿元，有效改善了公司资产负债结构。

【经营管理】 绩效管理，注重问题导向、结果导向，执行力增强。完善公司精益管理体系，构建"6621"运营管理平台，通过中车精益管理及精益重点项目评价，进入夯实精益生产、迈向精益管理的关键阶段。安全生产管理，安全生产形势持续稳定。采用以费用过程监控为中心、专项费用压降为依托、月度预算控制为手段的费用管控模式，全年降低可控费用 2026 万元。全年节约利息 215 万元，可比产品采购成本降低 756 万元；存货控制在 4.86 亿元，应收账款控制在 8.77 亿元，完成中车下达的“两金”指标。落实法治央企建设要求，强化法治建设第一责任人责任，提升法律风险防控水平，推进公司依法合规管理。加强审计、风险管理和内部控制工作，公司连续两年获得中车审计、风险管理和内部控制“优秀单位”称号，《孟加拉电站工程总包项目风险管理的研究与实践》课题荣获中国铁道财会科研课题（非运输企业）一等奖。

【**科技创新**】 以 CKD6E6000 型混合动力机车研制为契机，开展平台化、系列化、模块化、标准化设计工作，构建了基于模块化的 1000 千瓦功率等级混合动力机车产品平台。开展零部件、金属板材、管材、电缆等物料简统工作，促进了生产组织和成本控制。降低设计变更，实现平均每个项目的设计变更通知数量下降 66.58%。完成 2000～2500 千瓦混合动力机车改进方案，并通过中车评审。完成成都地铁 5 号线综合检测车、CKD6E6000 型混合动力机车的研制。悬挂式空轨列车完成转向架的改造及试验验证。开展带齿轨牵引功能的旅游观光列车技术研究，完成了齿轨转向架、齿轨驱动系统、全景车体及疏散通道关键技术研究。

【**市场营销**】 获得六轴电力机车 50 台，八轴电力机车 33 台，为实现公司经营目标提供支撑。海外市场新签印尼 70 台机车项目、意大利泰机车等项目。签订 50 台 HXD_{1C} 机车转向架 C5 修，获得 DF_{8B} 机车检修资质，完成 DF_{8B}、DF_{12} 两种车型的试修，“造修一体”业务取得实质性进展。推进出口内燃动车组项目，完成出口的 2M10T 内燃动车组动车一、二、三等拖车及餐车的工作图设计，“客货并重”持续优化。空铁列车再次实现商品化销售，“制式多元”有效推进。签订加蓬 10 台机车及 14 台机车维保项目，机车维保业务进一步拓展，持续做好巴基斯坦机车等出口项目维保服务，维保项目实现收入超过 1 个亿。“服务延伸”再次在海外落地。路外市场共计 29 台机车订单。出口配件实现收入 9000 万元，国内配件约 4600 万元。孟加拉国阿苏岗杰重油电厂项目 23 台机组启机成功，实现并网发电，正式投入商业运营。DPDC 项目 8 座变电站全部交付业主。

【**基建与技改**】 签订基建投资类合同 39 项，合同金额 543.89 万元；签订房屋建筑物固定资产维修合同 50 项，发生维修费 212.58 万元。2 月，签订《中车资阳机车有限公司（能源公司地块）搬迁及国有土地使用权收回补偿协议》，正式启动长沟搬迁项目，截至 12 月 12 日，已完成除一配电站区域外所有土地的交付。完成了中车集团公司组织的提升电控内燃机关键零部件冷加工质量工艺及能力技术改造项目、提升电控内燃机关键零部件热加工质量工艺及能力技术改造项目、大型发动机曲轴生产基地项目等 3 个募投项目及锻造搬迁改造项目验收工作。

【**人力资源管理**】 修订、新增《资阳公司中层干部选拔任用管理暂行规定》《资阳公司中层干部监督管理暂行办法》等 7 个制度，完善选人用人机制。实施干部交流及竞争上岗，提升干部队伍的素质及能力，完成了公司领导班子 6 名副职的分工调整，12 名中层干部的岗位交流及副总师人员的清理工作。开展第三届后备人才公开选拔工作。推进提质增效、“处僵治困”等专项工作，全年分流安置 176 人。规范岗位配置，优化员工结构。完善能进能出的核心人才考核机制，公司两级核心人才数量达到 123 人。制定了《国际化人才管理办法（试行）》，建立了国际化人才入库标准。全年公司举办各类培训班 163 期，培训各类人员 5312 人次。强化人才队伍建设，搭建技能人才建设框架。钟俊林焊工技能大师工作室被认定为国家级技能大师工作室，李小刚冷作钣金工技能大师工作室被认定为“四川省技能大师工作室”。

【质量管理】 完善 IRIS 标准管理体系，通过监督审核。实施“中车 Q”质量体系贯标工作，修订体系文件 26 份。开展金属板材、管材、电线电缆等原材料工艺优化，实现金属板材原材料综合利用率 70.04%，金属管材 80%以上，电线电缆 95%。开展 DF8B、DF12 机车试修和 HXD_{1C} 转向架 C5 修，进一步规范公司机车检修工艺流程。强化供方产品质量管控，全年下发供方质量通报 26 份，质量整改通知书 5 份；质量预警 8 次、黄牌警告 2 家、红牌淘汰 1 家。

【企业文化建设】 分层级组织企业文化及品牌培训。开展 VI 整改，完成办公系统、环境导视系统、服装系统等整改工作，推进公司海外项目及驻外基地的 VI 建设。员工行为规范建设，开展“补短板”实践活动，评出“十大不良行为”。开展 BI 代言活动，评选出 66 名 BI 代言人。品牌文化落地，实施班前讲话比赛、精益管理知识大比拼等活动。强化文化品牌建设，突出“一带一路”特色。参加凤凰卫视“一带一路”国际论坛，策划“一带一路”企业开放日活动，做好央视《大三线》栏目组到公司拍摄纪录片，巴基斯坦外籍员工在央视财经频道的典型宣传。中央电视台等国家级媒体 11 次报道公司新闻事件、人物。创新新媒体宣传，官方微信发布新闻信息 114 条，累计阅读量超过 10 万次，入选中车微信十佳案例和 15 家典型账号。

【党群工作】 坚定不移贯彻习近平总书记巡视工作思想，落实国资委党委第三巡视组反馈意见，自查问题共计 167 项，全年已完成整改 101 项。开展“提高政治站位，严肃执纪问责”专题党课。开展党风廉政督查，追缴超标准乘坐交通工具、超标准接待金额。全年立案审查 2 件，“零执纪”取得突破，执纪监督责任得到落实。开展警示教育，通报违规违纪案件，用身边人、身边事进行警示教育。开展“两金”压降、亏损企业治理督察，对物资采购招标管理、扶贫资金使用情况、长沟厂房设备搬迁项目进行专项监察。开展“扭亏脱困、提质增效”“向厂庆 52 周年献礼”和“打赢年底攻坚战”等主题劳动竞赛，全公司各单位共完成 57 项重点劳动竞赛项目，参与员工 3100 余人次。加强劳模管理，推进劳模创新（金蓝领）工作室建设。开展“两节送温暖”“季送关怀”等活动。积极推进“三线”建设和“跨国建家”活动。“三供一业”分离移交已启动维修改造相关工作，具备开工条件。棚户区改造历经波折，于 12 月 29 日正式启动。

【资阳中车电力机车有限公司】 资阳中车电力机车有限公司（以下简称“资电公司”）地处四川省资阳市，占地面积 5.3 万平方米，配置工艺装备 1000 余套，员工 230 余人。资电公司注册资本 3.28 亿元，资产总额 10 亿元，主要从事和谐型大功率交流传动电力机车、山地观光旅游列车的生产、销售与修理。先后通过 IRIS 国际铁路行业认证与质量/环境/职业健康安全管理三体系认证，同时获得国家铁路局颁发的主力机型生产许可证，是西南地区唯一的铁路货运电力机车制造基地。年度公司销售 33 台 HXD_1 型、50 台 HXD_{1C} 型电力机车，实现收入 17.06 亿元，净利润 6500 万元。完成 50 台 HXD_{1C} 机车转向架 C5 修业务，合同金额 6837 万元。

【四川中车玉柴发动机股份有限公司】 四川中车玉柴发动机股份有限公司（以下简称“中车玉柴公司”），系中国中车集团、广西玉柴集团、四川南俊集团共同出资组建的国有控股企业，是中国西部唯一适用于汽车、机车、船舶和陆用发电等四大领域的专业发动机研制企业，注册资本 3 亿元，资产总额 6 亿元，员工 1000 余名。全年累计产销各类汽车高速机 14750 台，中速机产销 30 台；公司累计实现销售收入 4.1 亿元（不含税）。

【重要纪事】 1 月 23 日，国家铁路产品质量监督检验中心在公司组织召开 HXN_6 型混合动力技术验证调车机车运用考核技术会议，公司研发的首台 2200 千瓦混合动力机车完成运用考核。3 月 26 日，公司获得中国铁路总公司 50 台 7200 千瓦电力机车订单；10 月 11 日，公司再次中标中国铁路总公司 33 台 9600 千瓦电力机车订单。5 月 3 日，国家铁路局向公司颁发行政许可决定书，授予公司 DF_{8B} 型机车《铁路机车车辆维修许可证》。5 月 9—13 日，中央电视台《大山里的共和国建设者》导演到公司拍摄。8 月 29 日，央视财经频道播出《中国火车托起巴基斯坦女孩的梦想》，反映了公司巴基斯坦项目改变当地女孩命运的故事。5 月 10 日至 11 日，公司研发的首批 4 台 DF_{8B} 型干线内燃机车相继发往加蓬共和国。7 月 1 日，公司为加蓬共和国提供的最后 6 台机车开始发运，完成全部订单。5 月 15 日，埃及国家铁路公司副主席 SAMY、埃及铁路维保服务公司主席 ERMAS 一行到公司参观考察。10 月 17 日，古巴交通部副部长玛塔率领古巴交通领域的各级官员和专家 20 余人到公司参观考察。8 月 4 日，四川中车玉柴公司自主研制的 NY6240ZJA 柴油机完成 100+360 小时试验。11 月 27 日 13 时整，公司承建的孟加拉最大的单体重油电厂——阿苏岗杰 150 兆瓦重油电厂完成 100 小时持续商业运行试验，并网发电累计超过 1600 万度，标志着公司在孟加拉 IPP 电厂领域的首个 EPC 项目获得成功，正式投入商业运营。12 月 12 日，公司为孟加拉国达卡配电公司（简称“DPDC”）承建的 8 座变电站全部圆满交付。12 月 29 日，公司举行棚户区改造项目启动仪式，中车置业有限公司党委书记、董事长宫良国与中车资阳实业有限公司总经理丁健签订了《中车资阳公司棚户区改造项目合作框架协议》。

【公司党政负责人】

党委书记	向 军
董事长	向 军
总经理	任利军
副总经理	温晓听 熊建平
	许德祥 李 权
	杨文胜 胡宪昌
总工程师	李 权（兼）
财务总监	胡宪昌（兼）
党委副书记	任利军（兼）
	温晓听
纪委书记	温晓听（兼）

（资阳公司 供稿）

地　　址　四川省资阳市晨风路 6 号
邮　　编　641301
传　　真　028-26653416
网　　址　http：//www. crrcgc.cc/zy
联系电话　028-26282680

中车株洲电力机车有限公司

（统一社会信用代码：914302007790310965）

党委书记、董事长　周清和

总经理　傅成骏

【概况】 2018年末，公司下设一级机构41个，其中研究院（虚拟）1个，分公司5个，事业部6，研究所1个，营销、研发、管理（中心）10个、职能管理部门18个；全资、合资控股子公司共29家，参股企业有14家。在册员工9643人（含各子公司员工），其中株洲本部员工7874人（含分公司员工）。各类专业技术人员共3519人，其中工程技术人员2404人。工程系列高级技术职称人员457人，其中教授级高工85人。高级技师人员（包含在技管岗位人员）159人。株洲本部占地面积（含生活区）115.05万平方米，建筑物面积共47.33万平方米；资产总额为287.43亿元，固定资产原值35.93亿元、净值为19.63亿元；各类设备17991台，其中主要生产设备1826台、大型精密数控设备（高精尖）105台，设备原值20.96亿元，设备净值10.05亿元。公司年内主营业务有电力机车、城轨车辆、城际动车组及磁浮车、轨道工程车、有（无）轨电车等，全年总产值、营业收入、净利润分别为205.80亿元、217.50亿元、10.48亿元。

【规划与投资工作】 围绕国际经营、资本运作、降本增效、资源优化等方面，提升公司资本并购能力、完善园区内外规划，拓宽合资合作范围。制定《公司全面深化改革指导意见》，统一规划公司后面几年改革的重点领域、目标、路径和措施；与丽江市政府、云南冶金、中铁十七局、中运海运等单位签署战略合作协议。牵头编制《湖南省轨道交通装备发展报告与展望》，参与修订株洲市相关规划，将公司战略与省、市战略有效衔接。完成多个项目申报，其中“轨道交通装备研发及产业化项目”被评选为湖南省“五个100”优秀项目，“时速300公里动车组研制项目”入选湖南省第四批制造强省专项“100个重大产品创新项目”，向国家发改委申报的“南非基地前期费用补助”获约1000万元资金支持。全年，外部资金支持到账1445万元。规划和实施多个技能改造项目，提升公司技术创新能力；规划和实施多个制造车间改造，促进公司制造精益化、智能化；完成多个厂房及其周边环境改造，优化产业布局，改善园区环境；完成部分生活、文体场所规划与建设，改善员工工作和生活环境。引入优势合作方，完成资电公司股权转让，同时助力公司齿轨产品在四川省的市场拓展；通过产业合作形式，与南宁、宁波两地商定地铁架大修合作方案，助力公司城轨维保产业发展；完成宁波绿捷公司 20%股权转让，启动两子公司压减工作；完成两公司重组及对洛阳、襄阳产业公司的吸收合并。境外投资方面，完成中车南非铁路装备修造中心初步设计，并获中国中车批复；南非本地化投资项目境外投资审批已获国家发改委批复及国家商务部“投资证书”；南非株机公司投资规划已下达通知书，并注资到位。同时，促成齿轮箱、车轮、车门、制动系统等海外技术合作项目，打破了部分供应商或代理商价高货慢的局面。

【经营管理】 合理编制十大类指标，实现经营指标全范围覆盖。制定“1+12”提质增效工作方案（1 条经营主线、12 项重点项目措施），从营销、研发、采购和生产等环节进行深度挖潜，累计降成约 3.2 亿元，其中采购降成 1.75 亿元（不含税）。整合资源，优化部分组织机构，增强职能体系专业化建设，提升管理效率。全面修订公司《组织手册》（第六版），进一步明确公司各一级机构的业务定位及职能职责。深化推进制度管理，使公司管理逐步向制度流程化、流程表单化、表单信息化迈进。优化绩效管理体系，建立公司级改善平台，将 GS 的侧重点转向管理改善和瓶颈问题突破，同时将执规考评的导向调整为挖掘深层次问题和系统改善；设计开发责任执规考核管理系统，使绩效管理向信息化升级。制定完成 3 大营销中心 KPI，同时优化项目管理系统，建立涵盖商务、质量、进程、产量和人工的全方位 KPI 指标。从精益研发、精益项目管理、精益物流、工位制节拍化和基础管理提升等方面着手，全面加强和提升精益工作。优化分、子公司绩效目标管理体系，继续推进“压缩管理层级，减少法人户数”，组织 2 个法人企业实施压减；组织亏损子公司制定并实施亏损治理专项方案，使亏损子公司数量由年初的 8 家控制在 3 家以内。继续深化开展管理创新，择优申报的多项管理创新成果获湖南省和中车集团管理创新成果奖。严控资金调配与使用，缓解公司资金压力，全年无新增外部借款。积极应对贸易战带来的汇率波动影响，尽可能降低汇兑损失，全年获得利息收入 1.56 亿元。及时做好相关补助政策资金申请工作，推动公司产品加入工信部首台套保险目录，并完成 5 个项目的首台（套）保险投保，共获财政补贴 6239 万元；继续做好 2018 年度重装免税申报与国内外项目税收筹划工作，其中国外税费节约约 1500 万元，国内节税 19602 万元。全年完成管理类审计项目 24 项、风险管理与内控项目 11 项；审计工程合同、结算 986 项，审计工程预决算金额 3.18 亿元，直接核减工程支出 288.18 万元；审计各类经济合同 1792 份，审减合同金额 115.6 万元；审计公司招议标 100 项，共降低招议标金额 4029.84 万元。

【新产品研发】 公司年内完成的新产品研发项目主要有时速 160 公里动力集中型动车组动力车、长株潭时速 160 公里城际动车组、时速 200 公里动力集中型动车组（Ⅱ型）、高速型动力集中型动车组（Ⅲ型）、德铁汉堡调车机车、马其顿电力机车、印度新孟买 1 号线地铁车辆、时速 250 公里动力分散型双层动车组、时速 160 公里市域动车组、马来西亚混合动力动车组（HMU）项目、马来西亚 ETS2.0 动车组项目、捷克动车组项目；还在研发中的新产品项目主要有德铁柏林调车机车、符合 TSI 标准的多流制机车平台产品（双交流带辅助动力机车）等 12 个项目。

在开展整机产品研发的同时，开展多款新型转向架、受电弓、制动产品、车体及储能电源等与整机配套的零部件产品研发，其中V350受电弓、高压电气箱获中国标准动车组试装车资质，DK-3型机车制动系统完成10万公里运行考核，DZ-1型城轨制动系统在长沙地铁试装成功。基础技术研发方面，主要开展了HXD_1系列电力机车模拟仿真驾驶系统、城轨车辆实时工业以太网应用技术研究、车辆系统智能监测系统、列车试验线末端防冒进系统防护装置、轨道交通装备故障预测与健康管理关键技术研究及应用、电力机车网络控制系统软件开发技术研究等智能网络产品研发，并以此为基础深入开展了基于轨道交通装备故障预测与健康管理关键技术的智慧列车研究。

【科技创新】 年内，公司获得快捷货运、虚轨车、自适应转向架等3个国家重点研发计划先进轨道交通装备专项课题，获科研项目资金支持超过7700万元；获得中国铁路总公司科研项目1项，承担的1项铁路总公司课题一次性通过验收，获得资金3304万元。获批组建磁浮交通车辆系统集成湖南省重点实验室；组建的湖南省轨道车辆转向架工程技术研究中心顺利通过湖南省科技厅验收评价。产学研合作方面，相继在南非、土耳其建立中车海外联合研发中心，与中东科技大学、卡拉贝克大学、金山大学签订战略合作协议。全力开展“八轴交流传动快速客运电力机车”型号申报，11月正式获得其型号合格证HXD_{1G}，12月更新型号为FXD1（与时速160公里动力集中动车组型号相同），公司产品首次纳入“复兴”序列。推进重大研发进程管理项目45个，重点完成了30吨轴重交流传动货运电力机车、CJ6型城际动车组的运用考核工作、解体检查和技术评审工作。加强产品平台化、模块化、标准化、系列化建设，已完成全部548个模块建设任务，推进了公司“四化”工作研发流程与信息化建设。全年完成科技奖励申报13项，其中国家科学技术进步奖1项、中国铁道学会科技进步奖3项、国家铁路局铁路重大科技创新成果推荐3项、湖南省科技进步奖2项、中国城市轨道交通协会城轨科技奖3项、湖南省首台套奖励认定项目1项。完成中国中车科技成果评价8项、湖南省科技成果评价4项，其中八轴交流传动快速客运电力机车等7个项目被鉴定为国际领先水平，适用于不同限界的平台化四轴蓄电池电力工程车研制评价意见等4个被鉴定为国际先进水平。完成专利申请302项（其中国外专利申请31项），超出中国中车下达指标（215项）40%，其中发明专利申请198项；取得授权专利258件，其中发明专利120件，发明专利授权量占总授权量的47%。组织完成第二十届中国专利奖、湖南省专利奖申报工作，获中国专利奖优秀奖1项、湖南省专利一等奖1项。制修订国家级行业标准11项，主导修订国际标准2项；申报国际标准2项、国家标准8项、行业标准10项、团体标准18项、铁总标准2项、中国中车标准8项、企业标准95项；获批立项国际标准1项、行业标准1项、团体标准4项、铁总标准2项、企业标准65项。

【生产运营】 优化公司整体计划管理体系，基于金蝶EAS管理平台的新计划体系于8月上线运行，拉通了生产、采购、物流、供应商门户各环节信息传递通道，为平衡制造链与供应链提供了信息平台。优化公司安全生产责任制，持续推进大安全文化建设。加强安全生产标准化建设，以95.2分通过安全生产标准化一级企业年度评审。完成年度星级现场改善项目74项。按照ISO 14001环境管理体系标准，不断提升清洁生产水平。全年，公司共执行项目122个，其中国内项目100个（机车9个、城轨项目54个、工程车项目37个）、海外项目22个；试制项目21个、批量制造项目 45 个、收尾项目 56 个。交付机车 614 台、城轨车辆 1672 节，新造总量较上年增长 56%。检修项目完成机车检修 712 台、城轨架修项目 23 列；配件交付 16127 项。未发生重伤及以上事故，无新增职业病，无环境污染事故及火灾爆炸事故，污染物排放总量、危险废弃物安全处置率均达标。

【市场营销】 年内，公司新开发战略客户近 20 家，已与 8 家单位签署战略合作协议。深化、延伸与国家能源集团战略合作，获签检修项目潜在订单及包神、朔黄、准能车辆采购订单。锁定昆明机场线有轨电车、昆明地铁 4 号线，挖掘出丽江、佛山里水、凤凰磁悬浮等近 10 个市场项目，并取得实际成效。全年，新签电力机车与动车组订单 123.69 亿元，实现销售收入 93.68 亿元，回收货款 101.24 亿元。其中，完成中国铁路总公司 6 次电力机车采购项目投标，获签订单约 57.38 亿元；获大秦铁路公司 50 台 HXD_1 型机车订单。非国铁机车市场获签订单近 8.53 亿元。电力机车配件与检修市场新签订单 24 亿元，完成销售收入 16.5 亿元。获国内城轨车辆 669 辆、各种工程车订单 74 辆；获得配件、架修、维保订单 30 多个，总金额约 7.7 亿元。海外市场获签德国、土耳其与新加坡等 3 个国家 3 个项目，共新签整机订单 6.09 亿美元；配件销售获签订单约 2.64 亿元。

【基建与技改】 年内，公司实施资本性支出项目 152 项，其中固定资产 119 项、无形资产 33 项，投资金额 4.4 亿元。完成大修改造项目 141 项，大修费支出 11600 万元。完成设备安装 2866 台（套）。全年安排固定资产投资预算 78727 万元，实际完成投资 73332 万元，投资完成率达 93%。完成与国家工程实验室、转向架数字化制造、车体事业部工艺提升等重点工程配套项目建设，在关键资源配置方面，新增智能检测系统设备、可燃气体监控设备、水性化涂装工艺设备、构架加工龙门铣床等一批关键设备，及时解决了公司制造资源瓶颈。实施园区环境尤其是道路提质改造，提升公司路网完备性及物流运输效率；完成员工健身房改造建设及西门员工食堂建设，为公司员工健身、就餐提供了舒适的场所。

【质量管理】 推进 ISO/TS 22163、EN 15085 焊接质量体系、DIN 6701-2 粘接质量体系、ISO 10012 测量管理体系、环境/职业健康管理体系及能源管理体系等认证审核工作，并顺利通过外审公司审核。产品 CRCC 认证方面，在完成制动系统、制动夹钳等产品制造产地变更认证及既有产品和新项目自制产品 CRCC 认证的同时，积极推进时速 160 公里动力集中型动车组、长株潭城际动车组、HXD_{1F} 机车零部件供应商 CRCC 认证工作，促使 90%以上供应商产品完成 CRCC 认证。零部件高级修资质方面，完成 HXD1、HXD_{1B}、HXD_{1C}、HXD_{1D} 型机车轮轴驱动装置及轮对的高级修资质认证，并获得相应证书。产品行政许可方面，11 月顺利获取 FXD_1 型机车制造许可证书。组织启动或实施在段质量改进项目 560 余项。按照国家质监总局和中国中车相关要求，积极开展“质量月”文化活动。凭借“双创新 五安全”交通装备质量管理模式，获得第三届中国质量奖提名奖。

【人力资源管理】 试点实施人力资源管理转型项目，促使公司人力资源管理从职能导向向业务导向转型。开展人力资源共享服务中心（SSC）建设，已明晰 SSC 建设思路、步骤及关键工作。对标华为任职资格经验，完成任职资格体系现状诊断分析及项目优化建设方案，同时完成任职资格标准优化框架及系统设计/市场营销/电焊工 3 个试点职种具体标准优化。与湖南中车株机公益基金会联合制定中车株机奖学金计划，先后与西南交通大学、华东交通大学和大连交通大学签署为期 3 年的奖学金合作协议，强化公司雇主品牌形象，加深和加固双方合作基础。争取区政府 10 套人才公寓，进一步优化人才引进环境。持续开展“高端人才定制”新型人才培养输送合作模式，并选拔录用定制化人才 43 名。与广铁集团、铁路总公司及其下属单位实施相互交流挂职，加强双方信任和优势互补。调增公司全年工资总额，优化薪酬管理体系；结合职业发展层级实施工资调增，确定了以职业发展层级工资为基础的收入正常增长机制；优化中层管理者、售后人员等关键群体薪酬，合理拉开同级别中层管理者的基薪差距。完善绩效管理体系建设，坚持执行四级绩效发布制度，同时将绩效考评覆盖到所有子公司管理人员与党群干部。加强高端人才引进，为提升公司国际化水平和产业布局提供良好的人力资源保障。充分发挥公司培训道场、金蓝领工作室和劳模工作室作用，为高技能人才搭建舞台，并组织他们开展或参加各级技能竞赛。根据绩效导向和人员交流原则，适时合理调整中层管理者团队，优化干部队伍结构；通过降职、降薪、免职等多种措施，健全干部考核方式；进一步落实“一岗三责”要求，将党建绩效评分纳入所有中层管理者月度、年度绩效考评；在华东交大举办四期、1 月/期的中层管理者财务素质提升研修班，提升中层管理者财务素质。选拔青年骨干人才 33 人，并建立立体化的人才培养机制，加强后备人才储备。

【企业文化建设】 不断挖掘、丰富公司“责任 领跑”文化内涵，创作“致敬新时代”“株机因你更精彩”“精准扶贫 大爱无垠”等 15 个专题人文视频，跟踪拍摄、采集公司重点项目及商务活动 157 个，推进文化传播“视觉化”，全方位展示公司使命担当和科技创新实力。开展典型质量案例宣传、质量文化宣导、质量文化体系建设等工作，持续倡导“产品如人品、动手即负责”的质量文化。设立“国际化语境下的企业文化融合探索与实践”政研会课题，为企业文化国际化传播提供蓝本，助推海外市场发展。在文化读本、海报、宣传栏、全媒体等载体基础上，创新开展文化专项推广工作。举办深入贯彻落实“大安全”文化理念暨班前会竞赛现场会，进一步落实公司安全专题警示会要求。开展公司首届慈善文化节，展现公司大格局、大情怀、大担当的企业形象。以“打造受人尊敬的国际化公司”“员工日常行为规范”等主题，在户外显示屏、大型户外广告牌、宣传栏等广泛传播公司企业文化理念与品牌形象。深化推进“BI 建设 2020”专项工程，将员工行为素养提升作为长期工程常抓不懈。

【党群工作】 组织学习和贯彻习近平新时代中国特色社会主义思想，以政治巡视整改为工作统领，结合“提质换挡年”和“新时代高铁先锋工程”要求，开展系列党建工作。持续加强对党员理想信念教育，将“两学一做”作为“三会一课”基本内容固定下来，使“两学一做”学习教育常态化、制度化。制定问题清单与整改决议，全面整改完成国资委政治巡视提出的 12 个整改项点。全力打造党建“金名片”，切实发挥党组织领导、党支部战斗堡垒和党员先锋模范作用。建立健全“一岗三责”领导干部绩效体系，全面实施党群绩效管理。建立党群工作制度共享平台，坚持党建带群建，指导群团组织开展工作。聚焦公司先进模范人物和优秀党组织先进事迹，充分发挥先进典型的示范引领作用。围绕“纪念改革开放 40 周年暨中国第一家专业电力机车厂家设立 40 周年、中国第一代（SS1 型）电力机车命名 50 周年、中国电力机车诞生 60 周年”“‘一带一路’倡议五周年”“精准扶贫”“打造受人尊敬的国际化公司”“打造党建‘金名片’”等传播主题，开展系列宣传活动，扩大公司社会影响力。率先开通企业官方脸书（Facebook）、推特（Twitter）等国际社交媒体平台，加强官方微博、官网、直播平台、融媒体大数据平台的融合，全年在各媒体发表原创稿件700余篇，阅读点击量超过150万人次。成立“公司互联网信息办公室”，加强意识形态管控及与政府宣传机构、舆情监控第三方平台的沟通，增强危机协同处理能力。持续加强党风廉政建设，不断完善不能腐机制及党内法规和各项管理制度建设。建立纪委向党委报告工作机制及基层党组织定期向纪委报告党风廉政建设工作制度，发挥党委对纪检监察工作的领导、指导作用。重新建立中层管理者廉政档案，进一步加强对各级中层管理者的监督与廉洁风险管控。建立党委巡察机制，明确巡察三年覆盖全部基层党组织的目标，并完成10个单位首轮巡察及问题整改督察。政治巡视整改监督方面，构建纪委专责监督、基层党组织监督的“两级监督体系”及专项监督、抽查复核、党委巡察、对标整改等4种监督方式，实现上下贯通和全覆盖监督。全面启动集中整治形式主义、官僚主义专项工作，并完成专项整治3个阶段的第一阶段工作。严格查处违反中央八项规定的行为，并不断创新廉洁从业教育载体，提升各级管理人员廉洁从业意识，不断筑牢防腐拒变防线。聚焦“采购管理”“招标管理”“两金压降”“资产清查”“压缩管理层级减少法人户数”等重点事项，开展专项监督监察，同时组织开展“深挖死账背后那些事”“薪酬福利专项整治监察”“开工不足的工序外包项目专项监督”等3项监督执纪工作。

工会主动融入公司经营中心，持续推进企业民主管理，如期召开职代会，明确全年经营思路与重点任务，提出“再造新株机”奋斗目标。坚持“快乐工作、健康生活”理念，组织开展各类文体活动与劳动竞赛及“三线”建设及“夏送清凉”“金秋助学”“送温暖”等活动，丰富员工文化生活，增进集体互助和团队凝聚力。团委围绕“服务企业中心工作，服务青年成长成才”两条主线，引领广大团员青年在“打造党建‘金名片’”“打造受人尊敬的国际化人才”及实现“再造新株机”的征程中建功成才，发挥青年群体在生产经营中的排头兵作用。

【国务院国资委第三巡视组到公司巡视】 5月，国务院国资委第三巡视组组长李志群、副组长段晓锋分别率队到公司巡视，考察公司生产经营情况，指导公司巡视问题梳理和整改措施细化等工作，并对公司党的建设、改革发展提出期望和要求。这是国务院国资委巡视组首次到公司巡视。公司根据巡视组要求进行全面整改，并结合中国中车党委打造党建“金名片”要求，发布“四力一品”（领导力、凝聚力、战斗力、执行力，特色品牌）党建“金名片”。

【科技文化节】 6月12—14日，公司举办2018年科技文化节，全方位宣传公司科技创新成果与实力。其间，公司拥有完全自主知识产权的中国首列2.0版商用磁浮列车成功下线，同时发布8款新产品；公司“大功率交流传动电力机车系统集成国家重点实验室”“轨道交通车辆系统集成国家工程实验室”“国家级工业设计中心”三大“国字号”科技创新平台正式揭牌；公司5年一次的科技大会隆重召开；一批员工家属及车迷应邀参观公司。其中，科技大会对2013年以来为公司科技发展作出突出贡献的团队和个人进行重奖（累计2142万元），进一步激发了广大科技工作者创新热情。

【公司多个产品工业设计获大奖】 5月8日，公司设计的新一代动力集中动车组获得中国工业设计领域首个国际化的学院奖“金智奖”，也是中国设计智造大奖最高级别百万大奖，是行业内唯一获此殊荣的项目。12月9日，在中国创新设计大会暨好设计颁奖大会上，公司中速磁浮列车获中国“好设计”金奖；12月9日，在2018年（北京）中国设计红星奖颁奖典礼上，公司“动力分散型双层动车组”获中国设计红星奖金奖，“新一代动力集中型动车组”与“跨座式单轨”获中国设计红星奖。

【公司获土耳其伊斯坦布尔轻轨车辆订单】 10月26日，公司与土耳其伊斯坦布尔市政府签署欧洲机场线272辆铰接式轻轨车辆项目订单，合同总金额约5亿美元。根据合同要求，该批轻轨车辆质量管理体系须符合ISO/TS 22163铁路质量管理体系，需满足土耳其目前线路有人驾驶要求和将来新、老线无人驾驶要求。这是中国高端轨道交通装备进入伊斯坦布尔的第一单。

【公司动力集中动车组纳入“复兴号”序列】 11月，国家铁路局向公司发布行政许可决定书（国铁许准字〔2018〕第355号），准予时速160公里八轴交流传动快速客运电力机车FXD1型设计许可及相应设计许可证（TXJS102-02276），为公司获签23台时速160公里动力集中电动车组动力车（为八轴交流传动客运电力机车改进型）提供了重要支撑，使公司顺利进入国内动力集中动车组市场。

【纪念电力机车40/50/60周年系列活动】 中国电力机车发展经历了以下3个重要时间节点：1958年（截至2018年为60年），中国首台国产干线电力机车成功下线，开启中国机车由蒸汽机车向电气化迈进的新进程；1968年（截至2018年为50年），6Y1型008号电力机车成功下线，完成国产电力机车第一次重大技术改造，国产电力机车基本定型（命名为“韶山型”）并开始批量生产；1978年（截至2018年40年），田心机厂（现株机公司）全面转产电力机车，成为中国第一家专业研制电力机车厂家。12月27日，公司联合周边轨道交通装备企业，举办“纪念电力机车40/50/60周年主题座谈会”，共同回顾中国电力机车发展的光辉历程与辉煌成就。

【全球首家转向架智能制造车间投入运行】 公司转向架智能制造项目先后于2015年6月、2016年3月获得工信部和中国中车正式批复同意。经过两年多的建设，2018年8月中旬，全球首家转向架智能制造车间在公司正式投入生产运行。该智能制造车间成功应用信息化集成数据平台，将制造技术与信息技术相融合，在全球率先实现转向架设计、工艺、制造一体化及制造过程信息采集、物料配送、质量管控的智能化，全面提升了转向架制造水平。

【下属子公司简况】 截至2018年末，公司下属全资、控股子公司共有29家，其中全资子公司7家，控股公司22家（其中一级子公司15家、二级子公司6家、三级子公司1家）；国内子公司17家，海外子公司有12家。

公司7家全资子公司是吉隆坡中车维保有限公司、印度中车株机有限公司、伊斯坦布尔中车轨道系统车辆与工业有限公司、南非中车株机有限公司、沧州中车株机轨道装备服务有限公司、株洲中车轨道交通期刊社有限公司、中车株机（欧洲）有限公司。其中，吉隆坡中车维保有限公司公司年内继续履行“安邦线”50列车5年维保和38列SCS动车组3年维保项目；伊斯坦布尔中车轨道系统车辆与工业有限公司、南非中车株机有限公司无实质性生产，主要是代株机公司分别投资和控股管理其在土耳其、南非的子公司；印度中车株机有限公司、中车株机（欧洲）有限公司均无实质性生产，主要是代株机公司分别办理在印度、欧洲的市场拓展及产品售后、配件服务等商务，其中欧洲子公司通过开展欧洲直采降成本，全年实现营业收入 3.4 亿元；沧州中车株机轨道装备服务有限公司实现销售收入 23660.94 万元、净利润 1609.07 万元，均创其成立以来历史新高；株洲中车轨道交通期刊社有限公司已开始实施压减工作。

公司 15 家一级控股子公司是宁波市江北九方和荣电气有限公司、广州中车轨道装备有限公司、洛阳中车轨道交通装备有限公司、昆明中车轨道交通装备有限公司、宁波中车轨道交通装备有限公司、武汉中车株机轨道交通装备有限公司、南宁中车铝材精密加工有限公司、南宁中车轨道交通装备有限公司、河南中车重型装备有限公司、广州中车现代有轨交通研究院有限公司、马来西亚中车轨道交通装备有限公司、宁波中车现代交通投资有限公司、乌鲁木齐中车轨道交通装备有限公司、株洲中车物流有限公司、中车洛阳机车有限公司。其中，中车洛阳机车有限公司原为中国中车一级子公司，株机公司按中国中车相关要求，年内完成对之重组并购（占股 50%），并受中国中车委托实行代管；广州中车现代有轨交通研究院有限公司已启动压减工作。6 家二级控股子公司是义马金裕机械有限公司、兰达亿飞地中车维保有限公司、株机-MNG 轨道交通系统车辆工业与贸易有限公司、南非株机电力机车项目公司、南非中车株洲联合体有限公司、南非中车株机维保服务有限公司。公司三级控股子公司是中车 Transnet 轨道交通装备有限公司。年内，通过制定和实施“一企一策”亏损治理专项方案，亏损子公司数量由年初的 8 家控制在 3 家以内，公司各级子公司经营情况大都好于 2017 年，整体经营状况良好。

【重要纪事】 1 月 8 日，公司主要参与项目“新一代交流传动快速客运电力机车研究与应用”获国家科学技术进步二等奖。1 月 10 日，公司 DY-1 型液压制动系统通过工信部赛宝试验室软件安全测评。1 月 12 日，公司“大功率交流传动电力机车新疆地区典型线路环境应用研究”和“机车交流传动牵引控制技术优化研究”通过中国铁路总公司结题验收。1 月 16 日，公司新 HXD_1 型电力机车重联机组承担大秦铁路公司瓦日线万吨重载牵引任务。1 月 18 日，公司获首批 HXD_1 型机车 C6 修许可资质。1 月 25 日，中华全国总工会党组书记、副主席、书记处第一书记李玉赋率团到公司开展“送温暖”慰问活动。1 月，公司中标上海地铁 18 号线近 25 亿元全自动无人驾驶地铁车辆订单。2 月 1 日，中国工程院院士、原铁道部部长傅志寰到公司考察。2 月 6 日，公司联合轨道交通行业产业链 12 家企业注册成立株洲国创轨道科技有限公司。2 月 9 日，中车集团党委常委、中车股份执行董事徐宗祥到公司开展慰问活动。2 月 13 日，中车股份副总裁王军到公司考察。2 月，公司首条 H 型地铁构架智能焊接生产线和首条城轨轴箱组装智能生产线投入试运行。3 月 5 日，广西壮族自治区党委常委、常务副主席秦如培与广西壮族自治区党委常委、南宁市委书记王小东到南宁中车铝材公司调研。3 月 6 日，公司顺利通过国家企业技术中心评价。3 月 9 日，湖南省副省长陈飞率队到公司考察智能制造情况。3 月 10 日，郑州地铁 5 号线首列车在公司竣工下线。3 月 18 日，中国铁路总公司机辆部部长申瑞源到公司考察。3 月 20 日，公司 SCS 城际动车组和 ETS 动车组登上马来西亚国家邮票。3 月 27 日，公司召开一届三次职代会。3 月 28 日，中车集团总经理、中车股份总裁孙永才到公司考察。4 月 1 日，原国家建设部部长、第十一届全国人大环境与资源保护委员会主任汪光焘率课题组到公司调研。4 月 9 日，奥地利联邦共和国交通、创新与科技部部长诺贝特·霍费尔、奥地利联邦铁路公司总裁马铁到访中国中车总部，并见证奥地利国铁与公司签署“工作备忘录”。4 月 20 日，公司与湖南铁路科技职业技术学院组建中国首个铁路高职院校院士工作站。5 月 8 日，公司新一代动力集中动车组获中国设计智造大奖最高级别奖“金智奖”。5 月 10 日，公司与中铁十七局集团有限公司签订战略合作框架协议。5 月 11 日，中车集团副总经理贾世瑞到公司考察。5 月 22 日，贝宁共和国驻华大使西蒙·阿多韦兰德到公司访问。5 月 30 日，公司与重庆单轨工程有限公司在重庆签署战略合作框架协议；株机武汉城轨公司牵头的 WHL7S 本地化试制首节车顺利落车。5 月 31 日，国务院妇儿工委办主任张立率调研组到公司调研；湖南省委常委、省国资委党委书记张剑飞率队到公司调研。6 月 2 日，中国驻土耳其大使郁红阳一行 60 余人到株机-MNG 公司参观考察。6 月 10 日，德国 DB 混合动力调车机车 2 号车在公司落车。6 月 11 日，公司与俄罗斯 LocoTech 公司签署合作备忘录。6 月 12 日，公司 2018 年科技文化节盛大开幕。6 月 13 日，公司为拥有完全自主知识产权的中国首列 2.0 版商用磁浮列车下线举行盛大的发布会。6 月 14 日，宁波和荣公司获 2100 多万元干式电容新品订单。6 月 20 日，德国铁路股份公司与公司签订 20 台新型混合动力“火车头”框架协议及首批 4 台机车订单，中国机车首次出口德国。6 月，公司获得首个和谐型（HXD1C 型）机车轮对、轮轴驱动装置高级修维修资质许可。7 月 1 日，公司组织 3000 余名党员在大广场举行系列主题活动，庆祝建党 97 周年。7 月 11 日，公司“和谐号”重载电力机车牵引货车开上宝成铁路涪江大桥压梁镇洪，成功保桥，是宝成铁路首次采用“重车压梁”方式应对洪峰。7 月 19 日，公司研制的上海地铁 2 号线增购项目首列车暨上海地铁第 5000 辆列车抵达上海地铁并启动运行。7 月 23 日，中国中车党委书记、董事长刘化龙一行到公司乌鲁木齐基地考察。7 月 26 日，中车集团党委常委、副总经理魏岩到公司调研。8 月 7 日，公司中标南宁地铁 2 号线东延及 4 号线一期工程 192 辆地铁车辆订单。8 月 17 日，公司获签新加坡陆路交通管理局（LTA）C838B 项目 6 台工程车订单。8 月 20 日，浙江省副省长高兴夫率队到宁波中车产业基地考察。8 月 23 日，公司获得 HXD1、HXD1B、HXD1D 型机车轮轴驱动及轮对高级修资质。8 月 30 日，中车集团纪委书记陈大洋到河南重装公司考察。9 月 5 日，公司以“精准扶贫 大爱无垠”为主题举办首届慈善文化节。9 月 12 日，中车集团总经理、中车股份总裁孙永才到宁波中车产业基地考察。9 月 18—21 日，公司高调参加柏林国际轨道交通技术展，隆重推出为德国 DB（德国联邦铁路公司）生产的混合动力调车机车，并成功举行“创新、节能、绿色”的 MR（虚拟混合现实技术）发布会，赢得了世界高端市场广泛赞誉。10 月 3 日，马来西亚国际贸易及工业部副部长、国会议员王建民到马来西亚中车轨道交通装备有限公司考察。10 月 13 日，国务院国资委主任肖亚庆到公司旗下中车-Transnet 公司考察调研。10 月 20 日，中国工业设计协会轨道交通分会揭牌仪式暨轨道交通工业设计高峰论坛在公司举行。10 月 24—27 日，中车股份副总裁楼齐良到土耳其安卡拉、伊斯坦布尔两市开展商务活动，并考察株机-MNG公司。10月26日，公司获签伊斯坦布尔欧洲机场线272辆铰接式轻轨车辆项目订单。10月27日，公司联合湖南工业大学、花垣县政府、十八洞村苗绣合作社投建的“苗绣国家非遗扶贫就业工坊”揭牌。10月29日，公司与中国华信邮电科技有限公司签署战略合作框架协议。10月30日，中国中车土耳其海外联合研发中心在安卡拉揭牌；公司与中东科技大学、卡拉贝克大学签署战略合作协议，三方共同推动“一带一路”沿线的轨道交通技术创新。10月31日，中车集团党委书记、董事长刘化龙到公司调研、考察，高度肯定公司近年来的成绩。11月2日，公司荣获第三届中国质量奖提名奖。11月5日，中国中车南非轨道交通技术联合研发中心在约翰内斯堡揭牌成立，公司与金山大学机械工业与航空工程学院签署战略合作协议；公司中标深圳地铁三期调整线路工程车设备采购总包项目，合同总价1.68亿元。11月8日，中车集团总经理、中车股份总裁孙永才率队到广州中车轨道公司考察。11月9日，公司轮轴水性涂装智能生产线投入试生产。11月12日，公司与中远海运物流有限公司签署战略合作协议。11月13日，公司与湖南轨道交通控股集团有限公司签署合作协议。11月15—17日，公司自主研制的动力分散型双层动车组和动力集中型动车组（Ⅱ型）在中国国际轨道交通产业博览会（长沙）上首次亮相。11月16日，中国工程院院士、原铁道部部长傅志寰到公司考察调研。11月30日，全国人大常委会原副委员长陈至立率队到公司考察。12月19日，公司研制的无锡地铁1号线南延项目首列车落车。12月27日，公司联合株洲所、株洲电机公司、株洲产投、株洲联诚集团等轨道交通装备企业举办“纪念电力机车40/50/60周年”主题座谈会。

【公司党政工负责人】

党委书记	周清和
董事长	周清和
总经理	傅成骏
副总经理	罗崇甫（3月免）
	索建国　何恩广
	廖洪涛　张力强
	张旻宇　陈　成
	陈志新　肖高华
	单　勇
	陈又专（3月继续任）
	王巧林（3月任）
总工程师	索建国（兼）
财务总监	张力强（兼）
党委副书记	傅成骏
	刘志平（8月免）
	余　斌（8—11月任）
纪委书记	刘志平（8月免）
	余　斌（8月任）
工会主席	刘志平（兼，8月免）

（株机公司　供稿）

地　址　湖南省株洲市田心
邮　编　412001
电　话　0731-28441266
传　真　0731-28432399
网　址　www.crrcgc.cc/z

中车洛阳机车有限公司

（统一社会信用代码：91410300664668740Y）

党委书记、董事长　单　勇

总经理　李　涛

【概况】 2018年末，洛阳公司在岗员工有2937人，其中技术人员319人、管理人员521人，技能员工2097人，高技能人才占比达80%。公司总占地面积102.80万平方米，建筑面积28.91万平方米，拥有各类机械设备3250余台（套），固定资产净值3.59亿元。2018年公司共检修机车415台，其中大修内燃机车266台、大修电力机车57台、中修机车32台、和谐机车C6修53台，合作修7台，实现营业收入18.2亿元。

【规划发展】 按照株机公司总体部署要求，立足轨道交通产业，依托株洛整合优势，构建五大平台（产业发展、技术研发、项目管理、运营管控、人才保障），培育三大业务（检修业务、制造业务、服务业务），推进公司转型升级，将公司打造成为机车检修行业的标杆。

【经营管理】 认真贯彻落实中国中车和株机公司关于开展“提品质”专项对标工作的要求，以提升发展质量为中心，以全面预算管理为主线，紧扣“品质、效率、动能”三大主题，主要针对盈利能力指标、运营能力指标、投资评价指标、债务风险指标、人工效率指标、质量管控指标等影响企业经营质量和品质的“六大类”对标指标，推动专项对标工作和管理改善活动，全面实现“提质增效”目标，助推企业改善经营品质、提升发展质量和经营效益。

【市场营销】 坚持以“大市场、大营销”的营销理念，借助株机公司市场优势资源，在统一营销策略和工作步调下，开展机车产品产业链延伸，协同议价回款，业务拓展实现新突破。抢抓和谐机车C6修机遇，在株机公司的大力支持下，率先进入和谐机车C6修市场，共承揽HXD_1型机车C6修65台；以郑州铁路局HXD_{1D}机车C4修为契机，建立了株机公司议价承揽，洛阳公司执行实施的新模式。在国铁机车方面，2018年国铁机车中标316台，市场占有率40%，在2019年上半年国铁第一标中，公司中标124台机车。在路外机车方面，与包神公司开展属地合作修车辆9台，路外机车市场占有率稳定在50%，2018年增加值率较上年提高13.7%。努力拓展城轨海外与新产品业务，与株机公司营销协同，成功中标深圳地铁三期调整线路工程车设备采购项目，20台工程车辆由洛阳公司设计制造。承接株机制动分公司独立模块和电磁阀试验台，实现工艺设备自主研发生产。与中车CTR签订南非技术援助合作项目，实现了海外业务的"零突破"。

【科技创新】 坚持科技是第一生产力，立足检修工艺技术研究，构建模块化、标准化、平台化的工艺管理体系。7月5日，成为国内首家取得HXD_1机车C6修维修资质的检修企业。秉承"修如新造 修由心造"理念，打造洛阳公司线路、管路、螺栓紧固等规范化亮点。推进大部件检修工作，实现空调、充电柜、三项高压设备等关键部件自主检修。规范轨道工程车辆设计技术平台，通过开展双动力铣磨车、包神安全检查车等新产品开发项目，推进了产品模块化库建设，完成了轨道工程车动力系统、电气系统等设计规范及模块化图纸设计。针对机车拆解技术、检测技术、表面处理技术、修复技术、试验技术进行研究，开展了铸铝及铝合金部件以及电力机车齿轮罩领圈磨损及领圈裂纹的修复技术研究。与华东交大、郑州机械所等单位建立合作模式，开展了螺纹孔钎焊修复技术、轴类部件超音速喷涂技术、便携检测装置等技术、装备的研究工作。

【人力资源管理】 按照"补充高效员工、调整人员结构、提升队伍能力"要求，通过人才选用、培养、激励等机制，促进各类人才快速成长。调整人员结构，严格控制管理岗位新增人员，使技术、管理、操作人员比例得以优化改善。实施绩效与薪酬激励变革，优化全员绩效管理体系，引入月度绩效包，将有限的工资资源向核心技术、管理和技能操作人员倾斜。创新人才成长机制，引入产品经理模式，持续开展核心人才、青年骨干等各类人才培养，开展减员增效工作，适应企业发展转型。开通工程技术人员职业生涯发展通道，实施235名技术人员层级评定，人均岗位系数提高0.54，激发了技术人员的工作激情与活力，提升人力资源效能。

【质量管理】 从质量体系、基础管理、工艺技术研究、过程质量控制、HXD_1机车C6修专项控制、国铁大修机车专项措施、襄阳分公司最可靠内燃机车检修、C类事故专项措施、其他质量工作、专项能力提升课题等10方面制定了包含71项工作内容和14项能力提升课题的质量保证措施。推动多维度一体化质量管控，开展专项质量活动，顺利通过ISO/TS 22163体系转版认证外审并取得证书。开展"对标先进质量先行"主题大讨论活动，通过研讨交流提高对"质量安全"和"提质增效"的思想再认识，促进"聚焦质量，从我做起，延展工作，提升管理"的目标达成。开展"质量安全月"和"质量月"活动、和谐机车C6批量修"质量三优"评选活动、"五项""八防"部件质量提升活动，组织4名员工参加中车举办的长度计量人员技术资格培训，均取得了技术资格证。

【企业文化建设】 强化思想引导，讲好身边故事。坚持正确的舆论导向，开展"同一个中车""新中车、中车心"主题活动，弘扬中车人"正心正道，善为善成"的核心价值观。彰显全国妇女十二大代表张素丽先进形象，《人民日报》、新华社、《光明日报》、中国新闻等新闻媒体持续聚焦扩散，传播洛阳公司声音。通过《洛阳机车人》报、OA、微信公众号等媒介，传播公司先进典型事迹和好声音。开展"党支部主题党日"活动，深入开展融合发展等主题教育活动，不断加强党员、党组织思想建设。加强文化建设，提升品牌形象。贯彻落实中车品牌工作要求，持续开展BI专项培训、“向不良习惯说不、不规范行为销项”承诺等活动。围绕公司现场管理，设计制作110多块宣传展板，编制《轨道交通工程车辆制造及维保》，充分展示公司良好形象。以“四执行 四规范”深化BI全员推广，使“修如新造 修由心造”的理念融入日常工作。

【党群工作】 深入学习贯彻习近平新时代中国特色社会主义思想和党的十九大精神，牢固树立“抓党建就是抓发展、抓发展必须抓党建”理念。始终坚持加强党的领导，坚持党建工作与生产经营深度融合。切实发挥党委领导作用，严格遵守重大问题决策规则和程序，确保重大经营管理事项先经党委研究讨论，再由董事会或经理层作出决定。深入落实巡视整改，真正将巡视整改工作作为从严治党的稳压器、深化改革的助推器和高质量发展的加速器。召开公司第一次党代会，明确了公司未来发展方向。加强党员队伍建设，开展“选树培养先进典型”活动，进一步亮明党员身份，发挥先锋模范作用。落实“两个责任”，正风肃纪，大力加强党风廉政建设和反腐败工作，突出重点领域的监督执纪，强化纪律意识。思想教育引导，开展“党支部主题党日”活动，开展宣贯学习、质量大讨论、融合发展等主题教育活动。发挥群团优势，深入开展“建功‘十三五’，争当大工匠”“两比一创”等专项劳动竞赛活动。落实“六送三关注”举措，凝聚起推动企业改革发展的强大力量。

【重要纪事】 1月15—16日，公司举行第一批中层管理岗位竞聘。2月3日，华东交通大学党委书记万明到公司参观调研。2月9日，公司首台和谐C6修HXD_1 0018号机车落车。3月25日，公司召开第一次职工代表大会暨2018年度工作会议。3月26日，公司召开党建和党风廉政建设及反腐败工作会议。4月18日，公司自主研发设计的RTI（港铁K1802）超声波检测车顺利竣工装车发运。5月11日，公司顺利通过HXD_1型电力机车轮对、轮轴驱动装置高级修维修资质审查。7月2日，洛阳市市长刘宛康、副市长侯占国一行到中国中车总部走访交流。7月5日，公司获得HXD_1型电力机车C6修维修许可证。8月4日，首台HXD_1机车批量修HXD_1 0083机车入厂。8月，公司成功入围2018年国家智能制造新模式应用项目。10月19日，HXD_1型电力机车C6修批量修检修规程研讨会在公司召开。10月23日，公司第一次党代会召开。10月25日，公司员工张景入选中原技能大师。10月26日，公司喜迎六十华诞。10月，公司成功通过“高新技术企业”复审。

【公司党政工负责人】

党委书记	单　勇
董事长	单　勇
总经理	李　涛
副总经理	杜志品　王　森 秦　远　滕南春 叶以兵　常宏岩 毛军明　柳　炜
财务总监	滕南春（兼）
总工程师	毛军明（兼）
党委副书记	李　涛　谢永才
纪委书记	谢永才
工会主席	谢永才

（洛阳公司　供稿）

地　址　河南省洛阳市瀍河区启明东路2号
邮　编　471002
电　话　0379-62635310
传　真　0379-63570296
网　址　www.crrcgc.cc/g1352.asp

中车株洲电机有限公司

（统一社会信用代码：9143020076071871X7）

党委书记、董事长　周军军

总经理　宁文泽

【概况】　2018年末，公司在册员工4005人（含各子公司员工），其中本部员工2595人。各类专业技术人员共1563人，其中工程技术人员829人。高级技术职称人员181人，其中教授级高工29人。公司总体实行“总部+事业部”模式的“平台化+专业化”的组织架构。本部土地总数共3宗，土地总面积为253600平方米，主要建筑物数量为17栋，总建筑面积为154754.87平方米。主营业务牵引电机、牵引变压器、风力发电电机、工业驱动电机、新能源汽车驱动、特种装备电机和特种变压器等产业。公司注册资本10.43亿元，净资产27.4亿元，总资产近76.64亿元。全年销售收入73.9亿元，归属母公司净利润5.5亿元。

【规划发展】　围绕“三创三化”发展愿景，加强战略课题研究、推进两化深度融合发展，完善资源配置，持续推进重点项目建设和资本运作项目。积极寻求新的业务增长点、持续提升核心竞争力。重点深化战略管控，确保公司战略落地；加强战略研究，规避战略风险；推进“两化融合”，提升核心竞争力；顺利实施重点投资项目，电机工程研究中心建设项目、成都轨道交通产业园建设（电机）项目顺利竣工投入使用。公司成功入选“双百行动”企业，在国资委国企深化改革“五突破 一加强”以及中国中车“六突破 一加强”的改革目标指引下，公司结合发展实际，对远期规划及业务发展目标进行了重构。积极推进智能制造规划，完成了《中车株洲电机两化融合中长期规划及数字化工厂诊断咨询》。策划并申报《基于大数据的高端装备电机质量分析标准与试验验证》项目，经省经信委推荐至国家工信部参与智能制造标准项目评选。推进《轨道交通牵引电机数字化工厂建设项目》，按照前期联合申报协议，完成国家扶持资金的划拨，并确立了2018年重点实施项目。公司申报的《高速列车牵引电机及变压器研发与产业化》项目荣获第五届中国工业大奖表彰项目，成为中国中车本届唯一上榜项目。以高效节能电机、海洋工程以及风力发电等战略新兴产业为重点，先后完成了合资设立安徽瑞达、收购包头公司20%股权以及参股海洋工程装备创新中心项目的实施。

【经营管理】 围绕“十三五”战略规划要求和年度工作会议精神，坚持“系统思维、高效协同、精益融合、强化执行”的运营管理理念。完成了战略型集团管控模式的构建，实行“总部+事业部”模式的“平台化+专业化”组织架构；梳理公司规章制度废、改、立情况，完善流程制度体系顶层设计，公司总部聚焦战略实现、体系建设，设计了13个业务域，50个业务模块，346条业务流程；巡视整改年度目标废28项、改149项、立57项，总数234项；全年实际完成废38项、改173项、立72项，总数283项，超额完成整改计划。着力管理创新，修订发布公司《管理创新项目实施细则》；推广宣贯近三年国家级、省级、中车级管理创新获奖成果，通过前沿热点课题引导公司管理创新方向，评选16项公司级管理创新成果；与集团外高等级创新竞争平台互动交流，“高端装备制造企业海上风电绿色产业高质量发展管理”项目获评湖南省管理创新成果一等奖、第25届全国企业管理创新成果二等奖。推动新一代ERP系统建设，集成TC、MES、MDM、BPM等公司信息化系统，将新一代ERP系统建设成管理规范化、过程可视化、系统高度集成、信息高度共享的管理信息平台，并按计划分批次在公司本部、各子公司先后成功上线运行。

【科技创新】 全年科研项目共立项291项（含上年度结转），其中2018年新立项194项、上年结转97项，国家级项目15项，中国中车重点项目9项。项目主要分布在轨道交通、风力发电、高效电机、特种变压器和新能源汽车领域以及支持产业领域的基础技术和前瞻性技术。加强精益研发，将三维概念引入研发、工艺、制造过程中，形成图纸与工程数据统一、将虚拟与现实结合，同时梳理模块化设计、结构化工艺、智能制造各项目阶段流程的知识，并建立知识库，通过软件封装、知识地图等手段，实现知识与项目互相支撑。寻求外部科技支持，参与“高自适应转向架关键技术”国家重点研发计划，负责“牵引传动系统集成应用与样机研制”任务。首次独立承担国家重点研发计划课题“高性能永磁电机系统”，体现公司在高速永磁电机领域技术优势及行业实力。成功申报湖南省本年度重大专项科研项目计划1项、湖南省创新创业技术投资项目1项，成功立项中国中车年度科研项目4项。科技成果显著，选取6个项目进行了中车科技成果鉴定，其中1项国际领先，4项国际先进。“高速动车组TQ-600永磁牵引电机关键技术研究”获中国铁道学会科学技术奖一等奖1项，获得中国中车科学技术奖一等奖1项、二等奖3项、三等奖1项；“轨道交通永磁牵引系统关键技术研究与应用”获得国家技术发明奖二等奖。专利管理，全年共完成专利申请153件，其中发明专利60件、实用新型专利69件、外观14件，国际专利申请10件，专利遍布德国、澳大利亚、马来西亚及南非。“一种永磁电机”专利斩获中国专利银奖，是公司风力发电机产品在知识产权领域获得的最高荣誉。

【质量管理】 以追求产品“零缺陷”为质量目标。全年共制定19项量化质量目标、25项关键绩效指标和39项质量目标保证措施，各项质量目标、关键绩效指标均达成。梳理ISO/TS 22163（国际铁路行业标准）质量管理体系程序文件53个、管理规章73个，其中新编程序文件5个。年度共组织内部质量审核4次，审核体系涵括铁路行业、汽车行业、风电行业、ISO 9001四大体系，共发现问题一百多项，均已完成整改关闭。年内，公司正在运行的体系均已通过第三方机构监督审核。质量人才队伍建设，共开展质量管理培训项目 5 项（其中包括：ISO 9001 内审员培训、IATF 16949 内审员培训、ISO/TS 22163 内审员培训等），开设培训班 5 次，参加人数 200 余人次，培训计划完成率 100%。截至 2018 年底，公司共有注册质量工程师 25 人。

【市场营销】 以市场为核心，市场影响力不断扩大。轨道交通业务，实现标动产品品种和客户全覆盖；获得非原造牵引变压器 C6 修资质。风力发电业务，蝉联国内直驱永磁市场占有率第一；以福清、阳江基地为契机布局“两海”市场；创新商业模式，积极推进哈密十三间房、大丰风场项目。工业驱动业务，实现盾构机业务规模化；高速永磁电机获得造纸领域批量订单，并突破冶金、核电领域；搭建煤矿防爆永磁电机产业平台；油气开采业务模式获得独立投标资质。新能源汽车驱动业务，10～12 米大巴、4.5 吨/2.5 吨物流车系列产品订单突破 5000 台，奠定市场地位。特种变压器业务，首次进入船舶领域，新能源产品实现“四大两小”发电企业覆盖。海外业务，设立欧洲商务处，SENVION 产品实现批量交付，SGRE 样机产品通过验证，独立出口取得历史性突破。

【人力资源管理】 坚持“创新驱动、人才强企，广开贤路、人尽其能，德才兼备、以德为先，价值分配、人才至上”的人才观，全力服务于组织机构变革，支撑新产业经营和国际化发展，为战略的达成提供强有力的人力资源保障。与清华大学建立战略合作关系，挂牌清华大学博士生优质实习基地；依托海外人才市场“全球引智”，引进德国顶尖院校毕业生 1 人；做好战略人才储备，全年共引进应届毕业生 143 名。完成四大类 16 个职业化人才标准体系文件的修订、汇编及发布。依托职业化人才标准，选取 29 名 L6 级及以上的业务骨干试点推广职业化人才标准的能力认证与评价，为后续职业化人才标准与员工职业发展通道的无缝对接提供坚实保障。认真落实核心人才培养及中国中车第二届核心人才申报工作，共有 87 人成功获评第二届中车核心技术、管理、技能人才，其中公司中车首席管理专家首次实现“零”突破。组织申报“万人计划”、茅以升、詹天佑奖等国家、省、市级各类人才计划、奖项，参与株洲市“人才新政 30 条”第一批人才项目，1 人获评“株洲市领军人才”，68 人获评“株洲市高层次人才”。以“创新、变革、国际化”为动力，系统开展有针对性的职业化培育活动。全年共开展重点培训 29 项，参训人员达 5000 人次，各部门和事业部自主培训项目 280 余项，参训人员达 16500 人次，全年培训计划完成率 100%。

【企业文化建设】 围绕生产经营中心工作，构建特色企业文化建设体系，加速推进企业文化落地实施。开展 VI 执行对标检查，规范株洲地区事业部 VI 执行标准。设计并制作公司 2018 版宣传画册、产品活页、微年鉴、高速公路户外广告、牵引电机和变压器参观通道产品看板等，拍摄 2018 版公司形象宣传片和广告片。深化 BI 建设，规范职业化行为规范。发掘能工巧匠，讲好“高铁工匠”故事，黄光宇、曹建国、谢伟 3 位工匠代表在中央电视台 7 套《为你点赞》栏目展示绝技绝活；新华社以《中国高铁工匠的“独门绝技”》专题报道公司工匠，株洲日报、湖南工人报等 10 多家媒体转载刊发；在微信公众平台上推出了《投票总动员，看谁是最美劳动者》《又上央视 看三位高铁工匠现场演绎指上绝技》《大国工匠》等系列推文；在 OA 新闻栏和《新动力》报上持续推出《人物先锋》等系列报道，弘扬公司劳模和工匠精神。邀请中央电视台 10 套科技频道“走近科学”栏目组两次走进公司，拍摄科普片《永磁动力》

和《给磁浮列车提速》，详细介绍了公司产品及其运用；为新华社《中国动力谷在世界创新舞台上飞驰》专栏组稿，提升公司在行业的权威性和知名度。打造技术展览中心，完成中国第一台电力机车牵引电机（韶山电机）、六大经典电机模型、AR 沙盘等 21 项展示项点呈现，设计制作产品科普、产业布局、厂区 360 全景展示等多媒体虚拟展厅素材。设计 9 块包含《新动力铭》的文化石及展现公司员工形象的《动力之矩》写实雕塑，打造公司“明德成器 利物益世”核心价值理念文化落地载体。

【党群工作】 深入学习习近平新时代中国特色社会主义思想和党的十九大精神，进一步牢固树立“四个意识”，坚定“四个自信”，做到“两个维护”。全年召开党委会 28 次，研究讨论了“三重一大”决策、巡视整改等各类议题 156 项。按照国资委党委第三巡视组政治巡视的统一部署，公司全级次企业共梳理出问题 362 个。出台《公司党委关于进一步深化政治巡视整改工作的意见》等 8 份规范文件，建立健全巡视整改的责任体系、工作体系、监督体系和考核体系，全级次企业 362 个问题已完成整改 243 个，年度内需完成的整改措施 565 项，实际完成 562 项，完成率 99.9%，通过巡视整改。召开党委会审议《公司党风廉政建设形势评估报告》，研究解决党风廉政建设中的重要风险防控点，强化从源头及财务最后一道防线把好廉洁关。落实职代会职权，开展职工代表检查、工资平等协商等民主管理活动，保证员工切身利益。开展青年大学习、“一学一做”、“青年夜校”等。公司员工申政荣获“全国青年岗位能手”和“中车十大杰出青年”称号。建设图书馆，营造书香文化。获评湖南省“2018 年度和谐劳动关系企业”。

【下属企业】 公司子公司包括全资子公司江苏中车电机有限公司、成都中车电机有限公司、包头中车电机有限公司和控股子公司广州中车骏发电气有限公司。

江苏中车电机有限公司　拥有江苏盐城、湖南株洲、内蒙古包头、新疆哈密、江西南昌、福建福清（在建）、广东阳江（拟建）七大生产基地。形成了双馈异步风力发电机 1.5 兆瓦到 5.0 兆瓦级、直驱永磁风力发电机 1.5 兆瓦到 6.0 兆瓦级、中速永磁 2.0 兆瓦到 7.0 兆瓦级的产品系列与技术平台，是专业从事陆地、海洋用大功率风力发电机的科研、生产、销售、服务及咨询的国家级高新技术企业。

成都中车电机有限公司　位于四川省成都市东北部，占地 12.37 万平方米，注册资金 2.5 亿元，总资产 65863 万元，在册员工 558 人。公司主要从事电机研制和造、修业务，产品以轨道交通配套电机为主，涵盖地铁、能源采集，新能源汽车、通用工业机械、分布式发电、风力发电、环保设备等领域，产品覆盖全国多个铁路局和众多地方铁路市场，并随整车出口澳大利亚、阿根廷、伊朗、沙特等海外市场，配套矿石、电厂、油田等用户。

包头中车电机有限公司　公司专注于直驱永磁风力发电机的研发、制造及维修，在该领域有多项发明专利和实用新型专利，是国家高新技术企业。当前主打产品为 1.5 兆瓦、2.0 兆瓦、2.5 兆瓦直驱永磁风力发电机，最大年产能约 1200 台，产品具有结构紧凑、可靠性高、效率高、易并网等优点，广受用户青睐。

广州中车骏发电气有限公司　年末在册员工 226 余人，公司年生产能力 250 万千伏安，主要从事树脂绝缘干式变压器、风电及光伏发电箱式变压器、轨道交通特种变压器、特殊输变电设备、成套设备、电气自动化及系统集成产品的研发、制造、销售、安装、贸易和服务，同时经营进出口业务。

【重要纪事】 5月，公司成功竞得德国Senvion公司61台3.8兆瓦鼠笼异步风力发电机批量订单。与西门子歌美飒可再生能源公司达成合作，签订供货协议。6月，在2018年全国企业家年会暨中国企业家表彰大会上，公司董事长、党委书记周军军被评为2017—2018年度全国优秀企业家。7月，经国家科技部最终审核评定，公司与湖南大学、华中科技大学等单位联合申报的“电机及电机系统高效节能技术”项目成功立项。公司将在本项目中独立承担“高性能永磁电机系统”课题的研发。8月，公司时速250公里中国标准动车组项目牵引产品顺利交付。同月，国务院国资委下发《国企改革“双百行动”工作方案》，并公布了国企改革“双百企业”名单，公司名列其中。9月，为德国DB（德国联邦铁路公司）“量身定制”德铁调车机车，装载了公司研制的动力牵引电机和动力包中的永磁同步发电机，实现了“内燃+蓄电池”混合动力技术，直接为德国汉堡车辆段服务，该产品市场潜力巨大。10月，公司召开干部大会，宣布公司重大组织机构、干部人事调整的决定，明确公司领导班子成员工作分工。这是公司成立以来规模最大的一次组织变革，其核心是建立了轨道交通事业本部，形成“小总部 大业务”全新的组织形态。11月，公司荣获“2018年度全国企业文化建设先进单位”荣誉称号，公司董事长、党委书记周军军荣获“2018年度全国企业文化建设功勋人物”称号。12月，中国工业领域最高奖项——第五届中国工业大奖在北京人民大会堂揭晓，公司“高速列车牵引电机及变压器研发与产业化”项目荣膺中国工业大奖表彰奖。

【公司党政工负责人】

党委书记	周军军
董事长	周军军
总经理	肖安华（8月免）
	宁文泽（8月任）
副总经理	江有名　王小方
	李敏良　胡雄辉
	聂自强　余　乐
	晋　军
总工程师	胡雄辉（兼）
财务总监	李敏良（兼）
党委副书记	肖安华(8月免)
	宁文泽(8月任)
	刘建勋(11月免)
	聂自强(11月任)
纪委书记	余　斌(8月免)
	刘建勋(8月任)
工会主席	余　斌(9月免)
	晋　军(9月任)

（株洲电机公司　供稿）

地　址　株洲市石峰区田心高科园
邮　编　412001
电　话　0731-22593111
传　真　0731-22593105
网　址　http：//www.crrcgc.cc
电子邮箱　zzdjgs@csrelectric.com

中车大连机车研究所有限公司

（统一社会信用代码：91210200243024402A）

党委书记、董事长　姜　冬

总经理　刘会岩

【概况】　2018年末，大连所职工总数691人，其中本科及以上学历474人，硕士及以上学历143人，高级工程师87人，高级会（审）计师3人，高级政工师1人，教授级高级工程师31人，教授级高级会（审）计师1人。集团专家46人，公司核心人才65人。年内实现营业收入87648亿元，实现归属母公司净利润326万元，完成市场签约额10.3亿元，实现出口签约额1020万美元。大连所占地面积22万余平方米，其中本部占地面积2.33万平方米，分部占地面积1.15万平方米，旅顺新区产业基地18.9万平方米。

【组织机构改革】　采用事业部制组织结构，设有6个事业部和1个直属公司、13个行政职能管理部门、2个业务部门和4个党群管理部门。年初，根据大连所定期评估组织架构、责权划分与公司战略的匹配性评估结果，对组织机构做出如下调整：物流中心成立，归口管理公司物流系统，负责物流规划并组织实施，负责原材料、半成品和产成品仓储及配送管理；撤销产业投资业务部，其职能划归规划发展部；撤销市场运营部，分别成立运营管理部和市场部。4月完成了公司各部门职责修订并下发执行，重点梳理了公司资产的管理，进一步明确了各类资产的管理职责，缕清了职责模糊地带。根据公司经营管理情况，于5月撤销了北京办事处；7月撤销了旅顺基地建设办公室，并将其需要保留的职责分配至各相应职能部门负责。

【规划发展】　完成了战略规划、战略合作等相关办法制修订，战略管理机制进一步完善。战略询审有效开展，战略引领作用进一步发挥，战略管控水平进一步提高。为适应内外部环境变化，优化战略举措，组织开展了“十三五”规划中期评价。为强力推进公司内部深化改革，促进公司安全高效发展，下发公司《深化改革实施方案》，“1+17”文件体系基本构建。

【研发项目】　公司继续坚持以产品研发为抓手，保证市场前景好、技术附加值高的研发项目投入，及时对部分项目进行了结题，全年重点研发项目如期达成目标。全年科研项目数量总计58项，其中结转项目35项、新立项目23项。全年项目达成率为88%，技术投入比率7.06%。申报专利46件，其中发明28件、实用新型14件，PCT申请4件。现拥有有效专利183件，其中发明92件、实用新型91件；软件著作权27项。

【科技创新】 公司年内获批“辽宁省轨道车液力传动重点实验室”“大连市中车大连机车研究所重点实验室”，科技创新平台已达6个，分别是国家企业技术中心、辽宁省大连机车研究所工程技术研究中心、辽宁省涡轮增压器重点实验室、辽宁省轨道车液力传动重点实验室、大连市中车大连机车研究所重点实验室、中国中车换热技术研发中心。

【项目获奖】 HXD3B型电力机车牵引及网络系统部件项目荣获辽宁省科学技术进步奖三等奖。高速动车组牵引变压器冷却装置研制获大连市科学技术进步奖三等奖。时速350公里中国标准动车组冷却系统技术研究与开发获中国中车科学技术奖一等奖；交流传动内燃机车主发励磁控制系统研究获中国中车科学技术奖三等奖。牵引系统用冷却单元荣获中国专利优秀奖。

【科技管理】 优化专利、论文申报业务流程并实现信息化，提升知识产权管理水平；正在通过科技管理信息系统固化科研项目结题管理等流程，实现科研项目全过程管控信息化。购置9个研发手段。以研发项目为载体，制定产品模块化设计评审管理办法，完成了5个产品模块化设计。申报了辽宁省科技计划项目、大连市重点研发计划等项目，全年获得各项科研资金支持1268万元。

【存货管理】 存货物资管理方面，组织完成存货盘点、搬迁、交接等工作，严控不良存货，规范存货物资的日常管控。在存货指标管理方面，组织相关部门从加强存货考核力度、增强三大计划的匹配性、严控采购提前期、优化生产组织、定期召开专题讨论会等方面制定措施，累计收入同比增长1693万元，增长2%；存货净额14884万元，同比下降5277万元，下降26%；一年期以上存货是4996万元，完成了6653万元的一年期以上存货巡视整改指标。

【供应商管理】 对供应商管理进行量化的指标分解并纳入公司KPI考核。2018年电子采购平台上线率为81.76%，降采率为2.96%，降采额1909万元。根据国资委党委第三巡视组巡视提出的14项意见，年初制定了整改方案和分解目标，先后完成《供应商管理办法》、《物资采购管理办法》和《物资招标采购管理办法》的修订与培训。通过邀请招标、竞争性谈判、询比价等方式与166家供应商完成了采购成本的降低；2018年共进行招标采购20次，节约采购成本247万元；除此之外，完成物流中心包装、运输的招标采购，平均节约成本比率达到10%以上。

【考核体系优化】 在保持考核基本框架不变的前提下，对个别计分办法进行优化，并针对空调事业部、睿通公司及国际业务部制定个性化考核办法。对各事业部的绩效考核方面，采取与各事业部签订年度效绩目标责任书的方式明确考核指标和目标值，通过年度评价考核、月度监控考核的方式进行。指标设置上紧密围绕“归属于母公司净利润”“营业收入”两项核心指标；强化绩效管理与战略的衔接，引导各事业部不仅重视当期经济效益也要重视长远发展能力建设；月度重点效绩监控考核净利润、主营业务收入、应收账款、存货等4项指标。对各职能部门的绩效考核方面，明确各部门年度重点工作，采用月度考核和年度考核相结合的方式。

【精益管理】 召开精益管理工作会议，对2018年精益管理工作重点和任务进行了动员与部署。系统策划并成立专项工作组推进精益体系贯标，制定《精益制造体系贯标工作方案》，梳理精益制度清单并整理相关文件，共22项公司级精益类制度；开展精益体系组织环境识别和相关方需求识别，对体系进行合理定位；开展内审员培训和考试，建立了公司26名的内审员队伍，精益制造体系标准满分600分，本年度公司得分495.8分，贯标覆盖率100%，贯标得分率82.6%。本年度新建换热三级精益车间、将电力电子三级精益车间升级为二级，精益车间累计覆盖率为50%；生产线（区）共14个，新建生产线（区）7条，累计10条，达标率71%；首次建成一条换热系统事业部“250公里标准动车组牵引风机项目”优秀模拟线。

【市场营销】 机车市场，为德铁汉堡调车机车研制的动力包随整车参加柏林轨道交通展，目前该车正在进行线路调试。动车市场，为时速250公里标动配套的冷却系统在长客、四方两个平台上实现全覆盖，14种冷却产品均实现首列装车。微循环相变冷却技术取得重大突破，顺利通过股份公司重大专项考核验收，为CRH2动车组配套的微循环相变散热器通过型式试验并取得小批量订单。CRH3系列动车组牵引变流器冷却单元四级、五级修实现批量检修。全面实现动车组冷却产品收入过亿元。为时速160公里“复兴号”动力集中动车组配套的辅助控制单元、列供控制单元、司机显示屏、复合冷却器、冷却风机、冷却塔等产品随车完成型式试验，并取得小批量订单。混合动力动车组动力包完成10万公里运用考核，正在进行拆检；双动力城际动车组动力包顺利交付；出口马来西亚HMU动力包实现批量交付。路外市场，军工及船舶领域，270柴油机增压器小批量交付，270柴油机改增压器交付2台样机；船用径流涡轮增压器完成配机试验，正在进行CCS认证。国际市场，出口俄罗斯TK41型增压器叶片开始试制，210A型活塞交付550套；出口乌克兰增压器配件业务签订合同。

【质量管理】 产品质量，铁总监督抽查合格率100%，各月产品质量目标完成情况均达到90%以上，没有发生批量及重大质量问题，全年质量损失率控制在0.5%以内。顺利通过ISO/TS 22163:2017体系和ISO 9001：2015体系的一、二阶段审核及中铁检验认证中心对相关产品的CRCC监督审核。全年共组织QC小组活动3项，QC小组活动直接面向生产现场。“降低DHJW04型液力传动箱渗油率”QC小组、“降低HXD3B型电力机车DCU2模块测试时间”QC小组、“缩短HXD2型电力机车ACU单元生产周期”QC小组荣获“2018年中车集团优秀质量管理小组”称号。其中“降低DHJW04型液力传动箱渗油率”QC小组入围了辽宁省优秀质量管理小组现场发表名单，并获得“2018年全国铁路行业优秀质量管理小组”称号。质量文化建设，开展了以“标准作业、量化分析、预防改进”为主题的精益质量文化建设工作。精益质量文化建设方案立足生产一线，开展“标准作业指导书一口清”“标准作业指导书一手精”技能比武；对137道工序的工艺文件可行性和现场执行情况进行了检查。完成了换热系统事业部冷却装置组装线、电力电子事业部贴片线，标准工位覆盖率100%的目标。完成了工艺纪律检查工作，共检查出问题30项工艺纪律。

【人力资源】 人才培养目标，人力资源部紧紧围绕打造受人尊敬的国际化公司和中车党建“金名片”目标，以“责任 担当”为主题，激发中层干部队伍活力，提升核心人才素质能力，推动形成符合新时代要求的干部综合管理体系和全球一体化人力资源体系，为实现大连所“十三五”战略规划提供坚强保证。培训及骨干培育，编制公司级培训计划 53 项，组织开展噪声仿真、ANSYS、RAMS 等技术软件培训和内燃机车发展、二级增压技术等前沿技术培训，提升技术人员研发能力；加强核心管理人才培养，组织实施精益管理、项目管理等专题培训。组织完成延安党性教育专题培训班 2 期 49 人次、标杆企业交流学习 1 期 27 人次、通用管理培训 1 期、读书分享会 2 期。切实开展岗位交流和人才队伍建设，多形式、多举措选树优秀青年集体及个人先锋，通过选拔，大连所获得“中车第二届十杰青年”、“青年文明号”、“青年安全生产示范岗”、“青年岗位能手”、“大连五四青年奖章”、“青年身边榜样”、“辽宁省优秀青年先锋工作室”和“最美工匠”等多项荣誉称号。新增中车集团专家及以上核心人才 16 人，新增辽宁省“百千万工程人选”5 人、“茅以升科学技术奖”1 人和茅以升铁道工程师 1 人。

【党群工作】 深入贯彻落实党的十九大精神和新时代党的建设总要求，以习近平新时代中国特色社会主义思想为指引，坚持把高质量发展作为党建工作的出发点和落脚点，通过坚持高标准推进巡视整改工作、持续深化干部人才队伍建设、全面加强基层党组织建设、积极营造干事创业文化氛围，促进了党建工作与经营工作的深度融合，为公司持续健康发展提供了坚强组织保障。坚决把政治纪律和政治规矩放在首位，突出严明党的纪律，通过完善“不能腐”体制机制、开展各项监督监察、加强监督执纪问责力度、组织警示教育、从严管理纪检监察干部，推进公司党风廉政建设和反腐败斗争，为公司持续稳步发展提供了坚强纪律保障。工会贴近公司和员工的多元需求，主动融入中心，积极强化服务，以提升员工幸福指数为目标，不断增强工会工作的有效性、针对性和创造性，在继承总结以往工作成果的基础上，深入开展技能比武、精益改善、医疗互助、六送三关注等活动，提升服务质量。成功举办了“匠心铸就高质量 创新谱写新华章”技能创新成果展。团委加强青年思想引领、服务青年成长成才、深化青年创新创效，贯彻从严治团要求。积极选育“青”字号优秀集体和个人，启动“创新科技 创效管理”论文征集、青年“金点子”精益先锋争创等活动，打造了一支综合素质高、业务能力强、作风扎实、勇于担当的青年人才队伍，为公司持续高质量发展提供了后备力量。

【大连中车泽通机械有限公司】 该公司为大连所全资子公司，成立于 2001 年 4 月主要经营流体机械、仪器仪表、机电一体化产品的开发、研制、销售，技术装让，技术咨询服务，货物进出口、技术进出口。注册资本 2618.28 万元。

【大连中车泽隆机械有限公司】 该公司为大连所控股子公司，成立于 2005 年 9 月，注册资本 475 万元，大连所占股权比例 60%。主要经营内燃机车柴油机用涡轮增压器及油田用天然气发动机增压器修理，被中国铁路总公司纳入定点承修单位。

【兰州中车泽隆机械有限公司】 该公司于 2009 年 4 月成立，由大连所与中车兰州机车有限公司、大连天地机械设备有限公司共同出资组建，由大连所控股经营。注册资本 400 万元，其中大连所占股权比例 51%，中车兰州机车有限公司占股权比例 39%，大连天地机械设备有限公司占股权比例 10%。主要承接铁路内燃机车柴油机用涡轮增压器的修理业务。

【洛阳中车泽隆机械有限公司】 该公司成立于 2009 年 1 月，系对原洛阳润柴机车增压器有限公司增资扩股更名后成立。公司注册资本400万元，其中大连所占股权比例51%，洛阳机车厂工业公司占股权比例26.5%，大连天地机械设备有限公司占股权比例10.5%，广东标顶技术有限公司占股权比例12%。

【大连中车睿通科技开发有限公司】 该公司为大连所全资子公司，成立于1988年7月，注册资本31.2万元。主要经营生产各类高低压开关及控制设备、电机启动设备、变压器及其相关电器电子成套设备和零部件、高低压电器的生产及销售。

【中铁检验认证（大连）机车检验站有限公司】 该公司于2015年4月成立，由大连所和中铁检验认证中心共同出资，其中大连所出资275万元（占比55%），中铁检验认证中心出资225万元（占比45%）。主要经营轨道交通领域整车及零部件的试验、检验；技术咨询、技术服务，承担内燃机车、机车用柴油机、增压器、散热器、中冷器、热交换器、冷却风扇、空气压缩机、滚动轴承、喷油泵、喷油器、铁道机车车辆电子装置等产品的检测。

【重要纪事】 1月11日，公司承办的中车集团“新型高效微循环换热系统关键技术研究及应用”项目结题验收会在大连召开。1月11—12日，南京天翔电子股份有限公司董事长张涛到公司访问，双方就特高压、新能源及智能电网领域的换热产品合作进行了深入的交流，并签署《合作框架协议》。1月15日，施耐德电气（中国）有限公司销售副总裁李继敏一行到公司访问。1月29日，公司、大连中车泽隆公司、兰州中车泽隆公司、洛阳中车泽隆公司9大系列84种型号的增压器产品通过了铁科院交直流传动机车重要零部件高级修维修资质集中审核。1月30日，由中国铁路沈阳局集团有限公司大连机车监造项目部与公司共同举办的2017年监造联席会议在公司召开。2月6日，中车集团总工程师张新宁到公司开展慰问活动。3月7日，公司国家企业技术中心顺利通过国家发展改革委对国家企业技术中心2017—2018年的考核评价，评价为良好。3月9日，公司召开党的建设工作会议和党风廉政建设及反腐败工作会议。4月9日，中车集团党委副书记万军到公司调研指导工作。4月9—10日，由公司团委承办的中国中车2018年共青团工作会议在大连召开。5月3日，公司“初永春技能大师工作室”被辽宁青年创新创业创优博览会评选为10家“优秀先锋工作室”之一。5月4日，公司召开2018年五四青年表彰大会。6月，根据中国企业联合会、中国企业家协会日前发布的2017年企业信用评价结果，公司通过AAA级信用企业评定。6月27日，公司召开“庆七一”暨“创先争优”表彰大会。8月，公司申报的“CO_2跨临界循环绿色高效动车组空调系统研制”获批2018年中车重大专项立项并获得资金支持。8月，公司荣获“国家知识产权优势企业”称号。9月3日，公司召开巡视整改推进会暨2018年年中工作会议。10月16日，中国铁路北京局集团有限公司总工室科委办在唐山丰润机务段组织召开由中国铁路北京局集团有限公司和公司共同研制的《基于数据应用的HXD2B型机车运维监测平台研究》项目的科技成果评审会。10月29日，台湾英硕系统科技股份有限公司代表团到公司参观访问。11月1日，公司召开干部大会，组织开展领导班子副职竞争上岗工作。11月，公司轨道车液力传动重点实验室、中车大连机车研究所重点实验室分别被辽宁省科技厅、大连市科技局纳入2018年度辽宁省重点实验室、大连市重点实验室建设名单。12月，韩国主机车辆公司达文西斯代表团近日到公司参观访问。12 月，公司“牵引系统用冷却单元”发明专利荣获第二十届中国专利优秀奖。12 月，辽宁省委组织部、辽宁省人力资源和社会保障厅、辽宁省科学技术厅、辽宁省教育厅、辽宁省财政厅、辽宁省科学技术协会等相关部门联合发文公布了辽宁省第十二批“百千万人才工程”人选名单，公司张博入选“百人”层次，李东、李湘宁、刘志坚、杨磊 4 人入选“万人”层次。12 月，德国比泽尔压缩机有限公司代表 Jens Wagner 一行到公司开展技术交流。12 月 18 日，埃及 AF 公司代表到公司参观访问。12 月 24 日，乌克兰唐明铁路集团公司总经理及技术总监赴公司，签署涡轮叶片的采购合同。

【公司党政工负责人】

党委书记　姜　冬
董 事 长　姜　冬
总 经 理　刘会岩
副总经理　迟兴国（9 月免）
　　　　　王忠勋　于长波
　　　　　安帮贤　于明东
　　　　　辛文涛
　　　　　王　宇（11 月任）
财务总监　于长波

党委副书记　刘会岩
　　　　　李宏峰（9 月免）
　　　　　王龙华（11 月任）
纪委书记　李宏峰（9 月免）
　　　　　王龙华（11 月任）
工会主席　李宏峰（9 月免）

（大连所　供稿）

地　址　辽宁省大连市沙河口区中长街 49 号
邮　编　116021
电　话　0411-85873804
传　真　0411-84601617
网　址　www.dlri.chinacnr.com

中车大连电力牵引研发中心有限公司

（统一社会信用代码：91210212079459729R）

党委书记、董事长　唐献康

总经理　郭建斌

【概况】 2018年末，大连电牵公司正式员工总数440人，其中技术研发人员占70%，研发团队中博士、硕士以上学历超过90%，中国中车首席专家、资深专家、专家73人。公司设有26个职能部门，4个业务中心、8个委员会、2个子公司、1个海外研发中心。公司研发办公及生产经营配套在大连市呈“两地化”布局：旅顺工作区作为公司本部，配套面积6万平方米，用于公司技术研究、产品开发、制造试验及国家重点实验室业务开展等；大连市沙河口工作区配套面积3456平方米，作为辅助工作区和对外合作交流窗口。全年实现营业收入8.42亿元，净利润398万元，运营资本经济增加值(EVA)回报率7.4%，净资产收益率为1.14%。公司全年的质量、安全、节能减排情况正常，无安全环保事故发生。

【规划发展】 按照“关于进一步落实习近平总书记视察中车集团所作重要指示的决议”及“关于中车大连电力牵引研发中心有限公司进一步加快推动创新发展的决议”要求，策划构建公司创新驱动发展架构体系，开展调研并编写《创新驱动发展能力与新动能培育研究报告》，编制《创新驱动发展战略报告》，将创新驱动战略摆在发展全局的核心位置，支撑公司的战略定位。重新修订《全面战略规划管理办法》，进一步提升战略思维、提供决策支持、规范管理流程。编写《大连电牵公司“十三五”规划中期评价报告》。设计未来五年公司改革发展的总体思路和战略发展架构体系。编制三年滚动发展规划，将发展规划与经营计划有机融合。

【改革改制】 依据中国中车深化改革“1+19”文件体系精神，围绕国有企业改革重点工作任务，结合政治巡视整改工作，在完善现代企业制度、深化供给侧结构性改革、加强监督防止国有资产流失、加强和改进国有企业党建工作等方面，推进公司改革。健全公司法人治理结构，明确党委在法人治理结构中的法定地位，健全公司董事会会议制度和“三重一大”事项决策机制。建立纪委与审计、财务部门协调监督工作机制，坚持依法依规进行监督。按照“分级管理、分线负责”原则，推进组织架构、部门职责调整。

充实业务结构，积极培育高端农机装备、智能制造装备、新能源装备、高技术船舶配套等战略新兴业务。推进人事、薪酬等分配制度改革，完成“四位一体”薪酬方案设计，实现个人收入与其岗位、综合能力、岗位贡献、组织绩效的联动，实施全员绩效考核。

【经营管理】 公司围绕年度经营计划和提质增效工作计划，制定各业务板块工作分解计划和绩效考核实施办法，签订绩效责任状，分解、落实经营任务。全面搭建预算体系，执行预算考评机制，推进财务核算精细化与决算精益化，提升成本管控手段，支撑公司提质增效；加强财税政策研究，提升资产管理能力，推行实物资产盘点常态化管理，加强子公司财务管控；持续推进公司财务管理水平，转变工作思路，财务管理由核算型向管理型升级。开展了“两金压降”、全面预算等专项审计，对子公司负责人开展任中审计。健全法律风险防范机制，建立公司风险清单，识别公司经营“十大风险”并定期更新。建立到期应收账款风险提示机制。设置公司总法律顾问，推进依法治企顶层落实。严格决策流程，制定出台并执行“三级会审”，确保制度科学可行。通过国家两化融合管理体系评定，获评“AAA 级信用企业”。

【科技创新】 在核心技术研究方面，公司全年共开展科研课题 53 项，其中，动车组和机车牵引与控制国家重点实验室顺利启动两项公开课题招标组织；承担中美研发中心项目 1 项，完成中捷研发中心 2 个项目结题验收；结合中车重大专项城轨牵引平台研发实施，深化与兄弟单位的开发合作；中车重大专项 GaN 项目完成中车级技术设计评审，中车重大项目自主化 MVB 芯片完成样机评审。在技术应用开发方面，公司配套牵引与控制产品的时速 160 公里动力集中动车组（连车方案）实现批量装车应用，时速 160 公里动力集中动车组（株机方案）获得批量订单。公司配套的众多铁路新车型研制项目通过试验鉴定、投入运营考核。完成大连地铁 12 号线牵引系统自主化替代，公司城轨技术更加成熟；进军货车配套领域，继驮背车液压控制系统完成装车，公司又完成驮背车液压系统研制。获评“辽宁省企业技术中心、大连市重点实验室”；3 项科技成果通过中国中车科技成果鉴定，出口南非窄轨大功率交流传动内燃机车牵引及网络控制系统研制获国际领先评价，2 项科技成果获得国际先进评价；全年申请专利 64 项（发明 48 项，实用新型 16 项，专利合作协定 7 项），获得专利授权 23 项，参与制定国家行业标准 3 项，参与中车级标准 19 项，制定企业标准 8 项。

【生产运营】 公司全年机车控制单元交付 400 套、地铁及轻轨项目车辆牵引系统交付 83 套，网络系统 273 套，定型产品平均一次交检合格率达到 94%以上，平均生产计划兑现率达到 95%。规范物资采购组织，中车采购平台线上采购率达到 90%，组织完成 31 次招标采购。累计实现采购降低 1394.57 万元，降采率达 2.3%，优于年初预定目标。深化精益管理工作，强力推进精益管理实施，电子电器车间和模拟线建设项目团队，分别获得“中国中车精益生产三级车间”和“中车优秀模拟线”称号。公司始终坚持“安全发展、绿色发展”理念，全年实现“零死亡”“零突发环境事件”“零新增现岗职业病”“零一类火灾爆炸事故”。万元增加值能耗 0.0887 吨标煤/万元，同比下降 10.94%；工业总产值综合能耗 0.0199 吨标煤/万元，同比下降 14%；COD 排放量 2.7016 吨，氨氮排放量 0.9581 吨，完成了中国中车下达的各项安全环保、职业健康、消防节能各项指标。

【市场营销】 进行商业模式创新升级，推进从“完全自主制造供应”向“自主研制”

与“牵头设计、集成供应”并行转变。完成HXD_2型机车控制系统168台、牵引系统86台交付。获得大连、株机两个平台的时速160公里动力集中动车组项目配套订单。获取浦镇公司雷公山空轨牵引系统订单并完成产品交付。获取呼和浩特地铁1号线网络系统、北京亦庄线有轨电车网络系统等多个城轨车辆网络控制系统项目。中标唐车公司智能焊接线项目并完成交付。开展上海轨道交通2号线02A02型地铁列车牵引系统大修。海外市场组织首次直接投标，乌克兰基辅地铁项目配套交流推进，南非内燃机车低速试验再获业主好评，取得国家进口免关税资格。凭借“全生命周期管理”和“集成总包提供”示范模式打造，获评国家“服务型制造示范企业”。加强客户服务标准化、规范化建设，组织产品应用服务与性能整改提升，开展主动的计划性检修和预防性维修，完成覆盖10个国家36个城市47个厂段的产品售后服务工作，保障了1258列/台公司配套产品质保期内的稳定，总运营里程达1.19亿公里。

【基建与技改】 公司全年投资1400万元，主要用于提升研发试验水平，包括动车组与机车牵引与控制国家重点实验室能力提升、科研开发、试验检测业务、检修业务、安技环保以及信息安全建设、软件功能提升和售后服务平台建设等。涌流吸收装置、高压试验台安全供电联锁控制系统、抗扰度综合系统等项目的实施，丰富了国家重点实验室配置和功能；高压开关柜、试验高压柜、电压探头、售后服务平台等项目的实施，提升试验检修服务能力；通过电路板电磁兼容仿真软件、系统集成优化等项目投资，提高技术水平和创新能力。公司重大投资项目“动车组和机车牵引与控制国家重点实验室”建设获得“大连市建设工程星海杯”和“辽宁省建设工程世纪杯（辽宁省优质工程）奖”。按照中国中车资产清查工作要求，完成固定资产清查，处置废旧资产521台（套）设，合计原值602.76万元，净值245.96万元。

【人力资源管理】 公司以企业转型发展为契机，坚持价值创造导向，优化人才选育留机制，人才队伍迸发新活力。围绕公司业务发展需要，通过校园招聘、社会招聘、兄弟单位引智等方式，加大核心技术人才和关键管理人才的引进，全年共招聘各类人员38名，员工队伍进一步壮大和优化；通过项目锻炼、师带徒、绩效激励、系统培训等形式，不断加大各类人才的培养力度，针对公司经营人员、技术人员、管理人员、营销人员和技能人员，采取分层次分类型的培训项目，年内共组织各项培训60余项。新评3人为正高级工程师、新评15人为高级工程师，新评51人为中级职称，新评2人技师；新评21人为中车核心人才。公司现有核心技术和核心管理人才73人；全年1人获评“辽宁省百人计划”，3人获评“辽宁省千人计划”，4人获评“辽宁省万人计划”，1人获评“茅以升铁道工程师奖”，1人获得“中国中车青年五四奖章”。

【质量管理】 贯彻落实“中车Q”标准试点工作，对照“中车Q”质量管理标准条款与公司实际情况进行开展差距分析、总结归纳，完善公司质量管理体系。通过国际铁路行业质量管理体系标准（ISO/TS 22163:2017）认证审核，持续推进铁路专用产品认证（CRCC）工作。结合精益生产推进进一步优化产品检验过程，提升过程把控能力，细化各重点项目的检验要求。加强质量问题的整改和质量信息的收集、分析平台建设，重点提升产品质量形象，每季度组织召开质量分析会，每周召开质量问题协调会，针对起现场典型质量问题进行故障诊断、原因分析、责任判明、措施制定和整改跟踪。借助中车供应商管理平台，加强供应商管理的深度和广度，全年新准入供应商 12 家，剔除供应商 4 家，合格供应商为 161 家，质量保证协议签订覆盖率 80%。

【企业文化建设】 公司通过开展弘扬新时代高铁工人精神、打造受人尊敬的国际化公司等系列活动，聚焦重点任务，推选并宣传 13 个先进集体和 79 个优秀个人的典型事迹，在公司内影响广泛；紧跟时代特点，将“电牵之道”官方微信平台作为主要宣传阵地，全年发布稿件 143 篇，塑造了公司精神文明建设的里程碑；围绕形势任务，运用电子屏、广告展架、海报条幅等灵活方式，宣传中国中车核心价值观、公司生产经营中心任务，国资委党委巡视以来，组织两级中心组对习近平总书记视察中车指示精神进行集中学习和专题学习研讨；按照《大连电牵公司 BI 建设 2020 实施方案》的相关部署，开展第二阶段调研诊断、对标融合和第三阶段细化整改、融入管理的相关工作，先后开展了 BI 建设问卷调查、主责部门 BI 建设责任落实情况进行专项评价、我为公司代言、“三个规范”试点等主题活动，专项形成《大连电牵公司 BI 建设诊断、对标、融合报告》，企业文化 BI 建设取得实效。

【党群工作】 公司党委把学习贯彻习近平新时代中国特色社会主义思想和党的十九大精神作为首要政治任务，强化思想理论武装。以党委理论中心组学习为龙头，以推进“两学一做”学习教育常态化制度化为依托，公司党委中心组集中学习 14 次、专题学习研讨 3 次，公司领导班子成员为所在支部党员讲党课。贯彻落实全国国有企业党建工作会议精神和中国中车党委“35 项”重点任务，保持“双向交叉任职”，完成全级次党建进章程、党委会前置、党务人员“同职级同待遇”、党建经费保障等重点工作；完成公司党委换届工作，选举产生新一届党委领导班子；严格履行党委会程序，全年组织召开 29 次党委会，研究审议各类议题百余项。加强基层党组织“三基建设”，组织开展纪念建党 97 周年系列活动，开展年度党支部书记抓党建述职评议考核工作。出台意识形态工作责任制实施办法，召开专题会议，深入落实党管意识形态原则。纪检监察工作，深入学习《中国共产党纪律处分条例》和《中国共产党廉洁纪律准则》，持续跟踪各级领导干部贯彻落实“八项规定”情况，纠正“四风”。坚持把纪律和规矩挺在前面，严格执行中车“禁酒令”、建立领导干部廉洁档案、集中开展违规发放薪酬福利等问题专项整治等工作；组织各级领导干部签订《党风廉政责任书》，面向全体党员和风险岗位签订《廉洁承诺书》，并将党风廉政建设纳入到年度绩效考核中。以国资委巡视整改、中车巡视整改、中车党建考核为契机，督导公司各项工作合规开展，确保公司各项制度执行到位、各类禁令严格禁止。开展“纪检干部讲纪律”教育活动。工会顺利完成换届。召开职代会，做好代表提案的审查督办，集体合同兑现率保持 100%。持续开展“六送三关注”活动，共补助困难职工 49 人次金额 11 万元，补助患病职工 13 人次金额 3.4 万元。深入实施售后服务“三线”建设，全年投入资金 5 万元，改善驻外员工的工作生活条件，并走访售后服务站点 16 个，慰问售后服务职工 85 人次。团委完成团支部换届改选工作，推进团组织架构合理优化。开展“青年大学习”“青年论坛”及形势教育活动，加强青年员工思想引领。加大志愿服务力度，打造电牵特色志愿者协会。举办“新春联欢会”“青年英语风采大赛”“迎新晚会”活动，发挥青年品牌活动效应。开展团干部培训活动，强化团干部队伍建设。建立健全团委工作制度，夯筑青年工作根基。举办医务培训、联谊活动，服务青年需求。

【武汉中车电牵科技有限公司】 该公司于2014年12月成立，注册资本2000万元，大连电牵公司持股70%。公司坐落于武汉市黄陂区临空经济产业园临空南路1号，占地面积3000余平方米，是从事轨道交通装备核心技术产品研制的高科技企业，是《武汉制造2025行动纲要》中智能制造和信息技术的重点产业培育企业，是大连电牵公司牵引及控制产品在武汉的本地化研制企业。公司以上海轨道交通2号线辅助箱维修、武汉地铁8号线车辆电气柜、智能焊接线、人车安全预警系统、激光装备等为主要经营项目。全年实现销售收入4872万元，净利润100万元。顺利通过ISO 9001:2015管理体系认证。

【重要纪事】 1月27日，公司召开一届十四次职工代表大会暨2018年工作会议。1月28日，公司召开党建工作暨党风廉政和反腐败会议。1月30日，白俄罗斯工业部部长到公司参观调研。2月5日，中国中车总工程师张新宁到公司进行“两节”送温暖。3月17日，辽宁省委常委、大连市委书记谭作钧到公司调研指导工作。4月10日，中国中车党委副书记万军到公司调研指导。4月15—20日，公司举办井冈山干部培训。6月14—20日，公司首次亮相第五届中国—南亚博览会。6月29日，公司党委召开“纪念中国共产党成立97周年暨创先争优总结表彰大会”。7月14日，中国工程院院士、香港工程科学院院士、英国皇家工程院院士、“亚洲电动车之父”陈清泉院士到公司考察调研。7月31日，国务院国资委党建局副局长熊洁到公司考察调研。8月6日，辽宁省委常委、省委组织部长王正谱到公司调研。10月12日，公司荣获“国家服务型制造示范企业”称号。12月12日，公司第一次党员大会胜利召开，中国中车党委副书记到大会指导。12月14日，公司完全自主研发的列车网络控制系统核心芯片通过样机评审。12月27日，公司获得由国家工信部授权机构颁发的“两化融合管理体系评定证书”。

【公司党政工负责人】

党委书记　唐献康
董事长　唐献康
总经理　郭建斌
副总经理　张永军（7月免）
　　慕　楠（8月任）
　　蔡景荣
　　姜悦礼（10月免）
　　樊金成（8月免）
　　戴碧君（10月任）
　　吴　涛（10月任）
总工程师　姜悦礼（10月免）
　　吴　涛（10月任）
财务总监　樊金成（8月免）
　　慕　楠（8月任）

党委副书记　郭建斌
　　董宇飞（6月免）
　　张永军（7月任）
纪委书记　董宇飞（6月免）
　　张永军（7月任）
工会主席　董宇飞（8月免）
　　张永军（8月任）

（大连电牵公司　供稿）

地　址　大连市旅顺经济开发区浩洋北街1号
邮　编　116052
电　话　0411-62685211
传　真　0411-62685733
网　址　www.crrcgc.cc/dld

中车青岛四方车辆研究所有限公司

（统一社会信用代码：91370200264582788W）

党委书记、董事长　孔　军

总经理　邢晓东

【概况】　2018 年末，公司员工有 2278 人，其中大学本科以上学历人员 1403 人。占地面积 21.5 万平方米。设置党群部门 5 个、职能管理部门 8 个、业务管理部门 4 个、平台组织 3 个、战略业务单元 8 个；下辖 3 个全资子公司、11 个控股参股公司。设有基础技术研究与行业技术支持、电气、电子、钩缓、减振、制动、智能装备、储能及信号业务板块。公司全年实现营业收入 58.39 亿元，荣获中国中车“突出贡献奖”、管理创新一等奖、协同创新专项奖。在青岛百强企业中综合排名第 25 位，收入排名第 42 位，制造业企业收入排名第 19 位。

【战略投资】　公司开展战略符合性评价，战略目标实现过程管控。推进业务整合，强化投资管理，优化固定资产、无形资产投资管控流程，提高投资管理水平。首次成功收购研发下一代显示技术的芬兰倍耐克公司，迈出海外布局第一步。国内布局初现成效，收购天津佳电公司，为天津装备公司提供发展空间。强化重庆技术创新能力，为客户提供全系统技术、产品与服务，实现业务规模快速增长；深化青岛本地产业布局，推进青岛地铁轨道交通智能维保公司和合试验检验项目落地，初步搭建青岛区域技术产业发展架构。

【改革改制】　公司通过实施产业提升、土地处置等方式，完成国资委下达的闲置资产盘活、富余人员安置、劳动生产率提高、扭亏为盈等“处僵治困”各项指标任务。处置天津机辆钢铁公司部分股权，按国资委规定完成压减任务，荣获“中车压减工作突出贡献单位”称号，实现天津装备公司轻装上阵。天津装备公司抓住货车市场回暖机遇，扩大既有产品市场份额；适时加大内部配套力度，提升转移业务生产制造能力，实现经营业绩快速增长。

【经营管理】　公司落实政治巡视要求，建立风险防范管理架构，完成制度“废、改、立”工作。推进“两金”压降，全年实现回款 75.8 亿元，应收账款余额降到 17.4 亿元，同比下降 37.4%；存货压降到 17.5 亿元，年末存货占营业收入比 30.7%，同比下降 11%，存货周转率达到2.22次，同比提高15%，完成“两金”压降预算目标。开展质量一百天专项活动，对0公里质量问题和运用产品源头质量问题实施重点管理，产品质量整体稳定；对标新版ISO 9001、TS 22163体系和中车Q质量管理体系，实施质量体系换版升级。完善质量管理体系，所有子公司完成职业健康安全管理体系建设，实现管理体系全覆盖。加强特种设备管理，开展双重预防体系建设与专项监督检查。年内未发生轻伤及以上事故，也未发生职业病，安全生产情况保持稳定。

【科技创新】 发挥行业标准归口单位作用，制定空气制动机、主导修订铁道车辆空气弹簧等13项行业标准，归口轨道车辆网络防火墙等45项中车标准，参加轨道车辆车体侧窗、铁路应用橡胶弹性元件等4项国际标准修订。试验检测服务走向海外，牵引、制动、网络综合试验检测服务得到国外客户认可，为国外许多地方客户提供整车综合试验检测，在越南与香港地区开展地铁车辆动力学性能试验和动应力测试试验服务。承担科技部、铁路总公司等省部级以上科研项目14项，承担中车重大科研专项19项；参加科技部重点攻关项目高速动车组转向架用轴承关键技术及运用研究，参加国家先进轨道交通重点专项轨道交通货运快速化关键技术子任务研究，主持中国铁路总公司时速160公里快捷货车轴承研制和铁路长大货物车关键技术与应用规范研究，主持中车重大专项轨道交通节能减排专项研究。加速核心系统与关键产品研发。实现时速250公里中国标准动车组网络、旅客信息、电气控制、减振、钩缓等核心系统与关键产品装车，完成京张智能高铁电气、电子、减振、钩缓等核心系统的研制并实现装车，永磁牵引系统装备青岛地铁11号线，基于以太网控制、维护多网融合系统在下一代地铁列车上实现装车，在国内首次完成适应零下50摄氏度低温环境车钩缓冲装置研制，为开拓俄罗斯等高寒地区市场打下基础。搭建车网路一体化核心系统仿真平台，初步完成单系统独立调试和系统集成调试，为后续云仿真平台建设打好基础。开展轨道交通智能化技术研究，列车自主运行系统通过专家方案评审，完成与整车接口设计联络，进入试验车核心产品研制阶段；上海地铁智能运维系统投入试验运行并实现列车全网监控，智能检修机器人项目入围工信部人工智能与实体经济深度融合创新项目。与清华大学软件学院成立智能装备工业物联网联合研究中心，为智能化技术和产品研发搭建平台；联合中国航天科工集团下属研究所，启动国家高端装备以及智能制造轨道交通软件质量监督检验中心建设。年内申请专利156项，其中国内专利140项、海外专利16项（申请量同比提升60%），超额完成中车下达指标。

【生产运营】 公司围绕精益管理体系要求开展工作，获评中车精益生产一级单位，标准工位建设全覆盖,达标率90%；主产品生产线均达到二星级生产线标准，全部车间均达到三级及以上精益车间标准，主产品项目持续拓展模拟线建设；新建、升级精益车间2个、生产线8条、模拟线5条。通过对标国内外先进制造技术和信息化平台，完成《公司产业功能定位及优化调整方案建议书》《公司生产管理信息化整体规划方案建议书》《电子事业部产业升级规划方案建议书》《制动事业部产业升级规划方案建议书》等4个公司产业升级方案。

【市场营销】 年内新签订单68.5亿元，同比增长14.2%，累计在手订单63亿元。巩固国铁市场份额，实现销售收入35.2亿元，同比增长8%，新签市场订单35亿元；城轨市场取得新突破，实现销售收入 18.1 亿元，同比增长 18.3%，新签市场订单 22.2 亿元；海外市场稳步推进，实现销售收入 1.9 亿元，同比增长 33.1%，新签市场订单 8 亿元。钩缓、减振等传统优势业务在时速 350 公里中国标准动车组与时速 160 公里动力集中动车组市场获得批量订单；完成时速 250 公里中国标准动车组项目布局，符合欧洲最新防火要求的空气弹簧获得客户认可，钩缓产品通过 TSI 欧洲互联互通铁路认证。电气、电子等核心系统获得中国标准动车组市场订单，JZ-8 机车制动系统实现批量运用，获得 HXD 大功率机车超百台市场订单，初步保持机车市场地位。牵引、制动核心系统获青岛、济南、深圳等地市场订单，网络控制系统城轨市场份额提升到 36%。电气、电子业务拓展了洛杉矶、芝加哥、费城等城市市场，旅客信息系统首次进入欧洲高端市场。智能检修机器人、车辆运行轮廓姿态在线检测系统实现工程化应用。架车机、集成包工艺设备等业务稳定发展。地面储能系统在苏州、无锡等城市地铁线路完成混合式节能系统挂网试验。获得香港新机场线 APM 项目订单，国内首次实现超级电容储能式系统整线设置。强化售后服务管理，加大运用产品故障监控力度，提高产品运用故障跟踪处理时效性。

【基建与技改】 全年固定资产投资预算 2 亿元，完成固定资产合同金额 1.6 亿元（含无形资产），完成预算 80%；股权投资预算 4.13 亿元，完成股权投资额 3.07 亿元，完成预算 74.33%。列车控制与信息服务网络（TCSN）关键技术及系统研制、提升研发与试验检测能力、天津轨道交通装备产业基地、高铁核心机电系统产品智能制造新模式应用等建设项目持续推进。启动两化融合管理体系试运行，完成中车主数据贯标，搭建协同办公系统、云桌面系统、视频会议系统平台。制定公司总体及相关产业升级规划方案，继工信部高铁核心机电产品智能制造项目之后，再次获批高铁减振产品智能制造项目，产业化建设迈向智能化发展。

【人力资源管理】 公司搭建高端人才培养平台，与清华大学联合建立院士专家工作站，获批博士后科研工作站；人才培养取得新进展，1 人荣获山东省“泰山产业领军人才”称号，1 人荣获“全国焊接机器人操作技术能手”荣誉称号，2 人获评“中车技能专家”，2 人获得第六届“青岛市突出贡献技师”称号，新增“中车核心人才”41 人；通过挂职锻炼、社会招聘、轮岗交流等方式，打造核心队伍。制定《关于深化公司人才发展体制机制改革的实施意见》《核心人才培养指导意见》，以及党建、两化融合和资本运作三支队伍建设总体实施方案。推荐申报中国中车核心技术人才 40 人，其中 4 名首席专家、8 名资深专家和 28 名技术专家；管理专家 1 人；核心技能专家 2 人。健全完善人力资源相关内控体系和制度 20 项。招聘引进博士研究生 1 名、硕士研究生 75 名、大学本科生 26 名；社会招聘引进投资管理、调研秘书、财务等人才 32 人。围绕党建、精益、资本运作、两化融合等重点工作，安排公司级培训 42 项，追加 7 项，调整 4 项，完成培训项目 45 项。

【质量管理】 公司强化监造产品过程控制，实施CRCC新产品扩项和URCC产品认证。完善质量体系制度，对标新版ISO 9001、TS 22163体系和中车Q质量管理体系，实施质量体系换版升级。强化检修产品管理。加大质量技术攻关资源投入和过程监控。通过分类管理与立项管理，强化过程监控，做好惯性质量和源头质量动态管理、实物质量管理与整治提升工作。根据国资委政治巡视要求，三项质量相关问题得到有效整改。

【企业文化建设】 制定、落实企业文化和品牌学习培训计划。面向员工开展企业文化和品牌文化落地活动，推广中车企业文化和品牌。持续推进VI整改和BI建设。以上海合作组织青岛峰会和改革开放四十周年为契机，在央视、新华社等国家级媒体展示企业形象；在世界智能大会、柏林轨道交通展会上，多维度宣传公司最新科技创成果，提升企业品牌影响力；建成创新展示中心，打造对外形象展示与品牌宣传重要窗口。

【党群工作】 公司党委有效发挥党组织“把方向、管大局、保落实”作用，提高政治站位，完善全级次公司章程，把党建工作总体要求纳入章程，党建工作全面融入经营管理工作。扎实推进政治巡视整改，本部查找问题62项，制定措施104项，全级次子公司查找问题265项，制定措施463项。年内公司及全级次子公司完成问题整改199项，本部完成问题整改41项，超额完成年度整改任务。“处僵治困”工作受到国资委肯定，提前完成重庆四方所高新技术企业认证并入选重庆创新百强企业。强化党风廉政建设，严格落实执行中央八项规定，通过廉洁风险岗位识别、与供应商签订廉洁共保责任书等具体工作，营造风清气正发展氛围。坚持“党建带工建 党建带团建”，开展员工技能比武、安全竞赛、文化体育等系列活动，提升员工干事创业活力。发挥共青团桥梁纽带作用，引领团员青年树牢政治意识，强化业务能力，激发青春活力，发挥企业发展生力军与先锋队作用。精神文明建设、统一战线、保密、普法和维稳工作有序推进，为企业持续健康发展提供稳定环境。

【下属子公司】 公司全资子公司天津中车机辆装备有限公司2018年实现主营业务收入2.7亿元，较上年提高7.3%。完善“市场部+事业部”营销模式，增强事业部市场开发主动性，探索完善二级营销体系建设，明确市场份额提升目标。各事业部坚持探讨各种经营模式，拓展多元领域。公司优化工艺路线，改变生产模式，强化过程控制，发挥社会化资源，加大社会化配套能力，大幅度提高生产能力和效率，形成缓冲器月产6000套，年产70000套生产能力。

公司控股子公司青岛卡玛克斯缓冲装备有限公司2018年实现销售收入1.5亿元。主要产品包括QKX100大容量弹性胶泥缓冲器、25吨密接车钩用弹性胶泥缓冲器、KC15客车用弹性胶泥缓冲器、巴铁客车用缓冲饼、螺纹车钩缓冲器及城轨用弹性胶泥缓冲器，产品覆盖机车、客车、城轨、轨道工程车等市场。具备组装新缓冲器10000套、检修4000套年生产能力。

中铁检验认证（青岛）车辆检验站有限公司2018年实现销售收入7999万元。新增仪器设备124台（套），其中IMC动态数据采集仪、MX100温度采集系统、横河GM90PS数据采集仪、低压舱设备箱、B&K阻尼材料测量系统、制动控制装置试验台、闸调器综合试验台、Xe-2-HS氙灯老化试验箱和EMC运行试验用仪器等设备投入使用。通过CNAS评审，扩项、变更产品或参数检验标准（方法）67项。实验室形成检验报告1654份，比上年增加342份，增幅26%。罐箱冲击检验通过国家实验室认定、加拿大交通运输部（TC）认证和中国船级社（CCS）罐箱动态纵向撞击试验能力审核。

重庆中车四方所科技有限公司全年实现营业收入1.17亿元。空调项目获得重庆、北京等地批量订单。受电弓项目获得重庆批量订单，推进有轨电车受电弓装车试验。建立和完善公司科研管理体系、科研管理平台。申报重庆市2项科研课题，获得经费资助。

重庆智能装备有限公司2018年实现营业收入4093万元。完成公司厂地搬迁、经营范围扩充；变更公司名称和税务登记，推动公司转型发展。跨坐式单轨牵引橡胶堆、止挡类橡胶产品装车试验城轨空调项目获得批量订单；获得单轨车受电弓批量订单，推进有轨电车受电弓装车试验。

【重要纪事】 1月5—6日，公司召开年度战略务虚会暨工作研讨会。1月6—7日，公司参加中国超级电容器产业年会暨应用展览会。1月20日，公司首次进入“2017青岛企业收入100强”位列第48位，同时位居“2017青岛制造企业收入50强”第21位。2月12日，公司召开第一届职工代表大会第三次会议。2月22日，在全国1331家国家认定企业技术中心2017—2018年评价结果中，公司技术中心排名第185位。3月13日，在中国中车首次出口马来西亚吉隆坡机场线市域时速160公里铰接式动车组仪式上，公司作为铰接式动车组多项核心系统提供者，向世界展示核心制造能力。3月22—24日，公司产品参展印尼（雅加达）国际铁路与轨道交通展会。3月28日，中国铁路总公司机辆部主任申瑞源，中车股份公司党委常委、副总裁王军到公司指导工作。3月28—29日，公司产品参展2018年第6届泰国铁路及轨道交通展会。4月24日，青岛市市长孟凡利到公司考察。5月10日，公司自主研发中国标准动车组列车网络控制系统受邀参展首届中国自主品牌博览会。6月9—10日，公司接受中央电视台中文国际频道系列报道“上合新时代”优秀案例采访。6月26日，公司与西班牙Talgo公司正式签署F070动车组信息娱乐系统批量合同6000万元订单，并签署未来10年战略合作协议。7月17日，公司领衔制定的2项国家标准、2项铁道行业标准入选2018年度铁路重大科技创新成果拟入库名单。8月8日，公司携手泰尔戈公司在第十二届中国品牌节签署批量订单和未来十年战略合作协议。9月5日，清华大学-中车青岛四方车辆研究所有限公司智能装备工业物联网联合研究中心揭牌成立。9月18日，公司自主研发轨道交通车辆智能检修系统和列车自主运行系统（TACS）参展德国柏林国际轨道交通技术展览会。9月28日，公司参股思锐智能公司收购芬兰倍耐克公司100%股权。10月15日，公司正式启用环湾大厦办公楼。10月29日，公司参与的即墨轨道交通产业园正式开工建设。11月23日，山东省委常委、青岛市委书记张江汀到公司考察。

【公司党政工负责人】

党委书记	孔　军
董事长	孔　军
总经理	邢晓东
副总经理	王　云　陈　凯
	颜　强（9月任）
	姚小强　崔凤钊
	李照平　聂　翔
	冯　勇（12月任）
财务总监	颜　强
党委副书记	邢晓东
	李宏峰（9月任）
纪委书记	李宏峰
工会主席	赵云生

（四方所　供稿）

地　址	山东省青岛市四方区瑞昌路231号
邮　编	266031
电　话	0532-86083101
传　真	0532-84992961
网　址	http：//www.srsri.com/

中车戚墅堰机车车辆工艺研究所有限公司

（统一社会信用代码：91320400137168058A）

党委书记、董事长　王洪年

总经理　王文虎

【概况】 2018 年末，公司在岗员工 3201 人，其中女员工 550 人，高级技术职称 291 人，中级技术职称 554 人，高级技师 100 人，技师 216 人；博士研究生学历 7 人，硕士研究生学历 478 人，本科学历 1021 人，大专学历 828 人，中专、技校学历 313 人，高中及以下学历 554 人。公司固定资产原值 30.6 亿元，净值 18 亿元；土地共 7 宗，占地面积 70.3 万平方米。公司设有焊接和无损检测培训中心、铁路工业节能监测中心、中国中车机械传动技术研发中心等 3 个专项中心，齿轮传动事业部、锻压事业部、重型机械事业部等 3 个事业部，试验检测分公司 1 个，下属子公司包括全资、控股、参股公司 11 个。公司全年实现销售收入 41.93 亿元。

【经营管理】 以预算管理为主线，深化开展“1+12”提质增效和“提品质”专项对标工作，经营品质进一步提升，净利润同比增长 21.6%，获得中国中车突出进步奖。完成 2 家子公司处置压减和 1 家子公司治困工作，溢价转让资阳传动公司 80%股权，妥善安置员工。完善法人治理结构，落实党建进章程、党委会前置程序要求和专职外部董事制度。重构材料工艺研发中心，加快十大专业研究室建设。强化战略与投资管理，首次开展规划询审，搭建产业研究信息平台，完成金属型低压铸造生产线建设。强化价值导向，实施激励体系改革。优化资产经营责任制考核导向，重建职能业务部门考核体系。强化执行力建设，建立三级督办管理体系。完成 169 项制度流程“废、改、立”。全面建立产品标准成本数据库，实现上线产品全覆盖。深入推进“两金”压控专项整治。优化设计评审和变更流程，构建设计、工艺、制造协同异常反馈协调机制。推行通用工艺集中统一管理与专业工艺归口管理，固化工艺评审机制，开展涂装、打磨等通用工艺研究，试点开展铸钢制动盘等 4 个主线产品工艺优化改善项目，开创工艺管理新格局。强化两级生产计划管理，构建铸造、机加工、组装类生产指标体系，深化应用订单项目管理机制。推进招标一体化平台建设，建立内部物资共享调拨平台。启动绿色供应链建设，推进工序整合、多工序总包以及供应商结构优化，年内有序退出 192 家小而散供应商。SAP 二期成功上线运行，实现下属子公司全覆盖，城轨齿轮传动系统智能化精益设计平台、设计工艺制造一体化试点产品实现上线应用，智能制造项目通过国家工信部验收。深化全面风险管理体系建设，建立分类分级风险清单。落实法治建设第一责任人职责，建立企业律师制度。推行“内审+外审”模式，强化重点领域专项监察。深化“三强化 三提升”质量专项活动，优化质量管理体系，试点推行中车Q标准，产品运用总体安全。立项开展质量攻关，铝合金箱体、铸钢制动盘、锻钢制动盘等产品成品率进一步提升。深化安全风险分级管控和隐患排查治理体系建设，实施生态保护污染防治三年行动计划，顺利通过能源管理体系认证。成功入选全国首批安全生产守信联合激励“红名单”。

【技术创新】 完成“和谐号”“复兴号”两个平台多项新产品开发,新获25个CRCC正式证书、6个试用证书。时速250公里“复兴号”动车组齿轮箱、基础制动装置、车钩缓冲装置、风缸模块等系列产品实现装车全覆盖，创单一平台装车最好成绩；时速350公里“复兴号”动车组基础制动装置、前端车钩获得CRCC正式证书，联轴节实现装车考核。地铁车钩缓冲装置获得国内首张URCC证书。联合上汽集团成功研发新型耐热不锈钢材料,汽车零部件业务实现由OEM向ODM转型；攻克GM2.0项目技术难题。做强做大工业高端装备业务，成立重型机械事业部。铝基陶瓷复合材料、金属型低压铸造工艺、低温球铁等新材料、新工艺研究取得重要进展,3D打印技术进一步扩大应用成效。持续提升试验验证能力，新的1:1制动试验台投入使用，城轨及非轨道交通产品纳入国家实验室能力范围。与莱茵TÜV签署深化战略合作协议。成功承办第45届世界技能大赛全国机械行业焊接项目选拔赛，万升云当选ISO超声波检测分技术委员会委员。加大国际合作交流，成功举办2018国际轨道交通机械传动技术创新论坛，3个国际合作项目取得阶段性进展。全年申请专利115项，其中海外专利12项；制定中车及以上标准41项;获得中车及以上科技成果奖励12项,1项专利获中国专利优秀奖，1项科技管理创新获第二十五届全国企业管理现代化创新成果二等奖。

【市场拓展】 时速350公里复兴号动车组齿轮箱市场份额保持90%以上，时速160公里复兴号动车组基础制动、齿轮传动产品取得批量订单。城轨齿轮箱新签订单保持1万套以上，市场份额同比提升3.42%。车钩缓冲装置获苏州地铁、雷山空轨等4个批量订单。制动盘首获批量订单。齿轮箱获得3个品种检修资质，首次获得CRH380B动车组返厂修批量订单。3种闸片和第二代蠕铁制动盘获批量订单，与2个路局达成属地化检修合作，减振器检修业务收入首次突破1亿元，HXN_5活塞市场份额同比提升23%，城轨检修业务新签订单同比增长75%，捣固装置首次获得专业化检修服务项目。汽车零部件业务成功进入博格华纳、霍尼韦尔不锈钢产品全球供应商体系，并获得批量订单。珩磨机实现销售突破。矿山机械业务销售收入同比增长60%，出口业务同比增长105%。铸造、锻压、焊接等材料工艺延伸业务收入创新高。焊轨机、联轴节等产品首次实现出口突破，制动盘获得印度市场装车资质。海外销售收入突破4亿元，同比增长36%。

【人力资源管理】 强化人力资源管控机制建设,深度发挥人力资源业务合作伙伴作用。持续加强经理人、后备人才、核心人才、高技能人才队伍建设，采取竞争上岗和组织选拔方式，新选聘6名中层管理人员，完成38名干部职位交流和调整；配置10名中层助理人员，选拔中层后备人才94人；选拔聘任总部主管人员112人，其中新聘43人；聘任L5及以上职业发展等级23人；获评“中国中车科学家”1人、“首席专家”2人、“资深专家”16人、“专家”53人。加强用工总量和工资总额管控，在岗员工数同比下降110人。分流安置资阳中车传动公司128人，完成250名退休人员社会化移交工作。获中车“五星HR”称号，博士后工作站获评“常州市优秀博士后工作站”称号。公司员工阙红波获评“国家中青年科技创新领军人才”，刘云清获评“中国质量工匠”，杨余明获评“全国技术能手”、张学斌享受国务院政府特殊津贴；1人获评“江苏省突出贡献专家”，2人获评“江苏省企业首席技师”，5人获江苏省“333工程”培养对象资格，1人获江苏省六大人才高峰资助；1人获评“常州市首席专家”，1人获评“常州市突出贡献专家”，1人获评“常州市企业首席技师”。

【企业文化】 深度打造品牌传播“中央厨房”机制，创建自身融媒体平台。搭建“BI”建设生态体系，从制度建设、关键接触点、“BI+”特色工作以及漫画宣传等方面规范员工行为习惯。开展“打造受人尊敬的国际化公司，我为中车代言”活动，将党员身份与BI代言人相结合，培育全体员工深入践行BI良好风气，将员工行为与中车“双打造 一培育”接轨。公司形象多次登录新闻联播、新华社、《人民日报》等国家级媒体，其中《新闻联播》报道时长超过2分钟，新媒体阅读量超过10万+报道超过100余篇。刘云清传播案例入选中宣部出版《新时代国有企业思想政治工作创新案例》，公司齿轮产品案例获第十四届中国最佳公共关系案例大赛银奖。多方位打造公司“智造、创新”国际化品牌新形象，强化公司社会影响力和美誉度。

【党群工作】 组织开展党的十九大精神、《习近平新时代中国特色社会主义思想三十讲》、习近平总书记视察中车重要指示精神等主题学习，强化落实管党治党责任。认真接受国资委政治巡视，提高政治站位，坚持问题导向，全级次查摆问题455项，制定整改措施930项，全年按期整改完成率99%，较好地完成了阶段性政治巡视整改任务。推进党建“金名片”建设，开展“解放思想大讨论”主题教育，实施36个党建创新项目和100个党员攻关项目，党建与生产经营深度融合。严格落实“两个责任”和中央八项规定精神，工作作风持续改进。多方面开展群团工作，承办中挪职工技能交流活动，组织“4+X”劳动竞赛，举办第二届“家·年华”活动，实施“青创客2.0”计划等活动方案。公司统战、科协、体协、老干部等工作取得新进展。

【全资子公司】 年内，公司全资子公司包括常州市瑞泰工程机械有限公司、常州中车铁马科技实业有限公司、常州中车汽车零部件有限公司、常州中车柴油机零部件有限公司、常州朗锐铸造有限公司等5家企业。

常州市瑞泰工程机械有限公司 全年大修市场实现销售收入1.9亿元，总体市场占有率保持行业第一。耙链类配件产品实现产值2300万元，合金耙链产品在济南、武汉局等5个局集团公司销售实现新突破；海外市场实现整机集成产品暨出口型焊轨机销售突破。完成应收账款总额及长账龄货款等指标。全年累计完成新产品、新装备19种，申请发明专利8件，发表论文8篇，制定、修订标准15项。自主设计电气研发室，掌握核心技术，确保项目完成。完成CDW-32捣固装置技术设计及样机试制，通过专家组FAI评审并交付主机厂。开展QY-B型300吨牵引车、地铁多功能公铁两用作业车（地铁牵引车）以及QY-C型500吨级大功率公铁两用牵引产品技术研究；自行式钢轨探伤车项目通过江苏省国际科技合作项目中期检查；双轨式钢轨探伤仪项目完成样机测试、结题。精密机动扳手车项目完成整车方案设计评审、整车技术设计评审以及关键外购件选型采购。年内通过 ISO 9001:2015 版质量管理体系监督审核。

常州中车铁马科技实业有限公司　全年实现入库收入 6.81 亿元，生产计划完成率 100%，质量损失率、期末存货余额、物资采购降本等 8 项指标完成年度计划。新一代蠕铁制动盘获得 CRCC 证书，获得首个城轨新造类制动盘（杭临线）21 列批量订单；时速 160 公里动力集中车制动盘通过主机厂首件鉴定，并获得 CRCC 证书，首获 2500 套转批量订单；时速 350 公里标动取得装车证书，时速 250 公里标动分别在长客、四方平台实现装车。完成印度 LHB 制动盘首批交付；夹钳、踏面清扫装置、闸片交付 4.3 万余套/片；四方、长客两大主力平台 146 列车用（时速 350 公里标动、时速 250 公里标动）车钩订单交付，形成常州地铁、雷山空铁、通号天水有轨电车、戚墅堰有轨电车等车钩预期订单。弹性轮检修市场持续提升，检修订单逐年增加。轴桥项目形成小批量市场。实施“职能+项目”经营模式变革，围绕产品共性成立八个项目群组，进入“强矩阵项目管理”和“职能条线业务管控”双轨并行经营管理模式；策划子工程 14 个。

常州中车汽车零部件有限公司　全年实现销售收入 10.68 亿元。开发优质高端乘用车项目，高镍、不锈钢产品销售超过 80 万件；首次进入盖瑞特（原霍尼韦尔）、博格华纳全球不锈钢涡轮壳供应商体系，获得 GM2.0、长安 1.5 NE、菲亚特 1.33 和长丰 1.5GDI 等不锈钢涡轮壳项目；首次进入宁波丰沃涡轮壳供应商体系，获得沃尔沃 VEP 和鑫源 1.5 不锈钢涡轮壳项目，乘用车涡轮壳项目成熟年份新签订单 100 万件。成立智能制造事业部。推进三车间布局规划实施，打造精益示范区域和精益示范线。联合上汽集团和材料工艺研发中心成功研发新型不锈钢材料 QY26-N。全年客户端 PPM 为 40。获得无锡康明斯公司“质量快速改善奖”、宁波博格华纳公司“质量创新奖”。机加工 C2 班组获得全国“2017—2018 年度安全管理标准化示范班组”称号。

常州中车柴油机零部件公司　全年实现销售收入 1.12 亿余元，创历史新高。HXN_5 活塞产销 4400 件，市场占有率 95%，新客户、新产品收入占比超 30%。坚持大客户策略，优化客户与产品结构。逐步向动车组产品和新产业转移，标动接地装置成熟交付，搭建可满足 200 列/年供应能力，推进齿轮箱轴承盖、油压减振器、RV 减速器等新项目。持续推动工信部低速机活塞环项目，储备低速机环产业化能力；与船用主机开发新型柴油机活塞，与中船 711 研究所、大连海事大学开展项目合作。优化内外部供应链，交付准时率提升至 90.5%。编制《活塞、活塞环制造过程风险手册》，添置高精度高度仪、引入无线测量系统，质量损失率控制在 0.6%以内。修订三体系管理手册，通过莱因公司 IRIS 体系外审。

常州朗锐铸造有限公司　全年实现销售收入 2.12 亿元，生产计划完成率 99%。完成 70 余种铸件开发，交付 3000 余套；完成新一代蠕铁制动盘 1:1 台架试验，批量生产 1300 件。开展 A 类项目 1 项、C 类课题 3 项。优化齿轮箱造型工艺、设计，提高综合成品率；改进浇注系统，提升生产效率和操作便捷性；改进 1040 制动盘排气方式，降低铸件砂眼缺陷；有效解决制动器钳体冒口颈缩孔和铸件夹渣问题，节约材料消耗，成品率提升至 90%。强化全过程质量管控，降低质量损失率。应用精益管理工具，提高车间管理水平。全面梳理公司规章制度，优化薪酬机制。加强安全基础管理，完善生产岗位安全操作规程，通过安全标准化二级企业复评。荣获“中国绿色铸造企业”称号。

【控股子公司】 年内，公司控股子公司包括江苏朗锐茂达铸造有限公司、中铁检验认证（常州）机车车辆配件检验站有限公司、常州朗锐凯迩必减振技术有限公司、南京浦镇海泰制动设备有限公司等4家企业。

江苏朗锐茂达铸造有限公司　全年实现销售收入9600万元，其中阿尔斯通销售收入突破1000万元。完成股份制改革。实施“项目制”管理，制动盘成品率显著提升，铸钢轴盘体综合成品率提升至75%以上，铸钢轮盘体提升至70%，各项目目标综合完成率92%以上。主产品上线率78%，线上生产产能占总产能比66%，线上人均产能较线下同比提升3.6倍。成立三级精益推进组织，生产计划完成率99.91%。开展铸钢造型精益示范线建设，安全隐患整改率100%、三定率95%、外模一次合格率96%，全部指标达到示范线建设目标。实施《六大工序质量工程师队伍建设方案》，系统推进IRIS体系贯标，综合成品率提升至94.02%。落实安全管理责任，通过安全生产标准化二级企业现场评审。

中铁检验认证（常州）机车车辆配件检验站有限公司年内完成铁路总公司计划铁路货车承载鞍、铁道货车轴向橡胶垫、铁道货车车钩、铁路货车锻钢上心盘等4种产品质量抽查检验，以及铁道货车弹性旁承体、铁路货车锻造钩尾框质量抽查复查检验；完成中铁检验认证中心（CRCC）下达各类机车车辆零部件产品认证检验、图谱备案检验、技术审查检验任务和各类委托检验，检测业务实现产值3030余万元。通过中国合格评定国家认可委员会组织实施实验室认可及资质认定换证复评以及扩项与变更二合一评审；完成并通过NILPT-1697球墨铸铁金相检验、NILPT-1710-2金属洛氏硬度测试（国际比对）、NILPT-1435-2用电感耦合等离子体原子发射光谱法测定低合金钢中化学成分（国际比对）、NILPT-1505石油产品润滑油酸值测定、NILPT-1747钢板焊缝超声波检测（国际比对）、NILPT-1748钢板焊缝X射线透射检测、NILPT-1739工件尺寸长度检验等7项中实国金实验室能力验证项目。完成不确定度评定、设备比对及方法比对计划等5项实验室质量监控计划。累计参与CRCC现场审核10个厂项，涉及产品包括动车、机车、货车、客车等相关零部件；主持或参与CRCC认证规则编制与修订，涉及铁路客车转向架用弹性定位套、铁道客车车钩（含密接式）、铁道货车轴向橡胶垫、铁道货车组合式制动梁、铁路货车车钩钩腔小件、铁道货车用轴承前盖、后挡等产品。

【中外合资公司】 年内，中外合资公司包括常州朗锐凯迩必减振技术有限公司、常州朗锐东洋传动技术有限公司共2家企业。

常州朗锐凯迩必减振技术有限公司　全年实现销售收入2.15亿元。新造减振器交付74组，累计修理动车及客车等各车型各修程减振器45636个，高度阀、差压阀销售8929个，交货及时率提升4.5%。开展CR400AF型动车组油压减振器、高度阀和差压阀三级检修业务；推动标动350型动车组油压减振器用同类零部件国产化开发。启用BPM辅助信息系统流程，各类流程有序执行。年内通过安全生产标准化二级企业期满复评、三体系复评及ISO 22163监督审核。

常州朗锐东洋传动技术有限公司　全年实现销售收入2.3亿元。获得北京17号线、9号线及八通线共1944套、成都11号线792套、青岛2号线增购304套、石家庄2号线288套、石家庄3号线增购112套、重庆1

号线增购176套等产品订单。承接深圳3号线、天津滨海线齿轮箱修理及成都1、2号线大修配件订单业务。开展齿轮驱动装置用小轴承圆柱轴承加球轴承设计结构研究。全年申报专利3项。公司被授予“苏南国家自主创新示范区瞪羚企业”称号。

【重要纪事】 1月8日，公司“高铁列车用高可靠齿轮传动系统”荣膺国家科学技术进步奖二等奖。1月12日，公司试验检测中心通过美国国家标准与技术研究院（NIST）冲击比对试验认证。1月13日，公司组织召开中车机械传动技术研发中心技术委员会第一次会议。1月18日，公司15件专利入选中国中车第一批核心技术专利。1月下旬，公司工会荣获“铁路工会财务工作先进单位”称号。2月1日，公司新一代轴箱内置式转向架用地铁齿轮箱完成首件组装及例行试验验证。3月初，公司员工刘云清当选首届“中国质量工匠”。5月8日，铁马公司成功申报江苏省企业知识产权战略推进计划重点项目。6月3日，公司EWF01型动车组锻钢制动盘取得CRCC产品认证证书，成为国内首家获得此速度等级动车组锻钢制动盘CRCC证书企业。7月17日，中车热处理、涂装、粘接技术专家组工作会议在公司召开。7月27日，公司承担的两个江苏省重点领域质量攻关项目“350公里/小时动车组国产化齿轮箱”和“350公里/小时动车组国产化制动单元”通过新产品、新技术鉴定和结题验收。8月22日，公司地铁联轴器首次出口澳大利亚。8月30—31日，公司承办“第二届中国中车通用技术发展论坛”。9月13日，资阳中车传动公司成功实施股权转让，公司对资阳传动公司持股比例由100%转为20%。9月25日，公司焊轨机组及无损检测培训服务进入香港市场。同日，公司第二代机器人高压清洗机研制成功。9月28日，中德记者交流协会副主席南海芬带队到公司走访交流。10月15—20日，焊接和无损检测培训中心首次举办CWI焊接检验师培训班。10月下旬，公司与上汽联合成功开发QY26-N新型耐热钢材料。11月8—9日，公司主办2018国际轨道交通机械传动技术创新论坛，发布3项新技术新工艺新产品。11月19日，中挪职工技能交流活动在公司举办，中华全国总工会书记处书记王俊治、挪威总工会主席汉斯·克里斯蒂安·加布里埃尔森参加交流活动。12月17日，公司承担的国家工信部首批智能制造新模式应用项目“高速动车组齿轮传动系统智能装配车间”通过验收并正式上线运行。

【公司党政工负责人】

党委书记	王洪年
董事长	王洪年
总经理	王文虎
副总经理	陈　笃　李培顺 金国宝　郑剑云 施建锋　庄　军 高　兵（8月任） 陈　伟（12月免）
总工程师	陈　笃（兼）
财务总监	施建锋（兼）
党委副书记	王文虎 陈　刚（9月免） 刘建华（9月任）
纪委书记	陈　刚（9月免） 刘建华（9月任）
工会主席	陈　刚（9月免） 刘建华（10月任）

（戚墅堰所　供稿）

地　址　江苏省常州市戚墅堰区五一路258号
邮　编　213011
电　话　0519-89808888
传　真　0519-89808889
网　址　www.crrcgc.cc/qsy

中车株洲电力机车研究所有限公司

（统一社会信用代码：9143020044517525X1）

党委书记、董事长　李东林

总经理　杨首一

【概况】　2018年末，株洲所公司员工总数17938人，其中境外员工4674名；员工中35%以上是技术人员，其中博士238人，硕士2791名，整体人力资源结构呈现高学历和年轻化特点。公司拥有“电气传动与自动化、高分子复合材料应用、新能源装备、电力电子（基础）器件”四大产业板块、十大业务主体、三家上市公司、九个国家级科技创新平台、两个企业博士后科研工作站，在美国、英国、澳大利亚、德国等地设有五个海外技术研发中心。全年实现营业收入295亿元，同比增长5%。

【科技创新】　公司轨道交通技术优势持续巩固。全球首条智轨示范线开通试运营，机车自动驾驶系统完成正线运行验证，电子开关过分相产品实现全球重载铁路首次应用。CR300投入试验考核，CR200正式载客运营，“复兴号”形成系列产品；国内首列永磁高速动车组完成30万公里运行考核，自主3300伏和6500伏IGBT通过标动装车评审。轨外领域科研成果取得实效。首套国产冶金冷轧中压IGCT变频器成功试轧，聚酰亚胺薄膜技术性能达到行业一流，全球最长聚氨酯叶片完成挂机考核，3.x兆瓦风电机组通过鉴衡认证，国内能量最大海军DCP特种电源完成海试，乘用车电机型谱不断完善，汽车IGBT批量应用。科技创新平台进一步夯实：湖南省功率半导体创新中心正式揭牌，中国动力谷众创空间成功搭建，创新实验平台、IGBT芯片二期等建设项目启动，新增2个国家企业技术中心，1个国家技术创新示范企业。获得国家技术发明二等奖1项，国家科技进步二等奖1项，中国专利银奖1项，湖南省科学技术奖6项，累计申请专利1198件，主导制修订国际标准15项，起草国家标准9项、行业标准8项。

【市场开拓】　公司全年新签市场订单389亿元，期末在手订单252亿元。国铁市场获得机车订单353台、动车组订单161列，检修服务收入超过9亿元。城轨自主牵引系统中标4308辆，创历史新高，市场占有率52%（按车辆数计算）。城轨信号系统成功突破佛山、无锡地铁市场。轨道工程机械国铁市场占有率逾50%，大机系统市场占有率高达96%。轨道交通内装市场新签订单近亿元。宜宾、永修等智轨项目即将开通运行。乘用车电机、电控系统新进 5 家整车供应商名录，新增东风等战略大客户；汽车材料斩获奥迪 A8 动力总成悬置 100%订单。IGBT 销售收入增幅 163%。风电整机新签合同 17 亿元，新签风资源 217 万千瓦；风电叶片稳居行业第二，年销量 1576 套。海外市场新签订单超过 13 亿美元，同比增长 12%。发挥时代投资平台作用，开展股权投资、金融服务业务，获得稳定价值回报。

【管理创新】 公司深入开展降本增效“1+9”系统工程，有效促进经营提质、管理增效。颁布两金管理限令，层层压实责任，“两金”总额和一年期以上余额均实现年度压控指标。全面完成“6+1+3”双压减目标，工作业绩获中车肯定。强力推进降本增效，年度降本收益 3.75 亿元，期间费用率较上年下降 0.59 个百分点。集采信息管理系统在时代电气、时代新材上线运行，物资采购管理能力持续提升。开展内控体系建强提升工程，保障公司安全、稳定运行。引入外部董事，优化法人治理结构，促进科学决策。加强安全生产和环境保护，顺利实现年度“三零”“四无”目标。强化审计监督，推行管理测试，风险管理基础进一步筑牢。加强资金集中调控，强化外汇风险防范，财务费用同比减少 2.66 亿元。开展新产业管理帮扶活动，确保路外产业运营安全可控。完善督查督办机制，打通决策部署到贯彻落实“最后一公里”。“双百改革”全面启动，工作方案获国资委及中车积极评价。干部排序考核、层级持续认证、青年科技人才池政策有力推行，差异化经营绩效考核方案正式出台，一系列管理新举措为组织带来新活力。

【资本运作】 公司探索混合所有制改革。引入外部资本推进聚酰亚胺二期项目建设，联合 Hofer 成立汽车电控产业合资公司，集聚产业链上下游合资成立功率半导体创新中心，混改成为公司撬动外部资源、提升国有资本运行效率、促进产业开放成长有力武器。整合外部资源，成立中车太原合资公司，整合二七轨工业务，公司轨道工程机械产业平台进一步夯实。坚持“经营城市”战略，深化与宜宾市合资合作，带动其他产业协同突破。墨尔本、南非、洛杉矶等本地化项目顺利实施。稳步推进“火星”项目，与国开行、湘投控股、太原局集团等企业签订战略合作协议。新材工塑、复合母排产业顺利退出，新材绝缘、E+M 公司完成股权转让，资产结构持续优化。

【党群工作】 公司持续强化党的领导，推动企业党建与公司治理深度融合。全面落实各类巡视检查要求，强力督导问题整改，党建、经营水平不断提升。深化“一体三化”机制，夯实党建基础：召开公司第一次党代会，完成党组织换届选举工作；持续加强党员学习和干部教育。丰富企业文化宣传内涵，不断提升品牌影响力。聚焦合规经营，严格执纪监督，一系列问题案件查办强化了警示威慑效果。创新开展群团工作，丰富员工业余文化生活。技能人才培养成绩显著，公司工匠斩获 IPC 中国区冠军。稳步推进文体中心提质改造、心理咨询室、雅园三期等惠民，民生支出同比增长，惠及面进一步拓宽。

【中车株洲所电气技术与材料工程研究院】 2018 年，该研究院精心布局基础与前沿研究、追求技术引领；遵循市场导向和效益优先原则、支撑产业健康发展。电力电子变压器完成系统直挂电网带载测试、三电平高压高频电路拓扑及控制技术全工况验证。构建高频化 SiC 变流器传动技术体系，实现 1200 伏/1700 伏器件高频硬开关和软开关应用，模块体积、重量同比降低 30%以上。智能化集成功率组件（PCU）通过高温长时间满功率考核。攻克高效电磁耦合、LLC 软开关等关键技术，无线电能传输系统实现150千瓦动静态试验。传动控制技术方面持续推进剩磁重投、电制动到零、噪声优化和高性能无位置控制等关键技术研究及应用。智轨电车首创激光底盘调校方法，完成冗余无轨导向系统开发，实现自动循迹、360度周界环视、侧向雷达防撞预警等技术应用，达到智能辅助驾驶（L1^{+}）水平。轨道交通“车脑”研究形成一套高度融合与高效控制的列车系统架构方案，并完成无人驾驶、车车通信、虚拟联挂等应用场景研究。机车自动驾驶方面，攻克一系列运行场景控制难点,解决列车大坡道起车、恒速、循环空气制动、精确停车等控制关键技术问题，占据了技术制高点。突破同步确定性网络自主芯片IP核、万兆光通信FSO通信技术,积淀新的技术领先优势。攻克中高速磁浮系统及控制关键技术，在试验线路上完成牵引变流控制与牵车试验，用一年半时间达到同行3个五年成果水平。研究轨道交通能源互联网技术，提出由能源路由器+光伏+储能构成的多能互补智慧能源技术方案。基础前沿技术研究加速突破，向“无人区”纵深挺进，引领优势持续巩固。打造核心竞争力产品和技术平台，支撑轨道交通、工业传动、船舶、电机、特种装备等领域产业发展。推进系列化“复兴号”核心电气系统研制，形成覆盖时速350公里、时速250公里、时速160公里等不同速度等级、涵盖不同编组形式和动力牵引模式、适应各种运行环境需求的系列产品；自动过分相、再生制动能量利用装置研制试用；中试平台不断优化快速试制验证通道。共性技术平台不断夯实，高效研发基础保障能力显著提升。科技创新管理体系开展成熟度评价，完成建设企业研发集成管理平台（RDS）第一阶段运行，全年获批国拨科研资金逾4亿元，牵头成立IEEE/VTS轨道交通电气系统学术委员会。

【株洲中车时代电气股份有限公司】 2018年，该公司完成营业收入156亿元，安全环保等关键指标全面达标。全年机车、动车牵引系统市场占有率保持50%以上；公司十大产品在250标动实现五大主机厂首发装车应用；动车组“3C”装置取得首次批量订单突破。城轨市场新签订单超60亿元，同比增长53%。城轨信号系统斩获佛山、无锡2个项目。轨道工程机械产业规模达30亿元。JJC接触网检修作业车荣获中车唯一“国家制造业单项冠军产品”荣誉。半导体外部收入（不含丹尼克斯）同比增长24%，其中压接式IGBT及汽车用IGBT实现批量销售，IGCT首次获得大批量订单。轨内传感器聚焦“三大主机厂、六大系统商”取得实质性进展。斩获芜湖单轨供电近1亿元历史大单。SMD挖沟铺缆、ROV产品成功收获多个大额订单。新能源汽车电驱系统斩获8个批量共计98万台量纲订单。取得HXD_1系列、HXN_5高级修资质。跨平台机车检修市场份额进一步扩大。初步构建机务大数据完整解决方案，智能运维系统在多地示范应用。机车变流器2.0平台研制有序推进。永磁牵引技术实现行业引领。完成双动力打磨车、综合巡检车、电传动接触网作业车、混合动力轨道车研制，电传动技术应用推广顺利。完成基于第六代精细沟槽芯片750伏/820安S3+模块开发。电子开关过分相装置全球首次应用于重载铁路。矿卡无人驾驶系统完成装车试验。牵头制定《轨道交通机车车辆布线规则》国际标准，填补机车车辆布线领域国际标准空白。新获评2名“国家万人计划”人才、2名中车科学家。宝鸡时代获评国家技术创新示范企业，时代电子获评国家级企业技术中心分中心。

【株洲时代新材料科技股份有限公司】 2018年，该公司实现销售收入119亿元，同比增加 5%，国际化指数达 52%。获得浦镇庞巴迪芜湖、曼谷、深圳项目地板产品全部订单，总额 2000 万元。签订台湾 EMU500 内装项目订单 2300 万元；相继中标四方股份佛山高明地板、出口低地板风道、韩城低地板和风道等项目，成功获得 160 公里动力集中型动车组顶板、风道和 250 标动风道供货资质并实现装车。获得德铁项目空簧、一系垫和牵引杆共 1300 多万订单；正式签订 E-Loco（5 种产品共 400 台）框架协议，并成功获得 48 台车订单，市场份额 50%；基于 FEP 平台取得订单金额超 1 亿元，与庞巴迪签署 GPA 增补协议锁定未来 5 年 FEP 平台项目市场份额。斩获 South Western 及 East Anglia 项目订单 5000 万；获得 Smart Coradia 平台项目 126 列车悬挂系统订单，与客户签订 5 年供货协议，其中 3 年 TMT 独家供货，金额约 5000 万元。

下属公司 BOGE 斩获奥迪 A8 动力总成悬置 100%订单，每年可为公司贡献销售收入逾 5000 万欧元；大众 EA211 1.5L EVO 汽油发动机机舱组件将在特尔纳瓦工厂生产，生命周期内销售收入总计约 1.3 亿欧元；西蒙工厂荣获美国帕卡公司颁发的品质成就最高奖项“年度质量成就奖”；博戈株洲荣获戴姆勒卡车（中国）供应商荣誉奖。与上海电气合作完成海陆两用叶型 S72 开发，推进下一代海上叶型 171 落地；完成与海外客户 Nordex 销售合同签订，首单金额 6 亿元；通过远景能源印度 GKS 项目首次出口印度，总金额 1.65 亿元。全年自主工厂完成 1155 套叶片生产，同比增长 22.6%。用于散热产品 PI 薄膜在 HUAWEI 手机上推广应用，并通过三星、VIVO 等多方认证，产品性能达到杜邦相同水平。高性能芳纶材料完成从备浆到卷取全流程拉通，芳纶绝缘纸性能远超国内同行，关键指标达到杜邦水平，在变压器、电机等客户开始小批量供货。

【中车株洲电力机车研究所有限公司风电事业部】 2018 年，该事业部新签合同 16.8 亿元，累计在手整机订单 42 亿元。新签风资源开发协议 217 万千瓦，累计在手风资源超过 500 万千瓦。运维市场销售稳步增长，销售收入近 4700 万元，同比增长 90%以上；风电整机企业技术优势和综合实力在技术改造方面具备良好品牌效应。产品型谱日臻完善。推出 2 兆瓦、2.5 兆瓦和 3 兆瓦三大成熟产品线，机型型谱和认证齐全，处于行业第一梯队。其中 2 兆瓦平台产品获得国际权威 DNV.GL 型式认证，是国内继金风、远景后第三家获得该认证的整机企业，该机型订单超过 1000 台；在行业领先推出 2.5 兆瓦 D146 热点机组，是迄今为止 2.5 兆瓦最大风轮直径机组；推出认证齐全 3.x 兆瓦 D146 机型，是陆上风轮直径最大、面向三北地区潜力机型，创新采用分体吊装技术，解决大功率等级机组吊装瓶颈。风机运行质量稳步提升。株洲所风电所有按合同需出质保的 18 个风场、731 台风机均顺利出质保，按时出质保率在行业排名第一。时间可利用率、MTBF 均优于合同约定指标值。其中 1.5 兆瓦机型可利用率基本稳定在 99.4%，MTBF 实现 5900 小时突破；2 兆瓦机型可利用率基本稳定在 99.0%，MTBF 创 4900 小时新高。云南五子坡清水沟风场 33 台 1.5 兆瓦风机连续三年发电量排名第一；甘肃甜水堡风场 25 台 2 兆瓦风机年内发电量排名第一。

【襄阳中车电机技术有限公司】 2018 年，该公司实现营业收入 9.5 亿元，同比增长 6.9%。新能源商用车电机、永磁牵引电机配套比例 100%。新能源乘用车电机完成 700 台交付，获得 4 个批量项目定点，计划量纲 49 万台。实现电控及自动化领域合同订单 2 亿元；与格力合作稳步推进，在中央空调市场实现配套率 70%，累计完成空调行业合同近 2000

万元；变压器及电抗器领域实现合同订单近1000万元。

沈阳地铁三菱对等开发电机通过装车评审，安全运行50000公里。开展城轨车辆永磁同步牵引电动机批产关键技术工艺研究，完善城轨电机机座、定子线圈、定子下接线等定子全工序制作工艺，机座及线圈工艺质量得到显著提升。产品平台开发与应用，基于地铁永磁牵引系统搭建非直驱地铁永磁电机平台；研制8款地铁永磁电机产品，应用于宁波、厦门、佛山等地铁，完善地铁永磁电机型谱。构建A00/A0、A级乘用车电机平台，研制10余款乘用车永磁电机产品，应用于国机K11、猎豹CS9EV等车型。完善直驱电机平台，构建高速电机型谱，研制14款商用车驱动电机产品，应用商用车4大领域。实现动车领域新产品开发全覆盖，完成250公里标动5款产品，200公里四编组动车2款产品开发，并通过型式试验和客户FAI；实现350公里标动变压器、电抗器批量交付。建立工位制节拍化生产线，月产能由2017年3000台/月提升至4000台/月，提升率33.3%；交期由2017年35天降至25天，下降23.6%。

【北京中车重工机械有限公司】 2018年，该公司销售收入8.4亿元，回款10.4亿元。技术研发方面，TR-F系列旋挖钻机全面升级，进一步确立产品优势。TR500F型旋挖钻机成功下线，实现一机多工况，满足深度135米、直径3.5米超大、超深桩施工需求；统型系列旋挖钻机主卷导向滑轮架钢丝绳使用寿命提升20%；开发国产辅阀、副卷扬减速机、马达等部件，实现技术降本80万元。两个国家级项目“大型风电叶片机器人智能磨抛系统开发项目”“高铁白车身机器人作业共性关键技术研究项目”正式获批；青岛四方高铁车体打磨线签订480万元订单，商用车打磨线签订498万元订单；上海电气铜排转子产线完成厂内组装、预验收。市场拓展方面，年内桩工新机销售收入4.2亿元，毛利率同比增长1.28个百分点。主营类卡特底盘设备年有效出租月数达到5.5月/台年，提供经营性现金流近2亿元，盘活二手设备资产5.6亿元，处理老旧设备资产5000余万元。货车制动产品市场占有率、毛利率稳中有升，实现净利润近3000万元。

【上海中车汉格船舶与海洋工程有限公司】 2018年，该公司加强与招商局集团、中远海运集团、中船重式武汉等央企战略合作与沟通，推动株洲所正式成为中国海工联盟副理事单位、国家海工创新中心董事单位。市场项目方面，交付招商重工中天集团1艘1600吨起重船、2艘600吨风电安装船电力推进系统集成项目；交付中远海运中船澄西4艘7500吨沥青船侧推+货泵系统集成项目；交付荣成神飞1艘6300吨油船侧推系统集成项目；调试完成国家海事武昌重工1艘1200吨中型航标船电力推进系统集成项目。技术开发方面，完成5项公司技术标准制定，申报8项专利技术，取得3项专利授权。完成船舶电力推进控制系统技术优化，实现中型航标船控制系统降本47%；完成山东威海世源5艘49.98米远洋拖网渔船数据采集及远程运维系统升级和测试。

【株洲中车时代高新投资有限公司】 2018年，该公司直接管理5支股权投资基金，间接管理4支股权投资基金，形成总规模19.14亿元基金投资集群。实施15个股权投资项目，聚焦大交通、智能化、新材料、军工及医疗等行业领域，筹建设立“聚时代”基金，基金募集规模近2亿元。多个已投资项目通过协议转让、新三板做市转让、二级市场竞价转让等方式实现退出并获得较好收益，全年项目退出份额对应投资本金超过 1.2 亿元，退出价值约 2.7 亿元，退出项目投资收益率超过 100%。

【中车株洲电力机车研究所有限公司城市发展事业部】 2018 年，该事业部完成营业收入 1.6 亿元，新签订单 8.7 亿元，回款 1.5 亿元。年内接待参观 300 余批，接触城市 108 个，持续推进项目 12 个，成功落地签约项目 5 个。三大示范项目落地，株洲智轨 A1 线（首期）5 月 8 日正式开通试运行，智轨产业取得里程碑突破；首个智轨异地项目和特定功能区项目——永修智轨线路完成开通准备工作；首条智轨商用示范线项目——宜宾智轨 T1 线进入联调联试阶段。智轨电车参展“伟大的变革—庆祝改革开放 40 周年大型展览”。智轨创新项目荣获中国科学技术协会、科技部主办“2018 年首届中国创新方法大赛”一等奖；多次出镜新闻联播等央视平台，参加 10 余次大型行业展会，智轨知名度和影响力获得提升。

【海外企业】 丹尼克斯半导体有限公司作为加拿大上市公司丹尼克斯电力电子股份有限公司唯一运营实体，主要包括大功率 IGBT 芯片及其模块、双极器件、功率组件等产品，广泛用于轨道交通、电力传输、航空航天、船舶驱动和新能源领域。全年实现营业收入 2410 万英镑，创历史新高。

代尔克铁路有限公司（简称“代尔克”）主要业务包括设计、销售轨道线路产品。全年实现营业收入 1.43 亿元，同比下降 16.9%。2011 年并购以来，销售收入年平均复合增长率 10%，净利润年平均复合增长率 11.6%。

博戈公司　主营株洲所旗下时代新材 2013 年并购的德国采埃孚集团旗下橡胶与塑料业务，行业排名全球第三。全年实现销售收入 65.42 亿元，同比增长 3.12%。

【重要纪事】 1 月，国家变流中心与徐工集团签订 110 吨矿用车变流器系统产品订单，合同金额 5000 余万元。同月，上海汉格与招商局重工（南通）有限公司签署中天科技集团旗下 600 吨、1600 吨两型共 3 艘风电安装船。1 月 8 日，北京重工荣获 2017 中国桩工机械用户品牌关注度十强。1 月 18 日，时代电气研制 4500 伏/3000 安压接式 IGBT 通过评审，标志国产大容量压接式 IGBT 从技术验证转入工程应用阶段。5 月 8 日，全球首条智能轨道快运系统示范线开通试运行。6 月 6 日，公司党委书记、董事长李东林获“2017—2018 年度全国优秀企业家”荣誉称号。8 月，时代新材风电叶片出口印度，获得出口海外叶片首单。同月，公司入选首批国企改革“双百企业”名单。9 月，公司主持举办 2018 国际能源物联网技术大会和中国永磁驱动技术研讨会，彰显公司品牌影响力。同月，公司成功中标佛山市城市轨道交通三号线工程站台门系统采购项目，收获时代电气在站台门项目史上最大整线订单。9 月 20 日，上海海洋工程装备制造业创新中心有限公司揭牌及合作协议签约仪式在上海临港举行。10 月，港珠澳大桥正式开通，其中时代新材研发高阻尼橡胶隔震支座成为港珠澳大桥中独特“中车”元素，可有效抗击 16 级台风、8 级地震或 30 万吨巨轮撞击。11 月，时代电气成功斩获无锡地铁 4 号线信号系统订单。同月，公司牵头成立的首个湖南省制造业创新中心正式揭牌。12 月 27 日，株洲所时代电气与德国 Hofer 集团共同成立无锡中车浩夫尔动力总成有限公司，推进新能源乘用车电驱动系统产业布局。12 月 13—14 日，中国共产党中车株洲电力机车研究所有限公司第一次代表大会召开。12 月，在第二十届中国专利奖评选中，公司荣获中国专利银奖 1 项、中国专利优秀奖 1 项。

【公司党政工负责人】

党委书记　杨首一（5月免）
　　　　　李东林（5月任）
董事长　丁荣军（5月免）
　　　　　李东林（5月任）
总经理　李东林（5月免）
　　　　　杨首一（5月任）
副总经理　冯江华　曾鸿平
　　　　　熊锐华　彭华文
　　　　　陈　剑
　　　　　王卫安（8月任）
　　　　　刘连根（8月免）
　　　　　范宝林（12月免）
总工程师　冯江华（兼）
财务总监　熊锐华（兼）
党委副书记　杨首一（兼，5月任）
　　　　　丁荣军（5月免）
　　　　　刘志平（8月任）
纪委书记　刘建勋（8月免）
　　　　　刘志平（8月任）
工会主席　刘建勋（10月免）
　　　　　彭华文（兼，10月任）

（株洲所　供稿）

地　　址　湖南省株洲市石峰区169号
邮　　编　412001
电　　话　0733-8498304
传　　真　0733-8432946
网　　址　www.crrcgc.cc

中车物流有限公司

（统一社会信用代码：91110108737682982M）

党委书记、董事长　杜鹏远

总经理　谭晓峰

【概况】　2018 年末，中车物流公司员工总数 78 人（含南京公司 18 人），78.2%以上员工具有本科学历，其中硕士以上 12 人，高级职称 15 人。公司设有 12 个部门，其中包括党群工作部、综合管理部等 5 个管理部门，招标中心 1 个，业务部门 6 个；在南京设有控股子公司 1 个。全年实现销售收入 205.6 亿元，同比增加 49.2 亿元，增长 31.5%。

【规划发展】　公司落实“十三五”规划，依托中车整体优势，坚持“服务集团、面向市场、开拓经营、注重效益”原则，拓展经营领域，快速扩大集中采购规模，依法合规开展市场贸易，依托集中采购优势，推进智慧物流业务，业务布局更加合理，结构更加优化。提前实现销售收入目标。

【集采业务】　公司采购降本取得实效，创造集中采购历史新高。通过战略采购、批量采购、均衡下单等方式，实现钢材等原材料价格增幅低于市场价格增幅，配件价格均低于中车外部市场采购价格，同口径计算，与铁总等中车外部市场采购价格相比，累计降低采购成本 39569 万元，降采率 2.18%。完成年采购规模 200 亿元品类调研及非生产性物料办公用品、刀具等集采方案。

【市场业务】　公司完成供应链市场贸易业务 36 亿元，供应链市场业务不断增加。做好既有市场业务风险控制，令行禁止，杜绝融资性贸易以及“空转”“走单”等业务，合法合规开展市场贸易。加快推进风险业务处置步伐，清收逾期货款 3.44 亿元，销户两项。

【智慧物流业务】　公司智慧物流业务呈现爆发式增长态势，覆盖产品和企业大幅增加。完成订单超过 1 亿元，营业收入 2600 万元，实施循环取料客户 16 家，开通循环取料线路 36 条。工装类型由上年 113 种扩展到 240 种，城轨核心部件实现全覆盖，标动部件覆盖门系统、座椅、空调系统。工装箱数量由上年 3000 件发展到 8000 余件，并初步植入工装箱生命周期管理模块。

【经营管理】　公司建章立制，提升基础管理水平。修订印发董事会议事规则、总经理办公会制度、合同管理办法、印章管理办法等 30 余项管理制度。调整管理考核项点，考核内容更具有可操作性。每月召开运营分析会，制定有效改进措施，提升经营质量。启动ERP项目二期合同计息功能开发，预期实现货款支付和回收在线监控、单笔合同精细核算；下发《关于进一步严肃U8系统操作的通知》，确保U8系统规范运行。严控业务风险，针对5起胜诉诉讼案件申请强制执行，查封、处置相关资产；开展控股公司南京物流公司年度审计工作。提高财务管理水平，贴现利率均低于市场平均融资水平，较平均利率节约利息支出1055万元；通过现金折扣付款等方式节约资金成本314万元；全面分析各项资产负债，提示供应商在途发票明细，提高结算效率。各项招标环节更加规范，招标中心组织开标1538项，定标金额222.6亿元；组建公司招标领导小组，完善招标管理制度体系，实现招标流程固化和各类文件标准化，评标现场管理逐步规范；根据招标业务实际，评标专家库扩展到中车子公司15家单位，外部专家增加到131人，集采物资专家库需求企业专家人数达到77.5%；招标采购活动通过中车供应链采购电子商务平台进行操作和管理，实现从发布采购需求到通知采购结果全过程管控。11月20日，完成湖北中车物流有限公司注销工作。

【人力资源管理】 公司加大员工培训力度，选送11人次参加中车各类培训，选送2人参加国家发改委举办招标文件、法规应用及电子招标全流程操作培训。有针对性开展提升管理、财务与业务对接、风险控制等方面内部培训12次，参加人员330余人次，有效提升员工业务素质。

【党群工作】 公司加强政治建设，提升理论素质，组织中心组学习14次，为全体党员发放《习近平新时代中国特色社会主义思想三十讲》等系列书籍，利用微信、党建园地等形式广泛宣传习近平总书记视察中车重要讲话精神。规范党建工作，推行《党支部工作手册》管理，促进提质换挡；打造党建联盟“金色纽带”；开展“擦亮金名片，献计献策助发展”主题活动。加强领导班子建设，认真履行“一岗双责”；制定实施《中车物流有限公司中层人员选拔任用管理办法》等制度。严控廉洁风险，强化党风廉政建设。组织员工培训，推出招标业务、合同管理、集采执行等小微课堂。创新宣传方式，选树先进典型。加强群团工作，丰富活动载体，维护职工权益，营造公司发展良好氛围。

【公司党政负责人】

党委书记　杜鹏远
董事长　杜鹏远
总经理　谭晓峰
副总经理　赵世军
　　郭永强（3月免）
　　安　卫（3月任）
财务总监　赵世军

党委副书记　谭晓峰
纪委书记　杜鹏远

（物流公司　供稿）

地　址　北京市丰台区芳城园1区中车大厦
邮　编　100078
电　话　010-51897337
传　真　010-52608291
电子邮箱　zhaoxingfu@crrcgc.cc

中车建设工程有限公司

（统一社会信用代码：91110106590663663T）

党委书记、董事长　杨少波

总经理　王宏伟

【概况】 2018年末，工程公司员工总数586人，其中高级及以上职称95人，中级职称179人。设有10个行政职能部门、2个党群部门、2个全资子公司。全年实现销售收入20.85亿元，实现净利润1.32亿元。

【经营管理】 公司加强顶层设计，重新设置中车建工和苏州公司部门，结合母子公司管控方案，编制《中车建设工程有限公司管控手册》。推进工程成本管理，完善项目成本管控体系。建立单项工程经济指标和设备价格指标库。规范工程招标，动态管理《合格分包方名录》，实现采购招标充分竞争。物资采购落实“降本增效”“两金”压降要求，广泛开展市场调研，降低采购成本及管理风险。完成铁路工程施工总承包三级资质、建筑机电安装工程专业承包三级资质增项工作。搭建自主施工组织架构，组建项目团队，立足台州项目、武夷山项目开展自主施工业务。坚持城轨运营能力建设，制定、实施城轨运营能力培育工作方案。强化审计、风险管理体系建设，加强超验超付、合规、项目、重要业务、内控等业务过程风险监督。健全法律风险防范机制，从项目前期调研、招标采购、合同谈判、合同签订到合同履行全过程参与；严格合同审批程序，严控合同履约风险。加强财务管理体系建设，严格全面预算管理，建立资金管控平台，统一对资金进行调拨和动态管理，收紧各分子公司融资权力。成立投融资部，健全投融资组织体系，初步搭建PPP项目投资决策管理、项目融资管理、项目风险管理等三个维度投资管控框架，规范投融资操作流程，提升公司PPP业务投融资操作能力。

【生产运营】 公司工程项目取得良好成效。重庆轨道交通4号线一期工程通过竣工验收，运营通车；台州市域铁路S1线一期工程全线开工，芜湖项目、上海项目整体推进平稳，苏州中小项目超额完成年度计划。

【安全质量管理】 公司强化安全标准、安全责任、预控保障及应急体系建设，推进全员安全教育培训及隐患排查整治常态化。严格质量管理过程管控，工程质量合格稳定。落实《中国中车生态保护污染攻坚战三年行动方案》，重庆4号线土建五标获评2018年度市建筑安全文明工地；台州S1线项目质量安全管理被台州市质监总站通报表扬，树为学习标杆，在浙江省2018年城际轨道工程质量安全督查项目综合排名第一。年内实现安全生产零事故，在建工程质量验收合格率100%，未发生环境污染事故。

【人力资源管理】 制定《中层管理人员选拔任用管理办法》《中层管理人员竞争上岗实施细则》等11项管理制度，中层干部选拔任用公开、公正、公平，有章可循。开展5次竞争上岗工作，33人参加竞聘，12人通过竞争上岗。修订《后备人才管理办法》，规范开展后备人才推荐、民主测评工作。落实《中层管理人员绩效考核实施办法》，公司副处长及以上人员年度考核实现全覆盖。累计培训技术工人34人、“八大员”95人。社招专业人才16人，校园招聘20人。完成一级建造师、安全工程师、造价工程师等执业资格61人次注册工作。启动人才培养双通道，构建职业发展等级持续认证机制。设计“齐”型职业发展体系，完善职业发展等级机制，形成五大序列13条专业晋升通道方案。

【企业文化建设】 落实意识形态工作责任制，修订《新闻宣传管理办法》《公司舆情管理办法（试行）》《微信公众号管理办法（试行）》等制度，推进企业文化建设。设计制作公司宣传画册、党建展板、企业文化海报、重庆项目宣传片、台州S1线多媒体宣传片。策划公司成立六周年、重庆项目三权移交仪式等方案。组织“最美中车人”“BIM大赛”“工程建设随手拍”“安全生产随手拍”等评比活动。结合工程建设特点，从施工围挡、厂房、工地标识到质量、安全等“五牌一图”全部实现VI标识标准化。发布《员工行为规范手册》，加强中车理念体系宣贯。加大对外宣传力度，编辑出版《中车建工》报21期，专刊两期；微信公众号推文29篇，单篇最高点击率33009次，中车建工在中央企业二级账号新媒体指数500强中位列109位；抖音官方账号发布视频13条，单条最高浏览量65000次，总浏览量突破15万次。

【党群工作】 公司党委专题部署学习宣贯习近平新时代中国特色社会主义思想、党的十九大精神和习近平总书记三次视察中车重要指示精神等方面工作。抓好政治巡视问题整改，针对发现76项问题，制定173项整改措施，年内应完成问题整改66项，实际完成56项，完成率84.9%。制定《2018年党委工作要点》《重点工作任务分解表》，统筹推进党建、党风廉政建设和党建带工建、党建带团建工作。修订完善《“三重一大”事项决策管理办法》《党委会会议制度》等6项党委工作制度。召开党委会22次，研究具体落实措施和公司党建、生产经营等重大问题，涉及议案80余项。完善《党建工作联系点制度》和《党委班子成员“一岗双责”责任清单》，建立抓党建和党风廉政建设工作机制。坚持中心组学习、党群部门例会和党支部书记例会制度。健全党委工作机构，配备7名专职党务工作人员。新设台州、芜湖等5个项目地党支部，搭建党委、党支部、党小组三级党建网格体系。组织创先争优活动，评选表彰先进党支部3个、优秀党务工作者8名、优秀党员30名、优秀党建课题6项。制作新版《党支部工作手册》制度分册和管理分册，修订《党支部考核管理办法》，出台《党群工作制度汇编》。新发展党员5名，转正8名，培养入党积极分子46名。修订《廉洁风险防控手册》，对193个廉洁风险点制定防控图和防控措施。公司工会帮扶困难员工，支持各项目地工会工作，开展评先树模活动。共青团组织实施团员青年队伍建设“四大工程”，落实团的十八大精神，创办抖音号，联合工会组织开展多项文体活动。

【重要纪事】 1月24日，公司建设项目重庆轨道交通4号线一期左线实现“短轨通”。4月23日，重庆轨道交通4号线一期工程实现“电通”。5月8日，公司建设项目台州市域铁路S1线温岭段全线建设正式启动。9月11日，中车集团总经理、中车股份总裁孙永才到台州市域铁路S1线一期工程现场调研。10月13日，中车集团总经理、中车股份总裁孙永才现场调研重庆轨道交通4号线建设工作。11月19日，台州市委书记陈奕君调研台州市域铁路S1线建设工作。11月21日，重庆轨道交通4号线一期工程通过档案专项验收。12月7日，重庆轨道交通4号线一期工程通过竣工验收。12月21日，重庆轨道交通4号线一期工程通过试运营基本条件专家评审。12月28日，重庆轨道交通4号线一期工程开通试运营。

【公司党政工负责人】

党委书记　杨少波
董事长　杨少波
总经理　王宏伟
副总经理　葛泉胜　张民才
　　　　　朱文杰　殷立达
　　　　　冀文有

党委副书记　王宏伟
纪委书记　黄登启
工会主席　方明亮

（工程公司　供稿）

地　址　北京市丰台区芳城园1区15号楼
邮　编　100000
电　话　010-51897158
传　真　010-52608497

中车国际有限公司

（统一社会信用代码：91110106710921736 7）

党委书记、董事长　罗崇甫

总经理　武　岩

【概况】　2018年末，国际公司在岗员工58人。公司资产总额105720万元，负债总额35989万元，所有者权益69731万元，资产负债率34.04%。主要业务是：国际市场营销、重大项目和总承包工程项目、参与境外投资并购、海外业务管控与协调、沟通协调政府及金融机构与合作伙伴、中车品牌海外推广和外事翻译等方面。设有规划运营部、综合管理部（党群工作部）、投资与法务部、西亚中东欧独联体部、拉美大洋洲部、欧洲非洲部、亚洲北美部等7个管理部门。境外4家子公司包括中车澳大利亚有限公司、中车马来西亚有限公司、中车南非有限公司、中车（英国）有限公司。全年实现营业收入6.05亿元，实现利润总额4342万元，归属母公司所有者权益69311万元，归属母公司净利润1297万元。扭转连续两年亏损局面。

【经营管理】　公司严格按照《中车股份有限公司运营分析会议制度》要求，报送运营分析月报材料。修订中车国际有限公司子公司运营管理办法、考核管理办法；实行中车国际有限公司管理海外公司运营管理月报制度，经营管理工作力度持续加强。

【市场营销】　公司协助山东公司与德国DB德铁货运公司（DB Cargo AG）签订800台双层小汽车运输货车项目对外销售合同，取得进入欧洲市场重大突破。与坦桑尼亚铁路公司（Tanzania Railway Corporation）签订44辆米轨平车销售合同（资金来源为世界银行贷款），中车产品首次进入坦桑尼亚铁路公司；两次获得阿根廷国铁备件采购订单、阿根廷内河省LED灯增购20000盏项目；北美240辆客车项目、几内亚120辆货车增购项目，占比公司年度经营计划指标较大份额。拟参与以色列特拉维夫绿线和紫线PPP项目，计划与中铁建、以色列SHIKUN&BINUI公司、以色列运营EGGED公司，按照当地政府招标要求，组成投标联合体，参与项目资格预审以及之后投标工作，并在中标之后按比例出资共同设立PPP项目公司；同时代理澳大利亚GWA公司100辆、104辆煤炭漏斗车项目。完成马其顿2列EMU、4列DMU项目最后一批备件出口及业主签收确认等工作。出口新西兰235辆货车及15台机车，实现销售收入超过 3 亿元，是公司完成年度经营指标重要保障。

【人力资源管理】 公司通过定岗定编、精细管理、优化整合、总量控制等管理方法，确保职工工资总额在预算内合理分配使用。百元营业收入工资含量、百元增加值工资含量、人事费用率、人工成本利润率同比较大幅度提高。完成人力资源信息化管理体系、业务流程试运行和调整，实现多维度、多模块员工信息收集与管理。完成 4 家境外公司内控风险、人事薪酬等方面集中审计，对国内派驻员工及本地化员工管理提出相应要求。修订《中车国际有限公司中层干部选拔任用管理规定》《中车国际有限公司中层管理人员交流工作管理暂行办法》等文件，制度体系建设得到完善。调整组织机构，优化人才管理结构，培养国际化高级人才。

【党群工作】 公司党委组织中心组（扩大）学习十九大报告、中央纪委工作报告和党章及其修正案；坚持以习近平新时代中国特色社会主义思想为指导，坚定不移落实全面从严治党要求。加强思想政治建设，丰富党群活动和宣传手段，贯彻落实全国国有企业党建工作会议精神。根据中车党委《关于做好巡视发现问题和巡视反馈意见整改措施细化工作的通知》，结合公司实际情况和整改责任清单，开展巡视问题责任清单阶段性整改工作。健全制度体系，加强党员队伍建设，年内发展新党员 5 名。做好后备干部推荐选拔、中层以上管理人员个人有关事项报告填报抽查核实工作。加强反腐倡廉教育，坚持纠正“四风”，落实“两个责任”，严格执行党风廉政建设责任制。组织“秋季健步走”活动，提倡绿色健康低碳生活，展现良好精神风貌。通过制作 H5 微场景方式宣传优秀员工事迹，增强企业凝聚力及战斗力；设立共享图书阅读区，打造学习型企业。

【公司党政负责人】

党委书记 武　岩（3 月免）
　　　　 罗崇甫（3 月任）
董事长 沈家骏（3 月免）
　　　　 罗崇甫（3 月任）
总经理 陈大勇（3 月免）
　　　　 武　岩（3 月任）
副总经理 时圣林　季　强
　　　　 周　飚　战宇宙
　　　　 张　平　余继红

党委副书记 武　岩（3 月任）
纪委书记 罗崇甫（3 月任）

（国际公司　供稿）

地　　址　北京市海淀区西四环中路 16-6A
邮　　编　100036
电　　话　010-51897025
传　　真　010-52608280

中车财务有限公司

（统一社会信用代码：911100000573064301）

党委书记、董事长　董绪章

总经理　黄建东

【概况】　2018年末，财务公司员工总数47人，全部拥有本科及以上学历，其中硕士及博士18人，中、高级职称25人，海外教育背景8人。资产总额355.74亿元。设有资金管理部、公司业务部、金融市场部等11个部门。年内，公司获得监管、财协双“A”评级，连续三年获评财务公司行业评级创新“A”级，获得中国金融机构排行榜“年度最佳财务公司”称号，获得中国中车“2018年度突出贡献奖”，监管报表获得北京银监局非现场监管统计及调研分析C级。全年实现营业收入10.3亿元，净利润5.5亿元，其中自营4.49亿元，完成中国中车下达双T3指标。

【规划发展】　公司围绕中车“十三五”发展战略，坚持“两化”原则，打造“一个中心，四个平台”，助力中车发展。实施与总部资金一体化运营，丰富金融服务产品线，延伸上下游供应链。开展自营投资、委托投资及财务顾问业务，推进参股、控股两家金融机构发展目标。

【改革改制】　公司按照中车“1+19”文件，形成深化改革实施方案及“1+16”推进计划，建立工作例会、工作信息报送等工作机制。完善高层管理薪酬管理办法，实施全员绩效考核。优化服务模式，推进创新业务发展。归集成员企业资金，合理配置中车内部资金资源，发挥资金集中管理平台作用，助力提升中车资金融通效率、资金使用效率及效益。完善风险管理体系，防止国有资产流失。

【资金集中管理】　公司提升中车资金集中管理水平。扩展合作直连行2家，新增开户企业78户，新增直连账户136户，日均吸收存款规模230.5亿元，同比增长3.8%。年末时点吸收存款规模314.5亿元；年末时点全口径资金集中度56.27%，可归集口径资金集中度89.01%。为成员企业提供更加安全、高效、优质对外结算和内部清算服务，结算业务规模首度突破2.47万亿元，同比增加6400亿元；结算存款比达107倍；首次为成员企业提供代理收款服务业务。

【金融服务】　公司签署突破A+H两个资本市场额度金融框架协议，积累境内上市公司突破关联交易限额成功经验。受托中车完成国资委大额资金监控工程，开户 54 户，按期实现网络对接及数据首期报送。建立用户走访交流机制，走访客户 50 家 200 余人次。开发移动互联平台，基于核心业务系统业务交流处理 APP“中车金管家”成功上线。协调昆仑银行，解决成员企业收汇难题。联合金融机构扩大同业合作，拓展票据业务和产业链金融服务。办理总部境内银行融资 649.5 亿元，超短融发行 120 亿元，公司债发行 25 亿元，为中国中车总部提供流动性贷款及法透支持累计 382 亿元。中车股份及中车集团总部、外部债务平均利率分别为 4.20%和 4.16%。累计代理完成总部二次资金归集 899 亿元，受中国中车总部委托办理调剂款业务，全年业务平均规模 434 亿元，满足成员单位资金需求。

【中间业务拓展】 公司信贷业务共投放 178 亿元，同比增长 27%；自营贷款余额 145.63 亿元，累计办理各类保函 38 笔共 15.38 亿元，免收保证金为成员单位节约财务费用 727 万元。实现自营贷款利息收入和中间业务收入合计 6.2 亿元。资金业务建立资金运用沟通平台，提升资金运作协同效益和效率。主要生息资产平均规模 243 亿元，信贷资产平均规模 144 亿元，定期存放平均规模 43 亿元，活期存放平均规模 49 亿元。采取稳健流动性管理策略，适度提升流动性资产比例，确保资金链安全、监管合规。票据业务高效完成上海票交所纸电融合二期投产上线，48 家成员单位申请加入系统。基本确立中车票据集中管理平台建设思路和总体实施方案，拟定票据集中管理办法，分别与鞍钢财务公司、交行北分、民生北分签订战略合作协议。为 26 家成员单位累计开立 1480 张 60.24 亿元承兑汇票，成员单位节约财务费用 2900 万元。累计办理票据贴现 25.64 亿元，同比增加 21.48 亿元。外汇业务形成外汇定存每日报价机制，建立外汇信息咨询服务平台，拓展外汇收付汇和结售汇业务，完善跨国外币资金池推进方案。实现外币业务收入 3411 万元，同比增长 1651 万元，增幅 94%。办理即期代客结售汇业务 27 笔，合计折美元 2.02 亿元，实现 205.45 万元结售汇收益，成员单位节约汇兑成本 50 万元。外汇资金归集稳步提升，归集量余额 26.5 亿元，外币资金归集率 96.39%。业务创新方面，获批固定收益类投资业务资质，累计投资 42 亿元，赎回 18 亿元。年内，货币基金投资余额 19 亿元，平均余额 20.6 亿元，基本实现满额度投放。取得银行间债券市场成员资格。跨境资金池资质成功备案。供应链试点资质获得监管支持，完成可研性分析、业务制度修订、风控原则与业务流程落实工作，按银保监局要求整理完善备案材料。

【管理提升】 公司制定《中车财务有限公司 2018 年度经营管理目标体系》，纳入年度绩效考核 KPI 形成 PDCA 循环。加强全面预算管理，强化过程控制，按月滚动预算，有效推进各项业务开展。财务管理方面，首度实现一体化下两个资金集中平台存款利率政策统一；借助中车久其备用码，创立内部银行账户编码新规则；严肃财经纪律，梳理检查发现问题；推动解决商票转贴现风险转移“出表”业务模式；健全多部门共同参与工作机制，提升财务决算质量。风险管理和内部控制方面，资产质量保持稳定，不良贷款率和不良资产率均为零。信用风险可控，未发生流动性风险事件，货基产品无操作性风险。整合审计信息资源，实施银监局指定内审项目，实现业务审计全覆盖。信息化建设方面，保持信息化系统运行稳定，事故率为零。推进信息化平台建设，主营业务系统建设不断完善；票交所直连项目上线；大数据分析平台建设项目投入实施。信息化建设工程17项，临时增加建设工程4项，组织实施19项。人力资源管理方面，完成一期人才招聘，引入人才测评体系。加强干部人才管理，按照金融监管和国资委巡视整改要求，交流5名中干，1名员工，拓宽干部人才培养锻炼成长和风险防范渠道。

【党群工作】 公司党委贯彻落实习总书记三次视察中国中车重要讲话精神，统筹制定落实年度工作要点。中心组学习14次，所属三个支部召开大会31次、支委会46次、党小组会78次、党课20次。严格执行“三重一大”决策制度，召开党委会15次。新增4项党建工作制度、1项党费管理办法。配备专职党务工作人员2名。落实国资委巡视整改要求，强化政治建设。坚持党建带工建，采取多种形式慰问职工，开展劳动竞赛。结合公司战略发展和经营管理需求，培育执行文化，开展“铸魂”工程。通过建设人才双通道发展方式，保持职工队伍活力和稳定；加强培训，提升员工职业素养和专业能力；开展“行动学习”，组织头脑风暴，打造职业化团队。组织羽毛球比赛、迎春联欢会、骑行和健步走、秋游等各种形式活动，丰富员工生活，提升员工归属感，增强员工荣誉感。

【公司党政负责人】

党委书记　董绪章
董事长　董绪章
总经理　黄建东
副总经理　张玲　张世东
财务总监　张玲

党委副书记　黄建东

（财务公司　供稿）

地　址　北京市海淀区西四环中路16号院5号楼5层
邮　编　100036
电　话　010-51872507
传　真　010-51872504

中车投资租赁有限公司

（工商登记营业执照号：911100007109247853）

党委书记、董事长　王日钢

总经理　杨瑞欣

【概况】　2018年末，中车租赁公司员工24人，其中高级职称7人、中级职称7人，大学本科及以上学历员工19人，40岁以下员工10人。公司下辖2家子公司：全资子公司天津中车投资租赁有限公司、中外合资子公司天津中车融资租赁有限公司。全年化解逾期项目7个，化解逾期项目本金9.69亿元，有资金或资产回款动态项目19个，逾期长期应收款降至49.26亿元。

【业务转型整改】　公司根据中车《关于对中车投资租赁有限公司业务转型的决定》，按照政治巡视工作要求，制定整改推进计划，及时停止贸易、物流和新增租赁业务，实行销号管理。相关业务、资产及人员划转至金租公司、物流公司、株机公司；贸易业务人员转至中车物流公司，与相关人员签订《贸易业务移交协议》，明确双方共同负责遗留贸易应收款清收工作；株洲物流公司整建制转至株机公司，涉及全级次整改问题发函至株机公司党委，及时联系沟通，确保整改有序推进；涉及新增租赁业务发函至中车金租公司，明确相关问题和责任，共同推进整改。

【逾期项目处置】　公司逾期项目处置作为重中之重，从两个二七公司调剂、借用5名人员补充到资产处置部，加强逾期项目处置力量。对54个逾期项目重新调整为6个区域，每个区域设立项目A、B负责人协同处置管理机制，负责承租人、担保人走访、排查、对接和处置工作，实施非现场检查并形成143份检查报告；对盘锦晟华、无锡华贸等26个逾期项目开展累计超过200人次现场检查。制定全部存量逾期项目三轮化解实施方案和三年化解目标，基本实现“一项一策”；对47家重点承租人进行现场走访，为项目处理决策收集第一手资料。

【管理提升】　公司制定逾期项目处置落实方案，定期召开逾期项目处置调度会议，按月检核逾期项目处置工作进展情况。下发《逾期资产处置考核实施细则》，压实处置人员责任和指标，有效调动员工工作积极性。完善全员绩效考核体系，强化各部门、各项目之间沟通协调，形成运转和谐、协同高效工作环境。资产管理信息系统正式上线运行，实现资产处置业务线上审查审批、沟通留痕、信息共享和电子化归档，达到逾期项目全周期风险防控和闭环管理目标，提高工作效率和管理水平。

【党群工作】 公司党委组织学习贯彻党的十九大精神，做到学懂弄通做实。把《党的十九大报告》《习近平新时代中国特色社会主义思想》《培育和践行社会主义核心价值观》等政治理论作为中心组学习主要内容，推进“两学一做”学习教育常态化制度化，用习近平新时代中国特色社会主义思想武装头脑、指导具体工作。党委中心组学习 14 次，组织专题讨论 4 次，开展党课教育 3 次。强力推进政治巡视问题整改，针对 5 个方面 28 项重点问题，制定 38 项措施，形成党委整改决议；一年期内 15 项整改问题全部完成，制定 13 项三年期整改问题年度计划，分解指标落实到人。

【重要纪事】 6 月，公司停止开展新增租赁和贸易业务。7 月，按期完成业务转型。9 月 19 日，转让公司所持中安融资租赁公司 5.36%股权在北京产权交易所挂牌。9 月 30 日，完成公司所持株洲物流公司 45%股权交易转让。12 月，完成上海中车融资租赁有限公司注销工作。

【公司党政工负责人】

党委书记　王日钢
董事长　王日钢
总经理　杨瑞欣
副总经理　董伦云

党委副书记　杨瑞欣
纪委书记　王日钢（兼）
工会主席　王日钢（兼）

（租赁公司　供稿）

地　址　北京市丰台区汽车博物馆东路 1 号院诺德中心二期 5 号楼 6 层
邮　编　100160
电　话　010-51362062
传　真　010-51362001

中国中车香港资本管理有限公司

（企业编号：1497130）

董事长　徐伟锋

总经理　郝志军

【概况】 2018年末，中国中车香港资本公司本部在岗职工13人，其中新增员工1人；全资子公司捷克公司2人，拉美公司4人，合计19人。设有财务部、金融服务部、产业投资部、固定收益部和综合管理部等5个部门。全年实现营业收入17017万元、净利润10743万元，分别完成中国中车考核指标108.3%、108.5%。

【经营管理与改革发展】 公司财资中心建设获得香港财资中心地位，香港强大金融基础设施和完善法律体系以及与内地紧密联系，有利于公司有效提升自身营运效率及风险管理水平。公司作为放债人牌照持牌机构，香港资本信贷业务受到香港特别行政区各相关监管机构认可；中国中车境外资金集中管理业务成员企业均可受到香港特别行政区放债人条例保障。

产业投资山东海阳马儿山风电项目，代中车山东公司参股中电建（烟台）风力发电有限公司，推进中车山东公司旗下公司向中国水电建设集团新能源开发有限责任公司（简称“新能源公司”）提供风机产品和配套服务；合资公司注册资本金13667.44万元，其中新能源公司出资比例51%，公司以外资身份出资49%，完成出资6697万人民币。

海外并购项目收集一批项目标的，并与中车主管部门及成员企业进行沟通。第一时间获取海外杜克（全球细分行业排名第二企业）优质标的，探索实现控股标的目标，加速中车国际化步伐。拟收购B公司股权，为B公司境外上市做好准备，支持中车境外产业公司发展；产业涉及新材料，产品广泛用于轨道交通和汽车领域；项目处于沟通阶段。

固定收益类投资在香港市场搜索发行年期较短、企业资质较好、投资风险较低美元债项目。参与认购境内教育部旗下上市公司同方股份有限公司在境外发行美元债，出资金额2949.21万美元，认购面值3000万美元，投资期限3年，票面收益率为年化5.375%，年内公司持有债券笔数16只。完善公司内部投资管理制度，规范债权和股权类投资流程，有效降低决策风险和投资风险。

财务共享平台建设稳步推进。落实中车“全球领先、跨国经营”发展战略构想，协同中车信息部和财务部，实施中车海外财务共享平台试点建设项目。共享平台建设财务系统和费控系统在香港两公司落地，各项优化方案正在实施，项目将为海外区域子公司业务管理与资金运作提供统一信息化支撑平台，实现海外财务规范化和标准化管理。

【公司治理与制度建设】 公司按照国家监管机构对国有资产经营要求，兼顾香港当地法律法规，开展各项业务。完善金融服务、投资业务及内部管理等经营活动流程规范、过程控制和监督等制度体系，确保管理、决策、监督科学化和民主化、制度化。按照政治巡视整改要求和中车部署，贯彻习近平总书记视察中车重要指示精神，层层落实，从5个方面查出27项问题；针对内部管理不到位形成减利因素，制定62项整改措施，完成42项，占比68%。

【下属公司】 公司纳入合并范围子公司包括捷克中车科技开发有限公司、中车拉美公司2家企业。其中，捷克中车科技开发有限公司主要负责捷克布拉格工大牵引与控制技术联合研发中心筹建、运行和管理，并代表中国中车对相关投资所形成固定资产和无形资产进行管理和控制；中车拉美公司作为中车在拉美区域33个国家和地区的海外区域公司以及本区域内经营实体，代表中国中车在本区域履行统一品牌管理、市场开发、项目协调、业务支持、履约监管和售后服务等职责。

【公司负责人】

董 事 长　徐伟锋
总 经 理　郝志军
副总经理　马佳音

（香港资本公司　供稿）

地　　址　香港金钟道88号太古广场二期1108室
办公电话　（+852）2445 8885
传　　真　（+852）2849 7775
邮　　箱　dengyiran@crrcgc.cc

中车资本管理有限公司

党委书记、董事长　梁　弢

总经理　陆建洲

【概况】　2018 年末，资本公司设有股权投资部、风险合规部、财务部、综合管理部、党群工作部等 5 个部门。公司注册资金 25 亿元。全年实现净利润 4560 万元，完成中车下达绩效指标。

【规划发展】　公司成立董事会、党委，建立健全法人治理结构和决策执行监督机制。吸收合并中车深圳资本管理有限公司，注册资本金增至 25 亿元。

【经营管理】　公司全年设立 1 家基金管理公司和 2 支基金，形成“1-3+5”管理平台架构，即资本公司+3 个基金管理公司+5 支基金，初步完成基金管理公司平台、基金产品平台、战略合作投资、股权管理投资为架构投资体系搭建工作。直投项目累计 11 项，需认缴出资 23.02 亿元，年内实际出资 9.24 亿元，累计实际出资 12.07 亿元。实现主发起基金资产管理总规模 96.7 亿元。

【重要纪事】　2 月，中车国创（北京）基金管理有限公司成立，注册资本 5000 万元。5 月，公司与国创基金共同发起设立北京中车国创股权投资基金合伙企业，基金首期规模 40 亿元。7 月，海外并购第一单落地，完成青岛四方思锐智能技术有限公司 1.65 亿元出资（收购芬兰 BENEQ 主体）。8 月，作为 LP 与唐车共同发起设立中车武夷（天津）轨道交通投资合伙企业，基金规模 5 亿元。10 月，吸收合并中车深圳资本管理有限公司。12 月，公司股权管理业务首单落地，受让中车股份公司持有信阳同合 10%股权。

【公司负责人】

党委书记　梁　弢
董事长　梁　弢
总经理　陆建洲
副总经理　贾春亮　陆　浔
财务总监　贾春亮

（资本公司　供稿）

地　址　北京市丰台区芳城园 1 区 15 号楼中车大厦 8 楼
邮　编　100075
电　话　010-51897170
网　址　www.crrcgc.cc

中国中车（香港）有限公司

（CI：1224232）

党工委书记、董事长　郭炳强

总经理　李　瑾

【概况】　2018年末，中车（香港）公司员工20人，由中车内部调用及香港本地人才招聘构成。设有综合管理部、投资管理部、市场部和财务部。主要业务是国际贸易和财务投资。全年实现营业收入33.35亿元、净利润8800万元，营业收入和利润完成中国中车下达T1考核指标。

【经营管理】　公司利用香港全球贸易中心和金融中心资金成本相对较低、货币种类多、支付效率高、汇率与利率避险保值工具丰富、信贷额度高、综合税赋低等独特优势，为中车提供国际贸易和金融服务，形成推进中国中车国际化、打造全球竞争力重要力量。加强年度预算和经营计划管理，细化分解各部门责任及公司KPI指标，严格考评月度重点工作完成情况，规范经营目标管理。梳理、完善组织机构及业务职责，逐步完善境外公司内部管理体系。各项费用及非主营采购合同审核、审批移动终端系统上线运行，实现异地、时时审批，费用数据直接送达SAP系统，提高审批效率，优化数据保存安全性。

【业务拓展】　公司国际贸易业务新签销售合同37.49亿元，完成年度计划78.1%；实现毛利3171万元，完成年度计划67.11%。进口集采业务方面，与各子公司新签长期合作框架协议11份，其中永济电机公司、齐车公司、长客股份、四方所、戚墅堰所、山东公司、株洲所、大同公司等8家公司为新增业务；实现营业收入16.4亿元，同比增长211%。中车股份18家子公司累计通过香港公司签订境外物资采购金额21.4亿元，同比增长191%；新签约合同中，株机公司签约额5.65亿元、四方股份签约额2.87亿元、长客股份签约额2.65亿元、浦镇公司签约额2.04亿元，签约额合计13.21亿元，占总签约额61.72%。配合株机公司南非电力机车出口项目、株机公司马来西亚HMU出口项目、齐车公司新西兰货车出口项目、大连公司新西兰内燃机车出口项目，累计实现营业收入13.04亿元。其中株机公司南非项目实现收入7.79亿元，株机公司马来西亚HMU出口项目实现收入1.38亿元，齐车公司新西兰货车出口项目实现收入1.5亿元，大连公司新西兰内燃机车出口项目实现收入2.37亿元。公司应收账款完成与伟能公司原合同最后一笔交付，实现营业收入 3.72 亿元，累计收回账款 6.62 亿元。应收伟能公司账款余额 4.21 亿元，其中 1.01 亿元计划通过抵账方式解决，未能按原定计划全部收回。公司应收账款期末余额 25.47 亿元，同比增加 61%，其中逾期应收账款 5.59 亿元，公司负债资金占用增加。

【财务投资业务】 公司实现投资收益 12769 万元（含计入财务费用光大基金利息款 570 万元），其中港股投资业务股息收益 3201 万元，债券投资业务收益 3737 万元，合作股权投资业务收益 1641 万元，PE 基金业务收益 4190 万元，完成年度经营指标 116.08%。年内未售出任何股票，未完成 1 亿元股票出售收益；新增投资项目与投资额为零，与公司经营目标投资规模至少保持 31.9 亿元相比，减少 3.08 亿元，其中债券 2.33 亿元、合作股权 0.75 亿元。配合中车租赁公司完成上海融资租赁公司清算，并收回投资本金及清算分红共 7949 万元；配合中车租赁公司推进天津融资租赁吸收合并事项。

【企业文化建设】 公司策划实施以香港为基础的国际化传播渠道建设，提升中车品牌影响力。发挥公司在国际进出口贸易方面平台及窗口作用，对内提高人民出行质量及安全保障，对外展示中国高铁国家名片，为建设社会主义现代化强国、实现中华民族伟大复兴中国梦作出贡献。

【党群工作】 公司坚持以习近平新时代中国特色社会主义思想为指导，树牢“四个意识”、坚定“四个自信”，坚决践行“两个维护”。在中联办和中车党委指导下，坚定维护中华人民共和国香港特别行政区基本法，同一切分裂活动及言行做坚决斗争。坚持党工委中心组学习制度，集中学习 5 次，学习党的十九大精神和习总书记视察中车重要指示精神等重要文件 11 份；4 位党工委成员共为基层党组织讲授党课 5 次；基层支部开展主题学习 9 次，推进“两学一做”学习教育常态化制度化。按照“三重一大”决策前置程序，严格执行《“三重一大”管理办法》《香港公司党工委会议制度》工作流程。树立正确选人用人导向，加强中层干部队伍建设。执行党务工作人员与经营管理人员同职级、同待遇政策。打造境外党建“金名片”，采取内外有别、外不公开方式推动境外基层党组织建设。宣导“团队建设”，对 15 名香港居民和外籍员工进行爱国、爱港教育。制定“两学一做”与“三会一课”相结合学习计划，组织“三会一课”学习 18 次。建立中层干部《廉政档案》，开展警示教育 7 次，同步进行规范经营行为自查自纠，切实履行“一岗双责”。查摆政治巡视整改问题 49 个，完成 36 个，完成年度整改目标。

【公司党政负责人】

党工委书记　郭炳强
董　事　长　郭炳强
总　经　理　李　瑾
财务总监　郝志军

（香港公司　供稿）

地　　址　香港港湾道 1 号会展广场办公大楼 41 楼 12 室
办公电话　（香港）+852 25885915
移动电话　（香港）+852 52911516
（中国）+86 18640918681
传　　真　010-51872504
传　　真　（香港）+852 28779375
电子邮箱　cailiang@crrcgc.cc
crrc_cailiang@hotmail.com

中车信息技术有限公司

（统一社会信用代码：91110108700035941C）

党委书记、董事长　黄启超

总经理　顾　明

【概况】　2018年末，中车信息公司员工总数264人，84%以上具有本科学历，其中硕士及以上学历55人，高级职称18人，平均年龄34岁。设有8个职能部门，6个业务中心，2个研发机构。

【经营管理】　公司坚持新发展理念，发挥信息化工作"提品质、防风险、聚合力、拓业务、优服务、促转型"支撑作用，为建设"数字中车""打造受人尊敬的国际化公司"提供技术保障。按照深化改革和提质增效工作要求，聚焦业务领域，拓展目标市场，推进业务重组，履行政治责任，助力中车开展两化融合建设。

【市场营销】　公司促进中车"信息驱动"产业变革。推动SAAS化中车购子平台研发，为32家中车下属企业提供供应链协同平台服务，供应商入驻33000家。开拓新市场农民工实名制平台分别在广西及嘉兴县、内蒙古锡林浩特推广，其中广西省级平台投入试运行，完成锡林浩特市级市场签约。BIM产品签约河北保定深圳园项目，完成第一个园区建设项目签约，平台及服务合同总额2000万元。实施长客股份、四方股份、四方所、齐车公司、长江公司、唐山公司等公司能源管控与设备效能监控项目，签约2597万元，实现营业收入1555万元。其中，齐车公司项目首次采用LORA无线通信方式解决网络传输问题；长江公司项目打通设备效能管理系统和DNC/MDC系统平台数据链接，实现设备运行参数和加工品类数量准确测量，为中国中车由制造向"智造"转型作出业务贡献。农村污水处理设施远程监控系统产品线常熟项目，实现1264平方公里内9882台远程终端单元设备安装交付，设备连续稳定运行，通过使用单位和当地政府全面验收，成为国内首例县级市区域农村分散式污水处理点全实时监控与运维项目。

【科技创新】　公司研发"地铁列车全生命周期智能运维平台"在上海地铁17号线全线使用，日检自动化率最高90%，检修人员从50人减少到20人，检修能力从2～3列/人提高到8～10列/人，运营故障3分钟修改率提升一倍，成为上海地铁“智能运维 2.0”标杆线路。“出口机车远程监测与诊断平台”通过验收，完成面向中车需求搭平台、建通道、保安全、定标准建设目标，实现戚墅公司出口肯尼亚 48 台机车运行状态实时监测及远程故障诊断，为中车产品走向海外市场、从卖产品向“产品+服务”转型提供技术支持。参与国家科技支撑计划“面向高速动车组的高效制造执行系统研究开发及其应用”课题通过科技部验收；申请北京科委重大专项“铁路机车智能操纵系统产品化研发”项目获批立项。参与编制《面向工程领域的共享信息模型第 1 部分：领域信息模型框架》（GB/T3 6456.1—2018）《面向工程领域的共享信息模型第 2 部分：领域信息服务接口》（GB/T3 6456.2—2018）和《面向工程领域的共享信息模型第 3 部分：测试方法》（GB/T3 6456.3—2018）三项国家标准，经国家市场监督管理总局和国家标准化管理委员会正式批准发布。年内完成计算机软件著作权申请 21 项、专利申请 2 项。

【人力资源管理】 公司发布实施人力资源管理制度 22 项。完成内外部管理及专业培训共 66 次，参培人员 568 人次，培训满意度 94.5%。推荐 5 名信息化专家选入中车专家人才库。合理配置部门用工编制，加强预算控制及预警工作，实施优化人员方案，调整 25 人。年内招聘引进 87 人，其中高层管理人才 7 人，其他岗位人员 80 人。

【企业文化建设】 公司围绕“同一个中车”理念，发挥企业文化导向、约束、凝聚、激励作用，开展多种形式教育、文体活动，推动企业文化建设。策划、组织品牌推广相关会议共 11 场次，更新微信公众号发文 400 篇、关注量累计增长 5100 人。通过《中国城市报》《中国城市网》等媒体，宣传公司主流产品，公司品牌及产品在轨道交通行业、制造行业、建筑行业得到广泛推广。

【党群工作】 公司党委深入学习贯彻党的十九大精神，全面落实习近平总书记视察中车重要指示，围绕中车“双打造一培育”“提质换挡年”工作部署，推进党建制度化、规范化、标准化。党委中心组集中学习 13 次，发放《习近平治国理政（第二卷）》《新时代面对面》等书籍进行自学。党委班子成员精心制作党课教育提纲，面向全体党员开展 2 次专题党课辅导教育活动。发挥“公司党员微信群”作用，长期推送《习近平新时代中国特色社会主义思想三十讲》《梁家河》等专题学习课件。推动党支部标准化、规范化、制度化建设，打造党建“金名片”。制订《党费收缴、使用和管理办法》等 14 项党建制度，组织专项培训 14 次。坚持“两学一做”学习教育与“三会一课”，通过现场参观、重温入党誓词、现场教学听党课等多种形式，开展主题党日活动。发挥群团组织作用，多渠道推荐发展 3 名积极分子、1 名优秀干部加入党组织，3 名预备党员按期转正。强化党委主体责任、纪委监督责任，各级领导干部严格履行“一岗双责”。召开党风廉政建设工作会议，总结、部署党风廉政建设重点工作；下发《公司深入贯彻落实中央八项规定精神进一步加强作风建设实施细则》。公司工会举办劳动竞赛、技术沙龙、“书香中车·女员工读书季”、羽毛球和篮球比赛等主题征文、摄影、文体系列活动；分别在北京、深圳两地组织来自 16 个部门 130 名员工参加趣味运动会，丰富员工业余文化生活、增强企业凝聚力。政治巡视查摆党建工作和经营管理方面突出问题 58 项，形成 8 项整改决议，制定 127 项整改措施；年内计划完成 56 项问题整改，实际完成 48 项，完成率 85.7%。

【重要纪事】 1月31日，公司成为“工业互联网产业联盟”会员单位。3月2日，中车党委常委、副总经理贾世瑞到公司调研。3月，公司“中国中车主数据标准化工程实施与应用”项目获得“中国中车科学技术奖”一等奖。4月13日，公司参加2018年中国（国际）智慧轨道交通大会。6月13日，公司参加2018北京国际城市轨道交通展览会。7月5日，公司中标河北深保投资发展有限公司保定“深圳园”项目园区级工程建设管理BIM顾问工程服务项目，签署服务合同。7月，公司“哈尔滨工业大学深圳校区扩建工程项目”获得北京中建协会认证中心颁发“工程项目建筑信息模型服务认证评价白金级”荣誉。9月，公司“出口机车远程监测与诊断系统信息安全建设方案”获得“2018年中央企业优秀网络安全解决方案”优秀奖。同月，公司“深圳北理莫斯科大学工程项目”获得第四届“科创杯”中国BIM技术交流暨优秀案例作品展示会大赛三等奖。10月，公司“深圳北理莫斯科大学工程项目”获得第四届国际BIM大赛最佳创新建筑企业奖。11月，公司“深圳北理莫斯科大学工程项目”获得工业和信息化部2018首届“优路杯”全国BIM技术大赛银奖。12月27日，公司中车购平台入选优秀工业电子商务平台案例。

【公司党政工负责人】

党委书记　黄启超
董事长　黄启超
总经理　顾　明
副总经理　赵曦滨　赵清宁
　　张学梅
　　陈　刚（9月任）
财务总监　张学梅（兼）

纪委书记　黄启超
工会主席　张学梅

（信息公司　供稿）

地　址　北京市海淀区清华大学华业大厦3区4层
邮　编　100084
电　话　010-62782208
传　真　010-62782208-232
网　址　www.crrcgc.cc/xx
电子邮箱　webmaster@thit.com.cn

中车工业研究院有限公司

（工商登记营业执照编号：91110106306689744 8）

党委书记　孙学军

院　长　龚　明

【概况】 2018年末，中车研究院从业人数101人，其中正式员工70人；博士占比27%，硕士占比60%，正高级职称占比13%，高级职称占比30%；"万人计划"、国务院政府特殊津贴、首席专家、资深专家、国际化人才等各类人才占比24%。开展研发项目39项，其中国家级项目11项、省部级项目9项、中车级项目19项；参与完成2个海外联合研发中心组建。通过国家高新技术企业复核评审认证。全年实现对外服务收入1616.54万元，技术投入比率79%。

【经济研究】 年内，研究院作为央企智库联盟副理事单位，参与智库建设，完成《中美贸易战的影响分析》报告，承担第七期央企智库专报《雄安新区的产业发展与央企机遇》课题研究，重点课题《中国混合制经济发展研究》成果得到国资委研究中心高度评价。围绕中国中车发展需求，完成《中车科技体系协同发展研究》、《中车国际化路径研究》、《中车新产业发展路线图》、《关于工业互联网的认识》及《GE出售数字业务》等40余篇研究报告，每月发布一期《交通领域科技前沿热点跟踪研究》。开展对外咨询合作服务，完成国家铁路局《高铁带动作用研究》以及中车产投《设计咨询行业分析》报告。推进信息情报推送，发布信息情报摘编32期、政策摘编6期、"一带一路"系列报告5期。

【技术研究】 研究院加强顶层设计，系统梳理中车产品技术需求，提出支撑重点产品核心技术前瞻、基础、共性技术发展规划报告及路线图，编制现代物流、新材料、新能源、传感产业发展规划。系统跟踪分析行业前沿技术趋势，发布12篇动态跟踪分析报告。围绕智能制造、智能产品、新能源、新材料和产品平台5个主要研究方向，从广泛布局阶段全面转向重点领域突破阶段，实现宏观技术动态组织统筹、核心关键技术系统支撑。申请发明专利30项，其中获得发明专利授权1项、实用新型专利授权4项、软件著作权授权4项；受理PCT国际发明专利申请1项、实用新型专利申请5项、软件著作权申请7项。主持修订《磁浮铁路技术标准》1项行业标准、《城轨车辆产品平台建设指南》等5项企业标准，参与修订《铁道车辆电气设计规范》等2项企业标准，参与编制《智能制造系统架构》国家标准。

【项目规划管理】 研究院发挥科技管理延伸职责，组织管理实施中车轨道交通装备关键技术研究项目，开展中车前瞻性、基础性、共性技术需求分析，查找技术瓶颈和短板，规划研究领域和重点方向；组织编制《核心技术发展规划纲要》，提出“掌握核心技术总体要求”；组织制定《高速载运装备中长期科技发展规划纲要（2020—2035年）》，提出轨道交通运输装备未来发展方向。采用技术结构树分析方法，梳理轨道交通产品技术构成，寻找技术短板，明确技术发展方向，确定核心技术目标。整合实验资源，搭建轨道交通车辆系统集成国家工程实验室管理总控平台，完成总控制中心设备预验收，并与青岛分控中心进行联调联试。推进信息平台共建共享，基本实现知网镜像、IEEE、连颖等共享，有效减少信息情报资源重复投入。

【公共平台建设】 研究院优化、调配和高效率运作中车研发资源，推进云创平台建设，完成子系统集成，经业务模式测试，任务准时完成率达到94%。推进基于模块化、标准化、通用化共享产品技术平台样板工程建设，以用户需求为导向，提炼产品通用用户需求条件。推进基于车载储能绿色牵引系统试验验证平台建设，兆瓦级混和储能系统运行工况模拟和控制策略模拟平台通过验收，编制《轨道交通装备车载储能系统试验规范》等系列标准。

【海外研发中心】 研究院加强国内外联合研发机构布局和建设，为中国中车子企业搭建聚智平台，服务中车海外市场拓展和国家“一带一路”倡议，新增设立土耳其和南非2个海外研发中心，成立“蒂森克虏伯磁技术研究室”。开展海外研发中心技术研发项目合作，中美轨道交通联合研发中心启动IGBT驱动智能化等4个项目，中车-密西根大学先进制造联合研究中心启动轨道交通产品定制化技术架构项目，中英轨道交通联合研发中心启动人因工程、无损检测、高强金属增材制造等4个项目，中德轨道交通联合研发中心启动高速动车组复合材料设备舱研制工作。

【研究院党政负责人】

党委书记　孙学军
院　　长　龚　明
副 院 长　孙学军　杨修伟
　　　　　孙帮成
财务总监　王冬梅

纪委书记　孙学军
党委副书记　龚　明（兼）

（中车研究院　供稿）

地　　址　北京市丰台区汽车博物馆东路诺德中心二期5号楼7层
邮　　编　100160
电　　话　010-51362218
传　　真　010-51362210

北京北车中铁轨道交通装备有限公司

（统一社会信用代码：91110106684367734P）

党委书记、董事长　张　岩

总经理　高军武

【概况】　2018年末，中铁装备公司员工总数29人，其中具有高级专业技术职称12人，具有本科及以上学历25人。公司设置6个职能部室，下设辽宁本溪、河北尚义、内蒙古锡林浩特、山西风陵渡4个分公司。全年实现销售收入7654万元，净利润完成中国中车下达目标的86%。

【经营管理】　公司积极推进原材料贸易业务预付账款清收、既有存货、供热资产处置以及既有供热、照明项目完善、收尾等重点工作。根据不同集中供热项目运营特点，优化和改进运营方式，强化4个供热项目运营管理。修订物资采购管理办法，明确采购职责、采购方式及采购方式审核权限和采购流程，加强煤炭、备品备件采购和物资出入库管理，严格各项目运营成本和费用管控。年内，4个供热项目实现销售收入7584万元，同比增加611万元；供热项目外包运营费同比降低3%，降低成本318万元，较巡视整改降本目标110万元降低189%，经营效益有效提升。

【市场营销】　公司按照中国中车“两金”压降工作要求，针对存货资产、应收款清收制定重点工作计划，明确工作领导小组、责任部门和责任人，采取资产或货物贸易等方式加大清收力度。年内，完成11家公司应收账款清收任务，原材料贸易业务供应商预付账款余额由年初2.29亿元下降到2.18亿元，清回应收款5097万元。

【党群工作】　公司党委以党的十九大精神和习近平新时代中国特色社会主义思想为指引，认真贯彻习近平总书记视察中车重要指示精神，严格落实党中央、国资委党委重大决策部署，按照全国国有企业党建工作会议要求、习近平总书记系列重要讲话和中国中车党委常委扩大会议精神，树牢“四个意识”，坚定“四个自信”，坚决做到“两个维护”，持续加强党的领导，坚持全面从严治党，加强党的建设，发挥党组织把方向、管大局、保落实领导作用，为公司稳定发展提供坚强组织保证和政治保证。按照国资委党委政治巡视要求和中车党委部署，针对“六围绕、一加强”以及经营管理等方面查摆的70项问题，制定82项整改措施，形成政治巡视整改责任清单以及6项党委会决议、5项董事会决议和5项总经理办公会决议，认真履行党委主体责任和班子成员“一岗双责”工作职责，研究部署整改落实工作，分解整改目标，加强监督指导。建立健全《党委主体责任清单》《班子成员“一岗双责”责任清单》《意识形态工作责任制实施办法》等党建管理制度，修订完善《“三会一课”制度》、《党委中心组学习制度》以及后备干部人才选拔培养管理办法和中层管理人员综合考核评价办法，完成基层党支部换届选举、党支部书记述职评议和党建责任制考核，党支部书记培训实现全覆盖，夯实“三基建设”基础，党内组织生活进一步规范，基层党组织建设质量明显提升。

【公司党政负责人】

党委书记　张　岩
董事长　张　岩
总经理　高军武
副总经理　王东红（常务）
　　　　　王越一　高崇生
财务总监　高崇生（兼）

党委副书记　高军武
纪委书记　张　岩

（中铁装备公司　供稿）

地　址　北京市丰台区芳城园1区15号楼中车大厦14楼
邮　编　100078
电　话　010-52696803
传　真　010-52696225
网　址　http：//www.cnrcr.chinacnr.com/

广州电力机车有限公司

（统一社会信用代码：9144010156976520OF）

党委书记、董事长　李　扬

总经理　马开明

【概况】 2018年末，广州公司拥有正式员工484人，其中教授级高级工程师6人，高级工程师6人，高级会计师2人，工程师34人，会计师2人，经济师1人，政工师1人；员工平均年龄28岁；全年实现营业收入12.73亿元、净利润5016万元，超额完成中国中车下达年度经营考核指标，连续3年荣膺中车“突出进步奖”。

【规划发展】 公司成立新一届董事会、监事会。完善公司治理结构，修订党委会、董事会、总经理办公会会议制度，涉及8个方面101个项点“三重一大”事项决策、审批和规章制度发布程序清单，明晰党委、董事会、经理层职责边界。优化制度体系建设，新编、修订规章制度151个。制定“检修+新造+服务”业务发展模式和“3+N”多元业务布局，结合自身资源，以新能源客车项目为突破口，加快形成公司第二元支柱产业；提出“一个典范　三大目标”发展战略。

【生产运营】 公司机车C5修累计获取市场订单227台，辐射全国7个路局，C5修市场份额全路领先。通过HXD_{1D}、HXD_{3D}型机车C5修资质评审。完成首台HXD_1型机车C5修试修，机车检修族谱扩展至6种车型；推进大部件属地修工作，完成首台HXD_{1C}型机车轮驱属地修，机车检修停时同比下降16.97%。一次性通过HXD_{3C}型机车C6修基本能力要素调研和静态评估，机车检修核心业务向C6修升级取得实效。推进5S管理，优化工艺布局，严格员工作业规范及作业标准，完成B1/B2、C25库、清洗台位等场地改造工作，生产现场明显改善，通过中车精益生产二级企业评价。根据工程机械业务行业特点和产品现状，制定市场技术策略，稳固产品质量，提升产品运行可靠性；创新营销模式，开展电传动自卸车有偿试用；新能源客车业务完成生产线建设和首台车交付，形成批量生产，实现营业收入1.01亿元，成为新的业绩增长点。

【经营管理】 公司协调广州铁路公安局、广州市环保局和广州铁路建设指挥部，解决长期未能解决的消防、环保验收问题。开展信息化建设，ERP系统上线运行，通过两化融合管理体系和信息安全体系评估审核。推进提质增效工作，净资产收益率4.63%，同比增长0.74%；销售净利率3.97%，同比增长1.08%；应收账款回收专项行动成效显著，应收账款余额较年初下降39.93%。

【科技创新】 完成“HXD_{3C}型机车C6修工艺研发”“HXD_{1D}型电力机车C5修工艺研究”和“城轨列车检测一体化平台——被试车辆研制”等13个科技研究开发项目。HXD_{1D}型机车C5修工艺技术研究等6个项目通过中国中车、广州市和花都区等主管部门评价、现场验收；HXD_{3D}型电力机车C5修工艺研究获得2018年度中国中车科学技术奖三等奖。完成“城轨列车检测一体化平台——被试车辆”研制，实现落车，通过客户验收；150吨自卸车整车研制工作有序推进；50吨纯电动自卸车改造项目完成方案设计，进入技术设计阶段。科技研究开发投入费用4208万元，占年度营业收入3.3%；获得专利授权42件，其中发明专利23件，截至年末，累计获得专利授权322件，其中发明专利71件。科技人员参加《机车车辆扭矩紧固技术条件》等10项国家标准、行业标准和中车企业标准编制、修订工作；参加起草《土方机械非公路电传动矿用自卸车技术条件》等4项标准颁布实施，公司标准化水平行业地位得到提升。

【人力资源管理】 公司贯彻落实中国中车人力资源工作要求，按照夯基固本、多措并举思路，组织开展中层管理岗位选聘、后备人才选拔、优秀技管人员挂职锻炼等工作，激发人才活力。全方位多层次培养在岗员工，通过组织“学习日”“广机讲堂”“领导力系列培训”等活动，创新人才成长和培训机制。年内，高级工增至86人，同比增长55.81%，中级以上专业技术人才增至53人，同比增长28.30%。持续优化薪酬管理，实现企业年金正式汇缴，重点推进技能员工存量工资结构优化工作，调动基层一线员工改进工作积极性。坚持以人为本，注重人文关怀，改善员工衣食住行方面生活条件，解决员工关心难点热点问题，员工幸福指数得到有效提升。

【质量管理】 坚持“强化基础　问题导向　抓住关键”质量改善系统思维，开展“提质量　降机破”劳动竞赛活动，成立6个质量攻关小组，分别对变流系统、高压电气系统、制动系统、主变压器及电机等机破故障突出部件、系统进行质量攻关，经过一系列整治、攻关活动，机破故障得到一定控制，特别是制动系统机破数量明显下降。策划开展机车检修质量提升工作，编制《机车检修质量提升系统方案》，制定、实施改进措施65项，机破故障同比下降10.58%。按月组织“ISO 9001:2015质量管理体系标准基础知识培训”“中车Q质量管理体系标准培训”等相关宣贯培训工作，累计开展培训20次。

【党群工作】 公司党委以习近平新时代中国特色社会主义思想为指导，深入贯彻落实党的十九大会议精神和习近平总书记视察中车指示精神；以强力推进“两学一做”学习教育常态化制度化为牵引，以建立健全党建工作责任制为抓手，以加强基层党组织及党员干部队伍建设为重点，夯实党建基础，增强各级党组织创造力、凝聚力和战斗力，推动公司党建工作由建强提升向提质换挡转变。召开公司第一次党员大会，明确未来五年党建和经营工作指导思想，制定“一个典范　三大目标”发展战略，部署七大重点工作，完成“两委”班子换届选举。全力抓好国资委党委政治巡视整改工作，通过建立机制、明确责任、滚动监督，推动整改工作按照既定 128 项措施和 3 项决议实施到位。年内，62 项年度应完成整改项完成 60 项，整改完成率 96.8%，其中 26 项立行立改项全部整改完毕，整改效果明显。首次将基层党建工作纳入公司组织绩效管理系统并实施严格考核。举办新春、元宵、中秋等文艺汇演，开展员工疗休养、健康体检，两个员工文体活动中心相继落成，员工微书屋正式上线，组织徒步走、马拉松、欢乐跑、足球、篮球、羽毛球比赛及微视频大赛等丰富多彩文体活动。开展“号、手、岗”创建、“一先两优”表彰、志愿者服务等主题多样、内容丰富共青团活动；举办“企业开放日”，展示公司对外良好形象。

【公司党政工负责人】

党委书记　李　扬
董事长　李　扬
总经理　马开明
副总经理　李悠盛　李　略　刘桂军　刘曙蓉　高春宏　王延良　胡国良
总工程师　高春宏（兼）
财务总监　胡国良（兼）

党委副书记　马开明　金　彪
纪委书记　金　彪（兼）
工会主席　金　彪（兼）

（广州公司　供稿）

地　　址　广州市花都区山前旅游大道西 18 号
邮　　编　510850
传　　真　020-37728888
网　　址　www.csrgz.com.cn
电子邮箱　gzloco@gzloco.com

天津电力机车有限公司

（统一社会信用代码：911201165661130397）

党委书记、董事长　问增杰

总经理　王金平

【概况】 2018年末，天津公司员工总数698人，其中教授级高级工程师6人、高级工程师19人、高级经济师1人、高级会计师2人、高级政工师1人、中级职称72人、初级职称142人，中车核心人才3人。公司占地面积69.5万平方米，建筑面积24万平方米。设置13个行政部门、5个党群部门。全年实现营业收入9.53亿元，净利润2281万元。

【经营管理】 公司开展提质增效活动28项，节约费用1656万元，减少资金占用994万元；清收应收账款13.33亿元，应收账款回款率64%，期末存货资金占用较上年存货总额降低21.4%。完善内部控制体系，新增制度22项，整改内部控制评价缺陷12项。强化内部审计，合同专项审计和劳动定额专项审计整改问题22项；强化授权管理，维护企业合法权益。获得"信用等级AAA"证书。落实专用资金管理，下达更新改造资金计划51项。综合能耗4466.88吨标煤，万元产值综合能耗0.05吨标煤/万元，万元增加值综合能耗0.21吨标煤/万元。建立用能台账，与14家单位签订《外协单位使用公司建（构）筑物及其配套设施、设备及能源管理协议》。建设分布式光伏发电项目，采用"自发自用、余电上网"模式，电价价格较国家电网电价享受10%优惠。开展换热站节能改造，对比原设计换热效率提高10%。坚持依法治企，开展普法宣传，组织学习《宪法修正案》，进行企业主要负责人履行推进法治建设第一责任人职责情况大检查。动态管理风险数据库，加强风险管控。

【科技创新】 公司开发离网太阳能混合动力冷库（方舱）研发、30吨物流平车设计、公铁两用车、长钢轨起吊机械手设计等项目。完成HXD_3、HXD_{3C}型机车C6试修，开展HXD_2型机车C5修试修准备，通过中国铁路总公司试修能力评估。推动HXD_{2C}型机车22项大部件委外修转属地修工作。获得两化融合管理体系国家级贯标试点企业资质，完成网络隔离及服务器超融合方案及协同办公系统换版升级、MES制造执行系统研发项目申报；完成MDM中车主数据管理平台、EC中车供应链管理电子平台与公司SAP系统对接。计量器具年度受检率、合格率等多项指标均达 95%以上，理化检测准确率达 99.5%以上。年内申请专利 15 项。

【生产管理】 公司机车检修市场进入修程交替期，检修业务减少；完成 HXD_{2C}、HXD_3、HXD_{3C}、HXD_{3D} 型机车 C5 修机车 213 台，HXD_3、HXD_{3C} 型机车 C6 试修 6 台。形成灵活多变柔性化生产组织模式，提升生产组织管理水平。新试运线路（西南半环）投入使用，原有检修流程和检修周期得到优化和压缩，检修效率提高。按计划完成首 3 台 HXD_{3C} 型 C6 修、HXD_3 型 C6 修机车入厂试修任务。

【市场营销】 公司年内承修北京、济南、郑州、兰州、沈阳、乌鲁木齐局集团 HXD_3 及 HXD_{2C} 系列 C5、C6 修机车 219 台。截至 2018 年末，累计承修 12 个铁路局集团公司 34 个机务段 1452 台机车。为北京、洛阳、济南西、青岛、重庆、昆明等机务段提供驻段售后服务。年末，公司质保期内机车 1088 台。开拓多元化市场，优化项目管理模式，项目收入稳定，为公司实现整体经营指标提供有效支撑。百超项目开发激光 GPL-Ⅱ系列产品、折弯机产品和 GEL 系列产品；联合大连理工大学完成 JDF600C 型激光-电弧复合焊接设备研制，并参展北京·埃森焊接与切割展览会；签订和谐系列机车复合冷却器合作修协议；与天津新港船舶重工有限责任公司进行管件制作中心项目合作洽谈；承揽津滨轻轨 9 号线电缆更新项目，城轨市场拓展取得实质性突破。

【基本建设】 公司自主维修基建及配套设施 658 项，委外维修工程 52 项。完成 220 千伏变电所电力变、18 个 10 千伏变电所预防性维修及高压柜、变压器、电容柜、低压柜等设备维护，牵引变电所累计正常运行 2496 天。

【人力资源管理】 公司新增员工 20 名，终止、解除劳动合同共计 61 人。劳动生产率完成 131 万元/人年，增加值劳动生产率 30.33 万元/人。建立全员绩效考核体系，员工薪酬固定部分与动态部分调整为 4:6，实现薪酬体系与组织绩效协调化、同步化。开展员工培训 80 余次，参培员工 1000 余人次，组织 9 批实习生 74 人次进行入职、安全培训。完成干部人事档案审核，确保人事档案真实性、完整性。完善工票制管理模式，提高生产效率。制定印发《中层干部选拔任用管理规定》等 7 项制度，提拔中层副职 3 名，中层干部轮岗交流 5 名，业务干部进行党务工作交流 5 名；注重青年干部选拔任用，34 周岁及以下青年干部由上年度 5 名增加到 7 名。开展定岗定编工作，完成职位调整及职位说明书编写。年内，公司拥有天津市户口人员共计 507 人。

【质量管理】 公司产品未发生特别重大、重大、较大质量事故和一般 A、B、C 类事故及批量质量问题；产品一次交验合格率、废品损失率及顾客满意度均达到目标要求。通过华夏认证中心质量体系再认证审核。完成 174 个关键特殊工序检查与整改。通过 HXD_{2C}、HXD_{3D} 型电力机车 C5 修资质审核；HXD_3、HXD_{3C} 型电力机车 C6 修资质审核；HXD_2 型（新八轴）机车 C5 修试修能力评估检查。开展 5 次特色质量活动，组建 25 个课题攻关“QC 小组”。分析机车在段运用重点问题，撰写分析报告 11 份。完成试运机车碳滑板掉块等 5 项质量攻关改进。对 109 家采购件供应商、63 家委外件供应商进行业绩评价。定期召开周质量例会 31 次，解决内外部质量问题 167 项。收集 HXD_{2C}、HXD_3、HXD_{3C}、HXD_{3D} 四种车型共计 100 余台机车数万条质量数据，为中国铁路总公司提供修改建议 79 项、合理化建议 7 条。

【精益管理】 公司引入机车信息全景图，对机车状态进行目视化管控。建立改善管理系统，第一期完成5组小团队改善活动；收集改善提案206份。开展各级精益培训，650人次参培，确立精益人才建设重点工作。打造1个精益车间、5条精益示范线，精益车间及精益示范线建设基本实现全覆盖。按照中车要求，建立以流程、价值增值为核心、具有公司特色"6621"运营管理体系。

【企业文化建设】 公司利用微信平台、天津机车报、展板等发挥企业文化宣传激励作用。重建通讯员队伍。挖掘C5、C6攻坚战典型事例，宣传典型人物事迹，在微信平台、天津机车报创建特刊进行宣传报道，为公司发展创造良好舆论环境。印发《党委意识形态工作责任制实施办法》。持续推进VI整改，抓实BI建设。

【党群工作】 公司党委高度重视政治巡视工作，成立巡视整改工作领导小组，按照"六围绕 一加强"做好问题清单及整改责任清单梳理和巡视问题整改。印发《天津电力机车有限公司党费收缴、使用和管理办法》等6项基础制度。制定11个"一支部一品牌"创建工作实施方案。对11个基层党支部10个一级指标、33个二级指标进行考核评价。加强支部党建，公司130名党员参加民主评议，全部达到合格党员标准；按时召开民主生活会，征集对公司领导班子成员意见和建议26条。党委认真落实"五必谈"，共计谈话81人次，征求意见118条。实现"三会一课"网络化管理。开展党费自查，发现问题3个，提出整改方案。对公司5年以来发展22名党员进行自查，未发现问题。年内，公司"无党员班组"比例为零；预备党员转正7名，发展党员10名，全部通过组织推优入党，推优率100%。公司工会印发《天津电力机车有限公司推进厂务公开民主管理工作实施细则》等3项制度。公司工会荣获天津港保税区"模范职工之家"称号。健全三级劳动保护监督检查组织网络，保障职工安全健康。走访慰问19名致困职工、11名生病住院职工、2名退休职工、9名直系亲属去世职工。开展"巾帼示范岗""第四届书香津车女职工读书征文"等系列活动，提升女职工幸福指数。组织羽毛球、足球、篮球赛等体育活动。公司团委组织"青年金点子"申报大赛，征集金点子24个。接待台湾青年京津冀高铁研习营到公司参观交流。开展"团干部讲团课"活动，在中车团委举办"不忘初心 、牢记使命"学习宣传贯彻党的十九大精神主题团课评选中荣获优秀奖；荣获天津港保税区第三届合唱大赛大合唱组三等奖。

【重要纪事】 2月7日，西班牙BOST波斯特公司高管到公司参观。3月15日，天津滨海快速交通发展公司董事长鲍立楠到公司走访。4月24日，中国铁路总公司专家组到公司开展HXD_{2C}、HXD_{3D}型电力机车C5修资质评审。5月8日，公司产品参展第23届北京·埃森焊接与切割展览会。7月2日，天津港保税区管委会工委书记尤天成到公司调研。8月17日，首3台HXD_{3C}型C6修机车入厂试修。8月21日，首3台HXD_3型C6修机车入厂试修。9月27日，公司HXD_3、HXD_{3C}型机车轮对、轮轴高级检修资质通过铁科院评审组现场审查。10月26日，中车股份党委常委、副总裁余卫平到公司调研。12月12日，大连交通大学校长马云东到公司参观交流。12月27日，中车集团党委书记、董事长刘化龙一行到公司调研考察。

【公司党政工负责人】

党委书记	张小军（9月免）
	问增杰（9月任）
董事长	张小军（10月免）
	问增杰（10月任）

总 经 理　问增杰（10 月免）
王金平（10 月任）
副总经理　王金平（10 月免）
王国廷（8 月任）
王　平
慕　楠（8 月免）
马玉平　李国强
李大海（10 月任）
总工程师　王　平
财务总监　慕　楠（8 月免）
王国廷（8 月任）
党委副书记　王金平（9 月任）
杨永孝
纪委书记　杨永孝
工会主席　马玉平

（天津公司　供稿）

地　址　天津滨海新区临港经济区渤海 26 路 2778 号
邮　编　300452
电　话　022-25619700
传　真　022-25619899
网　址　www.crrcgc.cc/tj

中车产业投资有限公司

本栏编辑　李映雪

中车产业投资有限公司

南方汇通股份有限公司

中车环境科技有限公司

中车株洲投资控股有限公司

湖南中车时代电动汽车股份有限公司

青岛中车轻材料有限公司

资阳中车电气科技有限公司

中车城市交通有限公司

中车产业投资有限公司

（统一社会信用代码：91110106MA002L13211）

党委书记、董事长、总经理　胡　洋

【概况】　2018年末，中车产投公司注册资本23.1亿元，实现营业收入86亿元，完成年度商业计划目标的2.5倍；企业价值50亿元，超计划目标10.6亿元；利润总额4.6亿元，计划完成率124.6%；净利润4亿元，目标完成率134.9%；归母净利润2.5亿元，目标完成率134.7%。公司致力于打造环境治理、新能源汽车、氢能源动力三大支柱产业，以及智能制造、游乐装备、超级电容等支点业务。按照投资平台与业务单元的双形态管控架构，公司搭建了南方汇通股份有限公司（000920.SZ）、湖南中车时代电动汽车股份有限公司、中车环境科技有限公司、中车株洲投资控股有限公司、中车城市交通有限公司5个次级投资平台，以及青岛中车轻材料有限公司、资阳中车电气科技有限公司2个业务单元，并发起设立新能源汽车百人会全球创新平台。

【治理情况】　公司架构分为中车产投本级投资平台、次级投资平台和战略业务单元。中车集团是中车产投本级平台唯一股东，不设股东会。公司设有由5名董事组成的董事会和由3名监事组成的监事会，高级管理层设总经理1人、副总经理4人，三会一层按照公司章程履行职责。完善公司本部三会议事规则，明确三会权责边界，党委在公司治理中的领导作用不断强化。推进次级投资平台和业务单元综合改革，公司及下属企业建立董事会并有效运作，年末，本部及10家其他级次企业外部董事占多数。推行董事会报告和监事会报告制度，逐步完善规范的董事会建设，使董事会成为所属企业改革发展的决策中心和推动主体。中车集团授权在南方汇通、中车控股、中车环境、中车电动试点实施董事会选聘经理层。

【经营管理】　科研项目、投资项目、并购项目扎实推进，年内科研经费完成1.57亿元，全年实际科研经费占营业收入的5.15%。申请专利134项。资产总额和资产总额增长率分别为198%和461%，归母净资产和归母净资产增长率分别为153%和1465%。处理并购项目信息100余项，其中，A类项目进行中 1 项，完成 12 项；B 类项目进行中 0 项，终止 1 项；C 类项目进行中 16 项，终止 7 项。完成鸿鹄项目和 Kley 项目，实现中国中车在新能源产业和智能制造产业的布局。人力资源建设以战略性人力资源引进、能力提升、结构优化和核心打造为重点，年内，公司本部引进战略人才 9 人，次级投资平台、业务单元引进战略人才 23 人，市场化选聘经理人 10 人、国际化人才 8 人，所属公司后备人才 26 人，核心人才 13 人。年末，职工平均人数 4079 人，人均营业收入 209 万元，人均净利润 11.3 万元，人均工资 10.68 万元。

以长江项目 3.0 和泰山项目 3.0 为载体，持续推动管理提升。长江项目 3.0 包括产业研究所建设、战略合作网络建设、海外重点区域联络处建设、投资管理体系建设、并购能力建设、战略研究和规划管理、FOCUS 模型建设 7 个方面。年内，长江项目搭建了环境及城市资源化产业研究及氢能源产业研究团队，环研所形成投资项目分析基本方法，氢研所初步形成氢能源产业研究能力。按照“3+X”产业布局，明确链式并购指南和方向，新增战略合作机构 30 家。欧洲办公室迁址法兰克福。完成战略及投资类管理办法 12 项，对可研报告进行评审批复。完成项目立项报告、可研报告等操作指引 6 个。完成发展定位和“3+X”产业发展规划以及“十三五”中期评价。

泰山项目 3.0 以集团管控能力建设为主，包括制度体系及流程建设、双形态管控架构建设、规范董事会建设、商业计划管理体系建设、价值型财务管理体系研究、本部全员绩效管理体系建设、管理团队中长期激励机制建设、品牌与企业文化建设、风险管控能力建设、信息化建设。年内，泰山项目完成制度建设 59 项。在浙江新能源、瑞伯德等试点开展董事会选聘高级管理人员。建立具有绩效导向的员工薪酬绩效体系，制定了业务部门薪酬管理办法和绩效管理办法。建立管理团队中长期激励机制，完成中车交通管理层股权激励方案。完成特装科技、天力锻业务股权优化方案。规范审核使用企业 VI，将品牌与企业文化纳入投资并购尽调内容。搭建风险审计业务制度体系和流程框架，完成全流程风险管控职能的基础工作。启用了中车产投办公自动化系统。

【社会责任】 2018 年，公司千人死亡率、千人重伤率、新增现岗职业病、一类重大火灾爆炸事故或其他重大影响事故均为 0。年万元产值综合能耗、万元增加值能耗、二氧化硫排放量和氮氧化物排放量均低于或等于国家要求，化学需氧量排放量和氨氮排放量为 0。

【改革发展】 持续推进中车产投混改，3 月 15 日，中车集团与株洲市政府签署《中国中车集团有限公司与株洲市人民政府关于央地企业联合重组合作框架协议》，6 月 29 日，中车集团与株洲市人民政府签署《中国中车集团有限公司株洲市人民政府央地企业联合重组工作联合领导小组第一次会议会谈备忘录》，年内中车电动、浙江电车和中车环境并入中车产投。公司所属 15 家法人企业中 12 家实现混合所有制，其中 5 家次级投资平台中 4 家实现混合所有制，混改面 80%；11 家业务单元中 9 家实现混合所有制，混改面 82%，其中 8 家实现员工持股，员工持股金额约为 1.74 亿元，占中车产投权益 3.8%。中车交通启动 A 轮融资，引入战略投资者，实现投后估值 50 亿元。

公司调整了中车产投 2020 年规划发展目标。设立氢能源动力产业研究所，参与张家港政府氢能源产业投资合作备忘录及联合张家港市政府孵化培育中车氢能源产业方案的制定。完成环境与城市资源化产业研究所筹建工作。中车环境股权划入中车产投。开展了中车环境“三融合”调研。完成新能源联合创新平台前期谈判和设立工作，开展对时代电动、浙江电车的整合工作。

9月和11月，公司分别开展两期投资制度建设，编制下发《投资管理办法》《立项报告编制指引》等制度及指引10项，修订完善“1+21”ABC管理制度体系。年末，公司固定资产投资28268万元，其中重点项目25417万元，非重点项目3568万元。长期股权投资项目229783万元。开展7个产业研究管理项目，其中6个项目结题，1个项目顺延。制定了中车产投产业研究管理办法和产业研究报告编制指引。制定PPP业务预审职责分工和流程图，对PPP项目立项、可研和投资阶段进行预评审。

【党群工作】 公司有党委6个，党总支部2个，党支部27个，党员971名，年内新发展党员23名。本部及次级投资平台、直属业务单元设立党务工作机构，配备了专兼职党务人员，其中专职党务干部15人。1月，成都隧道公司党支部整建制划转至成都经济技术开发区机关党委，实现党政同步移交。对并购的上海瑞伯德和集盛星泰公司开展党建尽职调查，形成同步划转程序以及尽职调查清单和调查报告模板。深化党建管理工作，创建《党建工作管理报表》，设计了基础篇、业务篇、课题篇，包含“三基”建设、“两学一做”、巡视整改、党建责任制考核等24项内容。开展“企业家+政治家”集中专题学习10次。结合2017年度领导班子民主生活会个人对照检查情况，为班子成员定制“明镜卡”。制定发布《打造平台类公司党建金名片实施方案》，推进“一支部 一特色”党建“金名片”活动。

公司党委以习近平新时代中国特色社会主义思想和党的十九大精神为指引，学习习近平总书记视察中车重要指示精神，组织全体党员学习研讨《梁家河》《习近平新时代中国特色社会主义思想三十讲》。公司及下属法人企业实现党建进章程。产投党委年内新建党建制度18项。认真落实中车集团党委关于贯彻落实全国国企党建工作会议35项重点任务，制定公司党委工作要点，提出了5大类22项工作任务。组织召开公司第一次党代会，总结公司近3年党建工作取得的成绩和未来5年的奋斗目标，确定了“引领卓越 融合务实”的党建工作目标，选举产生公司第一届党委和纪委。规范了党费收缴使用和管理。

针对国资委党委政治巡视整改中发现的39项122个问题，制定整改措施156条，形成党委扩大会议决议8项、公司领导牵头落实整改目标实施方案45个。制定“三清单、三制度、建看板”，“三清单”即问题清单、决议清单、实施方案清单；“三制度”即巡视整改工作例会制度、销号制度、督查制度；“建看板”即制作巡视整改推进管理看板。至年末，公司及下属企业710项问题整改完成630项，整改完成率89%。

加强党建带群建，公司所属16家法人单位建立微信公众号，构建了产投公司公众号矩阵群，全年推送消息420余篇，阅读量累计达45万人次，其中特装科技科普火车“爬楼”、时代电动“一分钟”进入中国中车子公司微信十佳案例。成立工会筹备组并获得中车集团工会批复，形成工会和共青团组建方案。

年内新建纪检监察制度9项。公司纪委对1条问题线索进行初核并下达纪检监察建议书，对1名违反“三重一大”决策规定、不认真执行民主集中制原则的领导干部进行诫勉谈话。加大警示教育和廉洁文化建设，开展新任领导干部任职廉政谈话4人次，建立健全了领导干部廉政档案。开展《中国共产党纪律处分条例》答题，602人次参加。积极开展效能监察，形成公司及下属单位履职待遇、业务支出管理工作全流程监察体系。开展“深挖死账背后那些事”监督执纪、“开工不足的工序外包”项目专项监察和违规发放薪酬福利等问题专项整治工作。

【重要纪事】 1月5日，成隧公司股权转让（鲲鹏项目）签约仪式在北京举行。1月20日，公司与中国石化、振华新材料等企业签署新能源汽车创新平台合作框架协议。2月8日，平遥旅游观光项目启动。3月18—19日，中车产投董事长王宫成率投资团队与加拿大H公司CEO会面并探讨项目合作事宜。3月26日，中车城市与资源化产业研究所、中车氢能源动力产业研究所成立。4月24日，南方汇通中标中广核联达节能科技有限公司中水回用项目。4月25—26日，中车产投总经理胡洋参加第五届全球投资并购峰会。6月19日，中车集团下发通知，将其所持中车环境36.23%股权无偿划转至公司。6月29日，中车集团总经理孙永才到资阳电气参观指导。7月5日，特装科技国内首款孔雀造型旅游单轨观光列车亮相七彩云南欢乐世界。7月10日，同济大学中车捷运研究院第一次理事会暨揭牌仪式在同济大学举行，中国工程院副院长钟志华院士出席。7月17日，中车集团批复同意设立远安中车水务有限公司。7月20日，天力锻业CJ6长株潭城际动车组车轴产品及质量体系通过CRCC中铁检验认证中心审核。7月23日，PURE项目立项。8月3日，中国中车党委书记、董事长刘化龙到南方汇通调研并讲党课。8月5日，公司本部搬迁至华夏幸福创新中心。8月10日，株洲投资公司Kley项目获得中国证券登记结算有限责任公司股份登记确认书。8月25日，公司获评“集团2017—2018年度压减工作先进集体”。9月12日，浙江中车新能源科技有限公司举行揭牌仪式，中车集团总经理孙永才出席。9月21日，中车环境研究院揭牌暨高端装备绿色制造委员会筹建启动仪式在北京举行。10月9日，上海瑞伯德完成工商变更，更名为“上海中车瑞伯德智能系统股份有限公司”。10月11日，中车集团总经理孙永才到资阳电气调研电连接器产业发展情况。同日，中车集团下发关于权投公司所持浙江电车32%股权无偿划转至中车产投的批复。10月17日，南方汇通与内蒙古环投集团签署战略合作框架协议。10月23日，南方汇通与中国五环工程有限公司签署战略合作框架协议。10月27日，中车交通与中铁十五局签署全面合作协议。11月5日，宁波中车新能源科技有限公司荣获2018年浙江省“隐形冠军”企业。11月8日，大自然荣膺2018年中国品牌力指数床垫品类第二名。11月16日，中车产投董事长王宫成参加中国中车·张家港氢能源产业合作签约仪式。12月5日，中车集团下发无偿划转时代电动股权的通知。12月21日，公司召开中国共产党中车产业投资有限公司召开第一次代表大会。12月25日，中车游乐和智能装备研发生产基地建设项目开工仪式在国投轨道智造产业园举行。12月26日，中车环境中标漳浦县东南片区村镇污水处理PPP项目，项目总投资4.5亿元。

【公司党政负责人】

党委书记	王宫成（12月免）
	胡　洋（12月任）
董事长	王宫成（12月免）
	胡　洋（12月任）
副董事长	黄纪湘
总经理	胡　洋
副总经理	朱龙驹　杨志华
	王晋刚
	任云龙（11月任）
财务总监	任云龙（11月任）

（中车产投　供稿）

南方汇通股份有限公司

【概况】 2018 年，公司经营业绩平稳增长，全年实现营业收入 11.05 亿元，较上年增长 2.06%；营业利润 1.32 亿元，较上年下降 15.44%；归属上市公司股东净利润 8803.07 万元，较上年下降 23.09%。5 月 17 日，发行公司债券，募集资金 2.85 亿元。6 月 15 日，公司完成 2017 年度权益分派，每 10 股派息 0.5 元，支付现金股利 2110 万元。

【经营发展】 时代沃顿公司夯实家用新产品提标工作，加大工业膜产品推广力度，国内市场占有率稳步增长，全年实现营业收入 6.61 亿元，同比年增长 6.52%，营业利润 1.58 亿元，同比下降 7.12%，净利润 1.36 亿元，较上年下降 7.78%。大自然公司推出清新、Z3 等新产品，并开展“控本增效”等工作，全年实现营业收入 4.28 亿元，同比下降 0.9%；营业利润 3849.5 万元，同比下降 8.87%；净利润 3306.5 万元，同比下降 9.96%。

【战略管控】 深入研究内外部环境，对公司重点规划发展领域的市场、技术、竞争等情况进行修正，对重点聚焦领域发展的实施路径做了初步规划。制定《南方汇通股份有限公司战略合作管理办法》。修订投资并购项目正负面清单。与上海量道资产、内蒙古环投集团、中国五环工程设计公司签署战略合作协议。公司在环保水处理方面的意向性订单充足。

【组织机构】 公司与中车贵阳公司完成分离，高层领导不再兼任。9 月公司撤处设部，按照精简高效、高端配置的原则，加强党建群团和纪检监察工作，优化了组织结构。设立节能环保事业部北京商务中心，形成贵阳运营管理中心、武汉工程技术中心和北京商务中心三线异地办公、跨区域业务融合的工作局面。

【员工队伍】 确定公司新组织机构职责和定编定员；设计了与市场、职位、能力、业绩、战略发展相匹配的薪酬激励体系。采取以社会招聘为主、校园招聘为辅的招聘策略，对紧缺人才实施协议工资制，全年面试 100 余人次，通过协议工资制招聘紧缺人才 8 名。

【风险防范】 公司梳理出 2018 年风险事件 9 项，其中重大风险 3 项。对债务风险、金融风险、国际化经营风险、法律风险以及安全环保风险等进行了分析，2019 年风险评估 15 项，其中重大风险评估 6 项。

【技术开发】 4 月 1 日，由时代沃顿公司主持起草的国家标准“卷式聚酰胺复合反渗透膜元件（GB/T 34241—2017）”正式实施。全球首款荷正电复合纳滤膜实现商业化，在磷酸回收领域应用，磷酸透过率大幅提升，降低回收能耗 30%。公司开发的耐强酸纳滤膜在运行压力和通量上大幅优化，通量比进口产品高约 40%。大自然公司主持起草《婴幼儿床垫》行业标准，完成专利申报 24 项。

【基础管理】 完成南方汇通信息机房改造项目。加强安全生产管理，开展了安全生产月活动。积极开展环保监控，主要污染物排放总量控制在指标之内。编制园区管理提升方案，开展园区基础管理、设施、绿化环境等改造升级工作。加强不动产出租工作，合同应收款项收缴完成率 100%。

【公司党政负责人】

党委书记　黄纪湘
董 事 长　黄纪湘
总 经 理　蔡志奇

党委副书记　蔡志奇　张万军

（南方汇通　供稿）

中车环境科技有限公司

【概况】 公司原由中车集团控股，2018 年 8 月 20 日完成股权划转，控股股东变更为产投公司。年末，公司下设 4 个业务部门、4 个职能部门、1 个分公司，5 个子公司（其中 4 个为 PPP 项目公司），员工总数 189 人，资产总额 24.32 亿元，其中流动资产 16.36 亿元，固定资产 332.49 万元，在建工程 6.36 亿元。全年实现营业收入 25231 万元，利润总额 2680 万元，净利润 2224 万元。

【经营管理】 公司优化组织机构和人员配置，完成制度建设 260 余项，成立审计和风控部，调整运营中心组织机构设置，成立综合管理部和运营管理部。协同湖南中车环境公司，申报受理发明专利 7 项和实用新型 2 项。年内总计中标金额 40 亿元。在建项目当阳、远安、澄江项目，未发生重大工程建设质量事故和安全事故，其中澄江公司完成投资 32532 万元，当阳公司完成投资 29875 万元。

【党群工作】 在国资委党委政治巡视中查找出问题 40 项，制定措施 82 项，形成整改决议 8 项，制定党委细化管理制度 19 项。召开党委中心组专题学习 12 次，党委委员和支部书记讲党课 7 场。组织党规党纪教育 3 次，警示教育 3 次。实现党建工作入公司章程。开展“不忘初心 、牢记使命”主题党日活动。开展贯彻落实中央八项规定精神情况等专项检查，处理违纪问题 1 起。推进职工民主管理，开展职工创新活动，组织了“送温暖”、困难职工慰问活动。为甘肃天水结对帮扶农民捐款 16400 元。组建公司共青团委员会，开展了“青年学习读书”活动。

【重要纪事】 1 月 19 日，公司正式成立，中车集团总经理、中车股份总裁孙永才为公司揭牌。1 月 24 日，中车集团总经理、中车股份总裁孙永才到环境公司调研。2 月 27 日，完成湖南工程公司收购。8 月 20 日，公司股权划转完成，控股股东由中车集团变更为中车产投公司。9 月 21 日，中车环境研究院挂牌成立。9 月 30 日，远安中车水务有限公司注册成立。12 月 10 日，泉州中车水务有限公司注册成立。12 月 26 日，参加中国环联 2018（第四届）生态环境高峰论坛并获颁“2018 年度战略性新兴环保产业领军企业”。

【公司党政负责人】

党委书记　江　奕
董 事 长　江　奕
总 经 理　陈国栋

党委副书记　陈国栋

（环境公司　供稿）

中车株洲投资控股有限公司

【概况】 2018 年末，中车株洲投资控股有限公司由中车产业投资有限公司持股 84.29%、中车株洲电力机车实业管理有限公司持股 15.71%。下设浙江中车新能源科技有限公司、株洲中车天力锻业有限公司、株洲中车特种装备科技有限公司、上海中车瑞伯德智能系统股份有限公司 4 个子公司。

公司全年实现营业收入 15.32 亿元，净利润 3062 万元。8 月 10 日，Kley 项目获得新三板上市公司上海瑞伯德增发的2210万股，股比51%，标志着中车集团在新三板平台实现央企并购首次突破。9月12日，鸿鹄项目举行揭牌仪式，宁波新能源与集盛星泰组建浙江中车新能源。11月，天力锻业跨入国内动车组车轴市场。12月，株洲特装新基地建设开工。株洲特装激光钣金订单同比翻番，年内签订合同金额4622万元。天力锻业市场项目发展至8500万元。浙江新能源15个军工项目中4项实现列装项目，覆盖海、陆、空三军。

【党群工作】 以习近平新时代中国特色社会主义思想为指导，认真贯彻落实党的十九大精神和国有企业党的建设工作会议精神，以深入推进政治巡视整改为契机，积极推行党建工作责任制。全面落实党组织学习制度，全年组织开展10次中心组学习。深刻领会全国国企党建工作会议精神，认真落实党建工作责任制，健全党组织议事决策机制，全年共召开党委扩大会议6次，审议决策议题32个。持续打造具有株洲控股特色“金名片”工程，研究策划“党员领衔重大项目制”活动，将党建工作着力点下沉至新产品研发、工艺提升、设备更新改造等热点、难点问题，倡导一线党员在重大项目中亮身份、勇担当。加强宣传力度，全年发布新媒体推送66篇，湖南卫视、湖南经视、湖南日报、中新网等15家媒体对公司进行报道。

【浙江中车新能源科技有限公司】 9月12日，宁波中车新能源科技有限公司、集盛星泰（北京）科技有限公司共同组建浙江中车新能源科技有限公司，注册资本3.36亿元。是国内领先的超级电容及储能系统企业，中车军民融合重点企业，建立了以宁波基地为总部，以常州基地为单体制造中心，在北京设分支机构，从事系统研发、市场销售和售后的“两厂三地”经营格局。至年末，公司完成销售收入3.2亿元，净利润482万元，共有员工485人。全力开拓轨道交通、风电变桨、特种装备、重型机械、胶轮领域、后备电源6个市场。轨道交通市场，完成胶轮导轨车和成都T2有轨电车2个新项目产品交付，销售同比增长83.3%；风电变桨市场，供货量取得重大突破，成为浙江运达指定超容品牌远景第一供应商，在华电天仁2018年占有率达到90%；特种装备市场，S101实现正式列装，脉冲电源模组批量供货，XC项目完成方案和施工设计，TK启动项目完成样件及送样，航天长峰24伏模组完成送样测试；重型机械市场，供货16套港口机械储能系统产品；胶轮领域市场，AGV小批量供货海外市场，汽车低温启动、物流车等市场取得突破；后备电源市场，微网储能小批量供货海外市场，地铁应急电源取得突破。

自主研制双50超级电容器，完成4000F单体样品制作，开发S101储能系统、MCDY储能电源、SYB03导轨电车车载储能装置、NPIC储能系统等项目，组织验收南网“基于电网多端融合应用的储能技术与经济研究”项目，为世优电气研制的样机已通过测试。标准化模组开发形成了一套标准文件和图纸。获得浙江省技术发明奖二等奖、宁波市科技进步一等奖、浙江省“隐形冠军”企业等荣誉。年内公司申请发明专利12项，授权发明专利12项，至年末，公司共有授权专利134项，其中发明53项，国外发明3项，国外实用新型11项；发表论文8篇。

公司党委认真落实政治巡视问题清单梳理和整改。持续开展“两学一做”，组织学习党章党规、系列讲话、十九大报告，大力推进“四化”党建，通过头脑风暴、批评与自我批评，多维度、多层次激发党群工作活力。组织开展新基地植树、七一大合唱、首届运动会等活动，组织成立各类社团，丰富员工业余生活。

【株洲中车天力锻业有限公司】 简称“天力锻业”，是中车旗下轨道交通装备车轴、电机转轴等锻件专业化研制企业，国内轨道交通装备锻件的专业化生产基地。公司固定资产 8626 万元，拥有下料、锻造、机加工、热处理 4 条生产线，具备年产 30000 根各车型车轴及轨道交通车辆配套产品的柔性制造能力。年内，中标国家工业强基工程“高速动车组 EA4T 空心车轴”项目。全年实现销售收入 3.4 亿元、利润总额 1914 万元、净利润 1710 万元。年末有员工 281 人。公司拓展了工程机械、矿山机械、航空锻件等领域，产品主要应用于电力机车、城轨车辆、动车组领域，产品远销德国、马其顿、南非、马来西亚、土耳其、印度、新加坡等 10 余个国家，以及国内 30 余个城市。开发了山东公司、湖南特力、常德迪格等客户。年投入科研费用 1000 万元以上，累计取得 15 项实用新型专利、8 项发明专利。完成车轴产品流程划转，掌握了核心产品在主机市场上的主动权。获得“湖南省小巨人企业”“株洲・中国动力谷中小企业 100 强”等荣誉。优化执行层人力资源，执行层平均年龄由 42 岁降至 37 岁。

【株洲中车特种装备科技有限公司】 简称“株洲特装”，是中车旗下唯一具备游乐装备设计制造 A 级资质公司、景区交通领域龙头企业，是轨道交通装备制造工艺装备及成套系统提供商、智能制造及产线方案提供商。至年末，公司注册资本金增至 2 亿元，实现销售收入 4.6 亿元，较上年增长 47.4%，拥有职工 420 人。公司产品高性能大功率（万瓦）光纤激光切割机参展国际工业博览会。精密数控折弯机在华东、华西、华南地区销售。与行业优质企业合作，在地铁工程车、地铁车钩项目取得进展。完成全景单轨观光车、国内首台可在高纬度极寒环境运行的单轨除冰车研发，以及海南陵水、六盘水、七彩云南、习水 4 个项目车型试运行。完成列车制动系统试验台等 175 项智能、非标工装设计开发。通过省级技术中心评定，申报专利 25 项，获取专利 15 项。

【上海中车瑞伯德智能系统股份有限公司】 简称“中车瑞伯德”，2002 年成立于上海，是株洲控股 2018 年并购企业，新三板上市公司，上海科技小巨人企业。公司主营工业自动化控制系统、数控系统和运动控制系统、机器人的集成应用，机器视觉产品及应用系统、MES 等，并提供智能制造产线整体解决方案。公司下设机器视觉技术公司，并与西门子合作设立工业 4.0 创新中心和智能制造服务中心。至年末，公司实现收入 28538 万元，较上年增长 37%，净利润 1010 万元，较上年增长 1102%，总资产 25601 万元，归属于母公司股东权益 20613 万元，每股净资产 5.91 元，每股收益 0.30 元，净资产收益率 8.5%。拥有员工 234 人。实现质量问题零投诉，客户满意度和市场口碑维持较高水平。

【重要纪事】 4 月，株洲控股向天力锻业增资 8300 万元，达到动车组车轴 CRCC 认证门槛。12 月，中车产投 4.65 亿元增资到位，株洲控股注册资本增加到 7.64 亿元。12 月 25 日，株洲特装游乐和智能装备研发制造基地举行开工仪式。12 月 30 日，株洲控股向株洲特装增资 1.48 亿元（第一期）。

【公司党政负责人】

党委书记　马克湘
董事长　马克湘
总经理　胡志军

党委副书记　胡志军

（株洲控股公司　供稿）

湖南中车时代电动汽车股份有限公司

【概况】 2018年末，公司实现营业收入50.5亿元、净利润1.22亿元。中车电动设有股东会、董事会、监事会，股东成员为中车产业投资有限公司、中车株洲电力机车研究所有限公司、深圳可立克科技股份有限公司、湖南高新创业投资集团有限公司、自然人肖铿、邓鹏图、汤跃、张洁；董事会由5名董事组成，监事会由3名监事组成。公司实行董事会领导下的总经理负责制，设有总经理1人，副总经理8人，副总工程师、副总经济师及总经理助理7人。公司组建以来，三会一层按照公司章程履行职责。

【经营管理】 销售新能源客车5724台，签单6328台，市场份额6.54%，行业排名第五。销售电驱动产品14000余套，中车电池PACK应用700余套。搭建融资回款团队，实现全款订单2700余台，较上年增加154%。推进意向订单管理，49个新市场取得突破，成功进入深圳、上海公交市场。建立了“三级防控体系”。“三电”系统营销主线明晰，上海申龙、扬州亚星市场份额大幅增加。储能产品在长客、青岛地铁轨道交通市场实现销售。2.5代12米车型通过欧盟认证并首次出口东欧，新西兰、罗马市场相继取得突破。

技术方面，12米、18米高端城市客车品质提升并在上海批量运营。8米、10米中端城市客车减重800千克，性能达到行业标杆产品水平。5.9米、6.6米纯电动客车研制完成。智能驾驶客车率先示范运营。整车综合能耗降低13%。优化了驾驶舒适感。电控产品降成本10%。适应高寒地区的产品批量运用。完成集成传动总成齿轮部件自主设计。智能网联系统实现云平台与智能仪表互联互通。协同时代电气实现自主IGBT万台级批量应用。TP5通过功能安全流程认证。解决油漆开裂、骨架锈蚀、车身平整度三大工艺质量问题。成功申报国家级企业技术中心。全年获得科技部重大专项及省级专项资金3000余万元，获得省级科技进步二等奖1项，中车科技进步二等奖1项。完成受理国内专利77项。

精益制造成效显现，创造了整车日产80台的新纪录，株洲基地车身平整度有效提升，涂装单台腻子用量下降30%。完成株洲3列及永修4列车辆下线。供应链管理持续优化，行业主流供方占65%以上。28类品类物资实现集中采购，集采率70%，采购降本同比下降5%。高效推进分/子公司信息化系统全面移植和覆盖。

【产业布局】 基本完成公司客车产业布局。完成常德大汉并购及老基地改造、无锡一汽客车并购、宁波电车并购。广州分公司建成投产。石家庄分公司产能提升并完成环评。1G瓦时的电池PACK生产线、万台传动总成生产线陆续建成投产。

【风险管控】 合同法务审核100%覆盖。全年回款总额同比增长118%。回笼国补资金13.47亿元。长沙市补、山西地补取得重大进展。股权融资20亿元、债务融资54亿元、票据融资40亿元。总装一次交检合格率提升10%，平均首次故障里程提升50%。

【党群工作】 公司落实国资委党委政治巡视问题整改，整改问题清单完成率96%、整改决议完成率89%。建强“一体三化”党建工作，坚持思想引领，强化各级干部员工政治意识。完善全面从严治党责任体系，推进党委主体责任、各级干部“一岗双责”落实。

坚持严守规矩，形成监督执纪问责常态化机制。强化企业文化传播和融合。开展“十杰青年”评选、标杆文化建设等活动。坚持以人为本，打造家园文化，搭建劳务外包员工福利体系，开展了丰富的文体活动。

【公司党政负责人】

党委书记　申宇翔

董 事 长　申宇翔

（时代电动　供稿）

青岛中车轻材料有限公司

【概况】 公司主要经营焊接铝蜂窝及其相关产品，主要用于四方股份公司、长客公司、唐车公司、浦镇公司、株机公司等主要车辆制造企业，产品主要包括车厢间壁、侧墙、顶板、车门和地板等。截至 2018 年末，拥有员工 56 人。公司下设综合管理部、财务部、技术部、营销部、生产部、质量部 6 个部门。

【年度经营计划与实施】 全年实现销售收入 25115 万元。高铁轻量化设备舱模块项目实现销售收入 12115 万元，焊接铝蜂窝轻量化模板实现销售收入 11000 万元，焊接铝蜂窝项目实现销售收入 1000 万元。在巩固和延伸既有市场的基础上，进军军工市场。

【经营管理】 公司推行精益生产，推广运用“5S”、标准作业等基础工具，整顿改善现场条件，提高生产效率和作业质量。开展了操作质量方面培训。4 月 13 日，取得四方股份公司高压箱活盖产品供应、服务资格证（A 类供应商资质）。6 月 30 日，ISO 9001 质量管理体系认证换版。实行“一岗双责”“一把手”负责制，层层落实安全生产责任制，2018 年死亡事故、新增在岗职业病、一类火灾爆炸事故和重大影响事故均为零。万元产值综合能耗 0.04 吨标煤/万元，万元增加值能耗 0.3 吨标煤/万元。

【技术开发与推广】 厦门地板开发项目，降低了生产成本，提高了产品质量。高压接头箱盖开发项目，完成试制、验证。设备舱模块（裙板、底板）减重设计开发项目，完成试制、验证，车体轻量化、重量减少 10%；产品寿命延长 10～15 年。成功申请轨道车用中顶板及轨道列车实用新型专利。

【党群工作】 公司始终将党建工作纳入议事日程，多措并施强化党建责任，党建工作纳入公司章程，党组织内嵌于法人治理结构，党建工作与业务发展同部署、同落实。开展创岗建区活动，设置党员先锋模范岗，充分发挥共产党员先锋模范作用。

（轻材料公司　供稿）

资阳中车电气科技有限公司

【概况】 资阳中车电气科技有限公司是中车集团电连接器专业研制企业，注册资本 1 亿元，公司业务立足轨道交通，辐射汽车、船舶、军工等领域，主营光电连接器及线缆总成、电气设备等产品研制，是中国高铁动车组九大关键技术、十大配套产品之一的电连接器唯一技术引进企业，中国铁路总公司自动电连接器五级修指定企业，国家高新技术企业，拥有四川省企业技术中心、中国中车电连接器技术中心、可靠性检测实验室，拥有国家专利近百项，具有年产500列动车组、700列城轨地铁电连接器及其集成产品能力。2018年末，公司实现销售收入41488万元，净利润79万元，拥有员工383人。

【产品开发】 申报国家专利8项，发明专利受理4项，实用新型专利受理4项。累计获得政府支持经费144万元。完成电连接器产品设计、试制124项，市场应用率77.7%，较上年增长22.5%。完成动车、机车等市场电控台柜产品设计、试制28项，市场应用率96.4%，较上年增长10.7%。完成系列化5款智能厕纸机产品开发。

【市场拓展】 公司获得“复兴号”动车组电钩批量订单，完成5项产品评审。获得北京、成都地铁车端网络通信连接器订单，常州地铁电钩订单。DJ4机车连接器实现由试装到批量的跨越。完成HXD3机车产品评审，实现了集团电力机车企业全覆盖。完成印度高低压连接器集成项目、孟加拉重油电厂电控柜配套项目，拓展了国际市场。获得中车集团产业配套扶持政策，提高公司电连接器在城轨地铁、“复兴号”动车组的应用。

【基本建设】 公司对组织机构及领导干部进行优化调整，拓宽用工渠道，选拔、招聘公司需要的人才，为员工搭建了晋升通道。完善管理体系，初步搭建了法务审计与风险控制体系。推进提质增效，降低成本646.42万元。可靠性试验室、新电连组装厂房、智能厕纸机生产线、电力高低压开关柜和交流充电桩生产线等投入使用。智能仓储建设项目实现单机独立运行。

【公司党政负责人】

党委书记　向　军
董事长　向　军
副董事长　杨志华
总经理　许　华

党委副书记　许　华　林　忠

（电气科技公司　供稿）

中车城市交通有限公司

【概况】 2018年末，公司产值113亿元。年内，公司与上海等城市签署捷运交通整体解决方案合同，与鹰潭等地签署旅游交通整体解决方案合同。在香港、匈牙利、吉隆坡成立海外业务单元。与欧洲客车企业伊卡鲁斯（Ikarus）合资建立电动客车整车制造平台，参股马来西亚上市公司毅成工程（Ireka），构建东盟市场营销中心，在奥地利投资建设中车电动客车欧洲运营示范线，并获得匈牙利布达佩斯机场快线的商业化投资运营许可，列入“十六加一”中匈两国重点商业合作项目。

【上海中车绿脉股权投资基金管理有限公司】 简称“中车绿脉”，主要从事中车交通与地方各政府引导基金、战略合作伙伴发起设立的产业基金管理和产业链上下游PE项目投资、国内外并购项目投资、城市捷运PPP与特许经营项目投资。年末，基金规模超过75亿元。

【上海中振装备交通有限公司】 简称“中

振装备”，主要从事交通装备整车制造、交付式生产与维保基地的投资和运营，ART（智轨列车）、SRT（磁悬浮系统）、TRT（旅游观光系统）、MRT（商用大轿车）、城市捷运整车及系统的研发生产和维保基地的投资、运营，城市运营专用车研发制造。年末，实现销售15亿元。

【上海中车通达智慧物流有限公司】 简称“中车通达智慧物流”，由中车交通控股，申通快递、韵达物流、中通快递三家快递上市公司参股设立，主要从事绿色智慧物流车、桩、网一体化运控、新能源物流运力服务和电动物流车辆、配送机器人的研发、制造和销售。投资建设了年产5万辆（套）的新能源电动物流整车（LRT）和配送机器人研发生产基地，获得了江西省专项产业补助资金。

【宁波中车海外城市交通投资有限公司】 简称“中车海外”，主要从事中国中车企业整车装备、核心部件和原材料进出口、中车集团在中东欧、东盟两大区域的装备销售代理与产业投资、中国中车交通投资项目与中铁、中交、隧道等战略合作伙伴建设项目的供应链管理服务。

【中城捷运城市交通有限公司】 简称“中城捷运”，主要为城市提供绿色智能交通整体解决方案咨询、投资、建设和运营业务。至年末，在国内公共交通市场项目订单占有率排名第一。

【中车城市交通欧洲公司】 简称“中车欧洲”，主要从事中车现代电车整车及核心部件在中东欧市场的独家销售，中车现代电车欧洲本地化制造、维保，海外城市智能交通项目投资、运营，以及海外上下游产业股权投资。

【上海中车城市交通投资建设有限公司】 简称“中车建投”，由中车城市交通有限公司产业园区投资建设和运营，是交通线网沿线物产投资、建设和运营业务平台，也是政府为产业投资配套土地资源的开发平台。

【产业研究院】 由中车城市捷运研究院与同济大学中车捷运研究院组成。主要从事城市捷运与旅游观光线网规划优化、制式比选咨询和项目投资运营顾问业务，以及城市捷运、旅游观光等装备的系统研发与产业化指导。内设ART（地面捷运）、SRT（空中捷运）、MRT（商用车）、TRT（旅游捷运）、LRT（物流捷运）所和莫干山分院、汉江分院，以及智库中心等，积极推进轻量化中低速磁悬浮电车、直线电机捷运观光轨道车和国产化商用大轿车等重点项目。

【重要纪事】 1月24日，设立平遥中城旅游观光线建设发展有限公司。2月8日，平遥旅游观光轨道线项目正式启动。6月4日，全国首个县级ART智轨列车示范线项目在永修县立项。7月6日，举行同济大学中车捷运研究院第一次理事会暨研究院揭牌仪式。9月30日，举行德清中车交通商用车产业基地项目启动仪式。10月27日，与中铁十五局集团有限公司签署合作协议。12月14日，中国林产工业协会森林旅游交通产业分会授牌成立。12月17日，大众交通（集团）股份有限公司参与中车城市交通有限公司A轮增资，投资1亿元人民币。12月18日，与湖南中车时代电动汽车股份有限公司、伊卡鲁斯公司（Ikarus Járműtechnika Kft.）在匈牙利塞克什白堡联合发布了第一辆中匈合作制造的IKARUS-CRRC双品牌纯电动公交车，中国驻匈牙利大使段洁龙出席活动。

（城市交通公司　供稿）

中车资本控股有限公司

本栏编辑　李映雪

中车资本控股有限公司

中车股权投资有限公司

中车金证投资有限公司

中车轨道交通投资有限公司

中企云链(北京)金融信息服务股份公司

中车商业保理有限公司

中车汇融保险经纪有限公司

中车资本控股有限公司

（统一社会信用代码：91110106MA002LAT6K）

党委书记、董事长　邵仁强

总经理　鄢德佳

【概况】　2018年末，中车金控注册资本44.78亿元，拥有员工81人，其中市场化招聘员工61人，党员59人。公司总部设综合管理部、业务发展部、财务部、风险管理部、党群工作部、共享服务中心。年内致力于打造中车集团融资和投资平台，在以市场融资为主业为中车集团提供社会资金支持的同时，发挥投资的探路功能，发现新市场、新技术、新产品，引入新模式、新机制，努力为中车集团创造价值。围绕“助推实体产业发展、创造丰厚价值、推进转型升级”三大目标，搭建“5+X”发展架构，其中“5”为中车轨道交通建设投资有限公司、中车股权投资有限公司、中车金证投资有限公司、中企云链（北京）金融信息服务股份有限公司和筹建中的中车科技发展投资有限公司，“X”包括中车汇融保险经纪有限公司、中车保理有限公司等。业务类型包括PPP融投资、为中车子公司服务的市场协同融投资、市场化基金融投资、金融服务、保险经纪服务等。公司成立3年来，坚持践行“产融结合　以融促产　以融助产”的历史使命，努力打造中车融投资运营平台，助力集团公司主业发展，通过战略价值投资，促进产融联动，产融结合率达65%，实现了PPP社会融资“零”的突破，融资规模21.83亿元。3年累计实现营业收入3.29亿元，利润总额超过7亿元，人均创利超过960万元。

【规划发展】　公司稳步发展金融和类金融业务，支持实体经济发展，服务中国中车主业。通过投资带动土地开发、产业并购、轨道交通PPP、环保PPP、科创中心、工业互联网等相关业务发展壮大，助推中国中车产业升级。

【年度经营计划与实施】　公司在分析计划期内国际、国内政治、经济、行业、市场形势后，确定了发展思路、经营目标，编制印发了2018年度经营计划，并层层分解主要经营目标，制定子公司收入利润、投资、费用、融资、风险管理、安全管理等专业计划。同时，将经营计划体系与中车集团“提品质”对标指标紧密融合，对计划期风险及不确定因素进行分析后，制定了保计划措施。围绕

“五个聚焦”“六个强化”抓好工作落实和管理提升，全面完成了年度经营目标，获得中国中车2018年度突出进步奖。

【经营管理】 1月27日，公司与各子公司分别签署《企业效绩目标责任书》，层层分解利润总额、投资总额、基金募集规模、百元收入费用率、基金杠杆率等主要评价指标，并纳入效绩考核评价管理。印发《关于下达中车金控各子公司2018年度效绩考核指标的通知》，细化指标评价方法，形成了完整的效绩考核指标体系。

结合巡视整改工作，推动制度体系建设，全年完成制度废改立77项，其中废止2项、修订34项、新增41项。征集公司级管理创新成果4项，其中《上市公司定向增发投资业务的管理流程及制度优化创新》获得中国中车第三届管理创新成果二等奖。

【项目开发与投资】 公司全年完成投资35.64亿元，投资完成率86.17%，其中长期股权投资21.58亿元、财务投资14.06亿元。台州PPP项目资金募集取得阶段性进展，中国PPP基金、神州高铁等外部机构出资参与台州PPP项目。通过投资台州PPP项目带动中车子企业获得工程总承包合同额约131亿元。公司参与的锡林郭勒盟特高压风电项目抢占了内蒙古特高压风电产品市场，提高了中车风电装备产品市场份额，参与的中浙轴承项目作为国家科技部重点专项项目，填补了高速动车组轴承国产化的空白。

【战略价值投资】 公司选择行业向上、业绩扎实、估值合理、具有想象空间的项目作为投资标的。以支持主业、带动中国中车协同发展为目标，布局证券、金融信托、军工航天、轨道交通、新能源、超导电子元器件等国家大力扶持鼓励的行业，参与了定向增发投资。

【股权投资】 公司设立马迩斯公司、吉林国调中车产业发展投资管理有限公司、基金管理公司。参股中国国有企业结构调整基金，出资总额10亿元；国调基金（中车金控协调参股）投资参与组建中车环境、中车工业数字化公司，投资参与吉林国调中车基金等项目，为中国中车产业发展提供了金融支持。

【金融服务】 年内，中车保理业务规模约30亿元，均为中国中车体系内业务，服务供应商客户1200家。围绕中国中车供应链上下游供应商，以确权保理、票据保理、云信直投三大类为基础，贴合了客户真实需求。

【保险经纪】 年内，中车汇融保险经纪公司为中车集团所属7家一级子公司和中车股份所属34家一级子公司提供保险经纪和风险咨询服务，成员单位覆盖率达79%，累计为中国中车700亿元资产、438亿元国内外合同订单、约8000名员工提供保障。

【党群工作】 公司党委下设金控机关、建投、金证、权投、保理、保险经纪、中企云链等7个党支部。公司党委始终坚持深入学习贯彻习近平新时代中国特色社会主义思想和党的十九大精神，持续深化落实习总书记视察中车重要指示精神，树牢“四个意识”，坚定“四个自信”，坚决做到“两个维护”。围绕企业改革发展把方向、管大局、控风险、保落实。在经营规划、战略目标、风险管控、科学决策和用人机制等方面做到统一研究、统一部署、统一落实。制订《2018年度党委中心组学习、领导班子成员讲党课和全体党员学习计划》，全年累计开展党委中心组、专题党课等政治理论学习33次，党员参学率100%。建立党员学习笔记定期检查并督促整改的工作机制，心得撰写率100%，笔记检查率100%。把学习贯彻习近平总书记视察中车重要指示精神作为新员工入职的必学一课。

研究制定《中车金控关于深入贯彻落实习近平总书记重要指示精神打造中车融投资运营平台的决定》。

全面完成2018年政治巡视查找出的32项问题和中车党委巡视组反馈的4方面问题的整改。各单位对照整改台账，落实月度工作计划，形成以巡视整改为主线，党建和经营齐抓共管的工作体系，并执行问题整改销号管理和销号问题后期检查评估。

召开党建暨党风廉政建设工作会议，建立党委主体责任清单和党委班子成员“一岗双责”清单，组织各党支部分别制定党建责任清单和“一岗双责”清单。公司本部及下属企业实现党建工作进章程。定期召开务虚会、讨论会、策略会，确定了公司“十三五”发展规划、三年滚动规划。严格执行“三重一大”事项党委会前置程序，年内召开党委会28次，审议议案173项，涉及“三重一大”议案89项。

建立覆盖业务体系全阶段、运营管理全周期和内部控制全过程的风控体系，定期召开风险例会，主动防范、排查、化解投资风险。统筹整改调研，以两次民主生活会为契机，征集意见建议103条，制定整改措施53项。建立领导班子成员包保和联系基层制度，通过督促调研帮助解决实际困难与问题。统筹干部选聘管理，坚持党管干部、党管人才原则，公开选聘3名中层岗位管理人员、7名中层干部并严格进行公示和任前谈话。制定《构建“不能腐”体制机制实施计划》，系统规划公司纪检、监察工作。开展党员集体廉政建设谈话，与全体党员现场签订廉洁承诺书，全年开展廉政教育19次。进一步规范信访信箱、电子邮箱和电话等载体工作机制，严格落实“双人开箱”要求。建立风险事项效能监察主动介入机制和共享财务过程监督专项反馈机制，对存在重大风险的保千里定增项目进行了效能监察。制定《关于深入贯彻落实中央八项规定精神的具体措施》，建立领导班子成员调研制度，累计开展基层调研12次。

统筹文化管理，成立品牌执行委员会，组织开展企业文化优秀案例征集和评选。组织开展“向高铁工人学习”活动和拓展培训活动，8篇稿件在集团内网刊发。

统筹群团优势，组织签订《集体合同》深化民主管理；创新举办“2017年度表彰暨2018新春年会”；开展健步走活动；组建文体活动兴趣小组8个；开展“送温暖”和帮扶工作，慰问困难员工13人次。召开公司一次团员大会，成立了共青团组织。

【重要纪事】 1月26日，中车金证（北京）基金管理有限公司完成工商登记。同日，公司召开党建暨党风廉政建设工作会议。1月27日，公司召开年度工作会议，与各子公司分别签署《企业效绩目标责任书》。2月，公司成立保千里项目应急处置小组。3月14日，中车金控与锦州银行签署战略合作协议。4月25日，中企云链与大连银行签署战略合作协议。5月3日，中企云链与中国光大银行签署战略合作协议。5月11日，公司召开第二次工会会员大会，张景伟当选为公司工会主席。8月24日，公司召开第一次团员大会暨团委成立大会，选举产生共青团中车资本控股有限公司第一届委员会。9月26日，中车金控党委召开专题民主生活会，中车集团总经理、中车股份总裁孙永才出席会议。9月，吉林基金完成基金管理公司工商注册。10月18日，中车金证基金公司通过中国基金业协会备案。11月14日，中车商业保理有限公司增资2亿元，完成工商变更登记。11月，中车无锡科创园完成高端装备制造基金的注册。12月12日，公司与澳交所签署战略合作协议。12月27日，公司与上海科创集团签署战略合作协议。

【公司党政工负责人】

党委书记　邵仁强
董事长　邵仁强
总经理　鄢德佳（9月任）
副总经理　丁有军　张洪权（4月免）
　　刘建华（9月免）
财务总监　丁有军
党委副书记　鄢德佳（9月任）
　　张景伟
纪委书记　张景伟
工会主席　张景伟（5月任）

（中车金控　供稿）

中车股权投资有限公司

2018年，中车股权投资有限公司（简称“权投公司”）实现营业收入956.68万元，投资额28930万元，实现利润5529.75万元，归属母公司净利润4513.85万元。3月，权投公司与泛海集团共同出资设立中车泛海智能制造投资基金，首期基金规模2.5亿元，投资方向为高端智能制造行业；9月，权投公司与方正和生就合作设立市场化股权投资基金签订意向协议；10月，权投公司与常德市就合作设立常德中车通海先进制造投资基金达成意向；11月，权投公司与金华市开发区管委会及大华股份签订合作设立中车智慧物联产业基金意向协议。

年内完成3个投资项目出资。1月设立宁波中车光懋投资管理合伙企业（有限合伙），专项投资金科环境股份有限公司，其中权投公司出资2000万元，向社会合格投资者募资1940万元；7月设立桐城市中车投资合伙企业（有限合伙），专项投资安徽顺驰电缆有限公司，基金规模6860万元，其中权投公司出资830万元；10月向锡林郭勒盟风电项目公司出资3600万元。在项目储备方面，完成智能制造、新能源、新材料等领域34个项目立项。

【公司负责人】

董事长、总经理　张英凯

（中车金控　供稿）

中车金证投资有限公司

2018年，中车金证投资有限公司（简称“中车金证”）完成投资额1.7亿元，实现利润3.47亿元。完成1个上市公司股权投资项目，账面投资收益率26.55%，类固收金融产品投资收益率3.30%，新股申购投资收益率160%，市值管理业务相对收益跑赢证券市场23%。以所持中国中车股票参与换购央企结构调整ETF基金，税后收益（含所得税）8.83亿元。1月26日，联合北京万禾、颐和信泰、中企发展等股东共同出资1200万元成立中车金证（北京）基金管理有限公司。10月18日，获得基金管理人资质，为撬动社会资本、扩大资产管理规模、打造中车金控公司融投资平台奠定了坚实基础。

【公司负责人】

董事长、总经理　张　军

（中车金控　供稿）

中车轨道交通投资有限公司

2018 年，中车轨道交通投资有限公司（简称“中车建投”）实现营业收入 81.11 万元、净利润 13.03 万元，完成投资 21.37 亿元，基金募集规模 33.13 亿元，管理费用控制在 213.1 万元。

台州市域铁路 S1 线一期 PPP 项目　由中车建投与城投基金先行成立 15 亿元的平层契约基金进行出资。中车建投追缴认购 5.8 亿元至契约型基金，并由契约基金出资至项目公司。6 月，中国 PPP 基金、神州高铁签署项目投资协议、合作备忘录、契约基金合同。神州高铁出资 2.83 亿元、中国 PPP 基金出资 9.5 亿元至契约基金。契约基金完成首期资本金 33.13 亿元的募集工作。

佛山城市轨道交通 3 号线项目　中车集团签署股权受让合同，中车建投签署分包合同，中车建投收到中车集团支付的项目股权溢价款项 85.9 万元，佛山项目公司确定了基本制度及股东出资方案。年内完成车辆、信号系统设计联络，收入咨询费 1200 万元。

韩城市悬挂式单轨 PPP 项目　中车建投围绕催促政府出资、风险分析、投后管理、实施项目减资等方面开展工作，韩城项目出库后，中车建投与政府方专题研究了后续整改工作方案。6 月，成立处置工作领导小组，项目组编制处置预案，形成项目减资方案。12 月，获得政府方同意减资方案的正式批复文件。

依法合规开展投资业务，执行财务部、国资委等国家部委对 PPP 业务的监管办法，学习集团公司《关于规范发展 PPP 业务的指导意见》，着手启动编制公司参与 PPP 业务的工作方案。

在巡视工作方面，中车建投全年共查找出 5 部分 23 项问题，研究制定 25 项整改措施。在党建方面，党支部逐步完善基础工作，转化编制了 5 项支部管理制度，对照支部管理标准，认真填写了支部工作手册；带领党员主动参与“两学一做”党员教育活动。

（中车金控　供稿）

中企云链（北京）金融信息服务股份公司

2018 年末，中企云链（北京）金融信息服务股份公司（简称“中企云链公司”）在岗员工 557 人，实现营业收入 20972 万元，利润总额-6256 万元。平台注册用户 19468 家，较上年新增注册用户 10361 家。平台云信开立 278.73 亿元，同比上年增长 69.09%；云信融资 153.51 亿元，同比上年增长 77.02%。累计云信开立 546.98 亿元，累计保理融资 272.36 亿元，平台运营规模进入了快速增长期。

公司产品线不断丰富，在云信业务快速扩张的基础上，票转信、云证、ABS、投行、云链中间件、保险等系列产品进入市场拓展期，云链生态体系雏形显现，为平台用户提供全方位服务的能力全面提升。

资产端拓展方面，在中企云链平台落地核心企业 271 家，较上年增长 112%。在制造、建筑、军工、能源行业等核心行业基础上，拓展了医疗、旅游、通信、广电、盐业等行业，收获众多“行业首单云信落地”。

资金端拓展方面，重点推进23家全国性银行总分支三级机构的全面覆盖，启动了全国地方城商行、农商行等地方金融机构的覆盖计划，合作银行数量快速增长。与光大银行、中信银行、民生银行实现线上系统直联，业务处理速度得到提升。积极开展布局全国百强城市以及百强企业的强势地推，营销覆盖全国30个省（直辖市）84个市，市场影响力逐步显现。

（中车金控　供稿）

中车商业保理有限公司

2018年，中车商业保理有限公司（简称“商业保理公司”）在岗员工9人，营业收入1.68亿元，同比增长1.8倍；利润总额约4900万元，同比增长3.5倍。效绩考评总分122.5分，获评中车金控“A”级企业。为1300余户供应链企业解决融资需求，同比上年增加300余户。业务规模64亿元，同比上年增长65.21%，其中云信直投42亿元，票据业务11亿元，确权业务11亿元。董事会审议通过《关于增加公司注册资本金的议案》，提请股东单位对公司增资2亿元，5月完成增资流程，7月办理了工商变更登记。10月，公司法人代表变更为朱湘军，总经理变更为王晓杨。11月完成公司名称变更和工商变更登记。《产融结合视角下“确权保理融资”的商业模式构建及价值共享机制研究》被评为中车金控2018年管理创新成果二等奖。

（中车金控　供稿）

中车汇融保险经纪有限公司

2018年，中车汇融保险经纪有限公司（简称“汇融保险公司”）在岗员工8人，实现营业收入1801万元、利润总额1292万元。为中车集团和中车股份所属制造型一级子公司提供保险经纪和风险咨询服务，累计保障中国中车1500亿资产、660亿国内外合同订单和20000名（人次）员工，为中国中车企业带来保险创效2亿元，助力企业安全生产，为中国中车“走出去”、响应“一带一路”倡议、打造国家名片提供了有力支持。协助中国中车成员企业成功申报首台（套）保费资金补贴项目（含续保项目）15个，总保费规模1.7亿元，获得财政保费补贴1.36亿元。首台（套）保险补偿机制惠及更多中国中车成员企业，产品质量和产品责任风险保障覆盖了包括“复兴号”中国标准动车、马来西亚ETS城际动车组、6.0兆瓦风力发电机等高精尖产品，节约成员企业维保成本6000万元，转移成员企业的责任风险。协助成员企业处理保险疑难理赔案件31起，及时减少了成员企业的经济损失，有效缓解了成员企业资金压力，保证了成员企业正常生产经营的延续性。

（中车金控　供稿）

中车置业有限公司

本栏编辑　李映雪

中车置业有限公司

中车置业有限公司

（统一社会信用代码：91110000551415261J）

党委书记、董事长　宫良国

总经理　谢传军

【概况】 2018年末，中车置业注册资本50亿元，在岗职工347人，公司总部下设10个部门，拥有独资、合资形式的子公司12家，分别为齐齐哈尔东湖房地产开发有限公司、黑龙江悦湖房地产开发有限公司、大连大力房屋开发有限公司、天津乐湖房地产开发有限公司、荣成翠湖房地产开发有限公司、中车置业（太原）有限公司、中车置业（成都）有限公司、太原万佳安居置业有限公司、中车置业（兰州）有限公司、中车置业（台州）有限公司、北京中车南口科创园区管理有限责任公司、天津中车津浦产业园管理有限公司。

年内，公司在做好存续项目开发、努力去库存的基础上，积极拓展城市功能更新项目，连续3年实现利润转正，净资产逐年增长，资产负债率持续下降，公司进入安全稳健发展阶段。连续3年获得中车集团授予的“突出贡献奖”和“疏解非首都功能改革重组攻坚奖”。

【规划发展】 通过太原、成都、兰州、天津等项目的土地经营工作，公司积累了盘活利用土地的相关资源、骨干人才和运作经验，为转型成为中车集团不动产经营服务平台，担当中车集团治僵脱困中盘活低效不动产的工作任务，开展产业园建设运营等创新业务，实现资源、资本和资金的“三态”良性转化与互动及全面转型升级等奠定了坚实基础。公司发展规划是：以不动产经营为核心，依托中车轨道交通装备行业特色资源与产业优势，打造成为中车集团立足盘活土地房屋等不动产资源、提升资产价值的统一归口业务平台；立足优化业务价值链，发展现代产业园、创新科技园、产业综合体等高端物业的运营服务平台；立足自有土地整合开发，以土地资源价值最大化、国有资产保值增值为目标的合作开发平台。

【年度经营计划与实施】 年内，公司完成了中车集团下达的T3指标：实现营业收入26.28亿元，同比增长21%；利润总额4.58亿元，同比增长100%。持续开展压减工作，严格控制新设新增公司、清理法人单位，对存续的 7 个项目进行二次压减清算，编制完成“一张表　一篇文章”。通过提高货值和控制成本等方法，重新确定了资产损失。

加快中车集团不动产经营平台建设，积极推进低效无效资产处置，盘活退城入园项目土地，取得了良好收益。成都项目工业遗产保护性开发价值显现，将通过“TOD+工业遗产保护”树立“微城市”品牌形象。兰州兰工坪项目完成了资产转让。天津装备厂项目完成股权交易，实现了中车集团“处僵治困”目标。太原项目 10 号地块完成概念性规划方案，并得到了区政府高度认可，被确定为太原市杏花岭区 2018 年四大现代服务业引领项目之一和打造四大商圈之一。在京四厂项目按照“讲故事　要政策　建平台”的策略，以“整体统筹　分步实施”为原则，在积极推进中。

【经营管理】　遵循“对外合规　对内提升管理”的原则，开展制度优化调整和完善补充。公司共有制度 99 项，其中年内新增、修订 47 项，实现了管理主体与操作主体责任明确、流程输出成果清晰的工作目标。

系统实施全面预算管控，提高全面预算管理水平，严格控制经营收支，全面强化资金管控力度。融资渠道逐步向多元化融资模式转变。加强股权管理的统筹协调职能，优化公司产权结构。注重提升税收筹划能力，有效规避税务风险。及时调研统筹各子公司纳税情况，强化“事前筹划　事中监控　事后分析”的税务筹划工作理念，合理节税。确保资金安全和支出合规，合理调配项目资金，有力支持了重要项目年底竣工。

构建内部审计监督机制，聚焦重大风险过程管控，推进有重点、有成效的审计项目，坚持法律管理融入企业经营，紧盯内控执行效果，突出审计成果应用。

坚持以“深耕专项研究　落地设计策划，做强设计管理　落实产业导入”为工作思路，做实前期策划研究，为项目开发打好基础，促进设计创新和产业导入落地；做强规划建筑设计，落实研究理念的应用，促进中车品牌落地，提升产品价值；实现策划招商统一，以项目需求为基点，产业策划为导向，着眼市场变化，细化基础工作，目的性拓展和更新产业资源。

编制、修订成本管理制度、流程、工作标准模板，开展成本调研，控制成本目标，推行成本 ERP 线上信息化管理，实时监控动态发展。严格落实“四阶段成本管理”思路，将成本管控贯穿于项目开发全过程、全节点，作为“一页纸　一本书”的延续，把“一张表　一篇文章”树立为项目降本增效的警戒线和方向标，成本管理基础体系初步建立。

不断加强信息化应用系统建设与升级，完成方庄办公区互联网改造。中车置业总部及子公司 OA 系统中成本门户、拓展门户上线运行。不断优化业务部门线上处理流程，升级明源销售系统、成本系统、财务用友系统。优化财务报销审批表单，定期调整和核对子公司系统科目，满足上线应用需要，提升了公司信息化管理能力。

严格工程质量考核，开展不定期项目工程巡查、专项检查和“专项治理攻坚战”。持续推进《工程样板管理办法》实施，实现样板标准化。贯彻落实安全生产责任制，强频次安全预警，多层次多类型开展大检查活动，加强安全环保教育，明确三方责任权属，完善项目安全档案，提升环保意识，保证工程安全、可持续发展。

【项目开发与实施】　太原项目作为退城入园项目内部管控标杆，在太原市政府发布 514 限购限贷等政策的不利影响下，完成一期交房验收、二期部分楼盘竣工验收及三期开盘，进一步提升了中国中车品牌的形象与社会影响力，年内完成销售签约额19亿元，营业收入15.43亿元，净利润1.85亿元。天津项目围绕“一期项目坚定不移刹车止血去库存，努力实现住宅清盘”“二期项目全盘谋划，系统思维，全力去化，年底竣工，确保营收”两个目标开展工作，年内完成签约额4.35亿元，营业收入3.82亿元，净利润1.14亿元。荣成项目基本实现一期项目清盘目标，年内完成签约额2.71亿元，累计去化率97.3%，完成营业收入3.8亿元，净利润0.58亿元。哈尔滨项目、齐齐哈尔项目、大连项目紧抓住宅清盘，加快商业去化。

公司按照“讲故事　要政策　建平台”的工作思路拓展新项目，全力推进土地经营工作，其中兰州、天津、北京四厂取得突破和进展。兰州兰工坪项目，市政府下达对兰工坪地块自主开发的批复、核准规划条件、取得建设用地批准书，中车股份下达兰州公司向置业公司协议转让兰工坪地块的立项批复、可研审批，中车置业（兰州）有限公司12月18日取得兰工坪厂区134亩居住用地不动产权证书，兰工坪地块土地拓展任务全面完成。天津装备厂项目，建筑规划方案7月获得河北区政府同意，中车置业以受让天津中车津浦产业园管理有限公司（天津装备子公司）51%股权的方式获取天津装备公司土地，年内完成了股权转让，同时经与土地整理中心多次沟通洽商，天津市河北区政府将天津装备公司土地上报列入2019年度土地收储计划。南口项目，中车置业受让南口公司所属子公司70%股权，年内完成了股权转让工作，成功协助南口公司完成“处僵治困”目标。在京四厂项目，按照整体统筹的原则，中车置业与国管局、北京市各级政府、北京科协、社会资源等机构分别进行充分沟通，并获得各方对整体方案的认可：其中二七机车厂已与国家体育总局、冬运中心、北京体育大学合作建设国家体育总局冰雪运动训练科研基地；昌平厂拟采用慎重发展方案，充分利用现有产业尚存的3～5年发展空间，在整体保持稳定的前提下，逐步实现人员转移及产业疏解，并将腾退出的厂房改造、租赁经营，发展双创园；二七车辆厂将出让部分用地，尽快获得盘活资金，在满足中央及地方用地基础上，通过改造升级，引入中车及行业内科创产业，布局科技创新和金融服务的融合发展，打造铁路公园等公共服务空间，构建京西永定河绿色生态的发展区。

【党群工作】 公司党委深入组织学习贯彻习近平新时代中国特色社会主义思想和党的十九大精神，围绕国有企业党建工作会议部署、中车集团党委“建强提升年”要求以及生产经营中心任务和公司转型发展需要，坚持“把方向　管大局　保落实”原则，提出“三个三”党建工作思路，着力打造非制造业企业党建特色品牌。坚决贯彻落实国资委学习“五个全覆盖”要求，牢固树立“四个意识”，增强“四个自信”，落实“两个维护”，在学习过程中突出“四个作用”，发挥党委理论学习中心组带头作用，发挥党支部理论学习阵地作用，发挥班子成员讲党课的示范作用，发挥制度的规范作用，确保学习效果。

严格落实国资委党委巡视整改工作，3次专题研究巡视工作，完成了年度整改任务。其中，公司本部梳理问题115项，整改完成78项；子公司梳理问题647项，整改完成489项。公司本部及下属单位形成党委会决议76项、董事会决议34项、总经理办公会决议65项。制定党委主体责任和“一岗双责”责任清单，对10个党支部开展了党建考核和书记述职，并将考核结果与年终绩效挂钩。推进党风廉政建设和反腐败工作，学习中车集团4次干部教育警示大会精神，深刻剖析王晓林案教训，召开巡视整改专题民主生活会，制定印发《中车置业有限公司廉洁风险防控手册》，全面加强了党员干部廉洁教育。全年处置问题线索2件，初核后予以了结，解决了“零线索、零执纪”的问题。

突出“五个着力”建设，即着力加强组织建设、着力配强基本队伍、着力健全基本制度、着力规范干部选任、着力领导群团工作。年末，公司党委下属12个党支部均配备了党务专员，设立纪检监察室，并开展党务人员培训。制定、修订党建和纪检制度22项；制定党委主体责任和“一岗双责”清单。制定、修订干部制度，在天津乐湖公司公开选拔副总经理，全年任免中层干部47人次。指导工会完成换届选举，形成工会新一届领导机构，创新工会和团委活动内容。

【重要纪事】 1月9日，中车置业（成都）有限公司被评为“2018年四川省重点项目”。2月1日，公司召开2018年行政和党建工作会暨工会一届三次职工（会员）代表大会。5月，由公司100%控股的太原万佳安居置业有限公司成立，注册资本1000万元。9月，兰州中庆房地产开发有限公司无偿划转至中车置业，成为中车置业全资子公司，并更名为“中车置业（兰州）有限公司”。10月31日，中车成都机车车辆有限公司原址土地城市设计获得“2017年度全国优秀城乡规划设计奖”三等奖。11月27日，大连大力房屋开发有限公司法人程强、经理张范变更为殷维河。12月19日，中车置业（兰州）公司获得兰州兰工坪厂区土地不动产登记证书。12月21日，大连车城公司与齐齐哈尔东湖公司完成吸收合并工作。12月25日，成都项目获得2018年成都房地产“广厦杯”。12月28日，太原项目二期工程获得“2018年度太原市贯彻实施安全生产标准化先进项目”荣誉称号。同日，中车集团批准公司增加注册资本金26.5亿元。

【公司党政负责人】

党委书记	宫良国
董事长	宫良国
总经理	谢传军
副总经理	路孝杰　于敬华 刘春桃　王国韬
财务总监	路孝杰
党委副书记	谢传军　刘国岩
纪委书记	刘国岩

（中车置业　供稿）

中车北京二七机车有限公司

本栏编辑　宁　娜

中车北京二七机车有限公司

中车北京二七机车有限公司

（统一社会信用代码：911100006646390189）

党委书记、董事长　史硕致

总经理　郭凤江

【概况】　2018年末，公司有员工844人，下属参控股公司4家，分别为北京中车长客二七轨道装备有限公司、天津二七康库得曲轴有限公司、北京中车二七重型机械有限公司以及北京中车二七达诺巴特机床制造有限公司。公司全面退出制造业，由中车股份转入中车集团，未来将围绕科技、文化和体育等服务型产业开展相关业务。全年实现营业收入43238万元，利润总额-170227万元。

【改革改制】　公司结合中车集团发展战略，深入贯彻中车产能整合、业务优化的战略部署，积极推动制造业疏解，实现停产退出现有制造业务，研发技术、市场份额与售后服务由中车股份下属相关子公司承接，剩余业务及所属控股、参股公司的其他业务，随股权转让到中车集团。完成与各承接方签订了业务转移相关协议，制造业务板块的业务转移工作。制定疏解非首都功能员工分流安置方案。办理协解员工1030人，办理内部退养员工234人，选择待岗员工410人，其中中层管理干部48人；已完成处置的设备固定资产合计601项，金额7591.91万元。

【经营管理】　组织开展费用支出清理，杜绝非必要开支，控制必须费用支出规模。差旅费同比降低81%，业务招待费同比降低75%。制定“两金”压控专项整治措施，两金占用为65515万元，较年初97383万元降低31868万元，应收账款较年初减少16101万元，存货较年初减少20579万元。合理调整回款奖励制度，累计回款2.9634亿元；积极联系各供应商沟通办理退货、合同终止、销售配件2216.24万元，配合集团协调与各子公司签订资产转移协议共9231.19万元存货资产处置工作。落实安全生产主体责任制，无死亡及新增现岗职业病，轻伤率≤1.9‰。在冰雪运动培训科研基地建设全面展开的情况下，及时修订相关方及外来人员安全管理制度，完善相关方管理各类文件、资料及流程，确保对相关方各项安全管理落实到位。重视环保工作，督促责任单位对公司退出制造业后遗留的废油污泥等有害固废进行妥善处置。“三供一业”移交方面，公司按照中车集团要求完成了供水、供暖、供电和物业管理的分离移交协议签订工作，并同步展开分离移交工作。

【人力资源管理】 联系中车外企业90余家与中车集团内公司20余家，组织中车内部招聘工作20余场，共提供中车内部岗位500余个，安置人员595人。组织开展2018年度专业技术职务任职资格评审工作，公司各单位累计申报人数为96人，其中申报正高级、高级33人、中级49人、初级14人。培训中心结合社会用工需求和协解员工技能情况，开展针对性培训，提升员工转岗适应能力，为员工再就业把方向、选路径，做实事、解难题，对内开展拟疏解人员转岗培训、政策培训，共计9个班次750人次学习。

【基本建设与技术改造】 “中车二七机车厂1897”科技文化创新城方面，启动区开发建设大体完成，与合作方签订厂房租赁面积1.2万平方米，实现收入320万元。国家冰雪运动训练科研基地方面，中车集团与国家体育总局已签订合作框架协议，明确利用公司厂区内现有厂房设施，改造为国家冰雪运动训练科研基地。已经完成了备料厂房、重锻厂房、15吨锅炉房及周边区域、金构大养联合厂房等4座主要厂房和若干平房合计约3.4万平方米的腾退工作。窦店制造产业园方面，项目累计完成总投资15.4亿元，调试联合厂房、组装联合厂房、零部件加工厂房、涂装加工厂房、钢结构厂房、备料厂房等六大厂房均已完成封闭，锅炉房、水泵房、开闭站等配套设施已完成施工。

【企业文化建设】 注重意识形态管控，确保新闻发布信息准确、内容积极向上，并加强对各类微信群的监管。综合运用传统媒介和新媒体平台做好党建与企业文化宣传报道工作。“百年二七”微信公众号关注人数达5495人，共发布81条微信。宣传片《师傅》登上央视十套《讲述》栏目，《北方工人运动的摇篮》被《北京日报》、人民网、党建网等十余家外媒转载报道，《百年汽笛的回响》登上《工人日报》。公司获得“2015—2017年度首都精神文明单位”称号。举办第三届国企开放日活动，为企业文化建设起到了积极作用。

【党群工作】 认真做好全国党员库数据更新录入、党费收缴管理、党员组织关系规范管理、党组织和党员基本信息采集等工作，严格和规范各项经费开支。严肃党内政治生活。贯彻落实《关于新形势下党内政治生活的若干准则》，坚持党委中心组、民主生活会、“三会一课”、民主评议党员等基本制度，着力增强党内政治生活的政治性、时代性、原则性和战斗性。严抓巡视问题整改，对查找出的94项问题，制定130项整改措施，为做好巡视发现问题整改，进一步明确责任部门、责任人和整改要求。3个部分94项问题已整改完成83项。强化党员思想政治教育，坚持和完善理论学习制度，制定党委理论学习中心组集体学习和读书自学计划，不断改进和充实学习内容，确保学习效果，组织党员干部深入学习党章党规和习近平总书记系列重要讲话精神，学习宣传贯彻落实习近平总书记视察中车的重要指示精神。强化党员监督管理，严格工作程序和纪律，把好发展党员关口，加强考察和培养，举办1期入党积极分子培训班，对党员发展对象进行党的基础知识集中培训，不断提高党员队伍的先进性和纯洁性。组织完成“一先两优”评选推荐、“双培双保”党建主题活动优秀项目评比表彰、看望慰问困难党员12名、慰问4名新中国成立前老党员及7名因患病及突发性事故导致的生活困难党员等活动。开展“传承雷锋精神，深化志愿服务，增强奉献意识”主题教育实践活动。认真开展效能监察和监督监察工作，组织8个相关单位对发生业务往来情况进行核查，对招投标开标环节进行全过程的监督。及时对公司全面资产清查工作进行监督监察。针对资产处置工作，专门制定了资产处置管理办法，成立定价专项工作组，纪委全程参与，对项目的定价过程，招标过程，比价比选过程等廉洁风险点进行严格监督。认真开展廉洁从业教育。坚持抓早抓小、防微杜渐，加强党员日常教育和党内监督。认真学习传达中车党风廉政建设和反腐败工作会议精神，对公司纪委存在的不足进行了认真分析和研讨。工会维护职工合法权益，强化民主管理，稳定员工队伍，充分发挥职工代表参与职能作用。依托“六送三关注”办法，二七机车公司工会开展了夏送清凉、学子圆梦、劳模表彰、员工慰问（含困难、单亲、售后、大病）、女职工体检和特殊疾病保险续保等关乎员工切身利益的活动。加强团青思想引领，搭建风采展示平台，深化志愿者品牌活动。

【重要纪事】 1月24日，中车集团党委常委、中车股份副总裁、财务总监詹艳景到公司调研。2月9日，公司召开2017年度民主生活会，中车集团党委书记、董事长刘化龙参加会议。3月31日，公司停产退出现有制造业务，其研发技术、市场份额与售后服务由中车股份下属相关子公司承接，剩余业务及所属控股、参股公司随股权转让到中车集团。4月20日，国资委副主任、党委委员孟建民，国资委财务监管局局长郧红兵到公司参观视察。4月24日，国有重点大型企业监事会主席、国资委党委第三巡视组组长李志群到公司进行专项现场巡视工作。4月28日，中国中车党委书记、董事长刘化龙，中车集团总经理、中车股份总裁孙永才到公司进行专项督导。6月27日，公司资产转移工作正式启动。7月6日，国家体育总局局长、党组书记苟仲文到公司考察调研。8月28日，钢结构事业部备料车间北侧墙面开始拆除，规划改造建设成为速度滑冰训练馆，国家冰雪运动训练科研基地改建项目正式开工。10月29日，中车股份党委常委、副总裁楼齐良到公司宣布公司高管任免。11月1日，国家体育总局党组书记、局长苟仲文到公司督导国家冰雪运动培训科研基地项目建设工作。11月27日，公司第一届职工代表大会四次会议审议《中车北京二七机车有限公司疏解非首都功能员工分流安置方案》，完成安置方案决策程序，正式启动人员疏解工作。12月28日，中车集团下发《关于二七车辆、二七机车公司（厂）未来发展初步定位的通知》，明确公司初步定位为综合性物业服务公司。

【公司党政工负责人】

党委书记	史硕致
董事长	马建勋（10月免）
	史硕致（10月任）
总经理	郭凤江
副总经理	王洪义（4月挂职）
	乔红波
	张志宏（10月免）
	王玉民
	陈江　曹岩
总工程师	张志宏（10月免）

财 务 总 监　王玉民

党委副书记　曹宏旻

纪 委 书 记　曹宏旻

工 会 主 席　曹宏旻

地　　址　北京市丰台区长辛店杨公庄 1 号

邮　　编　100072

电　　话　010-83306001

网　　址　http://www.27rail.com.cn

（二七机车公司　供稿）

中车北京二七车辆有限公司

本栏编辑　宁　娜

中车北京二七车辆有限公司

中车北京二七车辆有限公司

（统一社会信用代码：91110000663703559N）

党委书记、董事长　史硕致

总经理　兰　叶

【概况】 2018年末，公司在册员工1080人，其中教授级高级工程师8人、副高级专业技术职称64人、中级专业技术职称98人、高级技师资格56人、技师资格97人。本部（不含子公司）固定资产原值为5.70亿元，主要生产设备1154台。公司生产用地63.02万平方米，房屋建筑19.35万平方米。公司设有行政部室12个、党群部门4个、分公司1个、一级全资子公司1个、一级控股子公司1个、二级控股子公司1个。全年实现营业收入21267万元，利润总额-15029万元。

【规划发展】 2月8日，《中车北京二七车辆有限公司转型升级总体方案》上报中车集团，明确公司转型升级目标。12月28日，中车集团下发《关于二七车辆、二七机车公司（厂）未来发展初步定位的通知》，明确了公司初步定位为现代服务业务经营公司。盘活利用部分现有厂区土地进行转型升级，建设并打造集创新、投资、服务功能于一体的“中车北京二七双创园（北区）”（暂定名）。重点发展园区服务、产业孵化、电商信息数据、环保装备产业产权交易四大业务板块。积极与中车置业、宝湾物流、物流规划院、启迪控股等合作单位沟通公司转型升级诉求。4月，与中车置业讨论规划初稿，并与清华启迪控股进行了三方座谈沟通。9月，与中车置业就公司转型总体方案、合作模式、资金需求等内容进行沟通，并积极配合中车置业完善转型方案。10月，同中车置业研讨与国管局三方合作框架协议内容。11月，与丰台经信委、长辛店街道对接二七车辆公司、丰华实公司退出制造业补贴申请相关事宜，提供相关资料。与中关村科技园区管委会对接公司土地、楼宇等基本情况，完成园区企业平台基础数据上报。

【改革改制】 根据《关于落实国务院国资委二七机车公司“处僵治困”现场督导会议工作分工安排的通知》，5月25日上报中车《南车二七（北京）车辆厂有限公司吸收合并中车北京二七车辆有限公司方案》。6月7日上报中车《南车二七（北京）车辆厂有限公司关于北京长铁车辆有限公司股权公开出售的请示》，7月23日获中国中车批复同意。积极推进实施长铁公司处置工作。根据

《关于〈二七车辆公司压缩管理层级减少法人户数工作方案的请示〉的批复》要求，丰华实公司年底注销。

【经营管理】 紧扣“提高品质、降本节支”经营主线，通过“1+7”项主要项目，从调整机制、强化管理、节支降本、深化转型4个方面，拓宽公司全年的经营工作路径，坚持创新驱动，狠抓内部管理，持续深化改革，推进转型升级，在圆满地完成公司业务转移、人员安置等中心工作的同时，完成中车集团下达的各项指标。

【生产运营】 为促进企业转型，打造现代服务型企业，下发《规章制度废改立工作方案》，全面启动规章制度制度体系再造工作。新的制度体系由17个模块精简为11个模块，行政管理制度由276个精简为134个，党委管理制度由61个优化为74个。围绕由制造型企业向服务型企业转型的总体目标，理顺部门管理职能，明晰权责关系，提高工作效率，结合公司转型过渡期部门职能运转实际，重点聚焦规划控制、财务控制、风险控制、资源配置、运营管理和党建纪检监察等六项核心职能作用的发挥，构建与公司转型发展规划相匹配的组织机构。调研开拓新业务，与清华大学、北京交通大学等高校，与国家发改委中国投资协会新兴产业中心、中国北方车辆研究所等数十家企业进行项目接洽研讨。盘活既有实验室资源，与北京交通大学开展实验技术服务项目并形成营业收入；提供技术转让服务，与中车石家庄公司、沈阳公司、西安公司、重庆长征重工有限责任公司分别签订技术转让合同共计7个。

【市场营销】 重点对原铁路货车用整车、配件存货进行了处置，实现中车内部销售。制定《中车北京二七车辆有限公司关于存货处置工作方案的报告》，并以上报集团公司运营管理部。截至12月中旬，共与6家单位签订6项合同，实现存货处置约2984万元。处置中心积极与齐车公司、长江公司等单位沟通、协商，达成相关设备资产转让协议，共计出售给中车相关子企业150台设备资产和11项无形资产，协调相关单位进行现场拆除、运输，设备全部转让完毕，合计金额约555万元。对剩余闲置设备资产状况进行梳理，共理出1813台闲置设备，原值27243万元,净值5982万元，形成设备资产处置清单及《中车北京二七车辆有限公司关于设备资产对外出售处置的请示》，11月15日集团公司批复同意评估备案后到交易所挂牌交易。

【基建与技改】 全面启动职工家属区“三供一业”分离移交工作。其中：2017年与北京市丰台供暖所签署了供暖分离移交协议，供暖移交户数2587户，供暖改造已完工，供暖分离移交工作2018年全面完成；5月，与北京市自来水集团有限责任公司签署供水分离移交协议，供水移交户数3482户，已完成现有供水设施资产的移交，工程改造工作已进入收尾阶段；8月与国家电网北京市电力公司签署供电分离移交协议，供电移交户数4065户，已完成现有供电设施资产的移交，供电改造工作正在进行；12月，与北京房地集团签署物业管理分离移交协议，物业移交户数3690户，正在依据在物业移交协议对改造方案进行进一步深化。

【人力资源管理】 公司退出主营货车制造业，深入落实国务院国资委“处僵治困”工作和北京市非首都功能疏解工作的决策部署，稳妥推进人员分流安置工作，为企业转型升级奠定基础。2018年末，公司在册员工为1080人，其中在岗员工231人、内退员工387人、待岗员工462人，员工总数较年初减少1242人。领导班子建设按照干部管理“五化”要求，持续加强领导干部管理和监督工作。持续梳理领导干部信息，对公司中层及以上领导人事档案进行全面核查，梳理了领导干部的“三龄两历”等信息。根据上级单位对公司政治巡视的工作要求，完成相关汇报材料的收集、整理工作。根据巡视整改意见，及时制定并采取措施，制定专项工作计划，积极落实巡视整改措施。组织公司领导班子成员填报《领导干部个人有关事项报告表》，并委托上级部门进行监督核实。做好中层领导绩效管理工作，完成中层领导绩效计划及年度绩效考评工作。协助中车总部完成公司领导班子成员的岗位任职交流。根据公司优化组织机构调整部门职能的通知，调整各控股企业的董事会、经营管理班子成员。通过人力资源信息管理系统完成初级与中级20人的职称评聘工作，推荐31人参加集团公司高级职称评审，推荐10名公司优秀技术与管理人才参加中车核心人才评选。重新核定各单位岗位定编并组织竞聘上岗，重要岗位人员全部得到交流轮换。员工培训方面，特殊工种复审、取证培训8期，共培训58人次。新入职全员安全教育培训5期，共培训230人。组织公司员工45人次参加委外培训。

【企业文化建设】 公司遵守“使命统一、愿景贴切、中车之道必共守，精神理念可独有”的总原则，大力宣传贯彻集团要求统一使用的“企业使命、核心价值观、工作作风、组织氛围”4项内容，通过企业文化理念目视化、企业文化活动等形式，将企业文化固化于制、内化于心，外化于行，知行合一，实现企业文化落地。

【党群工作】 认真学习习近平新时代中国特色社会主义思想和党的十九大精神，贯彻落实习近平总书记视察中车重要指示精神及全国国有企业党的建设工作会议精神，在中车集团公司党委的坚强领导和大力支持下，认真执行中车年度党委常委扩大会议要求，强化“四个意识”，以“务实、高远、引领、典范”为指导思想，坚持讲政治、保稳定、谋转型、图发展的工作思路，团结带领广大党员干部群众，充分发挥党委的领导责任，将中车、公司和员工利益紧密结合，合理合法合情合规制定员工疏解实施方案，在实施过程中做好思想宣传工作，善加引导，较好地完成员工疏解工作。加强公司党建工作，全力做好国资委巡视组对公司巡视问题整改工作，发挥把关定向的核心作用。深入贯彻落实中车党风廉政建设和反腐败工作会议精神，严明党的政治纪律和规矩，严格执纪问责，持之以恒正风肃纪，把权力关进笼子，为公司转型提供纪律保障。群团组织积极做好员工权益维护和帮扶救困工作，为公司中心工作完成提供助力。

【北京隆轩橡塑有限公司】 为公司间接控股子公司，主要产品有铁路货车、客车轴承用工程塑料（塑钢）保持架、塑钢隔圈，注塑工艺心盘磨耗盘和旁承磨耗板，铁路货车过球试验用球，轴承防护件及铁路货车制动配件防护件，风电和工程机械轴承隔球器（隔离块）等。2018年末，在册员工240余人。全年销售收入14638万元、净利润2785万元，有三大类10种型号的产品通过CRCC认证，保持了生产资质；主产品保持架通过ISO/TS 22163：2017《国际铁路行业标准》新版监督审核。完成高速动车组轴承保持架的设计变更；针对高铁保持架的模具设计、材料选择、工艺设计及加工制造等进行研发，取得了阶段性成果。着力开发海外市场，与哈尔滨轴承公司一同进行出口波兰车轴承保持架的设计开发，并实现了小批量供货。打破产品单一壁垒，加大风电及机械隔球器开发力度，年内成功开发2种型号隔球器产品，累计成功开发30余种隔球器产品，开发三排圆柱滚子变桨轴承保持架11

种，9 种新品通过首件鉴定，实现量产能力。

【北京二七储运有限公司】 为公司全资子公司，是以仓储、配送、库房租赁为主的服务性公司，兼营其他商业储存、配送、运输业务。仓库面积 34000 平方米，员工 12 名。全年主营业务收入 874 万元，利润总额 13 万元。

【重要纪事】 6 月 15 日，公司召开第一届职工代表大会四次会议，审议通过了《中车北京二七车辆有限公司特困企业专项治理、疏解非首都功能人员分流安置方案》。9 月 29 日，中车集团党委常委、副总经理魏岩到公司调研。12 月 5 日，中车集团党委常委、中车股份党委常委、执行董事徐宗祥到公司调研，听取公司关于企业定位的想法与建议、业务疏解、资产处置、“处僵治困”、压减等重点工作进展及人员分流安置、企业稳定等情况的工作汇报。

【公司党政工负责人】

党委书记　史硕致
董事长　史硕致
总经理　兰　叶
副总经理　张志山　孙　斌
　王武建　赵咏梅
　戴志勇
　安　卫（4 月调出）
总工程师　王武建
财务总监　赵咏梅

党委副书记　兰　叶
　杜向东（10 月免）
　曹宏晏（10 月任）
纪委书记　杜向东（10 月免）
　曹宏晏（10 月任）
工会主席　杜向东

（二七车辆公司　供稿）

地　址　北京市丰台区张郭庄甲 1 号
电　话　010-83804089
传　真　010-83876184
邮　编　100072
网　址　http://www.crrcjc.cc
电子邮箱　cb@csreq.com.cn

中国共产党中国中车集团有限公司党校

本栏编辑　李映雪

中国共产党中国中车集团有限公司党校

中国共产党中国中车集团有限公司党校

中国中车党校校长　万　军

【概况】 2018年1月，中国共产党中国中车集团有限公司党校（简称“中车党校”）成立。中车党校设有校务委员会、管理层、职能机构、网络学院和教学校区。其中，校务委员会是全面领导学校工作的决策机构；校管理层由校长、副校长组成；职能机构设有规划发展部、学习研究部、党建研究部、项目管理部和综合管理部。中车党校以“成为培养建设党的事业合格人才的一流企业党校”为发展愿景，发挥着“培训党员干部主渠道、党的思想理论建设重要阵地、党员干部加强党性锻炼的熔炉”的重要作用。

【中车党校建设】 中车集团党委会研究通过了《中共中国中车集团有限公司党校建设方案》。1月18日，中车集团党委发布《关于成立中国共产党中国中车集团有限公司党校的决定》。1月19日，中车集团党委书记、董事长刘化龙，中车集团党委副书记、中车股份总经理孙永才为中车党校揭牌，北京校区、常州校区陆续挂牌运行。中车党校积极推进党校建设，健全基础管理，大力开展党员干部培训，加强党员干部党性教育，为打造中车党建“金名片”、提升中车党建工作水平提供了支撑。

【教学管理】 召开校长办公会，专题研讨党校职能部门职能发挥和岗位人员设置等问题，就加强基础管理制度建设和提升教学管理能力作出安排部署。完成《中车党校章程》《中车党校培训项目实施管理办法》《中车党校培训项目费用预算暂行办法》《中车党校证书管理办法》《校长办公会制度》等管理制度起草和研讨。积极推进党校讲师人才培养和课程开发等工作。

【教育培训】 组织学习贯彻党的十九大精神专题轮训6期，培训504人。组织中车党支部书记培训及四方股份公司和戚墅堰所等子公司党支部书记培训10余期，培训党员干部600余人。

【学校负责人】

校　　长　万　军（兼）
副 校 长　赵　虎（兼）
　　　　　魏　东（兼）
　　　　　刘春阳（兼）

（中国中车党校　供稿）

中国中车大学

本栏编辑　李映雪

中国中车大学

常州铁道高等职业教育学校

大连机车技师学院

青岛四方机车车辆技师学院

中国中车大学

中国中车大学校长　魏　岩

【概况】 2018年，中车大学有效发挥企业大学功能，有力落实社会责任。中车行动共创、敏捷课程开发等学习技术应用取得新成效，培训质量与规模取得新进展，为中国中车实施“双打造一培育”作出了新贡献。

【项目管理】 中车大学常州、北京、大连三校区及常铁校、大连技师学院、四方技师学院共举办管理、技术、技能人才培训班100余期，7000余人（次）参训。采取“培训+实战”的学习方式，开发中车质量管理标准（中车Q）体系培训课程，完善质量管理人才培训体系。完成项目质量经理战略性人才实战研修项目3期64人培训、国际化人才初级人才项目2期156人培训。开发中车国际化人才小语种培养、肯尼亚水电站变频人才培训等项目方案。组织举办唐山公司中层领导力实战培训、太原公司中层干部领导力提升培训、戚墅堰所班组长精益管理培训等系列项目，受到企业和学员的高度认可和广泛欢迎。

【“天鹅计划”】 为深入落实党的十九大打好脱贫攻坚战精神，履行好国企精准扶贫社会责任，根据中国中车帮扶地区甘肃天水、广西百色两市所属四县（市、区）的实际需要，实施“天鹅计划”——中国中车精准扶贫乡镇干部领导力提升培训项目。组织天水及百色下属市县40名乡镇干部进行为期6天的培训并顺利结业。该项目坚持以破解脱贫攻坚工作难题为主线，导入“中车行动共创三段六步法”培训模式，应用标杆学习、头脑风暴、行动共创等方法，通过前置学习、专家引领、现场教学、典型解剖、专题研修、团队共创、制定方案、成果分享，实施教学创新，对学员开阔视野、创新思维、提升领导力及综合能力起到了良好效果。总结项目实施经验，编辑出版《中车人才：天鹅计划专刊》，撰写“全国企业精准扶贫典型案例”——中国中车“天鹅计划”培育新时代脱贫攻坚“领头人”。国务院国资委官网以《中国中车积极实施“天鹅计划”精准扶贫新举措》为题对项目进行报道。

【能力建设】 以课程开发和移动学习平台建设为重点，深化敏捷课程开发技术应用，推动了学校能力建设和课程体系建设。开发完成首批7门精益体系贯标课程，培养了一批精益管理专业领域内部培训师。完成城轨业务客户培训7大系统41门课程教材编印并在相关企业推广应用。完善网络学院平台升级（移动平台建设）实施方案，完成网络学院移动平台119项功能需求评审，以及PC端、移动端、微信端、虚拟教室等开发任务和微信端、APP移动端外网认证、服务器迁移、数据迁移等工作。网络学院平台注册人数达93837人，平台拥有公开课程749个。全年开设线上培训班130余个，学习课程2210个，课程登记数437751人次，73743人次完成课程。

【学校负责人】

校　　长　魏　岩（兼）
副 校 长　魏　东（兼）
　　　　　曾金传（兼）

（中车大学　供稿）

常州铁道高等职业教育学校

【概况】 2018年，常铁校完善职业学校与企业大学一体化办学模式，全力开展“目标驱动　提质增效”行动，实现营业收入3640万元、利润总额63万元、净利润52万元。

【内涵建设】 启动智慧校园创建，建成大数据分析中心。开展机电、焊接2个重点专业建设，完成焊接技术及自动化专业群及其实训基地建设和城市轨道交通技术专业群申报工作。引进高层次新教师6人。实施教学巡查制度，全面开展录播课工作，组织教师参加上级教学评比并获奖。8项校级课题顺利结题，16项校级课题立项，3项课题申报为江苏联合职业技术学院立项课题。

【产教融合】 中车党校常州校区顺利揭牌，围绕中车党建“金名片”建设目标，担当好“炽热熔炉”“前沿阵地”“重要智库”的使命，初步形成“知识+能力+视野”的中车党建特色培训体系，完成党务类培训26个，培训2161人。全年累计实施人才育成、业务发展等各类培训班81个，培训各级各类学员4200余人、46981人天。组织成人学历班18个。举办各类培训班92期，培训2793人次。申报鉴定批次73个，鉴定总人数2519人，1665人取得职业资格证书。校办产业铁机公司完成销售收入1250万元，利润29.7万元，7580个人工的生产任务。

【内部管理】 以巡视整改为契机，加大风险防范，弥补漏洞和短板，对70个问题形成整改决议，年内整改完成42个，推进整改28个，整改完成率60%。实现安全“三零”目标，校园和谐稳定。

【学校党政工负责人】

党委书记　刘春阳
校　　长　曾金传
副 校 长　苗　苗　朱月红
　　　　　赵太平　俞永清

党委副书记　罗玉红
纪委书记　罗玉红（兼）
工会主席　罗玉红（兼）

（常铁校　供稿）

大连机车技师学院

【概况】 2018年末，大连技师学院在册员工144人，在岗员工139人，学生总数1729人。全年实现营业收入5149万元，净利润7万元。其中，实习工厂营业收入3746万元、教学收入1104万元（不包含208万元其他收益）、培训收入299万元，招生总人数295人，毕业人数708人，就业率99%，专业对口率99%。顶岗实习学生577人，推荐就业率100%（不含自谋职业的学生）。

【教育教学】 学院全年完成91个班次的理论教学任务，总计25480学时。组织35个班级10个工种的预备技师、高级工、中级工技能鉴定理论考试，1256人次参加，及格率71.3%。组织新生及顶岗学生981人参加大连市劳动局2018年教学质量抽测考试。完成98个班次3024人21330学时的实习教学任务，考试优秀率10.5%，及格率90.1%。组织实作鉴定1036人，及格率80.9%。完成4个班级大专升学辅导教学任务。大专及本科教学任务，完成78人次本科论文指导和论文答辩及162人次专科论文指导。审核通过88名学生助学金，45名学生奖学金。创立了极客DIY社团，现有骨干30余人。申请办理2018年度生均公用经费补助资金，总计388.1万元。申报并启动“国家级高技能人才培训基地”和“工业机器人应用与维护”专业建设，项目资金全部到位。

【职业培训】 全年举办各级各类培训班32个，培训学员1541人。承办大连公司2018年人力资源管理技能竞赛。数控基地开设培训班14个，32家企业416人参加培训，参培人数比上年增加103人，增长32%。

【校企合作】 年内，学院实习工厂产品产值3259万元。完成电力机车配件240台、内燃机车配件73台、城轨地铁配件56列及大修机车配件和其他配件生产。完成HXD3D机车高压隔离开关改造529台份。积极开拓新的产品市场，开发研制了商品类、行程类新产品。完成时速160公里动车接地装置改制研发并应用于新车。参加大连公司新产品开发立项，获得2种接地装置立项许可，加入其外委非行程类产品的开发和加工，积极提升自我能力，拓展产品加工范围。

【重要纪事】 9月，国务院国资委机关服务管理局局长、党委书记张文宏及相关领导到学院调研。11月，学院被国家人力资源社会保障部评为“国家技能人才培育突出贡献单位”。

（大连技师学院　供稿）

青岛四方机车车辆技师学院

【概况】 2018年末，四方技师学院实现收入总额5806万元，净利润1492万元，在册教职工108人。全年开设焊接加工（国际焊接）、机械设备装配与自动控制、电气化设备安装与维修、轨道交通焊接技术、轨道交通机械制造维修、轨道交通车辆电气控制、工业机器人应用与维护、数控加工（数控车工）、数控加工（加工中心操作工）、城市轨道交通车辆运用与维修、铆钳、铆焊等12个专业144个全日制技工教育班，在校生

6872 人。积极配合上级部门做好移交工作。

【教育教学】 年内，第一批次高级工理论鉴定人数 1542 人，及格 1403 人，及格率 91%；第二批次理论鉴定人数 283 人，及格 266 人，及格率 94%；高级工鉴定实作考试及格率 93%。组织教师赴潍坊雷沃、黄岛雷沃、茌原电产等企业实践。组织了第一届微课竞赛、第五届职业技能竞赛表彰。参加了 2018 年度青岛市优质课评选活动。积极推进国家级高技能人才培训基地建设，迎接省厅专家组验收。继续加强与青岛科技大学、中国海洋大学、国家开放大学的合作，做好继续教育工作，全年组织 1149 人报名参加成人高考，其中社会考生 430 人，460 人被录取。

【校企合作】 学院组织钳工、焊工、电工、数控等专业学员 1000 余人次到潍坊雷沃阿波斯集团、青岛雷沃重工、昌乐雷丁电动车等企业进行工学结合实习。组织中国中车职工 160 余人进行国际焊工培训。开展职业技能鉴定，培训中国中车职工 828 人，鉴定 1266 人，一、二级答辩 315 人，及格率 64.4%。举办中车高技能人才提升班和研修班各 4 期，180 人参加。与 3M 公司合作举办“3M 杯中车四方焊接技能挑战赛”，开创了学院与大型企业合作进行技能竞赛的先河。开设特种作业安全培训班，培训 3991 人次。培训学生第二技能 1380 人次，开拓了学生实习就业渠道。

【招生与就业】 学院全年登记报名新生 1950 人，录取新生 1586 人。学院组织招聘会 60 场，引入合作企业 24 家，为 1115 名 2019 届顶岗实习生落实实习单位，就业率 96.2%。2018 届毕业生 1261 人，实际签约投保 929 人。

（四方技师学院　供稿）

资产管理中心

本栏编辑　李映雪

资产管理中心
中车齐齐哈尔实业管理有限公司
中车哈尔滨实业有限公司
中车沈阳实业管理有限公司
中车大连实业管理有限公司
中国北车集团北京二七机车厂有限责任公司
南车二七（北京）车辆厂有限公司
中车集团北京南口实业有限公司
中车石家庄实业有限公司
中车集团太原实业有限公司
中车长春长客实业有限公司
中车永济电机实业管理有限公司
中车唐山实业有限公司
中车兰州实业管理有限公司
中车大同实业管理有限公司
中车济南实业有限公司
中车集团（青岛）四方车辆资产管理有限公司
中车西安实业有限公司
中车南京浦镇实业管理有限公司
中车常州实业管理有限公司
中车长江（武汉）实业发展有限公司
中车铜陵实业有限公司
中车成都实业管理有限公司
中车资阳实业有限公司
中车眉山实业管理有限公司
中车株洲电力机车实业管理有限公司
中车株洲电力机车实业管理有限公司洛阳分公司
中车株洲电力机车实业管理有限公司襄阳分公司
中车株洲电力机车实业管理有限公司株洲分公司
中车株洲车辆实业管理有限公司
中车贵阳实业有限公司
北京时代志业机车车辆有限公司
南车投资管理有限公司
中车集团天津实业有限公司

资产管理中心

【经营与管理】 2018年，资产管理中心归属管理的子公司共29个。完成武昌实业公司与江岸实业公司重组及株洲机车实业公司与洛阳产业公司、襄阳产业公司重组；启动二七机车厂与二七车辆厂合并重组工作；注销江岸实业公司、洛阳产业公司、襄阳产业公司、天津实业公司4户企业。强化绩效目标管理，实施预警预判，建立亏损通报机制，下属企业实现营业收入5.25亿元，利润总额0.96亿元，所属子公司全部实现盈利。

【剥离企业办社会职能】 全年完成“三供一业”分离移交项目评审27项，审减分离移交费用2.1亿元。“三供一业”分离移交正式协议签订率100%、管理职能移交率100%。获得国有资本经营预算补助资金2.71亿元。完成大连实业公司医院整体划至转国药集团、石家庄实业公司职工医院关闭撤销；移交社区管理机构8个、市政设施36项；移交或撤销消防机构6个；关闭撤销技工学校1所；移交幼儿园1所；关闭疗养机构1个。退休人员社会化管理取得实质进展，铜陵实业公司等4家企业完成3175名退休人员社会化移交，大连实业公司与大连市社会保险事业服务中心签订《退休人员移交社会化管理协议》，开展6608名退休人员移交登记。年末，中车集团“三供一业”分离移交、市政设施、社区管理分离移交、消防机构分类处理、医疗机构改革、疗养机构改革工作全面完成。

【解决历史遗留问题】 稳步推进厂办大集体改革，完成了原牡丹江厂、大连实业管理有限公司、大连所公司3家企业16户厂办大集体企业改革。稳步推进棚户区改造，太原实业公司、资阳实业公司、大同实业公司棚户区改造项目开工建设。

【中心负责人】

总 经 理　黄十周（8月免）
　　　　　李国勇（9月任）
副总经理　赵　蔚（9月免）
　　　　　李国勇（9月免）
　　　　　刘文华（11月任）

（资产管理中心　供稿）

中车齐齐哈尔实业管理有限公司

2018年9月17日，原中国北车集团齐齐哈尔铁路车辆（集团）有限责任公司更名为“中车齐齐哈尔实业管理有限公司”。齐车公司领导班子对齐齐哈尔实业公司行使管理权，集体决策公司改革改制和经营管理的重大事项，公司未设专门管理机构和专职管理人员，日常运营管理的具体工作由齐车公司各职能部门负责。年末，公司资产总额68105万元，负债总额25224万元，所有者权益42881万元，营业收入306万元，利润49万元。开展物业管理职能移交工作，由齐齐哈尔齐翔建工集团有限公司接收公司职工家属区物业管理职能及相关资产、改造资金，并负责组织实施移交改造。5月，与齐齐哈尔市政府签订了《中国北车集团齐齐哈尔铁路车辆（集团）有限责任公司企业办市政设施移交协议书》，8月，完成道路、路灯、绿化、排水管网及污水泵房等市政设施移交工作。

（齐齐哈尔实业公司　供稿）

中车哈尔滨车辆实业有限公司

2018 年末，哈尔滨实业公司注册资金 5733.6 万元，资产 10963.43 万元，负债 7486.40 万元，所有者权益 3477.03 万元，营业利润 127.77 万元，所得税费用 37.08 万元，净利润 90.68 万元。原厂办大集体改革后，公司托管退休职工 1334 人。公司无实体业务，主要收入来源为经营存续资产获得收益。6 月，公司作为代行主办企业，承接了原牡丹江机车车辆厂厂办大集体改革工作，组织成立原牡丹江机车车辆厂厂办大集体改革工作机构，编制工作计划并积极推进，原牡丹江机车车辆厂厂办大集体改革工作进入实质阶段。

（哈尔滨实业公司　供稿）

中车沈阳实业管理有限公司

2018 年末，沈阳实业公司在册在岗员工 3 人，下设综合管理部负责日常管理工作。公司无下属子公司，托管沈阳机车车辆劳动服务公司（厂办集体）和国家铁路罐车容积计量站沈阳分站。7 月，公司与沈阳房地产置业担保集团有限公司签订《“三供一业”物业管理资产移交协议书》，分离移交工作基本完成。与沈阳市皇姑区土地房屋征收管理办公室沟通，推动教育楼（单身宿舍楼）原址回迁。组织开展剩余 11 家厂办大集体改制和存续企业重组改制前期准备工作。为部分汾河西小区回迁房及延河佳园商品房办理了房屋产权证。开展了政治巡视问题整改。

（沈阳实业公司　供稿）

中车大连实业管理有限公司

2018 年，中车大连实业管理有限公司设有大连机车天源实业公司、物业管理中心、大连机车技师学院和机车商厦共 4 家子公司，全年实现营业收入 10551 万元。年末有员工 272 人。8 月 28 日，完成大连机车医院划转至中国医药集团。

年内，公司下属企业天源公司资产总额 3134 万元，实现营业收入 1750 万元，完成《质量手册》及《程序文件》改版并顺利通过年度外审。物业中心强化各项管理工作，实现营业收入 146 万元。签订公建维修合同 10 份，合同金额 29.88 万元；签订住宅维修合同 20 份，合同金额 99.10 万元，合计 128.98 万元；签订旅顺基地 58 中物业管理合同 2 份，合同金额 67.26 万元。技师学院完成 91 个班次 25480 学时的理论教学任务；组织完成 35 个班次 10 个工种的预备技师、高级工、中级工三个等级的技能鉴定理论考试，1256 人次参加，及格率 71.3%；组织 981 名新生及顶岗学生参加了大连市劳动局 2018 年教学质量抽测考试。机车商厦全年实现营业收入 1418.9 万元、利润 761.4 万元。

（大连实业公司　供稿）

中国北车集团北京二七机车厂有限责任公司

2018年末，二七机车厂资产总额25839万元，负债6988万元，所有者权益18850万元。全年收入1049万元。公司下设综合管理部。继续开展煤改电、“三供一业”移交工作，累计完成供水分离移交208户。8月，公司与北京市自来水集团有限公司、北京市热力集团科利源热电有限公司、国网北京市电力公司签订供水、供暖、供电分离移交协议，其中供水协议金额4823.2万元，供暖协议金额846.18万元，供电协议金额4549.4万元。12月，公司与北京房修一建筑工程有限公司签订正式分离移交协议，协议金额4089.75万元，移交总户数5453户。加快对改制企业协解及注销，监督、协助改制企业实施协解注销工作。

（二七机车厂　供稿）

南车二七（北京）车辆厂有限公司

2018年末，二七车辆厂总资产44965万元，固定资产净值612万元，所有者权益9321万元，长期股权投资2073.8万元。全年实现主营业务收入260万元，归属母公司净利润49万元。年内，公司加强出租资产核查，按时收取租金，及时清理到期租赁合同。全面启动职工家属区“三供一业”分离移交工作，供暖分离移交全面完成；5月，与北京市自来水集团有限责任公司签署了供水分离移交协议，供水移交户数3482户，完成供水设施资产移交，改造工程进入收尾阶段；8月，与国家电网北京市电力公司签署供电分离移交协议，供电移交户数4065户，完成供电设施资产移交，开展了供电改造。12月，公司与北京房地集团签署了物业管理分离移交协议，物业移交户数3690户。

（二七车辆厂　供稿）

中车集团北京南口实业有限公司

2018年末，南口实业公司注册资本8173.01万元，固定资产原值0.15亿元，净值0.07亿元，营业收入1900万元，净利润300万元。全资子公司中车北京南口资产管理有限公司实现营业收入1500万元，净利润200万元。年内，公司开展“三供一业”分离移交工作，完成了供电、物业分离移交协议签订工作。合资合作企业铁科（北京）轨道装备技术有限公司实现销售收入3.58亿元、净利润547.34万元，完成50千克/米钢轨梯形道岔、60R2槽型钢轨6号单开道岔、60R2槽型钢轨三开不对称道岔、井字型直线交叉道岔等道岔产品研发，并运用到成都蓉2号线有轨电车、苏州有轨电车、三亚有轨电车等项目，其中50千克/米钢轨梯形道岔打破法国科吉富、德国BWG梯形道岔市场垄断，填补了国内梯形道岔技术空白。为国内第一条时速160公里北京新机场线城轨项目供货 60-12 号（无砟）单开道岔及 5 米交叉渡线道岔，成为国内城轨领域唯一具有时速 160 公里道岔供货业绩的生产厂家。交付马来西亚 UIC54 钢轨 9 号和 15 号道岔产品，实现公司 EN 标准道岔海外市场突破。获得高新技术企业认证证书，CRCC 中铁检验认证中心认证范围从 14 项扩充至 139 项，涵盖中国铁路总公司时速 200 公里道岔招标目录全部道岔产品。

（南口实业公司　供稿）

中车石家庄实业有限公司

2018 年末，石家庄实业公司注册资本金 8859.19 万元，资产总额 16335 万元，负债总额 8009 万元，所有者权益总额 8326 万元，营业收入 1413 万元，净利润 1 万元。公司设置综合管理部（与托管公司石家庄公司综合管理部合署办公）、职工医院。公司主要业务为存续资产租赁经营，承担主体企业改制后历史遗留问题处理和企业社会职能分离移交等工作。年内，家属区“三供一业”实现分离移交，改造工程有序推进。完成职工医院撤销关闭和职工分流安置工作。加强存续租赁资产监管，年房屋资产租赁收入 969 万元。

（石家庄实业公司　供稿）

中车集团太原实业有限公司

2018 年末，太原实业公司注册资本 13042 万元，资产总额 70896 万元，负债总额 30597 万元，所有者权益 40299 万元。无主要经营业务，营业收入 0 元，净利润 8 万元，主要来源于股权投资收益和财务利息收入。年内，公司全面完成“三供一业”分离移交的职能移交工作，每年可减少费用支出约 1381 万元。公司供电改造项目被列为太原市驻并央企“三供一业”供电分离移交成功样本，成为太原市首个“三供一业”供电分离移交项目；签订供热移交项目分离移交正式协议，完成了职能移交工作；物业移交项目签订正式移交协议。公司“三供一业”累计获得国家财政补助资金 4373 万元、中车集团补助资金 3936.14 万元，累计支付资金 7725.48 万元。12 月 29 日，公司与太原市人防办公室签署职工家属区人防工程分离移交协议。引入太航科技社会资本，对太原机车医院实施整体剥离移交，2 月 24 日太行医院北院区挂牌营业。4 月 2 日，棚户区改造项目在太原市土地市场摘牌，并进行土方施工。集中为符合不动产权证条件的住房办理售房手续，受益住户 1450 余户，回笼资金约 1150 万元。获得了中车集团“存续企业管理先进单位”称号。

（太原实业公司　供稿）

中车长春长客实业有限公司

2018 年末，长客实业公司资产总额 26861.54 万元，负债总额 9238.03 万元，净资产 17623.51 万元，资产负债率 34.39%，营业收入 460.96 万元，净利润 29.11 万元。公司积极推进“三供一业”分离移交工作，完成职工家属区 411 户供水、9657 户供热、5300 户供电、10123 户物业管理职能和资产移交，共计支付移交改造费用 1.53 亿元，其中中央财政补助 7567 万元、中车集团资本金注入 6876 万元，供水和供热资产维修改造全面完成。撤销了分支机构北京分部。

（长客实业公司　供稿）

中车永济电机实业管理有限公司

2018 年末，永济实业公司资产总额（剔除“三供一业”资金）8565.6 万元，净资产 -377.3 万元，收入 7068.6 万元，净利润 55 万元，在册员工 344 人。年内，公司完成“三供一业”正式协议、管理职能和资产移交备忘录签订及资产移交工作，累计归集“三供一业”分离移交到位资金 19824.7 万元，分批次拨付接收方 11248.9 万元。11 月 15 日，采暖期前所有户外供暖管网改造等一期工程全部完工。供电维修改造启动开闭所施工和小区外 10 千伏高压电源引入施工；供水维修改造入场施工；物业部分项目进入招标程序。完成电机支路管理职能移交，签订管理职能移交备忘录；9 月中水站关停。在国资委政治巡视中查找出 32 项问题，制定措施 61 项，形成决议 4 项，推进巡视整改增加市场收入 1000 万元。低效无效设备及车辆处置变现 51.7 万元；收回南昌修配 117 万元应收账款；北方铜业投资收益 44.1 万元；试点推进康居物业股权退出并在北京产权交易所预挂牌；撤销北京办事处，房产整体租赁增加收入 22.4 万元。持续监管国有参股企业，8 家参股企业合计实现收入 4.63 亿元，净利润 810 万元，员工收入较上年增长 5%以上。

（永济实业公司　供稿）

中车唐山实业有限公司

2018 年末，唐山实业公司资产总额 12284 万元，负债总额 13524 万元，营业收入 828 万元，利润 161 万元，员工总数 294 人，在岗员工 129 人。年内，重点把握可研、设计、预算编制审计、方案协议评审环节，开展分离移交工作，为唐山市国资委起草“三供一业”分离移交提供经验支持，为唐山市剥离办赴长春、哈尔滨调研学习提供支持，为其他驻唐山相关企业提供协议和样本支持。成为首家全部完成“三供一业”分离移交及签订正式协议的驻唐央企。

（唐山实业公司　供稿）

中车兰州实业管理有限公司

2018 年，兰州实业公司实现营业收入 303.6 万元，利润 2.4 万元，支出全部为非经营性，其中营业成本 57.79 万元，税金及附加 10.2 万元，管理费用 297.67 万元，财务费用-43.3 万元，营业外支出 1.9 万元，资产减值损失-23 万元。公司设有管理机构 14 个、实体机构 1 个、厂办大集体企业 1 个。公司共有员工 14 人，主要承担职工住房建设、住宅区管理、“三供一业”移交、存续资产管理和大集体改革等工作。公司拥有土地资产 5 宗，总面积 256.4 亩，土地为划拨用地；拥有房屋资产 53 项，其中账内资产 3 项、账外资产 50 项，总面积约 1.7 万平方米；账内设备资产 10 项。完成厂办大集体资产评估，开展改制政策宣传。10 月 31 日，公司与兰州市热力总公司签订供热分离移交协议，12 月 12 日，与兰州水务建设管理有限公司签订供水分离移交协议、与国网甘肃省电力公司兰州供电公司签订供电分离移交协议，12 月 29 日，与兰州国资利民资产管理集团有限公司签订物业管理分离移交协议，移交总费用为 1.25 亿元。对外出租第一住宅区车棚、电视台及其他闲置房屋，盘活闲置资产，增加资产收益。与地方政府、教育局协商原工厂中学教学楼转让事宜。完成存续资产出租价格评估，在中车集团备案并获得批复。公司所持中庆房地产公司 100%股权无偿转让至中车置业，5 名员工劳动关系划归中车置业。

（兰州实业公司　供稿）

中车大同实业管理有限公司

2018 年末，大同实业公司资产总额 46311 万元，负债总额 36943 万元，所有者权益 9368 万元。公司注册资本 6619.4 万元，出资人为太原实业公司。年内全面完成职工家属区“三供一业”和市政设施分离移交、职工家属区供电系统改造和分离移交以及供热、供水、物业管理资产及职能分离移交，职工家属区市政设施全部移交地方政府。处置闲置报废资产 115 项并取得收益。与大同公司签订资产租赁合同，取得资产租赁收益。

（大同实业公司　供稿）

中车济南实业有限公司

2018 年，济南实业公司“三供一业”移交工作全面完成，其中物业管理移交涉及住户 4396 户，供暖移交涉及住户 265 户。开展公司土地、房屋、股权等资产清查，形成清查报告。策划泰安疗养院移交项目，11 月，泰安疗养院无偿划转至济南实业公司。

（济南实业公司　供稿）

中车集团（青岛）四方车辆资产管理有限公司

2018 年末，四方资产公司下设综合管理部、托幼中心、技师学院、南车四方（青岛）置业有限公司。公司 4 家参股单位是：青岛中车轻材料有限公司（持股 25%）、青岛四机宏达工贸有限公司（持股 1.93%）、青岛四机建筑安装有限公司（持股 19%）、青岛四方机车车辆铸钢有限公司（持股25%）。公司本体（含托幼中心）、技师学院合并口径营业收入7028万元、净利润1436万元。年内，公司与城阳区棘洪滩街道办事处签订正式移交协议，物业管理职能12月1日全部移交该办事处管理。推进职教幼教移交工作，由青岛市技师学院和青岛市市北区教育和体育局接收技师学院和托幼中心。完成1家低效无效股权处置，公司参股单位降为4家。组织公司及下属单位开展资产清查；完成技师学院事业单位法人申办及环境安全整治工作。推进党建入公司章程，落实国资委政治巡视工作，查找出问题17项，制定整改措施26项，7项工作形成决议。开展问题整改，降本14万元，银行账户压减至12个。

（四方资产公司　供稿）

中车西安实业有限公司

2018年末，西安实业公司资产总额15562万元，负债总额2193万元，所有者权益总额13369万元，实现营业收入354.57万元（均为资产出租收入），归属母公司净利润22.03万元。年内，公司签订供水、供电、供热、物业管理分离移交协议，共筹集资金17101.23万元并全部拨付接收单位，12月31日，职工家属区“三供一业”管理职能100%分离移交。厂办大集体改革工作进入全面实施阶段，厂办大集体改制方案、人员安置方案、资产处置方案获得中车集团批复。启动西安北车医院股权退出工作，并获得中车集团批复。

（西安实业公司　供稿）

中车南京浦镇实业管理有限公司

2018年末，浦镇实业公司资产总额15083万元，负债总额2968万元，所有者权益总额12115万元，实现营业收入626万元、净利润23万元。启动退休人员社会化管理移交。完成2幢大学生公寓危楼改造竣工验收。撤销驻京办事处，房产全部租出。组织开展存续资产大清查工作，针对存续房屋资产状差问题，加强工业厂房巡视点检，合理安排实施维修，确保房屋安全使用。规范闲置资产租赁洽谈与合同签订，全年签订房屋租赁协议12份、车辆租赁协议1份，实现了应租尽租目标。公司获得中车集团“存续企业管理先进单位”称号。

（浦镇实业公司　供稿）

中车常州实业管理有限公司

2018年末，常州实业公司资产总额33221万元，负债总额1307万元，所有者权益31914万元，营业收入332万元，利润379万元。公司运营管理由戚墅堰公司托管管理，设执行董事1名、监事1名，下设社会综合管理部及资产组、财务组、服务组等若干业务班组，公司员工35名。公司经营方式主要是自有房屋租赁。完成全部租赁合同签订，无一年以上应收账款，利息补偿收入 510 万元。做好改造地块空关房、租赁房和经营用房拆迁征收补偿，到账 900 余万元，返还棚改地块已拆住宅专项维修基金 25.13 万元。清理单身宿舍水电房费，收缴历年欠费 12 余万元。回收托管公司长期占用的二区锅炉房、木器厂房屋、土地，并对外招租，增收 30 万元。完成了戚墅堰所生活区物业管理职能移交工作，获得财政部补助资金 206 万元，中车集团资金补贴 240 万元。5 月，戚墅堰所生活区分离移交费用 800 万元全部支付。

启动公司原工房区棚户区拆迁改造，改造地块棚户区住宅 336 户，原疗养所地块房屋全部拆除，改造地块所有 15 幢住宅 1152 套房屋及配套设施全面开工。积极配合辖区政府做好施工管理和维稳协调工作。落实国资委政治巡视工作，查出问题 5 项，形成整改决议 4 项，制定整改措施 7 项，年内整改完成 4 项，正在整改 1 项。

（常州实业公司　供稿）

中车长江（武汉）实业发展有限公司

2018 年 5 月 24 日，由原武昌及江岸实业公司重组改制后的中车长江（武汉）实业发展有限公司注册成立，注册资本 4321 万元，下设公司办公室、运营管理处及社会事务处 3 处室，并设有江岸分公司及领军置业子公司。全年实现经营收入 3051 万元、利润 1778 万元，固定资产净值 2315 万元。完成 4 个职工家属区 143 栋楼房 6245 户 39.75 万平方米物业管理分离移交，“三供一业”分离移交工作完成。制定完善基础管理制度 13 项。开展安全生产大排查大反思大整治活动，提升公司安全环保风险意识。推进南车花园配套设施升级，强化南车花园基础设施和绿植维护，有效提升南车花园宜居品质。健全完善离退休党组织，设立基层党支部 18 个。

（长江实业公司　供稿）

中车铜陵实业有限公司

2018 年末，铜陵实业公司注册资本 4194.7 万元，资产总额 4933.2 万元。实现营业收入 116.88 万元，全部为固定资产租金收入，利润 1.1 万元。加强存续资产日常管理，规范资产租赁，全年签订除铜陵公司外的资产出租合同 18 份，合同金额 225200 元。积极推进老旧住宅小区修缮工作。签订员工住房、单身宿舍、2018 年度零星维修合同和老大学生公寓修缮工程合同，合计合同金额 20.3 万元。完成菜市场维修改造并竣工验收以及职工家属区道路提升改造工程项目、2 个小区提升改造工程项目招（投）标。11 月 28 日，铜官区住建局与义安区住建局签订移交协议，铜陵实业公司职工家属区物业管理分离移交改造项目移交至义安区住建局实施管理。公司与义安区政府签订厂办幼儿园移交管理框架协议。4 月 23 日，经公司总经理办公会研究决定“技工学校停止招生，自行关闭，做好师生后续维稳工作”，10 月 12 日，铜陵市国资委、人社局联合下发文件，明确支持公司按政策撤销技工学校。

（铜陵实业公司　供稿）

中车成都实业管理有限公司

2018年末，成都实业公司资产总额21558万元，流动资产9295万元，负债总额13773万元，实现营业收入244万元，净利润233万元。全年完成固定资产投资9312.93万元。按照“先改造，后移交”的方式实施“三供一业”分离移交，完成分离移交正式协议签订和供水、供电改造项目，物业改造项目基本完工，年内完成了职工家属区供水、供电、物业管理职能移交。

（成都实业公司　供稿）

中车资阳实业有限公司

2018年，资阳实业公司实现营业收入714万元，归母净利润3万元。年内对存续企业所属资产进行了全面梳理及清查，清理存续企业的出租资产，部分闲置资产对外租赁，盘活游泳池，与四川创优建材有限公司、四川拓世文化传媒有限公司签订了房产租赁合同，盘活存续企业资产，增加了企业收益。全年签订租赁合同18项，实现租金收入577万元。加大存续资产处置力度，位于成都火车北站的原工厂第三招待所房产处置取得实质性进展，已签署市政管理移交协议。公司与属地政府就退休人员档案资料保存管理问题进行了初步对接。10月，资阳市代市长吴旭深入公司棚改项目现场调研，围绕在2018年底启动项目提出具体工作要求，棚户区改造项目模式确定为“聚焦棚改目标，政府央企携手，政策资源支持，企业组织实施”。12月21日，资阳市代市长吴旭与中车集团党委书记、董事长刘化龙和中车集团总经理孙永才在京会商确定了由市政府给予项目政策支持、弥补资源缺口，中车集团指派企业实施项目建设并给予融资支持的决议，双方共同加快推进项目。12月29日，棚户区改造项目启动。公司建立了完善的资产台账，补充完善了台账数据。对存在重大安全责任问题的处于脱管状态的闲置和非经营性资产，与改制单位晨风天勤公司协商一致，继续签订《资产看管协议》，明确资产管理责任，保全了资产。针对6月以来连续发生的工业公司职工围堵公司办公大楼和静坐示威的信访事件，配合资阳市政府全力帮助工业公司化解矛盾和克服困难，恢复正常生产。

（资阳实业公司　供稿）

中车眉山实业管理有限公司

2018年，中车眉山实业管理有限公司完成了经营目标。6月28日签订《中车眉山实业管理有限公司职工家属区物业管理分离移交协议》和《中车眉山实业管理有限公司市政、文体设施、社区管理职能移交协议》。

（眉山实业公司　供稿）

中车株洲电力机车实业管理有限公司

2018 年末，株洲机车实业公司资产总额 65549 万元，负债总额 31206 万元，所有者权益 34343 万元。持有中车株洲投资控股有限公司、株洲九方装备股份有限公司、株洲九方铸造有限责任公司、株洲九方大酒店有限责任公司、海南鑫源置业发展有限公司、浙江中车电车有限公司长期股权投资。公司水、电移交改造项目总投资约 2.5 亿元，供电分离移交 14660 户，供水分离移交 14175 户。年内，公司与株洲市政府补充签订了物业分离移交协议书，物业移交核定协议金额 14405 万元，各改造工程按协议进度推进。完成路灯、桥梁、主排水、道路、道路排水、绿化、沉沙井、公厕等 8 类公共设施及管理职能分离移交。完成中车洛阳机车产业管理有限公司、中车襄阳机车产业管理有限公司改制工作，成立中车株洲电力机车实业管理有限公司洛阳分公司、襄阳分公司，新设立中车株机车实业公司株洲所分公司。

（株洲机车实业公司　供稿）

中车株洲电力机车实业管理有限公司洛阳分公司

2018 年，中车株洲电力机车实业管理有限公司吸收合并中车洛阳机车产业管理有限公司，成立了中车株洲电力机车实业管理有限公司洛阳分公司。年内，洛阳分公司实现营业收入 230 万元、利润 1 万元。完成供水改造以及收费和管理职能移交，涉及居民 5121 户，总投资 840 万元。进行供电改造整体验收和资产移交，总投资 4438 万元，涉及居民 5406 户。完成供暖改造，总投资 14832 万元，涉及居民 6471 户。完成物业管理职能和资产移交，启动了物业移交改造工程，总预算 5286 万元，涉及 6608 户。大集体改革改制工作完成，后续工作取得突破进展。棚户区改造有序推进，完成棚户区改造一期工程，推进二期工程总体调整和布局。社会职能移交工作先期完成，创造性地进行了垃圾中转站移交和建设。公司改制完成后运行良好：株洛襄存续整合工作按期完成；完成了泽隆公司股权摘牌、股权转让和福利厂改制；完成了资产清查、固定资产处置、乘务员和大学生居住环境改善、惠民广场验收等工作。

（株洲机车实业公司洛阳分公司　供稿）

中车株洲电力机车实业管理有限公司襄阳分公司

2018 年，中车株洲电力机车实业管理有限公司吸收合并中车襄阳机车产业管理有限公司，成立中车株洲电力机车实业管理有限公司襄阳分公司。年末，襄阳分公司资产总额 8011.86 万元，负债总额 5568.02 万元，所有者权益 2443.84 万元，资产负债率 69.50%；业务收入 420.64 万元，利润 5.06 万元，净利润 3.33 万元。公司下设综合管理部，总经理 1 名，部长、副部长各 1 名，存续企业专员 1 人。公司党群工作、财务工作、纪检监察审计、人力资源绩效管理、资产管理等由中车洛阳机车有限公司托管。落实政治巡视问题整改，制定整改问题清单 17 项，完成 9 项。

6 月 29 日，公司与襄阳市襄州区国有资产监督管理局签订物业管理分离移交正式协议；8 月 20 日，公司与襄阳市襄州区人民政府签订市政社区管理管理职能分离移交正式协议。棚户区改造二期工程 B 地块 3 栋 384 套房屋交付，A 地块开工建设有序推进。中车路建设工作完成规划红线图及勘测、方案与施工设计、地方政府投资及施工招标等前期准备工作。

（株洲机车实业公司襄阳分公司　供稿）

中车株洲电力机车实业管理有限公司株洲分公司

2018 年 9 月 25 日，中车株洲电力机车实业管理有限公司株洲分公司注册成立。至年末，株洲分公司公司实现营业收入 365 万元，利润总额 8 万元。5 月 3 日，公司与襄阳市高新区签订《襄阳中车电机技术有限公司职工家属区物业管理分离移交协议》；6 月 28 日，公司与北京北燃焦奥物业管理服务有限公司签订《北京时代志业机车车辆有限公司职工家属区物业管理分离移交协议》；8 月 27 日，公司与国网北京市电力公司签订《北京时代志业机车车辆有限公司国有企业“三供一业”供电分离移交实施协议》，“三供一业”分离移交工作全面完成。

（株洲机车实业公司株洲分公司　供稿）

中车株洲车辆实业管理有限公司

2018 年末，株洲车辆实业公司总资产 31542 万元，负债 12834 万元，净资产 18708 万元。全年签订租赁合同 26 份，年租赁收入 395 万元，净利润 4 万元。推进“三供一业”供电、物业分离移交，供电改造向周边农村散户推进，于 9 月全部完成，工厂生活区所有承担供电职能变压器全部退出，每年节约成本 340 万元以上。职工生活区物业管理职能、非经营性资产及房屋维修资金移交株洲市荷塘区人民政府，实行社会化管理；生活区已施工。积极开展消防机构分类改革工作，3 月，与荷塘区政府签订消防职能撤销资产移交协议，4 月，完成职能和资产移交工作。

（株洲车辆实业公司　供稿）

中车贵阳实业有限公司

2018 年，贵阳实业公司积极开展企业办社会职能移交，9 月 19 日与当地政府签订了市政设施及管理职能移交协议。完成“三供一业”收尾工作，取消家属区住宅物业补贴费用。解决员工停车难的问题，新建阳光花园停车场，增加车位 170 余个。对游泳池进行了维修改造。积极开展节日慰问和“送温暖”活动，走访慰问困难员工 1000 余人次。

（贵阳实业公司　供稿）

北京时代志业机车车辆有限公司

2018 年末，时代志业公司完成供暖分离移交；完成供电、物业分离移交协议签订，其中供电移交 681 户，已全额支付项目分离移交改造资金 613 万元；物业移交 711 户，项目总资金 494 万元。

（时代志业公司　供稿）

南车投资管理有限公司

2018 年末，南车投资公司实现经营收入 7214 万元，净利润 988 万元。做好中车大厦、白纸坊楼到期租赁经营，成立在京资产经营领导机构及工作运行机构，制定了持续经营及其实施方案，严格按程序组织开展资产租赁价格评估、评审、公示、备案等招租工作。年末与山东泰山创业投资股份有限公司、中车济南实业有限公司签订移交协议，提前完成了泰山疗养院划转工作；加快推进中车大厦与广铁集团七层交易工作，12 月末完成网签变更及条款支付约定。完成租金和物业费收缴工作，拓展了总部基地中车环境公司、中车金租公司 2 个物业项目，增加物业服务面积约 4000 平方米。通过集中培训、知识竞赛等形式，学习宣传贯彻党的十九大精神及宪法知识。党风廉政建设方面未出现违纪违法等事项。落实国资委政治巡视工作，实行问题销号管理，57 个整改问题按时完成 51 个，完成制（修）订制度 25 项，废止制度 5 项。

年内，公司下属企业海南鑫源置业发展有限公司的下属酒店海南鑫源温泉大酒店实现营业收入 3062.8 万元、利润 121.3 万元，全年无重大安全事故，通过了海口市旅游标准化示范单位复核，获得市政府奖励金 2 万元及海南省旅游和文化广电体育厅专项奖励金 5 万元，被海口市旅游发展委员会授予“2018 年海口市旅游行业抗雾保运先进单位”“海南商务酒店影响力品牌”“海南省 3A 级会议型酒店”“改革开放 40 周年全国饭店餐饮业功勋企业”“2018 年度地域标志性酒店”等荣誉称号，被国家统计局海南调查总队评为“先进单位”。下属企业泰安傲徕峰山庄有限公司完成傲徕峰社区街道傲徕峰职工住宅楼的社区管理职能移交协议签订。

（南车投资公司　供稿）

中车集团天津实业有限公司

2018 年，天津实业公司完成剩余在册 15 人安置工作，对历史遗留的 14 间平房进行水、电、屋顶等维修改造后，移交河北区房管局管理并签订移交协议，存续企业名下剩余 1 套商品房完成国有资产处置程序。12 月 26 日，天津实业公司完成工商注销。

（天津实业公司　供稿）

人物与荣誉

本栏编辑　邹　青

国家改革先锋

第十三届全国人民代表大会代表

全国总工会大会执委会委员、代表

全国妇联大会执行委员会员、代表

共青团中央委员会候补委员、共青团全国代表大会代表

先进人物

集体荣誉

国家改革先锋

孙永才

男，汉族，1964年11月出生，吉林长岭人，博士研究生学历，教授级高级工程师。现任中国中车集团有限公司党委副书记、董事、总经理，中国中车有限股份公司党委副书记、执行董事、总裁。2018年12月18日，被中共中央、国务院授予“‘复兴号’高速列车研制的主持者”和改革“先锋称号”，获改革“先锋奖章”。

第十三届全国人民代表大会代表

王　润

男，汉族，1963年5月出生，山西运城临猗人。现任长客股份公司董事长。2018年1月31日，在吉林省第十三届人民代表大会第一次会议上当选第十三届全国人民代表大会代表。

周清和

男，汉族，1964年5月出生，湖南常德人，教授级高级工程师。现任株机公司党委书记、董事长。曾获2015年度湖南省优秀企业家、2015—2016年度全国优秀企业家。2018年1月29日当选第十三届全国人民代表大会代表。

张敬华

女，汉族，1973年出生，齐车公司货车分厂电焊工，“中国中车技能专家”、“齐齐哈尔市三八红旗手”、“齐齐哈尔市劳动模范”和“黑龙江省五一劳动奖章”、“黑龙江最美女工”。2018年获“全国五一劳动奖章”，1月29日当选第十三届全国人民代表大会代表。

郭　锐

男，汉族，1977年7月出生，山东昌邑人。四方股份公司高级技师、首席技师，山东省总工会第十五届委员会兼职副主席。2018年1月31日当选第十三届全国人民代表大会代表。

孙景南

女，汉族，1971年11月出生，安徽定远人。浦镇公司钢结构车间焊工，高级技师，中国中车首席技能专家，曾获“全国技术能手”、“江苏省首席技师”、“江苏省最美女职工”、“江苏省劳动模范”和中国中车首届“高铁工匠”等称号。2018年1月底当选第十三届全国人民代表大会代表。

全国总工会大会执委会委员、代表

中华全国总工会第十七届执行委员会委员

四方股份公司　　宁允展

中国工会第十七次全国代表大会代表

中国中车总部　　邱　伟

四方股份公司	宁允展	唐山公司	张雪松
株洲所	刘志平	石家庄公司	邢忠东
长江公司株洲分公司	易　冉（女）	大同公司	陈玉荣（女）
长客股份公司	罗昭强	永济电机公司	薛金良
大连公司	于　静（女）		

全国妇联大会执行委员会委员、代表

中华全国妇女联合会第十二届执行委员会委员

四方股份公司	梁建英
株机公司	高　楠
洛阳公司	张素丽

中国妇女第十二次全国代表大会代表

四方股份公司	梁建英
株机公司	高　楠
洛阳公司	张素丽
大连公司	于　静

共青团中央委员会候补委员、共青团全国代表大会代表

共青团十八届中央委员会候补委员

四方股份公司	李文龙

共青团第十八次全国代表大会代表

株机公司	李金龙
唐山公司	刘　争
四方股份公司	李文龙

先进人物

【国家级荣誉称号获得者】

国家改革先锋

中国中车总部　孙永才

2018第八届中国证券金紫荆奖——改革开放四十周年杰出贡献企业家

中国中车总部　刘化龙

最佳上市公司董事会秘书

中国中车总部　谢纪龙

全国五一劳动奖章

齐车公司　张敬华
长客股份公司　罗昭强
大同公司　李　彬
株机公司　谢光明
戚墅堰所　刘云清

全国优秀企业家

大连公司　闵　兴
株洲电机公司　周军军

第十五届中国青年科技奖

四方股份公司　梁建英

国家“万人计划”专家

戚墅堰所　阙红波
株洲所　尚　敬

享受国务院政府特殊津贴

1. 专业技术人才

齐车公司　李　华
长客股份公司　沙　淼
大连公司　蔡志伟
唐山公司　康洪军
大同公司　原志强
永济电机公司　王　彬
四方股份公司　陶桂东
戚墅堰公司　张建勤
长江公司　刘凤伟
资阳公司　孟玉发
株机公司　李希宁
四方所　刘　辉
戚墅堰所　阙红波
株洲所　荣智林
南方汇通公司　梁松苗

2. 专业技能人才

长客股份公司　周晶辉　唐建坤
唐山公司　罗　鹏　郭从民
大同公司　李继欣
石家庄公司　刘志彬　郭　磊
四方股份公司　张合礼　管益辉
成都公司　张广川
眉山公司　伍鸿斌
株机公司　陆　斌　谢光明
戚墅堰所　张学斌

中华技能大奖

浦镇公司　孙景南

全国技术能手

长客股份公司　何　岩
大同公司　王　强
永济股份公司　邱文军
戚墅堰所　杨余明

全国三八红旗手标兵

大连公司　于　静

全国三八红旗手

四方股份公司　梁建英

全国优秀工会之友

四方股份公司　张在中

全国优秀工会积极分子

四方股份公司　戚海峰

全国青年岗位能手标兵

四方股份公司　李文龙

全国青年岗位能手

长客股份公司　王善更
大连公司　于春生
株机公司　许贤杰

株洲电机公司　申　政

全国企业文化建设功勋人物

株洲电机公司　周军军

第十五届全国职工职业道德先进个人

长客股份公司　罗昭强

中国质量工匠

戚墅堰所　刘云清

2018“嘉克杯”国际焊接大赛部分项目

第一名

浦镇公司　孟　非
大同公司　杜家伟
四方股份公司　冷康龙
戚墅堰公司　戚　飞
大同公司　张桂斌
长客股份公司　王善更

第二名

唐山公司　林　松
眉山公司　甘俊林
四方股份公司　孙贵舜
长客股份公司　何　岩
株机公司　刘文强

第三名

长客股份公司　王　伟
兰州公司　王继荣
唐山公司　李宝满
四方股份公司　孙福银
株机公司　文亦武

2018“嘉克杯”国际焊接大赛技术论文获奖

二等奖

株机公司　侍光磊

三等奖

长客股份公司　何　岩
四方股份公司　崔云龙
浦镇公司　火巧英　侍忠晨

【省部级荣誉称号获得者】

詹天佑铁道科学技术奖大奖

株洲所　冯江华

詹天佑铁道科学技术奖成就奖

中国中车总部　于跃斌

詹天佑铁道科学技术奖贡献奖

大连公司　高洪光

詹天佑铁道科学技术奖青年奖

戚墅堰所　阙红波
长客股份公司　沙　淼
四方股份公司　张志毅

茅以升铁道工程师奖

齐车公司　吴荣坤
长客股份公司　谭富星　张欣盟
大连公司　付　莹
唐山公司　郭　鹞
四方股份公司　刘韶庆
株机公司　李晓春
株洲电机公司　晏才松
大连所　张延蕾
大连电牵公司　张　林
四方所　邵立鹏
株洲所　梅文庆

茅以升铁道科技奖

大连所　陈广泰
戚墅堰所　吴　刚
株洲所　程海涛

火车头奖章

长客股份公司　鲍洪阳
沈阳公司　张宏伟
大连公司　房　卫
唐山公司　侯振国
二七车辆公司　田铁升
石家庄公司　张杰锋
太原公司　郭世江
永济电机公司　薛栖鹃
山东公司　祁海军
四方股份公司　徐　锋
洛阳公司　任晓刚
西安公司　罗　斌
兰州公司　李雪涛
长江公司　欧阳王彬

浦镇公司　　龚仙龙
戚墅堰公司　　陈永平
资阳公司　　王福林
成都公司　　石喜才
株机公司　　罗　超
株洲电机公司　　周黎民
贵阳公司　　令狐克书
四方所　　刘　辉
戚墅堰所　　杜利清
株洲所　　申宇翔
天津公司　　周　涛

全国铁路优秀工会工作者

二七机车公司　　曹宏晏
二七车辆公司　　杜向东
石家庄公司　　贾海林
长江公司　　姚正凡
大连电牵公司　　董宇飞
天津公司　　马玉平
中国中车总部　　郎　杰　王伯友

全国铁路优秀工会积极分子

山东公司　　靳光伟
浦镇公司　　张　露
戚墅堰公司　　李　峰
成都公司　　朱坤芳
大连所　　朱　淼
四方所　　郭凯江
株洲所　　谭学斌

全国铁路优秀工会之友

长客股份公司　　陈孝敏
株机公司　　周清和

第三届全国铁路青年科技创新奖

四方股份公司　　丁　涛　万　刚

陕西省五一劳动奖章

西安公司　　汤华冰

江苏大工匠

戚墅堰公司　　张　忠

江苏工匠

戚墅堰公司　　袁志刚　潘德昌

山东省劳动模范

山东公司　　张玉斌
四方股份公司　　郭　锐　李文龙　马云双

山东省“庆祝改革开放40周年感动山东人物”

四方股份公司　　梁建英

山东省“齐鲁大工匠”

四方股份公司　　刘建树

山东省“齐鲁首席技师”

四方股份公司　　王宝昌

山东省“突出贡献技师”

四方股份公司　　张金玲　安　勇

甘肃省五一劳动奖章

兰州公司　　李柏旺

河北省五一劳动奖章

唐山公司　　邱宝光　辉小斌　苏俊莲

山西省五一劳动奖章

大同公司　　刘艳响

第五届山西省“三晋技术能手”

大同公司　　刘艳响　王宏军　陈玉荣　王　晗

山西省五一巾帼标兵

大同公司　　吕纯洁

辽宁省五一劳动奖章

大连公司　　于　静

第五届“湖南省十大优秀专利发明人”

株机公司　　樊运新

【中国中车级荣誉获得者】

中国中车劳动奖章

齐车公司　　李海龙　吴天园　贺茂盛　程永亮　李　磊
长客股份公司　　宋春元　高　阳　孙忠良　王　飞　于立军　王仁超

臧铁军　刘立国
马玉凡　唐泉涛
沈阳公司　范其宾　刘　岩
大连公司　谷晓东　陈志强
张双成　史　原
唐山公司　胡文浩　李富强
刘　刚　孙克安
王连明　李志宏
二七机车公司　赵斐斐
二七车辆公司　张瑞增　李云国
南口公司　宋迎春
石家庄公司　高铁军　杨永春
大同公司　刘　鹏　王立志
郑　勇
太原公司　贾　敏　郭世江
永济电机公司　晋爱琴　李　磊
葛亚楠
山东公司　徐连红　曹正峰
四方股份公司　杜明果　张振先
王文健　张合礼
管益辉　徐　锋
林贤军
四方有限公司　尹鹏浩　刘钟琥
郭　鹏
洛阳公司　李高峰　王勇涛
西安公司　王　伟　刘仪安
兰州公司　张宏声
浦镇公司　屠跟林　王　强
姜艳林
戚墅堰公司　翟志强　袁志伟
长江公司　杨小冬　第明生
朱建平　付　兵
苏利杰
成都公司　罗　胜
资阳公司　陈启彬　宋　宇
眉山公司　甘俊林　韩金刚
株机公司　刘　辉　肖　湘
邢　涛　罗　锋

常文卫　谭湘枚
株洲电机公司　欧阳享　潘　啸
贵阳公司　张豫筑
大连所　初永春
大连电牵公司　王建强
四方所　葛洪勇
常州中车汽车零部件有限公司　代智辉
戚墅堰所　李　枫
株洲所　文宇良　刘良杰
Richard Purdy
欧阳绪平
张步峰
Danieil Haeffelin
牛慧峰　刘　辉
湖南中车时代电动汽车股份有限公司
刘　凌
广州公司　王贺臣
广东公司　黄小红
天津公司　袁　磊
中车产投　闫卫华
中车置业　宫良国

中国中车优秀党务工作者

齐车公司　管庆凯　付　强
邓　戈
长客股份公司　关海波　赵东巍
张庆羽　张喜国
沈阳公司　李效臣
大连公司　毕　毅　宋协鹏
邢　瑜　于同源
唐山公司　侯志刚　徐　军
白雪峰　鲁春朋
二七机车公司　王立志
二七车辆公司　林宝华
南口公司　刘成学
石家庄公司　赵连锁　刘玉辉
和建哲
大同公司　苗夏青　张　宇
太原公司　刘征文　阎青松

永济电机公司	卫黎杰
山东公司	汪红涛
四方股份公司	张在中　张安营　吴庆礼
四方有限公司	于海俊
洛阳公司	詹永丰　任晓刚
西安公司	何建设　李耀辉
兰州公司	姜　涛
浦镇公司	郑早颖
戚墅堰公司	秦　辉　曹昌怀
长江公司	朱建平　余英杰　吴松涛　杜灿铭　刘俊德
资阳公司	秦贵忠
眉山公司	周　锐
成都公司	孙　强
株机公司	周清和　张旻宇　何　辉　王庆成　兰　雄
株洲电机公司	赵桂发
贵阳公司/南方汇通	刘　伟
大连所	张富强
四方所	冯晨光
戚墅堰所	范鹏程
大连电牵公司	金晓宇
株洲所	杨首一　蔡万银　高小杰　曾立霞　李群波
天津公司	徐作人
广州公司	王晓建
广东公司	邓玉林
常铁校	高　羽
工程公司	秦久运
产投公司	裘剑佩
中国中车总部	赵　虎

中国中车优秀共产党员

齐车公司	杨志刚　于　跃　崔　亮　高静卓
长客股份公司	邓　海　李恩龙　耿　明　李凯平　赵　栩　康志涛
沈阳公司	申广胜　杨　洋
大连公司	黄中跃　谷晓东　乔　岩　王大伟
唐山公司	朱宝利　苏俊连　刘　刚　孟　双　李宝泉
二七机车公司	石　刚　崔学顺
二七车辆公司	艾新强　李　峰
南口公司	李铁路　李延春
石家庄公司	刁建伟　孔令淼　王　立　赵国胜
大同公司	刘艳响　吕纯洁　宋生光
太原公司	曾建明　冯文梅　李东来
永济电机公司	师宁宁　俞文斌
山东公司	荣繁亮　郭连海
四方股份公司	宁允展　李文龙　韩晓辉　史小利
四方有限公司	张艳萍　梁宝宏
洛阳公司	曲丽丽　何华伟　王　波
西安公司	韩　辉　赵宏刚　王朝蓬
兰州公司	马朝昱　闫民中
浦镇公司	钱　程　鲍　凯
戚墅堰公司	张　忠　袁志刚
长江公司	刘会利　喻　勇　金新生　沈海全　尹　利　孙欢欢　邓民轩
资阳公司	欧阳彦军　李　化
眉山公司	甘俊林　贺　丽
成都公司	王小兵　张　平
株机公司	丁争荣　李　琼

	聂文斌	禹　州
	刘昌盛	
株洲电机公司	卢冬华	邓艳俐
贵阳公司/南方汇通	胡利杰	万兴华
大连所	张　博	
四方所	孙　峰	
戚墅堰所	莫彦承	刘云清
大连电牵公司	王建强	景海林
株洲所	袁仙勇	张光强
	唐　皓	章志兵
	易香平	林焕之
天津公司	周　涛	
广州公司	陈思思	
广东公司	宋伟雅	
常铁校	杜　芬	
工业研究院	田　寅	
国际公司	张　鑫	
财务公司	王晓璐	
物流公司	季晓丹	
租赁公司	李海权	
中铁轨道公司	阿　恩	
工程公司	赵祥淦	
中车置业	范鸿翔	
资本公司	郭小雨	
产投公司	朱昌盛	
信息公司	刘光涛	
环境公司	杨云程	
中国中车总部	彭　鹏	

中国中车杰出青年岗位能手

齐车公司	袁立广
长客股份公司	张富军
大连公司	董　皓
唐山公司	付阳阳
大同公司	贾春梅
永济电机公司	高尚宇
四方股份公司	果　伟
株机公司	胡　冰
株洲所	杨　艳
长江公司	杨小冬

中国中车优秀团干部

齐车公司	盛　琪	武加文
哈尔滨公司	刘朝龙	
长客股份公司	刘博洋	罗婷婷
长春车辆公司	王　贺	王译加
沈阳公司	孙　悦	
大连公司	郭雅秀	陈志文
唐山公司	刘星生	
唐山公司	金　妍	
天津装备公司	巴　猛	
二七机车公司	李渊钊	朱新宇
南口公司	张振行	
大同公司	马少杰	孙秀岩
太原公司	刘　新	
永济电机公司	郑路杨	周碧川
山东公司	李　林	张志朋
西安公司	丁　伟	
兰州公司	鲁莎莎	
大连所	王　玮	
四方所	冯晨光	赵　鹏
大连电牵公司	吴月明	
天津公司	李　佳	
工程公司	张广晨	
四方股份公司	刘玉海	管金迪
株机公司	闫佩栋	周　洁
株洲所	孙　璐	于广洲
四方有限公司	张天博	赵振云
浦镇公司	韦　琳	吴　双
株洲电机公司	于君坦	陈　玮
眉山公司	刘　延	
贵阳公司	陈光海	
长江公司	仙文静	汪　军
戚墅堰所	黄玉明	魏泽利
石家庄公司	杨泽浩	张　松
洛阳公司	王　璐	
戚墅堰公司	张佳慧	
二七车辆公司	冯　龙	

广州公司	刘家民　邓志伟
常铁校	刘晏池
成都公司	李　焓　廖　婧
资阳公司	种宁宇
中国中车总部	张　凌

中国中车优秀团员

齐车公司	白　雪　邹昌齐
哈尔滨公司	朱延章
长客股份公司	孙博飞　詹莫然
长春车辆公司	王　瑶　张　超
沈阳公司	朱明洋
大连公司	宋庆先　葛　鹏
唐山公司	王海香　张　博
天津装备公司	袁田田
二七机车公司	李占旭　张　叙
南口公司	张文斌
大同公司	昝少威　许建宏
太原公司	庞焕焕
永济电机公司	李　丁　张鹏飞
山东公司	孙　猛　李才华
西安公司	杜　昊
兰州公司	陈斌斌
大连所	邹曜先
四方所	张　朋　张锦标
大连电牵公司	战雨欣
天津公司	赵　行
工程公司	张乃今
物流公司	雷　悦
中车置业	刘　媛
四方股份公司	梁凯强　冯　强
株机公司	杨　周　姚　屹
株洲所	肖闾闾　张　毅
四方有限公司	任　玥　王航瑞
浦镇公司	焦　阳　金胜利
株洲电机公司	邓理杰　万桃红
眉山公司	徐建平
贵阳公司	雷光霞
长江公司	陈鹏立　宋少波
戚墅堰所	孙　岳　陈　浩
石家庄公司	高颂庆　赵艳平
洛阳公司	祁嘉赟
戚墅堰公司	陈士恩
二七车辆公司	杜佳乐
广州公司	刘汉基
广东公司	谷芋良
常铁校	张　钰
成都公司	陈春跃
成都公司	兰　萌
资阳公司	邓　敏

中国中车青年岗位能手

齐车公司	张晓璐
长客股份公司	初东博　朱　峰 王　瑶
沈阳公司	丁建国　陶　冶
大连公司	丛培鹏
大连公司	王庆柱
唐山公司	陈经纬　陈金彪
南口公司	刘会香
大同公司	杜家伟　张桂斌
太原公司	闫庆飞
永济电机公司	任向武　仝琳珠
山东公司	李　林
西安公司	王　瑶
兰州公司	王继荣
大连所	于运宝
四方所	张永强
大连电牵公司	曲诗健
天津公司	王有恒
工程公司	安玉龙
四方股份公司	李启士
株机公司	赵　颖　陈　章
株洲所	罗竹辉
四方有限公司	李文斌　宋守浩
浦镇公司	郭有东　王　鹏
株洲电机公司	周　亮
眉山公司	李传奇

贵阳公司	唐　华	广东公司	丁　浩
长江公司	盛全武　汪　涛	常铁校	方　雁
戚墅堰所	王永胜	成都公司	刘金源
石家庄公司	肖　楠	资阳公司	白永平
洛阳公司	何华伟		
戚墅堰公司	戚　飞　孙经纬		
二七车辆公司	高金龙		
广州公司	贺永彬		

（人力资源部〈党委干部部〉
党委办公室〈党委组织部〉
群团工作部〈工会办公室〉
各子公司　供稿）

集体荣誉

【国家级集体荣誉】

国际公益大奖

中国中车

“一带一路”最佳实践上市公司

中国中车

2018“嘉克杯”国际焊接大赛冠军

中国中车

全国五一劳动奖状

大连公司

全国工人先锋号

唐山公司钢结构厂剪刀班

永济电机公司机加分公司铆焊车间变流器组装班

株机公司转向架事业部总成车间

洛阳公司李万坤劳模创新工作室

全国模范职工之家

四方股份公司工会

长江公司常州分公司工会

资阳公司工会

全国模范职工小家

唐山公司调试厂工会

大同公司大同ABB牵引变压器公司工会

株机公司城轨事业部工会

全国总工会财务工作先进单位

长客股份公司工会

贵阳公司工会

国家“服务型制造示范企业”

大连电牵公司

国家知识产权优势企业

大连所

全国五四红旗团支部

长客股份公司高速动车组制造中心调试车间团支部

大连公司信息管理部团支部

全国青年安全生产示范岗

唐山公司调试厂列调二班

株机公司转向架事业部总成车间

2017年度全国志愿服务“四个100”最美志愿服务社区

永济电机公司永济电机社区

全国质量诚信标杆典型企业

永济电机公司

中国优秀工业设计金奖

唐山公司工业化平台动车组

国家知识产权示范企业

四方股份公司

国家知识产权优势企业

大连公司

全国设备管理优秀单位

大连公司

天津公司

国家技能人才培育突出贡献单位

大连公司技师学院

国际氢能大奖——“威廉·格罗夫爵士”奖

四方股份公司

2018年度全国企业文化建设典范企业

株机公司

2018年度全国企业文化建设先进单位

株洲电机公司

【省部级集体荣誉】

火车头奖杯

齐车公司货车分厂

大同公司市场部

四方有限公司车体分厂哈萨克斯坦总装班

眉山公司

全国铁路模范职工之家

齐车公司工会

沈阳公司工会

唐山公司工会
大同公司工会
四方有限公司总装分厂工会
株洲电机公司研究院联合工会
贵阳公司转向架车间工会

全国铁路模范职工小家

大连公司技术开发部车体室工会小组
太原公司转向架车间工会
永济电机公司检修事业部工会
洛阳公司机车事业部试验工段试验一班工会小组
西安公司客修事业部总装车间落车小组
眉山公司备料车间 4000T 班组工会小组
戚墅堰所常州中车铁马科技实业有限公司工会

全国铁路工会财务工作先进单位

沈阳公司工会
西安公司工会
洛阳公司工会
眉山公司工会

央企创新大赛一等奖

中国中车集团“中企云链项目”

四川省优秀城乡规划设计一等奖

中车置业成都项目

陕西省“优秀企业文化成果”单位

西安公司

江苏省高新技术企业

戚墅堰公司

河北省“十佳书香企业”

石家庄公司

河北省“省级安全文化建设示范企业”

石家庄公司

天津市设备管理优秀单位

天津公司

第十五届中国制造业国际论坛精益管理最佳实践奖

山东公司

吉林省“黄大年式科研团队”

长客股份公司时速 350 公里“复兴号”中国标准动车组研发团队

甘肃省创新型班组

兰州公司机车车间风管班

甘肃省工人先锋号

兰州公司附件车间
兰州公司机车车间电一班

山西省功勋企业

大同公司

山西省文明单位标兵

大同公司

山东省模范职工之家

四方股份公司工会

辽宁省先进基层党组织

大连公司钢结构分公司党总支部

辽宁省职工创新工作室

大连公司于静创新工作室

湖南省开放强省 10 强外贸企业

株机公司

湖南省青年文明号

株机公司机车事业部总成车间

【中国中车集体荣誉】

中国中车劳动奖状

齐车公司
- 转向架车间
- 工艺技术部
- 大连集装箱公司

长客股份公司
- 转向架制造中心总成二车间
- 国家轨道客车工程研究中心电气研发部
- 客车制造中心
- 高速动车组制造中心铝车体一车间
- 物资管理部
- 长春中车轨道车辆有限公司转向架厂

沈阳公司
- 转向架分厂转向架检修落成一班

大连公司

客户服务中心
城轨技术开发部
机械装备分公司制造车间单元制动班
唐山公司
质量管理部
动车检修事业部
科技管理部
动力能源公司
车体车间
压缩机公司
石家庄公司
钢结构车间
大同公司
客户服务中心
构架车间
太原公司
总组装车间
永济电机公司
西安中车永电捷力风能有限公司
西安中车永电捷通电气有限公司
山东公司
国际业务部
四方股份公司
技术中心
转向架分厂
城轨事业部
人力资源部
四方有限公司
财务部成本组
总装分厂客车检修车间通电二班
洛阳公司
技术中心
西安公司
产品制造部
兰州公司
工程机械分公司技术组
浦镇公司
技术工程部
钢结构车间
戚墅堰公司
机车制造公司
党委工作部
长江公司
常州分公司
人力资源部
株洲分公司人事劳资处
成都公司
城轨分厂
资阳公司
曲轴事业部
眉山公司
铸钢分公司
株机公司
产品研发中心
城轨事业部总成车间
城轨车辆与轨道工程车营销中心
株洲电机公司
研究院产品研发中心
贵阳公司
车体车间
大连所
电力电子事业部
大连电牵公司
客户服务部
四方所
钩缓事业部
戚墅堰所
常州中车铁马科技实业有限公司
株洲所
研究院基础与平台研发中心
株洲中车时代电气股份有限公司
时代新材轨道交通事业部
襄阳电机株洲中车机电科技有限公司
湖南中车时代电动汽车股份有限公司
株洲投资控股公司
株洲中车特种装备科技有限公司

中国中车先进基层党委

齐车公司党委
永济电机公司党委
浦镇公司党委
眉山公司党委
四方有限公司党委
置业公司党委

中国中车先进基层党（总）支部

齐车公司
　纪委机关党支部
　起重机分公司党总支部
　哈尔滨公司转向架分厂党总支部
长客股份公司
　客车制造中心党委
　工程技术中心工程技术部党支部
　转向架制造中心维修车间党支部
　长春车辆公司转向架厂党支部
沈阳公司
　配修分厂党支部
大连公司
　城铁分公司党总支部
　城轨技术开发部党支部
　电气分公司党总支部
唐山公司
　总装配一厂党总支部
　铝合金厂党总支部
　服务事业部党总支部
二七机车公司
　安全监察管理部党支部
二七车辆公司
　货车车间党支部
南口公司
　资产管理部党支部
石家庄公司
　安全保卫党支部
　粮机分公司党支部
　总装车间党支部
大同公司
　人力资源部（组织部）党支部
　机械加工三车间党支部
太原公司
　钢二党支部
　机车分厂机关委员会
永济电机公司
　线圈车间党支部
山东公司
　研究院党支部
四方股份公司
　总装分厂党总支部
　检修服务事业部第一党支部
四方有限公司
　转向架分厂党总支部
洛阳公司
　技术中心党总支部
　营销客服党总支部
西安公司
　产品制造部党总支部
　货修事业部转向架车间党支部
兰州公司
　机车车间党支部
浦镇公司
　城轨总装党总支部
戚墅堰公司
　机车检修公司党总支部
长江公司
　株洲分公司装备管理处党支部
　铜陵车辆有限公司质量检验处党支部
　常州分公司台车车间党支部
　武汉分部台二车间党支部
　总部机关工艺研究所党总支部
资阳公司
　资阳中车电力机车有限公司党委
眉山公司
　铸钢分公司党总支部
成都公司
　转向架分厂党支部

株机公司
南非基地党工委
城轨事业部党委
制动分公司党总支部
项目管理中心党总支部
株洲电机公司
江苏中车电机有限公司党委
贵阳公司
总装车间党支部
大连所
城铁党支部
四方所
管理一党支部
戚墅堰所
常州中车铁马科技实业有限公司党总支部
大连电牵公司
办公人事党支部
株洲所
研究院机关党支部
时代电气售后服务中心党总支部
时代新材技术中心党总支部
中车电动公司党委
天津公司
技术中心党支部
广州公司
制造中心党支部
广东轨道车辆公司
制造党支部
常铁校
机电工程系党支部
工程公司
财务审计党支部
产投公司
株洲中车天力锻业有限公司党支部
中国中车总部
纪委（监察部、巡视办）党支部

中国中车子公司优秀领导班子

四方股份公司
长客股份公司
唐山公司
株洲电机公司
株洲所
四方所
永济电机公司
中车科技园
眉山公司
齐车公司
西安公司

中国中车基层单位“优秀领导班子”

四方股份公司
车体分厂
技术中心
长客股份公司
国家轨道客车工程研究中心总体研发部
铁路客车业务部售后服务部
唐山公司
总装配一厂
技术研究中心
株机公司
城轨事业部
机车系统研发部
株洲电机公司
江苏中车电机有限公司
研究院产品研发中心
株洲所
株洲中车时代电气股份有限公司
中车株洲所电气技术与材料工程研究院
四方有限公司
战略投资部
电子事业部
永济电机公司
西安中车永电捷力风能有限公司
财务资产部
中车科技园
中车置业（太原）有限公司

眉山公司
　铸钢分公司
　财务管理部
齐车公司
　货车分厂
　技术开发中心
西安公司
　产品制造部
　城轨制造中心
成都公司
　城轨分厂
　生产部
大同公司
　机车电器车间
　车体车间
戚墅堰所
　营销党支部
　齿轮党总支
长江公司
　工艺研究所
　株洲分公司台车车间
　武汉分部台二车间党支部
　铜陵公司锻造车间
　常州分公司机关一联合党支部
大连公司
　电气分公司
　城轨技术开发部
山东公司
　江苏中车环保设备有限公司
　货车制造中心
太原公司
　总组装车间
　钢一车间
中车金控
　中车汇融保险经纪有限公司
　中车商业保理有限公司
戚墅堰公司
　党委办公室（董事会办公室）
　铸锻分公司
株洲投资控股公司
　株洲中车特种装备科技有限公司
石家庄公司
　转向架车间
　财务部
兰州公司
　附件车间
　机车车间
沈阳公司
　机动分厂
　生产部
常铁校
　轨道交通系党支部
浦镇公司
　转向架车间党支部
　政工党支部
南方汇通
　贵阳时代沃顿科技有限公司
贵阳公司
　总装车间
　转向架车间
工程公司
　机电工程部
　安全质量部
二七车辆公司
　人力资源部（党委干部部）
　财务部
广州公司
　制造中心党支部
大连电牵公司
　基础技术研发部
大连所
　换热系统事业部
　电力电子事业部
四方车辆公司
　国铁事业部
　车体分厂

洛阳公司
转向架事业部
技术中心
资阳公司
资阳中车电力机车有限公司
新产业事业部
南口公司
公司办公室、企划联合党支部
人力资源部
天津公司
技术中心
制造检修部
环境科技公司
远安中车水务有限公司
市场拓展中心
二七机车公司
动能公司
人力资源部

中国中车青年文明号

齐车公司
技术开发中心产品试验研究室
动能运输分厂机电技术组
哈尔滨公司转向架分厂车轴机加组
长客股份公司
国家轨道客车工程研究中心车体研发部车体开发室
人力资源部
长春中车公司客车装配厂落车一班
沈阳公司
新造分厂整体转胎班
转向架分厂天车班
大连公司
机械装备分公司制造车间车床班
技术开发部车体室
唐山公司
制造技术中心车体工艺部钢制车体室
服务事业部华北区域服务中心北京服务站
南口公司动电厂青工班
大同公司
机车电器车间大修组
技术中心研究院电传动室
太原公司冲压车间数控组
永济电机公司
电控分厂总装班
机加分公司机座焊接生产线组装焊接班
山东公司机电装备公司工艺技术部
西安公司城轨制造中心车电班组
兰州公司柴油机车间试验站钳工班
大连所“复兴号”冷却系统产品售后维保团队
四方所钩缓事业部产品开发团队
大连电牵公司办公人事团支部
天津公司装备制造部转向架组装班组
工程公司机电工程部重庆分部
四方股份公司
检修服务事业部远程技术支持中心
总装分厂 EMU 前装钳工检修 1 班
株机公司
项目管理中心
城轨事业部工程技术部
株洲所电气技术与材料工程研究院
检测试验中心技术部
四方有限公司
电气分厂调试班
总装分厂客车检修车间墙板班
浦镇公司
保卫部消防队
技术工程部化工组
株洲电机公司工业驱动事业部盾构机电机项目团队
眉山公司货一车间侧墙电焊班组
贵阳公司弹簧事业部技术质量部
长江公司
常州分公司党委工作部
株洲分公司台车车间轮饼班

戚墅堰所

试验检测中心失效分析及金相检测室

新产业发展部

石家庄公司技术中心研发二处小组

洛阳公司技术中心 HXD1 型电力机车 C6 修批量试修技术组

戚墅堰公司产品设计部总体组

二七车辆公司财务部

广州公司工艺开发室

广东公司总装 B 线管钳班

常铁校城市轨道交通车辆技术教研室

成都公司技术中心技术部（精益生产办公室）

资阳公司电装二班

中国中车五四红旗团委

齐车公司团委

长客股份公司团委

大连公司团委

唐山公司团委

大同公司团委

永济电机公司团委

四方股份公司团委

株机公司团委

株洲所团委

浦镇公司团委

株洲电机公司团委

眉山公司团委

长江公司团委

戚墅堰所团委

中国中车五四红旗团支部

齐车公司沧州分公司团支部

哈尔滨公司质量保证部团支部

长客股份公司工程技术中心工程技术部团支部

长春车辆公司技术中心团支部

沈阳公司新造分厂团总支部

大连公司物流中心团支部

唐山公司铝合金厂团总支部

天津装备公司管理团支部

二七机车公司财务部团支部

南口公司风电齿轮箱公司团支部

大同公司动力分厂团支部

太原公司部室团支部

永济电机公司电控分厂团支部

山东公司同力钢构团支部

西安公司客修事业部总装车间团支部

兰州公司附件车间团支部

大连所换热团支部

四方所钩缓团支部

大连电牵公司办公人事团支部

天津公司制造检修部团支部

工程公司重庆项目团支部

四方股份公司总装分厂团总支部

株机公司技术联合团支部

株洲所时代电气集采中心团支部

四方有限公司技术工程部团支部

浦镇公司技术工程团总支部

株洲电机公司高效电机事业部团总支部

眉山公司铸钢分公司团总支部

贵阳公司转向架车间团支部

长江公司株洲分公司备料车间团支部

戚墅堰所铁马团总支部

石家庄公司新造车间团支部

洛阳公司项目管理中心团支部

戚墅堰公司配件公司团支部

二七车辆公司隆轩团支部

广州公司制造中心团支部

广东公司车体团支部

常铁校轨道交通系团总支部

成都公司城轨团支部

资阳公司总部机关团总支部

中国中车青年安全生产示范岗

齐车公司冲压车间折压组

齐车公司货车分厂落成工段制动组装组

哈尔滨公司制造分厂 D 型车底架组焊组

长客股份公司检修运维事业部装配检修二车间落车班

长客股份公司铁路客车业务部售后服务部上海虹桥服务站
长客公司转向架厂总成班
沈阳公司配修分厂对钩班
沈阳公司新造分厂交车班
大连公司机车修造分公司试制车间维修班
大连公司粉末冶金厂铆焊车间剪切班
唐山公司动车检修事业部上海维保中心机调二班
唐山公司涂装厂中涂二班
南口公司运营管理部质量部检验技术组
大同公司机车总装车间调试二组
太原公司转向架车间构架组
永济电机公司西安捷力公司定子产线浸漆工段
山东公司货车中心生产制造部机车班
西安公司货修事业部货车检修车间电焊一组
兰州公司调试车间
大连所换热系统事业部风机车间
四方所电气事业部生产车间
大连电牵公司电器工段
天津公司制造检修部转向架一组
工程公司重庆地铁 4 号线机电管理二组
四方股份公司总装分厂 EMU 前装钳工检修 1 班
四方股份公司转向架分厂检修配线 2 班
株机公司制动分公司总成车间
株机公司钢构件事业部车体车间
株洲所时代新材轨道交通事业部东湖工厂铣磨班
四方有限公司总装分厂客车检修车间电工二班
四方有限公司服务事业部西宁服务站
浦镇公司钢结构车间 B0204 侧墙工位
浦镇公司转向架车间 C1808-C1011 工位
株洲电机公司维保事业部轨道智谷检修基地
眉山公司货一车间 C80B 侧墙电焊班组
贵阳公司转向架车间探伤班
长江公司常州分公司钢结构车间工艺组
长江公司铜陵公司锻造车间快锻机班组
戚墅堰所瑞泰公司捣固装置新造班
石家庄公司特种装备分公司特装一班
石家庄公司钢结构车间一区一单二班
洛阳公司转向架事业部立车班
戚墅堰公司气阀分公司加工五班
广州公司制造中心下车部件检修班
广东公司制造部车体车间底架零件班组
成都公司转向架分厂轴承轴箱组
资阳公司电力机车公司电工二班

〔人力资源部（党委干部部）
党委办公室（党委组织部）
群团工作部（工会办公室）
各子公司　供稿〕

统计资料

SCI Verkehr | Global Market Study
CRRC
Alstom
Bombardier Transportation
Siemens Mobility
Hitachi Rail Systems
Knorr-Bremse
Wabtec Corporation
Trinity Industries
Progress Rail Services
GE Transportation
0
5,000
10,000

本栏编辑　邹　青

表 19-1　2018 年中国中车主要经营指标完成情况综合表

表 19-2　2018 年中车股份公司利润表及现金流量表相关科目变动分析表

表 19-3　2018 年末中车股份主要固定资产、设备综合汇总表

表 19-4　2018 年中车股份公司固定资产分项情况表

表 19-5　2018 年末中车股份所属一级子公司主要固定资产排序表

表 19-6　2018 年中车股份公司主营业务分行业、分业务、分地区情况表

表 19-7　2018 年中车股份公司主要产品产量表

表 19-8　2018 年末中车股份公司资产及负债状况表

表 19-9　2018 年中国中车长期股权投资情况表

表 19-10　2018 年中国中车精准扶贫工作情况统计表

表 19-1　　2018 年中国中车主要经营指标完成情况综合表

指标名称	单位	实际完成	名　称	单位	实际完成
营业总收入	亿元	2293.5	当年新签生产订单	亿元	3485
利润总额	亿元	120.1	其中：海外订单	亿元	370
归属母公司净利润	亿元	32.2	期末手持未完生产订单	亿元	2434
资产总计	亿元	3984.7	其中：海外订单	亿元	769
负债总计	亿元	2477.2	工业总产值	亿元	2528
所有者权益合计	亿元	1507.5	能耗总量	吨标煤	791064
净资产收益率（不含少数股东权益）	%	4.79	新造及修理机车产量	台	2628
资产负债率	%	62.17	新造及修理动车组产量	组	1349
总资产周转率	次	0.57	新造及修理城轨、地铁产量	辆	6495
固定资产投资完成额	亿元	88.8	新造及修理客车产量	辆	5768
劳动生产总值（增加值）	亿元	606.2	新造及修理货车产量	辆	96677

表 19-2　2018 年中车股份公司利润表及现金流量表相关科目变动分析表

单位:千元　币种:人民币

科　目	本期数	上年同期数	变动比例（%）
营业收入	219082641	211012935	3.82
营业成本	170526021	163154065	4.52
销售费用	7745841	7218095	7.31
管理费用	13430881	13945916	-3.69
研发费用	10896916	9977454	9.22
财务费用	1279396	1253364	2.08
经营活动产生的现金流量净额	18869344	16184344	16.59
投资活动产生的现金流量净额	-4333324	-2974981	—
筹资活动产生的现金流量净额	-31964065	6749391	—

表 19-3　　2018 年末中车股份主要固定资产、设备综合汇总表

序号	项　目	单位	年度数值	序号	项　目	单位	年度数值
1	厂、所固定资产原值	万元	9729229.05	6	铁路及电力线路、动力管道		0
	其中净额	万元	5725597.65	（1）	厂（所）区铁路（不含厂房内铁路）	公里	696.47263
2	厂、所机械动力设备原值	万元	4295102.54	（2）	高压电力线路（6kV 以上的架空及电缆线路）	公里	1041.862
	其中净额	万元	2004661.51	（3）	动力管道（蒸汽、上水、风、乙炔、氧气、煤气、天然气等）	公里	2417.4042
3	厂、所用地总面积	公顷	16216.38	7	主要技术经济指标完成情况	%	
（1）	生产用地（含研究所科研用地）	公顷	4239.21	（1）	设备固定资产利润率	%	
（2）	生活用地	公顷	121.36	（2）	设备修理费用成本比率	%	
（3）	其他用地	公顷	365.64	（3）	设备资产闲置率	%	
4	厂、所房屋构筑物面积	米 ^{2}	16625629.06	（4）	主要生产设备完好率	%	
（1）	生产房屋（含研究所科研用房屋）	米 ^{2}	15266314.46	（5）	主要生产设备利用率	%	
（2）	生活福利房屋	米 ^{2}	949278.04	（6）	设备故障停机率	%	
5	厂、所机械动力设备	台	170590.00	（7）	设备事故率	%	
	其中：主要生产设备	台	80599.00	（8）	设备价值新度系数	%	
	重点设备	台	9887.00	（9）	设备大修计划满足率	%	
	高精尖设备	台	3396.00	（10）	设备大修计划完成率	%	
	特种设备	台	13281.00	（11）	每百元生产用设备固定资产创工业增加值	元/百元	
	1990 年前设备	台	5772.00				
	设备出租、出售	台	4809.00				

注：此表含广州公司、天津公司两家非并表企业数据。

表 19-4　　2018 年中车股份公司固定资产分项情况表

单位：千元　币种：人民币

项目	土地资产	房屋及建筑物	机器设备	运输工具	办公设备及其他设备	合计
一、账面原值：						
1.2017 年 12 月 31 日余额	220668	43015919	43578683	2628228	5195918	94639415
会计政策变更	—	—	—	—	415665	415665
2.2018 年 1 月 1 日余额	220668	43015919	43578683	2628228	4780253	94223751
3.本年增加金额	5249	3202570	3379489	465548	761697	7814553
（1）购置	—	143417	606094	389536	397431	1536478
（2）在建工程转入	—	2971372	2773395	75385	363521	6183673
（3）投资性房地产转入	—	87781	—	—	—	87781
（4）非同一控制下企业合并	—	—	—	627	353	980
（5）外币报表折算差额	5249	—	—	—	392	5641
4.本年减少金额	—	1357816	2259907	275962	295036	4188721
（1）处置或报废	—	271622	1061917	180460	226601	1740600
（2）处置子公司	—	686840	1088379	87298	67980	1930497
（3）转入在建工程	—	52516	98672	7281	455	158924
（4）转入投资性房地产	—	315334	—	—	—	315334
（5）外币报表折算差额	—	31504	10939	923	—	43366
5.2018 年 12 月 31 日余额	225917	44860673	44698265	2817814	5246914	97849583
二、累计折旧						
1.2017 年 12 月 31 日余额	—	9980643	22074455	1714928	3290801	37060827
会计政策变更	—	—	—	—	220944	220944
2.2018 年 1 月 1 日余额		9980643	22074455	1714928	3069857	36839883
3.本年增加金额	—	1544505	3302501	205222	563425	5615653
（1）计提	—	1531468	3302501	205222	563425	5602616

续上表

（2）投资性房地产转入	-	13037	-	-	-	13037
4.本年减少金额	—	475014	1412932	209674	243171	2340791
（1）处置或报废	—	90041	698480	140171	189476	1118168
（2）处置子公司	—	330603	658106	62332	53099	1104140
（3）转入在建工程	—	7186	49746	6742	434	64108
（4）转入投资性房地产	—	43523	—	—	—	43523
（5）外币报表折算差额	—	3661	6600	429	162	10852
5.2018 年 12 月 31 日余额	—	11050134	23964024	1710476	3390111	40114745
三、减值准备						
1.2017 年 12 月 31 日余额	—	40742	286726	5143	8159	340770
2.本年增加金额	—	103579	130346	977	4074	238976
（1）计提	—	103579	130346	977	4074	238976
3.本年减少金额	—	85445	72184	2117	6261	166007
（1）处置或报废	—	9185	25541	1140	2187	38053
（2）处置子公司	—	76260	46643	977	4074	127954
4.2018 年 12 月 31 日余额	—	58876	344888	4003	5972	413739
四、账面价值						
1.2018 年 12 月 31 日账面价值	225917	33751663	20389353	1103335	1850831	57321099
2.2017 年 12 月 31 日账面价值	220668	32994534	21217502	908157	1896958	57237819

表 19-5　　2018 年末中车股份所属一级子公司主要固定资产排序表

序号	单位	固定资产总值（万元）	序号	单位	机械动力设备原值（万元）	序号	单位	用地总面积（万平方米）	序号	单位	房屋构筑物面积（平方米）
1	长客股份公司	1437131.36	1	株洲所	580936.00	1	长江集团公司	12011.29	1	长江集团公司	2715012.70
2	株洲所	1082808.00	2	长客股份公司	512760.65	2	齐车集团公司	643.59	2	齐车集团公司	1998323.14
3	四方股份公司	975919.16	3	齐车集团公司	404208.34	3	长客股份公司	606.29	3	长客股份公司	1826251.16
4	齐车集团公司	969113.53	4	长江集团公司	385379.38	4	大连公司	415.41	4	四方股份公司	1436212.85
5	长江集团公司	846171.03	5	四方股份公司	356856.10	5	株机公司	397.18	5	株机公司	1265098.54
6	株机公司	711775.68	6	株机公司	346848.49	6	四方股份公司	372.32	6	株洲所	1153288.69
7	唐山公司	581577.02	7	大连公司	270387.57	7	株洲所	301.05	7	唐山公司	979767.89
8	浦镇公司	487737.34	8	唐山公司	225372.43	8	浦镇公司	289.74	8	大连公司	881648.00
9	大连公司	467705.19	9	大同公司	201956.77	9	唐山公司	218.79	9	四方有限公司	628922.00
10	戚墅堰所	311548.00	10	戚墅堰所	189985.00	10	永济电机公司	164.46	10	浦镇公司	616775.96
11	大同公司	302562.93	11	浦镇公司	183250.74	11	四方有限公司	143.12	11	永济电机公司	482496.12
12	四方有限公司	282064.14	12	永济电机公司	105513.00	12	大同公司	126.37	12	戚墅堰所	397184.00
13	永济电机公司	237576.00	13	资阳公司	104820.00	13	资阳公司	98.80	13	戚墅堰公司	380211.00
14	资阳公司	191791.00	14	四方有限公司	96286.19	14	戚墅堰公司	97.80	14	资阳公司	371138.44
15	戚墅堰公司	184344.00	15	株洲电机公司	78165.87	15	天津公司	69.49	15	大同公司	361876.00
16	株洲电机公司	148106.20	16	四方所	62844.00	16	戚墅堰所	67.65	16	大连所	220392.23
17	四方所	139658.00	17	南口公司	58278.98	17	株洲电机公司	50.10	17	株洲电机公司	208119.00

续上表

序号	单位	固定资产总值（万元）	序号	单位	机械动力设备原值（万元）	序号	单位	用地总面积（万平方米）	序号	单位	房屋构筑物面积（平方米）
18	广州公司	94971.00	18	天津公司	49458.12	18	南口公司	47.78	18	南口公司	173060.00
19	南口公司	88444.94	19	广州公司	26129.00	19	广州公司	23.13	19	四方所	164839.47
20	大连所	81319.00	20	大连所	25342.00	20	大连所	23.09	20	天津公司	110395.82
21	天津公司	50919.66	21	大连电牵公司	19077.00	21	中铁装备公司	21.33	21	广州公司	107412.18
22	大连电牵公司	39365.00	22	戚墅堰公司	10526.00	22	四方所	18.06	22	中铁装备公司	56561.75
23	租赁公司	9059.13	23	工程公司	458.74	23	大连电牵公司	6.00	23	租赁公司	51698.81
24	物流公司	2546.99	24	中铁装备公司	262.18	24	工程公司	3.52	24	大连电牵公司	30778.11
25	财务公司	1801.69	25	国际公司	0.00	25	国际公司	0.00	25	工程公司	8165.20
26	国际公司	1213.52	26	物流公司	0.00	26	物流公司	0.00	26	国际公司	0.00
27	工程公司	675.57	27	中车资本公司	0.00	27	中车资本公司	0.00	27	物流公司	0.00
28	中铁装备公司	588.71	28	租赁公司	0.00	28	租赁公司	0.00	28	中车资本公司	0.00
29	中车研究院	232.33	29	财务公司	0.00	29	财务公司	0.00	29	财务公司	0.00
30	香港公司	170.80	30	香港资本公司	0.00	30	香港资本公司	0.00	30	香港资本公司	0.00
31	信息公司	168.02	31	香港公司	0.00	31	香港公司	0.00	31	香港公司	0.00
32	香港资本公司	104.00	32	信息公司	0.00	32	信息公司	0.00	32	信息公司	0.00
33	中车资本公司	60.11	33	中车研究院	0.00	33	中车研究院	0.00	33	中车研究院	0.00

表 19-6　2018 年中车股份公司主营业务分行业、分业务、分地区情况表

单位：千元　币种：人民币

主营业务分行业情况

分行业	营业收入	营业成本	毛利率（%）	营业收入比上年增减（%）	营业成本比上年增减（%）	毛利率比上年增减（%）
轨道交通设备及其延伸产业	219082641	170526021	22.16	3.82	4.52	减少 0.52 个百分点

主营业务分业务情况

分业务	营业收入	营业成本	毛利率（%）	营业收入比上年增减（%）	营业成本比上年增减（%）	毛利率比上年增减（%）
铁路装备	120570902	90224997	25.17	11.46	12.41	减少 0.63 个百分点
城轨与城市基础设施	34760690	28775385	17.22	3.52	3.07	增加 0.36 个百分点
新产业	49700117	39197132	21.13	-7.71	-4.62	减少 2.56 个百分点
现代服务	14050932	12328507	12.26	-8.84	-11.17	增加 2.30 个百分点
合计	219082641	170526021	22.16	3.82	4.52	减少 0.52 个百分点

主营业务分地区情况

分地区	营业收入	营业收入比上年增减（%）
中国大陆	199716484	4.13
其他国家和地区	19366157	0.76

表 19-7　　2018 年中车股份公司主要产品产量表

序号	业务板块	单位	实际完成
一	**新造机车**	**台**	**946**
1	株机公司	台	313
2	大连公司	台	298
3	资阳公司	台	161
4	大同公司	台	112
5	戚墅堰公司	台	59
6	二七机车公司	台	3
二	**修理机车**	**台**	**1682**
1	株机公司	台	406
2	戚墅堰公司	台	381
2	大连公司	台	266
3	太原公司	台	128
4	大同公司	台	53
5	二七机车公司	台	7
6	洛阳公司	台	
7	兰州公司	台	
8	四方股份公司	台	
9	广州公司	台	222
10	天津公司	台	219
三	**新造普通客车**	**辆**	**713**
1	浦镇公司	辆	333
2	唐山公司	辆	320
3	长客股份公司	辆	56
4	四方股份公司	辆	4
5	四方有限公司	辆	
四	**修理普通客车**	**辆**	**5055**
1	长客股份公司	辆	1109
2	四方股份公司	辆	987
3	四方有限公司	辆	913
4	唐山公司	辆	908
5	浦镇公司	辆	686
6	西安公司	辆	452
五	**新造货车**	**辆**	**45036**
1	齐车集团	辆	21706
2	长江集团（合并）	辆	23330
3	齐车公司	辆	11316
4	长江公司	辆	10060
5	眉山公司	辆	5557
6	山东公司	辆	4998
7	西安公司	辆	4155
8	沈阳公司	辆	3795
9	太原公司	辆	2070
10	石家庄公司	辆	1597
11	贵阳公司	辆	1488
12	二七车辆公司	辆	
六	**修理货车**	**辆**	**51641**
1	齐车集团	辆	25187
2	长江集团（合并）	辆	26454
3	沈阳公司	辆	9260
4	石家庄公司	辆	9292
5	贵阳公司	辆	9671
6	长江公司	辆	9260
7	齐车公司	辆	6635
8	西安公司	辆	4459
9	太原公司	辆	3064
10	二七车辆公司	辆	
七	**新造动车组**	**标准组（辆）**	**330**
1	四方股份公司	标准组（辆）	146
2	长客股份公司	标准组（辆）	102
3	唐山公司	标准组（辆）	72
4	四方有限公司	标准组（辆）	10
5	浦镇公司	标准组（辆）	
6	株机公司	标准组（辆）	
八	**修理动车组**	**标准组（辆）**	**1019**
1	四方股份公司	标准组（辆）	596
2	长客股份公司	标准组（辆）	237
3	四方有限公司	标准组（辆）	98
4	唐山公司	标准组（辆）	88
5	浦镇公司	标准组（辆）	
九	**新造城轨地铁**	**辆**	**6327**
1	长客股份公司	辆	2029
2	四方股份公司	辆	1529
3	株机公司	辆	1219
4	浦镇公司	辆	923
5	大连公司	辆	375
6	唐山公司	辆	252
十	**修理城轨地铁**	**辆**	**168**
1	四方股份公司	辆	168
2	大连公司	辆	

表 19-8　　2018 年末中车股份公司资产及负债状况表

单位：千元　币种：人民币

项目名称	本期期末数	本期期末数占总资产的比例（%）	上期期末数	上期期末数占总资产的比例（%）	本期期末金额较上期期末变动比例（%）
货币资金	38171008	10.68	60902287	16.23	-37.32
交易性金融资产（以公允价值计量且其变动计入当期损益的金融资产）	7246736	2.03	2569294	0.68	182.05
合同资产	14657889	4.10	—	—	—
其他流动资产	8752763	2.45	5566448	1.48	57.24
发放贷款及垫款	1880911	0.53	192693	0.05	876.12
债权投资	1622252	0.45	—	—	—
其他权益工具投资	2252423	0.63	—	—	—
其他非流动金融资产	598551	0.17	—	—	—
商誉	713042	0.20	1242487	0.33	-42.61
其他非流动资产	13826486	3.87	3600667	0.96	284.00
短期借款	8634101	2.41	32428947	8.64	-73.38
预收款项	24337	0.01	20290653	5.41	-99.88
合同负债	22335899	6.25	—	—	—
一年内到期的非流动负债	11786543	3.30	4513956	1.20	161.11
其他流动负债	6155925	1.72	229401	0.06	2583.48
长期借款	880011	0.25	4459542	1.19	-80.27
应付债券	3500000	0.98	9125940	2.43	-61.65
其他非流动负债	177654	0.05	852086	0.23	-79.15
其他综合收益	-866748	-0.24	-235718	-0.06	—

表 19-9　　2018 年中国中车长期股权投资情况表

单位：千元　币种：人民币

对子公司投资

被投资单位	2018 年 1 月 1 日余额	本年增加	本年减少	2018 年 12 月 31 日余额	本年计提减值准备	减值准备年末余额
长客股份公司	11538846	—	—	11538846	—	—
唐山公司	8421549	—	—	8421549	—	—
株洲所	11007032	—	—	11007032	—	—
大连公司	6171771	—	—	6171771	—	—
株机公司	5072792	—	—	5072792	—	—
四方股份公司	4583445	66000	—	4649445	—	—
齐车公司	3994071	3900000	—	7894071	—	—
四方所	2705717	—	—	2705717	—	—
长江公司	2490984	—	2490984	—	—	—
永济电机公司	2405461	—	—	2405461	—	—
租赁公司	3214106	—	—	3214106	—	—
戚墅堰公司	2209770	158500	—	2368270	—	—
戚墅堰所	2145966	—	—	2145966	—	—
山东公司	1789288	—	1789288	—	—	—
浦镇公司	2189037	—	—	2189037	—	—
工程公司	1690747	—	—	1690747	—	—
香港资本公司	1622296	886130	—	2508426	—	—
财务公司	2434613	—	—	2434613	—	—
大同公司	1313207	—	—	1313207	—	—
西安公司	1076785	—	1076785	—	—	—
株洲电机公司	1197877	150000	—	1347877	—	—
资阳公司	932173	590000	—	1522173	—	—
二七车辆公司	—	—	—	—	—	—
租赁公司	—	—	—	—	—	—
二七机车公司	846176	—	846176	—	—	—
沈阳公司	804688	—	804688	—	—	—
大连所	713907	—	—	713907	—	—
香港公司	672054	—	—	672054	—	—
洛阳公司	363284	—	—	363284	—	—
四方有限公司	593645	—	—	593645	—	—
贵阳公司	1030000	—	1030000	—	—	—
成都公司	712441	—	—	712441	—	—
南口公司	524412	—	—	524412	—	—

续上表

深圳资本公司	511187	—	511187	—	—	—
太原公司	481600	—	481600	—	—	—
眉山公司	745104	—	745104	—	—	—
兰州公司	—	—	—	—	—	—
大连电牵公司	392414	—	—	392414	—	—
石家庄公司	289436	—	289436	—	—	—
中车研究院	200000	—	—	200000	—	—
物流公司	630196	—	—	630196	—	—
中车美国公司	166840	—	—	166840	—	—
国际公司	682337	—	—	682337	—	—
信息公司	31565	—	—	31565	—	—
中车澳洲公司	6710	8061	—	14771	—	—
中车马来西亚公司	—	—	—	-	—	—
长客科技公司	1910	—	—	1910	—	—
资本公司	2000000	511188	—	2511188	—	—
丹棱中车水务有限公司	84000	—	—	84000	—	—
常熟中车村镇水务公司	—	21125	—	21125	—	—
长江集团	—	5400000	—	5400000	—	—
合计	92691439	11691004	10065248	94317195	—	—

对联营、合营企业投资

投资单位	2018年1月1日余额	本年增减变动						2018年12月31日余额
		追加投资	减少投资	权益法下确认的投资损益	其他综合收益调整	其他权益变动	宣告发放现金股利或利润	
一、合营企业								
芜湖运达	—	35000	—	—	—	—	—	35000
小计	—	35000	—	—	—	—	—	35000
二、联营企业								
天津公司	387345	—	—	（9457）	—		—	377888
信阳同合	49616	—	48017	（1599）	—		—	—
广州公司	423843	—	—	21436	—	1872	—	447151
四方川崎	2575	—	—	538	—	—	330	2783
中华联合保险	4915797	—	—	114848	（56699）	551	—	4974497
小计	5779176	—	48017	125766	（56699）	2423	330	5802319
合计	5779176	35000	48017	125766	（56699）	2423	330	5837319

表 19-10　　2018年中国中车精准扶贫工作情况统计表

单位：万元　币种：人民币

指　标	数量及开展情况
一、总体情况	
其中：1.资金	1155
2.帮助建档立卡贫困人口脱贫数（人）	745
二、分项投入	
1.产业发展脱贫	
其中：（1）产业扶贫项目类型	√ 农林产业扶贫　□ 旅游扶贫 √ 电商扶贫　□ 资产收益扶贫 □ 科技扶贫　□ 其他
（2）产业扶贫项目个数（个）	5
（3）产业扶贫项目投入金额	500
（4）帮助建档立卡贫困人口脱贫数（人）	345
2.教育脱贫	
其中：（1）资助贫困学生投入金额	43
（2）资助贫困学生人数（人）	44
3.兜底保障	
其中：（1）帮助“三留守”人员投入金额	16
（2）帮助“三留守”人员数（人）	70
（3）帮助贫困残疾人投入金额	16
（4）帮助贫困残疾人数（人）	130
4.其他项目	基础设施
其中：（1）项目个数（个）	3
（2）投入金额	580
（3）帮助建档立卡贫困人口脱贫数（人）	200

附录

本栏编辑　肖洪乐

推进运输结构调整三年行动计划（2018—2020 年）

2018 年铁道统计公报

中国中车股份有限公司未来发展的讨论与分析

推进运输结构调整三年行动计划（2018—2020年）（国务院办公厅·2018年9月17日）

为贯彻落实党中央、国务院关于推进运输结构调整的决策部署，打赢蓝天保卫战、打好污染防治攻坚战，提高综合运输效率、降低物流成本，制定本行动计划。

一、总体要求

（一）指导思想。以习近平新时代中国特色社会主义思想为指导，全面贯彻党的十九大和十九届二中、三中全会精神，牢固树立和贯彻落实新发展理念，按照高质量发展要求，标本兼治、综合施策，政策引导、市场驱动，重点突破、系统推进，以深化交通运输供给侧结构性改革为主线，以京津冀及周边地区、长三角地区、汾渭平原等区域（以下称重点区域）为主战场，以推进大宗货物运输“公转铁、公转水”为主攻方向，不断完善综合运输网络，切实提高运输组织水平，减少公路运输量，增加铁路运输量，加快建设现代综合交通运输体系，有力支撑打赢蓝天保卫战、打好污染防治攻坚战，更好服务建设交通强国和决胜全面建成小康社会。

（二）工作目标。到2020年，全国货物运输结构明显优化，铁路、水路承担的大宗货物运输量显著提高，港口铁路集疏运量和集装箱多式联运量大幅增长，重点区域运输结构调整取得突破性进展，将京津冀及周边地区打造成为全国运输结构调整示范区。与2017年相比，全国铁路货运量增加11亿吨，增长30%，其中京津冀及周边地区增长40%、长三角地区增长10%、汾渭平原增长25%；全国水路货运量增加5亿吨，增长7.5%；沿海港口大宗货物公路运输量减少4.4亿吨。全国多式联运货运量年均增长20%，重点港口集装箱铁水联运量年均增长10%以上。

（三）重点区域范围。京津冀及周边地区包括北京、天津、河北、河南、山东、山西、辽宁、内蒙古8省（区、市），长三角地区包括上海、江苏、浙江、安徽4省（市），汾渭平原包括山西、河南、陕西3省。

二、铁路运能提升行动

（四）提升主要物流通道干线铁路运输能力。加快实施《“十三五”现代综合交通运输体系发展规划》、《铁路“十三五”发展规划》和《中长期铁路网规划》，加快重点干线铁路项目建设进度，加快蒙华、京原、黄大等连接西部与华中、华北地区干线铁路建设和改造，提升瓦日、邯黄等既有铁路综合利用效率，实施铁路干线主要编组站设备设施改造扩能，缓解部分区段货运能力紧张，提升路网运输能力。（中国铁路总公司牵头，发展改革委、交通运输部、财政部、铁路局参与，地方各级人民政府负责落实。以下均需地方各级人民政府落实，不再列出）

（五）加快大型工矿企业和物流园区铁路专用线建设。支持煤炭、钢铁、电解铝、电力、焦化、汽车制造等大型工矿企业以及大型物流园区新建或改扩建铁路专用线。简化铁路专用线接轨审核程序，压缩接轨协议办理时间，完善铁路专用线共建共用机制，创新投融资模式，吸引社会资本投入。合理确定新建及改扩建铁路专用线建设等级和技术标准，鼓励新建货运干线铁路同步规划、设计、建设、开通配套铁路专用线。到2020年，全国大宗货物年货运量150万吨以上的大型工矿企业和新建物流园区，铁路专用线接入比例达到80%以上；重点区域具有铁路专用线大型工矿企业和新建物流园区，大宗货物铁路运输比例达到80%以上。(交通运输部、发展改革委、自然资源部、生态环境部、铁路局、中国铁路总公司按职责分工负责)

(六)优化铁路运输组织模式。优先保障煤炭、焦炭、矿石、粮食等大宗货物运力供给。优化列车运行图，丰富列车编组形式，加强铁路系统内跨局组织协调，开发当日达、次日达等多种运输产品，实现车船班期稳定衔接。在运输总量达到一定规模的通道，开发铁路货运班列、点到点货运列车、大宗货物直达列车等多频次多样化班列产品，构建快捷货运班列网络。研究推进铁路双层集装箱、驮背运输产品开发，提升通道配套设施设备能力。充分发挥高铁运能，在有条件的通道实现客货分线运输。(中国铁路总公司牵头，交通运输部、发展改革委参与)

(七)提升铁路货运服务水平。深化铁路运输价格市场化改革，建立健全灵活的运价调整机制，发挥市场配置资源的决定性作用。完善短距离大宗货物运价浮动机制。规范铁路专用线代维收费行为，推动降低专用线共用收费水平。减少和取消铁路两端短驳环节，规范短驳服务收费行为，降低短驳成本。推动铁路运输企业与煤炭、矿石、钢铁等大客户签订运量运能互保协议，实现互惠共赢。推动铁路运输企业与港口、物流园区、大型工矿企业、物流企业等开展合作，构建门到门接取送达网络，提供全程物流服务。(中国铁路总公司牵头，发展改革委、市场监管总局、交通运输部、铁路局参与)

三、水运系统升级行动

(八)完善内河水运网络。统筹优化沿海和内河集装箱、煤炭、矿石、原油、液化天然气、商品汽车等专业运输系统布局，提升水运设施专业化水平。坚持生态优先、绿色发展理念，以流域生态系统性保护为前提，增强长江干线航运能力，推进西江干线和京杭运河山东段、江苏段、浙江段航道扩能改造，加快推进长三角高等级航道整治工程。加强长江、西江、京杭运河、淮河重要支流航道建设。加快推进三峡水运新通道等重大水运基础设施工程前期论证工作。(交通运输部牵头，发展改革委、生态环境部、水利部参与)

(九)推进集疏港铁路建设。加快实施《“十三五”港口集疏运系统建设方案》《“十三五”长江经济带港口多式联运建设实施方案》《推动长江干线港口铁水联运设施联通的行动计划》，着力推进集疏港铁路建设。加强港区集疏港铁路与干线铁路和码头堆场的衔接，优化铁路港前站布局，鼓励集疏港铁路向堆场、码头前沿延伸，加快港区铁路装卸场站及配套设施建设，打通铁路进港最后一公里。2020年，全国沿海重要港区铁路进港率大幅提高，长江干线主要港口全面接入集疏港铁路。(交通运输部、发展改革委、自然资源部、财政部、生态环境部、铁路局、中国铁路总公司按职责分工负责)

(十)推动大宗货物集疏港运输向铁路和水路转移。进一步规范港口经营服务性收费，对实行政府定价的，严格执行规定的收费标准；对实行市场调节价的，督促落实价格法律法规和相关规定，不得违规加收任何价外费用。进一步加强煤炭集港运输管理，2018年底前，环渤海地区、山东省、长三角地区沿海主要港口和唐山港、黄骅港的煤炭集港改由铁路或水路运输；2020年采暖季前，沿海主要港口和唐山港、黄骅港的矿石、焦炭等大宗货物原则上主要改由铁路或水路运输。(交通运输部、中国铁路总公司、发展改革委牵头，生态环境部、市场监管总局、铁路局参与)

(十一)大力发展江海直达和江海联运。积极推动宁波舟山港、上海港、深圳港、广州港、连云港港以及长江干线港口等江海直达和江海联运配套码头、锚地等设施技术改造。统筹江海直达和江海联运发展，积极推进干散货、集装箱江海直达运输，实现集装箱直达运输班轮化发展。制定完善以江船出海为主的江海直达船舶规范，重点推进江海直达散货船和集装箱船等船型研发及应用。（交通运输部牵头，工业和信息化部参与）

四、公路货运治理行动

（十二）强化公路货运车辆超限超载治理。健全货运车辆非法改装联合监管工作机制，杜绝非法改装货运车辆出厂上路。加大货物装载源头监管力度，重点加强矿山、水泥厂、港口、物流园区等重点源头单位货车出场（站）装载情况检查，禁止超限超载车辆出场（站）上路行驶。严格落实治理车辆超限超载联合执法常态化制度化工作要求，统一公路货运车辆超限超载认定标准，加大对大宗货物运输车辆超限超载的执法力度。进一步优化完善公路治超网络，推广高速公路收费站入口称重检测，优化国省干线公路超限检测站点布局，完善农村公路限宽限高保护设施。加强科技治超，利用信息化手段加强车辆超限超载检测，实现跨区域、跨部门治超信息资源交换共享，落实“一超四罚”。继续加强信用治超，严格落实公路治超“黑名单”制度，对严重违法超限超载运输当事人实施联合惩戒。到2020年底，全国高速公路全面实施收费站入口称重检测，各省（区、市）高速公路货运车辆平均违法超限超载率不超过0.5%，普通公路货运车辆超限超载得到有效遏制。（交通运输部牵头，工业和信息化部、公安部、市场监管总局参与）

（十三）大力推进货运车型标准化。巩固车辆运输车治理工作成果，稳步开展危险货物运输罐车、超长平板半挂车、超长集装箱半挂车治理工作。做好既有营运车辆情况排查，建立不合规车辆数据库，制定车辆退出计划，按照标准引导、疏堵结合、更新替代、循序渐进的原则强化执法监管，引导督促行业、企业加快更新淘汰不合规车辆，促进标准化车型更新替代。开展中置轴汽车列车示范运行，加快轻量化挂车推广应用。（交通运输部牵头，工业和信息化部、公安部、市场监管总局参与）

（十四）推动道路货运行业集约高效发展。促进“互联网+货运物流”新业态、新模式发展，深入推进无车承运人试点工作，健全完善无车承运人法规制度，推动货运物流平台健康有序发展。到2020年，重点培育50家左右创新能力强、运营管理规范、资源综合利用效率高的无车承运人品牌企业。支持引导货运大车队、挂车共享租赁、甩挂运输、企业联盟、品牌连锁等集约高效运输组织模式发展，发挥规模化、网络化运营优势，降低运输成本，有效整合分散经营的中小货运企业和个体运输业户。支持大型道路货运企业以资产为纽带，通过兼并、重组、收购、控股、加盟连锁等方式，拓展服务网络，延伸服务链条，实现资源高效配置，加快向现代物流企业转型升级。（交通运输部负责）

五、多式联运提速行动

（十五）加快联运枢纽建设和装备升级。推进具有多式联运功能的物流园区建设，加快铁路物流基地、铁路集装箱办理站、港口物流枢纽、航空转运中心、快递物流园区等规划建设和升级改造，加强不同运输方式间的有效衔接。进一步拓展高铁站场货运服务功能，完善货运配套设施。有序推进货运机场建设，拓展完善机场货运服务功能。大力推广集装化运输，支持企业加快多式联运运载单元、快速转运设备、专用载运机具等升级改造，完善内陆集装箱配套技术标准，推广应用45英尺集装箱和35吨敞顶集装箱，促进集装化、厢式化、标准化装备应用。（交

通运输部、发展改革委、铁路局、民航局、邮政局、中国铁路总公司按职责分工负责）

（十六）加快发展集装箱铁水联运。鼓励铁路、港口、航运等企业加强合作，促进海运集装箱通过铁路集疏港。在环渤海、长三角、珠三角、北部湾和海峡西岸经济区等重点沿海区域和长江干线，打造“长途重点货类精品班列+短途城际小运转班列”铁水联运产品体系。鼓励铁路运输企业增加铁路集装箱和集装箱平车保有量，提高集装箱共享共用和流转交换能力，利用物联网等技术手段提升集装箱箱管和综合信息服务水平。（交通运输部、中国铁路总公司牵头，发展改革委、铁路局参与）

（十七）深入实施多式联运示范工程。加大对多式联运示范工程项目建设的支持力度，加强示范工程运行监测，推动运输组织模式创新。深入推进天津至华北、西北地区等六条集装箱铁水联运示范线路建设。鼓励骨干龙头企业在运输装备研发、多式联运单证统一、数据信息交换共享等方面先行先试，充分发挥引领示范作用。支持各地开展集装箱运输、商品车滚装运输、全程冷链运输、电商快递班列等多式联运试点示范创建。（交通运输部、发展改革委牵头，铁路局、民航局、邮政局、中国铁路总公司参与）

六、城市绿色配送行动

（十八）推进城市绿色货运配送示范工程。引导特大城市群和区域中心城市规划建设绿色货运配送网络，完善干支衔接型物流园区（货运枢纽）和城市配送网络节点及配送车辆停靠装卸配套设施建设。鼓励邮政快递企业、城市配送企业创新统一配送、集中配送、共同配送、夜间配送等集约化运输组织模式。到 2020 年，在全国建成 100 个左右的城市绿色货运配送示范项目。加大对示范项目物流园区（货运枢纽）建设、新能源车辆推广应用、绿色物流智慧服务平台建设等支持力度。（交通运输部牵头，公安部、商务部、财政部参与）

（十九）加大新能源城市配送车辆推广应用力度。加快新能源和清洁能源车辆推广应用，到 2020 年，城市建成区新增和更新轻型物流配送车辆中，新能源车辆和达到国六排放标准清洁能源车辆的比例超过 50%，重点区域达到 80%。各地将公共充电桩建设纳入城市基础设施规划建设范围，加大用地、资金等支持力度，在物流园区、工业园区、大型商业购物中心、农贸批发市场等货流密集区域，集中规划建设专用充电站和快速充电桩。结合城市配送需求，制定新能源城市配送车辆便利通行政策，改善车辆通行条件。在有条件的地区建立新能源城市配送车辆运营补贴机制，降低使用成本。在重点物流园区、铁路物流中心、机场、港口等推广使用电动化、清洁化作业车辆。（交通运输部、工业和信息化部牵头，公安部、财政部、自然资源部、生态环境部、铁路局、民航局参与）

（二十）推进城市生产生活物资公铁联运。充分发挥铁路既有站场资源优势，完善干支衔接的基础设施网络，创新运营组织模式，打造“轨道+仓储配送”的铁路城市物流配送新模式，提高城市生产生活物资运输中公铁联运的比例。在北京等大型城市组织开展城市生产生活物资公铁接驳配送试点，加快城市周边地区铁路外围集结转运中心和市内铁路站场设施改造，构建“外集内配、绿色联运”的公铁联运城市配送新体系，及时总结经验并推广应用。（中国铁路总公司、交通运输部按职责分工负责）

七、信息资源整合行动

（二十一）加强多式联运公共信息交换共享。加快建设多式联运公共信息平台，实现部门之间、运输方式之间信息交换共享。

加强交通运输、海关、市场监管等部门间信息开放共享，为企业提供资质资格、认证认可、检验检疫、通关查验、违法违章、信用评价、政策动态等一站式综合信息服务。加快完善铁水联运信息交换接口标准体系，推进业务单证电子化，促进铁路、港口信息共享，实现铁路现车、装卸车、货物在途、到达预确报以及港口装卸、货物堆存、船舶进出港、船期舱位预订等铁水联运信息互联共享。到2019年底，沿海及长江干线主要港口实现铁水联运信息交换共享；到2020年底，基本建成全国多式联运公共信息平台。（交通运输部、发展改革委、中国铁路总公司牵头，海关总署、市场监管总局、铁路局、民航局、邮政局参与）

（二十二）提升物流信息服务水平。升级国家交通运输物流公共信息平台，促进铁路、港口、航运和第三方物流等龙头企业加强合作，强化货物在途状态查询、运输价格查询、车货动态匹配、集装箱定位跟踪等综合信息服务，提高物流服务智能化、透明化水平。（交通运输部、发展改革委牵头，铁路局、民航局、邮政局、中国铁路总公司参与）

（二十三）加强运输结构调整信息报送和监测分析。研究建立运输结构调整指标体系，探索相关分析方法。建立货物运输“公转铁、公转水”运行动态、多式联运发展状态、新能源车辆推广应用等信息运行监测和报送机制。（交通运输部牵头，工业和信息化部、生态环境部、铁路局、中国铁路总公司参与）

八、加大政策保障力度

（二十四）积极落实财政等支持政策。利用车购税资金、中央基建投资等现有资金，统筹推进公铁联运、海铁联运等多式联运发展，提升港口集疏运能力，加强物流园区、工矿企业等铁路专用线建设，为煤炭、矿石等大宗货物运输方式调整创造有利环境。鼓励社会资本设立多式联运产业基金，拓宽投融资渠道，加快运输结构调整和多式联运发展。鼓励各地对运输结构调整工作成效显著的工矿企业，在分解错峰生产任务时适当减少限产比例。贯彻落实《国务院关于印发打赢蓝天保卫战三年行动计划的通知》（国发〔2018〕22号）有关要求，对大力淘汰老旧车辆、推广应用新能源汽车的有关企业和人员依照有关政策及时给予经济补偿。（财政部、发展改革委、交通运输部、生态环境部牵头，铁路局、中国铁路总公司参与）

（二十五）完善用地用海支持政策。加大铁路专用线用地支持力度，将本行动计划支持的铁路专用线项目（不含物流园区），纳入占用永久基本农田的重大建设项目用地预审受理范围，按照相关规定办理用地手续。各省（区、市）要在国土空间规划指导下组织编制港口集疏运铁路、物流园区和工矿企业铁路专用线建设方案，保障用地指标。对急需开工的铁路专用线控制性工程，属于国家重点建设项目的，按照相关规定向自然资源部申请办理先行用地。加大对“公转水”码头及配建工程的用海支持力度，对纳入港口总体规划和运输结构调整计划的铁水联运、水水中转码头及配建的防波堤、航道、锚地等项目，列入国家重大战略的，在符合海域管理法律法规及围填海管理政策的情况下，重点保障用海需求。（自然资源部、交通运输部牵头，发展改革委、铁路局、中国铁路总公司参与）

九、加大督导考核力度

（二十六）加强组织领导。地方各级政府要切实加强组织领导，按照“一市一策、一港一策、一企一策”要求，组织编制本地区运输结构调整工作实施方案，细化分解目标任务，制定责任清单，健全责任体系，科学安排工作进度，出台配套政策，确保按时保质完成各项任务。交通运输部、发展改革委要加强统筹协调和组织调度，完善运输结构调整工作协调机制，及时研究解决运输结构调整中的重大问题。（交通运输部、发展改革委牵头，各有关部门参与）

（二十七）强化督导考评。加强对地方政府和有关部门运输结构调整工作推进落实情况的督查考核，结果向社会公布。地方各级政府要建立健全动态评估机制，加强对铁路、港口、工矿等企业的督导考核，确保责任落实到位。（交通运输部、发展改革委牵头，各有关部门参与）

十、营造良好发展环境

（二十八）保障行业健康稳定发展。加强部门协同联动，强化货运市场和重点企业监测，及时掌握行业动态，加大政策支持力度，完善从业人员社会保障、职业培训等服务，积极培育拓展新兴市场，推动货运行业创新稳定发展和转型升级。（交通运输部牵头，各有关部门参与）

（二十九）做好政策宣传和舆论引导。加大对运输结构调整工作的宣传报道力度，加强正面引导，及时回应社会关切，为运输结构调整工作营造良好舆论氛围。（交通运输部、发展改革委牵头，各有关部门参与）

（摘自中国政府网站）

2018 年铁道统计公报

2018 年，全国铁路坚持以习近平新时代中国特色社会主义思想为指导，坚持稳中求进工作总基调，认真贯彻党中央国务院决策部署，落实新发展理念，实施“三年行动计划”，推进“安全质量服务深化年”建设，客货运输、铁路安全、建设发展、科技创新取得新成效。

一、运输生产

旅客运输。全国铁路旅客发送量完成 33.75 亿人，比上年增加 2.91 亿人，增长 9.4%。其中，国家铁路 33.17 亿人，比 2017 年增长 9.2%。全国铁路旅客周转量完成 14146.58 亿人公里，比上年增加 689.66 亿人公里，增长 5.1%。其中，国家铁路 14063.99 亿人公里，比上年增长 5.0%。

全国铁路旅客运输量

指　标	单　位	2018 年	比上年(±%)
旅客发送量	万人	337495	9.4
国家铁路	万人	331740	9.2
旅客周转量	亿人公里	14146.58	5.1
国家铁路	亿人公里	14063.99	5.0

货物运输。全国铁路货运总发送量完成40.26亿吨，比2017年增加3.38亿吨，增长9.2%。其中，国家铁路31.91亿吨，比2017年增长9.3%。全国铁路货运总周转量完成28820.99亿吨公里，比2017年增加1858.78亿吨公里，增长6.9%。其中，国家铁路25800.96亿吨公里，比2017年增长7.1%。

全国铁路货物运输量

指　　标	单　位	2018年	比上年±%
货运总发送量	万吨	402631	9.2
国家铁路	万吨	319060	9.3
货运总周转量	亿吨公里	28820.99	6.9
国家铁路	亿吨公里	25800.96	7.1

换算周转量。全国铁路总换算周转量完成42967.57亿吨公里，比2017年增加2548.44亿吨公里，增长6.3%。其中，国家铁路39864.95亿吨公里，比上年增长6.3%。

运输安全。全年全国铁路未发生铁路交通特别重大、重大事故；发生较大事故1件，同比持平。铁路交通事故死亡人数比2017年下降4.6%。

二、铁路建设

全国铁路固定资产投资完成8028亿元，投产新线4683公里，其中高速铁路4100公里。

路网规模。全国铁路营业里程达到13.1万公里，其中，高速铁路营业里程达到2.9万公里；复线里程7.6万公里，复线率58.0%；电气化里程9.2万公里，电化率70.0%；西部地区铁路营业里程5.3万公里。全国铁路路网密度136.9公里/万平方公里。

移动装备。全国铁路机车拥有量为2.1万台，其中，内燃机车0.8万台，电力机车1.3万台。全国铁路客车拥有量为7.2万辆，其中，动车组3256标准组26048辆。全国铁路货车拥有量为83.0万辆。

三、技术标准和科技创新

重要技术标准制定。报经国家标准委审批发布铁道国家标准 41 项、国家标准修改单 2 项。发布铁道行业标准（技术标准）公告 16 批，共计技术标准 130 项、标准修改单 12 项。发布铁道行业标准（工程建设标准）公告 8 批，共计工程建设标准 26 项。发布铁路工程造价标准公告 3 批，共计铁路工程造价标准 15 项。发布铁道行业技术标准英文译本 41 项、铁道行业工程建设标准英文译本 12 项。报经国家市场监管总局审批发布国家计量规程规范 5 项。发布铁道行业计量规程规范 1 项。

知识产权及获奖成果。2018 年铁道行业获国家科学技术奖 8 项，其中“中南大学轨道交通空气动力与碰撞安全技术创新团队”获科技进步创新团队奖。中国铁路总公司“‘复兴号’中国标准动车组”获第五届中国工业大奖。2018 年铁道行业获第二十届中国专利奖 24 项，其中中车青岛四方机车车辆股份有限公司“一种轨道车辆前端吸能装置”获金奖。2018 年铁道行业获中国标准创新贡献奖组织奖 1 项、标准项目奖 2 项。铁路重大科技创新成果库 2018 年度经评审入库 367 项，其中铁路科技项目 75 项、铁路专利 67 项、铁路技术标准 49 项、铁路科技论文 176 项。

四、节能减排

综合能耗。国家铁路能源消耗折算标准煤 1624.21 万吨，比 2017 年减少 2.57 万吨，下降 0.2%。单位运输工作量综合能耗 4.11 吨标准煤/百万换算吨公里，比 2017 年减少 0.23 吨标准煤/百万换算吨公里，下降 5.3%。单位运输工作量主营综合能耗 3.90 吨标准煤/百万换算吨公里，比上年减少 0.08 吨标准煤/百万换算吨公里，下降 2.0%。

主要污染物排放量。国家铁路化学需氧量排放量 1878 吨，比 2017 年减排 14 吨，降低 0.7%。二氧化硫排放量 9836 吨，比 2017 年减排 6468 吨，降低 39.7%。

注：1. 除注明外，国家铁路含中国铁路总公司及其控股合资铁路。

2. 客货发送量、客货周转量、运输设备为确报数，其余数据均为速报数。

3. 统计范围不含港澳台。

4. 除注明外，比上年为同口径。

（摘自铁路局网站）

中国中车未来发展的讨论与分析

一、行业格局和趋势

1. 宏观政策方面

从国际上看，世界政治经济格局错综复杂，全球秩序正在经历新的一轮大发展大变革大调整，对企业国际化经营带来冲击。中国特色大国外交受到世人关注，“一带一路”建设的推进，为促进世界经济增长、深化地区合作打造更坚实的发展基础，创造更便利的联通条件，为国际产能合作、高端装备走出去提供了广袤的市场空间。

从国内看，当前中国经济已由高速增长阶段转向高质量发展阶段，以供给侧结构性改革为主线，着力深化改革扩大开放，推动经济发展质量变革、效率变革、动力变革，对企业提质增效、转型升级的要求更加紧迫。中国中车作为高端装备制造业典范，要以提高发展质量和效益为中心，以改革、创新、融合为动力，深化供给侧结构性改革，加快创新，加快“走出去”，实现高质量发展，具有良好发展机遇。

2. 行业政策方面

国际上，轨道交通行业变革持续深化，全球行业巨头重组整合，行业竞争格局深刻变化，竞争态势不断加剧。国内轨道交通装备市场、干线铁路建设、铁路运营权全面放开，外资准入门槛进一步降低，行业外企业纷纷进军轨道交通领域，市场竞争日趋激烈。同时，随着铁路客运、货运持续改革，现代综合交通运输体系建设加快，城市轨道车辆需求多样化，用户对轨道交通装备产品的适用性、安全性、可靠性、舒适性等提出了更高的要求。中国中车作为全球规模最大、品种最全、技术先进轨道交通装备供应商，高端装备制造业的典范，迎来新的发展机遇。中国中车要以市场为导向，以客户为中心，优化业务结构，建立和完善全寿命周期服务体系，加快“制造+服务”转型，为客户提供更有价值的产品和服务，为实现制造强国、交通强国贡献“中车智慧”和“中车力量”。

3. 产业投资规划

国际市场方面，受全球经济增长动能不足，国际轨道交通装备市场增长缓慢。未来几年，全球轨道交通车辆市场容量预计年均增长约2.2%，2020年将达到1340亿欧元。国内市场，根据《中长期铁路网规划》《“十三五”现代综合交通运输体系发展规划》，中国铁路和高速铁路的营业里程将由2015年的12.1万公里和1.9万公里增加到2020年的15万公里和3万公里，城市轨道交通运营里程将由2015年的3300公里增加到2020年的6000公里。为提高发展质量，提高交通运输综合效率，2018年国务院印发《推进运输结构调整三年行动计划（2018—2020年）》，到2020年全国铁路货运量较2017年（36.9亿吨）增加11亿吨，增长30%。2019年，全国铁路固定资产投资持续保持强度和规模，投产新线6800公里，中国铁路总公司实施“复兴号”品牌战略、客运提质、三年货运增量计划三大举措，推进铁路装备高质量发展。另据中国铁路总公司官网报道，2018年，全国铁路固定资产投资完成8028亿元，其中国家铁路完成7603亿元，新增投资规模3382亿元，投产新线4683公里，其中高铁4100公里。至2018年底，全国铁路营业里程达到13.1万公里以上，其中高铁2.9万公里以上。铁路客运、货运大幅增长，2018年全国铁路完成旅客发送量33.7亿人，同比增加2.9亿人、增长 9.4%，其中动车组 20.05 亿人、同比增长 16.8%。全国铁路完成货物发送量 40.22 亿吨，同比增运 3.34 亿吨、增长 9.1%。城市轨道交通建设逐步加速，2018 年全国新建城市轨道交通达到 870 公里，连续两年超过 800 公里。未来三年国内轨道交通装备需求将保持相对稳定。中国中车面对新形势、新要求，抢抓机遇，加快创新，着力打造绿色交通、安全交通、智能交通、便捷交通、旅游交通和价值交通，实现高质量发展，为中国构建现代综合交通运输体系贡献力量。

中国中车持续关注国内外政治经济形势与动态、行业发展趋势，研判市场需求。按照以销定产的模式满足既有市场的需求，确保主要产品按时交付和安全运行。以供给侧结构性改革为主线，抢抓“一带一路”、国家铁路网建设、城市轨道交通建设、运输结构调整等战略机遇，持续强化创新驱动，持续优化资源配置，持续优化产品结构，持续创新商业模式，为客户提供更加智能、高效、环保、可靠的轨道交通装备和全寿命周期系统解决方案，实现与利益相关方的多赢共赢。

二、发展战略

“十三五”战略规划：坚持新发展理念，坚持稳中求进，坚持问题导向，落实高质量发展要求，以改革、创新、融合为动力，走国际化、多元化、高端化、数字化、协同化发展之路，统筹推进稳增长、调结构、增动能、提品质、控风险、强党建各项工作，不断增强内生动力和发展能力，实现更高质量、更有效率和更可持续发展，为实现“双打造一培育”战略目标奠定坚实基础。

1. 铁路装备业务

落实交通强国战略，肩负装备支撑使命，以成为世界一流的轨道交通装备系统解决方案供应商为目标，强化基础性、前瞻性、共性和关键技术研究，形成支撑技术引领和产品持续创新的原动力，打造系列化、模块化、标准化的产品技术平台。巩固行业地位和优势，主动适应国内外运输市场变化和技术发展趋势，加快铁路客货运技术、产品和服务模式创新，积极应对新技术、新产业、新业态、新模式挑战，为全力打造安全、便捷、经济、高效、绿色、智慧交通体系提供强有力的装备支撑。加强中国铁路市场化改革研究，把握“公转铁”、货运增量三年行动计划等机遇，推进制造+服务转型，全力支持铁路运输企业转型升级和综合交通运输体系建设。服务“一带一路”、国际产能合作、“走出去”等国家战略，建立全球化业务协同平台，推进由单一提供产品向提供产品、技术、服务整套解决方案的转变，提高“走出去”质量，加快“走进去”步伐。

2. 城轨与城市基础设施业务

抓住新型城镇化机遇，积极应对市场开放挑战，加快城轨车辆产品开发和技术创新，持续完善产品结构，增强全寿命周期服务能力和系统解决方案能力，以高品质的产品和服务牢牢占据国内市场、不断扩大国际市场。规范发展国内外城轨 PPP、BOT 业务，发挥装备制造、业务组合、产融结合等综合优势，加强战略合作，借力社会资源，加快形成以车辆和牵引电传动、制动、信号等关键系统及部件为重点的机电集成总包能力，以项目管理为重点拓展城市基础设施建设工程总包能力和具有“中车”特色的运营服务总承包能力，持续壮大城轨与城市基础设施业务。

3. 新产业业务

贯彻新发展理念，以战略性新兴产业尤其是高端装备制造业为主攻方向，依托轨道交通装备核心能力，大力发展新能源、新材料、生态环保、工业互联网等相关多元业务，培育发展新动能，打造产业新引擎。以关键系统、重要零部件等机电产品为重点打造核心技术强、应用范围广的支撑业务，以技术链和产业链上下游、智能和数字化业务为重点打造成长性好、引领性强的培育业务，加快构建一批核心能力突出、行业地位领先的业务集群，努力成为国际、国内行业的领先者。贯彻落实军民融合发展战略，拓展技术和产品应用领域。围绕雄安新区建设绿色智慧新城、打造优美生态环境、发展高端高新产业、构建快捷高效交通网等重点任务，积极推动高新业务进入雄安、服务雄安。

4. 现代服务业务

按照“做强实体经济”的要求，坚持“产融结合、以融促产”，加强统筹协调，突出风险防范，规范打造金融服务平台、投融资平台和金融租赁平台，推进制造业与服务业融合发展，促进轨道交通核心业务快速发展。探索互联网+服务，加快供应链服务平台建设，发展智慧物流，拓展供应链贸易，推进现代物流服务业务规范发展。

5. 国际业务

加强顶层设计，制订“一带一路”沿线国家市场开拓专项发展规划及实施方案，积极参与“一带一路”建设，构建“走出去”开放发展新格局。按照整机带动零部件、制造业带动服务业、总承包带动产业链、轨道交通装备带动非轨道交通装备的思路，拓展海外市场领域。加强海外布局顶层设计，加大对国际业务的资源投入和整合力度，组建国际业务平台公司，构建面向全球、集中管理、统筹协调的营销和区域管理体系，加强海外研发中心建设，加强品牌建设和推广，努力行业组织、标准体系等方面发挥作用，提升行业影响力和话语权，增强国际竞争力。按照“轻资产、重效益、可持续”理念，开展绿地投资、战略并购、合资合作，实施“产品+技术+服务+资本+管理”全要素经营模式，推行“五本模式”，加快实现由国内市场向全球市场、由“走出去”向“走进去”、由本土企业向跨国企业转变。

三、可能面对的风险

1.产品质量风险

铁路市场主要客户全力构建人防、物防、技防“三位一体”的安全保障机制，确保铁路安全，对轨道交通产品质量的安全性、可靠性提出了更高要求，在不断完善产品谱系的同时还需继续深化技术创新给公司带来更大挑战。

应对措施：专门成立科技质量部监控质量风险；建立健全质量管理体系，并监督体系的认证及有效运行；建立售后服务管理标准体系，规范售后服务管理工作；加强供应商资质管理工作，防范产品质量风险隐患，从源头进行质量控制。

2. 政策风险

轨道交通设备制造业准入政策、城轨交通产业政策以及新产业板块产业政策的变化可能导致市场环境和发展空间出现诸多不确定因素，给中国中车的战略和经营带来风险。

应对措施：及时收集相关产业政策及行业规划信息，做好政策和趋势研究，积极应对可能产生的政策和产业规划出现的变化。夯实内部管理，提高中国中车经营管理水平，降低营运成本，努力提高经营效率，增强抵御政策风险的能力。

3. 市场风险

国内市场风险：铁路客货运输改革调整优化产品结构，市场需求可能出现结构性的调整。

应对措施：积极对接主要客户，搜集国家经济、政治、行业等信息，做好市场趋势的研究，通过转变发展模式、延伸产业链、提供产业增值服务等方式，优化公司产业结构，拓展新的商业模式等措施应对风险。

国际市场风险：国际政治经济格局错综复杂，国际贸易保护主义制约加大，世界经济复苏缓慢，国际市场不确定不可控因素增加。中国中车“国际化”战略推进的同时也将加大海外市场中的市场和运营风险。

应对措施：精心做好顶层设计，科学谋划中长期国际化发展路径，完善国际业务管理体系，加强对全球公司管理架构、跨国管控模式、境外公司的研究与实践，加强总部自身建设，提升跨国经营能力。积极主动靠近用户，深入了解客户需求，加强市场研究，充分发挥中国中车产品、成本和技术优势，利用全球资源，为客户提供系统解决方案和增值服务。深度推进“五本模式”，扩大海外业务规模，快速、有序、精准推进中国中车国际化，实现国际化中国中车发展目标。

4. 产品结构调整风险

由于历史原因，中国中车轨道交通部分板块存在结构性产能过剩矛盾，面临产业结构性调整。因产业关联度、产业基础、技术条件、资源禀赋等方面因素，给企业的产业结构转换带来诸多的困难与风险。

应对措施：成立专门机构研究轨道交通业务板块改革方案，按照不同板块不同策略原则，通过业务重组、压缩产能等方式，激发企业活力，逐步形成资源共享、发展共赢的格局，持续优化轨道交通资源配置，实现资源效益最大化、企业利益最大化。

5. 汇率风险

随着中国中车国际化经营步伐加快，企业产品出口、境外投资、并购等经营活动不断增多，可能因汇率波动引发各种风险。如：部分境外产品项目以小币种结算，由于项目收付汇币种不匹配，难以实现汇率风险自然对冲；项目收汇时间不确定，套期保值方式受限；国际金融环境动荡，汇率走势难以预测等，可能发生大额汇兑损失；由于汇率波动造成境外企业价值变化的风险等。

应对措施：密切关注汇率变动趋势，加强企业相关人员的风险防范意识，建立汇率风险防范机制，灵活采用不同货币成交等方式，运用金融避险工具应对汇率风险。

（摘自中国中车 2018 年年度报告）

索 引

使用说明：

一、本索引采用主题分析法编制，将该年鉴中具有实际检索意义的条目按音序法进行编排，其中重复过多的条目，如“概述”“概况”“重要纪事”“党群工作”等没被列入编制。

二、索引条目后的数字表示该内容所在的页码，数字后的字母（a、b）表示栏别，即版面的左、右栏。

A

安全环保　226a　230b　335b
安全生产　167b
安全质量管理　392b

B

帮扶救助　206b
保密工作　111b
保险经纪　438b
标准化工作　162a
并购工作　141b
剥离企业办社会职能　473a

C

财税管理　142b
财务基础工作　143b
财务经审　207a
财务投资业务　406a
参与“一带一路”建设成就宣传　200a
柴油机开发情况　306b
产教融合　468a
产品开发　188b　433a
产品销售　263a
产品研发　155a　243b
产品研发与推广　186a
产品质量监督检查　163b
产品质量指标　162b
产业布局　136a　431b
产业扶贫　151b
产业拓展　187b
产业与市场拓展　106a
常州经开区有轨电车 1 号线车辆　306b
成本费用管理　142b
“处僵治困”工作　138a
存货管理　362a

D

大轴重项目建设　253a
党费收缴与管理　198b
党风廉政建设　111a
党建带群建工作　213b
党建带团建工作　210b
党建工作述职评议　197a
党建工作责任制考评　196b
党建责任与“三基建设”的落实　212b
党建重点任务　109a
党内表彰　198a
党内困难帮扶　198a
党员管理信息系统　198a
党员教育管理　197b
党支部书记培训　197a

党中央决策部署贯彻落实　108a
德令哈现代有轨电车下线　285a
低效金融资产处置　145a
典型人物宣传　199b
董事会换届　125a
董事会会议　125b
董事会审计与风险管理委员会　126b
董事会提名委员会　127a
董事会薪酬与考核委员会　127a
董事会战略委员会　126b
对外战略合作　136b
多元经营　225b　252a
多元业务　219a

E

二级子公司　227a

F

发展党员　197b
发展规划　229a　313b
法治中车建设　148a
非执行董事履职　127b
风险防范　427b
风险防范与化解　145a
风险管控　335b　431b
风险管控一体化信息系统建设　148a
风险管理　147b
扶贫会议　150a
扶贫调研　151a
扶贫慰问　152a
扶贫制度建设　150b
扶贫资金管理　151a
扶贫资金投入　150a

G

改革发展　424b
改革管理　137a
“改革开放 40 年”主题宣传　199a
改革与发展　106b
干部挂职扶贫　151b
干部管理变革　175a
干部管理制度建设　174a
干部日常监督　175b
高层次人才队伍建设　175a
高技能人才队伍建设　176a
工商变更登记　150a
工效挂钩与工资预算管理　178b
工作交流　148b
公共平台建设　411a
公司“动感号”动车组广深港高铁香港段开通上线运营　286a
公司第一次党代会　295a
公司动力集中型动车组纳入“复兴号”序列　349a
公司多个产品工业设计获大奖　348b
公司发布新一代碳纤维地铁车辆　285b
公司获“威廉•格罗夫爵士”奖　285b
公司获得纽约地铁供应商资质　247a
公司获签孟加拉国项目合同　295a
公司获土耳其伊斯坦布尔轻轨车辆订单　349a
公司领导拜访中国驻孟加拉国大使　295a
公司入选“国家知识产权示范企业”　285b
公司首列新一代中低速磁浮车下线　253b
公司下一代地铁全球首次亮相　247a
公司治理与制度建设　403a
公司中标埃及斋月十日城市郊铁路项目车辆合同　286a
公司中标哥斯达黎加铁路局动车组项目　286b
公司中标智利国家铁路公司电动车组项目　286a
公司专利技术获中国专利金奖　286b
公益扶贫　152b
供应商管理　163b　362b
股东大会　127a
股权（产权）管理　140b
股权投资　438b
固定资产投资项目管理　139b

管理创新 134b 384a
管理提升 107a 398b 400b
广州地铁网轨检测车 306b
规划编制 144a
规划与投资工作 343b
“国际化”企业形象塑造 200b
国际交流与战略合作 192a
国际贸易 314b
国际业务 238b
国家级集体荣誉 497a
国家级荣誉称号获得者 489a
国家资金支持及免税项目申报及管理 140a
国务院国资委第三巡视组到公司巡视 348b
国资委党委决策部署贯彻落实 108b
国资委经营业绩考核 132a

H

海外企业 388a
海外项目执行情况检查 192b
海外研发中心 411b
海外政策研究和市场调研 191b
海外指导与服务 192b
海外子公司 280b
“号、手、岗”争创活动 210b
合规管理 149b
合资公司 280a
合资合作 254a
合资合作企业 269b
会议召开情况 125b

J

机电装备公司 242a
基本建设 418a 433b
基本建设与技术改造 252a 452a
基层团组织建设 211a
基层组织建设 196a
基础管理 336a 427b
基础设施建设 151a 166a
基建和资本性项目 264a
基金业务管理 145a
集采业务 390a
集采与物流 187a
纪律监督 201b
纪念电力机车 40/50/60 周年系列活动 349a
技术创新体系 156a
技术管理 187a
技术开发 427b
技术开发与推广 432b
技术开发与重大科技成果 190a
技术研究 155b 410b
技术引进与产品开发 184b
监事会成员参加其他会议情况 128b
监事会会议 128a
监事会专题调研 128b
建立警示教育常态化机制 203a
教学管理 463b
教育帮扶 151b
教育教学 469a 470a
教育培训 463b
节能环保 169a
解决历史遗留问题 473b
金融服务 397b 438b
金融业务创新 144b
金融业务资源整合 144a
经济研究 410a
经营发展 427a
经营管理与改革发展 402a
经营计划与运营管理 191a
经营业绩 105b
经营与管理 473a
精神文明建设 199a
精益管理 133b 235a 335a 362b 418b

K

考核体系优化 362b
科技成果评审 156b
科技管理 362a
科技文化节 348b
科技预算及投入 156b

科协工作　214a
科研项目管理　156b
控股子公司　381a

L

劳动定额　177b
劳动竞赛　205b
劳动用工管控　177a
劳模创新工作室建设　206a
劳模先进选树　205b
“两个责任”落实　201a
两化融合管理体系贯标　164b
领导班子和人才队伍建设　110a
领导班子民主生活会　195b
旅顺基地项目建设　252b

M

缅甸本地新造客车交付　295a
民生工作　337b
民主管理与厂务公开　205a

N

内部管理　468b
内部控制　147b
内部审计　146a
内部业务重组产权调整　140b
内涵建设　468a
内涵式发展　187b
能力建设　467b
能源管理　239b
年度工作会议　173b
年度经营计划与实施　432a　437b　445b
女工工作　206a

P

PPP 投资项目　140a
培训工作　207b
配合国资委党委巡视　202b
普法宣传　150b

Q

齐车集团成立　217a
企协工作　214b
青年榜样引领　210b
青年创新创效活动　210a
青年大学习　209a
青年技管人才培养　210a
青年技能人才培养　209b
青年人文关怀　210a
青年思想政治教育　208a
青年志愿者行动　209a
庆祝建厂 120 周年　323b
全球首条转向架智能制造车间投入运行　349b
全球一体化管理体系建设与实施　173a
全资子公司　379b
群团工作　111b
群众性经济技术创新活动与技能竞赛　205b

R

人才队伍　265a
人才建设　143b
人才培训　176a
人力资源　294a　363b
人力资源管理信息化　173b
人力资源规划　173a
人力资源开发与管理研究会工作　213b
人事档案管理　180a
人员分流安置　177b

S

4400 马力等级交流传动货运内燃机车　306b
“三基建设”工作　109b
商标管理　150b
社会责任　424b
社会责任形象宣传　199b

深化改革　294b
审计整改　147a
生产发展情况　251a
生产管理　418a
省部级集体荣誉　497b
省部级荣誉称号获得者　490a
时速 160 公里动力集中型动车组　300a
时速 250 公里标准动车组　299b
市场管理　310a
市场开发与进驻　192a
市场开拓　243b　263b　383b
市场拓展　378a　433a
市场业务　390b
首列美国本土化制造地铁下线　247b
首列墨尔本地铁在墨尔本新港下线　247a
树立国际品牌形象　300a
思想政治学习　198b
“四种形态”践行　202a

T

提质增效　143a　294a　334b
体协工作　214a
“天鹅计划”　467a
通用技术　162a
统战工作　201b
投资计划与预算　139a
投资者关系管理　127b
土地资源规划　138a
团干部和团员队伍建设　211b

W

外部并购与资产重组管理　141a
外事工作　107b
文化建设　264b
文体活动　207b
“五型”总部建设活动　212a
物资与供应链管理　134b

X

习近平总书记视察齐车集团　221a
项目管理　467a
项目规划管理　411a
项目获奖　362a
项目开发与实施　446b
项目开发与投资　438a
消防应急管理　170a
校企合作　470a　469b
校园招聘与人才引进　176b
效绩评价考核办法修改　132b
协作配合　188b
新产品开发　183a
新产品新技术自主开发　251a
新产品研发　262a　344b
新产业发展　234b
新产业拓展　316a
新媒体运营　200a
新时代党的建设总要求的贯彻落实　211a
薪酬与福利管理　178b
信息工作　207b
信息化安全保障　167a
信息化规划与顶层设计　164a
信息化项目建设与管理　165a
信息技术　335a
信息披露　127b
宣传思想工作　110b
学习贯彻党的十九大精神　195a
巡察工作　204b
巡视队伍建设　204b
巡视监督　203b
巡视整改　142a　187a　336a
巡视整改督查　204a
巡视整改工作　149a

Y

压减工作　137b
研发项目　361b
研发制造平台建设　261b
央企 ETF 换购　144b
业财融合　143a

业务拓展　405a
业务重组　136a
业务转型整改　400a
以机代人项目推动落地　316b
逾期项目处置　400b
舆论宣传工作　209b
预算管理　142b
员工队伍　427b
员工关爱　206b
员工结构　178a
员工能力培养　145b
运营管控　131a

Z

在京子公司人事管理　180b
责任追究　147a
战略管控　427a
战略规划管理　135a
战略价值投资　438a
战略投资　372a
长江集团整合筹建　308b
长期股权投资项目　139b
招生与就业　470b
政策研究　138b
政研会工作　213a
政治巡视　294a
政治巡视和整改　108b
知识产权及专利技术管理　162b
职称评聘　176b
职代会　205a
职工之家建设　206b
职业技能鉴定　176b
职业技能竞赛　177a
职业培训　469b
制度建设　196b　204a
制度体系建设　144b
质量管理信息化建设　163b
质量规划与管理制度　162a
质量人才培训　163a
质量荣誉　164a
质量提升　335b
质量体系认证及运行监督　162a
质量问题攻关与整改　163b
治理情况　423a
智慧物流业务　390b
智能调试实训设备出口美国　247b
智能制造项目及创新论坛　166a
中车党校建设　463
中车西北高端轨道交通装备造修基地开工　253b
中国中车集体荣誉　498b
中国中车荣誉称号获得者　491b
中间业务拓展　398a
中外合资公司　381b
重大案件管理　149b
重大决策参与　110a
重大项目法律服务　149a
重大质量活动　163b
重点领域监督　202b
主题教育活动　209a
主营业务　334a
资本运作　384a
资产处置　141b
资产清查　141b
资金管理　143a
资金集中管理　397b
子公司领导班子建设　174b
子公司效绩评价考核　133b
自身建设　203b
总部党建工作新途径新方法　213a
总部人事制度改革　179b
总部员工管理　179b
总部职能管理　179b
组织机构　427a
组织机构改革　361a
组织建设　207a
组织领导　203a
作风监督　202a

图书在版编目（CIP）数据

中国中车年鉴．2019/《中国中车年鉴》编委会编．—北京：中国铁道出版社有限公司，2019.11
ISBN 978-7-113-26248-8

Ⅰ．①中…　Ⅱ．①中…　Ⅲ．①机车-车辆工厂-中国-2019-年鉴
Ⅳ．①F426.472-54

中国版本图书馆 CIP 数据核字（2019）第 201946 号

书　　名：中国中车年鉴 2019
作　　者：《中国中车年鉴》编委会

责任编辑：朱景芳　　　电话：010-51873407
责任校对：王　杰
责任印制：赵星辰

出版发行：中国铁道出版社（100054，北京市西城区右安门西街 8 号）
网　　址：http://www.tdpress.com
印　　刷：大连内燃机车研究所科技服务公司印刷厂
版　　次：2019 年 11 月第 1 版　　2019 年 11 月第 1 次印刷
开　　本：787 mm×1092 mm　1/16　印张：35.25　插页：36　字数：830 千
书　　号：ISBN 978-7-113-26248-8
定　　价：260.00 元